中国中铁股份有限公司
安全质量、生态环境事故（事件）
应急预案

国家安全生产应急救援中心
中国中铁股份有限公司
中铁二局集团有限公司　编著
国家隧道应急救援中铁二局昆明队
中国中铁股份有限公司爆破安全技术中心

西南交通大学出版社
·成 都·

图书在版编目（CIP）数据

中国中铁股份有限公司安全质量、生态环境事故（事件）应急预案 / 国家安全生产应急救援中心等编著. —成都：西南交通大学出版社，2020.12
ISBN 978-7-5643-7819-6

Ⅰ. ①中… Ⅱ. ①国… Ⅲ. ①铁路企业 - 安全管理 - 质量管理 - 中国②铁路企业 - 环境污染事故 - 应急对策 - 中国 Ⅳ. ①F532.69②X731

中国版本图书馆 CIP 数据核字（2020）第 211640 号

Zhongguo Zhongtie Gufen Youxian Gongsi Anquan Zhiliang、Shengtai Huanjing Shigu (Shijian) Yingji Yu'an

中国中铁股份有限公司安全质量、生态环境事故（事件）应急预案

国家安全生产应急救援中心
中国中铁股份有限公司
中铁二局集团有限公司
国家隧道应急救援中铁二局昆明队
中国中铁股份有限公司爆破安全技术中心
编著

责任编辑 / 邱一平
封面设计 / 何东琳设计工作室

西南交通大学出版社出版发行
（四川省成都市金牛区二环路北一段 111 号西南交通大学创新大厦 21 楼　610031）
发行部电话：028-87600564　028-87600533
网址：http://www.xnjdcbs.com
印刷：四川玖艺呈现印刷有限公司

成品尺寸　185 mm × 260 mm
印张　43　　字数　1038 千
版次　2020 年 12 月第 1 版　　印次　2020 年 12 月第 1 次

书号　ISBN 978-7-5643-7819-6
定价　168.80 元

前　言

根据国家安全生产应急救援中心《关于开展基于风险评估的生产安全事故应急预案修订工作的函》要求，中国中铁股份有限公司组织指导中铁二局集团有限公司认真贯彻落实《安全生产法》、《施工企业安全生产管理规范》和《生产安全事故应急条例》，严格按照《生产安全事故应急预案管理办法》、《生产经营单位生产安全事故应急预案编制导则》、《生产经营单位生产安全事故应急预案评估指南》等要求，在开展风险评估的基础上，按照简明、易记、管用、好用的原则，调整站位，优化预案体系结构，重点开展风险评估，编制完成了《中国中铁安全质量、生态环境事故（事件）应急预案》。

本系列应急预案参考了国家安全生产应急救援中心在石油化工、钢铁、煤矿、黄金、交通建设等重点行业（领域）编制的应急预案，并广泛征求全国有关单位和专家意见，征询现场管理人员和一线作业人员意见，通过实地演练进行验证，增强了预案的层级性、针对性、实效性；同时积极推行应急处置卡，使其成为应急预案的载体、延伸和补充。本系列应急预案和重点岗位应急处置卡满足法规要求，切合企业实际，能有效指导安全质量、生态环境事故（事件）应急及救援工作。

主要编写人员：

国家安全生产应急救援中心：高双喜、孔　亮、石国领；

中国中铁股份有限公司：李凤超、胡科敏、张业忠、徐彦胜、高儒华；

中铁二局集团有限公司：蒋光全、王　勇、王声扬、张胜全、刘世杰、马　辉、蒋开春、贺志荣、胡力绳、汪跃飞、李定国、万宗江、张存佳、李远平、廖志春、张启军、刘　磊、占才胜、王胜兴、金雅妮、邱康敏、杨　格、程　冬、张翔健、田川岭、钱蔷薇、薛千里、禹冬连、唐　帆、谭青明、黄国庆、黄根茂、陈广磊、陶　毅、吴　苗、向前海、刘　林、赵梓辰、李　健、赵　元、李　林、罗　能、邹会均、杨　雨、施福枫、李　良、刘　林、陈世东、李飞虎、杜京智、胡　林、王宏亮、李兆华、周正光、佘玉明、张生财、汪在良、刘　俊、孙敏芳、罗　渺、王　念、俞宽裕、俞荣山、王家杰、陈　维、杨雪波、张海波、陈朝全、李单骐、张　凡、袁　云、贾　辉；

国家隧道应急救援中铁二局昆明队：文　舟、李影平、王维俊、罗继勇、穆树元、李　蕾、肖　敏；

中国中铁股份有限公司爆破安全技术中心：杨　波、赵　军、赵　腾。

主要审查人员：

张　明、靳锐勇、何荣康、樊玉智、赵　飞、柴海楼、任乐春、马志伟、晏大武、黄湘勇、景志君、蔡以智、贺小强、张思旭、刘拂晓、张伟坤、刘胜勇、赵　毅、李鸿飞、刘立员、刘　力、赵登平、吴平国、梁顺勇、蒋　勇、徐楚歌、阴　涛、赵清明、隗才琳、韩　伟、陈祥龙、林嗣杰、王俊峰、詹庆兴、何　全、江　涛、吕　义、李亚博。

目录

第一部分　综合应急预案

第二部分　现场处置方案及应急处置卡

（一）路基工程

（二）铁路隧道工程

（三）地铁盾构隧道工程

（四）桥梁工程

（五）桥梁制运架工程

YJ

中国中铁股份有限公司

YJ/CREC–2020

安全质量、生态环境事故（事件）

应 急 预 案

2020 年 12 月

中国中铁股份有限公司

批 准 页

《中国中铁股份有限公司安全质量、生态环境事故（事件）应急预案（2020年修订）》是中国中铁为保护员工、相关方及人民群众的生命财产和环境安全，减少财产损失，维护公司声誉和社会形象，在《中国中铁股份有限公司安全质量、生态环境及灾害事故（事件）应急预案》（中国中铁安监〔2019〕130号）基础上进行了深度修订，是企业内部规范性文件；是各级子（分）公司安全质量、生态环境及灾害事故（事件）应急预案的支持性文件。本预案阐述了其适用范围、事故分级，明确了应急组织机构与职责、应急响应、应急处置原则、应急保障等相关要求，应用于各级子（分）公司安全质量、生态环境事故（事件）的应急救援与处置。

《中国中铁股份有限公司安全质量、生态环境事故（事件）应急预案（2020年修订）》经公司安全质量生产委员会审议通过，现予发布。

董事长：

总　裁：

年　月　日

目　录

1 总 则

1.1 编制目的

确保全公司安全质量、生态环境事故（事件）应急处置工作快速、有序、高效进行，提高自身应急反应能力，保障国家、企业和员工生命财产安全，最大限度减少事故造成的人员伤亡、财产损失和对环境产生的不利影响，维护社会稳定，促进企业安全、和谐、可持续发展。

1.2 编制依据

《中华人民共和国安全生产法》
《中华人民共和国突发事件应对法》
《中华人民共和国特种设备安全法》
《中华人民共和国环境保护法》
《中华人民共和国职业病防治法》
《建设工程安全生产管理条例》
《生产安全事故报告和调查处理条例》
《生产安全事故应急条例》
《国家安全生产事故灾难应急预案》
《建设工程重大质量安全事故应急预案》
《生产经营单位生产安全事故应急预案编制导则》
《生产安全事故应急预案管理办法》
《突发环境事件应急管理办法》
《铁路交通事故应急救援和调查处理条例》
《中国中铁股份有限公司工程质量监督管理办法》
《中国中铁股份有限公司职业安全健康监督管理规定》
《中国中铁股份有限公司环境保护管理办法》

1.3 适用范围

本应急预案适用于在中国中铁股份有限公司（以下简称股份公司）施工区域范围内发生的下列安全质量、生态环境事故（事件）的应对和处置工作：

1. 人员伤亡事故。
2. 突发环境事件。
3. 突发公共卫生事件。

4. 民用爆炸物品和危险化学品事故。
5. 锅炉、压力容器、压力管道和特种设备事故。
6. 火灾事故。
7. 质量事故。
8. 其他事故。

1.4 应急预案体系

股份公司应急预案体系由股份公司，二级子（分）公司、股份公司项目（指挥）部、股份公司区域指挥部，二级子（分）公司项目（指挥）部、二级子（分）公司区域指挥部，三级子（分）公司，项目经理部（生产车间）四级预案组成，分为综合应急预案、专项应急预案、现场处置方案。其中：二级子（分）公司、股份公司项目（指挥）部、股份公司区域指挥部制订综合应急预案；二级子（分）公司项目（指挥）部、二级子（分）公司区域指挥部、三级子（分）公司制订综合和专项应急预案；项目经理部制订现场处置方案。

1.5 应急工作原则

应急工作坚持“统一领导、职责明确，分级管理、政企结合，属地为主、规范有序，反应迅速、运转高效，预防为主、平战结合”的原则。

1.5.1 统一领导、职责明确

股份公司按照本应急预案及相关文件规定，统一领导、协调各子（分）公司较大及以上安全质量、生态环境事故（事件）、公共卫生事件的应急管理和应急处置工作。各子（分）公司要认真履行安全生产责任主体的职责，按照各自权限和职责，负责安全质量、生态环境事故（事件）的现场应急处置工作。

1.5.2 分级管理、政企结合

按照事故的严重程度和影响范围，建立股份公司、二级子（分）公司、三级子（分）公司、工程项目部四级事故（事件）应急响应机制，并将四级机制与属地化管理相协调、配合。

1.5.3 属地为主、规范有序

按照属地化管理的原则，地方人民政府相关职能部门是处置安全质量、生态环境事故（事件）的主体，二级子（分）公司、三级子（分）公司、工程项目部（指挥部）要各司其职，密切配合，有组织地参与事故处置，采取有力措施，将事故危害控制在最小范围。

1.5.4 反应迅速、运转高效

事故（事件）一旦发生，工程项目部要立即启动应急预案，实施救援，充分发挥现场自救作用；并按照规定向上级主管部门、地方政府相关部门及时报告，准确传递事故（事件）

信息，各级机构接到事故信息后，必须在第一时间启动应急方案。

1.5.5 预防为主、平战结合

贯彻“安全第一、预防为主、综合治理”和“百年大计、质量第一”的方针，遵循“保护优先、预防为主、综合治理”的环境保护原则，坚持事故应急与预防相结合，做好预防、预测、预警和预报工作，做好常态下的风险评估、物资储备、队伍建设、应急演练、预案评审等工作。

1.6 预案衔接

北京市人民政府突发事件应急预案，专业救援队伍应急预案，股份公司项目（指挥）部、股份公司区域指挥部、二级集团公司、三级工程公司、项目经理部应急预案。

中国中铁股份有限公司应急预案体系见图 1。

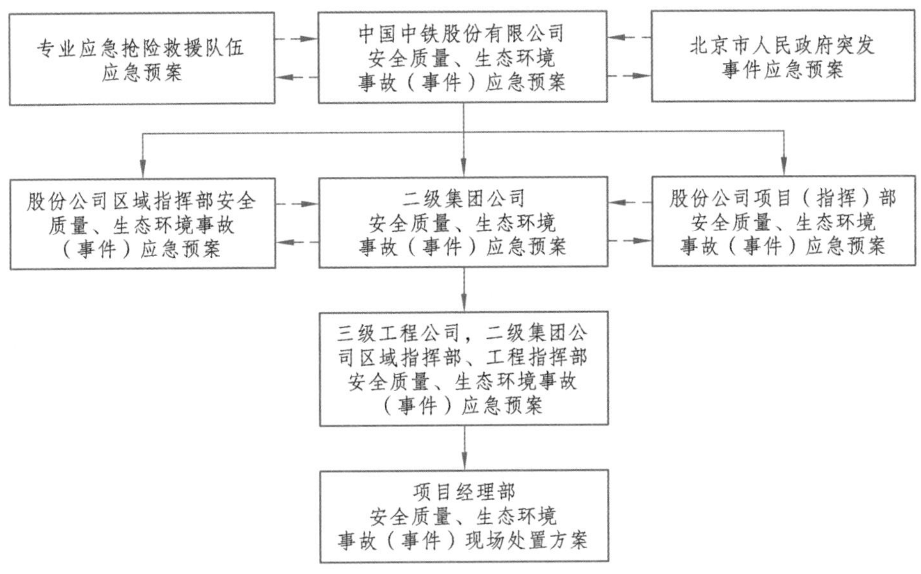

图 1 中国中铁股份有限公司应急预案体系

2 危险性分析

2.1 企业概况

股份公司现有职工 29 万余人，业务范围覆盖勘察设计、施工安装、工业制造、房地产开发、资源矿产、金融投资、科研咨询、工程监理和外经外贸等多个领域。公司现拥有 40 家二级公司，其中施工企业 18 家，勘察设计与咨询服务企业 6 家，投资企业 7 家，以及多家国际业务、房地产开发、资源矿产开发、金融投资公司。

2.2 危险源与风险分析

股份公司主要从事建筑施工活动，属于高危行业，人员长期在野外作业，暴露于危险环境中的频繁程度较高，事故发生后造成的伤亡人数较多、经济损失严重、社会负面影响大。可能出现的生产安全、工程质量及生态环境、职业健康事故有坍塌、触电、高处坠落、机械伤害、起重伤害、物体打击、爆炸、交通事故、火灾、中毒和窒息，管线破坏，生态环境污染和破坏，传染疾病、放射性辐射、职业病等；自然灾害有地震、台风、雷电、突水突泥、泥石流、洪水、冰冻等。各单位、各项目部应根据专业施工特点、属地管理要求及危险源辨识结果，针对重大危险源编制专项应急预案或应急处置方案，并对风险进行评估，确定响应分级。

3 应急组织机构与职责

3.1 应急组织体系

3.1.1 股份公司应急组织机构与职责

股份公司设立安全质量、生态环境事故（事件）应急领导小组，组长由股份公司总裁担任，副组长由主管生产安全的副总裁、总工程师、工会主席、总会计师、纪委书记、安全生产总监担任，成员包括安全生产委员会成员及有关人员。应急领导小组办公室设在股份公司安全质量监督部。

应急领导小组负责贯彻落实国家、行业有关安全生产、工程质量、环境保护、职业健康方面的方针政策、法律法规，组织编制股份公司应急预案；负责组织、协调和参与二级公司发生的较大及以上事故（事件）的应急抢救、抢险和调查处置工作；负责为事故调查提供专家服务和技术支持；负责及时、如实向国务院国资委、应急管理部等政府主管部门报告事故信息；负责组织开展事故应急知识宣传教育。

3.1.2 二级子（分）公司、股份公司项目（指挥）部、股份公司区域指挥部应急机构与职责

二级子（分）公司、股份公司项目（指挥）部、股份公司区域指挥部设立安全质量、生态环境事故（事件）应急领导小组，组长由总经理（指挥长）担任，副组长由主管生产安全的副总经理（副指挥长）、分管片区的副总经理、总工程师、工会主席、总会计师、纪委书记、安全生产总监担任，成员为安委会成员及有关人员，并设应急办公室和24小时值班电话。

应急领导小组负责根据国家、地方法律法规、行业规范规定、上级要求组织编制本单位事故应急预案，建立健全事故应急机构，配备应急队伍、物资、设备；负责应急知识培训教育和宣传工作，组织应急预案的培训、演练、评价；负责监督检查各所属子（分）公司、项目（指挥）部、工程现场项目部的应急预案的编制、培训、演练、评价。发生事故和突发紧急事件时，应急领导小组有关人员迅速到达现场，负责指挥、协调和组织应急救援工作，并

及时向上级报告事故情况。

3.1.3 三级子（分）公司、二级子（分）公司项目（指挥）部、二级子（分）公司区域指挥部应急机构与职责

三级子（分）公司、二级子（分）公司项目（指挥）部、二级子（分）公司区域指挥部设立安全质量、生态环境事故（事件）应急领导小组，组长由总经理（指挥长、项目经理）担任，副组长由主管生产的副总经理（副指挥长、项目副经理）、主管安全的副总经理（副指挥长、项目副经理）、总工程师、工会主席担任，成员包括本单位相关部门负责人和有关人员，并设应急办公室和 24 小时值班电话。

应急领导小组应根据国家、地方法律法规、行业规范规定和上级要求编制本单位应急预案，建立健全事故应急机构，配备应急物资、设备；负责应急知识培训教育和宣传工作，组织预案的培训、演练、评价；负责监督检查所属工程现场项目部的应急预案编制、培训、演练、评价。发生事故和突发紧急事件时，领导小组有关人员迅速到达现场，根据上级要求和现场具体情况负责协调、组织应急救援工作，并及时向当地政府部门和上级报告事故情况。

3.1.4 项目经理部应急机构与职责

项目经理部应急机构为应急小组，组长由项目经理担任，书记、副经理、总工程师、安全生产总监担任副组长，成员由各部门负责人、各作业队长组成，并设置值班室及 24 小时值班电话。

应急小组应根据国家、地方法律法规、行业规范规定、上级要求，并结合工程项目特点编制项目部应急预案和现场处置方案，建立健全事故应急机构，配备应急物资、设备；负责应急知识培训教育和宣传工作，组织应急预案培训、演练、评价。发生事故和突发紧急事件时，小组成员必须组织应急队伍迅速到达事故现场，指挥现场应急人员开展应急救援，采取有效措施防止事故扩大，最大限度减少人员伤亡和财产损失，保护好事故现场，并及时向当地政府部门和上级报告事故情况。

3.2 应急指挥机构与职责

现场应急指挥部设立八个工作组，即综合协调组、抢险救援组、技术方案组、配合调查组、现场保卫组、后勤保障组、媒体联络组、善后处理组。各组应以“专业骨干、集成救援、全力抢救生命”为首要目标，根据具体承担事故（事件）应急救援处置职责，制定详尽的保障措施并落实到位。抢险救援组必须确保安全措施得到落实，有效防止次生灾害发生。其他各组必须相互协调，做好通信、水、电等其他抢险物资、设备、办公、生活用品供给和保障，做好道路交通、事故善后、人员稳定和舆论应对工作。现场指挥以及参加事故应急救援的各工作组负责人、各单位和部门负责人、作业人员应当区别佩戴明显标志。当有组长或副组长不在现场时，由其副职或者上级单位指定人员履行应急处置职责。

3.2.1 综合协调组

组长由股份公司、子（分）公司、股份公司项目（指挥）部应急领导小组组长担任，成员为股份公司、二级子（分）公司、股份公司项目（指挥）部应急领导小组有关人员。主要职责有：按照国家有关法律法规要求，综合组织、协调、指挥抢险救援工作，启动相关保障预案，确保现场治安、医疗救援和通信畅通，调集抢险救援急需的物资、设备等，及时收集救援信息，如实上报抢险救援进展情况。

3.2.2 抢险救援组

组长由子（分）公司、项目（指挥）部主管生产的领导担任，成员为子（分）公司、项目（指挥）部、工程项目部相关专业人员和专、兼职应急抢险救援队人员。主要职责有：按照方案组织救援，科学合理地提出应急物资、设备、人力配备建议；组建现场救援抢险工作班组；抢救现场伤员；抢救现场物资；保证现场应急救援通道的畅通。

3.2.3 技术方案组

组长由子（分）公司、项目（指挥）部的总工程师担任，成员为子（分）公司、项目（指挥）部及工程项目部相关专业人员。主要职责有：辨识应急救援过程中的危险、有害因素，并进行安全风险评估，确定灾害现场监控量测方式；根据事故现场的特点，制定相应的应急救援技术措施和应急救援步骤，为应急救援工作提供科学、有效的技术支持；完善安全评估资料，为应急响应提供科学、准确的依据，防止发生二次伤害事故。

3.2.4 配合调查组

组长由子（分）公司、项目（指挥）部主管安全的领导担任，成员为子（分）公司、项目（指挥）部及工程项目部相关专业人员。主要职责有：保护事故现场，协助负有法定职责的部门对事故现场进行调查取证；协助开展对现场有关人员的约谈、调查了解事故发生的主要原因；按“四不放过”的原则对事故相关责任人提出内部处理意见。

3.2.5 现场保卫组

组长由子（分）公司、项目（指挥）部的办公室、治安保卫负责人担任，成员为子（分）公司、项目（指挥）部及工程项目部相关人员。主要职责有：负责事故现场保卫，协助属地政府有关部门进行道路交通、现场警戒等。

3.2.6 后勤保障组

组长由子（分）公司、项目（指挥）部的综合办公室、财务部门、机械设备部门、物资部门负责人担任，成员为子（分）公司、项目（指挥）部及工程项目部相关人员。主要职责有：负责现场抢险救援及事故调查工作人员生活保障、食宿安排等后勤服务；提供必要的办公用品、交通工具、通信工具、器材等。

3.2.7 媒体联络组

组长由股份公司、子（分）公司、股份公司项目（指挥）部董事会、企业文化部、办公室部门负责人担任，成员为股份公司、二级子（分）公司、股份公司项目（指挥）部企业文化、安质有关人员。主要职责有：做好与地方政府的配合工作，适时发布救援新闻通稿。

3.2.8 善后处理组

组长由子（分）公司、项目（指挥）部的工会、办公室负责人担任，成员为子（分）公司、项目（指挥）部及工程项目部工会人员。主要职责有：做好伤亡人员及家属的接待、稳定工作；做好受伤人员医疗救护的跟踪协调工作；做好保险理赔工作和慰问伤员及家属工作。

4 预警与预警

4.1 危险源监控

1. 坚持“安全第一、预防为主、综合治理”的方针，开展对重点区域和危险源的监控，做好日常的预防工作，建立和完善以预防为主的日常监督检查机制。

2. 加强对建设工程各类突发公共事件的调研，强化应对突发事件预测预警系统的资源整合，实现信息资源共享。

3. 落实企业安全生产主体责任，抓好项目安全质量、生态环境管理，确保安全责任到位、安全措施到位、安全投入到位、安全培训到位，筑牢安全生产基石，构建本质安全型企业。

4.2 预警行动

1. 股份公司和所属各单位通过工程管理信息系统和网站作为支持平台，层层发布预警信息，保证预警信息指挥有力、准确畅通、反应灵敏、资源共享。

2. 工程项目部在对危险源、危险因素的日常检查和监测中发现有可能出现的事故信息，应迅速通知相关部门采取行动，防止事件的发生或事态的进一步扩大，并立即向项目业主、监理和上级单位报告。

3. 各级应急组织机构接到有可能引起事故和突发紧急事件的险情信息后，各级应急办公室应密切关注事态的发展趋势，根据发展状况和严重程度，及时将信息报送各级应急领导小组。

4.3 信息报告与处置

4.3.1 报告电话

中国中铁股份有限公司事故应急救援（响应）领导小组办公室电话：010-51878301、010-51878303；传真：010-51878304。

4.3.2 报告原则

应遵循“迅速、准确”的原则，在第一时间报告安全质量事故（事件）或突发紧急事件情况。

4.3.3 报告程序

发生事故或突发紧急事件后，严格按照《生产安全事故报告和调查处理条例》（国务院令第 493 号）、《铁路交通事故应急救援和调查处理条例》（国务院令第 501 号）及股份公司有关规定立即逐级报告，并按照以下要求同时报告当地政府相关部门：

1. 人身伤亡事故：报告当地政府安全生产监督管理主管部门及工程项目所属行业主管部门。

2. 环境污染、核辐射与破坏事故：报告当地政府环境保护及相关主管部门和工程项目所属行业主管部门；事故导致或危及人员安全的，还须报告当地政府安全生产监督管理主管部门和公安部门。

3. 突发公共卫生事件：报告当地政府卫生防疫主管部门及工程项目所属行业主管部门；事故导致或危及人员安全的，还须报告当地政府安全生产监督管理主管部门和公安部门。

4. 民用爆炸物品和危险化学品事故：报告当地政府公安部门及工程项目所属行业主管部门；事故导致或危及人员安全的，还须报告当地政府安全生产监督管理主管部门。

5. 锅炉、压力容器、压力管道和特种设备事故：报告当地政府技术监督部门及工程项目所属行业主管部门；事故导致或危及人员安全的，还须报告当地政府安全生产监督管理主管部门和公安部门。

6. 火灾事故：报告当地政府公安、消防部门及工程项目所属行业主管部门；事故导致或危及人员安全的，还须报告当地政府安全生产监督管理主管部门。

7. 其他事故：报告当地政府相关部门及工程项目所属行业主管部门。

4.3.4 报告内容

1. 事故发生单位概况，应包含但不限于承建单位、标段、协作队伍及相关安全生产许可证等信息。

2. 事故发生的时间、地点以及事故现场情况，应包含但不限于单位工程名称、事故里程、结构及支撑体系形式、隧道断面、设备型号、墩身截面和高度、梁型和梁重、事发作业环节、高处坠落位置与高度等，其他工况均应细致清晰描述。

3. 事故的简要经过。

4. 事故已经造成或者可能造成的伤亡人数（包括下落不明的人数）和初步估计的直接经济损失。

5. 已经采取的措施。

6. 事故地点是否影响铁路营业线或繁华闹市区、高速公路、国道、其他重要设施安全。

7. 其他应当报告的情况。

8. 出现新情况的，应当及时补报。

5　应急响应

5.1　响应分级

根据事故等级划分，将应急响应级别分为Ⅰ级（重大及以上事故）响应、Ⅱ级（较大事故）响应、Ⅲ级（一般事故）响应。

5.2　响应程序

5.2.1　Ⅰ级响应

发生重大及以上事故或突发紧急事件后，事故发生工程项目经理部立即启动应急预案，并按程序上报。三级子（分）公司和二级子（分）公司项目（指挥）部、二级子（分）公司区域指挥部，二级子（分）公司和股份公司项目（指挥）部、股份公司区域指挥部，股份公司接到事故（事件）报告后，立即启动本单位应急预案，组织有关人员赶赴现场，成立现场应急指挥部和工作组，迅速开展应急救援工作。

5.2.2　Ⅱ级响应

发生较大事故或突发紧急事件后，事故发生工程项目经理部立即启动应急预案，并按程序上报。三级子（分）公司和二级子（分）公司项目（指挥）部、二级子（分）公司区域指挥部，二级子（分）公司和股份公司项目（指挥）部、股份公司区域指挥部接到事故（事件）报告后，立即启动本单位应急预案，组织有关人员赶赴现场，成立现场应急指挥部和工作组，迅速开展应急救援工作。股份公司可根据事故（事件）发展势态，决定是否启动股份公司应急预案。

5.2.3　Ⅲ级响应

发生一般事故或突发紧急事件后，事故发生工程项目经理部立即启动应急预案，并按程序上报。三级子（分）公司和二级子（分）公司项目（指挥）部、二级子（分）公司区域指挥部接到事故（事件）报告后，立即启动本单位应急预案，组织有关人员赶赴现场，成立现场应急指挥部和工作组，迅速开展应急救援工作。二级子（分）公司和股份公司项目（指挥）部、二级子（分）公司区域指挥部可根据事故（事件）发展势态，决定是否启动股份公司应急预案。

5.2.4　先期处置

事故（事件）发生单位负责事故现场先期应急救援组织指挥（含组织人员疏散和安置等）。应急救援队伍必须坚决、迅速地实施先期处置，相互协同，密切配合，全力控制事故（事件）态势，防止次生、衍生灾害连锁反应。

5.2.5 扩大应急

当事故（事件）涉及港澳台或境外人员时，有关单位提请所在地省级人民政府应急委上报至国务院，请求协助处置或联合处置。

5.3 响应结束

当遇险人员获救，事故（事件）现场得到有效控制，导致次生、衍生灾害的隐患消除后，经现场应急指挥部同意，调查取证完成后，宣布应急结束和决定解除应急状态，应急救援队伍可撤离现场，由相应级别的应急机构负责总结应急救援工作。

5.4 传染病响应程序

当发现有疑似传染病时，应及时隔离病人，向地方防疫主管部门报告，并视情况采取停工等措施，坚决遏制疫情输入、扩散和蔓延。

6 信息发布

事故（事件）的信息和新闻发布，由三级子（分）公司、二级子（分）公司及以上单位实行集中、统一管理，以确保信息真实、准确、及时传递，并根据国家有关法律法规的规定向社会公布。

7 后期处置

7.1 善后处置

由事故发生的工程项目经理部和二、三级子（分）公司负责事故的善后处置工作，包括：人员的补偿、安置；安置和慰问受害人和受影响的人员；进行现场清理，尽快恢复正常的生产秩序。

7.2 事故调查与处理

7.2.1 调查和总结

伤亡事故的调查处理按照《生产安全事故报告和调查处理条例》（国务院令第 493 号）的规定执行。根据事故调查组提出的调查结论、事故性质、责任认定和地方政府及有关部门提出的建议，总结事故教训，落实整改措施和工作建议。

7.2.2 协助调查

发生一般事故，由工程项目经理部和二、三级子（分）公司负责协助事故调查组进行事故调查；发生较大及以上事故，股份公司派员参加，由工程项目部和二、三级子（分）公司负责协助事故调查组进行事故调查。

7.2.3 事故处理

事故单位应将政府批复的事故结案报告及本单位的处理意见按规定报送股份公司。按照事故调查组提出的《事故调查报告》，本着“四不放过”的原则，查清事故原因，明确事故责任，监督制定和落实整改措施，并对责任单位、责任人进行处理。必要时，将事故有关处理与落实情况向地方政府有关部门报告。

7.3 应急评估

各级应急机构针对发生的事故或突发事件，评估和检查本单位的应急救援工作，并及时对应急救援预案进行修订和完善，进一步加强和改善应急处置能力。

8 保障措施

8.1 通信与信息保障

确保应急期间相关信息及时、准确、可靠地传递和有效实施指挥，依托现有的有线、无线通信系统和股份公司安全质量信息管理网络系统，构成应急通信保障系统。各级应急指挥机构、工作机构和参与应急救援的有关部门及人员的通信方式，由各单位提供并明确，按隶属关系报上一级有关部门备案。单位及人员的通信方式发生变化的，及时进行更新。

8.2 应急队伍保障

8.2.1 应急抢险救援队伍

1. 股份公司专业应急抢险救援队，中铁二局、中铁五局和中铁隧道局分别设立昆明、贵阳、西安三支专业应急抢险救援队。各专业应急抢险救援队定员在 30 ~ 35 人，同时适当培训储备一定数量的抢险救援兼职队员。专业应急抢险救援队纳入国家应急救援体系，由股份公司统一领导，发生事故或突发紧急事件后，由国家应急救援指挥中心或股份公司发出派遣命令，救援队立即启动应急预案，快速奔赴事发现场，在现场应急指挥部的统一指挥、协调下组织参与事故抢险救援工作。

2. 二级子（分）公司、股份公司项目（指挥）部、三级子（分）公司及二级子（分）公司项目（指挥）部要根据本单位应急管理工作特点，组建专（兼）职应急抢险救援队伍，并由相应级别的应急机构统一领导和派遣调动。各级救援队奔赴事发现场后，在现场应急指挥部的统一指挥、协调下组织参与事故抢险救援工作。

3. 工程项目部要建立由项目领导、部门负责人、作业队负责人、一线重要岗位人员组成的专（兼）职应急抢险救援队伍。在日常应急管理工作中应与建设单位、当地医院及政府有关部门加强沟通、联系，建立应急救援协作联动机制。

8.2.2 专家咨询力量

股份公司建立应急救援专家组，根据事故或突发紧急事件应急抢险救援需要，抽调专家参加事发现场的工程设施安全性鉴定、险情分析和应急救援方案、技术措施、恢复方案的研究、制定工作。

8.2.3 应急管理力量

应急管理力量由现场应急指挥部有关工作人员组成，担负接收当地人民政府和上级主管部门的应急指令，组织有关单位进行应急处置，并与有关部门进行协调及信息沟通等。

8.3 应急物资装备保障

1. 股份公司建立昆明、贵阳、西安三个应急救援基地，储备必要的、先进的、适用于隧道坍塌及自然灾害事故（事件）抢险救援应急物资和装备。发生事故或突发紧急事件后，应急救援基地的物资和装备由股份公司统一调配。为确保应急救援工作及时、有序开展，股份公司对所属单位的应急物资和装备实行就地、就近调用和应急状态下优先使用的原则。

2. 股份公司设备管理部门负责掌握应急抢险救援所需大型工程设备动态，按季统计、更新设备状态和设备所在地（省、市、县及工程项目工点）信息。

3. 根据生产经营特点，应急物资和装备的保障主要在工程项目部，工程项目部要配备适量的应急物资和装备，并明确类型、数量、性能、存放位置，定期进行检查维护，以保障应急救援调用。

4. 应急救援物资和装备应首先利用工程项目建设的既有资源，必要时联系当地政府、有关部门及其他社会资源。工程项目部日常工作中应调查了解和明确应急救援时申请使用社会资源的程序、步骤。各工程项目应设有储放应急救援物资和装备的专用库房，定期检查、保养、更换。

8.4 经费保障

股份公司及所属各单位按照每年安全生产投入计划编制专项预算，在年度安全生产支出经费范围内预先安排应急管理资金，作为应急救援工作的专项资金保障。在开展应急救援相关工作时，股份公司及所属各单位应加强对安全生产专项经费的监督与管理，切实提高应急救援资金保障。

9　培训与演练

9.1　培　训

1. 各级、各类应急预案应有计划、有目的、有针对性地对全体人员进行培训，确保应急预案启动后各岗位人员具备完成应急救援任务所需的知识和技能。

2. 股份公司、各子（分）公司在每年进行的“三类人员”安全考核培训时，把应急管理作为一项重要的培训内容。

3. 各项目（指挥）部在进行各种形式的教育培训时，把应急管理的法律法规、应急避险和逃生等常识作为安全教育培训的重点内容。

9.2　演　练

1. 应急演练的开展方式可根据实际情况和条件，采用桌面演练、功能演练和全面演练；至少每半年组织 1 次应急演练，演练结束后，对演练效果进行评估，撰写应急预案演练评估报告，分析存在的问题，并对应急预案提出修订意见，同时将演练情况报送政府相关部门。

2. 各级应急工作机构要制订演练计划，对演练实施的效果进行评估、总结，及时查找不足和改进应急救援预案，不断提高应急管理工作能力。

10　奖　惩

1. 对在事故或突发紧急事件应急救援工作中做出显著成绩的集体和个人，由上级主管部门给予表彰和奖励。

2. 凡在事故或突发紧急事件应急救援工作中，因玩忽职守、准备工作不足或谎报、瞒报、漏报事故的，从严处理。

11　附　则

1. 本预案报送国务院国有资产监督管理委员会备案，并抄送应急管理部。

2. 本预案为股份公司综合应急预案，各子（分）公司、项目（指挥）部应根据具体情况编制或完善本单位综合应急预案、专项应急预案和现场处置方案，并按照分级管理的原则，报送上级单位主管部门备案。

3. 股份公司每三年对本预案组织一次评审，并根据评审结果和具体情况进行相应完善或修订。

4. 本预案由股份公司安全质量监督部负责制订与解释。

5. 本预案自印发之日起施行，原《中国中铁股份有限公司安全质量事故（事件）应急预案》（中铁股份安全〔2015〕81号）同时废止。

附件1：中铁二局昆明队主要装备配置清单

单位：国家隧道应急救援中铁二局昆明队

序号	名称	配置标准	主要性能	适用范围
（一）个人防护类				
1	个人防护装备	1套/人	包含帐篷、睡袋、行军床、个人防护服、安全帽、防护靴、照明灯全套个人装备	适用于各类救援中救援人员的个人防护
2	正压式空气呼吸器	1套/人	快速插接式，使用简便，供气迅速，供气量430 L/min以上，配有泄压安全阀，使用安全	适用于各类救援中有毒有害气体的防护
（二）侦检量测搜救类				
1	侦查无人机	1套	具备航拍、抛投、监测，能够携带轻便装置等的功能	适用于各类救援中高危区域的前期监测、搜索营救
2	音视频生命探测仪	1套	摄像头及线缆最大外径不超过6 cm，具备红外和语音功能，主机可控制摄像头进行旋转	适用于各类救援中生命迹象的搜索与通信
3	雷达生命探测仪	2套	能够对人体生命迹象做出筛选，探测距离在30 m以上，穿透性相对较强	适用于各类救援中生命迹象的搜索与初步定位
4	便携式地质透视仪	1套	能够对隧道坍塌体地质情况进行至少30 m的超前探测，可以对坍塌体前方空洞位置做预判	适用于隧道坍塌事故救援中坍塌空腔的探测与初步定位
5	多功能气体检测仪	10套	能探测常见有毒有害气体浓度，具有超标报警功能，方便携带	适用于各类救援环境中有毒有害气体检测
6	三维激光扫描仪	1套	测量距离远、速度快、精度高	适用于各类救援中坍塌体和结构物的全面动态监测
7	全站仪	2套	免棱镜测量，测量精度在1″以内	适用于各类救援中坍塌体和结构物的动态监测
8	边坡雷达	1套	能够在5 km以内监测边坡及大型建筑物的变形情况	适用于边坡及大型建筑物的变形监测

续表

序号	名称	配置标准	主要性能	适用范围
（三）信息通信类				
1	卫星通信指挥车及地面中心站	1 台	采用动中通卫星天线及信号处理系统，能够实现在行车过程当中连接到公网或专网，保障通信的畅通	适用于各类救援中应急通信
2	移动营房车	1 台	具有目前最先进的卫星通信专网系统，最新的高清标准设计，智能的操控系统，信号互联一体	适用于各类救援中应急通信
3	防爆对讲机	1 套/人	语音质量顺畅、洪亮，设有紧急报警按键，紧急情况可发出报警	适用于各类救援中人员之间的应急通信
4	卫星电话	4 台	在没有移动网络或卫星设备无法到达的地方可以建立通信连接	适用于各类救援中应急通信
（四）破拆与支护类				
1	等离子多功能切割机	1 套	切割钢板厚度不小于 5 cm，切割速度快，操作简便	适用于各种救援环境中金属杆件等硬质材料的切割
2	破拆工具车	2 套	集成性能好，运输快捷，含全套荷马特破拆、支护、顶升、切割、动力工具	适用于各类事故现场的破拆、支护和切割等作业
3	岩石劈裂机	2 套	单机产生不小于 8 000 kN 劈裂力，体积小、重量轻、操作简便	适用于各种救援环境中孤石破碎、混凝土拆除
4	导坑开挖支护工具	1 套	包含短锹、油锯、尺、锤、扒钉、簸箕等常用工具，操作简便、轻巧实用	适用于隧道坍塌事故中导坑的快速开挖支护工作
（五）救援钻孔类				
1	大口径水平钻机	1 套	最大钻进深度 50 m，钻孔孔径不小于 62 cm，在一般坍塌体中钻进速度不小于 5 m/h	适用于隧道坍塌事故救援中快速打通逃生通道
2	快速救援钻机	2 套	最大钻进深度不小于 150 m；钻孔孔径范围 57～146 mm；在一般坍塌体中钻进速度不小于 10 m/h	适用于隧道坍塌事故救援中快速打通生命通道
3	注浆泵	2 台	可进行单液、双液注浆作业，额定流量 A 液不小于 200 L/min，B 液不小于 60 L/min，功率不小于 18 kW	适用于各类事故救援中坍塌体的固结加固

续表

序号	名称	配置标准	主要性能	适用范围
（六）后勤保障类				
1	指挥车	2台	四驱，制动性能优良	适用于各类救援中指挥人员的乘送
2	汽车起重机	1台	额定总质量不小于 50 t，最小额定幅度 3 m，转台尾部回转半径 4.0 m，最大起升高度不小于 50 m	适用于各类事故救援中的物资设备吊装
3	叉车	2台	额定起质量不小于 10 t，叉车全高 3.1 m，标准起升高度 3 m	适用于各类事故救援中物资设备搬运
4	客车	1台	额定载客数量不低于 35 人/辆	适用于各类事故救援中救援人员的快速投送
5	野外宿营车	2台	装备宿营床铺、床头桌、卫生间、洗手池等生活设施，单车床位不少于 10 个	适用于各类事故救援中供救援人员食宿和临时休息场所
6	发电机组	1台	三相电，额定电压 400 V，额定功率大于 300 kW	适用于各类事故救援中为救援设备提供电力供给
7	空压机组	2台	额定功率 390 kW，额定排气压力 1.72 MPa，公称容积流量 38.2 m^3/min	适用于各类事故救援中为救援设备提供气动力供给
（七）防洪排涝类				
1	皮划艇	1支	能够同时乘坐不少于 8 人，操作简单	适用于水域救援中被困人员的搜索和营救
2	应急照明灯	5套	搜救、照明、自发电、可升降	适用于各种救援现场
3	液压抽水泵	3台	无须接入电源、效率高、便携	适用于各类救援中快速应急排水

附件 2：中铁五局贵阳队主要装备配置清单

单位：国家隧道应急救援中铁五局贵阳队

序号	名称	配置标准	主要性能	适用范围
（一）信息通信				
1	移动营房车	SV-IDT-Y	联合动中通卫星通信指挥车与应急指挥中心开展视频会议，具备 VoIP 功能，实现现场险情研判，通过对讲系统实现现场指挥调度，对营房车周边实现应急照明和监控	适用于多种应急场景，场地需较平整，在救援现场建立临时指挥部，充当临时会议室

续表

序号	名称	配置标准	主要性能	适用范围
2	卫星通信指挥车	SV_IDT-D-072_C_01	采用动中通卫星天线，高效建立卫星通信链路，可实现车辆静止及行进中的不间断卫星通信，传递语音、数据、图像等多媒体信息	卫星链路需无遮挡，周边不得有同频率无线电干扰
（二）侦检量测搜救				
1	雷达生命探测仪	LSJ-M	LSJ-M 雷达生命探测仪是一款专为地震、雪崩、建筑物坍塌等灾害救援现场设计的本安防爆型高科技专业救援设备	具有 4G 手机功能，满足复杂环境下救援任务需求并可以进行语音通信、短信收发、邮件收发、无线上网、拍照录像、GPS 导航定位
2	探地雷达	SIR-4000	便携式高性能地质雷达 SIR-4000 支持高速采集、小点距采集，应用于隧道结构探测、超前预报探测、桥梁、混凝土结构检测	时间范围达到 20 000 ns，扫描采样率到 16 384，智能天线支持，HDMI 视频输出、WIFI 无线传输、USB 键盘接口
3	全站仪	OS-102		
4	三维激光扫描仪	3DX330		
（三）救援钻机				
1	大口径救生钻机	FS-120CZ	最大孔径 230 mm、钻进深度不小于 150 m、功率 190 kW、扭矩 18 300 N·m	满足隧道超前地质探测，多用于搭建小导洞管棚支护、生命通道等救援措施
2	隧道多功能快速救援钻机	C6	最大孔径 305 mm、钻进深度大于 200 m、功率 126 kW、扭矩 13 500 N·m	满足液体排放、地下微型桩、地基加固、边坡支护等措施
3	隧道多功能快速救援钻机	HBR609	最大孔径 600 mm、功率 110 kW、扭矩 320 000 N·m	能够快速钻进生成 600mm 管径的救援通道，缩短救援时间，提高救援效率
4	高风压空压机	XRVS1210		能够为隧道矿山钻爆等领域提供高标准的设备与服务

续表

序号	名称	配置标准	主要性能	适用范围
（四）防洪排涝				
1	排水泵	200DM43-4	四级排水泵，扬程 172 m，流量 288 t/h	适用于大型水库、抽水灌溉、防洪排涝
（五）后勤保障				
1	应急救援装备保障车	HDX5160XZB		装载救援所需应急设备
2	移动式发电机组	YTW-500-4	500 kW	作用于救援现场提供电力输出
3	越野起重机	RT60		适应于快速转移的需要，机动性好，转移方便
4	叉车	CPCD100-AG58	10 t	适用于快速转移现场小型机具的需要
5	螺杆式空压机	LUY280D-8.5	160 kW 提供风压 0.8 kPa 风量 28 m^3	适用于救援现场爆破装备
6	螺杆式空压机	LUY280D-7	160 kW 提供风压 0.8 kPa 风量 28 m^3	适用于救援现场爆破装备
7	便捷运输车	普拉多		转移、搭乘人员
8	大型普通客车	柯斯达		转移、搭乘人员
9	皮卡车	SDH6453FA		用于救援现场转移小型机具

附件 3：中铁隧道局西北抢险救援队主要装备配置清单

单位：中铁隧道局集团有限公司西北抢险救援队

序号	名称	配置标准	主要性能	适用范围
（一）信息通信				
1	GP328 防爆对讲机	10 台	无障碍情况下信号接收距离不小于 5 km	对讲联系
2	JCL-TX11 无线音频视频传输系统	1 套	红外摄像机可视距离不小于 30 m，可视角度不小于 150°；中转台有线传输距离不小于 100 m，无线发送接收视频距离不小于 100 m	以无线加有线方式，将救援现场的图像、声音信息传输到指挥中心

续表

序号	名称	配置标准	主要性能	适用范围
（二）侦检量测搜救				
1	SNAKEEYEⅡ视频生命探测仪	1套	探测器可探测不小于150 m	生命探测
2	视频探测仪（与TX11配套）	1套	蛇眼型音视频探头可实现救援双方的通话；整体为防水设计，视频探头具备照明灯，可在黑暗条件下工作。音视频探测器可视距离不小于10 m，可视角度大于100°	生命探测
3	DQL16Z地质罗盘	2台		岩层走向、倾角测量
4	J/M40瓦斯检测仪	2台		瓦斯气体检测
5	J/Gasbadgplus一氧化碳检测仪	2台		一氧化碳气体检测
（三）救援钻机				
1	RPD-180CBR多功能快速钻机	2台	钻孔口径为65～170 mm，钻孔深度不小于150 m，平均钻进速度不小于20 m/h，油电双动力	打设救援联系探孔
（四）破拆支护类				
1	JLH-40重型支撑套具	1套	由6根组成，支撑主杆支撑力不小于60 kN。配置：支撑主杆（94.0～148.6 cm）6个；加长杆（61 cm）6个；基座16个等	坑道支撑
2	DW22-300/100X液压支撑套具	100套	支撑范围不小于30 m	坑道支撑
3	LKE55多功能电动剪扩钳	2台	最大剪切（Q235圆钢）22 mm	破拆剪切
4	组合液压破拆工具	2套	液压动力源输出工作压力不小于10 kPa	破拆切割
（五）防洪排涝				
1	MD280-43×4耐磨多级泵	2台	扬程172 m	快速抽水
（六）后勤保障				
1	500 kW应急电源车	1台	最大发电功率为500 kW	应急发电
2	BK37-8空压机	1台	风冷，排气量6.0 m^3/min，机体质量730 kg，最大工作压力0.8 kPa	空气动力

续表

序号	名称	配置标准	主要性能	适用范围
（七）个体防护				
1	4 h 隔绝式负压氧气呼吸器	4 台	氧气瓶容积 2.4 L，氧气贮量不小于 440 L，填装氢氧化钙量不小于 2.1 kg	救援人员呼吸保护

YJ

中铁二局集团有限公司

YJ/ZTEJ–2020

安全质量、生态环境事故（事件）应急预案

2020 年 12 月

中铁二局集团有限公司

批 准 页

《中铁二局集团有限公司安全质量、生态环境及灾害事故（事件）应急预案（2020 年修订）》是中铁二局为保护员工、相关方及人民群众的生命财产和环境安全，减少财产损失，维护公司声誉和社会形象，根据《中国中铁股份有限公司安全质量、生态环境及灾害事故（事件）应急预案（2020 年修订）》进行了深度修订，是企业内部规范性文件；是各级子（分）公司安全质量、生态环境及灾害事故（事件）应急预案的支持性文件。本预案阐述了其适用范围、事故分级，明确了应急组织机构与职责、应急响应、应急处置原则、应急保障等相关要求，应用于各级子（分）公司安全质量、生态环境事故（事件）及灾害事故的应急救援与处置。

《中铁二局集团有限公司安全质量、生态环境及灾害事故（事件）应急预案（2020 年修订）》经公司安全质量生产委员会审议通过，现予发布。

董事长：

总经理：

年　月　日

目　录

1 总 则

1.1 编制目的

确保全公司安全质量、生态环境及自然灾害事故（事件）应急处置工作快速、有序、高效进行，提高自身应急反应能力，保障国家、企业和员工生命财产安全，最大限度减少事故造成的人员伤亡、财产损失和对环境产生的不利影响，维护社会稳定，促进企业安全、和谐、可持续发展。

1.2 编制依据

《中华人民共和国安全生产法》
《中华人民共和国突发事件应对法》
《中华人民共和国特种设备安全法》
《中华人民共和国环境保护法》
《中华人民共和国职业病防治法》
《建设工程安全生产管理条例》
《生产安全事故报告和调查处理条例》
《生产安全事故应急条例》
《生产安全事故应急预案管理办法》
《突发环境事件应急管理办法》
《生产经营单位生产安全事故应急预案编制导则》
《铁路交通事故应急救援和调查处理条例》
《中国中铁股份有限公司安全质量、生态环境事故（事件）应急预案》
《中铁二局安全生产和职业健康管理办法》
《中铁二局工程质量监督管理办法》
《中铁二局工程项目施工环境保护管理办法》

1.3 适用范围

本应急预案适用于在中铁二局集团有限公司（以下简称公司）施工区域范围内发生的下列安全质量、生态环境及自然灾害事故（事件）的应对和处置工作：

1. 人员伤亡事故。
2. 突发环境事件。
3. 突发公共卫生事件。
4. 民用爆炸物品和危险化学品事故。

5. 锅炉、压力容器、压力管道和特种设备事故。

6. 火灾事故。

7. 铁路营业线施工事故。

8. 自然灾害事故。

9. 工程质量事故。

10. 其他事故。

1.4 应急预案体系

公司应急预案体系由公司，子（分）公司、区域指挥部，公司指挥（经理）部、项目经理部三级预案组成，应急预案分为综合应急预案、专项应急预案、现场处置方案、现场处置卡。其中公司制订综合应急预案，三级子（分）公司、区域指挥部，公司指挥（经理）部制订综合和专项应急预案，项目经理部制订现场处置方案。

1.5 预案衔接

《四川省生产安全事故灾难应急预案》

《四川省突发环境事件应急预案》

《中国中铁股份有限公司安全质量、生态环境事故（事件）应急预案》

《国家隧道救援队伍应急预案》

各子（分）公司、区域指挥部、公司指挥（经理）部、项目经理部应急预案

中铁二局集团有限公司应急预案体系见图 1。

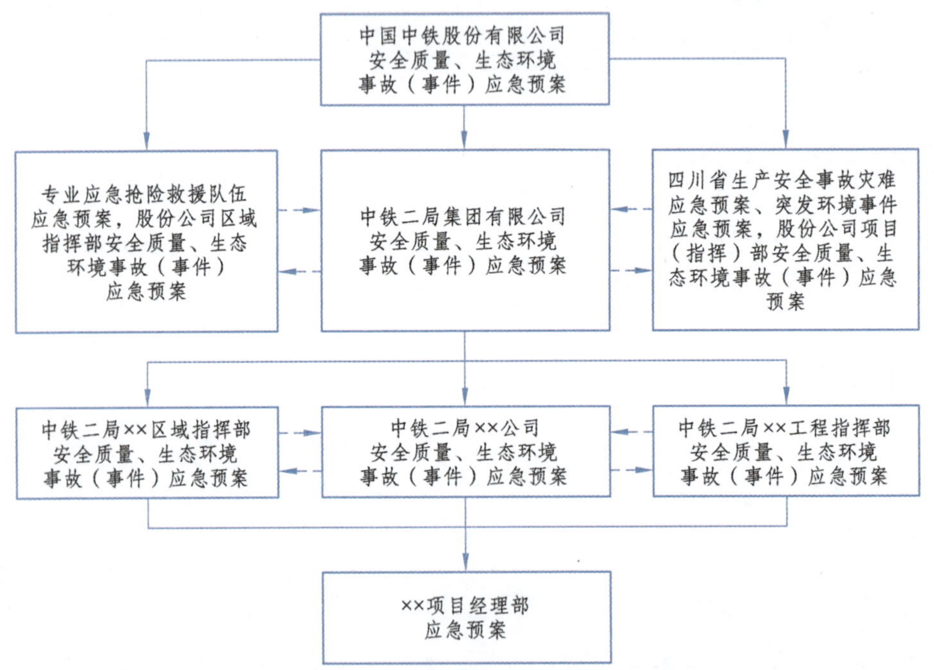

图 1 中铁二局集团有限公司应急预案体系

1.6 应急工作原则

坚持“统一指挥、职责明确，分级管理、规范有序，反应迅速、预防为主”的原则。

1.6.1 统一指挥、职责明确

公司按照本应急预案及相关文件规定，统一领导、协调全公司安全质量、生态环境、灾害事故（事件）及公共卫生事件的应急管理和应急处置工作。

1.6.2 分级管理、规范有序

按照事故（事件）严重和影响范围，建立公司，子（分）公司、区域指挥部，公司指挥（经理）部、项目经理部三级事故（事件）应急响应机制，并将三级机制与属地化管理相协调、配合，各司其职，有组织地参与事故处置，采取有力措施，将事故危害控制在最小范围内。

1.6.3 反应迅速、预防为主

贯彻“安全第一、预防为主、综合治理” 和“百年大计、质量第一”的方针，遵循“保护优先、预防为主、综合治理”的环境保护原则，坚持事故应急与预防相结合，做好预防、预测、预警和预报工作，做好常态化下的风险评估、物资储备、队伍建设、应急演练、预案评审等工作。一旦事故发生，项目部要立即启动应急预案，实施救援，指导现场自救，并按照规定向上级主管部门及时报告，准确传递事故信息。各级机构接到事故信息后，必须在第一时间启动应急方案。

2 危险性分析

2.1 企业概况

公司下辖施工类子（分）公司 12 个及其他多元类子（分）公司，员工 1.9 万余人。业务包括工程施工、基础设施建设管理、房地产开发、国际业务、勘察设计咨询、物业物贸、商业物业等领域。

2.2 危险源与风险分析

公司主要从事建筑施工活动，属于高危行业，暴露于危险环境中的频繁程度较高，事故发生可能造成人员伤亡、经济损失、社会负面影响。可能出现以下事故：

1. 生产安全事故有坍塌、起重伤害、高处坠落、机械伤害、物体打击、车辆伤害、触电、火灾、中毒和窒息、爆炸、淹溺等。

2. 生态环境污染事故有大气污染、水体污染、噪声污染、土壤污染等。

3. 生态环境破坏事故有地面下沉、地下水水位下降、水土流失等。

4. 职业健康事故有职业病、传染疾病、放射性辐射等。

5. 自然灾害有雷电、突水突泥、洪水、台风、泥石流、滑坡、地震、冰冻等。

6. 需要进行应急处置的工程质量事故。

3 应急组织机构与职责

3.1 应急组织体系

3.1.1 公司应急组织机构与职责

公司成立安全质量、生态环境及自然灾害事故（事件）应急领导小组，组长由公司党委书记、总经理担任，副组长由其他班子成员、高管及安全生产总监担任，成员包括工会副主席、三副总师、专职专家、党办、司办、工程部、安质环保部、科技部、成本部、物设部、人力部、财会部、宣传部、法规部、国际部、工会、社管中心等部门负责人和有关人员。应急领导小组办公室设在公司调度室，并设 24 小时应急值班电话（调度）：028-86443157。

应急领导小组负责贯彻落实国家、行业有关安全生产、工程质量、环境保护、职业健康方面的方针政策、法律法规，组织编制公司应急预案；负责组织、协调、指导和参与子公司发生的一般及以上事故（事件）的应急抢险救援工作；负责为抢险救援提供专家服务和技术支持；负责及时、如实向地方人民政府应急管理部门和其他对有关行业、领域的安全生产工作实施监督管理的部门和中国中铁报告事故信息；负责组织开展事故应急知识宣传教育。

3.1.2 子（分）公司、区域指挥部应急机构与职责

1. 子（分）公司成立安全质量、生态环境及自然灾害事故（事件）应急领导小组，组长由党委书记、总经理担任，副组长由主管组织宣传、法律事务、工会工作，分管施工生产、技术管理、人力资源、抢险救援、物资设备、财务管理、治安保卫、综合治理，包保项目的子（分）公司领导、安全生产总监及相关人员担任，成员包括工会副主席、三副总师、专职专家、党办、司办、工程部、安质环保部、科技部、成本部、物设部、人力部、财会部、宣传部、法规部、国际部、工会、社管中心等部门负责人和有关人员。应急领导小组办公室设在子（分）公司调度室，并设 24 小时值班电话。

2. 区域指挥部成立安全质量、生态环境及自然灾害事故（事件）应急领导小组，组长由党委书记、指挥长担任，副组长由负责项目管控、项目监管，协助片区项目监管的副指挥长担任，成员包括工程部、综合部、财会部、经营部等相关部门负责人和有关人员。应急领导小组办公室设在综合部，并设 24 小时值班电话。

应急领导小组负责根据国家、地方法律法规、行业规范规定、上级要求组织编制本单位事故应急预案，建立健全事故应急机构；负责监督检查所辖区域项目部及相关单位的应急预案的编制、培训、演练、评价。辖区内发生事故和突发紧急事件时，应急领导小组有关人员应迅速到达现场，负责协调、沟通、指导应急救援相关工作，并及时向公司报告相关情况。

3.1.3 公司指挥（经理）部、项目经理部应急机构与职责

1. 公司指挥（经理）部成立安全质量、生态环境及自然灾害事故（事件）应急领导小组，组长由指挥长（经理）、党委书记担任，副组长由分管生产安全的副经理、总工程师、工会主席（工委主任）、安全生产总监等公司指挥（经理）部领导担任，成员包括工程部、安质环保部、工经部、物机部、财会部、办公室、试验室等部门负责人和有关人员。应急领导小组办公室设在调度室，并设 24 小时值班电话。

2. 项目经理部成立应急小组，组长由项目经理、书记担任，副组长由分管生产安全的副经理、总工程师、安全生产总监等项目部领导担任，成员包括工程部、安全环保部、质量管理部、工经部、物机部、财会部、办公室、试验室等部门负责人和有关人员。应急领导小组办公室设在调度室，并设 24 小时值班电话。

应急小组应根据国家、地方法律法规、行业规范规定、上级要求，并结合工程项目特点编制项目部应急预案和现场处置方案，建立健全事故应急机构，配备应急物资、设备，并建立相应的台账；负责应急知识培训教育和宣传工作，组织应急培训、演练和评价。发生事故和突发紧急事件时，组织应急队伍迅速到达事故现场，组织现场应急人员开展应急处置和救援，采取有效措施防止事故扩大，最大限度减少人员伤亡和财产损失，保护好事故现场，并及时向当地政府部门和上级报告事故情况。当外部单位发生紧急事件时，应听从区域指挥部调遣，主动联系并积极参与抢险救援。

3.2 应急指挥机构与职责

事故发生后，按应急领导小组要求立即成立现场指挥部，现场应急指挥部设立八个工作组，即综合协调组、抢险救援组、技术方案组、配合调查组、现场保卫组、后勤保障组、媒体联络组、善后处理组。

现场指挥部以“快速高效、安全第一、严控风险”为首要目标，根据具体承担的应急救援职责，制定详尽的保障措施并落实到位。现场指挥以及参加事故应急救援的各工作组负责人、各单位和部门负责人、作业人员应当区别佩戴明显标志。当有组长或副组长不在现场时，由其副职或者上级单位指定人员履行应急处置职责。

3.2.1 综合协调组

组长由公司、子（分）公司、公司指挥（经理）部、区域指挥部应急领导小组组长担任，成员由公司、子（分）公司、公司指挥（经理）部、区域指挥部应急领导小组有关人员组成。主要职责是：按照国家有关法律法规要求，综合组织、协调抢险救援工作；启动相关保障预案，确保现场治安；医疗救援和通信畅通、调集抢险救援急需的物资、设备等，及时收集救援信息，如实上报抢险救援进展情况。

3.2.2 抢险救援组

组长由公司、子（分）公司分管施工生产的副总经理担任，组员由公司、子公司、公司指挥（经理）部相关专业人员组成。主要职责是：按照方案组织救援，科学合理地提出应急

物资、设备、人力配备建议；组建现场救援抢险工作班组；抢救现场伤员；抢救现场物资；保证现场应急救援通道的畅通。

3.2.3 技术方案组

组长由公司、子（分）公司总工程师担任，组员由公司、子（分）公司、公司指挥（经理）部、项目经理部相关专业人员组成。主要职责是：辨识应急救援过程中的危险、有害因素，并进行安全风险评估，确定灾害现场监控量测方式；根据事故现场的特点，制定相应的应急救援技术措施和应急救援步骤，为应急救援工作提供科学、有效的技术支持；完善安全评估资料，为应急响应提供科学、准确的依据，防止发生二次伤害事故。

3.2.4 配合调查组

组长由公司、子（分）公司分管安全的副总经理担任，组员由公司、子（分）公司、项目部相关专业人员组成。主要职责是：保护事故现场，协助负有法定职责的部门对事故现场进行调查取证；协助开展对现场有关人员的约谈、调查分析事故发生的主要原因；按“四不放过”的原则对事故相关责任人提出内部处理意见。

3.2.5 现场保卫组

组长由公司、子（分）公司、项目部的办公室、治安保卫部负责人担任，组员由公司、子（分）公司、项目部的办公室、治安保卫部相关人员组成。主要职责是：负责事故现场保卫，协助属地政府有关部门进行道路交通、现场警戒等。

3.2.6 后勤保障组

组长由公司、子（分）公司、项目部的办公室、财务部、物设部负责人担任，组员由公司、子（分）公司、区域指挥部、项目部的办公室、财务部、物设部相关人员组成。主要职责是：负责现场抢险救援及事故调查工作人员生活保障、食宿安排等后勤服务；提供必要的办公用品、交通工具、通信工具、器材等。

3.2.7 媒体联络组

组长由公司、子（分）公司企业文化部、宣传部负责人担任，组员由公司、子（分）公司、区域指挥部、项目部的企业文化部、宣传部、办公室相关人员组成。主要职责是：做好与地方政府的配合工作，适时发布救援新闻通稿。

3.2.8 善后处理组

组长由公司、子（分）公司、项目部的工会、办公室负责人担任，组员由公司、子（分）公司、项目部的工会、办公室相关人员组成。主要职责是：做好伤亡人员及家属的接待、稳定工作；做好受伤人员的医疗救护、伤员及家属慰问工作；做好法律保障、保险理赔和跟踪协调工作。

4 预防与预警

4.1 危险源监控

1. 坚持“安全第一、预防为主、综合治理”的方针，开展对重点区域和危险源的监控，做好日常的预防工作，建立和完善以预防为主的日常监督检查机制。

2. 加强对建设工程各类突发公共事件的调研，强化应对突发事件预测预警系统的资源整合，实现信息资源共享。

3. 落实企业安全生产主体责任，抓好项目安全管理，确保安全责任到位、安全措施到位、安全投入到位、安全培训到位，筑牢安全生产基石，构建本质安全型企业。

4.2 预　警

1. 根据地方政府发布的气象、自然灾害、突发环境事件的预警信息，以及危险作业工序、重大危险源等开展检查、超前地质预报、监控量测等经分析形成的预警信息。公司实行黄、橙、红三级预警管理：

黄色预警：项目部能够应对的就立即采取预警行动，并做好有效防范措施。

橙色预警：项目部难以应对的，应立即停工，撤离人员，并向子公司报告，子公司研判后，下达下一步处置措施。

红色预警：子公司难以应对的，应撤离人员，并向公司报告，公司研判后，下达下一步处置措施。

2. 公司和所属各单位工程部和安质部通过广讯通、工程管理信息系统等即时通信工具作为支持平台分别发布气象、自然灾害预警信息和事故预警信息，层层发布，保证预警信息指挥有力、准确畅通、反应灵敏、资源共享。

3. 项目经理部应将预警信息及应对措施，迅速通知相关部门采取行动，防止事件的发生或事态的进一步扩大，并立即向项目业主、监理和上级单位报告。

4. 各级应急组织机构接到有可能引起事故和突发紧急事件的险情信息后，各级应急办公室应密切关注事态的发展趋势，根据发展状况和严重程度，及时将信息报送各级应急领导小组。

4.3 信息报告与处置

4.3.1 报告方式

事故（事件）信息应在第一时间通过电话和格式规范的手机短信等方式报告公司分管领导、分管片区和项目的领导，同时以书面方式报告应急救援（响应）领导小组办公室。

4.3.2 报告电话

电话：028-86443791

传真：028-86443791

移动电话：183××××××××××

24 小时应急值班电话：028-86443157

4.3.3 报告原则

应遵循“迅速、准确”的原则，在第一时间报告安全质量、生态环境及自然灾害事故（事件）或突发紧急事件情况。

4.3.4 报告程序

发生事故或突发紧急事件后，严格按照《生产安全事故报告和调查处理条例》（国务院令第 493 号）、《铁路交通事故应急救援和调查处理条例》（国务院令第 501 号）、《铁路建设工程质量事故调查处理规定》和中国中铁及公司《关于进一步规范全公司生产安全（质量）事故报告的通知》的有关规定立即逐级报告，并按要求报告县级人民政府应急管理主管部门、监督管理部门、建设单位。

4.3.5 报告内容

1. 事故发生单位概况，应包含但不限于承建单位、标段、协作队伍及相关安全生产许可证等信息。

2. 事故发生的时间、地点以及事故现场情况，应包含但不限于单位工程名称、事故里程、结构及支撑体系形式、隧道断面、设备型号、墩身截面和高度、梁型和梁重、事发作业环节、高处坠落位置与高度等，其他工况均应细致清晰描述。

3. 事故的简要经过。

4. 事故已经造成或者可能造成的伤亡人数（包括下落不明的人数）和初步估计的直接经济损失。

5. 已经采取的措施。

6. 事故地点是否影响铁路营业线或繁华闹市区、高速公路、国道、其他重要设施安全。

7. 其他应当报告的情况。

8. 出现新情况的，应当及时补报。

5 应急响应

5.1 响应分级

根据接报的事故信息、初步原因分析、人员伤亡情况、经济损失和社会影响范围等因素划分，将应急响应级别分为Ⅰ～Ⅳ级。其响应分级、启动条件如表 1 所示。

表 1　响应分级

序号	响应分级	启动条件（下列情况之一）	响应部门及相关应急人员	响应内容
1	Ⅰ级 中国中铁	1. 初判可能发生死亡10人或重伤50人及以上事故。 2. 初判可能发生直接经济损失5 000万元及以上的事故。 3. 初判可能发生1 000人以上疏散、转移的突发环境事件或灾害事故（事件）。 4. 一次食物中毒100人以上并出现死亡病例，或一次食物中毒出现10例及以上死亡病例；一次发生急性职业中毒50人及以上，或一次发生急性职业中毒死亡5人及以上的重大突发公共卫生事件	中国中铁：领导及相关人员 中铁二局：公司主要领导，分管领导，工会主席，安全总监，公司办公室、安质环保部、工程管理部、人力资源部、宣传部、工会等负责人及相关人员 子（分）公司：主要领导、分管领导、工会主席、安全总监，安质环保部、工程管理部、人力资源部、党群工作部、工会等负责人及相关人员 区域公司：主要领导、监管领导、工程部长及相关人员	事故发生项目部立即启动应急预案，在规定时限内报告地方政府监督管理部门，并按程序逐级内部上报。各相应层级单位组织有关人员赶赴现场，接受现场指挥部下达的各项指令
2	Ⅱ级 中铁二局	1. 初判可能发生死亡3～9人或重伤10～49人的事故。 2. 初判可能发生直接经济损失1 000万元～5 000万元（不含）的事故。 3. 初判可能发生500～1 000人疏散、转移的突发环境事件或灾害事故（事件）。 4. 一次食物中毒超过100人，或出现死亡病例；一次发生急性职业中毒10～49人，或一次发生急性职业中毒死亡5人以下的较大突发公共卫生事件	中铁二局：公司分管领导、工会主席、安全总监，安质环保部、工程管理部、宣传部、工会等负责人及相关人员 子（分）公司：主要领导、分管领导、工会主席，安全总监，安质环保部、工程管理部、党群工作部、工会等负责人及相关人员 区域公司：主要领导、监管领导、工程部长及相关人员	事故发生项目经理部立即启动应急预案，在规定时限内报告地方政府监督管理部门，并按程序逐级内部上报。相关单位组织有关人员赶赴现场，接受现场指挥部下达的各项指令
3	Ⅲ级 子（分）公司、区域公司	1. 初判可能发生死亡1～2人或重伤3～9人的事故。 2. 初判可能发生直接经济损失100万元～1 000万元（不含）的事故。 3. 营业线施工及施工破坏管线，造成较大影响的事故。 4. 初判可能发生200～499人疏散、转移的突发环境事件或灾害事故（事件）。	子（分）公司：分管领导、安全总监，安质环保部、工程管理部等负责人及相关人员	

续表

序号	响应分级	启动条件（下列情况之一）	响应部门及相关应急人员	响应内容
3	Ⅲ级 子（分）公司、区域公司	5. 无人员伤亡，但社会影响较大的险性事故（事件）: （1）桥梁搬运机、提梁机、运梁车、架桥机、大型龙门吊、盾构机等大型机械设备险性事故。 （2）移动模架、桥梁施工挂篮、满堂支架等大型临时设施险性事故。 （3）开挖深度大于5 m（含）的基坑坍塌险性事故。 （4）隧道施工坍塌长度大于5 m（含）的事故。 （5）其他影响大，损失严重的险性事故	区域公司：监管领导、工程部长及相关人员	事故发生项目经理部立即启动应急预案，在规定时限内报告地方政府监督管理部门，并按程序上报公司。公司接到事故（事件）报告后，立即启动公司应急预案，组织有关人员赶赴现场，开展应急救援工作
4	Ⅳ级 项目经理部	1. 初判可能造成人员重伤1~2人的事故。 2. 初判可能发生直接经济损失20~100万元的事故。 3. 无人员伤亡，具有社会影响的险性事故（事件）: （1）开挖深度小于5 m的基坑坍塌险性事故。 （2）隧道施工坍塌长度小于5 m的事故。 （3）其他影响较大，损失较重的险性事故	项目经理部：领导班子、职能部门及相关人员	事故发生项目经理部按程序上报，立即启动应急预案，开展应急救援工作

5.2 先期处置

1. 事故（事件）发生单位应评估现场安全状况，当能控制险情时，应组织自救、互救；当不能判定险情状况或险情无法控制时，应组织现场人员疏散、撤离。

2. 项目部必须按照应急预案，坚决、迅速地实施先期处置，相互协同，密切配合，全力控制事故（事件）态势，防止次生、衍生灾害连锁反应。

5.3 现场应急处置

1. 现场应急救援指挥部就位，组织、督促各工作组开展工作。

2. 查看、评估现场，确定救援方案，调集救援资源，开展救援工作。

3. 维护现场安全，救治受伤人员，安抚家属，定期发布信息。

4. 组织事故调查配合工作，接受地方政府组织的事故调查。

5.4 扩大应急

1. 当事故未得到有效控制，现场应急救援指挥负责人应向上级单位或地方政府提请支援帮助。

2. 当事故升级，政府应急指挥机构领导赶到现场后，现场应急救援指挥部汇报事故情况、进展、风险以及影响控制事态的关键因素等，适时移交指挥权，接受政府现场应急指挥部的指挥，全力配合救援工作。

5.5 响应结束

当应急救援结束，事故（事件）现场得到有效控制，次生、衍生灾害的隐患消除后，配合调查及现场取证、善后处理工作完成后，响应结束。

5.6 传染病响应程序

当发现有疑似传染病时，应及时隔离病人，向地方防疫主管部门报告，并视情况采取停工等措施，坚决遏制疫情输入、扩散和蔓延。

6 信息发布

事故（事件）的信息和新闻发布，由现场应急指挥部集中、统一管理，以确保信息真实、准确、及时传递，并根据国家有关法律法规的规定向社会公布。

7 后期处置

7.1 善后处置

由事故发生的项目经理部和子（分）公司负责事故的善后处置工作，包括：人员的补偿、安置；安置和慰问受害人和受影响的人员；进行现场清理，尽快恢复正常的生产秩序；子（分）公司负责相关沟通协调工作。

7.2 事故调查与处理

7.2.1 配合调查

发生一般事故，由子（分）公司组织配合地方政府的事故调查；发生较大及以上事故，由公司指导协调及组织配合地方政府的事故调查。

7.2.2 内部调查

事故内部调查应按照公司《安全质量事故内部报告、应急处置和调查处理办法》要求实行分级调查、逐级负责，成立内部事故调查组，按照“四不放过”的原则，查清事故发生经过、原因、人员伤亡情况及直接经济损失，认定事故性质和事故责任，提出对事故责任者的处理建议，总结事故教训，提出防范和整改措施，提交内部事故调查报告。

7.2.3 事故处理

发生事故子公司应将地方政府批复的事故结案报告，及时报送公司。同时按照公司内部事故调查处理意见，本着“四不放过”的原则，对责任单位、责任人进行处理。必要时，将事故有关处理与落实情况向地方政府有关部门报告。

7.3 应急评估

各级应急机构针对发生的事故或突发事件，评估和检查本单位的应急救援工作，并及时对应急救援预案进行修订和完善，进一步加强和改善应急处置能力。

8 保障措施

8.1 通信与信息保障

确保应急期间相关信息及时、准确、可靠地传递和有效实施指挥，依托现有的有线、无线通信系统和公司各类信息管理系统，构成应急通信保障系统。各级应急指挥机构、工作机构和参与应急救援的有关部门及人员的联络电话，由各单位提供并明确，按隶属关系报上一级有关部门备案。单位及人员的通信联络电话发生变化的，及时进行更新。

8.2 应急队伍保障

8.2.1 应急抢险救援队伍

1. 公司在昆明组建隧道专业应急抢险救援队，配有专业应急抢险救援队员 49 人，拥有外管直径 620 mm 的大口径钻机、破拆及支护设备、防爆探地雷达、应急平台终端及移动营房车等隧道专业救援装备。专业救援队指导各单位应急救援工作，发生事故或突发紧急事件后，救援队立即启动应急预案，快速赶赴事发现场，在现场应急指挥部的统一指挥、协调下组织参与事故抢险救援工作。

2. 各子（分）公司要根据本单位施工生产部署及应急管理工作特点，按专（兼）职应急抢险救援队伍配置组建基本的应急抢险救援队伍（表 2）。此外，各子（分）公司还可结合区域工程特点，经区域指挥部统筹，建立其他应急抢险救援队伍。

表 2　应急抢险救援队伍配置

序号	子公司	应急救援方向	数量/支	地点	应急值班电话
1	一公司	隧道工程	1	广西河池	186××××××××
2	二公司	隧道工程	1	四川成都	028-62058627
3	三公司	民爆工程	1	四川成都	028-63170569
4	四公司	深基坑工程	1	四川成都	028-83663517
5	五公司	桥梁（深水）工程	1	重庆	177××××××××
6		钢结构吊装工程	1	四川德阳	0838-2421866
7	六公司	路基工程	1	四川成都	028-87674776
8	建筑公司	房建工程	1	广东湛江	158××××××××
9	电务公司	四电工程	1	四川成都	028-66752705
10	新运公司	预制梁制运架工程	1	四川成都	028-87607637
11	深圳公司	车辆段工程	1	广东广州	189××××××××
12	装修公司	装饰装修工程	1	四川成都	028-82373069
13	城通公司	城轨地下工程	2	浙江杭州	158××××××××

3. 项目部要根据项目特点和建设单位要求，建立相应的应急抢险救援队伍。

4. 各级救援队伍由公司应急领导小组及区域指挥部或相应级别的应急机构统一领导和派遣调动。各级救援队奔赴事发现场后，在现场应急指挥部的统一指挥、协调下组织参与事故抢险救援工作。在日常应急管理工作中应与建设单位、当地医院及政府有关部门加强沟通、联系，建立应急救援协作联动机制。

8.2.2　专家咨询力量

公司建立应急救援专家组（表 3），根据事故或突发紧急事件应急抢险救援需要，抽调专家参加事发现场的工程设施安全性鉴定、险情分析和应急救援方案、技术措施、恢复方案的研究、制定工作。

表 3　公司应急救援专家组

序号	姓名	应急救援方向	备注
1	×××	生产安全	
2	×××	隧道及地下工程	
3	×××	机械设备	

续表

序号	姓名	应急救援方向	备注
4	×××	预制梁制运架工程、轨道工程、铁路营业线工程	
5	×××	房建及装修装饰工程	
6	×××	铁路及城市轨道交通四电工程、机电安装工程	
7	×××	桥梁工程及钢结构工程	
8	×××	路基及涵洞工程	

说明：表中人员发生变化时，由公司应急领导小组临时指派人员赴现场，开展救援指导工作。

8.3 应急物资装备保障

1. 国家隧道应急救援中铁二局昆明队配备必需的、先进适用的装备器材，储备必要的应急物资和装备。发生事故或突发紧急事件后，应急救援基地的物资和装备由公司统一调配。为确保应急救援工作及时、有序开展，公司对所属单位的应急物资和装备实行就地、就近调用和应急状态下优先使用的原则。

2. 公司设备管理部门负责掌握应急抢险救援专用工程设备动态，按季度统计、更新设备状态和设备所在地（省、市、县及工程项目工点）信息，在全公司范围内指导项目应急救援设备的调配。

3. 各子（分）公司建立本单位所有项目的应急救援物资设备台账，并按季度统计、更新应急救援物资设备信息，在子公司范围内调配项目应急救援物资设备，将应急抢险专用设备及分布情况每季度上报公司。

4. 区域指挥部建立区域内所有项目的应急救援物资设备台账，并按季度统计、更新应急救援物资设备信息，在区域范围内调配项目应急救援物资设备。

5. 项目经理部要根据施工生产特点，应设有储放应急救援物资和装备的专用库房配备相应的应急物资和装备，并明确类型、数量、性能、存放位置，建立台账，定期检查、保养、更换。定期上报上级单位及区域指挥部，以保障应急救援使用和调用。

6. 应急救援物资和装备应首先利用工程项目建设的既有资源，必要时联系当地政府、有关部门及其他社会资源。工程项目部日常工作中应调查了解和明确应急救援时申请使用社会资源的程序、步骤。

8.4 经费保障

公司及所属各单位按照每年安全生产投入计划编制专项预算，在年度安全生产支出经费范围内预先安排应急管理资金，作为应急救援工作的专项资金保障。在开展应急救援相关工作时，公司及所属各单位应加强对安全生产专项经费的监督与管理，切实提高应急救援资金保障。

9 培训与演练

9.1 培 训

1. 各级、各类应急预案应有计划、有目的、有针对性地对全体人员进行培训，确保应急预案启动后各岗位人员具备完成应急救援任务所需的知识和技能。

2. 公司、各子（分）公司在每年进行的“三类人员”安全考核培训时，把应急管理作为一项重要的培训内容。

3. 公司、子（分）公司、公司指挥（经理）部、区域指挥部和项目经理部在进行各种形式的教育培训时，把应急管理的法律法规、应急避险和逃生等常识作为安全教育培训的重点内容。

9.2 演 练

1. 应急演练的开展方式可根据实际情况和条件，采用桌面演练、功能演练和全面演练，至少每半年组织 1 次应急演练，演练结束后，对演练效果进行评估，撰写应急预案演练评估报告，分析存在的问题，并对应急预案提出修订意见，同时将演练情况报送政府相关部门。

2. 各级应急工作机构要制订演练计划，对演练实施的效果进行评估、总结，及时查找不足和改进应急救援预案，不断提高应急管理工作能力。

10 附 则

1. 本预案报送中国中铁股份有限公司、四川省成都市住建局备案，并抄送四川省成都市应急管理局。

2. 本预案为公司综合应急预案，各子（分）公司、公司项目指挥（经理）部、项目经理部应根据具体情况编制或完善本单位应急预案和现场处置方案，并按照分级管理的原则，报送地方人民政府负有安全生产监督管理职责的部门备案，同时报上级单位主管部门备案。

3. 本预案由公司安质环保部负责解释。

4. 本预案自印发之日起施行，公司原《安全质量事故（事件）应急预案》（司安质〔2016〕48 号）同时废止。

YJ

中铁二局第三工程有限公司

YJ/ZTEJ3–2020

安全质量、生态环境事故（事件）

应 急 预 案

2020 年 12 月

中铁二局第三工程有限公司

批 准 页

《中铁二局第三工程有限公司安全质量、生态环境事故（事件）应急预案（2020年修订）》是中铁二局第三工程有限公司为保护员工、相关方及人民群众的生命财产和环境安全，减少财产损失，维护公司声誉和社会形象，在《中铁二局集团有限公司安全质量、生态环境事故（事件）应急预案（2020年修订）》和中铁二局第三工程有限公司《关于印发安全质量、生态环境及灾害事故（事件）应急预案的通知》（司安质〔2019〕611号）基础上进行了深度修订，是企业内部规范性文件；是公司各单位安全质量、生态环境事故（事件）应急预案的支持性文件。本预案阐述了其适用范围、事故分级，明确了应急组织机构与职责、应急响应、应急处置原则、应急保障等相关要求，应用于各单位安全质量、生态环境事故（事件）的应急救援与处置。

现将《中铁二局第三工程有限公司安全质量、生态环境事故（事件）应急预案（2020年修订）》予以发布，请认真贯彻执行。

党委书记：

总经理：

年　月　日

目　录

1 总 则

1.1 编制目的

确保公司安全质量、生态环境事故（事件）应急处置工作快速、有序、高效进行，提高自身应急反应能力，保障国家、企业和员工生命财产安全，最大限度减少事故造成的人员伤亡、财产损失和对环境产生的不利影响，维护社会稳定，促进企业安全、和谐、可持续发展。

1.2 编制依据

《中华人民共和国安全生产法》
《中华人民共和国突发事件应对法》
《中华人民共和国特种设备安全法》
《中华人民共和国环境保护法》
《中华人民共和国职业病防治法》
《建设工程安全生产管理条例》
《生产安全事故报告和调查处理条例》
《生产安全事故应急条例》
《生产安全事故应急预案管理办法》
《突发环境事件应急管理办法》
《生产经营单位生产安全事故应急预案编制导则》
《铁路交通事故应急救援和调查处理条例》
《中铁二局集团有限公司安全质量、生态环境事故（事件）应急预案》
《中铁二局第三工程有限公司安全生产和职业健康管理办法》
《中铁二局第三工程有限公司工程质量监督管理办法》
《中铁二局第三工程有限公司安全质量事故内部报告、应急处置和调查处理办法》
《中铁二局第三工程有限公司环境保护管理办法》

1.3 适用范围

本应急预案适用于中铁二局第三工程有限公司（以下简称公司）施工生产过程中发生的下列安全质量、生态环境事故（事件）的应对和处置工作：

1. 人员伤亡事故。
2. 突发环境事件。
3. 突发公共卫生事件。
4. 民用爆炸物品和危险化学品事故。
5. 锅炉、压力容器、压力管道和特种设备事故。

6. 火灾事故。

7. 铁路营业线施工事故。

8. 自然灾害事故。

9. 工程质量事故。

10. 其他事故。

1.4 应急预案体系

公司应急预案体系由公司和项目经理部两级预案组成，分为综合应急预案、专项应急预案、现场处置方案、现场处置卡。其中公司制订综合应急预案，项目部制订专项应急预案、现场处置方案、现场处置卡。

1.5 预案衔接

《成都市生产安全事故灾难应急预案》

《成都市突发环境事件应急预案》

《中铁二局安全质量、生态环境事故（事件）应急预案》

各项目经理部（分公司）应急预案

中铁二局第三工程有限公司应急预案体系见图 1。

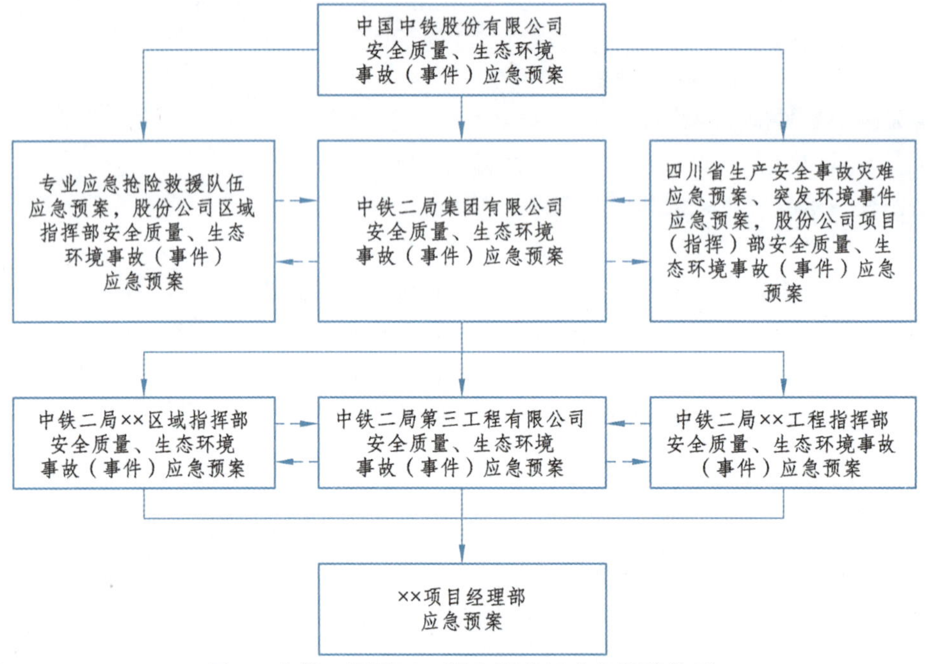

图 1 中铁二局第三工程有限公司应急预案体系

1.6 应急工作原则

坚持“统一指挥、职责明确，分级管理、规范有序，反应迅速、预防为主”的原则。

1.6.1 统一指挥、职责明确

公司按照本应急预案及相关文件规定，统一领导、协调全公司安全质量、生态环境、灾害事故（事件）及公共卫生事件的应急管理和应急处置工作。

1.6.2 分级管理、规范有序

按照事故（事件）严重程度和影响范围，建立公司、项目经理部两级事故（事件）应急响应机制，并将两级机制与属地化管理相协调、配合，各司其职，有组织地参与事故处置，采取有力措施，将事故危害、影响控制在最小范围。

1.6.3 反应迅速、预防为主

贯彻“安全第一、预防为主、综合治理”和“百年大计、质量第一”的方针，遵循“保护优先、预防为主、综合治理”的环境保护原则，坚持事故应急与预防相结合，做好预防、预测、预警和预报工作，做好常态化下的风险评估、物资储备、队伍建设、应急演练、预案评审等工作。一旦发生事故，事发单位要立即启动应急预案，实施救援，指导现场自救，并按照规定向公司应急领导小组及时报告，准确传递事故信息。公司应急领导小组接到事故信息后，必须在第一时间启动应急预案。

2 危险性分析

2.1 企业概况

公司是中铁二局旗下业态最为丰富、资质最为齐全的综合性子公司，业务涵盖工程施工、物流仓储、物业管理、工程检测、爆破服务等，主营业务有房建、市政、公路、铁路、城市轨道、机电安装、水利工程施工及工程爆破、地质灾害治理等。

公司注册资本 2.0 亿元，资产总额 31.7 亿元，现有员工 1 700 多人，其中各类技术人员 600 余人；拥有大型机械、检测设备 400 多台，年生产能力在 60 亿元以上。

2.2 危险源与风险分析

公司主要从事建筑施工活动，属于高危行业，人员长期在野外作业，暴露于危险环境中的频繁程度较高，事故发生可能造成人员伤亡、经济损失、社会负面影响。可能出现以下事故：

1. 生产安全事故有高处坠落、物体打击、坍塌、起重伤害、机械伤害、车辆伤害、触电、火灾、中毒和窒息、爆炸、淹溺等。

2. 生态环境污染事故有大气污染、水体污染、土壤污染、噪声污染等。

3. 生态环境破坏事故有地面下沉、地下水水位下降、水土流失等。

4. 职业健康事故有职业病、传染疾病、放射性辐射。

5. 自然灾害有雷电、突泥涌水、洪水、台风、泥石流、滑坡、地震、冰冻等。
6. 需要进行应急处置的工程质量事故。

3 应急组织机构与职责

3.1 应急组织体系

3.1.1 公司应急机构与职责

公司设立安全质量、生态环境事故（事件）应急领导小组，组长由总经理、党委书记担任，副组长由分管生产的副总经理、总工程师、工会主席等公司领导担任，成员包括安全生产总监、纪委副书记、工会副主席、三副总师、专职专家、党群工作部、司办、工程部、安质环保部、科技部、成本部、物设部、人力部、财会部、监察部、工会、社管中心等部门负责人和有关人员。应急领导小组办公室设在公司调度室，并设 24 小时值班电话（调度）：028-63170569。

公司应急领导小组负责贯彻落实国家、行业有关安全生产、工程质量、环境保护、职业健康方面的方针政策、法律法规，组织编制公司应急预案；负责组织、协调、指导和参与项目经理部发生的重伤及以上事故（事件）的应急抢险救援工作；负责为抢险救援提供专家服务和技术支持；负责及时如实地向地方人民政府应急管理部门、其他有关安全生产监督管理部门和中铁二局报告事故信息；负责组织开展事故应急知识宣传教育。

3.1.2 项目经理部应急机构与职责

项目经理部成立应急领导小组，组长由项目经理、项目书记担任，副组长由分管生产的副经理、总工程师、安全生产总监等项目领导担任，成员包括工程部、安全环保部、质量管理部、工经部、物机部、财会部、办公室、实验室等部门负责人和有关人员。应急领导小组办公室设在调度室，并设 24 小时值班电话。

项目经理部应急领导小组应根据国家、地方法律法规、行业规范规定、上级要求，并结合工程项目特点编制项目经理部应急预案和现场处置方案，建立健全事故应急机构，配备应急物资、设备，并建立相应的台账；负责应急知识培训教育和宣传工作，组织应急预案培训、演练、评价。发生事故和突发紧急事件时，组织应急队伍迅速到达事故现场，组织现场应急人员开展应急处置和救援，采取有效措施防止事故扩大，最大限度减少人员伤亡和财产损失，保护好事故现场，并及时向当地政府部门和公司报告事故情况。当外部单位发生紧急事件时，应听从公司或中铁二局区域工程指挥部调遣，主动联系并积极参与抢险救援。

3.2 现场应急指挥机构与职责

事故发生后，按公司应急领导小组要求立即成立现场指挥部，现场应急指挥部设立六个工作组，即综合协调组、抢险救援组、技术方案组、后勤保障组、善后处理组、配合调查组。

现场指挥部以“快速高效、安全第一、严控风险”为首要目标，根据具体承担的应急救援职责，制定详尽的保障措施并落实到位。现场指挥以及参加事故应急救援的各工作组负责人、各单位和部门负责人、作业人员应当区别佩戴明显标志。当有组长或副组长不在现场时，由其副职或者上级单位指定人员履行应急处置职责。

3.2.1 综合协调组

组长由公司应急领导小组组长担任，成员由公司、项目经理部应急领导小组有关人员组成。主要职责是：综合组织、协调抢险救援工作；启动相关保障预案，确保现场治安；医疗救援和通信畅通、调集抢险救援急需的物资、设备；对外协调；及时收集应急救援信息，如实上报应急救援进展情况等。

3.2.2 抢险救援组

组长由公司分管生产的副总经理担任，组员由公司、项目经理部相关专业人员组成。主要职责是：按照方案组织救援，科学合理地提出应急物资、设备、人力配备建议；组建现场救援抢险工作班组；抢救现场伤员；抢救现场物资；保证现场应急救援通道的畅通。

3.2.3 技术方案组

组长由公司总工程师担任，组员由公司、项目经理部相关专业人员组成。主要职责是：辨识应急救援过程中的危险、有害因素，并进行安全风险评估，确定灾害现场监控量测方式；根据事故现场的特点，制定相应的应急救援技术措施和应急救援步骤，为应急救援工作提供科学、有效的技术支持；完善安全评估资料，为应急响应提供科学、准确的依据，防止发生二次伤害事故。

3.2.4 后勤保障组

组长由公司、项目经理部的办公室、财务部、物设部负责人担任，组员由公司、项目经理部办公室、物设部、财务部等部门成员组成。主要职责是：负责现场抢险救援及事故调查工作人员生活保障、食宿安排等后勤服务；提供必备的办公用品、交通工具、通信工具、器材等。

3.2.5 善后处理组

组长由公司、项目经理部的工会、办公室负责人担任，组员由公司、项目经理部的工会、办公室相关人员组成。主要职责是：做好伤亡人员及家属的接待、稳定工作；做好受伤人员的医疗救护、伤员及家属慰问工作；做好法律保障、保险理赔和跟踪协调工作。

3.2.6 配合调查组

组长由公司分管生产副总经理担任，组员由公司、项目经理部相关专业人员组成。主要职责是：保护事故现场，协助负有法定职责的部门对事故现场进行调查取证；协助开展对现场有关人员的约谈，调查分析事故发生的主要原因；按“四不放过”的原则对事故相关责任人提出内部处理意见。

4 预防与预警

4.1 危险源监控

1. 坚持“安全第一、预防为主、综合治理”的方针，开展对重点区域和危险源的监控，做好日常的预防工作，建立和完善以预防为主的日常监督检查机制。

2. 加强对建设工程各类突发公共事件的调研，强化应对突发事件预测预警系统的资源整合，实现信息资源共享。

3. 落实企业安全生产主体责任，抓好项目安全质量管理，确保安全责任到位、安全措施到位、安全投入到位、安全培训到位，筑牢安全生产基石，构建本质安全型企业。

4.2 预警行动

1. 根据地方政府发布的气象、自然灾害、突发环境事件的预警信息，以及危险作业工序、重大危险源等开展检查、超前地质预报、监控量测等经分析形成的预警信息，公司实行黄、橙、红三级预警管理：

黄色预警：项目部能够应对的就立即采取预警行动，并做好有效防范措施。

橙色预警：项目经理部难以应对的，应立即停工，撤离人员，并向公司报告，公司研判后，下达下一步处置措施。

红色预警：公司难以应对的，应立即撤离人员，并向中铁二局报告。

2. 公司和所属各项目经理部工程部和安质部通过广讯通、工程管理信息系统等即时通信工具作为支持平台发布气象、自然灾害预警信息和事故预警信息，层层发布，保证预警信息指挥有力、准确畅通、反应灵敏、资源共享。

3. 项目经理部应将预警信息及应对措施，迅速通知相关部门采取行动，防止事件的发生或事态的进一步扩大，并立即向业主、监理和公司报告。

4. 公司应急组织机构接到有可能引起事故和突发紧急事件的险情信息后，公司应急办公室应密切关注事态的发展趋势，根据发展状况和严重程度，及时将信息报送公司应急领导小组。

4.3 信息报告与处置

4.3.1 报告方式

事故（事件）信息应在第一时间通过电话和格式规范的手机短信等方式报告公司分管领导、项目包保领导，同时以书面方式报告应急领导小组办公室。

4.3.2 报告电话

公司事故应急领导小组报告电话：

电话：028-63170519

传真：028-69988099

移动电话：138××××××××

24 小时应急值班电话（调度）：028-63170569

4.3.3 报告原则

应遵循“迅速、准确”的原则，在第一时间报告安全质量、生态环境事故（事件）或突发紧急事件情况。

4.3.4 报告程序

发生事故或突发紧急事件后，严格按照《生产安全事故报告和调查处理条例》（国务院令第 493 号）、《铁路交通事故应急救援和调查处理条例》（国务院令第 501 号）、《铁路建设工程质量事故调查处理规定》和中国中铁及中铁二局《关于进一步规范全公司生产安全（质量）事故报告的通知》有关规定立即逐级报告，并按要求报告县级人民政府应急管理主管部门、监督管理部门、建设单位。

4.3.5 报告内容

1. 事故发生单位概况，包含但不限于承建单位、标段、协作队伍及相关安全生产许可证等信息。
2. 事故发生的时间、地点以及事故现场情况，包含但不限于单位工程名称、事故里程、结构及支撑体系形式、隧道断面、设备型号、墩身截面和高度、梁型和梁重、事发作业环节、高处坠落位置与高度等，其他工况均应细致清晰描述。
3. 事故的简要经过。
4. 事故已经造成或者可能造成的伤亡人数（包括下落不明的人数）和初步估计的直接经济损失。
5. 已经采取的措施。
6. 事故地点是否影响铁路营业线或繁华闹市区、高速公路、国道、其他重要设施安全。
7. 其他应当报告的情况。
8. 出现新情况的，应当及时补报。

5 应急响应

5.1 响应分级

根据接报的事故信息、初步原因分析、人员伤亡情况、经济损失和社会影响范围等因素划分，将应急响应级别分为Ⅰ～Ⅳ级。其响应分级、启动条件见表 1。

表 1　响应分级

序号	响应分级	启动条件（下列情况之一）	响应部门及相关应急人员	响应内容
1	Ⅰ级 中国中铁	1. 初判可能发生死亡 10 人或重伤 50 人及以上的事故。 2. 初判可能发生直接经济损失 5 000 万元及以上的事故。 3. 初判可能发生 1 000 人以上疏散、转移的突发环境事件或灾害事故（事件）。 4. 一次食物中毒 100 人及以上并出现死亡病例，或出现 10 例及以上死亡病例；一次发生急性职业中毒 50 人及以上，或死亡 5 人及以上的重大突发公共卫生事件	中国中铁：领导及相关人员 中铁二局：主要领导，分管领导，工会主席，安全总监，公司办公室、安质环保部、工程管理部、人力资源部、宣传部、工会等负责人及相关人员 中铁二局区域公司：主要领导、监管领导、工程部长及相关人员 公司：主要领导、分管领导、工会主席、安全总监，安质环保部、工程管理部、人力资源部、党群工作部、工会等部门负责人及相关人员	事故发生项目部立即启动应急预案，在规定时限内报告地方政府监督管理部门，并按程序逐级内部上报。各相应层级单位组织有关人员赶赴现场，接受现场指挥部下达的各项指令
2	Ⅱ级 中铁二局	1. 初判可能发生死亡 3～9 人，或重伤 10～49 人的事故。 2. 初判可能发生直接经济损失 1 000 万～5 000 万元（不含）的事故。 3. 初判可能发生 500～1 000 人疏散、转移的突发环境事件或灾害事故（事件）。 4. 一次食物中毒超过 100 人，或出现死亡病例；一次发生急性职业中毒 10～49 人，或死亡 5 人以下的较大突发公共卫生事件	中铁二局：分管领导、工会主席、安全总监，安质环保部、工程管理部、宣传部、工会等负责人及相关人员 中铁二局区域公司：主要领导、监管领导、工程部长及相关人员 公司：主要领导、分管领导、工会主席，安全总监，安质环保部、工程管理部、党群工作部、工会等负责人及相关人员	事故发生项目经理部立即启动应急预案，在规定时限内报告地方政府监督管理部门，并按程序逐级内部上报。各相应层级单位组织有关人员赶赴现场，接受现场指挥部下达的各项指令
3	Ⅲ级 公司	1. 初判可能造成死亡 1～2 人，或导致发生重伤 3～9 人的事故。 2. 初判可能发生直接经济损失 100 万～1 000 万元（不含）的事故。 3. 营业线施工及施工破坏管线，造成较大影响的事故。 4. 造成 200～499 人疏散、转移的突发环境事件或灾害事故（事件）。	公司：分管领导、安全总监、安质环保部、工程管理部、物机部等部门负责人及相关人员	事故发生项目经理部立即启动应急预案，在规定时限内报告地方政府监督管理部门，并按程序上报公司。公司接到事故（事件）报告后，立即启动公司应急预案，组织有关人员赶赴现场，开展应急救援工作

续表

序号	响应分级	启动条件（下列情况之一）	响应部门及相关应急人员	响应内容
3	Ⅲ级 公司	5. 无人员伤亡，但社会影响较大的险性事故（事件）： （1）桥梁搬运机、提梁机、运梁车、架桥机、大型龙门吊、盾构机等大型机械设备险性事故。 （2）移动模架、桥梁施工挂篮、满堂支架等大型临时设施险性事故。 （3）开挖深度大于5 m（含）的基坑坍塌险性事故。 （4）隧道施工坍塌长度大于5 m（含）的事故。 （5）其他影响大，损失严重的险性事故		
4	Ⅳ级 项目 经理部	1. 初判可能造成重伤1人～2人的事故。 2. 初判可能发生直接经济损失20万～100万元的事故。 3.无人员伤亡，具有社会影响的险性事故（事件）。 （1）开挖深度小于5 m的基坑坍塌险性事故。 （2）隧道施工坍塌长度小于5 m的事故。 （3）其他影响较大，损失较重的险性事故	项目经理部：领导班子、职能部门负责人及相关人员	事故发生项目经理部按程序上报，立即启动应急预案，开展应急救援工作

5.2 先期处置

1. 事故（事件）发生单位应评估现场安全状况，当能控制险情时，应组织自救、互救；当不能判定险情状况或险情无法控制时，应组织现场人员疏散、撤离。

2. 项目经理部必须按照应急预案，坚决、迅速地实施先期处置，相互协同，密切配合，全力控制事故（事件）态势，防止次生、衍生灾害连锁反应。

5.3 现场应急处置

1. 现场应急救援指挥部就位，组织、督促各工作组开展工作。

2. 查看、评估现场，确定救援方案，调集救援资源，开展救援工作。

3. 维护现场安全，救治受伤人员，安抚家属，按照相关规定及时报送信息。

4. 组织事故调查配合工作，接受地方政府组织的事故调查。

5.4 扩大应急

1. 当事故未得到有效控制，现场应急救援指挥负责人应向上级单位或地方政府提请支援帮助。

2. 当事故升级，政府应急指挥机构领导赶到现场后，现场应急救援指挥部汇报事故情况、进展、风险以及影响控制事态的关键因素等，适时移交指挥权，接受政府现场应急指挥部的指挥，全力配合救援工作。

5.5 响应结束

当应急救援结束，事故（事件）现场得到有效控制，次生、衍生灾害的隐患消除，配合调查及现场取证、善后处理工作完成后，经现场应急指挥部同意，宣布应急结束和决定解除应急状态，应急救援队伍可撤离现场，响应结束。

5.6 传染病响应程序

当发现有疑似传染病时，应及时隔离病人，向地方防疫主管部门报告、并视情况采取停工等措施，坚决遏制疫情输入、扩散和蔓延。

6 信息发布

事故（事件）的信息和新闻发布，由现场应急指挥部集中、统一管理，以确保信息真实、准确、及时传递，并根据国家有关法律法规的规定向社会公布。

7 后期处置

7.1 善后处置

由事故发生的项目经理部负责事故的善后处置工作，包括：人员的补偿、安置；安置和慰问受害人和受影响的人员；进行现场清理，尽快恢复正常的生产秩序。

7.2 事故调查与处理

7.2.1 配合调查

发生一般事故，由公司组织配合地方政府的事故调查；发生较大及以上事故，由中铁二局指导协调及组织配合地方政府的事故调查。

7.2.2 内部调查

事故内部调查应按照中铁二局《安全质量事故内部报告、应急处置和调查处理办法》要求实行分级调查、逐级负责，成立内部事故调查组，按照“四不放过”的原则，查清事故发生经过、原因、人员伤亡情况及直接经济损失，认定事故性质和事故责任，提出对事故责任者的处理建议，总结事故教训，提出防范和整改措施，提交内部事故调查报告。

7.2.3 事故处理

发生事故的单位应将地方政府批复的事故结案报告，及时报送公司。同时按照公司内部事故调查处理意见，本着“四不放过”的原则，对责任单位、责任人进行处理。必要时，将事故有关处理与落实情况向地方政府有关部门报告。

7.3 应急评估

公司和项目经理部应急机构针对发生的事故或突发事件，评估和检查本单位的应急救援工作，并及时对应急救援预案进行修订和完善，进一步加强和改善应急处置能力。

8 保障措施

8.1 通信与信息保障

确保应急期间相关信息及时、准确、可靠地传递和有效实施指挥，依托现有的有线、无线通信系统和公司各类信息管理系统，构成应急通信保障系统。各项目经理部应急机构、工作机构和参与应急救援的有关部门及人员的通信方式，由各项目经理部提供并明确，报公司应急领导小组办公室备案。通信方式发生变化的，及时进行更新。

8.2 应急队伍保障

8.2.1 应急抢险救援队伍

1. 公司依托爆破公司组建一支民爆专业应急抢险救援队，发生事故或突发紧急事件后，救援队立即启动应急预案，快速奔赴事发现场，在现场应急指挥部的统一指挥、协调下参与事故抢险救援工作。

2. 公司结合区域工程特点，分片区建立 4 支应急抢险救援队伍（表 2）。

表 2　应急抢险救援的队伍配置

序号	片区	依托项目部	数量/支	联系方式
1	西南片区	新兴中学项目部	1	155××××××××
2	广东片区	珠海兴业快线项目部	1	186××××××××
3	江浙片区	金义东轨道交通项目部	1	139××××××××
4	西北片区	青海西察高速公路项目部	1	135××××××××

3. 各项目经理部要根据工程特点和建设单位要求，建立相应的应急抢险救援队伍。

4. 各救援队伍由公司应急领导小组统一领导和派遣调动。各救援队接到应急救援请求信息后，应立即向公司应急领导小组办公室汇报。奔赴事发现场后，在现场应急指挥部的统一指挥、协调下参与事故抢险救援工作。在日常应急管理工作中应与建设单位、当地医院及政府有关部门加强沟通、联系，建立应急救援协作联动机制。

8.2.2　专家咨询力量

公司建立应急救援专家组（表 3），根据事故或突发紧急事件应急抢险救援需要，抽调专家参加事发现场的工程设施安全性鉴定、险情分析和应急救援方案、技术措施、恢复方案的研究、制定工作。

表 3　公司应急救援专家组

序号	姓名	应急救援方向	联系方式
1	×××	生产安全	
2	×××	预制梁制运架工程	
3	×××	隧道及地下工程	
4	×××	房建工程	
5	×××	机电安装工程	
6	×××	铁路营业线工程	
7	×××	储运消防	

说明：表中人员发生变化时，由公司应急领导小组临时指派人员赴现场，开展救援指导工作。

8.3　应急物资装备保障

1. 公司设备管理部门负责掌握应急抢险救援专用工程设备动态，按季度统计、更新设备状态和设备所在地（省、市、县及工程项目工点）信息，在全公司范围内指导项目应急救援设备的调配。

2. 项目经理部要根据施工生产特点，应设有储放应急救援物资和装备的专用库房配备相应的应急物资和装备，并明确类型、数量、性能、存放位置，建立台账，定期检查、保养、更换。定期上报公司，以保障应急救援使用和调用。

3. 应急救援物资和装备应首先利用工程项目建设的既有资源，必要时联系当地政府、有关部门及其他社会资源。项目经理部日常工作中应调查了解和明确应急救援时申请使用社会资源的程序、步骤。

8.4 经费保障

公司及所属各单位按照每年安全生产投入计划编制专项预算，在年度安全生产支出经费范围内预先安排应急管理资金，作为应急救援工作的专项资金保障。在开展应急救援相关工作时，公司及所属各单位应加强对安全生产专项经费的监督与管理，切实提高应急救援资金保障。

9 培训与演练

9.1 培　训

1. 各级、各类应急预案应有计划、有目的、有针对性地对全体人员进行培训，确保应急预案启动后各岗位人员具备完成应急救援任务所需的知识和技能。

2. 公司在每年进行的“三类人员”安全考核培训时，要把应急管理作为一项重要的培训内容。

3. 公司和项目经理部在进行各种形式的教育培训时，要把应急管理的法律法规、应急避险和逃生等常识作为安全教育培训的重点内容，保证从业人员具备必要的应急知识，掌握风险防范技能和事故应急措施。

9.2 演　练

1. 应急演练的开展方式可根据实际情况和条件，采用桌面演练、功能演练和全面演练，至少每半年组织 1 次应急演练。演练结束后，对演练效果进行评估，撰写应急预案演练评估报告，分析存在的问题，并对应急预案提出修订意见，同时将演练情况报送政府相关部门。

2. 项目经理部应急工作机构要制订演练计划，对演练实施的效果进行评估、总结，及时查找不足和改进应急救援预案，不断提高应急管理工作能力。

10 附　则

1. 本预案报送中铁二局集团有限公司、成都市住建局备案，并抄送成都市应急管理局。

2. 本预案为公司综合应急预案，各项目经理部应根据具体情况编制或完善本单位综合应急预案、专项应急预案和现场处置方案，并按照分级管理的原则，报送地方人民政府负有安全生产监督管理职责的部门备案，同时报公司备案。

3. 本预案由公司安质环保部负责解释。

4. 本预案自印发之日起施行，公司原《安全质量事故（事件）应急预案》同时废止。

YJ

中铁二局集团有限公司

YJ/ZTEJ–2020

文泰高速公路 3 标路基工程
安全质量、生态环境事故（事件）
现 场 处 置 方 案

2020 年 12 月

中铁二局文泰公路项目经理部

批 准 页

中铁二局《文泰高速公路 3 标路基工程安全质量、生态环境事故（事件）现场处置方案》是中铁二局文泰高速项目经理部为保护员工生命安全，减少财产损失，确保事故发生时快速反应、妥善处置而制定的内部规范性文件。

本处置方案是在开展事故风险分析和应急资源调查的基础上，针对具体的作业场所或设备设施制定的工作方案，

同时考虑了突发质量事故、突发环境（安全事故衍生）事件的应急情形，明确了路基工程出现不可接受风险事件时，项目应急组织机构与职责、应急响应、应急处置原则、应急保障等相关要求，适用于路基工程坍塌、车辆伤害、中毒和窒息等现场处置工作。

中铁二局《文泰高速公路 3 标路基工程安全质量、生态环境事故（事件）现场处置方案》经中铁二局文泰高速项目经理部安全生产领导小组批准，现正式实施。

项目书记：

项目经理：

年　月　日

目　录

1　事故风险分析

路基工程风险评估采用风险矩阵评价法，对生产作业过程中存在的主要风险类型进行了评价。在可能导致的10种事故类型中，处于低度风险的有1项，中度风险的有6项，高度风险的有3项，极高风险0项，其中高度风险及极高风险见表1：

表1　高度风险及极高度风险分析

序号	事故类型	易发区域、影响范围	事故原因	风险等级	事故征兆	可能引发的次生衍生事故
1	坍塌	高边坡路基	1. 未严格按照审核方案施工。 2. 路基填料未按照设计要求进行，CFG桩、边坡防护预应力锚索未按设计要求施工。 3. 坡率控制不到位，施工排水不到位，恶劣天气等	高度（控制后可接受风险）	1. 在坡体中部、前部出现横向及纵向放射状裂缝。 2. 坡体前缘坡脚处，土体出现隆起（上凸）现象，坡体有岩石开裂的现象。 3. 坡体周围的岩（土）体会出现小型崩塌和松弛现象。 4. 坡体水平位移量或垂直位移量出现加速变化的趋势	1. 高处坠落。 2. 物体打击。 3. 中毒和窒息
2		人工挖孔桩施工	1. 未严格按照审核方案施工。 2. 护壁砂浆不合格。 3. 周边违规堆载、地质不良等	高度（控制后可接受风险）	1. 周边地表出现贯通性裂缝、塌陷。 2. 支护结构出现水平位移、裂缝。 3. 周边构筑物及土体出现倾斜、位移、裂缝	
3	车辆伤害	施工机械（自卸车、混凝土车等）运行区域	1. 车辆检测不到位，交通标志缺陷，道路不平顺。 2. 无证驾车、超载、超速行驶、疲劳驾车、酒后驾车、违章占道行驶等。 3. 机动车辆刹车、转向、灯光、喇叭、后视镜等有缺陷；倒车警报装置、行车警示灯有缺陷	高度（控制后可接受风险）	1. 车辆管理制度落实不到位；车辆维修保养不到位；交通警示、提示标志缺失，人车分流、路面防滑等措施不到位。 2. 安全教育培训不到位，驾驶人员无证上岗、违章操作、超载、未按规定行驶路线行驶、作业人员未注意来往车辆、躲避不及等	1. 物体打击。 2. 环境污染

续表

序号	事故类型	易发区域、影响范围	事故原因	风险等级	事故征兆	可能引发的次生衍生事故
4	中毒和窒息	有限空间施工区域	未严格按照操作规程违规施工	高度（控制后可接受风险）	1. 人工挖孔桩等有限空间施工时，未按照管理制度执行，未通风检测。 2. 人员进入有限空间发现头晕，胸闷、闷热等症状	—

2　事故响应

根据事故信息、初步原因分析、人员伤亡情况、经济损失和社会影响范围等因素划分，将应急响应级别分为Ⅰ-Ⅳ级，项目部负责第Ⅳ级应急响应工作，配合Ⅰ、Ⅱ、Ⅲ级响应工作。响应分级、启动条件如表2：

表2　响应分级

序号	响应分级	启动条件（下列情况之一）	响应部门及相关应急人员	响应内容
1	Ⅰ级中国中铁	1. 初判可能发生死亡10人或重伤50人及以上事故。 2. 初判可能发生直接经济损失5 000万元及以上的事故。 3.初判可能发生1 000人以上疏散、转移的突发环境事件或灾害事故（事件）。 4.一次食物中毒100人以上并出现死亡病例，或一次食物中毒出现10例及以上死亡病例；一次发生急性职业中毒50人及以上，或一次发生急性职业中毒死亡5人及以上的重大突发公共卫生事件	中国中铁：领导及相关人员。 中铁二局：公司主要领导，分管领导，工会主席，安全总监，公司办公室、安质环保部、工程管理部、人力资源部、宣传部、工会等负责人及相关人员 子（分）公司：主要领导、分管领导、工会主席、安全总监，安质环保部、工程管理部、人力资源部、党群工作部、工会等负责人及相关人员 区域公司：主要领导、监管领导、工程部长及相关人员	1. 向中国中铁请求支援，必要时可请求国家隧道救援队支援。 2. 接受中国中铁下达的各项指令，并响应。 3. 按响应级别及属地原则由各级政府组织应急救援的，服从其统一指挥
2	Ⅱ级中铁二局	1. 初判可能发生死亡3～9人或重伤10～49人的事故。 2. 初判可能发生直接经济损失1 000万～5 000万元（不含）的事故。	中铁二局：公司分管领导、工会主席、安全总监，安质环保部、工程管理部、宣传部、工会等负责人及相关人员	1. 中铁二局应急领导小组下达指令，必要时可请求国家隧道救援队支援。

续表

序号	响应分级	启动条件（下列情况之一）	响应部门及相关应急人员	响应内容
2	Ⅱ级 中铁 二局	3.初判可能发生 500～1 000人疏散、转移的突发环境事件或灾害事故（事件）。 4.一次食物中毒超过100人，或出现死亡病例；一次发生急性职业中毒10～49人，或一次发生急性职业中毒死亡5人以下的较大突发公共卫生事件	子（分）公司：主要领导、分管领导、工会主席，安全总监，安质环保部、工程管理部、党群工作部、工会等负责人及相关人员 区域公司：主要领导、监管领导、工程部长及相关人员	2. 按响应级别及属地原则由各级政府组织应急救援的，服从其统一指挥
3	Ⅲ级 子分 公司、 区域 公司	1. 初判可能发生死亡 1～2人或重伤3～9人的事故。 2. 初判可能发生直接经济损失100万～1 000万元(不含)的事故。 3. 营业线施工及施工破坏管线，造成较大影响的事故。 4. 初判可能发生 200～499人疏散、转移的突发环境事件或灾害事故（事件）。 5. 无人员伤亡，但社会影响较大的险性事故（事件）: （1）大型龙门吊等大型机械设备险性事故。 （2）满堂支架等大型临时设施险性事故。 （3）开挖深度大于5 m（含）的基坑坍塌险性事故。 （4）其他影响大，损失严重的险性事故	子（分）公司：分管领导、安全总监，安质环保部、工程管理部等负责人及相关人员 区域公司：监管领导、工程部长及相关人员	1. 向中铁二局××子（分）公司请求支援，下达的各项指令，并响应。 2.按响应级别及属地原则由各级政府组织应急救援的，服从其统一指挥
4	Ⅳ级 项目 经理部	1. 初判可能造成人员重伤1～2人的事故。 2. 初判可能发生直接经济损失20万～100万元的事故。 3. 无人员伤亡，具有社会影响的险性事故（事件）: （1）开挖深度小于5 m的基坑坍塌险性事故。 （2）隧道施工坍塌长度小于5 m的事故。 （3）其他影响较大，损失较重的险性事故	项目经理部：领导班子、职能部门及相关人员	项目应急领导小组下达指令，开展应急处置工作；必要时可向子（分）公司请求支援

3　应急组织机构及工作职责

3.1　应急组织机构

3.1.1　组织机构

项目组织机构见图 1。

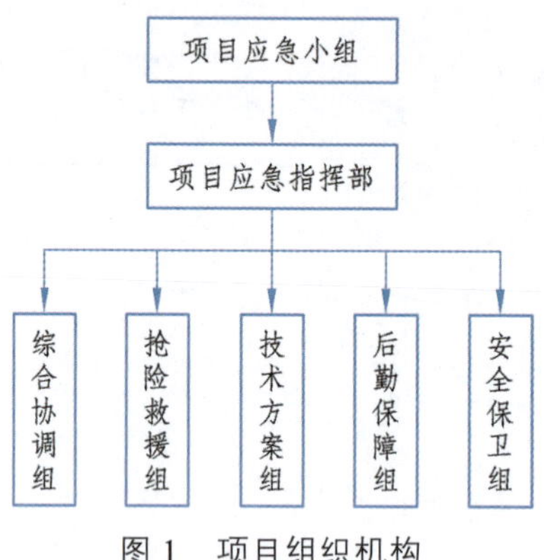

图 1　项目组织机构

3.1.2　应急组织机构设置

项目经理部设立应急小组，生产安全事故发生后，成立项目应急指挥部，并下设五个功能组。

组长：项目经理

副组长：项目书记、项目副经理、项目总工程师、项目安全总监

成员：项目其他领导班子成员、各职能部门负责人

应急领导小组办公室设在安全环保部，并设 24 小时值班电话。

3.2　应急领导小组职责

在发生事故和突发紧急事件时，必须立即组织应急队伍迅速到达事故现场。各应急处置组及副组长必须服从组长统一安排，按职责分工进行应急处置工作。

3.2.1　应急领导小组主要职责

1. 建立健全事故应急机构。
2. 组织编制项目部应急预案和现场处置方案。
3. 负责组织调配或购置应急物资、设备，监督指导项目职能部门建立应急管理工作台账。
4. 负责组织应急知识培训教育、宣传及应急预案培训、演练、评价工作。
5. 负责启动应急方案、及时调配应急资源。
6. 按照应急响应分级和程序，向上级和属地政府部门报告事故情况。

7. 接受上级或地方政府应急救援现场指挥部的领导，落实指令。
8. 指挥现场应急人员开展应急救援，采取有效措施防止事故扩大，并保护事故现场。
9. 配合事故调查，做好善后处置工作。

3.2.2 组长（项目经理）职责

1. 组织应急队伍迅速到达事故现场，指挥现场人员开展应急救援。
2. 采取有效措施防止事故扩大，最大限度减少人员伤亡和财产损失。
3. 组织保护好事故现场，并及时向当地政府部门和上级报告事故情况。

3.2.3 副组长（项目书记）职责

1. 负责媒体接待、采访和引导工作，配合上级单位发布相关信息。
2. 组织做好伤亡人员及家属的接待、稳定工作。
3. 组织保险理赔工作。

3.2.4 副组长（项目副经理）职责

1. 负责组织实施现场应急救援。
2. 及时向组长汇报事件发生和发展信息，尤其是异常信息。
3. 组织保障现场交通。

3.2.5 副组长（项目总工程师）职责

1. 组织对应急救援进行安全风险评估。
2. 初步分析事故发生的技术原因。
3. 组织制定应急救援技术措施。

3.2.6 副组长（项目安全总监）职责

1. 初步分析事故发生的管理原因。
2. 协助相关机构调查取证。
3. 协助相关机构人员的约谈。

3.3 应急处置组职责

3.3.1 综合协调组职责

1. 负责信息传递。
2. 负责媒体接待、采访和引导工作，配合上级单位发布相关信息。
3. 做好受伤人员救护及家属的接待、稳定工作。
4. 做好保险理赔工作。

3.3.2 抢险救援组职责

1. 采取措施防止次生灾害、保护伤员。
2. 按照方案组织救援，科学合理地提出应急物资、设备、人力配备建议。
3. 抢救现场伤员、设备及物资。
4. 必要时配合外部救援工作。

3.3.3 技术方案组职责

1. 辨识应急救援过程中的危险、有害因素，并进行安全风险评估。
2. 制定应急救援技术措施和救援步骤，指导救援。
3. 确定灾害现场监控量测方式，组织开展现场监控量测。
4. 协助开展对现场有关人员的约谈，调查了解事故发生的原因，并配合上级单位事故调查。

3.3.4 后勤保障组职责

1. 负责现场抢险救援及事故调查工作人员生活保障、食宿安排等后勤服务，提供必要的办公用品、交通工具、通信工具、器材等。
2. 协助属地政府有关部门进行交通疏解。
3. 调配抢险救援急需的物资、设备等。

3.3.5 安全保卫组职责

1. 保证现场应急救援通道的畅通。
2. 做好现场保卫、警戒工作。
3. 动态关注现场情况，防止发生二次伤害事故。
4. 依据拟定技术措施和救援步骤，协助现场救援。

4 应急处置

4.1 生产安全事故应急响应程序

4.1.1 生产安全事故应急响应程序

项目生产安全事故（事件）应急响应流程见图 2。

4.1.2 现场应急处置步骤和内容

1. 事故发生后，事故现场人员应立即疏散、撤离，并采取自救、互救措施。
2. 现场人员第一时间通知项目经理。
3. 项目经理或其他负责人立即赶赴现场，查看事故情况及伤损情况。
4. 判明情况，下达处置方案启动命令并上报。

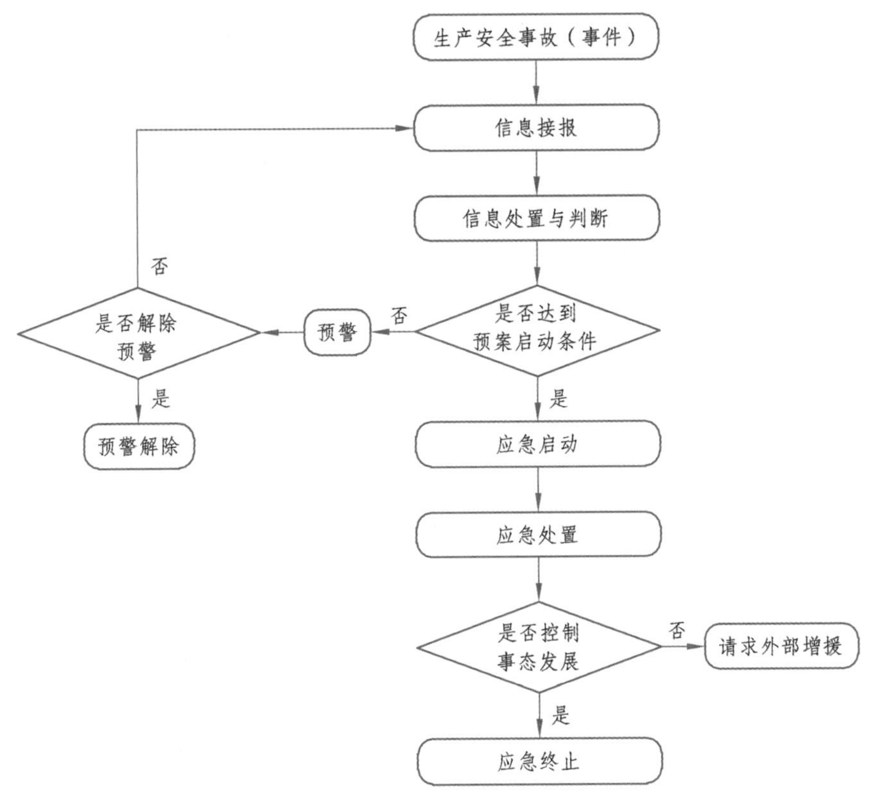

图 2　项目生产安全事故（事件）应急响应流程

5. 确定方案开展救援和伤员救护。
6. 救援终止。
7. 事故调查及善后处理。

4.1.3　应急处置措施

1. 高边坡坍塌事故现场应急处置措施。

序号	任务	主要工作内容	责任分工
1	示警及撤离	监测、施工人员发现高边坡坍塌事故（征兆）时，立即发出险情信号，如高声呼喊，并撤离危险区域	
2	现场确认	1. 对边坡稳定情况进行观察，查看有无裂缝和再次坍塌、滑坡的可能性。 2. 如果发现有人员被掩埋，应记录其位置，发出求救信号，尽可能与救援人员取得联系，报告有关情况。 3. 如确认无人员伤亡，封锁现场，待处理方案编制后，按照方案进行处理	

续表

序号	任务	主要工作内容	责任分工
3	准备工作	1. 应先用人工或机械设备消除安全隐患（孤石），确保救援人员安全时，方可实施救援。 2. 在确认坍塌体稳定并初步确定无次生灾害威胁后立即组织开展人机配合，包括喷砼封闭坍方体正面，沙袋堆载坍塌体底部。 3. 检查维护或修复现场水、电管线，为现场实施救援提供保障	抢险救援组 技术支持组
4	人员施救	1. 用锹、镐、机械掘土（石）抢救，逐层清理，以免剐撞到被困人员。 2. 现场应派专人观察和分析被困人员所在位置，使用生命探测仪进行先期抢救，防止因时间拖延造成人员死亡。 3. 对脱困的受伤人员要立即抬至安全的地点，清除口、鼻内的异物，进行简易包扎、止血或简易骨折固定，对呼吸、心跳停止的要立即予以心脏复苏抢救，并及时送往医院救治	抢险救援组
备注：1. 对怀疑或确认有骨折的人员，切勿随意搬动伤员，应先在骨折部位用木板条或竹板片于骨折位置的上、下关节处作临时固定，然后等待专业医疗机构救援或送至专业医疗机构接受救治。 2. 对于怀疑有脊椎骨折的伤员搬运时应用夹板或硬纸皮垫在伤员的身下，以免受伤的脊椎移位、断裂造成截瘫，如伤员不在危险区域，暂无生命危险的，应就地等待专业医疗机构救援。 3. 如怀疑有颅脑损伤的，首先必须维持呼吸道通畅，昏迷伤员应侧卧位或仰卧偏头，以防舌根下坠或分泌物、呕吐物吸入气管，发生气道阻塞			

2. 人工挖孔桩坍塌事故现场应急处置措施。

序号	任务	主要工作内容	责任分工
1	示警及撤离	1. 监测、施工人员发现孔口坍塌事故（征兆）时，立即发出险情信号，如高声呼喊，并撤离危险区域。 2. 施工人员如无法撤离，应立即躲入半圆弧防护罩内，避免过于慌张，以节约氧气	现场人员
2	现场确认	1. 对孔口稳定情况进行观察，查看有无裂缝和再次坍塌的可能性。 2. 对现场施工人员进行清点，如果发现有人员被掩埋，应记录其位置，发出求救信号，尽可能与救援人员取得联系，报告有关情况。 3. 如确认无人员伤亡，封锁现场，待处理方案编制后，按照方案进行处理	人工挖孔桩坍塌范围内人员
3	准备工作	1. 应先用人工或机械设备消除孔口安全隐患，确保救援人员安全时，方可实施救援；尽量以人工开挖为主，防止周边再次坍塌。 2. 若大面积坍孔，人员被埋，应保持通风，杜绝任何水源流入孔内	抢险救援组、技术支持组

续表

序号	任务	主要工作内容	责任分工
3	人员施救	1. 救援时应以人工开挖方式为主，若挖孔桩大面积坍塌，应紧急调用挖机等设备对孔顶塌方体进行卸载，并采用钢套筒逐节下放等措施加强孔口、孔壁支护，直至找到受困人员。 2. 对受伤人员，应先将其抬上担架运出，再协助其余被困人员脱险。 3. 当被救人员脱离危险区域后，根据伤员人数、受伤程度，由医护人员在现场采取相应的紧急救护措施，按照“先重后轻”的原则及时将伤员送到医院进行抢救、治疗。 4. 对脱困的受伤人员要立即抬至安全的地点，清除口、鼻内的异物，进行简易包扎、止血或简易骨折固定，对呼吸、心跳停止的要立即予以心脏复苏抢救，并及时送往医院救治	抢险救援组
备注：1. 对怀疑或确认有骨折的人员，切勿随意搬动伤员，应先在骨折部位用木板条或竹板片于骨折位置的上、下关节处作临时固定，然后等待专业医疗机构救援或送至专业医疗机构接受救治。 2. 对于怀疑有脊椎骨折的伤员搬运时应用夹板或硬纸皮垫在伤员的身下，以免受伤的脊椎移位、断裂造成截瘫，如伤员不在危险区域，暂无生命危险的，应就地等待专业医疗机构救援。 3. 如怀疑有颅脑损伤的，首先必须维持呼吸道通畅，昏迷伤员应侧卧位或仰卧偏头，以防舌根下坠或分泌物、呕吐物吸入气管，发生气道阻塞。 4. 相关图例、图示根据现场实际需要附后			

3. 车辆伤害事故现场应急处置措施。

序号	任务	主要工作内容	责任分工
1	示警	现场人员发现疑似车辆伤害事故征兆时，应向周边人员示警，叫停事故车辆	事故现场人员
2	现场确认	1. 在发生车辆伤害事故后，制止事故车辆再次行驶。立即查看事故现场及人员伤亡情况并报告，准备救援。 2. 观测事故车辆是否存在油液渗漏污染地面的情况	现场负责人
3	准备工作	1. 如有车辆压住受伤者，应立即准备吊车、千斤顶、切割机等设备器具，同时封锁道路，设置警戒带，提供救治环境。 2. 视伤者情况拨打120急救电话，安排人员接引救护车辆	现场负责人
4	人员施救	1. 不要轻易移动受伤者，保持其呼吸畅通。 2. 如果伤者出现呼吸或心跳停止，应进行心肺复苏急救。 3. 有出血时，应有效止血，包扎伤口。 4. 如果发生骨折，用双手稳定及承托受伤部位，限制骨折处活动并设置软垫，用绷带、夹板或替代品妥善固定伤肢。 5. 发生断指（肢）应立即止血，应马上用止血带扎紧受伤的手或脚，或用手指压迫受伤的部位止血。伤口用无菌纱布或清洁棉布包扎，将断指（肢）也要用无菌纱布包扎，有条件的与冰块一起放入干净胶袋，等待救护车到达	抢险救援组

续表

备注：1. 当车体变形、人员被卡住或被车压住时，不得生拉硬拽，应使用气割、千斤顶、吊车或人工抬车（仅适用于重量较轻的小型车辆）等方式等对车体进行拆解或支撑。 2. 对怀疑或确认有骨折的人员，切勿随意搬动伤员，应先在骨折部位用木板条或竹板片于骨折位置的上、下关节处作临时固定，然后等待专业医疗机构救援或送至专业医疗机构接受救治。 3. 对于怀疑有脊椎骨折的伤员搬运时应用夹板或硬纸皮垫在伤员的身下，以免受伤的脊椎移位、断裂造成截瘫，如伤员不在危险区域，暂无生命危险的，应就地等待专业医疗机构救援。 4. 如怀疑有颅脑损伤的，首先必须维持呼吸道通畅，昏迷伤员应侧卧位或仰卧偏头，以防舌根下坠或分泌物、呕吐物吸入气管，发生气道阻塞。 5. 如出现车辆油液渗漏污染地面的情况，及时进行清洗，并做好清洗液体的处理工作。 6. 相关图例、图示根据现场实际需要附后

4. 中毒和窒息事故现场应急处置措施。

序号	任务	主要工作内容	责任分工
1	示警及撤离	现场人员发现疑似中毒和窒息事故（征兆）时，应立即向周围人员示警并及时撤离危险区域，向现场负责人汇报	施工现场人员
1	现场确认	了解确认事发现场状况、中毒窒息人员数量、通风设备等情况，准备组织进行救援	现场负责人
2	准备工作	1. 应先用空压机等设备对孔内进行通风，同时对孔内气体进行检测。 2. 如有作业人员被困孔内，救援人员必须佩戴空气呼吸器、做好防护措施后才能进入孔内救人	抢险救援组、技术支持组
3	人员施救	1. 中毒人员如发现呼吸困难、心跳停止，立即进行现场人工呼吸和胸外挤压复苏术。 2. 对不能自主呼吸、神志清楚的伤者，可采用空气呼吸器（正压式空气呼吸器）强制输入的办法，协助其将呼吸调整到正常状态。 3. 在伤者没有恢复正常呼吸和心跳，救护者实施人工呼吸抢救时不能间断或停止抢救，需持续到急救医院人员达到	抢险救援组
备注：相关图例、图示根据现场实际需要附后			

4.2 工程质量事故应急处置

4.2.1 质量事故应急响应程序

项目工程质量事故（事件）应急响应流程见图 3。

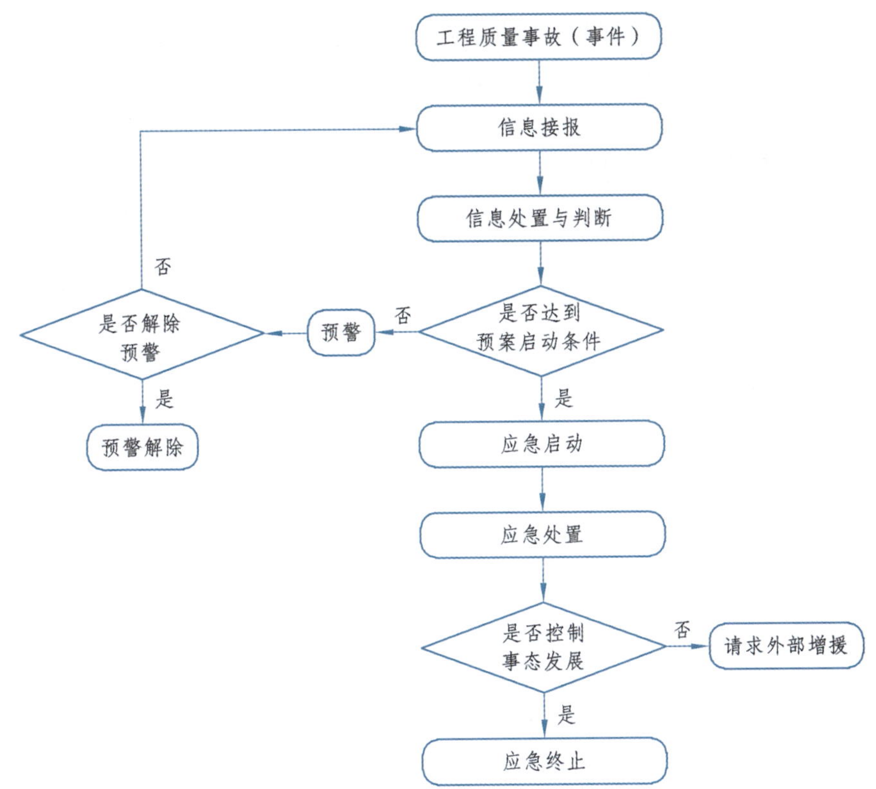

图 3　项目工程质量事故（事件）应急响应流程

4.2.2　现场应急处置步骤及内容

1. 事故发生后，事故现场人员应立即疏散、撤离。

2. 现场人员第一时间通知项目经理。

3. 项目经理或其他负责人立即赶赴现场，封闭事故区域，防止人员误入。

4. 查看质量事故区域，初步了解其影响范围、可能衍生的次生灾害等信息情况，并及时反馈建设单位、设计单位、监理单位等相关方。

5. 判明情况，构成工程质量事故应急情况条件的，下达处置方案启动命令并上报。

6. 在现场专家组及勘察设计单位确定工程应急方案后，进行返工或返修处理。

7. 应急处置终止。

8. 配合进行事故调查及善后处理。

4.2.3　应急处置措施

1. 质量事故引发工程安全事故，按本路基工程安全事故应急处置措施处置。

2. 质量事故造成工程工期严重滞后，需组织进行抢工的，须制订专项施工或返工方案，按方案执行。

3. 因设计重大变更、突发自然灾害等险性，造成工程保通应急情况出现的，不属于质量事故应急突发状况，按设计或现场专家组提出的方案进行保通施工。

4. 按设计方案进行工程返工或处理前，事故区域需进行预加固处理的，应及时形成专项方案，按专项处置方案进行处理，确保后续返工或处置现场作业环境安全。

4.3 突发环境事件应急处置

4.3.1 突发环境事件应急响应程序

项目突发环境事件应急响应流程见图 4。

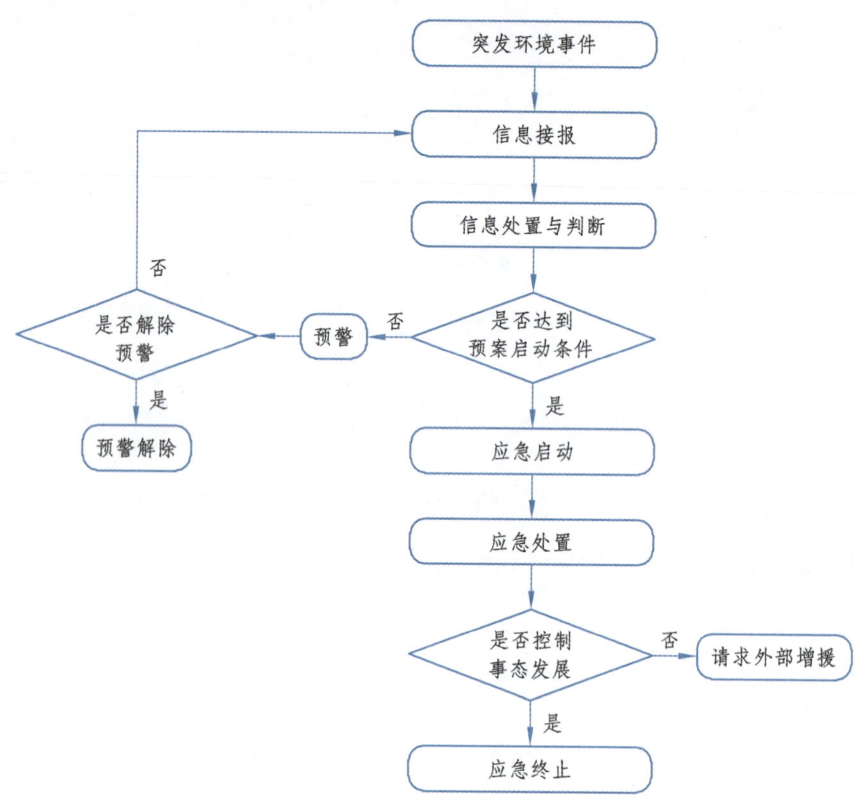

图 4　项目突发环境事件应急响应流程

4.3.2 现场应急处置步骤及内容

1. 事故发生后，事故发生区域现场人员应立即疏散、撤离。
2. 现场人员第一时间通知项目经理。
3. 项目经理或其他负责人立即赶赴现场，查看事故波及范围、污染源涌流方向等情况。
4. 根据判明情况，下达处置方案启动命令并上报。
5. 确定方案开展救援和伤员救护。
6. 救援终止。
7. 事故调查及善后处理。

5　注意事项

1. 进入救援区域，抢险人员必须按要求正确穿戴合格的防护器具，不可轻易摘取，进入可能存在有毒气体的位置，必须正确穿戴空气呼吸器。

2. 现场周边做好相应警戒措施，防止事故扩大和次生灾害发生。

3. 事故发生后，应急指挥负责人和救援人员应对事故情况进行初始评估，初步分析事故的范围和扩展的可能性。

4. 事故现场处置工作人员必须严格按应急预案规定开展工作，不得盲目施救，应及时请求上级和外部救援机构组织救援。

5. 应急救援结束后切勿放松警惕，所有人员必须立即撤离现场远离事发地点，做好人员清点。

6　附　件

附件 1：预案编制依据

1.《中华人民共和国安全生产法》
2.《中华人民共和国突发事件应对法》
3.《中华人民共和国特种设备安全法》
4.《生产安全事故应急预案管理办法》（修订版）
5.《国家安全生产事故灾难应急预案》
6.《建设工程重大质量安全事故应急预案》
7.《生产经营单位生产安全事故应急预案编制导则》
8.《建设工程安全生产管理条例》
9.《生产安全事故报告和调查处理条例》
10.《生产过程危险和有害因素分类与代码》
11.《企业职工伤亡事故分类》
12.《重大危险源辨识》
13.《风险管理 风险评估技术》
14.《公路路基施工技术规范》
15.《公路工程施工安全技术规范》
16.《铁路总公司关于铁路建设项目质量安全红线管理规定》
17.《中铁二局安全生产和职业健康管理办法》
18.《中铁二局安全质量事故内部报告、应急处置和调查处理办法》
19.《中铁二局工程质量监督管理办法》
20.《中铁二局工程项目施工环境保护管理办法》
21.《中铁二局六公司工程质量监督管理办法》

22.《中铁二局六公司工程项目施工环境保护管理办法》

附件 2：衔接的应急预案

1.《浙江省安全生产条例》

2.《浙江省公路水运工程建设工程安全生产监督管理办法（试行）》

3.《浙江省文成至泰顺（浙闽界）公路工程生产安全事故应急预案》（龙丽温文泰〔2018〕11 号）

4.《关于印发浙江省文成至泰顺（浙闽界）公路工程安全生产应急管理制度的通知》（龙丽温文泰〔2018〕83 号）

5.《中国中铁股份有限公司安全质量事故（事件）应急预案》

6.《中铁二局生产安全事故、生态环境事故（事件）应急预案》

附件 3：项目概况

中铁二局文泰高速项目部承建文成至泰顺高速公路 WTTJ-3 标段，该标段位于温州市泰顺县南浦溪镇。本标段合同内造价 125 585.82 万元，已完成产值 59 638.55 万元，计划于 2020 年 1 月 17 日前完工。目前，项目现有在岗管理人员 156 人和协作队伍一线操作人员 1352 人，项目层面已成立应急救援小组，用于抢险的机械设备和物资分别停存放于项目部应急物资库、各作业工点。

本标段内路基工程全长 4 736.5 m，现已施工 4 736.5 m。沿线山体地属南雁荡山脉，多以中低山丘丘陵为主，地势西高东低，地形起伏较大相对高差 200 ~ 500 m，山高坡陡。

项目部距苍南县壹加壹应急救援中心 79.5 km，专业救援人员 75 min 内可到达事故现场；项目部与泰顺县人民医院建立了医疗绿色通道，相距 46.5 km，专业救护人员可 45 min 可到达事故现场；项目部距泰顺县消防大队 46 km，专业消防人员 45 min 内可到达事故现场；项目部距泰顺县安全生产监督管理部 48.5 km，专业组织抢险人员 50 min 内可到达事故现场。

附件 4：事故风险评估报告

附件 5：应急资源调查报告

附件 6：有关应急部门、机构或人员的联系方式

序号	部门（职务）	联系人	联系方式
子公司联系部门			
1	子（分）公司应急领导小组办公室	×××	×××
2	子（分）公司调度管理	×××	×××
项目部联系人员			
3	项目经理	×××	×××
4	项目书记	×××	×××
5	项目生产副经理	×××	×××
6	项目总工程师	×××	×××

续表

序号	部门（职务）	联系人	联系方式
7	项目安全总监	×××	×××
8	项目总经济师	×××	×××
9	项目工程部部长	×××	×××
10	项目安环部部长	×××	×××
11	项目质量部部长	×××	×××
12	项目物机部部长	×××	×××
13	项目综合办公室	×××	×××
14	项目财务部部长	×××	×××
15	项目工经部部长	×××	×××
外部救援单位			
16	医院急救电话	×××	×××
17	消防队火警电话	×××	×××
18	就近专业救援队	×××	×××

附件 7：应急物资装备的名录或清单

附件 7-1　坍塌事故应急救援人员配置

工种	单位	数量	备注
测量工程师	人	2	
电工	人	3	
木工	人	6	
开挖工	人	8	六班制
普工	人	20	六班制

附件 7-2　车辆伤害事故可调用应急物资及机具台账

<table>
<tr><th>序号</th><th>类别</th><th>物资名称</th><th>数量</th><th>配置要求</th><th>存放地点</th><th>管理责任人和联系电话</th></tr>
<tr><td>1</td><td rowspan="4">医疗救助</td><td>担架</td><td>2 副</td><td></td><td rowspan="3">应急物资库</td><td rowspan="11">×××</td></tr>
<tr><td>2</td><td>医药箱</td><td>4 个</td><td>含无菌纱布、清洁棉</td></tr>
<tr><td>3</td><td>夹板</td><td>4 副</td><td></td></tr>
<tr><td>4</td><td>冰块</td><td>若干</td><td></td><td rowspan="3">项目部</td></tr>
<tr><td>5</td><td rowspan="2">车辆类</td><td>起重机</td><td>1 台</td><td></td></tr>
<tr><td>6</td><td>急救保障车</td><td>2 辆</td><td></td></tr>
<tr><td>7</td><td>抢险物资类</td><td>千斤顶</td><td>2 台</td><td></td><td rowspan="5">应急物资库</td></tr>
<tr><td>8</td><td rowspan="2">防护类</td><td>安全帽</td><td>10 顶</td><td></td></tr>
<tr><td>9</td><td>氧气呼吸机</td><td>2 套</td><td></td></tr>
<tr><td>10</td><td rowspan="2">警戒类</td><td>路障</td><td>2 个</td><td></td></tr>
<tr><td>11</td><td>隔离警示带</td><td>5 卷</td><td></td></tr>
</table>

续表

序号	类别	物资名称	数量	配置要求	存放地点	管理责任人和联系电话
12	警戒类	危险警示牌	5 个		应急物资库	×××
13		对讲机	6 台			
14	照明类	手电筒	10 个			

附件 7-3　高边坡坍塌事故可调用应急物资及机具台账

序号	类别	物资名称	数量	配置要求	存放地点	管理责任人和联系电话
1	医疗救助	担架	5 副		应急物资库	×××
2		医药箱	5 个			
3	车辆类	长臂挖掘机	2 台		项目部	
4		挖掘机	4 台			
5		自卸车	5 台			
6		装载机	2 台			
7		急救保障车	2 辆			
8	防护类	安全帽	50 顶		应急物资库	
9		防护眼镜	50 副			
10		棉被	50 套			
11		棉衣	50 套			
12		雨衣	50 套			
13		雨鞋	50 套			
14		反光背心	50 套			
15		氧气呼吸机	2 套			
16	侦检类	生命探测仪	2 套			
17	警戒类	路障	5 个			
18		隔离警示带	10 卷			
19		危险警示牌	10 个			
20		警戒标识杆	10 个			
21	抢险、救生物资类	湿喷机	2 台			
22		注浆泵	2 台			
23		注浆杆	200 m			
24		砂袋	500 个			
25	抢险、救生物资类	铲子	50 把			
26		应急电缆	200 m			
27		应急电箱	4 个			
28		发电机	1 台			
29		对讲机	10 台			
30	照明类	手电筒	50 个			

附件 7-4　人工挖孔桩坍塌事故可调用应急物资及机具台账

序号	类别	物资名称	数量	配置要求	存放地点	管理责任人和联系电话
1	医疗救助	担架	2 副		应急物资库	×××
2		医药箱	2 个			
3	车辆类	长臂挖掘机	1 台		项目部	
4		挖掘机	2 台			
5		自卸车	4 台			
6		装载机	1 台			
7		急救保障车	1 辆			
8	防护类	安全帽	20 顶		应急物资库	
9		防护眼镜	20 副			
10		棉被	20 套			
11		棉衣	20 套			
12		雨衣	20 套			
13		雨鞋	20 套			
14		反光背心	20 套			
15		氧气呼吸机	1 套			
16	警戒类	路障	5 个			
17		隔离警示带	10 卷			
18		危险警示牌	10 个			
19		警戒标识杆	10 个			
20	抢险、救生物资类	应急电缆	100 m			
21		应急电箱	4 个			
22		发电机	1 台			
23		对讲机	10 台			
24	照明类	手电筒	20 个			

附件 7-5　中毒和窒息事故可调用应急物资及机具台账

序号	类别	物资名称	数量	配置要求	存放地点	管理责任人和联系电话
1	医疗救助	担架	2 副		应急物资库	×××
2		医药箱	2 个			
3	车辆类	急救保障车	1 辆		项目部	
4		流动式起重机	1 辆			

续表

序号	类别	物资名称	数量	配置要求	存放地点	管理责任人和联系电话
5	防护类	安全帽	10 顶		应急物资库	×××
6		防护眼镜	10 副			
7		氧气呼吸机	2 套			
8		氧气瓶	2 套			
9	警戒类	隔离警示带	5 卷			
10		危险警示牌	5 个			
11	抢险、救生物资类	空压机	2 台			
12		气体检测仪	2 个			
13		发电机	1 台			
14		对讲机	6 台			
15	照明类	手电筒防爆灯具（含库房）	10 个			

附件 8：事故报告手机短信格式

中铁二局：20××年×月×日×时×分左右，在××（省市县）境内，由中铁×局××公司承建的×××工程×标，在×××工序施工过程中，因×××原因，导致现场作业人员×人死亡（失踪）、×人重伤、×人轻伤。事故已经于事发××小时（分钟）内，报告当地安全生产监管部门。现场应急预案已启动，事故单位×××领导已带队赶往现场；当地安监部门接报后，已于×月×日×时由任××职务××同志赶往现场，事故原因正在调查之中。

附件 9：生产安全事故快报格式

单位名称：中铁二局×××公司（区域公司、经理部）

<table>
<tr><td>事故时间</td><td colspan="3">年　月　日　时　分</td><td>事故地点</td><td></td></tr>
<tr><td>事故单位</td><td colspan="5">××公司××××项目经理部（标段）</td></tr>
<tr><td rowspan="2">事故现场负责人</td><td>姓名</td><td></td><td rowspan="2">事故单位负责人</td><td>姓名</td><td></td></tr>
<tr><td>电话</td><td></td><td>电话</td><td></td></tr>
<tr><td colspan="2">事故已死亡（失踪）人数：</td><td>死亡：
失踪：</td><td colspan="2">事故重伤/轻伤人数：</td><td></td></tr>
<tr><td colspan="6">一、事故简要经过（包含但不限于承建单位、标段、协作队伍及相关安全生产许可证等资质号，单位工程名称、事故里程、结构形式、支撑体系、隧道断面、设备型号、墩身截面和高度、梁型和梁重、事发作业环节、高处坠落位置与高度等，其他工况均应细致清晰描述）、人员伤亡类别（职工、劳务工姓名及身份证号码）、初步估计的直接经济损失、报告地方政府和建设单位时间等
二、事故现场救援采取的主要措施
三、其他情况（事发项目工程概况，事故地点是否影响铁路营业线或繁华闹市区、高速公路、国道、其他重要设施安全）</td></tr>
</table>

附：事故现场照片（4 张以上，能充分反映事故现场实际情况和全貌的电子版照片及说明）。

附件 10：应急救援协议

救护服务协议书

甲方：中铁二局××项目经理部

乙方：××救护队

为切实做好路基施工事故预防和应急救援处理工作，结合双方的实际情况，就乙方为甲方所属救援服务内容，经双方协商，约定如下：

一、服务内容

1. 及时应召处理灾害事故（即高边坡坍塌、人工挖孔桩坍塌、涵洞深基坑坍塌事故等）

2. ……

二、履约方式和服务期限

1. 履约方式

2. 服务期限

三、服务费用和支付方式

1. 服务费用

2. 支付方式

四、双方权利与义务

1. 甲方的权利与义务

2. 乙方的权利与义务

五、违约责任

在履行本协议期间，双方如有特殊原因影响本协议项目工作，应提前予以通知对方，并说明原因。甲方或者乙方存在工作质量缺陷，应各自承担相关责任。

六、争议的解决办法

当事双方先协商解决；协商不成，由××仲裁委员会仲裁或法院诉讼。

七、双方协商的其他条款

1. 乙方在技术服务和处理事故过程中队员发生意外情况，按有关国家、省市有关规定处理，届时双方依据公平原则协商解决

2. ……

甲方联系方式：应急小组值班室 24 小时值班电话：××

乙方联系方式：救护大队电话：××

本协议未尽事宜由双方协商补充；

如需变更、解除或续订协议，由双方协商确定。

本协议，从双方签字盖章之日起生效。

本协议一式三份，呈报××地方安监局备案一份，甲乙方各执一份。

甲方法人（签字盖章）： 乙方法人（签字盖章）：

××年××月××日 ××年××月××日

附件 11：关键的路线、标识和图纸

文泰项目K27+362-K27+575六级高边坡应急救援平面图

N

文成县

601县道

泰顺县

南浦溪

图　例

序号	图形符号	符号	序号	图形符号	符号
1	指挥部		6	监控室	
2	架子队		7	逃生路线	
3	集结中心		8	救援路线	
4	警报系统	消防队			
5	可能量方区域				

YJ

中铁二局集团有限公司

YJ/ZTEJ–2020

文泰高速公路 3 标路基工程
安全质量、生态环境事故（事件）
现场应急处置卡

2020 年 12 月

中铁二局文泰公路项目经理部

目　录

1 应急处置卡

1.1 应急领导小组组长应急处置卡

组长	项目经理（项目书记）	
序号	处置程序	处置要点
1	启动预案	启动应急预案，查看事故现场调配应急资源等
2	事故报告	按照应急响应分级和程序，及时向当地政府部门和上级报告事故情况
3	现场处置伤员救护	采取有效措施防止事态扩大；第一时间进行现场急救，及时转送医院救治
4	确定方案开展救援或配合救援	确定救援方案后，组织应急队伍迅速到达事故现场，指挥现场应急人员开展应急救援或响应至上一级
5	救援终止	进行风险评估安全后应急救援停止
6	配合事故调查及处理	配合事故调查，做好善后处置工作
注意事项： （1）信息的收集与传达，要求及时准确； （2）每日碰头会落实各项指令和安排次日工作		

主要联系人员				
序号	姓　名	职　务	联系电话	备注
1		项目书记（经理）		
2		项目总工程师		
3		项目安全总监		
4		项目副经理		
5		作业队长		
6		办公室主任		
7		物设部部长		

1.2 综合协调组组长处置卡

组长	项目书记	
序号	处置程序	行动内容
1	信息传递	负责按应急小组要求内容上报
2	场地安保、伤员救护	现场做好保卫、警戒工作；第一时间进行现场急救，及时转送医院救治

续表

序号	处置程序	行动内容
3	对外接待及处置	做好媒体接待、采访和引导工作，配合上级单位发布相关信息
4	家属接待及善后	做好家属的接待、稳定工作，做好保险理赔工作

注意事项：
（1）信息传递准确、及时可靠；
（2）伤员救治及安抚周到、及时；
（3）现场组织人员撤离后，不得盲目抢救被困人员

主要联系人员

序号	姓　名	职　务	联系电话	备注
1		项目经理		
2		项目副经理		
3		项目总工程师		
4		工委主任		
5		办公室主任		
6		物设部部长		
7		施工管理人员		

组员	相关成员	
序号	处置程序	行动内容
组员 1	×××	
1	组织撤离	发现险情后，第一时间有效组织人员撤离至安全地带
2	险情报告	及时电话上报险情至项目安全生产管理负责人或项目经理
组员 2	×××	
1	收集信息	定时收集信息
2	传递信息	负责收集并发布救援信息
3	关注信息	做好舆情关注、媒体应对，并配合上级发布信息
组员 3	×××	
1	对外接待	做好家属、外部单位的接待工作
2	配合善后处理	配合做好保险理赔工作

注意事项：
（1）信息传递准确、及时可靠；
（2）伤员救治及安抚周到、及时；
（3）现场组织人员撤离后，不得盲目抢救被困人员

续表

主要联系人员				
序号	姓　名	职　务	联系电话	备注
1		项目经理		
2		项目书记		
3		项目副经理		
4		项目总工程师		
5		工委主任		
6		办公室主任		
7		物设部部长		
8		施工管理人员		

1.3　抢险救援组组长应急处置卡

组长	项目副经理	
序号	处置程序	行动内容
1	场地清理及防护	保证现场应急救援通道的畅通，采取措施防止次生灾害
2	熟知方案及准备	按照方案组织救援，科学合理地提出应急物资、设备、人力配备建议
3	组织实施及调整	抢救现场伤员、将受伤人员转移至安全地带，对事故受损的设备进行修理、恢复，将现场救援进展情况及时汇报，必要时申请外部支援
4	救援结束及配合	领导小组现场评估安全后，则应急救援结束；如果需要外部救援，则配合救援工作
注意事项： （1）救援人员、物资与设备组织落实到位； （2）按指令落实救援现场配套工作及安全监护； （3）及时报告救援进展情况及问题； （4）机械操作必须听从指挥，防止机伤被困人员		

主要联系人员				
序号	姓　名	职　务	联系电话	备注
1		项目经理		
2		项目书记		
3		项目总工程师		
4		项目安全总监		
5		工程部部长		

续表

序号	姓 名	职 务	联系电话	备注
6		作业队长		
7		施工员		
8		办公室主任		
9		物设部部长		
10		现场指挥人员		
11		作业队队长		
12		机械操作人员		
组员	相关成员			
序号	处置程序	行动内容		
组员 1	×××			
1	场地警戒及防护	场地做好警戒工作；现场动态监控防止次生灾害，组织人员及时撤离		
2	组织实施及救援	组织物资、设备和人力到位，接到上级命令后指挥抢救现场伤员、设备及物资		
组员 2	×××			
1	救援准备	物资、设备和人力到位后，现场合理运用和调配		
2	实施及救援	接到现场指挥人员命令后，立即开展现场伤员、设备及物资救援工作		
组员 3	×××			
1	接受培训	接受应急救援处置方案的交底培训		
2	实施救援	接到现场指挥人员命令后开展救援工作		
注意事项： （1）救援人员、物资与设备组织落实到位； （2）按指令落实救援现场配套工作及安全监护； （3）及时报告救援进展情况及问题； （4）机械操作必须听从指挥，防止救援设备对人员造成机械伤害				
主要联系人员				
序号	姓 名	职 务	联系电话	备注
1		项目经理		
2		项目书记		
3		项目副经理		
4		项目总工程师		
5		项目安全总监		
6		工程部部长		

续表

序号	姓 名	职 务	联系电话	备注
7		作业队长		
8		施工员		
9		办公室主任		
10		物设部部长		
11		现场指挥人员		
12		作业队队长		
13		机械操作人员		

1.4 技术方案组组长应急处置卡

组长	项目总工程师			
序号	处置程序	行动内容		
1	现场核实、评估及制订方案	辨识应急救援过程中的危险、有害因素，并进行安全风险评估，确定灾害现场监控量测方式，组织开展现场监控量测		
2	指导救援实施及安全监控	根据事故现场的特点，制定相应的应急救援技术措施和应急救援步骤；动态关注现场情况并制定措施，防止发生二次伤害事故		
3	配合调查	协助开展对现场有关人员的约谈、并配合调查事故发生的原因		
注意事项： （1）救援方案制订及时可行； （2）救援指导到位，调整及时； （3）落实防控措施及监控到位； （4）数据处理和及时上报				
主要联系人员				
1		项目经理		
2		项目书记		
3		项目副经理		
4		项目安全总监		
5		工程部部长		
6		安环部部长		
7		施工员		
8		作业队长		
9		技术指导人员		
10		监测人员		

续表

组员	相关成员	
序号	处置程序	行动内容
组员 1	×××	
1	现场技术监控	确开展现场监控量测，协助功能组进行安全风险评估
2	数据处置与判断	数据预警或超限值，及时上报现场指挥人员
组员 2	×××	
1	组织撤离	发现数据预警或超限值后，第一时间有效组织人员撤离至安全地带
2	险情报告	及时电话上报险情至作业队队长、项目安全生产管理负责人或项目经理
3	动态监控	现场数据持续预警或超限值及时上报
注意事项： （1）救援方案制订及时可行； （2）救援指导到位，调整及时； （3）落实防控措施及监控到位； （4）数据处理和及时上报		

主要联系人员				
序号	姓　名	职　务	联系电话	备注
1		项目经理		
2		项目书记		
3		项目副经理		
4		项目总工程师		
5		项目安全总监		
6		工程部部长		
7		安环部部长		
8		施工员		
9		作业队长		
10		技术指导人员		
11		监测人员		

1.5　后勤保障组组长应急处置卡

组长	项目书记	
序号	处置程序	行动内容
1	救援物资工器具准备	准备抢险救援急需的物资、设备；负责现场救援及事故调查工作人员生活保障、食宿安排等后勤服务；提供必要的办公用品、交通工具、通信工具、器材等

续表

序号	处置程序	行动内容
2	现场交通维护	协助属地政府有关部门进行交通疏解
3	调配物资及设备	根据应急救援需要，及时将抢险救援急需的物资、设备送至现场
4		
5		

注意事项：
（1）按指令落实救援物资设备；
（2）确保设备完好使用正常

主要联系人员

序号	姓　名	职　务	联系电话	备注
1		项目经理		
2		项目副经理		
3		项目安全总监		
4		安环部部长		
5		办公室主任		
6		物设部部长		

组员	相关成员	
序号	处置程序	行动内容
组员 1	×××	
1	救援物资、设备调配	根据救援方案，组织调配救援物资、设备
2	物资补充、设备维护	根据救援物资消耗情况及时补充物资设备，并进行设备维护
组员 2	×××	
1	后勤服务	做好抢险和事故调查人员生活保障、食宿安排等
2	办公、通信保障	提供必要的办公用品、交通工具、通信工具、器材等
组员 3	×××	
1	交通疏解	协助属地政府有关部门进行交通疏解，确保现场交通畅通

注意事项：
（1）按指令落实救援物资设备；
（2）确保设备完好使用正常

主要联系人员

序号	姓　名	职　务	联系电话	备注
1		项目经理		
2		项目书记		
3		项目副经理		
4		项目安全总监		

续表

序号	姓 名	职 务	联系电话	备注
5		工程部长		
6		办公室主任		
7		物设部部长		
8		作业队长		
9		安全员		
10		施工员		

1.6 安全保卫组应急处置卡

组长	项目安全总监			
序号	处置程序	行动内容		
1	现场秩序维护	做好现场保卫、警戒工作		
2	关注现场动态变化	动态关注现场情况，防止发生二次伤害事故		
3	参与指导救援	依据拟定技术措施和救援步骤，指导救援		
注意事项： （1）关注现场安全动态变化情况，防止二次伤害； （2）现场组织人员撤离后，不得盲目抢救被困人员； （3）出现异常情况或险情扩大及时上报				
主要联系人员				
序号	姓 名	职 务	联系电话	备注
1		项目经理		
2		项目书记		
3		项目副经理		
4		安环部部长		
5		办公室主任		
6		物设部部长		
7		安全监护人员		
8		安全员		
9		作业班组负责人		
组员	相关成员			
序号	处置程序	行动内容		
组员 1	×××			
1	动态监控	现场动态监控异常情况和险情变化		
2	异常情况处置与判断	出现异常情况或险情扩大，及时上报现场指挥人员		

续表

序号	处置程序	行动内容
组员 2	×××	
1	组织撤离	发现险情后，第一时间有效组织人员撤离至安全地带
2	险情报告	及时电话上报险情至项目安全生产管理负责人或项目经理
3	动态监控	现场动态监控异常情况和险情变化；出现异常情况或险情扩大时及时上报
组员 3	×××	
1	组织撤离	发现险情后，第一时间有效组织人员撤离至安全地带
2	稳定现场	控制好现场秩序，做好现场安保工作
注意事项： （1）关注现场安全动态变化情况，防止二次伤害； （2）现场组织人员撤离后，不得盲目抢救被困人员； （3）出现异常情况或险情扩大及时上报		

主要联系人员				
序号	姓　名	职　务	联系电话	备注
1		项目经理		
2		项目书记		
3		项目副经理		
4		项目安全总监		
5		安环部部长		
6		办公室主任		
7		物设部部长		
8		安全监护人员		
9		安全员		
10		作业班组负责人		

2　应急处置方案卡控要点

2.1　车辆伤害

序号	处置步骤	负责人
1	（1）监测、施工人员发现疑似车辆伤害事故征兆时，应立即发出险情讯号并予以制止驾驶员停止机动车作业，撤离危险区域。 （2）观测事故车辆是否存在油液渗漏污染地面的情况。 （3）在发生车辆伤害事故后，应立即报告，并制止事故车辆再次行驶；如有车辆压住受伤者，使用千斤顶顶起车辆，小心移开受伤人员；同时，封锁道路，设置警戒带	现场作业、监测人员

续表

序号	处置步骤	负责人
2	（1）不要轻易移动受伤者，保持其呼吸畅通。 （2）如果伤者出现呼吸或心跳停止，应进行心肺复苏急救。 （3）有出血时，应有效止血，包扎伤口。 （4）如果发生骨折，用双手稳定及承托受伤部位，限制骨折处活动并设置软垫，用绷带、夹板或替代品妥善固定伤肢。 （5）发生断指（肢）应立即止血，应马上用止血带扎紧受伤的手或脚，或用手指压迫受伤的部位止血。伤口用无菌纱布或清洁棉布包扎，将断指（肢）也要用无菌纱布包扎，有条件的与冰块一起放入干净胶袋，等待救护车到达。 （6）如出现车辆油液渗漏污染地面的情况，及时进行清洗，并做好清洗液体的处理工作	抢险救援组、技术方案组
3	在整个救援过程中，对人员、机械等进行协调	综合协调组
4	在整个救援过程中，检查维护或修复现场、水、电管线，提供饮用水、食物及调度机械设备、物资等，为现场实施救援提供保障	后勤保障组
5	在整个救援过程中，做好警戒防护，严禁无关人员进入事故现场，对影响地方交通的，做好充分沟通工作	综合协调组
6	配合外部调查，提供真实记录资料	综合协调组
7	在整个救援过程中，做好保险理赔资料的收集；做好伤亡家属的安抚工作（如有）；确保救助资金到位	综合协调组
8	负责媒体接待、采访和引导工作，根据上级单位授权适时发布相关信息	综合协调组

2.2 坍塌事故

序号	处置步骤		负责人
	高边坡路基坍塌	人工挖孔桩坍塌	
1	（1）监测、施工人员发现疑似高边坡坍塌事故征兆时，立即发出险情讯号，并撤离危险区域。 （2）如果有发现人员被掩埋，记录其位置，发出求救信号，尽可能与救援人员取得联系，报告有关情况。 （3）被埋人员应找安全位置隐蔽（半圆形防护罩、三角区域内）		现场作业、监测人员
2	对边坡、孔口、深基坑、支架旁稳定情况进行观察，查看有无裂缝和再次坍塌、滑坡的可能性，如有确定救援方案		技术方案组
3	在确认坍塌体稳定并初步确定无次生灾害威胁后立即组织开展人机配合，包括喷砼封闭坍方体正面，沙袋堆载坍塌体底部	（1）用人工或机械设备消除孔口安全隐患（孤石、砂）。 （2）杜绝任何流入孔内的水源	技术方案组、抢险救援组

续表

序号	处置步骤		负责人
	高边坡路基坍塌	人工挖孔桩坍塌	
4	（1）救援人员必须配备各种应用的防护用品。 （2）先救援就近埋深浅的受伤者。 （3）人员埋深的受伤者，使用锹、镐、机械掘土（石）抢救，逐层清理，以免剐撞到下面的人员。 （4）现场要专人观察和分析人员所在位置使用生命探测仪进行先抢救，防止时间的拖延造成人员死亡。 （5）对受伤人员，应先将其抬上担架运出，再协助其余被困人员脱险		抢险救援组
5	在整个救援过程中，对人员、机械等进行协调		综合协调组
6	在整个救援过程中，检查维护或修复现场、水、电管线，提供饮用水、食物及调度机械设备、物资等，为现场实施救援提供保障		后勤保障组
7	在整个救援过程中，做好警戒防护，严禁无关人员进入事故现场，对影响地方交通的，做好充分沟通工作		综合协调组
8	配合外部调查，提供真实记录资料		综合协调组
9	在整个救援过程中，做好保险理赔资料的收集；做好伤亡家属的安抚工作（如有）；确保救助资金到位		综合协调组
10	负责媒体接待、采访和引导工作，根据上级单位授权适时发布相关信息。		综合协调组

2.3 中毒和窒息

序号	处置步骤	负责人
1	（1）监测、施工人员发现疑似中毒和窒息事故征兆时，立即发出险情讯号，并撤离危险区域。 （2）发生中毒和窒息事故时应立即撤离并报告，在确定挖孔桩孔内等区域是否存在有毒有害气体前或无救援设备，不得盲目施救	现场作业、监测人员
2	（1）应先用空压机等设备对孔内进行通风，同时对孔内气体进行检测，确认无有毒有害气体后，方可下孔救人。 （2）如空压设备尚未调试到位，救援人员可佩戴氧气瓶并做好防护措施下孔救人	抢险救援组、技术方案组
3	（1）中毒伤者如发现呼吸困难、心跳停止，立即进行现场人工呼吸和胸外挤压复苏术。 （2）对不能自主呼吸、神志清楚的伤者，可采用空气呼吸器（正压式空气呼吸器）强制输入的办法，协助其将呼吸调整到正常状态。 （3）在伤者没有恢复正常呼吸和心跳，救护者实施人工呼吸抢救要坚持不能间断和停止抢救，持续到急救医院人员达到	抢险救援组
4	在整个救援过程中，对人员、机械等进行协调	综合协调组

续表

序号	处置步骤	负责人
5	在整个救援过程中，检查维护或修复现场、水、电管线，提供饮用水、食物及调度机械设备、物资等，为现场实施救援提供保障	后勤保障组
6	在整个救援过程中，做好警戒防护，严禁无关人员进入事故现场，对影响地方交通的，做好充分沟通工作	综合协调组
7	配合外部调查，提供真实记录资料	综合协调组
8	在整个救援过程中，做好保险理赔资料的收集；做好伤亡家属的安抚工作（如有）；确保救助资金到位	综合协调组
9	负责媒体接待、采访和引导工作，根据上级单位授权适时发布相关信息	综合协调组

YJ

中铁二局集团有限公司

YJ/ZTEJ–2020

成兰铁路云屯堡隧道工程
安全质量、生态环境事故（事件）
现 场 处 置 方 案

2020 年 12 月

中铁二局成兰铁路项目经理部

批 准 页

中铁二局《成兰铁路云屯堡隧道工程安全质量、生态环境事故（事件）现场处置方案》是中铁二局成兰铁路项目经理部为保护员工生命安全，减少财产损失，确保事故发生时快速反应、妥善处置而制定的内部规范性文件。

本处置方案是在开展事故风险分析和应急资源调查的基础上，针对具体的作业场所或设备设施制定的工作方案，同时考虑了突发质量事故、突发环境（安全事故衍生）事件的应急情形，明确了隧道工程出现不可接受风险事件时，项目应急组织机构与职责、应急响应、应急处置原则、应急保障等相关要求，适用于隧道工程坍塌、瓦斯爆炸、突泥涌水、火灾及突发环境事件等现场处置工作。

中铁二局《成兰铁路云屯堡隧道工程安全质量、生态环境事故（事件）现场处置方案》经中铁二局成兰铁路项目经理部安全生产领导小组批准，现正式实施。

项目书记：

项目经理：

年　月　日

目　录

1 事故风险分析

按风险评估要求，对该隧道施工过程中可能存在的危险因素进行了全面辨识，并使用风险矩阵评价法对可能发生的各类型事故产生的风险后果进行了评价。云屯堡隧道风险评估结果显示：在可能导致的 11 种事故类型中，低风险的有 4 项，中度风险的有 3 项，高度风险的有 3 项，极高风险 1 项，其中高度风险及极高风险见表 1。

表 1 云屯堡隧道高度风险及极高风险分析

序号	事故类型	易发区域、影响范围	事故原因	风险等级	事故征兆	可能引发的次生衍生事故
1	坍塌	1. 洞口边坡。 2. 开挖作业面。 3. 初支、二衬未施作区域	1. 在施工过程中未严格按照既定方案施工，隧道支护的材料数量、质量、方式等不能满足设计要求。 2. 隧道开挖过程中初支、二衬施作不及时、初支二衬欠厚欠强脱空、安全步距超标、超前地质预报及监控量测未纳入关键工序管理	极高风险（不可接受）	1. 围岩变形速度或数据值超过允许值。 2. 喷射混凝土产生纵横向的裂纹。 3. 拱顶或拱壁间断掉块或构件支撑间隙不断变大、张开。 4. 岩层的节理缝或裂隙变大张开。 5. 围岩发生异响或局部少量渗水。 6. 洞门地表沉陷、洞门偏压变形、坡体开裂。 7. 洞门山体树枝倒伏、岩体渗水松软、滚石	1. 透水。 2. 冒顶片帮。 3. 物体打击。 4. 窒息。 5. 淹溺。 6. 洞门边坡、场区泥石流及伴生环境污染事故（事件）
2	瓦斯爆炸（突出、火灾）	1. 开挖作业面。 2. 通风不良区域。	1. 超前预报不到位。 2. 瓦斯检测不到位。 3. 隧道通风不到位。 4. 火源管控不到位	高度风险（不期望）	1. 空气有颤动和流动，有咝咝的空气流动声。 2. 气体检测、监测数据异常。 3. 钻孔时有顶钻、夹钻、顶水、喷孔动力、风流逆转、闷雷声、煤爆声、煤壁外鼓现象，开挖面瓦斯异常。 4. 瓦斯积聚、有火源出现，发现雾气。 5. 人体有不适感等	1. 坍塌。 2. 中毒。 3. 窒息。 4. 火灾

续表

序号	事故类型	易发区域、影响范围	事故原因	风险等级	事故征兆	可能引发的次生衍生事故
3	突泥涌水	穿越富水、承压水段落掌子面及未施作二衬区域	1. 隧道穿越岩溶地质，超前地质预报错误。 2. 石质松软、地质不良、降水效果差	高度风险（不期望）	1. 涌水量增大。 2. 局部渗水量增加。 3. 涌水水质变化、带砂夹泥	1. 淹溺。 2. 坍塌。 3. 伴生属地水体环境污染事故（事件）
4	火灾	易燃易爆品区、电气设备使用场所、动火作业处	1. 隧道内违规存放大量可燃的原材料、辅助性材料。 2. 对火源管控不严或者电气故障	高度风险（不期望）	1. 钢筋防水板作业台架堆放大量防水板或土工布。 2. 焊接作业违规动火。 3. 电气设备线路老化、短路。 4. 携带火源进入现场	1. 中毒。 2. 窒息

2　事故响应

根据事故信息、初步原因分析、人员伤亡情况、经济损失和社会影响范围等因素划分，将应急响应级别分为Ⅰ～Ⅳ级，项目部负责第Ⅳ级应急响应工作，配合Ⅰ、Ⅱ、Ⅲ级响应工作。其响应分级、启动条件见表2。

表2　响应分级

序号	响应分级	启动条件（下列情况之一）	响应部门及相关应急人员	响应内容
1	Ⅰ级 中国中铁	1. 初判可能发生死亡10人或重伤50人及以上事故。 2. 初判可能发生直接经济损失5 000万元及以上的事故。 3. 初判可能发生1 000人以上疏散、转移的突发环境事件或灾害事故（事件）。 4. 一次食物中毒100人以上并出现死亡病例，或一次食物中毒出现10例及以上死亡病例；一次发生急性职业中毒50人及以上，或一次发生急性职业中毒死亡5人及以上的重大突发公共卫生事件	中国中铁：领导及相关人员 中铁二局：公司主要领导，分管领导，工会主席，安全总监，公司办公室、安质环保部、工程管理部、人力资源部、宣传部、工会等负责人及相关人员 子（分）公司：主要领导、分管领导、工会主席、安全总监，安质环保部、工程管理部、人力资源部、党群工作部、工会等负责人及相关人员 区域公司：主要领导、监管领导、工程部长及相关人员	事故发生项目部立即启动应急预案，在规定时限内报告地方政府监督管理部门，并按程序逐级内部上报。各相应层级单位组织有关人员赶赴现场，接受现场指挥部下达的各项指令

续表

序号	响应分级	启动条件（下列情况之一）	响应部门及相关应急人员	响应内容
2	Ⅱ级 中铁二局	1. 初判可能发生死亡 3～9 人或重伤 10～49 人的事故。 2. 初判可能发生直接经济损失 1 000 万～5 000 万元（不含）的事故。 3. 初判可能发生 500～1 000 人疏散、转移的突发环境事件或灾害事故（事件）。 4. 一次食物中毒超过 100 人，或出现死亡病例；一次发生急性职业中毒 10～49 人，或一次发生急性职业中毒死亡 5 人以下的较大突发公共卫生事件	中铁二局：公司分管领导、工会主席、安全总监，安质环保部、工程管理部、宣传部、工会等负责人及相关人员 子（分）公司：主要领导、分管领导、工会主席，安全总监，安质环保部、工程管理部、党群工作部、工会等负责人及相关人员 区域公司：主要领导、监管领导、工程部长及相关人员	事故发生项目经理部立即启动应急预案，在规定时限内报告地方政府监督管理部门，并按程序逐级内部上报。相关单位组织有关人员赶赴现场，接受现场指挥部下达的各项指令
3	Ⅲ级 子（分）公司、区域公司	1. 初判可能发生死亡 1～2 人或重伤 3～9 人的事故。 2. 初判可能发生直接经济损失 100 万～1 000 万元（不含）的事故。 3. 营业线施工及施工破坏管线，造成较大影响的事故。 4. 初判可能发生 200～499 人疏散、转移的突发环境事件或灾害事故（事件）。 5. 无人员伤亡，但社会影响较大的险性事故（事件）： （1）桥梁搬运机、提梁机、运梁车、架桥机、大型龙门吊、盾构机等大型机械设备险性事故。 （2）移动模架、桥梁施工挂篮、满堂支架等大型临时设施险性事故。 （3）开挖深度大于 5 m（含）的基坑坍塌险性事故。 （4）隧道施工坍塌长度大于 5 m（含）的事故。 （5）其他影响大，损失严重的险性事故	子（分）公司：分管领导、安全总监，安质环保部、工程管理部等负责人及相关人员 区域公司：监管领导、工程部长及相关人员	事故发生项目经理部立即启动应急预案，在规定时限内报告地方政府监督管理部门，并按程序上报公司。公司接到事故（事件）报告后，立即启动公司应急预案，组织有关人员赶赴现场，开展应急救援工作

续表

序号	响应分级	启动条件（下列情况之一）	响应部门及相关应急人员	响应内容
4	Ⅳ级 项目 经理部	1. 初判可能造成人员重伤1～2人的事故。 2. 初判可能发生直接经济损失20万～100万元的事故。 3. 无人员伤亡，具有社会影响的险性事故（事件）： （1）开挖深度小于5 m的基坑坍塌险性事故。 （2）隧道施工坍塌长度小于5 m的事故。 （3）其他影响较大，损失较重的险性事故	项目经理部：领导班子、职能部门及相关人员	事故发生项目经理部按程序上报，立即启动应急预案，开展应急救援工作

3 应急组织机构及工作职责

3.1 应急组织机构

3.1.1 组织机构

应急项目组织机构见图1。

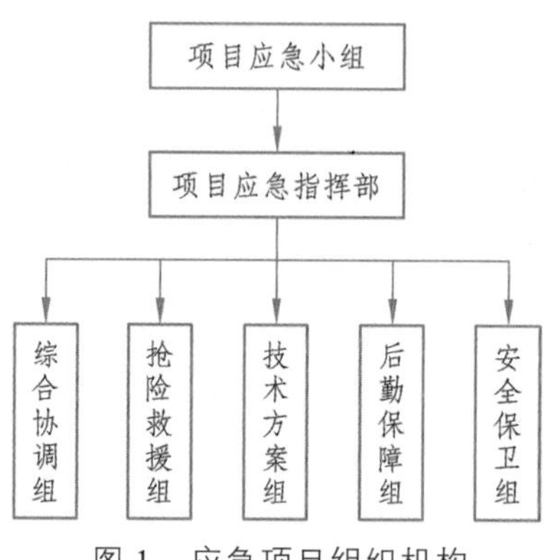

图1 应急项目组织机构

3.1.2 应急组织机构设置

项目经理部设立应急领导小组，并下设五个应急处置组。

组　长：项目经理

副组长：项目书记、项目副经理、项目总工程师、项目安全总监

成　员：工程部、安全环保部、质量管理部、工经部、物机部、财会部、办公室、试验

室等部门负责人和有关人员

应急领导小组办公室设在调度室，并设 24 小时值班电话。

3.2 应急领导小组职责

在发生事故和突发紧急事件时，必须立即组织应急队伍迅速到达事故现场。各应急处置组及副组长必须服从组长统一安排，按职责分工进行应急处置工作。

3.2.1 应急领导小组主要职责

1. 建立健全事故应急机构。
2. 组织编制项目部应急预案和现场处置方案。
3. 负责组织调配或购置应急物资、设备，监督指导项目职能部门建立应急管理工作台账。
4. 负责组织应急知识培训教育、宣传及应急预案培训、演练、评价工作。
5. 负责启动应急方案、及时调配应急资源。
6. 按照应急响应分级和程序，向上级和属地政府部门报告事故情况。
7. 接受上级或地方政府应急救援现场指挥部的领导，落实指令。
8. 指挥现场应急人员开展应急救援，采取有效措施防止事故扩大，并保护事故现场。
9. 配合事故调查，做好善后处置工作。

3.2.2 组长（项目经理）职责

1. 组织应急队伍迅速到达事故现场，指挥现场人员开展应急救援。
2. 组织采取有效措施防止事故扩大，最大限度减少人员伤亡和财产损失。
3. 组织保护好事故现场，并及时向当地政府部门和上级报告事故情况。

3.2.3 副组长（项目书记）职责

1. 负责组织媒体接待、采访和引导工作，配合上级单位发布相关信息。
2. 组织伤亡人员及家属的接待、稳定工作。
3. 组织保险理赔工作。

3.2.4 副组长（项目副经理）职责

1. 负责组织实施现场应急救援。
2. 及时向组长汇报事件发生和发展信息，尤其是异常信息。
3. 组织保障现场交通。

3.2.5 副组长（项目总工程师）职责

1. 组织对应急救援进行安全风险评估。
2. 初步分析事故发生的技术原因。
3. 组织制定应急救援技术措施。

3.2.6 副组长（项目安全总监）职责

1. 初步分析事故发生的管理原因。
2. 协助相关机构调查取证。
3. 协助相关机构人员的约谈。

3.3 应急处置组职责

3.3.1 综合协调组职责

1. 负责信息收集与传递。
2. 负责媒体接待、采访引导工作，配合上级单位发布相关信息。
3. 做好受伤人员救护及家属的接待、稳定工作。
4. 做好保险理赔工作。

3.3.2 抢险救援组职责

1. 采取措施防止次生灾害、保护伤员。
2. 按照方案组织救援，科学合理地提出应急物资、设备、人力配备建议。
3. 抢救现场伤员、设备及物资。
4. 必要时配合外部救援工作。

3.3.3 技术方案组职责

1. 辨识应急救援过程中的危险、有害因素，并进行安全风险评估。
2. 制定应急救援技术措施和救援步骤，指导救援。
3. 确定灾害现场监控量测方式，组织开展现场监控量测。
4. 协助开展对现场有关人员的约谈、调查了解事故发生的原因。配合上级单位进行事故调查。

3.3.4 后勤保障组职责

1. 负责现场抢险救援及事故调查工作人员生活保障、食宿安排等后勤服务。提供必要的办公用品、交通工具、通信工具、器材等。
2. 协助属地政府有关部门进行交通疏解。
3. 调配抢险救援急需的物资、设备等。

3.3.5 安全保卫组职责

1. 保证现场应急救援通道的畅通。
2. 做好现场保卫、警戒工作。
3. 动态关注现场情况，防止发生二次伤害事故。

4. 依据拟定技术措施和救援步骤，协助现场救援。

4 应急处置

4.1 生产安全事故应急处置

4.1.1 生产安全事故应急响应程序

项目生产安全事故应急响应流程见图 2。

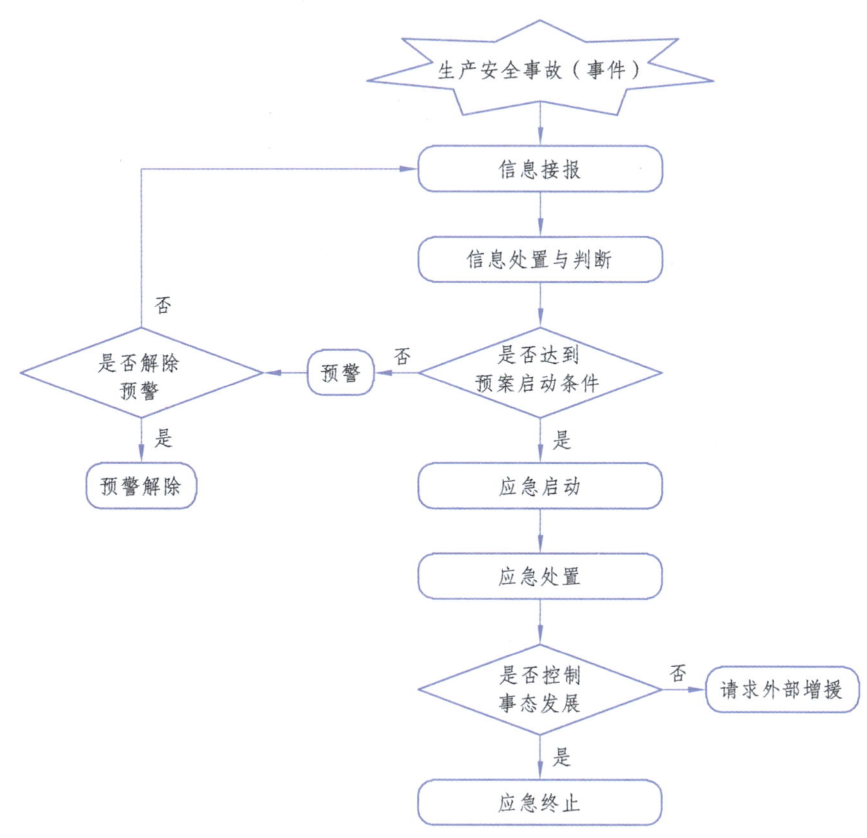

图 2 项目生产安全事故应急响应流程

4.1.2 现场应急处置步骤及内容

1. 事故发生后，事故现场人员应立即疏散、撤离，并采取自救、互救措施。
2. 现场人员第一时间通知项目经理。
3. 项目经理或其他负责人立即赶赴现场，查看事故情况及伤损情况。
4. 判明情况，下达处置方案启动命令并上报。
5. 确定方案开展救援和伤员救护。

6. 救援终止。

7. 事故调查及善后处理。

4.1.3 应急处置措施

1. 隧道坍塌事故现场应急处置措施。

（1）先期撤离条件确认。

围岩变形超过临界值、喷射混凝土表面产生纵横向裂纹、拱顶或拱壁间断掉块或构件支撑间隙不断变大、张开；岩层的节理缝或裂隙肉眼可见持续变大张开；围岩发生异响或局部少量渗水；洞门地表沉陷、洞门明显偏压变形、地表植被滑移。

（2）现场涉险人员的先期自救和互救措施。

① 坍塌事故发生后，仔细观察周围环境，利用坍塌后的空隙、逃生通道等空间逃离危险区域。

② 当被困人员无法逃离危险区域时应保持镇静，不要乱动，以便将身体的消耗降到最低，等待救援。

③ 如果在坍塌中受伤出血，首先应用毛巾、衣服紧紧扎住伤口距离心脏较近的位置，减少出血，但应注意每隔一小时要放开几分钟，避免肢端缺血坏死；骨折伤者应先止血，并用夹板或代用品固定。

（3）应急救援措施。

隧道坍塌快速开挖法应急处置措施见表 3、表 4。

表 3　隧道坍塌快速开挖法应急处置措施

序号	任务	主要工作内容	责任分工
1	现场确认	1. 通过询问目击者了解被困人员信息。 2. 综合坍塌起点、坍塌方向、支护成环情况、支护参数、地质情况等因素分析了解坍塌基本情况	抢险救援组、技术方案组
2	准备工作	1. 对坍塌后的坍体进行清理加固。 2. 同时沿隧道轴线方向在坍塌段落开挖一条明槽（确保机械操作空间能满足工作要求）至隧道拱顶位置	抢险救援组
3	制订方案	1. 根据坍塌的基本信息、坍塌规模、隧道未贯通段长度、地形地貌、坍体的物理力学性质等综合分析，制订救援方案。 2. 当隧道坍塌在洞口且埋深不大或者洞内坍体较小时，采用快速开挖法开挖救援通道实施抢救	抢险救援组、技术方案组
4	打通生命通道	1. 从坍塌面处向洞内人工开挖救援通道。 2. 向被困人员输送新鲜空气、水和食品，建立通信系统，为了解被困人员数量、健康状况提供生命保障。 3. 推算坍体长度	抢险救援组、后勤保障组

续表

序号	任务	主要工作内容	责任分工
5	通道开挖	1. 人员布置：由经验丰富且掌握多项技能的开挖、支护、出渣人员的组成。 2. 人员轮换：开挖、支护、出渣人员可按每小时换一次位、每4小时换一次班（六班制）进行轮换	抢险救援组
6	人员施救	1. 救援通道形成后，救援工作由专业救援人员携带担架和安全绳等进行施救。 2. 对受伤人员，应先将其抬上担架运出，再协助其余被困人员脱险	抢险救援组、综合协调组
备注：1. 各项目结合隧道工程施工环境和现场实际情况，合理选用应急处置措施。 2. 相关图例、图示，根据现场实际需要附后			

表 4　隧道坍塌小导坑法应急处置措施

序号	任务	主要工作内容	责任分工
1	现场确认	1. 通过询问目击者了解被困人员信息。 2. 综合坍塌起点、坍塌方向、支护成环情况、支护参数、地质情况等因素分析了解坍塌基本情况。 3. 通过观测支护变形情况、设计资料等综合分析判断坍塌是否稳定，救援环境是否安全	抢险救援组、技术方案组
2	制订方案	1. 选择小导坑方案时，导坑沿隧道轮廓线而行，且选择在初期支护保留较好的一边，导坑底板标高应根据导坑长度、初期支护破坏程度、地质条件等具体因素确定。 2. 坍塌段落初期支护保留比较完整时，采用三角形导坑（采用高1.8 m×底宽 1.5 m 的等腰三角形）。 3. 坍塌段落初期支护破坏严重时采用梯形导坑（采用高 1.6 m，顶宽 1.0 m，底宽 1.2 m）。 4. 当从其他位置基岩上开导坑时，土质导坑尺寸采用高 1.6 m，顶宽 1.0 m，底宽 1.2 m，石质导坑采用高 2.5 m，顶宽 2.0 m，底宽 2.4 m，确保能用小型设备出渣。 5. 导坑选择从隧道另一端或从侧面开洞时，选择正梯形。 6. 导坑支护方式采取箱架支护，箱架采用密排（架木料采用 15 cm×15 cm 的方木）	抢险救援组、技术方案组
3	打通生命通道	1. 超前水平地质钻机（超前地质预报用）钻入塌方体，打通生命通道。 2. 向被困人员输送新鲜空气、水和食品，建立通信系统，为了解被困人员数量、健康状况提供生命保障。 3. 推算坍体长度	抢险救援组、后勤保障组

续表

序号	任务	主要工作内容	责任分工
4	洞内加固	1. 确认无次生灾害威胁后,立即采取喷射混凝土封闭和砂袋反压坍体正面的措施。 2. 初支结构受坍塌扰动范围回填砂袋至起拱线、搭设钢支撑等加固。 3. 检查修复现场风、水、电管线	抢险救援组
5	导坑定位	1. 导坑开口段用测量仪器对方向进行控制。 2. 不能用测量仪器测设时采用红外线笔将中线逐步引渡,高程控制采用透明水管逐渐引渡前移	抢险救援组、技术方案组
6	导坑开挖	1. 救援队员:队员应具有丰富施工经验、强壮的体魄和极高的责任心。 2. 指挥体系:导坑内和导坑洞口各设置一名经验丰富的隧道工程师,采用有线电话和对讲机使导坑掌子面和洞口保证通信畅通,确保有力的组织指挥。 3. 人员布置:由经验丰富且掌握多项技能的开挖、支护、出渣人员的组成。 4. 人员轮换:开挖、支护、出渣人员可按每小时换一次位、每4小时换一次班(六班制)进行轮换	抢险救援组、后勤保障组、技术方案组
7	过程监控	采用洞内安设摄像头的方式实时监控开挖状况,便于洞口根据进展情况准备材料、进行协调指挥	抢险救援组、后勤保障组
8	人员施救	1. 救援通道形成后,救援工作由专业救援人员携带担架和安全绳等进行施救。 2. 对受伤人员,应先将其抬上担架运出,再协助其余被困人员脱险	抢险救援组、综合协调组

备注:1. 各项目结合隧道工程施工环境和现场实际情况,合理选用应急处置措施。

2. 相关图例、图示。

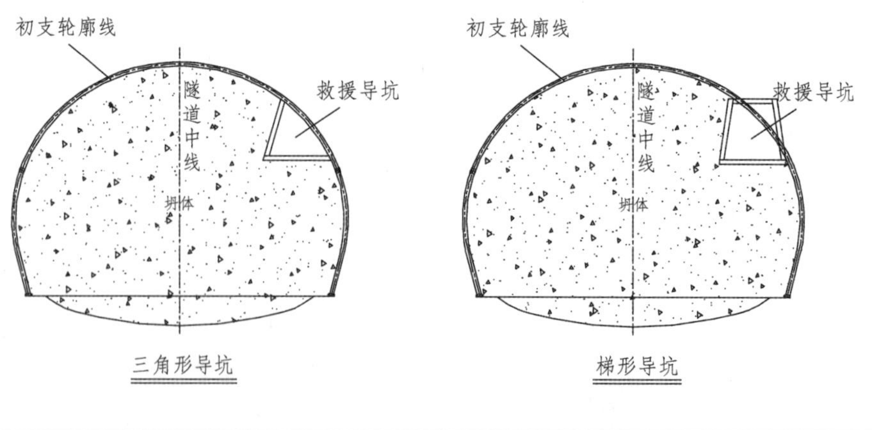

三角形导坑　　梯形导坑

续表

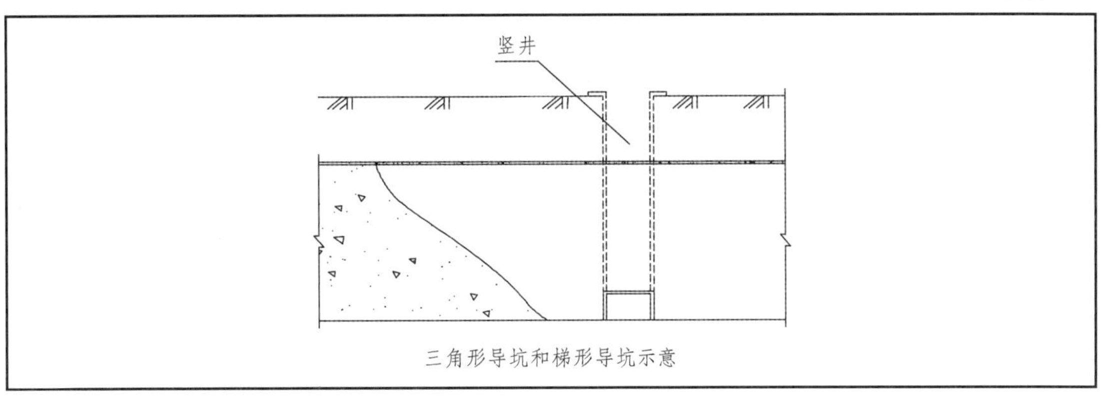

三角形导坑和梯形导坑示意

说明：以上两种隧道坍塌的应急处置措施是项目层面易于操作的，项目部结合承建隧道工程的实际情况，选取其中1～2种处置方法开展应急演练工作，确保现场处置方案具备可操作性和实用性。

当隧道坍塌事故发生后，若项目部采用以上两种应急措施不能有效开展应急救援，项目部应请求子公司或公司启动更高级别应急预案，确保应急救援的及时、有效、安全和直接经济损失最小化。

2. 突泥涌水事故现场应急处置措施。

（1）先期撤离条件确认。

隧道掌子面及初支裸露面的涌水量增大、局部渗水量增加、涌水水质变化带泥带压。

（2）现场涉险人员的先期自救和互救措施。

① 发出险情讯号，并按逃生路线有序撤离，遇险人员应利用预设的爬梯、台架、逃生绳等脱险。如果涌水量较大，人员可利用救生圈、救生衣等进行逃生，逐步转移到安全地点。

② 如果被埋，应立即挖出伤员，注意不要再度受伤，动作要轻、准、快，不要强行拉。如全部被埋应尽快将伤者的头部优先暴露出来，清理口鼻泥土、血块，松解衣带，以利呼吸。

③ 当被困人员不能及时脱险时，应及时发出求救信号，报告有关情况便于营救人员尽快得知自己的位置，便于施救。

④ 被困人员应保持镇静，不要乱动，以便将身体的消耗降到最低，等待救援。

（3）应急救援措施。

隧道突泥涌水应急处置措施见表5。

表5　隧道突泥涌水应急处置措施

序号	任务	主要工作内容	责任分工
1	现场确认	1. 通过询问目击者了解被困人员信息及突泥涌水情况。 2. 综合涌水大小、淹没深度、突泥量、掩埋长度、水文地质情况等因素分析了解突泥涌水基本情况。 3. 通过观测涌水情况、设计资料等综合分析判断突泥涌水是否稳定，救援环境是否安全	抢险救援组、技术方案组

续表

序号	任务	主要工作内容	责任分工
2	方案制订	1. 启动洞内涌水处的备用抽水设施，启动泵站备用水泵，以增大排水能力。 2. 当仍不能满足排水时，启用洞外移动泵站进洞，增设排水管路和移动泵站数量，再次增大排水能力。 3. 发生突泥，则及时清除现场淤泥。用钢筋、钢管和型钢为骨架，用草袋、方木进行缺口封堵，用喷射砼将其封闭，并对周围洞身加固。 4. 清除现场淤泥，进行人员救援。 5. 涌水量较大，突泥受害地段较长，可采用迂回导洞，避开风险洞段进入隧道实施救援	抢险救援组、技术方案组
3	抽排水作业	1. 洞内设置大功率抽水站，其与掌子面的距离应能保证水流不能没顶，并预留 2 m 的安全高度。 2. 抽水站排水能力按设计最大突涌水量的 1.2 倍配置，水泵及管路应有富余备用，电源供电采用双回路。 3. 洞口配置大功率备用排水设备，备用抽水机应配机架和减震装置等，形成移动式抽水站，并定期检查维护，保证能随时投入使用。 4. 根据涌水量大小，配备抽水设备和管路，进行抽排水，以确保洞内排水能满足要求，为下步救援做好准备	抢险救援组、后勤保障组
4	救援作业	1. 突涌水量很快减小，可运用工程机械如装载机等进入洞内施救。 2. 水量较大时，可待水情基本稳定后，组织救援人员乘橡皮艇进入洞内施救。 3. 当发生小规模突泥或突水伴随大量砂石、淤泥沉积时，应采用搭设脚手架、铺垫木板或竹胶板等方法迅速开辟救援通道，进入洞内搜救。 4. 救援人员应佩戴呼吸器等专业器材	抢险救援组、后勤保障组
5	人员施救	将人员运出，及时进行救治	抢险救援组、综合协调组

3. 瓦斯爆炸事故现场应急处置措施。

（1）先期撤离条件确认。

空气有颤动和流动，有嗞嗞的空气流动声；气体检测、监测数据异常超标；钻孔时有顶钻、夹钻、顶水、喷孔动力、风流逆转、闷雷声、煤爆声、煤壁外鼓现象，开挖面瓦斯异常；瓦斯积聚、有火源出现，发现雾气。

（2）现场涉险人员的先期自救和互救措施。

① 当发现具有瓦斯突出先兆或检测瓦斯浓度超过允许安全值时，必须停止作业，立即撤离作业人员直至洞外，同时切断电源，加强通风观察、检测。

② 如果作业过程中发现附近空气有颤动现象，或听见嘶嘶的空气流动声，即判定为瓦斯爆炸前兆，应立即就地自救。

自救时应背向空气颤动的方向，俯卧倒地，面部贴在地面，以降低身体高度，避开冲击波的强力冲击，同时，用双臂护住头面部并尽量减少皮肤的外露部分；如果隧道内有水坑或水沟，则应顺势爬入水中并闭住气息暂停呼吸，或用毛巾或口罩捂住口鼻，防止把火焰吸入肺部。最好脱下外衣盖住身体，尽量减少肉体暴露面积，以减少烧伤。

③ 瓦斯爆炸后，洞内生还人员应采取自我保护措施，自己能逃离现场的，必须尽快离开，撤出洞外，若无力撤出时，则在相对安全处等待救援。外撤时，要迅速按规定佩戴好自救器，弄清方向，沿着避灾路线，用湿物捂住口鼻赶快撤退到新鲜风流中或洞外；若隧道破坏严重，无法撤退时，则选择初期支护未遭到破坏的地段，或利用一切可能的条件建立临时避难硐室，或尽量靠近风管水管处，利用高压风延长救援时间，过程中应相互安慰、稳定情绪，等待救助，并有规律的发出呼救信号。

④ 对于附近的伤员，涉险人员要协助其佩戴好自救器，帮助撤出危险区；不能行走的人员，应靠近新鲜风流 30 ~ 50 m 范围内，或设法抬运到新鲜风流或空气中。

⑤ 切断电源，防止瓦斯的再次聚集造成二次爆炸。撤出危险区后，应查看人员伤亡情况，并将情况立即向现场负责人或领导汇报。

（3）应急救援措施。

隧道瓦斯爆炸应急处置措施见表 6。

表 6　隧道瓦斯爆炸应急处置措施

序号	任务	主要工作内容	责任分工
1	救援准备	1. 隧道一旦发生瓦斯爆炸，通风会补充灾后洞内氧气，构成二次爆炸的条件，极可能引发后续瓦斯爆炸，故发生瓦斯爆炸后不能盲目进行通风，也不能盲目进入救援。 2. 隧道发生瓦斯灾害事故，救援环境恶劣复杂，次生灾害极易发生，一般的救援队无法承担瓦斯灾害应急救援任务，必须由专业的矿山救护队完成，同时做好相应的配合救援各项准备工作。 3. 专业队伍救援前，应切断所有洞内供电电源，以防意外。同时进行洞警戒，清理洞外通道	应急小组（现场应急指挥部）
2	救援作业	1. 瓦斯爆炸后，施工单位应立即在现场设立安全岗哨，禁止人员进入危险区域，并启动应急预案，配合矿山救援队进行救援。 2. 加强隧道内通风，随时检测隧道内瓦斯浓度，当瓦斯浓度降至安全值范围以内时，救援人员方可进洞进行救援	抢险救援组、综合协调组
3	人员施救	1. 抢救出伤员时，应由医务人员及时诊断其伤势情况，以“先重后轻”的原则进行抢救。 2. 当受伤人员中有窒息者时，应及时采取心肺复苏术。 3. 烧伤人员必须在医生的指导下进行治理，切不可胡乱进行创面清理及清洗，以免加重伤势。 4. 根据实际条件，及时将伤员送往应急定点医院进行抢救治疗	抢险救援组、综合协调组
注意事项：瓦斯隧道施工前，施工单位必须和就近矿山救护队建立联系，签订救援协议，进行联合救援演习及矿山救护相关知识的培训，建立协同救援体系，明确协同救援各方职责			

4. 隧道火灾事故现场应急处置措施。

（1）先期撤离条件确认。

烟雾蔓延、可见度差；空气温度急剧升高；现场火势难于扑灭时。

（2）现场涉险人员的先期自救和互救措施。

① 迅速了解或判明事故的性质、地点范围和事故区通风系统、风流及火灾烟气蔓延方向、所处位置，依据灾害预防自救措施及现场的实际，确定撤退路线和避灾自救的方法。

② 撤退时，应在现场负责人及有经验的人员带领下有组织地撤退。

③ 位于火源进风侧的人员，应迎着新鲜风流撤退。

④ 位于火源回风侧的人员或是在撤退途中遇到烟气有中毒危险时，利用隧道内的水，浸湿毛巾、衣物或向身上淋水等办法进行降温，并用湿物捂住口鼻，尽量低身弯腰，低着头快速前进，尽快撤退或绕到新鲜风流中去或在烟气没有到达之前，顺着风流尽快从回风出口撤到安全地点；烟雾大、视线不清或温度高时，则应尽量贴着隧道底板和边墙管道等爬行撤退。

（3）应急救援措施。

隧道火灾应急处置措施见表 7。

表 7　隧道火灾应急处置措施

序号	任务	主要工作内容	责任分工
1	撤离疏散	1. 发现火情，立即撤离现场人员。 2. 将现场及周边人员疏散至安全区域。 3. 项目现场救援小组在统一指挥下，佩戴防毒面具与消防装置进入现场，利用最近的预留供水管消防接口进行连接，进行灭火、搜救及清除现场遗留残余火源	抢险救援组
2	清点确认	1. 清点受伤、被困人员情况。 2. 确认燃烧物质、燃烧时间、部位、蔓延方向、火势范围及危害程度	抢险救援组、技术支持组
3	进行救援	1. 清除障碍物，设置警戒，保持救援通道畅通。 2. 对道路进行管制，引导救援车辆和人员进入现场搜救	抢险救援组、安全保卫组
4	救治伤员	1. 对救出人员进行现场急救。 2. 对受伤人员及时转送医院救治	抢险救援组、综合协调组

4.2　工程质量事故应急处置

4.2.1　质量事故应急响应程序

项目工程质量事故应急响应流程见图 3。

4.2.2　现场应急处置步骤及内容

1. 事故发生后，事故现场人员应立即疏散、撤离。

2. 现场人员第一时间通知项目经理。

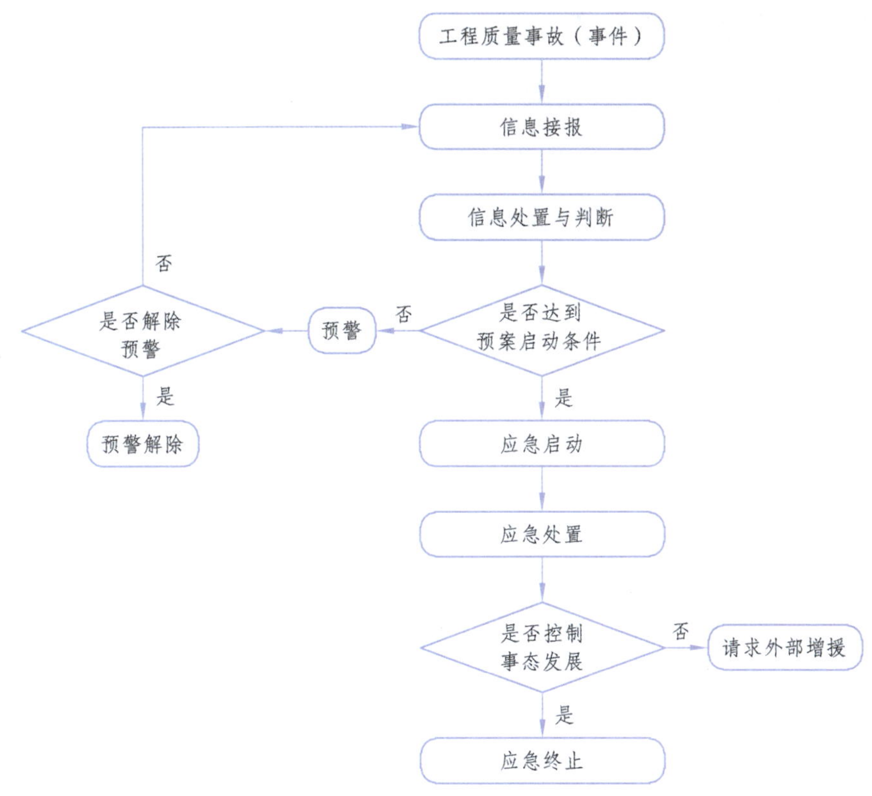

图 3　项目工程质量事故应急响应流程

3. 项目经理或其他负责人立即赶赴现场，封闭事故区域，防止人员误入。

4. 查看质量事故发生区域，初步了解其影响范围，可能衍生的次生灾害等信息，并及时反馈建设单位、设计单位、监理单位等相关方。

5. 判明情况，构成工程质量事故应急条件的，下达处置方案启动命令并上报。

6. 在现场专家组及勘察设计单位确定工程应急方案后，进行返工或返修处理。

7. 应急处置终止。

8. 配合进行事故调查及善后处理。

4.2.3　应急处置措施

1. 质量事故引发工程安全事故，按本隧道安全事故应急处置措施处置。

2. 质量事故造成工程工期严重滞后，需组织进行抢工的，须制订专项施工或返工方案，按方案执行。

3. 因设计重大变更、突发自然灾害等情况，造成工程保通应急情况出现的，不构成质量事故应急突发状况，按设计或现场专家组提出的方案进行保通施工。

4. 按设计方案进行工程返工或处理前，事故区域需进行预加固处理的，应及时形成专项方案，按专项处置方案进行处理，确保后续返工或处置现场作业环境安全。

4.3 突发环境事件应急处置

4.3.1 突发环境事件应急响应程序

项目突发生态环境事件应急响应流程见图 4。

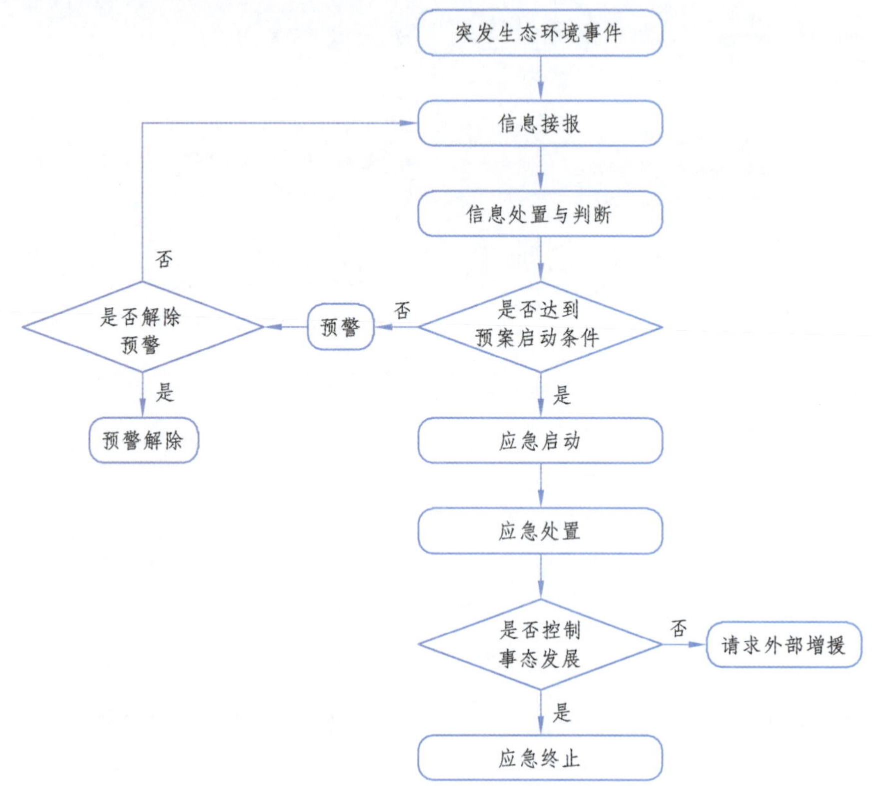

图 4 项目突发生态环境事件应急响应流程

4.3.2 现场应急处置步骤及内容

1. 事故发生后，事故发生区域现场人员应立即疏散、撤离。

2. 现场人员第一时间通知项目经理。

3. 项目经理或其他负责人立即赶赴现场，查看事故波及范围、污染源涌流方向及径流状态、地表沉陷等情况。

4. 根据判明情况，下达处置方案启动命令并上报。

5. 确定方案开展救援和伤员救护。

6. 救援终止。

7. 事故调查及善后处理。

4.3.3 现场应急处置措施

1. 在确保安全的基础上，加强观察，根据现场观察判断结果，突泥可能危及洞外村庄、道路的，应立即向当地政府公共安全应急主管部门报告，立即启动预案，并向企业上级报告。

2. 据判断的结果，组织力量进行沿线预警、疏散人员。

隧道突泥涌水应急处置措施见表 8。

表 8　隧道突泥涌水应急处置措施

序号	任务	主要工作内容	责任分工
1	现场确认	1. 通过询问目击者了解突泥情况。 2. 综合淹没深度、突泥量、涌流速度，了解突泥发展状态。 3. 观测突泥自然径流状态、出洞后的蔓延方向，判断是否危及或污染属地江河湖泊等水体。 4. 了解径流方向及突泥漫流方向上可能危及的建构筑物、道路等现状，判断污染水体可能的时间	抢险救援组、技术方案组
2	方案制订	1. 发生突泥并伴随涌水时，可应利用斜井分级抽排设备，并启动泵站备用水泵，抽排涌水，分流突泥水量。 2. 在径流方向沿线设置警戒标志、疏散沿线人员。 3. 据观察结果，判断突泥量变化，判断持续时长，可利用沿线不同地势，进行分流或截排。 4. 待涌流稳定，及时清除道路、隧道进口现状淤泥，并清理沿线污染区域及清运填埋。 5. 在对河道进行清理前，应会同河道及环卫管理部门，进行现场确认、编制河道疏通清淤方案，并报批报审	抢险救援组、技术方案组
3	抽排及截流	1. 利用斜井设置的反坡分级抽排设备进行抽排，分流涌水，减缓突泥涌流量及漫流速度。 2. 抽水站排水能力按设计最大突涌水量的 1.2 倍配置，水泵及管路应有富余备用贮备，电源供电采用双回路。 3. 斜井抽排涌水，应优先考虑经过沉淀设施处理，防范泥浆污水直排。 4. 突泥可能污染属地河道水体时，应组织力量在确保安全的条件下，在突泥涌流下游方向设置污水截流、改流沟体或挡渣墙，分（改）流或阻断突泥涌流	抢险救援组、后勤保障组
4	人员疏散、道路管制	1. 在突泥泄流或漫流可能区域，设置警戒标志、配置人员进行值守。 2. 组织人员进入涌流方向沿途村庄，疏散人员；配合交管部门对沿线道路进行封闭管制、疏散车辆。 3. 涌泥量减小时，可运用工程机械进入现场优先进行道路清理，开辟外部救援通道，确保通道畅通。 4. 在涌泥稳定后，可采用搭设脚手架、铺垫木板或竹胶板等方法迅速开辟疏散或救援通道	抢险救援组、后勤保障组
5	现场清理、善后处理	1. 利用小型挖泥船对河道进行淤泥清理、确保河道通畅。 2. 及时组织力量，对沿线污泥、泥砂等杂物进行清理，恢复毁损的河道堤坝。 3. 配合属地政府有关部门进行现场灾害及污染情况的统计、查核、登记、造册、上报及相关善后处置事宜	抢险救援组、综合协调组

5 注意事项

5.1 隧道坍塌应急救援

1. 当预设的逃生管道失效或隧道内未预设逃生管道时，立即利用超前水平地质钻机钻设 90 ~ 120 mm 氧气和食物的输送管道（适用于除火灾外的其他风险事件应急救援）。

2. 若要扩大应急救援，应做好救援前期准备工作，包括施工便道、救援工作面、动力电源、高压水、作业平台、混凝土、砂袋、钢支撑等相关设备设施。

5.2 相关说明

1. 本隧道工程不存在单纯的质量事故应急突发情况，为满足质量事故应急管理处置内容的需要，上述处置步骤及内容仅作提示性描述，各单位可结合现场工程实际制订现场处置方案（措施）。

2. 本隧道为非瓦斯隧道，结合瓦斯隧道特点，按瓦斯隧道进行了风险分析、明确了应急步骤、应急处置等措施等内容。

6 附 件

附件 1：预案编制依据

1.《中华人民共和国安全生产法》
2.《中华人民共和国突发事件应对法》
3.《中华人民共和国特种设备安全法》
4.《生产安全事故应急预案管理办法》（修订版）
5.《国家安全生产事故灾难应急预案》
6.《建设工程重大质量安全事故应急预案》
7.《生产经营单位生产安全事故应急预案编制导则》
8.《建设工程安全生产管理条例》
9.《生产安全事故报告和调查处理条例》
10.《生产过程危险和有害因素分类与代码》
11.《企业职工伤亡事故分类》
12.《重大危险源辨识》
13.《风险管理 风险评估技术》

14.《铁路隧道工程风险管理技术规范》

15.《铁路隧道安全技术规程》

16.《铁路隧道施工抢险救援指南》

17.《中国中铁隧道坍塌应急抢险救援作业指导手册》

18.《铁路总公司关于铁路建设项目质量安全红线管理规定》

19.《中铁二局安全生产和职业健康管理办法》

20.《中铁二局安全质量事故内部报告、应急处置和调查处理办法》

21.《中铁二局关于贯彻落实中国铁路总公司“铁路建设项目质量安全红线管理规定”实施方案》

22.《中铁二局工程质量监督管理办法》

23.《中铁二局工程项目施工环境保护管理办法》

24.《中铁二局二公司工程质量监督管理办法》

25.《中铁二局二公司工程项目施工环境保护管理办法》

附件 2：应急预案衔接

1.《四川省生产安全事故灾难应急预案》

2.《松潘县生产安全事故应急预案》

3.《四川省突发环境事件应急预案》

4.《德阳市综合应急救援支队天池矿山救援大队应急预案》

5.《国家矿山应急救援芙蓉队应急预案》

6.《国家隧道应急救援中铁二局昆明队应急预案》

7.《中国中铁股份有限公司安全质量事故（事件）应急预案》

8.《中铁二局集团有限公司安全质量、生态环境事故（事件）应急预案》

9.《中铁二局二公司安全质量、生态环境（事件）应急预案》

10.《建设单位应急预案》

附件 3：项目概况

中铁二局二公司承建的成兰铁路云屯堡段站前工程 CLZQ-12-01 标段，位于四川省阿坝藏族羌族自治州松潘县大胜乡境内。目前项目已成立应急救援小组，用于抢险的机械设备和物资分别存放于各隧道主洞与斜井口处。

云屯堡隧道全长 22 923 m，隧道洞身以Ⅲ、Ⅳ、Ⅴ级围岩为主，标段隧道围岩为三叠系（T）砂岩、板岩、灰岩、千枚岩互层或夹层及千枚岩、炭质千枚岩。洞身穿过 5 条背斜及向斜，受构造影响严重，岩层严重挤压扭曲，围岩破碎，地应力较高，最大水平主应力 15 MPa，隧道最大埋深约 780 m，兼有如溶蚀、剥蚀类型，施工中可能遇岩溶、岩爆、突水、突泥、大型暗河等风险，隧道平常涌水量为 27 600 m^3/d，雨季最大涌水量为 41 400 m^3/d，为本标段的高风险管控隧道。

项目部距国家矿山应急救援芙蓉队 600 km，专业救援人员 9 小时内可到达事故现场；项目部距德阳市综合应急救援支队天池矿山救援大队 270 km，专业救援人员 6 h 内可到达事故现场；项目部与松潘县人民医院建立了医疗绿色通道，相距 17 km，专业救护人员可 20 min 可到达事故现场；项目部距松潘消防大队 20 km，专业消防人员 20 min 内可到达事故现场。

附件 4：事故风险评估报告

中铁二局集团有限公司

YJ/ZTEJ-2020

成兰铁路云屯堡隧道工程

生产安全事故风险评估报告

中铁二局集团有限公司　发布

目　录

1 总　则

1.1 隧道施工生产安全危险有害因素辨识情况

参照《企业职工伤亡事故分类》(GB 6441—1986)、《生产过程危险和有害因素分类与代码》(GB/T 13861—2009)、《铁路工程隧道风险管理技术规范》(Q/CR 9247—2016)、《铁路隧道工程施工安全技术规程》(TB 10304—2009)，结合本隧道工程特点，辨识并制定了隧道工程危险源清单。依据辨识结果，隧道施工生产主要存在火灾、瓦斯爆炸、机械伤害、触电、高处坠落、物体打击、突泥涌水、车辆伤害、坍塌等事故类型，主要分布如表 1。

表 1　危险源清单

序号	施工过程	主要类别										
		火灾	瓦斯爆炸	机械伤害	触电	高处坠落	物体打击	突泥涌水	车辆伤害	坍塌	放炮	中毒和窒息
1	洞口工程			▲	▲	▲	▲		▲	▲	▲	
2	超前支护			▲				▲		▲		
3	掌子面掘进（钻爆作业）		▲	▲	▲	▲	▲	▲		▲	▲	▲
4	找顶作业					▲	▲			▲		
5	洞内运输			▲			▲		▲			
6	初期支护			▲	▲	▲	▲	▲		▲		
7	仰拱开挖		▲	▲			▲	▲	▲		▲	▲
8	仰拱及填充				▲		▲					
9	防水板铺贴	▲		▲	▲	▲	▲					
10	二衬钢筋安装	▲			▲	▲	▲			▲		
11	二次衬砌			▲	▲	▲	▲			▲		

备注：1. 本表主要为隧道钻爆作业施工过程中正常作业状态可能会导致的常见事故类型。

2. 触电：本评估报告中的触电指现场临时用电导致的触电。

3. 中毒和窒息：本评估报告中的中毒窒息指由爆破作业产生有毒有害气体、隧道内钢筋焊接作业、瓦斯突出、火灾、有限空间作业等，加之通风不良等原因引起的中毒和窒息。

4. 坍塌：包括《铁路工程隧道风险管理技术规范》中所列出的隧道大变形、偏压、断层等异常地质条件可能导致的坍塌风险。

5. 物体打击：包括《铁路工程隧道风险管理技术规范》所列出的“岩爆”，本调查报告中只考虑普遍情况，即一般埋深情况下，岩爆表现为岩体的剥落、崩解等现象，故归类于“物体打击”。超埋深情况除外。

1.2 现有事故风险防控措施

现有事故风险防控措施见表 2。

表 2 现有事故风险防控措施

序号	事故类型	现有防控措施
1	物体打击	1. 员工进入施工作业现场必须按规定配佩戴安全帽。施工人员只能在安全通道内上下出入通行，不准在非规定的通道位置处通行走动。 2. 加强安全教育培训，高处安拆作业时，应有专人指挥、防护；对拆卸下的物料，要及时清理和运走，不得在走道上任意乱放或向下丢弃。 3. 施工过程中一般常用的工具必须放在工具袋内，物料传递不准往下或向上抛掷材料和工具等物件，所有物料应堆放平稳，不得放在临边及洞口附近，并不可妨碍通行。 4. 原则上严禁出现垂直交叉作业（如掌子面钻眼、装药作业）。如无法避免时，必须做好防护措施。 5. 加强观测与例行巡查，及时进行找顶作业，清除拱部孤石或突出岩块。 6. 按设计要求及时施作软岩的超前支护，及时进行初支封闭。 7. 加强大变形段观测，发现初支开裂或局部混凝土变形脱落时及时处理
2	车辆伤害	1. 施工现场实行人车分流，所有进入施工现场的车辆进行登记，隧道内必须确保照明良好。 2. 施工场地内实现限速要求，在道路显眼、清晰的位置按规定设置限速、限高、限宽交通标志及其他警示性标志或者安全防护措施，必要时设置减速栏或减速带，实行强制性减速。 3. 加强对进入施工现场车辆的安全检查，主要对车辆制动系统的可靠性和安全性进行入场及日常检查，包括作业司机是否持证上岗、是否酒驾等。 4. 斜井等长大陡坡洞内通道，按规定设置防撞防溜及相应警示标志设施。 5. 严禁超载和违规载人；栈桥上车辆通行时段仰拱施工应停止作业。 6. 在洞内或隧道外相关道路区域进行作业的人员，必须穿反光衣服，路面设置警示标志，夜间还应设置警示灯
3	机械伤害	1. 机械设备须进行入场验收，确保机况良好；日常按时进行保养，禁止超载、带病运转。严禁在作业中对机械设备进行维修、保养或调整等作业。 2. 机械作业时，操作人员不得擅自离开工作岗位或将机械交给非本机操作人员操作。划定作业区及设置警示标志，严禁无关人员进入作业区和操作室。工作时，思想要集中，严禁酒后操作。 3. 重点对裸露的旋转部件、锋利部件增加防护，做到有轮必有罩，有轴必有套。 4. 专业设备必须由专业人员操作，特种设备操作人员必须持证上岗

续表

序号	事故类型	现有防控措施
4	触　电	1. 建立临时用电检查制度，按规定对现场的各种配电箱、线路和用电设备进行检查和不定期抽查，保留检查记录。 2. 坚持电气专业人员持证上岗，非电气专业人员不得进行任何配电箱、电气部件和线路的更改和维修。 3. 施工现场临时用电必须采用“三级配电”“二级保护”。 4. 现场开关箱箱应严格按照“一机、一闸、一漏”原则进行配置，严禁“一箱、一闸”违规同时控制多个用电设备。 5. 应保持配电线路及配电箱和开关箱内电缆、导线对地绝缘良好，不得有破损、硬伤、带电线裸线、电线受挤压、腐蚀、线缆过水拖地等情况及漏电等隐患
5	火　灾	1. 加强消防安全教育培训，提高作业人员安全防火意识。 2. 配足现场专职安全监督员，确保每4小时对管辖区域进行全覆盖巡查，发现问题立即处置。 3. 严格执行动火、临时用电作业制度，做好火源的管理。 4. 配备符合规定数量及要求的灭火器材（防水板台车前后 20 m 区域内为消防控制区，台车应分层配置消防器材）、防爆型安全装置，防止火灾无法控制引发爆炸。 5. 易燃易爆危险品的堆放、存储、运输及保管要严格按照相关规定执行。 6. 推广钢筋连接新工艺，减少动火作业
6	高处坠落	1. 严格岗前安全体检及职业禁忌检查，防范职业安全风险导致的安全事故出现。 2. 高处作业时，应严格按照技术方案落实安全防护措施，防护设施搭设完成后应组织验收，检查验收满足要求后方可投入使用。 3. 加强对安全防护设施和警示标牌的日常巡查和维护，发现安全设施有隐患或损毁时，务必及时报告并立即处理解决，所有安全防护设施和安全警示标志等，任何人不得损毁或擅自移位和拆除
7	坍　塌	1. 针对不同的地质条件，选择合理的施工方法。 2. 加强超前预地质预报，及时反馈预报信息。 3. 严格关键工序控制，做到初支及时封闭成环。 4. 严格技术方案现场监督，确保班组按方案和交底施工，保证施工质量与安全步距。 5. 加强监控量测，及时掌控隧道围岩形情况，反馈指导施工。 6. 严格大变形段观测及安全步距控制。 7. 强化关键工序管控，按要求检验检测初支、二衬的强度及厚度、脱空情况，及时整治铁路隧道实体质量红线问题。 8. 大变形段要留足变形量，加强工艺控制，严格监测、及时补强支护，待变形趋于稳定再施工二衬。 9. 按设计及规范要求施工洞门边坡、截排水、挡护、超前支护等工程，防范洞门沉陷或差异性沉降导致地表或地形地貌破坏

续表

序号	事故类型	现有防控措施
8	突泥涌水	1. 根据施工图提供地质资料，加强超前地质预测预报工作。 2. 根据地质资料及超前地质预报结果，采取“疏排结合”的技术措施进行注浆止水、围岩加固。 3. 洞内排水，选用有经验的专业队伍，上岗前先培训后上岗，确保洞内排水的可靠性。 4. 根据对周围地质的了解程度，为确保掌子面作业安全，提前分别采用超前小导管预注浆，进行封堵，以加固地层并止水。 5. 在反坡施工隧道洞口准备一套应急的移动泵站，防范突发涌水应急险情出现时能及时抽排
9	放　炮	1. 独头掘进巷道人员必须撤离到 200 m 外；相邻的平行坑道内不少于 100 m。 2. 隧道施工放炮，由取得“爆破员资格”的爆破工担任警戒，严格防护距离进行警戒管理。 3. 爆破前爆破人员严格检查爆破网络，确保一次起爆。 4. 爆破后必须经过通风排烟，时间不少于 15 min；并经过检查和确认安全后，其他工作人员才准进入工作面。 5. 装炮时严禁火种，严禁明火点炮，严禁装药与打眼同时进行
10	瓦斯爆炸	1. 瓦斯隧道施工必须编制超前地质预报、瓦斯探（检）测、机械设备配置、临时（施工）用电、通风、爆破等专项方案，并按规定办理相应审批手续。 2. 加强瓦斯检测，瓦斯隧道采取自动和人工两套瓦斯监测预警系统进行瓦斯检测。 3. 瓦斯监控，建立 24 小时不间断值班制度。 4. 加强瓦斯隧道通风，保证隧道内 24 小时不间断通风。 5. 瓦斯隧道应实行“瓦检员持证上岗制”“一炮三检制”。 6. 瓦斯突出或高瓦斯隧道应严格按规范要求，采取静电屏蔽线路、进洞设备车辆采用有防静电功能型或进行防爆改装
11	中毒和窒息	1. 确保通风设施的正常，要有备用通风设备。 2. 存在有毒有害气体超标情况时，24 小时不间断通风。 3. 使用测风表和有毒有害气体报警系统，专人检测有毒有害气体的浓度。 4. 放炮后烟雾排除后，经检测气体浓度在正常值范围内，方可进入作业面

2　事故发生可能性及其后果分析

风险是事故发生的可能性与事故造成后果的严重程度的综合度量。风险等于事故发生可能性与事故严重度大小程度的乘积，其计算模型如下：

$$R = F \cdot C$$

式中 R——风险；

F——事故发生可能性；

C——事故后果的严重程度。

2.1 事故情景分析

2.1.1 火 灾

隧道内违规存放大量可燃的材料（主要有防水板、塑料包装袋、模板、机械设备燃油、氧乙炔瓶等），由于对火源管控不严或者电气故障易导致火灾事故的发生。

隧道内施工人员违规用电、线路或用电设施故障、违规动火，容易导致火灾事故发生。

2.1.2 瓦斯爆炸

瓦斯隧道开挖过程中，超前预报不到位，瓦斯检测（人工与自动监测）不到位，隧道通风不到位，火源管控（包括：线缆、设备未静电屏蔽，使用违规照明灯具、违规作业、违规挟带火源等）不到位等容易导致瓦斯突出、瓦斯爆炸等事故发生。

2.1.3 机械伤害

施工现场的钢筋弯曲机、切断机、切割机等机械设备，若转动的轮轴、传动装置、外露旋转部位等因防护不良或无防护罩，直接与人体接触时，会使人遭受夹击、碰撞、剪切、卷入等伤害。这类事故也属于多发事故，造成该类事故发生的原因多是防护不当、防护设施不足、设备布置不当、空间狭窄、操作失误、警示信号不灵。

使用的机械设备未定期检查、维护，设备出现问题不能及时发现，消除；操作人员不正确佩戴劳动防护用品或劳动防护用品配备不齐全，易造成机械伤害；检修时无监护，误合闸等都易造成机械伤害。

2.1.4 触 电

施工现场临时用电不规范，配电箱设置不合格，电线私拉乱接，电线老化、短路，非专业人员操作电气设备等容易导致触电。

使用移动电气设备或进行电焊作业时，在潮湿、腐蚀性的环境中，缺少漏电保护器，也有触电的危险。

2.1.5 高处坠落

在衬砌台车及其他作业平台进行施工作业、日常维护及巡检过程中违章作业或防护设施缺乏，易发生高处坠落事故。

2.1.6 物体打击

在日常操作以及安装检修过程中由于人的失误，引起的设备、零件、物品、工具从作业平台等高处坠落，可能造成人身伤亡事故；开挖及初支段落，因高地应力导致的围岩临空面岩体或岩面开裂崩落，或围岩变形过程中造成初支面开裂脱落掉块，可能造成人身伤亡事故。

2.1.7 突泥涌水

隧道穿越岩溶等不良地质、围岩裂隙发育富水、超前地质预报不准或错误、支护措施不到位等情况，将导致隧道存在突泥、涌水重大危险，及松潘段岷江水体的污染。

2.1.8 车辆伤害

施工现场车辆在行驶中均会因违章驾驶、停靠不稳、刹车不灵、洞内照明视线不良等，造成碾压、撞击、挤压等伤亡事故。

现场存在运输混凝土和建筑材料的车辆，由于超速超载行驶、未按规定路线行驶。

斜井未设置人车分流隔离设施、未设置安全岛或防溜防撞堆。

洞内转弯（斜进与正线交叉的喇叭口）、上下坡、各作业台架处未设置限速及其他安全警示标志等。

上述情况都易导致出现车辆伤害事故。

2.1.9 坍 塌

在施工过程中未严格按照设计或专项方案施工、设计明确的支护参数不合理、监控量测不到位或信息反馈不及时等情况出现，容易导致隧道坍塌。

隧道开挖过程中初支、二衬不及时，安全步距超标等也容易导致隧道坍塌。

大变形隧道超前支护、加强锚杆、系统注浆或支护方式不按方案施作或未及时跟进，也容易导致隧道出现局部变形坍塌。

隧道大变形侵入隧道净空后的支护拆换过程可能出现坍塌风险。

隧道工程实体质量红线问题未检测发现，进入后续工程施工可能出现坍塌风险。

2.1.10 放 炮

洞内爆破作业时，信号指挥不统一，人员未撤离至安全地带便开始爆破作业；爆破作业人员无证上岗；爆破后通风排烟、盲炮与瞎炮未按规定进行处理，掌子面上残留有炸药和雷管未发现处理；现场违规操作，打眼与装药同时进行；未按爆破方案进行打眼、装药、连线作业。

2.1.11 中毒和窒息

通风不良、气体监控系统故障、有毒有害气体检测不到位、隧道围岩揭露时突发有毒有害气体、有毒有害气体隧道超前探测不及时等，导致隧道有毒有害气体浓度超标或聚集。

2.2 事故发生可能性分析

参照《风险管理 风险评估技术》（GB/T 27921），各类型事故发生可能性按表 3 对各类型事故发生可能性予以赋值。

表 3　风险发生可能性等级标准

序号	定量判别标准	定性判别标准	可能性等级 F
1	1 年内至少发生 1 次	频繁发生	5
2	1 年内可能发生 1 次	可能发生	4
3	2～5 年内可能发生 1 次	偶然发生	3
4	5～10 年内可能发生 1 次	很少发生	2
5	10 年内发生的可能少于 1 次	极不可能发生	1

通过集团公司隧道施工事故案例汇编的数据统计以及类比其他隧道施工发生的事故，同时结合以上事故情景分析，各类型事故发生的可能性见表 4。

表 4　各类型事故发生可能性（隧道专业）

序号	事故类型	事故发生频率	事故发生可能性	分值 F
1	火灾	2～5 年内可能发生 1 次	偶然发生	3
2	瓦斯爆炸	5～10 年内可能发生 1 次	很少发生	2
3	机械伤害	2～5 年内可能发生 1 次	偶然发生	3
4	触电	5～10 年内可能发生 1 次	很少发生	2
5	高处坠落	5～10 年内可能发生 1 次	很少发生	2
6	物体打击	5～10 年内可能发生 1 次	很少发生	2
7	突泥涌水	2～5 年内可能发生 1 次	偶然发生	3
8	车辆伤害	2～5 年内可能发生 1 次	偶然发生	3
9	坍塌	1 年内至少发生	频繁发生	5
10	放炮	5～10 年内可能发生 1 次	很少发生	2
11	中毒和窒息	10 年内发生的可能性小于 1 次	极不可能发生	1

2.3　事故危害后果严重程度分析

参照《铁路建设工程风险管理技术规范》（QCR 9006—2014），事故发生后果类别分为人员伤亡、经济损失、环境影响，其后果等级按严重程度分为五级，应符合表 5 的规定，其等级判别标准应分别符合表 6～表 8 的规定。

表 5　风险事件发生后果等级标准

后果等级	5	4	3	2	1
严重程度	灾难性的	很严重的	严重的	较大的	轻微的

2.3.1　人员伤亡等级标准

人员伤亡是指事故可能造成的人员伤亡，依据人员伤亡的类别和严重程度进行分级。

表 6　人员伤亡等级标准

后果等级	5	4	3	2	1
人员伤亡数量/人	$F \geq 30$ 或 $SI \geq 100$	$10 \leq F < 30$ 或 $50 \leq SI < 100$	$3 \leq F < 10$ 或 $10 \leq SI < 50$	$F < 3$ 或 $SI < 10$ 或 $MI \geq 5$	$MI < 5$

注：F 代表死亡人数，SI 代表重伤人数，MI 代表轻伤人数。

2.3.2　经济损失等级标准

经济损失是指事故可能造成的工程项目各种费用的总和，可按绝对经济损失或相对经济损失进行评定。

表 7　经济损失等级标准

后果等级	5	4	3	2	1
绝对经济损失	$EL \geq 10\ 000$	$5\ 000 \leq EL < 10\ 000$	$1\ 000 \leq EL < 5\ 000$	$100 \leq EL < 1\ 000$	$EL < 100$
相对经济损失/%	$EL \geq 100$	$50 \leq EL < 100$	$20 \leq EL < 50$	$5 \leq EL < 20$	$EL < 5$

注：1. EL 指经济损失。
　　2. 相对经济损失的基数为原工程的造价。
　　3. 后果等级取绝对经济损失或相对经济损失中对应的最高等级。

2.3.3　环境影响等级标准

环境影响是指工程项目施工对环境可能造成的破坏、污染或造成的不良社会影响，根据其涉及范围、影响程度进行分级。

表 8　环境影响等级标准

后果等级	5	4	3	2	1
自然环境影响	涉及范围非常大，周边生态环境发生严重污染或破坏	涉及范围很大，周边生态环境发生较重污染或破坏	涉及范围较大，邻近区域内生态环境发生较重污染或破坏	涉及范围较小，邻近区域内生态环境发生轻度污染或破坏	涉及范围很小，施工区生态环境发生少量污染或破坏
社会环境影响	恶劣的，或需转移安置 1 000 人以上	严重的，或需转移安置 500 ~ 1 000 人	较严重的，或需转移安置 100 ~ 500 人	需考虑的，或需转移安置 50 ~ 100 人	轻微的，或需转移安置小于 50 人

注：后果等级取自然环境影响或社会环境影响中对应的最高等级。

2.3.4　危害后果等级分析

针对本项目可能发生的各类事故，按危害结果表现的三种方式（影响范围）进行综合分析，并取其中损失等级最大值作为最终判定分值，危害后果和影响范围具体见表 9。

表 9　各类型事故危害后果和影响范围（隧道专业）

序号	事故类型	严重程度等级	可能造成的人员伤亡	可能造成的经济损失	可能造成的环境影响	分值 C
1	火灾	严重的	$3 \leqslant F < 10$ 或 $10 \leqslant SI < 50$（3）	$EL < 100$（1）	轻微的（1）	3
2	瓦斯爆炸	灾难性的	$F \geqslant 30$ 或 $SI \geqslant 100$（5）	$1\,000 \leqslant EL < 5\,000$（3）	需要考虑的（2）	5
3	机械伤害	轻微的	$MI < 5$（1）	$EL < 100$（1）	轻微的（1）	1
4	触电	较大的	$F < 3$ 或 $SI < 10$ 或 $MI \geqslant 5$（2）	$100 \leqslant EL < 1\,000$（2）	轻微的（1）	2
5	高处坠落	轻微的	$MI < 5$（1）	$EL < 100$（1）	轻微的（1）	1
6	物体打击	轻微的	$MI < 5$（1）	$EL < 100$（1）	轻微的（1）	1
7	突泥涌水	很严重的	$10 \leqslant F < 30$ 或 $50 \leqslant SI < 100$（4）	$1\,000 \leqslant EL < 5\,000$（3）	需要考虑的（2）	4
8	车辆伤害	较大的	$F < 3$ 或 $SI < 10$ 或 $MI \geqslant 5$（2）	$100 \leqslant EL < 1\,000$（2）	轻微的（1）	2
9	坍塌	严重的	$3 \leqslant F < 10$ 或 $10 \leqslant SI < 50$（3）	$100 \leqslant EL < 1\,000$（2）	需要考虑的（2）	3
10	放炮	较大的	$F < 3$ 或 $SI < 10$ 或 $MI \geqslant 5$（2）	$100 \leqslant EL < 1\,000$（2）	需要考虑的（2）	2
11	中毒和窒息	较大的	$F < 3$ 或 $SI < 10$ 或 $MI \geqslant 5$（2）	$100 \leqslant EL < 1\,000$（2）	需要考虑的（2）	2

从表 9 的分析结果判定：隧道施工危害后果和影响范围最大的事故为瓦斯爆炸，其次为突泥涌水，同时隧道引起的坍塌和火灾事故，也会产生严重的后果和影响。

3　事故风险等级确定

风险等级采用风险矩阵评价法，对生产作业过程中存在的主要风险事件，根据事故发生的概率等级和后果等级分为极高、高度、中度、低度四级，并按表 10 进行风险等级判定，按表 11 明确哪些风险需要单独制订应急处置方案。

表 10　风险等级标准

后果等级 C			灾难性的	很严重的	严重的	较大的	轻微的
			5	4	3	2	1
可能性等级 F	频繁发生	5	25	20	15	10	5
	可能发生	4	20	16	12	8	4
	偶然发生	3	15	12	9	6	3
	很少发生	2	10	12	6	4	2
	极不可能发生	1	5	4	3	2	1

表 11　风险接受准则与控制原则

风险值 R	风险等级	接受准则	风险控制原则
$15 \leqslant R \leqslant 25$	极高	不可接受	必须高度重视并规避，编制现场处置方案
$8 \leqslant R \leqslant 12$	高度	不期望	应重视并采取有效措施处理，加强风险监测，编制现场处置方案
$3 \leqslant R \leqslant 6$	中度	可接受	宜采取有效措施处理，并进行风险监测
$1 \leqslant R \leqslant 2$	低度	接受	可以不采取措施，但需关注，防止风险等级上升

按照《安全评价通则》（AQ8001—2007）标准开展风险评估，组织相关专业专家采取头脑风暴法、格雷厄姆评价法（LECD 法）预先危险性分析法（PHA）以及打分形式得出各类事故发生可能性（表 4）、事故危害后果及影响范围的严重度（表 9），并分析了事故可能产生的次生、衍生后果，根据上述风险矩阵评价方法，得出各类事故发生的风险等级，评价结果见表 12。

表 12　各类事故风险等级评价结果

序号	可能导致的主要事故	危险有害因素可能导致事故的风险评价			风险等级
		发生的可能性	可能造成的损失	风险值	
1	物体打击	2	1	2	低
2	车辆伤害	3	2	6	中
3	机械伤害	3	1	3	中
4	触电	2	2	4	中
5	火灾	3	3	9	高
6	高处坠落	2	1	2	低
7	坍塌	5	3	15	极高
8	突泥涌水	3	4	12	高
9	放炮	2	2	4	中
10	瓦斯爆炸（突出、火灾）	2	5	10	高
11	中毒和窒息	1	2	2	低

可能导致的 11 种事故类型中，低风险的有 3 项，中度风险的有 4 项，高度风险的有 3 项，极高风险 1 项。

4　现场控制措施上存在的问题

目前，项目根据危险源辨识及风险评估结果，主要从制度管理、技术标准执行、工程技术落实、应急处置、人员技能培训、个人安全素养培训等方面制定控制措施，但现有措施仍存在以下方面的问题：

1. 各层级应急预案太多，存在内容重叠现象。

2. 预案编制多凭经验和照抄，编制内容未结合实际。

3. 预案的响应程序及分级不够清晰，实际操作性不强。

4. 应急工作组操作人员缺少应急处置卡，具体的职责和任务内容不够明确。

5. 应急资源未调查分析，应急物资储备不全面。

5 制定完善生产安全事故风险防控和应急措施

根据风险评估结果情况，采取措施对各类风险进行管控并完善应急措施。

5.1 风险管控措施

1. 重点对一线施工人员、管理人员的风险识别、应急逃生等应知应会内容加强教育培训，确保培训落到实处。

2. 定期对机械设备、装置的安全工况进行检查，保证其能安全有效平稳运行。

3. 严格执行公司各项安全管理制度，对施工现场存在的安全风险较大的单位及人员落实约束措施。

4. 有效利用隐患排查系统，强化构建全员全过程的安全隐患排查机制。

5. 对施工现场的风险管控人员履职情况进行监督管理，重点强化项目监督检查系统、组织指挥系统、技术保障系统的群防群控。

5.2 应急措施

1. 减少各层级预案的编制，重新细化明确了响应分级标准，明确了各层级应急响应、应急启动、开展应急处置的工作要求。

2. 分类别、分专业编制了应急处置措施，有利于一线施工项目针对不同类型事故采取适宜的措施。

3. 进行应急资源调查，明确各专业施工项目应急物资储存的类别等。

4. 编制与应急组织机构及职责相对应的应急处置卡，并明确各层级在应急处置中的任务。

6 评估结论

6.1 事故风险评估结果汇总

根据以上对成兰铁路云屯堡隧道生产作业过程中的事故风险评估，对评估结果进行汇总，见表 13。

表 13　事故风险评估结果

序号	风险事件种类	工序施工	易发生区域	风险事件因素	事故可能性 F	事故严重程度 C	风险分值 R	风险等级
1	火灾	防水板铺贴	易燃物料使用场所、电气设备使用场所	违规动火、线路老化、短路 物品燃烧、化学反应	3	3	9	高
		钢筋安装（焊接）	电气设备使用场所、动火作业处		2	3	6	中
2	瓦斯爆炸	超前地质预报	掌子面、通风不良区域	瓦斯检测不到位、隧道通风不良、火源管控不到位、钻孔未采用湿法作业、未采用防爆设备、装置，或机械设备及用电设施未采取静电屏蔽防范措施	2	4	8	高
		钻爆施工			2	5	10	高
		机械开挖			2	4	8	高
		钢筋安装（焊接）	仰拱、二衬作业区	违规动火、瓦斯监测失效、通风不良、违规采用焊接工艺	2	4	8	高
3	机械伤害	开挖、出渣、找顶作业	各类机械设备作业场所	旋转部件未做防护、未执行挂牌上锁，作业时违规操作	3	1	3	中
4	触电	抽排水、照明	配电箱、临时用电线路敷设时，用电末端、潮湿环境	电线裸露、违规操作、未穿戴防护用品	2	2	4	中
		焊接作业						
		混凝土喷射、浇筑						
5	高处坠落	掌子面开挖、找顶作业、初期支护、防水板和钢筋安装、二衬浇筑	台架、台车	未戴安全帽、未系安全带、作业平台防护措施不到位	2	1	2	低
6	物体打击	洞门导向墙及刷坡	洞门、洞门护坡	场区滚石或落石				
		找顶、掌子面开挖	高处平台、设备下方、施工场所	平台无踢脚板、工具随意摆放，随意抛掷物品	2	1	2	低

续表

序号	风险事件种类	工序施工	易发生区域	风险事件因素	事故可能性 F	事故严重程度 C	风险分值 R	风险等级
6	物体打击	初支	拱顶、拱腰	围岩变形开裂掉块	2	1	2	低
		初支、掌子面开挖	高地应力未衬砌段	高地应力释放	1	1	1	低
7	突泥涌水	超强地质预报	掌子面	隧道穿越岩溶地质，超前地质预报错误；石质松软、地质不良、降水效果差；断层富水段未严格按超前支护及止水方案执行	2	4	8	高
		掌子面开挖			3	4	12	高
		初支、二衬作业	未衬砌区域		1	4	4	中
8	车辆伤害	出渣、混凝土等材料运输	隧道内	超速行驶、违规作业	3	2	6	中
9	坍塌	洞口边坡作业	洞口边坡	地表加固不符合要求、排水设施施作不及时、洞门挡护工程施工滞后、地表沉降未及时进行地表注浆等处置措施、洞口超前支护不到位；洞门泥石流或滑坡	4	3	12	高
		洞内超前支护	掌子面	洞内超前支护未严格按照设计、方案要求施工	5	3	15	极高
		掌子面开挖	掌子面	开挖方式（含轻微及中等变形段）未严格按照设计、方案要求施工（变形段未采用微爆破、加长管棚超支、加大预留变形量要求施作），安全步距超标	5	3	15	极高
		初期支护	未初期支护区域	初期支护不及时或未严格按照设计、方案要求施工（含变形段未按加密加长锚杆施工、未加厚纤维初喷砼、未加密拱距等）	5	3	15	极高

续表

序号	风险事件种类	工序施工	易发生区域	风险事件因素	事故可能性 F	事故严重程度 C	风险分值 R	风险等级
9	坍塌	二衬钢筋绑扎	二衬钢筋安装区域	钢筋安全固定不牢、钢筋连接不到位，变形段未按要求采用增强主筋、辅筋	2	3	6	中
		二衬混凝土浇筑	二衬区域	模板加固、安装不牢	2	3	6	中
10	放炮	掌子面钻爆作业	距掌子面处 200 m 范围内	洞内爆破作业时，信号指挥不统一，人员未撤离至安全地带开始了爆破作业；非持证的爆破作业人员进行爆破作业；爆破后通风排烟，盲炮与瞎炮未按规定进行处理，掌子面上残留有炸药和雷管；现场违规操作，打眼与装药同时进行	2	2	4	中
		补炮作业	距掌子面处 200 m 范围内		2	2	4	中
		仰拱开挖作业	距仰拱开挖处 200 m 范围内		2	2	4	中
11	中毒和窒息	掌子面钻孔、爆破作业过程中	掌子面、防水板台车、二衬台车处与气体具体处	通风设备不能运转，备用设备无或未启用；气体监控报警系统不正常，专职人员不认真履职；人员撤离不及时	1	2	2	低

6.2 事故风险评估结论

本次事故风险评估对该隧道施工过程中可能存在的危险因素进行了全面辨识，并使用风险矩阵评价法对可能发生的事故类型产生的后果进行了评价，确定了风险等级。

结合风险矩阵评价结果及事故造成的后果严重程度，依据风险接受准则与控制原则，最终确定瓦斯、突泥涌水、坍塌与火灾这四种事故类型需编制现场处置方案，对机械伤害、触电、高处坠落、物体打击、放炮、车辆伤害与中毒和窒息事故类型，则只需采用操作规程及日常风险管控措施进行控制。

通过在施工过程中严格落实责任制，保持安全设施及设备完善有效，按章作业，强化培训和演练，事故风险可以得到有效控制。

附件 5：应急资源调查报告

中铁二局集团有限公司

YJ/ZTEJ–2020

成兰铁路云屯堡隧道工程

生产安全事故应急资源调查报告

中铁二局成兰铁路项目经理部

目　录

1 总 则

1.1 调查对象及范围

调查对象：生产安全事故应急人力资源、应急物资、应急装备、应急设施、应急资金等。

调查范围：项目、属地社会应急资源。

1.2 调查工作程序

根据中铁二局《成兰铁路项目云屯堡隧道工程生产安全事故风险评估报告》，由中铁二局成兰铁路项目经理部设立的应急救援组织领导小组牵头，组织 5 个小组组长成立应急资源调查小组，制订应急资源调查计划，按计划开展资料收集、应急资源需求分析、现场勘查、人员访谈、相关方联络等工作，组织编写完成本报告。

1.3 主要风险状况

对隧道工程危险源进行辨识及评价并将风险等级分为四级：极高（不可接受风险）、高度（控制后可接受风险）、中度（可接受风险）、低度（可接受可忽略风险）。经过风险评估，项目隧道工程安全风险橙色及以上风险见表 1 所示。

表 1 中铁二局成兰铁路项目云屯堡隧道工程重要危险源清单

序号	事故类型	风险产生的原因	风险等级
1	火灾	违规动火；线路设备缺陷或故障；物品燃烧、化学反应	高
2	瓦斯爆炸	瓦斯检测不到位、隧道通风不良、火源管控不到位、钻孔干孔作业；违规动火、瓦斯监测不到位、通风不良	高
3	机械伤害	旋转部件未做防护、未执行挂牌上锁、作业时违规操作、防护不当，防护设施不足，设备布置不当，空间狭窄，操作失误，警示信号失效	中
4	触电	设施设备故障、违规布线、电线裸露、违规操作、操作人员未穿戴防护用品	中
5	高处坠落	未戴安全帽、未系安全带、作业平台防护措施不到位	低
6	物体打击	平台无踢脚板、工具随意摆放，随意抛掷物品；高地应力释放大变形；初支段拱部或局部变形裂掉块；洞门刷坡未及时施作；洞顶泥石未清理；洞门挡护工程未及时施工	低
7	突泥涌水	隧道穿越岩溶地质，超前地质预报错误；石质松软、地质不良、降水效果差、支护措施不到位等	高
8	车辆伤害	违章驾驶、违规作业、违章停靠、机况不良、隧道内照明不良	中

续表

序号	事故类型	风险产生的原因	风险等级
9	坍塌	地质条件复杂；刷坡、地表加固、排水设施、洞口超前支护不到位；超前地质预报不到位、洞内超前支护、初期支护、开挖掘进未严格按照设计、方案、施工方法施工；安全步距超标；钢筋连接不到位；模板加固、安装不牢	极高
10	放炮	洞内爆破作业时，信号指挥不统一，人员未撤离至安全地带开始了爆破作业；非持证的爆破作业人员进行爆破作业；爆破后通风排烟，盲炮与瞎炮未按规定进行处理；掌子面上残留有炸药和雷管；现场违规操作，打眼与装药同时进行	低
11	中毒和窒息	人员撤离不及时、通风不良、备用通风设备故障、气体监控系统故障、有毒有害气体检测不到位、隧道围岩揭露时突发有毒有害气体、有毒有害气体隧道超前探测不及时	低

2　项目应急资源

2.1　应急人力资源

中铁二局成兰铁路项目设立应急救援机构、配备5个小组，共计应急人员32余人，详见附件一，具体组织机构见图1。

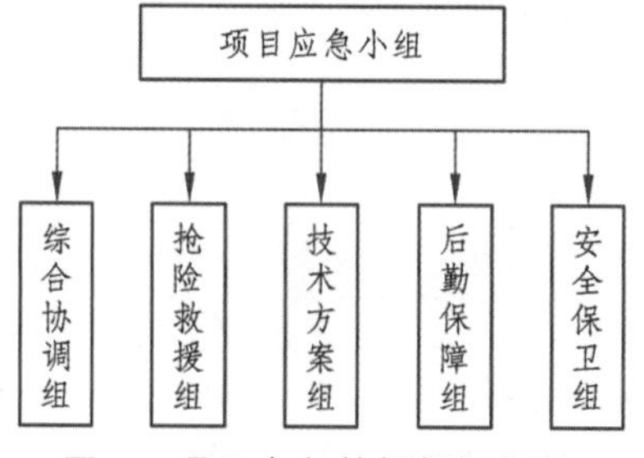

图1　项目应急救援组织机构

2.2　应急物资和装备

中铁二局成兰铁路项目应急物资和装备包括医疗类、车辆类、防护类、侦检类、警戒类、救生类、抢险类、照明类，共计八大类，详见附件二。

2.3　应急资金

项目部安全管理专职机构日常对应急物资状态及配置情况进行调查，对于不足的应急物资向物机部申报，补充应急物资费用由安全专项经费中支出；项目应急演练或应急救援过程中产生费用由财务部列支。

3 周边社会应急资源调查

中铁二局成兰铁路项目部周边区域社会应急资源有医院、消防队、安监局、环保局与矿山救援队等，详见附件三。

4 应急资源不足或差距分析

隧道坍塌、瓦斯爆炸、突泥涌水与火灾四种应急风险需要的应急人力资源、应急物资和装备、应急资金均满足需求，见表 2。

表 2 应急资源分析

序号	风险类型	应急人力资源	应急物资和装备	应急资金
1	火灾	√	√	√
2	瓦斯爆炸	√	√	√
3	突泥涌水	√	√	√
4	坍塌	√	√	√

5 应急资源调查主要结论

经应急资源调查小组调查与专家评审，中铁二局成兰铁路项目的应急资源能够满足应急需求。

6 制定完善应急资源的具体措施

（1）中铁二局成兰铁路项目日常对应急物资进行清点，若存在消耗、过期应急物资，填写应急物资领取单见表 3，经项目应急领导小组批准后，由项目物机部重新购置、补充。

（2）中铁二局成兰铁路项目可依托的社会应急资源包括医院、消防队、安监局、环保局与矿山救援队等。

表 3　应急物资领取单

序号	应急物资名单	数量	备注
1	担架		
2	医药箱		
3	急救保障车		
4	安全帽		
5	防护眼镜		
6	手提式充电应急灯		
7	电钻		
8	桃形锄		
9	十字镐		
10	军用铁锹		
11	……		
项目应急领导小组（应急办）（签字）:		安环部（意见）:	
领用部门:		领用人:	

备注：本表所列，仅为部分示例，具体以发生为准。

7　附　件

附件一：中铁二局成兰铁路项目应急人员联系方式清单（表 4）

表 4　中铁二局成兰铁路项目应急人员联系方式

序号	应急分工	姓名	部门/职位	联系电话	固定电话
1	领导小组				
2	……				
3	综合协调				
4	……				
5	抢险救援				
6	……				
7	技术方案				
8	……				
9	后勤保障				
10	……				

附件二：中铁二局成兰铁路项目应急物资清单（表5～表8）

表5　中铁二局成兰铁路项目应急物资配置清单（小导坑法）

序号	类别	物资名称	数量	配置要求	存放地点	管理责任人和联系电话
1	医疗救助	担架	2副		隧道口应急物资库	×××
2		医药箱	2个			
3	车辆类	急救保障车	2辆		项目部	
4	防护类	安全帽	50顶		隧道口应急物资库	
5		防护眼镜	50副			
6	侦检类	超前水平地质钻机	1台	钻孔深度≥150 m	隧道口	
7		无线对讲机	5对			
8		有线电话	2台			
9		音频对讲监控系统	1套	备用摄像头2个		
10		全站仪	1台			
11		水准仪	1台			
12		地质罗盘	1台			
13		红外笔	1支			
14	警戒类	路障	5个		隧道口应急物资库	
15		隔离警示带	10卷			
16		危险警示牌	10个			
17		警戒标识杆	10个			
18	抢险、救生物资类	钻机钢套管	100 m	ϕ100专用地质套管		
19		无缝钢管	200 m	加固使用		
20		原木	40根	ϕ100长4 m		
21		方木	10 m³	15 cm×15 cm		
22		木板	2 m³	5 cm×10 cm		
23			2 m³	5×15 cm		
24			2 m³	5×20 cm		
25		木楔	800个			
26		马钉	500 kg			
27		铁钉	30盒			
28		工作灯	10盏			
29		白炽灯泡	10盒			
30		多用插座	10个			

续表

序号	类别	物资名称	数量	配置要求	存放地点	管理责任人和联系电话
31	抢险、救生设备类	台锯	1 台		隧道口应急物资库、隧道口	×××
32		手持电锯	3 台			
33		电焊机	3 台			
34		气割	2 套			
35		挖掘机	1 台			
36		装载机	1 台			
37		自卸汽车	1 台			
38		透明水管	100 m			
39		风镐	5 台			
40		风钻	2 台			
41		电钻	5 台			
42		桃形锄	10 把			
43		十字镐	10 把			
44		军用铁锹	10 把			
45		渣筐	50 个			
46	照明类	防水手电筒	20 个		隧道口应急物资库	

表 6　中铁二局成兰铁路项目应急物资配置清单（突泥涌水）

序号	类别	物资名称	数量	配置要求	存放地点	管理责任人和联系电话
1	医疗救助	担架	2 副		隧道口应急物资库	×××
2		医药箱	2 个			
3	车辆类	急救保障车	2 辆		项目部	
4	防护类	安全帽	50 顶		隧道口应急物资库	
5		防护眼镜	50 副			
6	侦检类	掌子面摄像监控仪	×套	每个掌子面安装 1 套	隧道口值班室	
7		探测传感器	×个	根据可能的突泥突水情况确定		
8		中央处理计算机（数据采集器）	2 台			
9		人工和水位感应声、光报警装置	×套	配置于洞内各作业面，联动报警并联接洞外指挥中心		
10	警戒类	路障	5 个		隧道口应急物资库	

续表

序号	类别	物资名称	数量	配置要求	存放地点	管理责任人和联系电话
11	警戒类	隔离警示带	10 卷		隧道口应急物资库	×××
12		危险警示牌	10 个			
13		警戒标识杆	10 个			
14	抢险、救生物资类	钢筋爬梯	×个	根据设计要求设置		
15		逃生绳（长度不小于 20 m）	×根	距掌子面 500 m 以内，每侧安装数根		
16		救生圈	×个	距掌子面 500 m 以内，每个爬梯至少安装 4 个		
17		氧气袋	×个	设置于靠近掌子面的爬梯上		
18		橡皮艇	×个	根据隧道长度、洞内作业人员数量以及可能突泥突水量等因素确定		
19		木板或竹胶板	200 m^2			
20		碗扣式脚手架	20 t			
21	抢险、救生设备类	抽水站及排水管	×套	按设计最大突涌水量的 1.2 倍能力配置，间距满足要求		
22		备用移动式抽水站及排水管	×套	按洞内排水能力配置		
23	照明类	防水手电筒	20 个			
		灯泡	10 盒	防水型		

表 7　中铁二局成兰铁路项目应急物质配置清单（瓦斯爆炸）

序号	类别	物资名称	数量	配置要求	存放地点	管理责任人和联系电话
1	医疗救助	担架	2 副		隧道口应急物资库	×××
2		医药箱	2 个			
3	车辆类	急救保障车	2 辆		项目部	
4	防护类	安全帽	50 顶		隧道口应急物资库	
5		防护眼镜	50 副			
6		防毒面具	50 副			
7		4 h 呼吸器	2 台			

续表

序号	类别	物资名称	数量	配置要求	存放地点	管理责任人和联系电话
8	防护类	2 h 呼吸器	2 台		隧道口应急物资库	×××
9		自动苏生器	2 台			
10		自救器	30 台	压缩氧		
11	消防类	干粉灭火器	20 个	8 kg		
12		水枪	4 支	开花、直流		
13		水龙带	400 m	直径 63.5 mm 和 50.8 mm		
14	侦检类	氧气呼吸器校验仪	1 台		隧道口值班室	
15		氧气检定器	2 台			
16		瓦斯检定器	4 台	10%、100%		
17		一氧化碳检定器	2 台			
18		风表	2 台	中、低速		
19		温度计	2 支	0 ~ 100 °C		
20		干湿温度计	2 支			
21	警戒类	路障	5 个		隧道口应急物资库	
23		隔离警示带	10 卷			
24		危险警示牌	10 个			
25		警戒标识杆	10 个			
26	抢险、救生物资类	安全救生绳	50 根			
27		液压剪刀	1 把			
28		防爆工具	1 套			
29		大绳	2 根	直径 30 mm、长 30 m		
30		保温毯	3 条	棉织		
31		寻人仪	1 台			
32		绝缘手套	3 副			
33		瓦工工具	1 套			
34	照明类	防爆手电筒	20 个			

表 8　中铁二局成兰铁路项目应急物质配置清单（隧道火灾）

序号	类别	物资名称	数量	配置要求	存放地点	管理责任人和联系电话
1	医疗救助	担架	2 副		隧道口应急物资库	×××
2		医药箱	2 个			
3	车辆类	急救保障车	2 辆		项目部	×××

续表

序号	类别	物资名称	数量	配置要求	存放地点	管理责任人和联系电话
4	防护类	自救呼吸器	N 个	按开挖、支护作业最大单班人员数量配置	隧道口应急物资库	
5		防毒面具	10 个			
6	消防类	手提式干粉灭火器	2 台	开挖支护、衬砌作业面最少各 2 台		
7		推车式干粉灭火器	2 台	开挖支护、衬砌作业面最少各 2 台		
8		消防水龙头	个	每 50 m 安装 1 个		
9		消防水管、水枪	2 套	防水板作业面配 2 套，其余地段配 2 套		
10	侦检类	氧气呼吸器校验仪	1 台		隧道口值班室	
11		氧气检定器	2 台			
12		一氧化碳检定器	2 台			
13		风表	2 台	中、低速		
14		温度计	2 支	0 ~ 100 °C		
15		干湿温度计	2 支			
16	警戒类	路障	5 个		隧道口应急物资库	
17		隔离警示带	10 卷			
18		危险警示牌	10 个			
19		警戒标识杆	10 个			
20	抢险、救生物资类	安全救生绳	50 根			
21		液压剪刀	1 把			
23		大绳	2 根	直径 30 mm、长 30 m		
24		寻人仪	1 台			
25	照明类	手电筒	20 个			

附件三：周边社会应急资源（表 9）

表 9　周边社会应急资源

序号	单位	距离/km	联系人	联系方式
1	松潘县消防队	20		
2	松潘县人民医院	17		
3	松潘县安监局	18		
4	松潘县环保局	18		
5	德阳市综合应急救援支队天池矿山救援大队	270		
6	宜宾市国家矿山应急救援芙蓉队	600		

附件6：有关应急部门、机构或人员的联系方式

序号	部门（职务）	联系人	联系方式
子公司联系部门			
1	子（分）公司应急领导小组办公室	×××	×××
2	子（分）公司调度管理	×××	×××
项目部联系人员			
3	项目经理	×××	×××
4	项目书记	×××	×××
5	项目生产副经理	×××	×××
6	项目总工程师	×××	×××
7	项目安全总监	×××	×××
8	项目总经济师	×××	×××
9	项目工程部部长	×××	×××
10	项目安环部部长	×××	×××
11	项目质量部部长	×××	×××
12	项目物机部部长	×××	×××
13	项目综合办公室	×××	×××
14	项目财务部部长	×××	×××
15	项目工经部部长	×××	×××
外部救援单位			
16	医院急救电话	×××	×××
17	消防队火警电话	×××	×××
18	就近专业救援队	×××	×××

附件7：应急物资装备的名录或清单

附件7-1　隧道坍塌小导坑法救援人员配置

序号	工　种	单　位	数　量	备注
1	隧道、地质工程师	人	5	
2	测量工程师	人	2	
3	测量工	人	4	
4	机械工程师	人	2	
5	钻机司机	人	4	

续表

序号	工　种	单　位	数　量	备注
6	机械技师	人	4	
7	普工	人	200	出渣 160 人，钻机 24 人，搬运 16 人
8	电工	人	4	
9	隧道领工员	人	6	六班制
10	隧道技师	人	24	六班制
11	木工	人	12	六班制
12	电焊工	人	12	六班制
13	氧焊、气割	人	24	六班制

附件 7-2　隧道坍塌小导坑法应急处置可调用应急物资及机具台账

序号	类别	物资名称	数量	配置要求	存放地点	管理责任人和联系电话
1	医疗救助	担架	2 副		隧道口应急物资库	×××
2		医药箱	2 个			
3	车辆类	急救保障车	2 辆		项目部	
4	防护类	安全帽	50 顶		隧道口应急物资库	
5		防护眼镜	50 副			
6	侦检类	超前水平地质钻机	1 台	钻孔深度≥150 m	隧道口	
7		无线对讲机	5 对			
8		有线电话	2 台			
9		音频对讲监控系统	1 套	备用摄像头 2 个		
10		全站仪	1 台			
11		水准仪	1 台			
12		地质罗盘	1 台			
13		红外笔	1 支			
14	警戒类	路障	5 个		隧道口应急物资库	
15		隔离警示带	10 卷			
16		危险警示牌	10 个			
17		警戒标识杆	10 个			

续表

序号	类别	物资名称	数量	配置要求	存放地点	管理责任人和联系电话
18	抢险、救生物资类	钻机钢套管	100 m	ϕ100 专用地质套管	隧道口应急物资库	
19		无缝钢管	200m	加固使用		
20		原木	40 根	ϕ100 长 4 m		
21		方木	$10m^3$	15 cm×15 cm		
22		木板	$2m^3$	5 cm×10 cm		
23			$2m^3$	5×15 cm		
24			$2m^3$	5×20 cm		
25		木楔	800 个			
26		马钉	500 kg			
27		铁钉	30 盒			
28		工作灯	10 盏			
29		白炽灯泡	10 盒			
30		多用插座	10 个			
31	抢险、救生设备类	台锯	1 台		隧道口应急物资库、隧道口	
32		手持电锯	3 台			
33		电焊机	3 台			
34		气割	2 套			
35		挖掘机	1 台			
36		装载机	1 台			
37		自卸汽车	1 台			
38		透明水管	100 m			
39		风镐	5 台			
40		风钻	2 台			
41		电钻	5 台			
42		桃形锄	10 把			
43		十字镐	10 把			
44		军用铁锹	10 把			
45		渣筐	50 个			
46	照明类	防水手电筒；防水灯泡	20 把；48 个		隧道口应急物资库	

附件 7-3　隧道突泥涌水可调用应急物资及机具台账

序号	类别	物资名称	数量	配置要求	存放地点	管理责任人和联系电话
1	医疗救助	担架	2 副		隧道口应急物资库	×××
2		医药箱	2 个			
3	车辆类	急救保障车	2 辆		项目部	
4	防护类	安全帽	50 顶		隧道口应急物资库	
5		防护眼镜	50 副			
6	侦检类	掌子面摄像监控仪	×套	每个掌子面安装 1 套	隧道口值班室	
7		探测传感器	×个	根据可能的突泥突水情况确定		
8		中央处理计算机（数据采集器）	2 台			
9		人工和水位感应声、光报警装置	×套	配置于洞内各作业面，联动报警并连接洞外指挥中心		
10	警戒类	路障	5 个		隧道口应急物资库	
11		隔离警示带	10 卷			
12		危险警示牌	10 个			
13		警戒标识杆	10 个			
14	抢险、救生物资类	钢筋爬梯	×个	根据设计要求设置		
15		逃生绳（长度不小于 20 m）	×根	距掌子面 500 m 以内，每侧安装数根		
16		救生圈	×个	距掌子面 500 m 以内，每个爬梯至少安装 4 个		
17		氧气袋	×个	设置于靠近掌子面的爬梯上		
18		橡皮艇	×个	根据隧道长度、洞内作业人员数量以及可能突泥突水量等因素确定		
19		木板或竹胶板	200 m^2			
20		碗扣式脚手架	20 t			
21	抢险、救生设备类	抽水站及排水管	×套	按设计最大突涌水量的 1.2 倍能力配置，间距满足要求		
22		备用移动式抽水站及排水管	×套	按洞内排水能力配置		
23	照明类	防水手电筒；防水灯泡	20 个；10 盒			

附件 7-4　隧道瓦斯爆炸可调用应急物资及机具台账

序号	类别	物资名称	数量	配置要求	存放地点	管理责任人和联系电话
1	医疗救助	担架	2 副		隧道口应急物资库	×××
2		医药箱	2 个			
3	车辆类	急救保障车	2 辆		项目部	
4	防护类	安全帽	50 顶		隧道口应急物资库	
5		防护眼镜	50 副			
6		防毒面具	50 副			
7		4 h 呼吸器	2 台			
8		2 h 呼吸器	2 台			
9		自动苏生器	2 台			
10		自救器	30 台	压缩氧		
11	消防类	干粉灭火器	20 个	8 kg		
12		水枪	4 支	开花、直流		
13		水龙带	400 m	直径 63.5 mm 和 50.8 mm		
14	侦检类	氧气呼吸器校验仪	1 台		隧道口值班室	
15		氧气检定器	2 台			
16		瓦斯检定器	4 台	10%、100%		
17		一氧化碳检定器	2 台			
18		风表	2 台	中、低速		
19		温度计	2 支	0 ~ 100 °C		
20		干湿温度计	2 支			
21	警戒类	路障	5 个		隧道口应急物资库	
23		隔离警示带	10 卷			
24		危险警示牌	10 个			
25		警戒标识杆	10 个			
26	抢险、救生物资类	安全救生绳	50 根			
27		液压剪刀	1 把			
28		防爆工具	1 套			
29		大绳	2 根	直径 30 mm、长 30 m		
30		保温毯	3 条	棉织		
31		绝缘手套	3 副			
32		瓦工工具	1 套			
33	照明类	防爆手电筒、防爆灯具	20 个、12 套			

附件 7-5　隧道火灾可调用应急物资及机具台账

<table>
<tr><th>序号</th><th>类别</th><th>物资名称</th><th>数量</th><th>配置要求</th><th>存放地点</th><th>管理责任人和联系电话</th></tr>
<tr><td>1</td><td rowspan="2">医疗救助</td><td>担架</td><td>2 副</td><td></td><td rowspan="2">隧道口应急物资库</td><td rowspan="23">×××</td></tr>
<tr><td>2</td><td>医药箱</td><td>2 个</td><td></td></tr>
<tr><td>3</td><td>车辆类</td><td>急救保障车</td><td>2 辆</td><td></td><td>项目部</td></tr>
<tr><td>4</td><td rowspan="2">防护类</td><td>自救呼吸器</td><td>N个</td><td>按开挖、支护作业最大单班人员数量配置</td><td rowspan="6">隧道口应急物资库</td></tr>
<tr><td>5</td><td>防毒面具</td><td>10 个</td><td></td></tr>
<tr><td>6</td><td rowspan="4">消防类</td><td>手提式干粉灭火器</td><td>2 台</td><td>开挖支护、衬砌作业面最少各 2 台</td></tr>
<tr><td>7</td><td>推车式干粉灭火器</td><td>2 台</td><td>开挖支护、衬砌作业面最少各 2 台</td></tr>
<tr><td>8</td><td>消防水龙头</td><td>个</td><td>每 50 m 安装 1 个</td></tr>
<tr><td>9</td><td>消防水管、水枪</td><td>2 套</td><td>防水板作业面配 2 套，其余地段配 2 套</td></tr>
<tr><td>10</td><td rowspan="6">侦检类</td><td>氧气呼吸器校验仪</td><td>1 台</td><td></td><td rowspan="6">隧道口值班室</td></tr>
<tr><td>11</td><td>氧气检定器</td><td>2 台</td><td></td></tr>
<tr><td>12</td><td>一氧化碳检定器</td><td>2 台</td><td></td></tr>
<tr><td>13</td><td>风表</td><td>2 台</td><td>中、低速</td></tr>
<tr><td>14</td><td>温度计</td><td>2 支</td><td>0 ~ 100 °C</td></tr>
<tr><td>15</td><td>干湿温度计</td><td>2 支</td><td></td></tr>
<tr><td>16</td><td rowspan="4">警戒类</td><td>路障</td><td>5 个</td><td></td><td rowspan="8">隧道口应急物资库</td></tr>
<tr><td>17</td><td>隔离警示带</td><td>10 卷</td><td></td></tr>
<tr><td>18</td><td>危险警示牌</td><td>10 个</td><td></td></tr>
<tr><td>19</td><td>警戒标识杆</td><td>10 个</td><td></td></tr>
<tr><td>20</td><td rowspan="3">抢险、救生物资类</td><td>安全救生绳</td><td>50 根</td><td></td></tr>
<tr><td>21</td><td>液压剪刀</td><td>1 把</td><td></td></tr>
<tr><td>23</td><td>大绳</td><td>2 根</td><td>直径 30 mm、长 30 m</td></tr>
<tr><td>24</td><td>照明类</td><td>手电筒</td><td>20 个</td><td></td></tr>
</table>

附件 8：事故报告手机短信格式

中铁二局：201×年×月×日×时×分左右，在××（省市县）境内，由中铁×局××公司承建的×××工程×标，在×××工序施工过程中，因×××原因，导致现场作业人员×人死亡（失踪）、×人重伤、×人轻伤。事故已经于事发××小时（分钟）内，报告当地安全生产监管部门。现场应急预案已启动，事故单位×××领导已带队赶往现场；当地安监部门接报后，已于×月×日×时由任××职务××同志赶往现场，事故原因正在调查之中。

附件 9：中铁二局生产安全事故快报

单位名称：中铁二局×××公司（区域公司、经理部）

<table>
<tr><td>事故时间</td><td colspan="3">年　月　日　时　分</td><td>事故地点</td><td colspan="2"></td></tr>
<tr><td>事故单位</td><td colspan="6">××公司××××项目经理部（标段）</td></tr>
<tr><td rowspan="2">事故现场
负 责 人</td><td>姓 名</td><td></td><td rowspan="2">事故单位
负 责 人</td><td>姓 名</td><td colspan="2"></td></tr>
<tr><td>电 话</td><td></td><td>电 话</td><td colspan="2"></td></tr>
<tr><td colspan="2">事故已死亡（失踪）
人　　数</td><td>死亡：
失踪：</td><td colspan="2">事故重伤/轻伤
人　　数</td><td colspan="2"></td></tr>
<tr><td colspan="7">一、事故简要经过（包含但不限于承建单位、标段、协作队伍及相关安全生产许可证等资质号，单位工程名称、事故里程、结构形式、支撑体系、隧道断面、设备型号、墩身截面和高度、梁型和梁重、事发作业环节、高处坠落位置与高度等，其他工况均应细致清晰描述）、人员伤亡类别（职工、劳务工姓名及身份证号码）、初步估计的直接经济损失、报告地方政府和建设单位时间等

二、事故现场救援采取的主要措施

三、其他情况（事发项目工程概况，事故地点是否影响铁路营业线或繁华闹市区、高速公路、国道、其他重要设施安全）</td></tr>
</table>

附：事故现场照片（4 张以上，能充分反映事故现场实际情况和全貌的电子版照片及说明）。

附件 10：应急救援协议范本

甲方：中铁二局××项目经理部

乙方：××矿山救护队

为切实做好隧道的事故预防和应急救援处理工作，结合双方的实际情况，就乙方为甲方所属隧道救援服务内容，经双方协商，约定如下：

一、服务内容

1. 据需要，及时组织救援力量处理隧道的灾害事故（即瓦斯爆炸、突泥涌水、坍塌与火灾等）

2. ……

二、履约方式和服务期限

1. 履约方式

2. 服务期限

三、服务费用和支付方式

1. 服务费用

2. 支付方式

四、双方权利与义务

1. 甲方的权利与义务

2. 乙方的权利与义务

五、违约责任

在履行本协议期间，双方如有特殊原因影响本协议项目工作，应提前予以通知对方，并说明原因。甲方或者乙方存在工作质量缺陷，应各自承担相关责任。

六、争议的解决办法

当事双方先协商解决；协商不成，由××仲裁委员会仲裁或法院诉讼。

七、双方协商的其他条款

1. 乙方在技术服务和处理事故过程中队员发生意外情况，按有关国家、省市有关规定处理，届时双方依据公平原则协商解决

2. ……

甲方联系方式：应急小组值班室24小时值班电话：××

乙方联系方式：救护大队电话：××

本协议未尽事宜由双方协商补充；

如需变更、解除或续订协议，由双方协商确定。

本协议，从双方签字盖章之日起生效。

本协议一式 *N* 份，呈报建设方及地方相关政府监管部门备案一份，甲乙方各执一份。

甲方法人（签字盖章）： 乙方法人（签字盖章）：

××年××月××日 ××年××月××日

附件 11：

成兰铁路云屯堡隧道人员应急救援总平面图

北

茂县

松潘

河流

G213国道

救援物资储存室

逃生路线

营救路线

施工分界线

图　例

序号	名称	图例符号	序号	名称	图例符号
1	指挥部		9	线路隧道	
2	架子队		10	营救线路	
3	指挥点		11	逃生线路	
4	医院		12	救援物资	
5	消防队		13	道路	
6	应急救援		14	河流	
7	环保局		15	村庄	
8	应急管理局		16	便桥	

说明：
本图为现场应急救援示意图，
适用于火灾、坍塌、突泥涌水、
瓦斯爆炸应急救援。

设计	××	××××有限公司	图号	图5
复核	××	××××人员应急救援总平面图	日期	2009.12.11
审核	××		第1张共1张	

应急救援总平面图

附件 12：

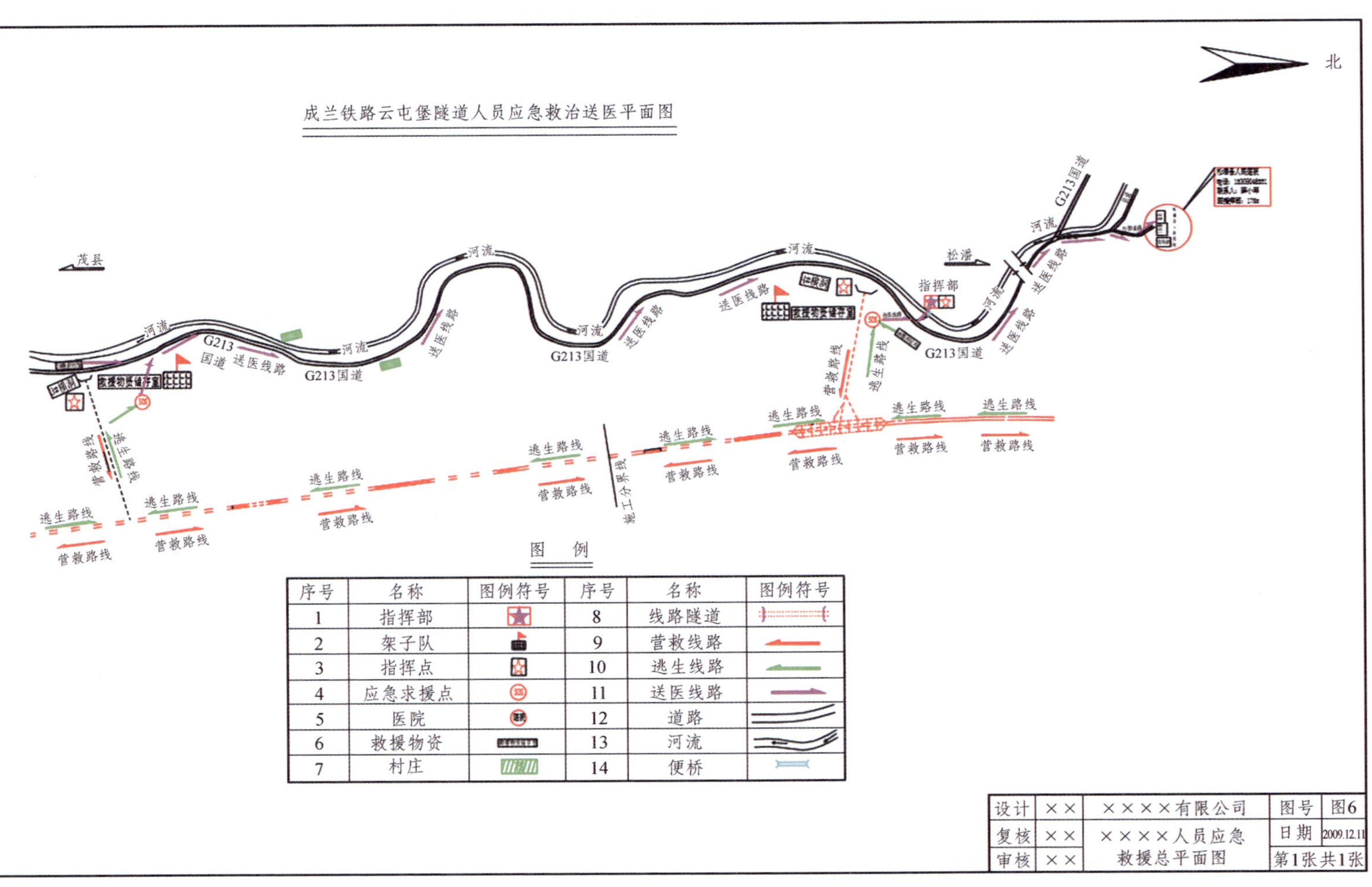

图 例

序号	名称	图例符号	序号	名称	图例符号
1	指挥部		8	线路隧道	
2	架子队		9	营救线路	
3	指挥点		10	逃生线路	
4	应急求援点		11	送医线路	
5	医院		12	道路	
6	救援物资		13	河流	
7	村庄		14	便桥	

应急救治送医平面图

YJ

中铁二局集团有限公司

YJ/ZTEJ–2020

成兰铁路云屯堡隧道工程
安全质量、生态环境事故（事件）
现 场 应 急 处 置 卡

2020 年 12 月

中铁二局成兰铁路项目经理部

目　录

1 应急处置卡

1.1 应急领导小组组长应急处置卡

组长	项目经理（项目书记）	
序号	处置程序	处置要点
1	启动预案	启动应急预案，查看事故现场调配应急资源等
2	事故报告	按照应急响应分级和程序，及时向当地政府部门和上级报告事故情况
3	现场处置伤员救护	采取有效措施防止事态扩大；第一时间进行现场急救，及时转送医院救治
4	确定方案开展救援或配合救援	确定救援方案后，组织应急队伍迅速到达事故现场，指挥现场应急人员开展应急救援或响应至上一级并配合外部救援
5	救援终止	进行风险评估安全后，应急救援停止
6	配合事故调查及处理	配合事故调查，做好善后处置工作
注意事项： （1）信息的收集与传达，要求及时准确。 （2）每日召开碰头会落实各项指令和安排次日工作		

主要联系人员				
序号	姓 名	职 务	联系电话	备注
1		项目书记（经理）		
2		项目总工程师		
3		项目安全总监		
4		项目副经理		
5		作业队长		
6		办公室主任		
7		物设部部长		

1.2 综合协调组应急处置卡

组长	项目书记	
序号	处置程序	行动内容
1	信息收集与传递	负责按应急小组要求内容上报
2	场地安保、伤员救护	现场做好保卫、警戒工作；第一时间进行现场急救，及时转送医院救治
3	对外接待及处置	做好媒体接待、采访和引导工作，配合上级单位发布相关信息
4	家属接待及善后处理	做好家属的接待、稳定工作；做好保险理赔工作

续表

<table>
<tr><td>序号</td><td>处置程序</td><td colspan="3">行动内容</td></tr>
<tr><td colspan="5">注意事项：
（1）信息传递准确、及时可靠。
（2）伤员救治及安抚周到、及时。
（3）现场组织人员撤离后，不得盲目抢救被困人员</td></tr>
<tr><td colspan="5">主要联系人员</td></tr>
<tr><td>序号</td><td>姓 名</td><td>职 务</td><td>联系电话</td><td>备注</td></tr>
<tr><td>1</td><td></td><td>项目经理</td><td></td><td></td></tr>
<tr><td>2</td><td></td><td>项目副经理</td><td></td><td></td></tr>
<tr><td>3</td><td></td><td>项目总工程师</td><td></td><td></td></tr>
<tr><td>4</td><td></td><td>工委主任</td><td></td><td></td></tr>
<tr><td>5</td><td></td><td>办公室主任</td><td></td><td></td></tr>
<tr><td>6</td><td></td><td>物设部部长</td><td></td><td></td></tr>
<tr><td>7</td><td></td><td>施工管理人员</td><td></td><td></td></tr>
<tr><td>组员</td><td colspan="4">相关成员</td></tr>
<tr><td>序号</td><td>处置程序</td><td colspan="3">行动内容</td></tr>
<tr><td>组员 1</td><td colspan="4">×××</td></tr>
<tr><td>1</td><td>组织撤离</td><td colspan="3">发现险情后，第一时间有效组织人员撤离至安全地带</td></tr>
<tr><td>2</td><td>险情报告</td><td colspan="3">及时电话上报险情至项目安全生产管理负责人或项目经理</td></tr>
<tr><td>组员 2</td><td colspan="4">×××</td></tr>
<tr><td>1</td><td>收集信息</td><td colspan="3">定时收集信息</td></tr>
<tr><td>2</td><td>传递信息</td><td colspan="3">负责收集并发布救援信息</td></tr>
<tr><td>3</td><td>关注信息</td><td colspan="3">做好舆情关注、媒体应对，并配合上级发布信息</td></tr>
<tr><td>组员 3</td><td colspan="4">×××</td></tr>
<tr><td>1</td><td>对外接待</td><td colspan="3">做好家属、外部单位的接待和稳定工作</td></tr>
<tr><td>2</td><td>配合善后处理</td><td colspan="3">配合做好保险理赔工作</td></tr>
<tr><td colspan="5">注意事项：
（1）信息传递准确、及时可靠。
（2）伤员救治及安抚周到、及时。
（3）现场组织人员撤离后，不得盲目抢救被困人员</td></tr>
<tr><td colspan="5">主要联系人员</td></tr>
<tr><td>序号</td><td>姓 名</td><td>职 务</td><td>联系电话</td><td>备注</td></tr>
<tr><td>1</td><td></td><td>项目经理</td><td></td><td></td></tr>
<tr><td>2</td><td></td><td>项目书记</td><td></td><td></td></tr>
<tr><td>3</td><td></td><td>项目副经理</td><td></td><td></td></tr>
<tr><td>4</td><td></td><td>项目总工程师</td><td></td><td></td></tr>
<tr><td>5</td><td></td><td>工委主任</td><td></td><td></td></tr>
<tr><td>6</td><td></td><td>办公室主任</td><td></td><td></td></tr>
<tr><td>7</td><td></td><td>物设部部长</td><td></td><td></td></tr>
<tr><td>8</td><td></td><td>施工管理人员</td><td></td><td></td></tr>
</table>

1.3 抢险救援组应急处置卡

<table>
<tr><td>组长</td><td colspan="4">项目副经理</td></tr>
<tr><td>序号</td><td colspan="2">处置程序</td><td colspan="2">行动内容</td></tr>
<tr><td>1</td><td colspan="2">场地清理及防护</td><td colspan="2">保证现场应急救援通道的畅通，采取措施防止次生灾害</td></tr>
<tr><td>2</td><td colspan="2">熟知方案及准备</td><td colspan="2">按照抢救方案组织救援，科学合理地提出应急物资、设备、人力配备建议</td></tr>
<tr><td>3</td><td colspan="2">组织实施及调整</td><td colspan="2">抢救现场伤员、将受伤人员转移至安全地带，对事故受损的设备进行修理、恢复，将现场救援进展情况及时汇报，必要时申请外部支援</td></tr>
<tr><td>4</td><td colspan="2">救援配合、结束</td><td colspan="2">领导小组现场评估安全后，则应急救援结束；如果需要外部救援，则配合救援工作</td></tr>
<tr><td colspan="5">注意事项：
（1）救援人员、物资与设备组织落实到位。
（2）按指令落实救援现场配套工作及安全监护。
（3）及时报告救援进展情况及问题。
（4）机械操作必须听从指挥，防止救援设备对人员造成机械伤害</td></tr>
<tr><td colspan="5">主要联系人员</td></tr>
<tr><td>序号</td><td>姓 名</td><td>职 务</td><td>联系电话</td><td>备注</td></tr>
<tr><td>1</td><td></td><td>项目经理</td><td></td><td></td></tr>
<tr><td>2</td><td></td><td>项目书记</td><td></td><td></td></tr>
<tr><td>3</td><td></td><td>项目总工程师</td><td></td><td></td></tr>
<tr><td>4</td><td></td><td>项目安全总监</td><td></td><td></td></tr>
<tr><td>5</td><td></td><td>工程部部长</td><td></td><td></td></tr>
<tr><td>6</td><td></td><td>作业队长</td><td></td><td></td></tr>
<tr><td>7</td><td></td><td>施工员</td><td></td><td></td></tr>
<tr><td>8</td><td></td><td>办公室主任</td><td></td><td></td></tr>
<tr><td>9</td><td></td><td>物设部部长</td><td></td><td></td></tr>
<tr><td>10</td><td></td><td>现场指挥人员</td><td></td><td></td></tr>
<tr><td>11</td><td></td><td>作业队队长</td><td></td><td></td></tr>
<tr><td>12</td><td></td><td>机械操作人员</td><td></td><td></td></tr>
<tr><td>组员</td><td colspan="4">相关成员</td></tr>
<tr><td>序号</td><td colspan="2">处置程序</td><td colspan="2">行动内容</td></tr>
<tr><td>组员 1</td><td colspan="4">×××</td></tr>
<tr><td>1</td><td colspan="2">场地警戒及防护</td><td colspan="2">场地做好警戒工作；现场动态监控防止次生灾害，组织人员及时撤离</td></tr>
<tr><td>2</td><td colspan="2">组织实施及救援</td><td colspan="2">组织物资、设备和人力到位，接到上级命令后指挥抢救现场伤员、设备及物资</td></tr>
</table>

续表

序号	处置程序	行动内容
组员 2	×××	
1	救援准备	物资、设备和人力到位后，现场合理运用和调配
2	实施及救援	接到现场指挥人员命令后，立即开展现场伤员、设备及物资救援工作
组员 3	×××	
1	接受培训	接受应急救援处置方案的交底培训
2	实施救援	接到现场指挥人员命令后开展救援工作
注意事项： （1）救援人员、物资与设备组织落实到位。 （2）按指令落实救援现场配套工作及安全监护。 （3）及时报告救援进展情况及问题。 （4）机械操作必须听从指挥，防止救援设备对人员造成机械伤害		

主要联系人员				
序号	姓 名	职 务	联系电话	备注
1		项目经理		
2		项目书记		
3		项目副经理		
4		项目总工程师		
5		项目安全总监		
6		工程部部长		
7		作业队长		
8		施工员		
9		办公室主任		
10		物设部部长		
11		现场指挥人员		
12		作业队队长		
13		机械操作人员		

1.4 技术方案组应急处置卡

组长	项目总工程师	
序号	处置程序	行动内容
1	现场核实、评估及制订方案	辨识应急救援过程中的危险、有害因素，并进行安全风险评估，确定灾害现场监控方式，组织开展现场监控
2	指导救援实施及安全监控	根据事故现场的特点，制定相应的应急救援技术措施和应急救援步骤；动态关注现场情况并制定措施，防止发生二次伤害事故

续表

序号	处置程序	行动内容
3	配合调查	协助开展对现场有关人员的约谈、并配合调查事故发生的原因

注意事项：
（1）救援方案制订及时可行。
（2）救援指导到位，调整及时。
（3）落实防控措施及监控到位。
（4）数据处理和及时上报

主要联系人员

序号	姓 名	职 务	联系电话	备注
1		项目经理		
2		项目书记		
3		项目副经理		
4		项目安全总监		
5		工程部部长		
6		安环部部长		
7		施工员		
8		作业队长		
9		技术指导人员		
10		监测人员		

组员	相关成员	
序号	处置程序	行动内容
组员 1	×××	
1	现场技术监控	开展现场监控，协助进行安全风险评估
2	数据处置与判断	数据预警或超限值，及时上报现场指挥人员
组员 2	×××	
1	组织撤离	发现数据预警或超限值后，第一时间有效组织人员撤离至安全地带
2	险情报告	及时电话上报险情至作业队队长、项目安全生产管理负责人或项目经理
3	动态监控	现场数据持续预警或超限值及时上报

注意事项：
（1）救援方案制订及时可行。
（2）救援指导到位，调整及时。
（3）落实防控措施及监控到位。
（4）数据处理和及时上报

续表

主要联系人员				
序号	姓 名	职 务	联系电话	备注
1		项目经理		
2		项目书记		
3		项目副经理		
4		项目总工程师		
5		项目安全总监		
6		工程部部长		
7		安环部部长		
8		施工员		
9		作业队长		
10		技术指导人员		
11		监测人员		

1.5 后勤保障组应急处置卡

组长	项目书记	
序号	处置程序	行动内容
1	救援物资工器具准备	准备抢险救援急需的物资、设备；负责现场救援及事故调查工作人员生活保障、食宿安排等后勤服务；提供必要的办公用品、交通工具、通信工具、器材等
2	现场交通维护	协助属地政府有关部门进行交通疏解
3	调配物资及设备	根据应急救援需要，及时将抢险救援急需的物资、设备送至现场
注意事项： （1）按指令落实救援物资设备。 （2）确保设备完好使用正常		

主要联系人员				
序号	姓 名	职 务	联系电话	备注
1		项目经理		

续表

<table>
<tr><td>序号</td><td>姓 名</td><td>职 务</td><td>联系电话</td><td>备注</td></tr>
<tr><td>2</td><td></td><td>项目副经理</td><td></td><td></td></tr>
<tr><td>3</td><td></td><td>项目安全总监</td><td></td><td></td></tr>
<tr><td>4</td><td></td><td>安环部部长</td><td></td><td></td></tr>
<tr><td>5</td><td></td><td>办公室主任</td><td></td><td></td></tr>
<tr><td>6</td><td></td><td>物设部部长</td><td></td><td></td></tr>
<tr><td>组员</td><td colspan="4">相关成员</td></tr>
<tr><td>序号</td><td>处置程序</td><td colspan="3">行动内容</td></tr>
<tr><td>组员 1</td><td colspan="4">×××</td></tr>
<tr><td>1</td><td>救援物资、设备调配</td><td colspan="3">根据救援方案，组织调配救援物资、设备</td></tr>
<tr><td>2</td><td>物资补充、设备维护</td><td colspan="3">根据救援物资消耗情况及时补充物资设备，并进行设备维护</td></tr>
<tr><td>组员 2</td><td colspan="4">×××</td></tr>
<tr><td>1</td><td>后勤服务</td><td colspan="3">做好抢险和事故调查人员生活保障、食宿安排等</td></tr>
<tr><td>2</td><td>办公、通信保障</td><td colspan="3">提供必要的办公用品、交通工具、通信工具、器材等</td></tr>
<tr><td>组员 3</td><td colspan="4">×××</td></tr>
<tr><td>1</td><td>交通疏解</td><td colspan="3">协助属地政府有关部门进行交通疏解，确保现场交通畅通</td></tr>
<tr><td colspan="5">注意事项：
（1）按指令落实救援物资设备。
（2）确保设备完好使用正常</td></tr>
<tr><td colspan="5">主要联系人员</td></tr>
<tr><td>序号</td><td>姓 名</td><td>职 务</td><td>联系电话</td><td>备注</td></tr>
<tr><td>1</td><td></td><td>项目经理</td><td></td><td></td></tr>
<tr><td>2</td><td></td><td>项目书记</td><td></td><td></td></tr>
<tr><td>3</td><td></td><td>项目副经理</td><td></td><td></td></tr>
<tr><td>4</td><td></td><td>项目安全总监</td><td></td><td></td></tr>
<tr><td>5</td><td></td><td>工程部长</td><td></td><td></td></tr>
<tr><td>6</td><td></td><td>办公室主任</td><td></td><td></td></tr>
<tr><td>7</td><td></td><td>物设部部长</td><td></td><td></td></tr>
<tr><td>8</td><td></td><td>作业队长</td><td></td><td></td></tr>
<tr><td>9</td><td></td><td>安全员</td><td></td><td></td></tr>
<tr><td>10</td><td></td><td>施工员</td><td></td><td></td></tr>
</table>

1.6 安全保卫组应急处置卡

组长	项目安全总监	
序号	处置程序	行动内容
1	现场秩序维护	做好现场保卫、警戒工作，确定疏散路线
2	关注现场动态变化	动态关注现场情况，防止发生二次伤害事故
3	协助救援	协助做好受伤人员的转移工作

注意事项：

（1）关注现场安全动态变化情况，防止二次伤害。

（2）现场组织人员撤离后，不得盲目抢救被困人员。

（3）出现异常情况或险情扩大及时上报

主要联系人员				
序号	姓　名	职　务	联系电话	备注
1		项目经理		
2		项目书记		
3		项目副经理		
4		安环部部长		
5		办公室主任		
6		物设部部长		
7		安全监护人员		
8		安全员		
9		作业班组负责人		

组员	相关成员	
序号	处置程序	行动内容
组员 1	×××	
1	动态监控	现场动态监控异常情况和险情变化
2	异常情况处置与判断	出现异常情况或险情扩大，及时上报现场指挥人员
组员 2	×××	
1	组织撤离	发现险情后，第一时间有效组织人员撤离至安全地带
2	险情报告	及时电话上报险情至项目安全生产管理负责人或项目经理
3	动态监控	现场动态监控异常情况和险情变化；出现异常情况或险情扩大时及时上报
组员 3	×××	
1	组织撤离	发现险情后，第一时间有效组织人员撤离至安全地带
2	稳定现场	控制好现场秩序，做好现场安保工作

续表

注意事项： （1）关注现场安全动态变化情况，防止二次伤害。 （2）现场组织人员撤离后，不得盲目抢救被困人员。 （3）出现异常情况或险情扩大及时上报				
主要联系人员				
序号	姓名	职务	联系电话	备注
1		项目经理		
2		项目书记		
3		项目副经理		
4		项目安全总监		
5		安环部部长		
6		办公室主任		
7		物设部部长		
8		安全监护人员		
9		安全员		
10		作业班组负责人		

2 应急处置方案卡控要点

2.1 隧道坍塌

序号	处置步骤		工作岗位或功能组
	快速开挖法	小导坑法	
1	（1）监测、施工人员发现疑似隧道坍塌事故征兆时，立即发出险情讯号，组织人员并撤离危险区域。 （2）如果发现人员被困，立即与救援人员取得联系，报告有关情况。 （3）被困人员应寻找安全位置（逃生管道、三角区域内）避险		现场管理人员、作业人员
2	（1）了解被困人员信息（数量、姓名）。 （2）综合坍塌起点、坍塌方向、支护成环情况、支护参数、地质情况等因素分析了解坍塌基本情况。 （3）根据坍塌的基本信息、坍塌规模、隧道未贯通段长度、地形地貌、坍体的物理力学性质等综合分析，制订救援方案		技术方案组、抢险救援组

续表

序号	处置步骤		工作岗位或功能组
	快速开挖法	小导坑法	
3	隧道坍塌在洞口且埋深不大或洞内坍体量较小： （1）对坍塌后的仰坡、边坡进行清理加固。 （2）同时沿隧道轴线方向在坍塌段落开挖一条明槽至隧道拱顶位置。 （3）人工从坍塌面处向洞内开挖救援通道	初期支护保留较好： （1）根据情况选择三角、梯形导坑，并及时进行支护。 （2）开挖过程使用测量仪器或红外线逐步引渡，高程控制。 （3）超前水平地质钻机钻入塌方体，打通生命通道	技术方案组、抢险救援组
4	打通生命通道后，开展救援		抢险救援组
5	在整个救援过程中，对人员、机械等进行协调		后勤保障组
6	在整个救援过程中，检查维护或修复现场、水、电管线，提供饮用水、食物及调度机械设备、物资等，为现场实施救援提供保障		
7	在整个救援过程中，做好警戒防护，严禁无关人员进入事故现场，对影响地方交通的，做好充分沟通工作		综合协调组
8	配合外部调查，提供真实记录资料		
9	在整个救援过程中，做好保险理赔资料的收集；做好伤亡家属的安抚工作（如有）；确保救助资金到位		
10	负责媒体接待、采访和引导工作，根据上级单位授权适时发布相关信息		

2.2 隧道突泥涌水

序号	处置步骤	工作岗位或功能组
1	（1）发出险情讯号，并按逃生路线有序撤离。 （2）遇险人员应利用预设的爬梯、台架、逃生绳等脱险，如果涌水量较大，人员可利用救生圈、救生衣等进行逃生，逐步转移到安全地点。 （3）安全事故伴生生态、环境污染事故（事件）时，确认径流状况、径流是否危及或污染属地水体	现场作业人员
2	（1）洞内设置大功率抽水站，其与掌子面的距离应能保证水流不能没顶，并预留 2 m 的安全高度。 （2）抽水站排水能力按设计最大突涌水量的 1.2 倍配置，水泵及管路应有富余备用，电源供电采用双回路。 （3）洞口配置大功率备用排水设备，备用抽水机应配机架和减震装置等，形成移动式抽水站，并定期检查维护，保证能随时投入使用	后勤保障组

续表

序号	处置步骤	工作岗位或功能组
3	（1）突涌水量很快减小，可运用工程机械如装载机等进入洞内施救。 （2）水量较大时，可待水情基本稳定后，组织救援人员乘橡皮艇进入洞内施救。 （3）当发生小规模突泥或突水伴随大量砂石、淤泥沉积时，应采用搭设脚手架、铺垫木板或竹胶板等方法迅速开辟救援通道，进入洞内搜救。 （4）救援人员应佩戴呼吸器等遇水作业专业器材。 （5）出现伴生生态、环境污染事件时，在确保安全的条件下，据现场实际情况采取截流、分流、引流措施，延缓或阻断污染源蔓延	技术方案组、抢险救援组
4	在整个救援过程中，对人员、机械等进行协调	综合协调组
5	在整个救援过程中，检查维护或修复现场、水、电管线，提供饮用水、食物及调度机械设备、物资等，为现场实施救援提供保障	后勤保障组
6	在整个救援过程中，做好警戒防护，严禁无关人员进入事故现场，对影响地方交通的，做好充分沟通工作	综合协调组
7	配合外部调查，提供真实记录资料	
8	在整个救援过程中，做好保险理赔资料的收集；做好伤亡家属的安抚工作（如有）；确保救助资金到位	
9	负责媒体接待、采访和引导工作，根据上级单位授权适时发布相关信息	

2.3 隧道瓦斯爆炸

序号	处置步骤	工作岗位或功能组
1	（1）洞内人员立即俯卧倒地闭住气暂停呼吸，用湿物快速捂住口鼻，迅速使用自救器，在统一指挥下，沿着避灾路线迅速撤离现场，防止二次伤害。 （2）值班人员立即向领导汇报情况，请求救援，同时下令电工迅速切断工作面生产电源	现场作业人员、值班人员
2	（1）隧道一旦发生瓦斯爆炸，通风会补充灾后洞内氧气，构成二次爆炸的条件，极可能引发后续瓦斯爆炸，故发生瓦斯爆炸后不能盲目进行通风，也不能盲目进入救援；应在确认切断隧道内电源的情况下，向隧道内供风。 （2）隧道发生瓦斯灾害事故，救援环境恶劣复杂，次生灾害极易发生，一般的救援队无法承担瓦斯灾害救援任务，必须由专业的矿山救护队完成	技术方案组、抢险救援组、综合协调组
3	在整个救援过程中，对人员、机械等进行协调	综合协调组
4	在整个救援过程中，检查维护或修复现场、水、电管线，提供饮用水、食物及调度机械设备、物资等，为现场实施救援提供保障	后勤保障组
5	在整个救援过程中，做好警戒防护，严禁无关人员进入事故现场，对影响地方交通的，做好充分沟通工作	综合协调组

续表

序号	处置步骤	工作岗位或功能组
6	配合外部调查，提供真实记录资料	
7	在整个救援过程中，做好保险理赔资料的收集；做好伤亡家属的安抚工作（如有）；确保救助资金到位	
8	负责媒体接待、采访和引导工作，根据上级单位授权适时发布相关信息	

2.4 隧道火灾

序号	处置步骤	工作岗位或功能组
1	现场确认受伤、被困人员情况，燃烧物质、燃烧时间、部位、蔓延方向、火势范围及危害程度以及设备设施、建（构）筑物损坏程度	现场作业人员、值班人员
2	（1）确定救援方案，下达应急指令。 （2）携带救援器材迅速进入现场，采取正确的救助方式，将所有遇险人员移至安全区域。 （3）对救出人员进行现场急救，及时转送医院救治	技术方案组、后勤保障组
3	协助事发单位进行现场灭火，控制火势： （1）电气设备起火，先切断电源，再采用灭火器和直流水枪灭火，有油的电气设备如变压器起火时，采用适宜灭火器材或干燥的砂土盖住火焰。 （2）防水板等塑胶材料起火，采取高压水冲击的方法灭火。灭火水枪设在上风和侧风方向。进入烟区的扑救人员穿戴防毒面具和防护服。 （3）机械设备燃烧，采用灭火器灭火。 （4）乙炔管路燃烧，采用适宜灭火器材或干燥的砂土盖住火焰，使火熄灭。 （5）灭火期间，应注意观察洞内风流，防止火风压引起风流逆转	抢险救援组、后勤保障组
4	（1）引导消防车、救护车及时进入现场。 （2）消防大队到达现场以后，按照消防大队指令配合灭火	后勤保障组
5	负责媒体接待、采访和引导工作，根据上级单位授权适时发布相关信息	综合协调组

YJ

中铁二局集团有限公司

YJ/ZTEJ–2020

深圳地铁 6 号线盾构隧道掘进工程安全质量、生态环境事故（事件）现场处置方案

2020 年 12 月

中铁二局深圳地铁 6 号线 6111 标项目经理部

批 准 页

中铁二局《深圳地铁 6 号线盾构隧道掘进工程安全质量、生态环境事故（事件）现场处置方案》是中铁二局深圳市城市轨道交通 6 号线 2 期工程 6111 标项目经理部为保护员工生命安全，减少财产损失，确保事故发生时快速反应、妥善处置而制定的内部规范性文件。

本处置方案是在开展事故风险分析和应急资源调查的基础上，针对具体的作业场所或设备设施制定的工作方案，同时考虑了突发质量事故、突发环境（安全事故衍生）事件的应急情形，明确了地铁盾构隧道掘进过程中出现不可接受风险事件时，项目应急组织机构与职责、应急响应、应急处置原则、应急保障等相关要求，适用于盾构隧道工程火灾、突泥涌水、起重伤害、管线破坏、有限空间作业及突发环境事件等现场处置工作。

中铁二局《深圳地铁 6 号线盾构隧道掘进工程安全质量、生态环境事故（事件）现场处置方案》经中铁二局深圳市城市轨道交通 6 号线 2 期工程 6111 标项目经理部安全生产领导小组批准，现正式实施。

项目书记：

项目经理：

年　月　日

目　录

1　事故风险分析

按风险评估要求，对该隧道施工过程中可能存在的危险因素进行了全面辨识，并使用风险矩阵评价法对可能发生的各类型事故产生的风险后果进行了评价。深圳市城市轨道交通 6 号线 2 期工程 6111 标三工区二分部风险评估结果显示：在可能导致的 12 种事故类型中，低风险的有 2 项，中度风险的有 4 项，高度风险的有 4 项，极高风险 0 项，其中高度风险及极高风险见表 1。

表 1　深圳市城市轨道交通 6 号线 2 期工程 6111 标
三工区二分部高度风险及极高风险分析

序号	事故类型	易发区域、影响范围	事故原因	风险等级	事故征兆	可能引发的次生衍生事故
1	火灾	易燃易爆品区、电气设备使用场所、动火作业处	1. 违规动火。 2. 线路老化、短路。 3. 物品燃烧、化学反应	高度风险（不期望）	1. 防水材料堆放不合理。 2. 焊接作业违规动火。 3. 电气设备线路老化、短路。 4. 电缆质量不符合要求。 5. 人员违规携带火源	1. 中毒。 2. 窒息。 3. 防水材料或化学制品燃烧后可能造成周边空气污染
2	突泥涌水	1. 盾构始发和接收井。 2. 盾构推进	1. 降水不到位。 2. 铰接损坏（检查不到位、未及时更换）	高度风险（不期望）	1. 降水井工作不正常。 2. 涌水水质变化且带泥	1. 人员伤亡。 2. 地面坍塌。 3. 可能伴生属地水体环境污染事故（事件）
3	起重伤害	盾构工作井、管片存放处、管片拼装处	1. 设备维修保养不到位。 2. 吊具、吊索存在缺陷。 3. 吊具本身存在质量问题，进场验收不严。 4. 人员“三违”；作业操作视线受阻、指挥信号不明。 5. 地基承载力不足。	高度风险（不期望）	1. 刹车不灵、溜钩。 2. 减速箱漏油。 3. 提升、行走限位失效。 4. 吊索具变形、开裂，钢丝绳磨损超标、断丝超标、断股、压扁、扭结等未报废。	1. 设备倾覆。 2. 人员伤亡

续表

序号	事故类型	易发区域、影响范围	事故原因	风险等级	事故征兆	可能引发的次生衍生事故
3	起重伤害	盾构工作井、管片存放处、管片拼装处	6. 行走机构的轨道安装不到位	高度风险（不期望）	5. 指挥对讲信号不明。 6. 轨道基础开裂、塌陷。 7. 轨道变形、松动、开裂、断裂。 8. 轨距不标准，行走轮与轨道不均匀磨损。 9. 大风、暴雨等极端天气	1. 设备倾覆。 2. 人员伤亡
4	破坏地下管线、影响范围地表坍陷或周边建构筑物受损	里程对应处及影响范围内	1. 降水不到位。 2. 推进姿态不好。 3. 同步注浆不到位。 4. 开挖方式未严格按照设计、方案要求施工	高度风险（不期望）	盾构推进姿态发生变化	1.坍塌。 2.房屋开裂。 3.房屋倾斜。 4.运营线停运或降速运行
5	有限空间作业	需要作业段的地下管道	1. 通风不到位。 2. 气体检测或活物不到位	高度风险（不期望）	1. 呼吸不畅、疲劳 2. 有刺激性气味	1. 人员窒息死亡。 2. 气体爆炸

2 事故响应

根据事故信息、初步原因分析、人员伤亡情况、经济损失和社会影响范围等因素划分，将应急响应级别分为Ⅰ～Ⅳ级，项目部负责第Ⅳ级应急响应工作，配合Ⅰ、Ⅱ、Ⅲ级响应工作。其响应分级、启动条件见表 2。

表 2　响应分级

序号	响应分级	启动条件（下列情况之一）	响应部门人员	响应内容
1	Ⅰ级 中国中铁	1. 初判可能出现死亡 10 人及以上的安全事故。 2. 初判可能发生直接经济损失≥1 000 万元的事故。 3. 涉及范围非常大，周边生态环境发生严重污染或破坏的	中国中铁：领导及相关人员 中铁二局：公司主要领导，分管领导，工会主席，安全总监，公司办公室、安质环保部、工程管理部、人力资源部、宣传部、工会等负责人及相关人员 子公司：主要领导、分管领导、工会主席、安全总监，安质环保部、工程管理部、人力资源部、宣传部、工会等负责人及相关人员 区域公司：主要领导、监管领导、工程部长及相关人员	1. 向中国中铁请求支援，必要时可请求国家隧道救援队支援。 2. 接受中国中铁下达的各项指令，并响应。 3. 按响应级别及属地原则由各级政府组织应急救援的，服从其统一指挥
2	Ⅱ级 中铁二局	1. 初判可能造成或导致发生死亡 3～9 人，或重伤 10 人以上的安全事故。 2. 初判可能发生直接经济损失 500 万～1 000 万元的事故。 3. 涉及范围很大，周边生态环境发生较严重污染或破坏的	中铁二局：公司分管领导、工会主席、安全总监，安质环保部、工程管理部、宣传部、工会等负责人及相关人员 子公司：主要领导、分管领导、工会主席，安全总监，安质环保部、工程管理部、宣传部、工会等负责人及相关人员 区域公司：主要领导、监管领导、工程部长及相关人员	1. 中铁二局应急领导小组下达指令。 2. 中铁二局应急工作组响应。 3. 必要时可请求国家隧道救援队支援。 4. 按响应级别及属地原则由各级政府组织应急救援的，服从其统一指挥
3	Ⅲ级 子分公司、区域公司	1. 初判可能造成或导致发生死亡 1～2 人（不含）以下，或 2～9 人重伤的安全事故。 2. 初判可能发生直接经济损失 100 万～500 万元的事故。 3. 涉及范围很大，区域内生态环境发生污染或破坏的	子分公司：分管领导、安全总监、安质环保部、工程管理部部长及相关人员 区域公司：监管领导、工程部长及相关人员	1. 向中铁二局请求支援。 2. 接受中铁二局下达的各项指令，并响应
4	Ⅳ级 项目 经理部	1. 初判可能造成或导致发生重伤 3 人，轻伤 1～10 人的安全事故。 2. 初判可能发生直接经济损失1万～100万元的事故。 3. 涉及范围较（很）小，邻近区、施工区生态环境发生轻度或少量污染或破坏的	项目经理部：领导班子、职能部门及相关人员	1. 向中铁二局区域公司请求支援。 2. 接受区域公司下达的各项指令，并响应

3　应急组织机构及工作职责

3.1　应急组织机构

3.1.1　组织机构

项目组织机构见图 1。

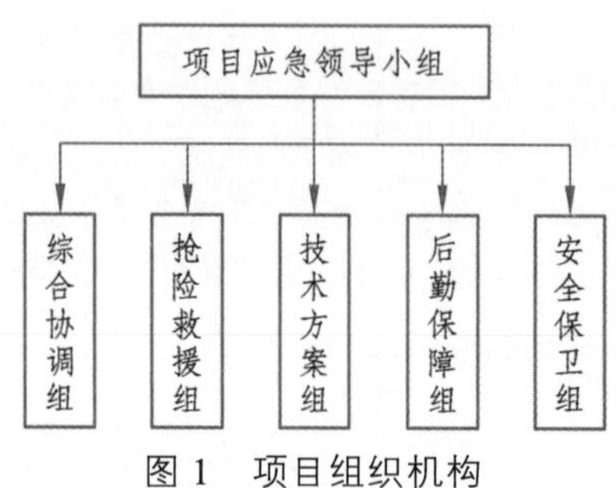

图 1　项目组织机构

3.1.2　应急组织机构设置

项目经理部设立应急领导小组，并下设五个应急处置组。

组　长：项目经理

副组长：项目书记、项目副经理、项目总工程师、项目安全总监

成　员：工程部、安全环保部、质量管理部、工经部、物机部、财会部、办公室、试验室等部门负责人和有关人员

应急领导小组办公室设在安质环保部，并设 24 小时值班电话。

3.2　应急领导小组职责

在发生事故和突发紧急事件时，必须立即组织应急队伍迅速到达事故现场。各应急处置组及副组长必须服从组长统一安排，按职责分工进行应急处置工作。

3.2.1　应急领导小组主要职责

1. 建立健全事故应急机构。
2. 组织编制项目部应急预案和现场处置方案。
3. 负责组织调配或购置应急物资、设备，监督指导项目职能部门建立应急管理工作台账。
4. 负责组织应急知识培训教育、宣传及应急预案培训、演练、评价工作。
5. 负责启动应急方案、及时调配应急资源。
6. 按照应急响应分级和程序，向上级和属地政府部门报告事故情况。
7. 接受上级或地方政府应急救援现场指挥部的领导，落实指令。
8. 指挥现场应急人员开展应急救援，采取有效措施防止事故扩大，并保护事故现场。
9. 配合事故调查，做好善后处置工作。

3.2.2 组长（项目经理）职责

1. 组织应急队伍迅速到达事故现场，指挥现场人员开展应急救援。
2. 组织采取有效措施防止事故扩大，最大限度减少人员伤亡和财产损失。
3. 组织保护好事故现场，并及时向当地政府部门和上级报告事故情况。

3.2.3 副组长（项目书记）职责

1. 负责组织媒体接待、采访和引导工作，配合上级单位发布相关信息。
2. 组织伤亡人员及家属的接待、稳定工作。
3. 组织保险理赔工作。

3.2.4 副组长（项目副经理）职责

1. 负责组织实施现场应急救援。
2. 及时向组长汇报事件发生和发展信息，尤其是异常信息。
3 组织保障现场交通。

3.2.5 副组长（项目总工程师）职责

1. 组织对应急救援进行安全风险评估。
2. 初步分析事故发生的技术原因。
3. 组织制定应急救援技术措施。

3.2.6 副组长（项目安全总监）职责

1. 初步分析事故发生的管理原因。
2. 协助相关机构调查取证。
3. 协助相关机构人员的约谈。

3.3 应急处置组职责

3.3.1 综合协调组职责

1. 负责信息收集与传递。
2. 负责媒体接待、采访引导工作，配合上级单位发布相关信息。
3. 做好受伤人员救护及家属的接待、稳定工作。
4. 做好保险理赔工作。

3.3.2 抢险救援组职责

1. 采取措施防止次生灾害、保护伤员。
2. 按照方案组织救援，科学合理地提出应急物资、设备、人力配备建议。
3. 抢救现场伤员、设备及物资。

4. 必要时配合外部救援工作。

3.3.3 技术方案组职责

1. 辨识应急救援过程中的危险、有害因素，并进行安全风险评估。
2. 制定应急救援技术措施和救援步骤，指导救援。
3. 确定灾害现场监控量测方式，组织开展现场监控量测。
4. 协助开展对现场有关人员的约谈，调查了解事故发生的原因，配合上级单位进行事故调查。

3.3.4 后勤保障组职责

1. 负责现场抢险救援及事故调查工作人员生活保障、食宿安排等后勤服务；提供必要的办公用品、交通工具、通信工具、器材等。
2. 协助属地政府有关部门进行交通疏解。
3. 调配抢险救援急需的物资、设备等。

3.3.5 安全保卫组职责

1. 保证现场应急救援通道的畅通。
2. 做好现场保卫、警戒工作。
3. 动态关注现场情况，防止发生二次伤害事故。
4. 依据拟定技术措施和救援步骤，协助现场救援。

4 应急处置

4.1 生产安全事故应急处置

4.1.1 生产安全事故应急响应程序

项目应急响应流程见图 2。

4.1.2 现场应急处置步骤及内容

1. 事故发生后，事故现场人员应立即疏散、撤离，并采取自救、互救措施。
2. 现场人员第一时间通知项目经理。
3. 项目经理或其他负责人立即赶赴现场，查看事故情况及伤损情况。
4. 判明情况，下达处置方案启动命令并上报。
5. 确定方案开展救援和伤员救护。
6. 救援终止。
7. 事故调查及善后处理。

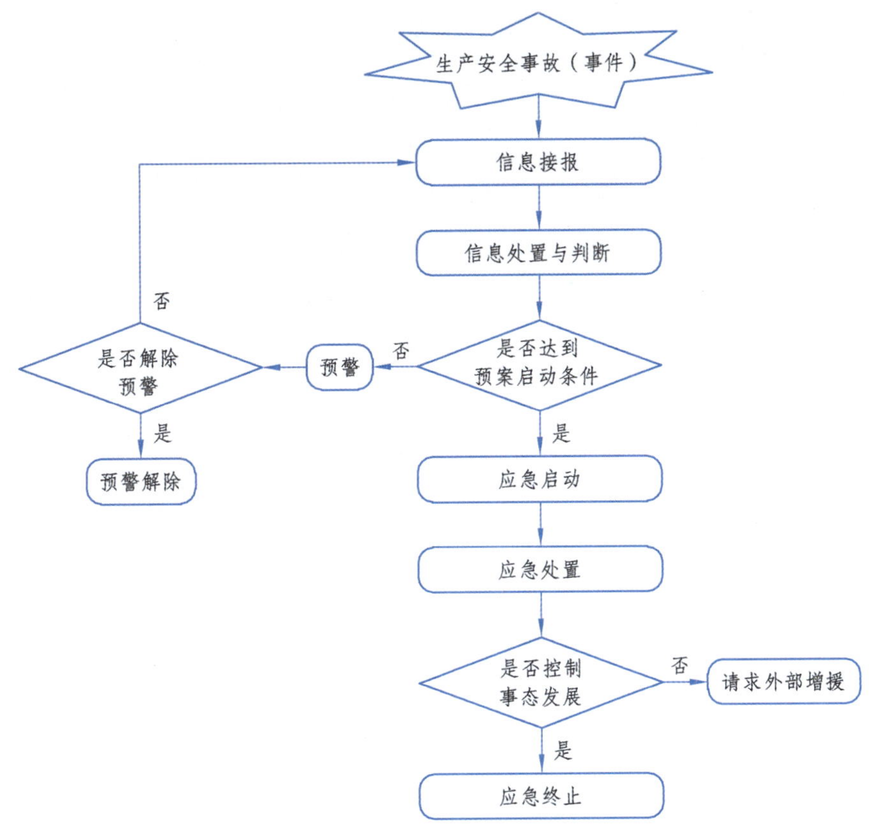

图 2　项目应急响应流程

4.1.3　应急处置措施

1. 隧道火灾事故现场应急处置措施。

（1）先期撤离条件确认。

烟雾蔓延、可见度差；空气温度急剧升高；现场火势难于扑灭时。

（2）现场涉险人员的先期自救和互救措施。

① 迅速了解或判明事故的性质、地点范围和事故区通风系统、风流及火灾烟气蔓延方向、所处位置，依据灾害预防自救措施及现场的实际，确定撤退路线和避灾自救的方法。

② 撤退时，应在现场负责人及有经验的人员带领下有组织地撤退。

③ 位于火源进风侧的人员，应迎着新鲜风流撤退。

④ 位于火源回风侧的人员或是在撤退途中遇到烟气有中毒危险时，利用隧道内的水，浸湿毛巾、衣物或向身上淋水等办法进行降温，并用湿物捂住口鼻，尽量低身弯腰应尽量躬身弯腰，低着头快速前进，尽快撤退或绕到新鲜风流中去或在烟气没有到达之前，顺着风流尽快从回风出口撤到安全地点；烟雾大、视线不清或温度高时，则应尽量贴着隧道底板和边墙管道等爬行撤退。

（3）应急救援措施（表 3）。

表 3　隧道火灾应急处置措施

序号	任务	主要工作内容	责任分工
1	撤离疏散	（1）发现火情，立即撤离现场人员。 （2）将现场及周边人员疏散至安全区域。 （3）项目现场救援小组在统一指挥下，佩戴防毒面具与消防装置进入现场，利用最近的预留供水管消防接口进行连接，进行灭火、搜救及清除现场遗留残余火源	抢险救援组
2	清点确认	（1）清点受伤、被困人员情况。 （2）确认燃烧物质、燃烧时间、部位、蔓延方向、火势范围及危害程度	抢险救援组、技术支持组
3	进行救援	（1）清除障碍物，设置警戒，保持救援通道畅通。 （2）对道路进行管制，引导救援车辆和人员进入现场搜救	抢险救援组、安全保卫组
4	救治伤员	（1）对救出人员进行现场急救。 （2）对受伤人员及时转送医院救治	抢险救援组、综合协调组

2. 突泥涌水事故现场应急处置措施。

（1）先期撤离条件确认。

盾构隧道洞内涌水量增大，涌水水质变化带泥带压时。

（2）现场涉险人员的先期自救和互救措施。

① 有险情预兆时，应立即停止推进，采用注浆等方式进行封堵，防止事件扩大，注浆作业中，应加强对管片变形的监控，必要时应对突泥涌水处的管片进行加固，防止管片变形，造成隧道塌方。

② 若险情无法控制，应立即发出险情讯号，并按逃生路线（通道）有序撤离，遇险人员应利用行走通道脱险，转移到隧道外安全地点。

③ 如果有人员被埋，在条件允许或险情得到控制的基础上，应立即挖出伤员，注意不要再度受伤，动作要轻、准、快，不要强行拉。如全部被埋应尽快将伤者的头部优先暴露出来，清理口鼻泥土砂石、血块，松解衣带，以利呼吸。

④ 当被困人员不能及时脱险时，应及时发出求救信号，报告有关情况便于营救人员尽快得知自己的位置，便于施救。被困人员应保持镇静，不要乱动，以便将身体的消耗降到最低，等待救援。

（3）应急救援措施（表 4）。

表 4　突泥涌水应急处置措施

序号	任务	主要工作内容	责任分工
1	现场确认	（1）通过询问目击者了解被困人员信息及突泥涌水情况。 （2）综合涌水大小、淹没深度、突泥量、掩埋长度、水文地质情况等因素分析了解突泥涌水基本情况。 （3）通过观测涌水情况、设计资料等综合分析判断突泥涌水是否稳定，救援环境是否安全。 （4）观察地面情况，判断是否造成水土流失	抢险救援组、技术方案组

续表

序号	任务	主要工作内容	责任分工
2	方案制订	（1）启动抽水设施，调用应急水泵，做好排水能力准备。 （2）发生突泥，则须加强地面监测，做好地面注浆加固，防止地面坍塌引发事故。 （3）做好事故作业面管片加固工作，防止地面塌陷造成隧道毁灭。 （4）清除现场淤泥，进行人员救援。 （5）如果造成水土流失，应同步上报属地环境管理主管部门，采取防治措施	抢险救援组、技术方案组
3	救援作业	（1）突涌水量很快减小，可运用工程机械如装载机等进入洞内施救。 （2）水量较大时，可待水情基本稳定后，组织救援人员乘橡皮艇进入洞内施救。 （3）救援人员应佩戴呼吸器等专业器材。 （4）隧道内涌水抽排，应优先考虑经过沉淀设施处理，防范泥浆污水直排属地水体；涌水突泥可能污染敏感水域时，应组织力量在确保安全的条件下，进行污水截流改流、分流措施	抢险救援组、后勤保障组
4	人员施救	当抢救出伤员时，根据伤员人数、受伤程度，由医务人员在现场采取相应的急救措施后，按照“先重后轻”的原则，及时将伤员送到医院进行抢救、治疗	抢险救援组、综合协调组

3. 起重吊装事故现场应急处置措施。

（1）先期撤离条件确认。

起重吊装事故发生后第一时间撤离现场人员。

（2）现场涉险人员的先期自救和互救措施。

① 吊装事故发生后，立即疏散周边人员，扩大安全警示区域。

② 判断事故是否已经静止，不会再扩大。如果是，进入救人的环节，动用自己所有能动用的现场资源，先救人。

③ 人员救治：如有人员受伤，查看受伤程度的大小进行急救。对于伤情较重者，应立即拨打 120 或送往医院；对于一些轻伤，可以进行简单的止血、消炎、包扎，然后送往医院处理。

伤员发生休克，呼吸、心跳停止时，应立即施行心肺复苏术或人工呼吸。

伤员脊椎受伤，创伤处用消毒的纱布或清洁布等覆盖伤口，用绷带或布条包扎；搬运时，将伤者平卧放在帆布担架或硬板上，以免受伤的脊椎移位、断裂造成截瘫，导致死亡。

伤员肢体骨折时，不要盲目搬动，应在骨折部位用夹板把受伤的位置临时固定，使断端不再移位或刺伤肌肉、神经或血管。在无材料的情况下，上肢可固定在身侧，下肢与脚腱侧下肢束缚在一起。

若有人员被困，确认被埋人员的位置及被埋者周围物件堆放情况后，切勿生拉硬拽，调用起重设备或千斤顶缓慢起升，确认安全后将伤者救出。

（3）应急救援措施（表 5）。

表 5　起重吊装应急处置措施

序号	任务	主要工作内容	责任分工
1	现场确认	通过询问目击者了解事故情况	抢险救援组、技术方案组
2	清点确认	（1）清点受伤人员情况。 （2）确认影响范围及危害程度	抢险救援组、技术支持组
3	救援作业	（1）判断事故是否已经静止，不会再扩大。如果是，进入救人的环节，动用自己所有能动用的现场资源，先救人。 （2）如果事故会扩大，做好警示，防止二次伤害	抢险救援组、后勤保障组
4	人员施救	（1）如有人员受伤，查看受伤程度的大小进行急救。对于伤情较重者，应立即拨打 120 或送往医院；对于一些轻伤，可以进行简单的止血、消炎、包扎，然后送往医院处理。 （2）伤员发生休克，呼吸、心跳停止时，应立即施行心肺复苏术或人工呼吸。 （3）伤员脊椎受伤，创伤处用消毒的纱布或清洁布等覆盖伤口，用绷带或布条包扎；搬运时，将伤者平卧放在帆布担架或硬板上，以免受伤的脊椎移位、断裂造成截瘫，导致死亡。 （4）伤员肢体骨折时，不要盲目搬动，应在骨折部位用夹板把受伤的位置临时固定，使断端不再移位或刺伤肌肉、神经或血管。在无材料的情况下，上肢可固定在身侧，下肢与脚腱侧下肢束缚在一起。 （5）若有人员被困，确认被埋人员的位置及被埋者周围物件堆放情况后，切勿生拉硬拽，调用起重设备或千斤顶缓慢起升，确认安全后将伤者救出	抢险救援组、综合协调组

4. 地下管线事故现场应急处置措施。

（1）先期撤离条件确认。

地下管线事故发生后第一时间撤离现场人员，根据管线属性，撤离周边群众。

（2）现场涉险人员的先期自救和互救措施。

① 地下管线事故发生后，立即疏散周边人员，设置安全警示区域。加强管线周边支护，对薄弱位置进行加固处理。

② 立即联系管线权属单位到场，指导开展管线抢修。

③ 人员救治：如有人员受伤，查看受伤程度的大小进行急救。对于伤情较重者，应立即拨打 120 或送往医院；对于一些轻伤，可以进行简单的止血、消炎、包扎，然后送往医院处理。

（3）应急救援措施（表 6）。

表 6　地下管线应急处置措施

序号	任务	主要工作内容	责任分工
1	现场确认	（1）通过现场查勘，确认管线种类。 （2）确认影响范围及危害程度	抢险救援组、技术方案组
2	救援作业	（1）加强管线周边支护，对边坡薄弱位置进行加固处理。 （2）联系管线权属单位，邀请到场指导抢险工作。 （3）立即疏散周边人员，设置安全警示区域	抢险救援组、后勤保障组
3	人员施救	如有人员受伤，查看受伤程度的大小进行急救。对于伤情较重者，应立即拨打 120 或送往医院；对于一些轻伤，可以进行简单的止血、消炎、包扎，然后送往医院处理	抢险救援组、综合协调组

4.2　工程质量事故应急处置

4.2.1　质量事故应急响应程序

项目质量事故应急响应流程见图 3。

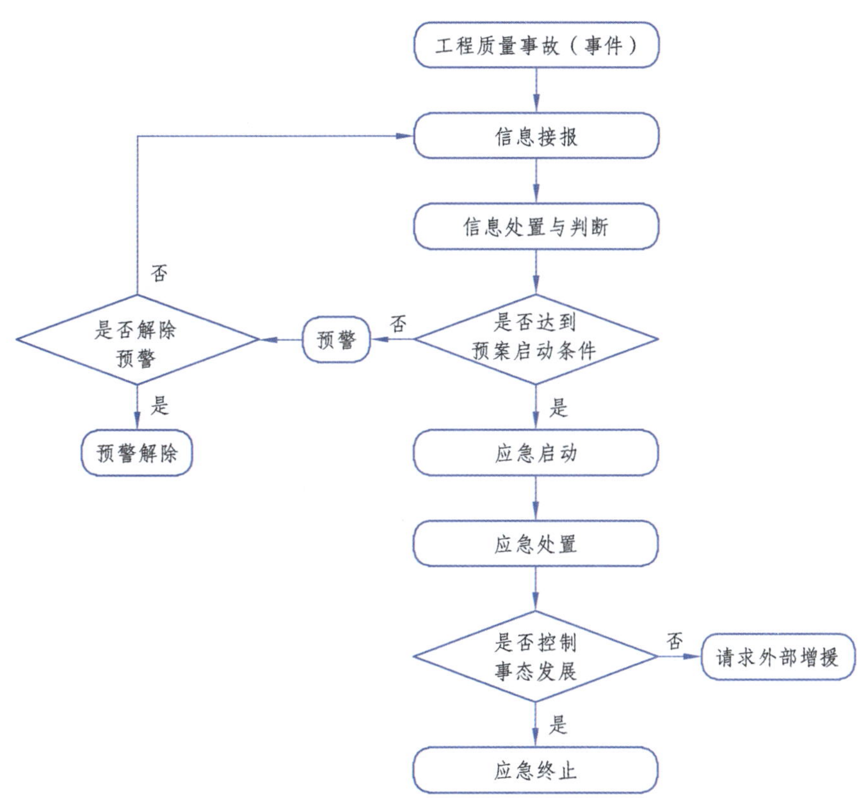

图 3　项目质量事故应急响应流程

4.2.2　现场应急处置步骤及内容

1. 事故发生后，事故现场人员应立即疏散、撤离。

2. 现场人员第一时间通知项目经理。

3. 项目经理或其他负责人立即赶赴现场，封闭事故区域，防止人员误入。

4. 查看质量事故区域，初步了解其影响范围、可能衍生的次生灾害等信息情况，并及时反馈建设单位、设计单位、监理单位等相关方。

5. 判明情况，构成工程质量事故应急情况条件的，下达处置方案启动命令并上报。

6. 在现场专家组及勘察设计单位确定工程应急方案后，进行返工或返修处理。

7. 应急处置终止。

8. 配合进行事故调查及善后处理。

4.2.3 应急处置措施

1. 质量事故引发工程安全事故，按本隧道安全事故应急处置措施处置。

2. 质量事故造成工程工期严重滞后，需组织进行抢工的，须制订专项施工或返工方案，按方案执行。

3. 因设计重大变更、突发自然灾害等，造成工程保通应急情况出现的，不属于质量事故应急突发状况，按设计或现场专家组提出的方案进行保通施工。

4. 按设计方案进行工程返工或处理前，事故区域需进行预加固处理的，应及时形成专项方案，按专项处置方案进行处理，确保后续返工或处置现场作业环境安全。

4.3 突发环境事件应急处置

4.3.1 突发环境事件应急响应程序

项目突发环境事件应急响应流程见图 4。

4.3.2 现场应急处置步骤及内容

1. 事故发生后，事故发生区域现场人员应立即疏散、撤离。

2. 现场人员第一时间通知项目经理。

3. 项目经理或其他负责人立即赶赴现场，查看事故波及范围、污染源方向及状态、地表沉陷等情况。

4. 根据判明情况，下达处置方案启动命令并上报。

5. 确定方案开展救援和伤员救护。

6. 救援终止。

7. 事故调查及善后处理。

4.3.3 现场应急处置措施

1. 在确保安全的基础上，加强观察，根据现场观察判断结果，大气污染可能危及周边小区的，立即向当地政府公共安全应急主管部门报告，立即启动预案，并向上级报告。

2. 据判断的结果，组织力量进行沿线预警、疏散人员。

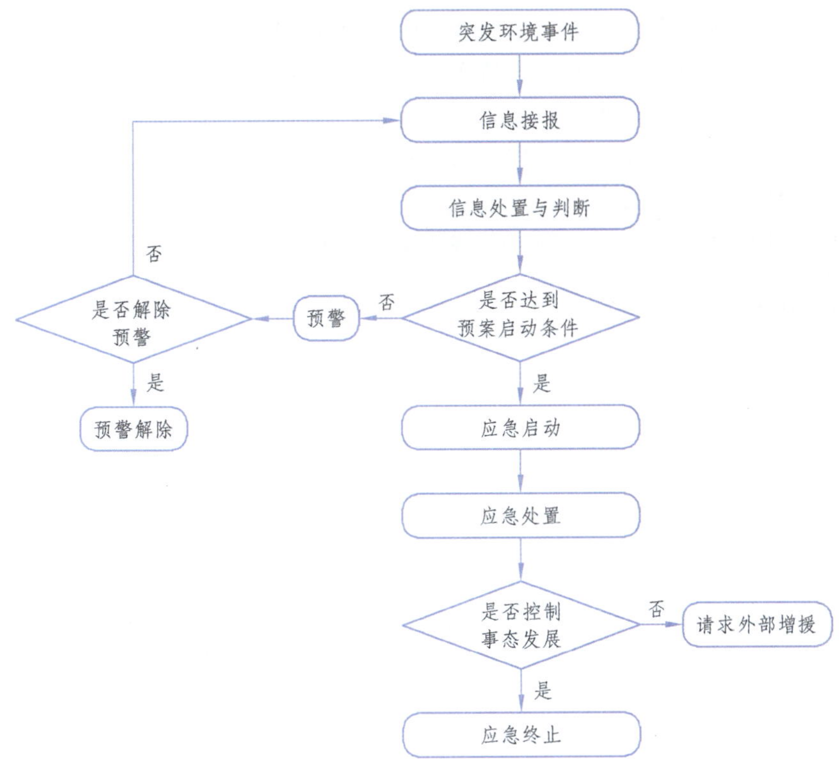

图 4　项目突发环境事件应急响应流程

5 附　件

附件 1：预案编制依据

1.《中华人民共和国安全生产法》
2.《中华人民共和国突发事件应对法》
3.《中华人民共和国特种设备安全法》
4.《生产安全事故应急预案管理办法》
5.《国家安全生产事故灾难应急预案》
6.《建设工程重大质量安全事故应急预案》
7.《生产经营单位生产安全事故应急预案编制导则》
8.《建设工程安全生产管理条例》
9.《生产安全事故报告和调查处理条例》
10.《生产过程危险和有害因素分类与代码》
11.《企业职工伤亡事故分类》
12.《重大危险源辨识》
13.《风险管理　风险评估技术》
14.《城市轨道交通地下工程建设风险管理规范》

15.《城市轨道交通建设工程质量安全事故应急预案管理办法》
16.《中国中铁隧道坍塌应急抢险救援作业指导手册》
17.《中铁二局安全生产和职业健康管理办法》
18.《中铁二局职业安全质量事故内部报告、应急处置和调查处理办法》
19.《中铁二局工程质量监督管理办法》
20.《中铁二局工程项目施工环境保护管理办法》

附件 2：应急预案衔接

1.《四川省生产安全事故灾难应急预案》
2.《四川省突发环境事件应急预案》
3.《深圳市突发事件总体应急预案》
4.《深圳市人民政办公厅关于印发深圳市突发事件应急预案管理办法（修订版）的通知》
5.《深圳市人民政府办公厅关于印发突发事件预警信息发布若干规定的通知》
6.《中国中铁股份有限公司安全质量事故（事件）应急预案》
7.《中铁二局安全质量、生态环境事故（事件）应急预案》
8.《中铁二局集团有限公司城通公司安全生产事故应急预案》
9.《建设单位应急预案》

附件 3：项目概况

中铁二局城通公司承建的深圳地铁 6111-3 标工程，位于深圳市福田区。目前项目已成立应急救援小组，用于抢险的机械设备和物资分别停存放于施工现场。

深圳地铁 6111-3 标工程包括四个区间隧道（银湖站—八卦岭站盾构区间、八卦岭站—体育馆站盾构区间、体育馆站—通新岭站盾构区间、通新岭站—科学馆站盾构区间）。

八卦岭—通新岭区间线路从八卦岭站由北向南走向布置在道路下方，经过八卦二路、笋岗西路到达通新岭站，与既有 3 号线通新岭站 T 型换乘。线路大部分沿道路东侧绿化带敷设，下穿园西人行天桥（垂直距离约 5.4 m），到南端下穿既有 3 号线通新岭站车站，距车站净距为 1.43 m。区间设计长度左线为 1 218.398 m，右线为 1 171.348 m。线间距为 15.02 ~ 15.39 m。轨顶标高为−13.7 ~ 2.1 m，由北向南标高逐步降低，地面标高为 10.06 ~ 19.3 m，覆土为 12.2 ~ 18.76 m。区间由北向南（右线）依次为盾构法 1 171.348 m、人洞暗挖 41.35 m；区间由北向南（左线）依次为盾构法 1 218.398 m、人洞暗挖 41.35 m。区间设置两座联络通道（2、1 号联络通道中心里程 CK5+600、CK5+050）。

通新岭—科学馆区间线路从通新岭站由北向南走向布置在上步路下方，经过振兴路、振华路到达科学馆站，与既有 1 号线科学馆站 L 型通道换乘。线路基本沿路中敷设，下穿同德人行天桥（垂直距离约 18.17 m）。区间设计长度左线为 796.951 m，右线为 797.368 m。线间距为 15.2 ~ 17.2 m。轨顶标高为−20.23 ~ −13.7 m，地面标高为 8.97 ~ 10.06 m，覆土为 18.68 ~ 25.23 m。区间由北往南（右线）依次为盾构法 613.9 m、矿山法 96 m、盾构法 87.468 m；区间由北往南（左线）依次为盾构法 546.9 m、矿山法 96 m、盾构法 154.468 m。区间设置一座联络通道（1 号联络通道兼废水泵房中心里程 CK4+200）。在老干部活动中心内设置一处竖井。本段工程投标总价 3.02 亿元，工期 1338 日历天（2016 年 6 月 30 日至 2020 年 2 月 28 日）。

附件 4：事故风险评估报告

附件 5：应急资源调查报告

附件 6：有关应急部门、机构或人员的联系方式

序号	部门（职务）	联系人	联系方式
子公司联系部门			
1	子（分）公司应急领导小组办公室	×××	×××
2	子（分）公司调度管理	×××	×××
项目部联系人员			
3	项目经理	×××	×××
4	项目书记	×××	×××
5	项目生产副经理	×××	×××
6	项目总工程师	×××	×××
7	项目安全总监	×××	×××
8	项目总经济师	×××	×××
9	项目工程部部长	×××	×××
10	项目安环部部长	×××	×××
11	项目质量部部长	×××	×××
12	项目物机部部长	×××	×××
13	项目综合办公室	×××	×××
14	项目财务部部长	×××	×××
15	项目工经部部长	×××	×××
外部救援单位			
16	医院急救电话	×××	×××
17	消防队火警电话	×××	×××
18	就近专业救援队	×××	×××

附件 7：应急物资装备的名录或清单

附件 7-1　盾构隧道救援人员配置

序号	工　种	单　位	数　量	备注
1	盾构工程师	人	4	
2	测量工程师	人	2	
3	测量工	人	4	
4	盾构司机	人	4	
5	机械技师	人	4	

续表

序号	工　种	单　位	数　量	备注
6	普工	人	200	
7	电工	人	4	
8	盾构领工员	人	6	
9	电瓶车司机	人	8	
10	龙门吊司机	人	8	
11	电焊工	人	8	
12	氧焊、气割	人	8	

附件 7-2　盾构隧道应急处置可调用应急物资及机具台账

序号	类别	设备或物资名称	规格类型	单位	数量
1	电源	发电机	120 kW 以上	台套	1
4	注浆设施	普通水泥	（P42.5 或 P32.5）	t	3
5		双快水泥		t	1
6		水玻璃		kg	500
7		聚氨酯		kg	500
8		注浆设备		套	2
9	排水设备	污水泵	5.5 kW	台	4
10		污水泵	7.5 kW	台	4
11		污水泵	3 kW	台	1
12		污水泵	0.75 kW	台	2
13		配套水管	ϕ50 mm	m	500
14		三级开关箱		个	1
15		防水电缆线	3×6+2×2.5 mm	m	100
16	应急器材	编织袋		只	200
17		麻　袋		只	200
18		防水尼龙布		m^2	500
19		棉　纱		袋	2
20		棉　絮		床	10
21		手拉葫芦	2 t	只	2
22		手推车		部	5
23		常用工具	套装	套	1
24		铁　钎		把	1
25		铁　锹		把	5
26		管子钳		把	2
27		手持照明	充电式	台	10

续表

序号	类别	设备或物资名称	规格类型	单位	数量
28		灭火器	4 kg	个	6
29	辅助设施	应急沙袋		个	3 000
28		急救药箱		只	2
29		担　架		副	2
30		雨衣、鞋		套	20
31		电子警示标识		个	4
32		锥形警示桶		个	25
33		警戒带		m	200
34		电喇叭		只	2

附件 8：事故报告手机短信格式

中铁二局：201×年×月×日×时×分左右，在××（省市县）境内，由中铁×局××公司承建的×××工程×标，在×××工序施工过程中，因×××原因，导致现场作业人员×人死亡（失踪）、×人重伤、×人轻伤。事故已经于事发××小时（分钟）内，报告当地安全生产监管部门。现场应急预案已启动，事故单位×××领导已带队赶往现场；当地安监部门接报后，已于×月×日×时由任××职务××同志赶往现场，事故原因正在调查之中。

附件 9：中铁二局生产安全事故快报

单位名称：中铁二局×××公司（区域公司、经理部）

<table>
<tr><td>事故时间</td><td colspan="3">年　月　日　时　分</td><td>事故地点</td><td></td></tr>
<tr><td>事故单位</td><td colspan="5">××公司××××项目经理部（标段）</td></tr>
<tr><td rowspan="2">事故现场负责人</td><td>姓　名</td><td></td><td rowspan="2">事故单位负责人</td><td>姓　名</td><td></td></tr>
<tr><td>电　话</td><td></td><td>电　话</td><td></td></tr>
<tr><td colspan="2">事故已死亡（失踪）人　　数</td><td>死亡：
失踪：</td><td colspan="2">事故重伤/轻伤人　　数</td><td></td></tr>
<tr><td colspan="6">一、事故简要经过（包含但不限于承建单位、标段、协作队伍及相关安全生产许可证等资质号，单位工程名称、事故里程、结构形式、支撑体系、隧道断面、设备型号、墩身截面和高度、梁型和梁重、事发作业环节、高处坠落位置与高度等，其他工况均应细致清晰描述）、人员伤亡类别（职工、劳务工姓名及身份证号码）、初步估计的直接经济损失、报告地方政府和建设单位时间等
二、事故现场救援采取的主要措施
三、其他情况（事发项目工程概况，事故地点是否影响铁路营业线或繁华闹市区、高速公路、国道、其他重要设施安全）</td></tr>
</table>

附：事故现场照片（4 张以上，能充分反映事故现场实际情况和全貌的电子版照片及说明）。

附件 10：应急救援协议范本

甲方：中铁二局××项目经理部

乙方：××救护队

为切实做好隧道的事故预防和应急救援处理工作，结合双方的实际情况，就乙方为甲方所属隧道救援服务内容，经双方协商，约定如下：

一、服务内容

1. 及时应召处理隧道的灾害事故（即瓦斯爆炸、突泥涌水、坍塌与火灾等）

2. ……

二、履约方式和服务期限

1. 履约方式

2. 服务期限

三、服务费用和支付方式

1. 服务费用

2. 支付方式

四、双方权利与义务

1. 甲方的权利与义务

2. 乙方的权利与义务

五、违约责任

在履行本协议期间，双方如有特殊原因影响本协议项目工作，应提前予以通知对方，并说明原因。甲方或者乙方存在工作质量缺陷，应各自承担相关责任。

六、争议的解决办法

当事双方先协商解决；协商不成，由××仲裁委员会仲裁或法院诉讼。

七、双方协商的其他条款

1. 乙方在技术服务和处理事故过程中队员发生意外情况，按有关国家、省市有关规定处理，届时双方依据公平原则协商解决

2. ……

甲方联系方式：应急小组值班室 24 小时值班电话：××

乙方联系方式：救护大队电话：××

本协议未尽事宜由双方协商补充；

如需变更、解除或续订协议，由双方协商确定。

本协议，从双方签字盖章之日起生效。

本协议一式三份，呈报××地方安监局备案一份，甲乙方各执一份。

甲方法人（签字盖章）： 乙方法人（签字盖章）：

××年××月××日 ××年××月××日

附件 11：

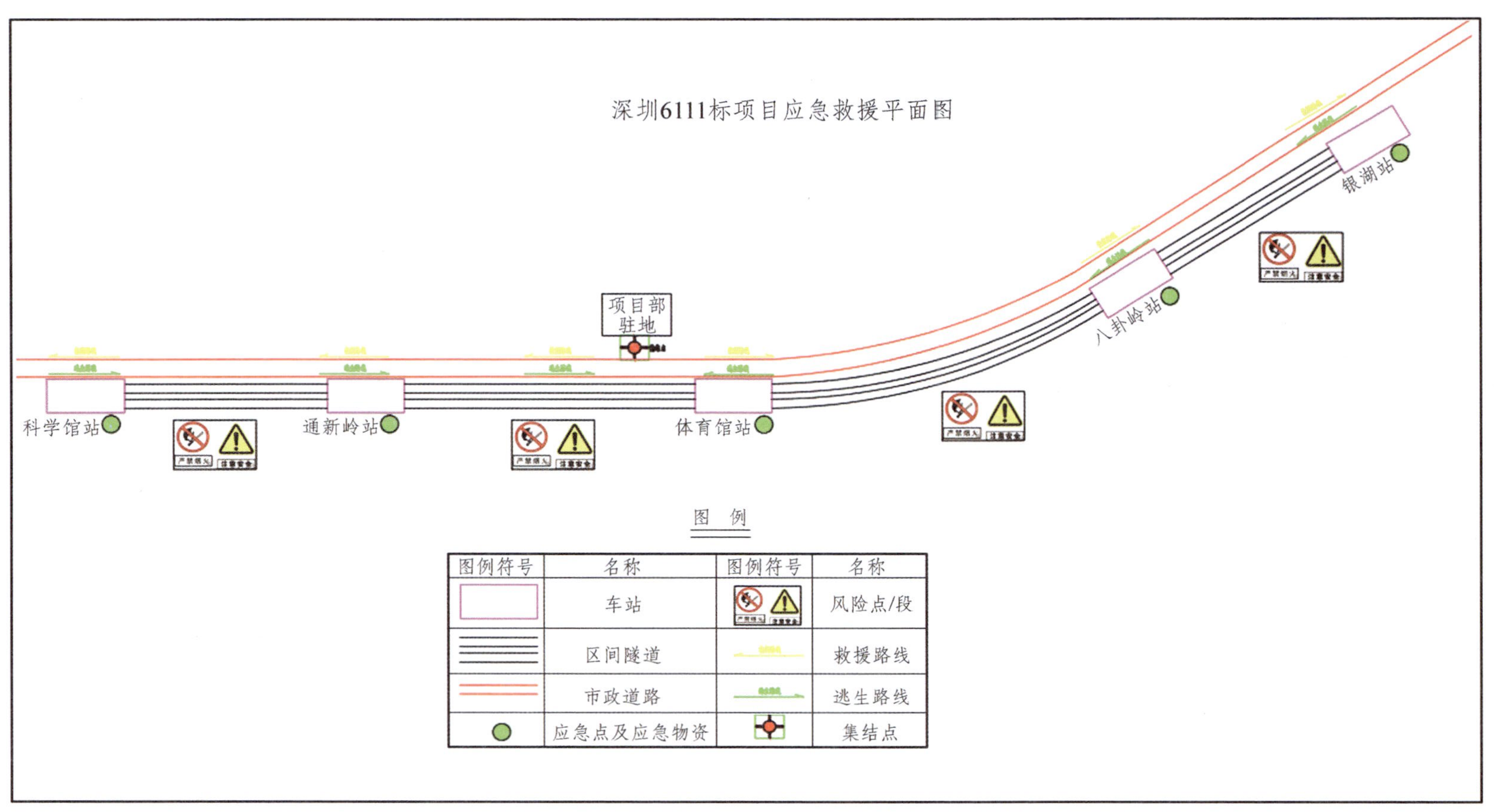

应急救援平面图

YJ

中铁二局集团有限公司

YJ/ZTEJ–2020

深圳地铁6号线盾构隧道掘进工程安全质量、生态环境事故（事件）现场应急处置卡

2020年12月

中铁二局深圳地铁6号线6111标项目经理部

目　录

1 应急处置卡

1.1 应急领导小组组长应急处置卡

组长	项目经理（项目书记）	
序号	处置程序	处置要点
1	启动预案	启动应急预案，查看事故现场调配应急资源等
2	事故报告	按照应急响应分级和程序，1小时内向当地政府部门和上级报告事故情况
3	现场处置伤员救护	采取有效措施防止事态扩大；第一时间进行现场急救，及时转送医院救治
4	确定方案开展救援或配合救援	确定救援方案后，组织应急队伍迅速到达事故现场，指挥现场应急人员开展应急救援或响应至上一级并配合外部救援
5	救援终止	进行风险评估安全后，应急救援停止
6	配合事故调查及处理	配合事故调查，做好善后处置工作
注意事项： （1）信息的收集与传达，要求及时准确。 （2）每日召开碰头会落实各项指令和安排次日工作		

主要联系人员				
序号	姓　名	职　务	联系电话	备注
1		项目书记（经理）		
2		项目总工程师		
3		项目安全总监		
4		项目副经理		
5		施工管理员（工区长）		
6		办公室主任		
7		物设部部长		

1.2 综合协调组应急处置卡

组长	项目书记	
序号	处置程序	行动内容
1	信息收集与传递	负责按应急小组要求内容上报
2	场地安保、伤员救护	现场做好保卫、警戒工作；第一时间进行现场急救，及时转送医院救治

续表

序号	处置程序	行动内容		
3	对外接待及处置	做好媒体接待、采访和引导工作，配合上级单位发布相关信息		
4	家属接待及善后处理	做好家属的接待、稳定工作；做好保险理赔工作		
注意事项： （1）信息传递准确、及时可靠。 （2）伤员救治及安抚周到、及时。 （3）现场组织人员撤离后，不得盲目抢救被困人员				
主要联系人员				
序号	姓 名	职 务	联系电话	备注
1		项目经理		
2		项目副经理		
3		项目总工程师		
4		工委主任		
5		办公室主任		
6		物设部部长		
7		施工管理人员		
组员	相关成员			
序号	处置程序	行动内容		
组员1	×××			
1	组织撤离	发现险情后，第一时间有效组织人员撤离至安全地带		
2	险情报告	及时电话上报险情至项目安全生产管理负责人或项目经理		
组员2	×××			
1	收集信息	定时收集信息		
2	传递信息	负责收集并发布救援信息		
3	关注信息	做好舆情关注、媒体应对，并配合上级发布信息		
组员3	×××			
1	对外接待	做好家属、外部单位的接待和稳定工作		
2	配合善后处理	配合做好保险理赔工作		
注意事项： （1）信息传递准确、及时可靠。 （2）伤员救治及安抚周到、及时。 （3）现场组织人员撤离后，不得盲目抢救被困人员				
主要联系人员				
序号	姓 名	职 务	联系电话	备注
1		项目经理		

续表

序号	姓　名	职　务	联系电话	备注
2		项目书记		
3		项目副经理		
4		项目总工程师		
5		工委主任		
6		办公室主任		
7		物设部部长		
8		施工管理人员		

1.3　抢险救援组应急处置卡

<table>
<tr><td>组长</td><td colspan="4">项目副经理</td></tr>
<tr><td>序号</td><td>处置程序</td><td colspan="3">行动内容</td></tr>
<tr><td>1</td><td>场地清理及防护</td><td colspan="3">保证现场应急救援通道的畅通，采取措施防止次生灾害</td></tr>
<tr><td>2</td><td>熟知方案及准备</td><td colspan="3">按照抢救方案组织救援，科学合理地提出应急物资、设备、人力配备建议</td></tr>
<tr><td>3</td><td>组织实施及调整</td><td colspan="3">抢救现场伤员、将受伤人员转移至安全地带，对事故受损的设备进行修理、恢复，将现场救援进展情况及时汇报，必要时申请外部支援</td></tr>
<tr><td>4</td><td>救援配合、结束</td><td colspan="3">领导小组现场评估安全后，则应急救援结束；如果需要外部救援，则配合救援工作</td></tr>
<tr><td colspan="5">注意事项：
（1）救援人员、物资与设备组织落实到位。
（2）按指令落实救援现场配套工作及安全监护。
（3）及时报告救援进展情况及问题。
（4）机械操作必须听从指挥，防止救援设备对人员造成机械伤害</td></tr>
<tr><td colspan="5">主要联系人员</td></tr>
<tr><td>序号</td><td>姓　名</td><td>职　务</td><td>联系电话</td><td>备注</td></tr>
<tr><td>1</td><td></td><td>项目经理</td><td></td><td></td></tr>
<tr><td>2</td><td></td><td>项目书记</td><td></td><td></td></tr>
<tr><td>3</td><td></td><td>项目总工程师</td><td></td><td></td></tr>
<tr><td>4</td><td></td><td>项目安全总监</td><td></td><td></td></tr>
<tr><td>5</td><td></td><td>工程部部长</td><td></td><td></td></tr>
<tr><td>6</td><td></td><td>施工管理员（工区工长）</td><td></td><td></td></tr>
<tr><td>7</td><td></td><td>施工员</td><td></td><td></td></tr>
<tr><td>8</td><td></td><td>办公室主任</td><td></td><td></td></tr>
</table>

续表

序号	姓名	职务	联系电话	备注
9		物设部部长		
10		现场指挥人员		
11		作业队队长		
12		机械操作人员		

组员	相关成员	
序号	处置程序	行动内容
组员 1	×××	
1	场地警戒及防护	场地做好警戒工作；现场动态监控防止次生灾害，组织人员及时撤离
2	组织实施及救援	组织物资、设备和人力到位，接到上级命令后指挥抢救现场伤员、设备及物资
组员 2	×××	
1	救援准备	物资、设备和人力到位后，现场合理运用和调配
2	实施及救援	接到现场指挥人员命令后，立即开展现场伤员、设备及物资救援工作
组员 3	×××	
1	接受培训	接受应急救援处置方案的交底培训
2	实施救援	接到现场指挥人员命令后开展救援工作

注意事项：
（1）救援人员、物资与设备组织落实到位。
（2）按指令落实救援现场配套工作及安全监护。
（3）及时报告救援进展情况及问题。
（4）机械操作必须听从指挥，防止救援设备对人员造成机械伤害

主要联系人员

序号	姓名	职务	联系电话	备注
1		项目经理		
2		项目书记		
3		项目副经理		
4		项目总工程师		
5		项目安全总监		
6		工程部部长		
7		施工管理员（工区工长）		
8		施工员		
9		办公室主任		
10		物设部部长		
11		现场指挥人员		
12		作业队队长		
13		机械操作人员		

1.4 技术方案组应急处置卡

组长	项目总工程师	
序号	处置程序	行动内容
1	现场核实、评估及制订方案	辨识应急救援过程中的危险、有害因素，并进行安全风险评估，确定灾害现场监控方式，组织开展现场监控
2	指导救援实施及安全监控	根据事故现场的特点，制定相应的应急救援技术措施和应急救援步骤；动态关注现场情况并制定措施，防止发生二次伤害事故
3	配合调查	协助开展对现场有关人员的约谈，并配合调查事故发生的原因

注意事项：

（1）救援方案制订及时可行。

（2）救援指导到位，调整及时。

（3）落实防控措施及监控到位。

（4）数据处理和及时上报

主要联系人员				
序号	姓 名	职 务	联系电话	备注
1		项目经理		
2		项目书记		
3		项目副经理		
4		项目安全总监		
5		工程部部长		
6		安环部部长		
7		施工员		
8		施工管理员（工区工长）		
9		技术指导人员		
10		监测人员		

组员	相关成员	
序号	处置程序	行动内容
组员 1	×××	
1	现场技术监控	开展现场监控，协助进行安全风险评估
2	数据处置与判断	数据预警或超限值，及时上报现场指挥人员
组员 2	×××	
1	组织撤离	发现数据预警或超限值后，第一时间有效组织人员撤离至安全地带
2	险情报告	及时电话上报险情至作业队队长、项目安全生产管理负责人或项目经理
3	动态监控	现场数据持续预警或超限值及时上报

续表

注意事项： （1）救援方案制订及时可行。 （2）救援指导到位，调整及时。 （3）落实防控措施及监控到位。 （4）数据处理和及时上报				
主要联系人员				
序号	姓　名	职　务	联系电话	备注
1		项目经理		
2		项目书记		
3		项目副经理		
4		项目总工程师		
5		项目安全总监		
6		工程部部长		
7		安环部部长		
8		施工员		
9		施工管理员（工区工长）		
10		技术指导人员		
11		监测人员		

1.5　后勤保障组应急处置卡

组长	项目书记	
序号	处置程序	行动内容
1	救援物资工器具准备	准备抢险救援急需的物资、设备；负责现场救援及事故调查工作人员生活保障、食宿安排等后勤服务；提供必要的办公用品、交通工具、通信工具、器材等
2	现场交通维护	协助属地政府有关部门进行交通疏解
3	调配物资及设备	根据应急救援需要，及时将抢险救援急需的物资、设备送至现场

<table>
<tr><td colspan="5">注意事项：
（1）按指令落实救援物资设备。
（2）确保设备完好使用正常</td></tr>
<tr><td colspan="5">主要联系人员</td></tr>
<tr><td>序号</td><td>姓 名</td><td>职 务</td><td>联系电话</td><td>备注</td></tr>
<tr><td>1</td><td></td><td>项目经理</td><td></td><td></td></tr>
<tr><td>2</td><td></td><td>项目副经理</td><td></td><td></td></tr>
<tr><td>3</td><td></td><td>项目安全总监</td><td></td><td></td></tr>
<tr><td>4</td><td></td><td>安环部部长</td><td></td><td></td></tr>
<tr><td>5</td><td></td><td>办公室主任</td><td></td><td></td></tr>
<tr><td>6</td><td></td><td>物设部部长</td><td></td><td></td></tr>
<tr><td>组员</td><td colspan="4">相关成员</td></tr>
<tr><td>序号</td><td>处置程序</td><td colspan="3">行动内容</td></tr>
<tr><td>组员 1</td><td colspan="4">×××</td></tr>
<tr><td>1</td><td>救援物资、设备调配</td><td colspan="3">根据救援方案，组织调配救援物资、设备</td></tr>
<tr><td>2</td><td>物资补充、设备维护</td><td colspan="3">根据救援物资消耗情况及时补充物资设备，并进行设备维护</td></tr>
<tr><td>组员 2</td><td colspan="4">×××</td></tr>
<tr><td>1</td><td>后勤服务</td><td colspan="3">做好抢险和事故调查人员生活保障、食宿安排等</td></tr>
<tr><td>2</td><td>办公、通信保障</td><td colspan="3">提供必要的办公用品、交通工具、通信工具、器材等</td></tr>
<tr><td>组员 3</td><td colspan="4">×××</td></tr>
<tr><td>1</td><td>交通疏解</td><td colspan="3">协助属地政府有关部门进行交通疏解，确保现场交通畅通</td></tr>
<tr><td colspan="5">注意事项：
（1）按指令落实救援物资设备。
（2）确保设备完好使用正常</td></tr>
<tr><td colspan="5">主要联系人员</td></tr>
<tr><td>序号</td><td>姓 名</td><td>职 务</td><td>联系电话</td><td>备注</td></tr>
<tr><td>1</td><td></td><td>项目经理</td><td></td><td></td></tr>
<tr><td>2</td><td></td><td>项目书记</td><td></td><td></td></tr>
<tr><td>3</td><td></td><td>项目副经理</td><td></td><td></td></tr>
<tr><td>4</td><td></td><td>项目安全总监</td><td></td><td></td></tr>
<tr><td>5</td><td></td><td>工程部长</td><td></td><td></td></tr>
<tr><td>6</td><td></td><td>办公室主任</td><td></td><td></td></tr>
<tr><td>7</td><td></td><td>物设部部长</td><td></td><td></td></tr>
<tr><td>8</td><td></td><td>施工管理员（工区工长）</td><td></td><td></td></tr>
<tr><td>9</td><td></td><td>安全员</td><td></td><td></td></tr>
<tr><td>10</td><td></td><td>施工员</td><td></td><td></td></tr>
</table>

1.6 安全保卫组应急处置卡

组长	项目安全总监	
序号	处置程序	行动内容
1	现场秩序维护	做好现场保卫、警戒工作，确定疏散路线
2	关注现场动态变化	动态关注现场情况，防止发生二次伤害事故
3	协助救援	协助做好受伤人员的转移工作

注意事项：
（1）关注现场安全动态变化情况，防止二次伤害。
（2）现场组织人员撤离后，不得盲目抢救被困人员。
（3）出现异常情况或险情扩大及时上报

主要联系人员

序号	姓 名	职 务	联系电话	备注
1		项目经理		
2		项目书记		
3		项目副经理		
4		安环部部长		
5		办公室主任		
6		物设部部长		
7		安全监护人员		
8		安全员		
9		作业班组负责人		

组员	相关成员	
序号	处置程序	行动内容
组员 1	×××	
1	动态监控	现场动态监控异常情况和险情变化
2	异常情况处置与判断	出现异常情况或险情扩大，及时上报现场指挥人员
组员 2	×××	
1	组织撤离	发现险情后，第一时间有效组织人员撤离至安全地带
2	险情报告	及时电话上报险情至项目安全生产管理负责人或项目经理
3	动态监控	现场动态监控异常情况和险情变化；出现异常情况或险情扩大时及时上报
组员 3	×××	
1	组织撤离	发现险情后，第一时间有效组织人员撤离至安全地带
2	稳定现场	控制好现场秩序，做好现场安保工作

续表

注意事项： （1）关注现场安全动态变化情况，防止二次伤害。 （2）现场组织人员撤离后，不得盲目抢救被困人员。 （3）出现异常情况或险情扩大及时上报				
主要联系人员				
序号	姓　名	职　务	联系电话	备注
1		项目经理		
2		项目书记		
3		项目副经理		
4		项目安全总监		
5		安环部部长		
6		办公室主任		
7		物设部部长		
8		安全监护人员		
9		安全员		
10		作业班组负责人		

2　应急处置方案卡控要点

2.1　起重吊装

序号	处置步骤	工作岗位或功能组
1	（1）发现疑似事故征兆时，立即发出险情讯号，组织人员并撤离危险区域。 （2）如果发现人员被困，立即与救援人员取得联系，报告有关情况	现场管理人员、作业人员
2	（1）通过询问目击者了解事故情况及清点受伤人员情况（数量、姓名）。 （2）确认影响范围及危害程度。 （3）根据坍现场实际情况，制订救援方案	技术方案组、抢险救援组
3	（1）判断事故是否已经静止，不会再扩大。如果是，进入救人的环节，动用自己所有能动用的现场资源，先救人；如果事故会扩大，做好警示，防止二次伤害。 （2）如有人员受伤，查看受伤程度的大小进行急救。对于伤情较重者，应立即拨打120或送往医院；对于一些轻伤，可以进行简单的止血、消炎、包扎，然后送往医院处理。 （3）伤员发生休克，呼吸、心跳停止时，应立即施行心肺复苏术或人工呼吸。	技术方案组、抢险救援组

续表

序号	处置步骤	工作岗位或功能组
3	（4）伤员脊椎受伤，创伤处用消毒的纱布或清洁布等覆盖伤口，用绷带或布条包扎；搬运时，将伤者平卧放在帆布担架或硬板上，以免受伤的脊椎移位、断裂造成截瘫，导致死亡。 （5）伤员肢体骨折时，不要盲目搬动，应在骨折部位用夹板把受伤的位置临时固定，使断端不再移位或刺伤肌肉、神经或血管。在无材料的情况下，上肢可固定在身侧，下肢与脚腱侧下肢束缚在一起。 （6）若有人员被困，确认被埋人员的位置及被埋者周围物件堆放情况后，切勿生拉硬拽，调用起重设备或千斤顶缓慢起升，确认安全后将伤者救出	
4	在整个救援过程中，对人员、机械等进行协调	后勤保障组
5	在救援过程中，检查维护或修复现场、水、电管线，提供饮用水、食物及调度机械设备、物资等，为现场实施救援提供保障	
6	在整个救援过程中，做好警戒防护，严禁无关人员进入事故现场，对影响地方交通的，做好充分沟通工作	综合协调组
7	配合外部调查，提供真实记录资料	
8	在整个救援过程中，做好保险理赔资料的收集；做好伤亡家属的安抚工作（如有）；确保救助资金到位	
9	负责媒体接待、采访和引导工作，根据上级单位授权适时发布相关信息	

2.2 突泥涌水

序号	处置步骤	工作岗位或功能组
1	（1）发出险情讯号，并按逃生路线有序撤离。 （2）安全事故伴生生态、环境污染事故（事件）时，确认是否危及或污染属地水体	现场作业人员
2	（1）启动抽水设施，调用应急水泵，做好排水能力准备。 （2）发生突泥，则须加强地面监测，做好地面注浆加固，防止地面坍塌引发事故。 （3）做好事故作业面管片加固工作，防止地面塌陷造成隧道毁灭	后勤保障组
3	（1）突涌水量很快减小，可运用工程机械如装载机等进入洞内施救。 （2）水量较大时，可待水情基本稳定后，组织救援人员乘橡皮艇进入洞内施救。 （3）救援人员应佩戴呼吸器等遇水作业专业器材	技术方案组 抢险救援组
4	在整个救援过程中，对人员、机械等进行协调。	综合协调组
5	在整个救援过程中，检查维护或修复现场、水、电管线，提供饮用水、食物及调度机械设备、物资等，为现场实施救援提供保障	后勤保障组

续表

序号	处置步骤	工作岗位或功能组
6	在整个救援过程中，做好警戒防护，严禁无关人员进入事故现场，对影响地方交通的，做好充分沟通工作	综合协调组
7	配合外部调查，提供真实记录资料	
8	在整个救援过程中，做好保险理赔资料的收集；做好伤亡家属的安抚工作（如有）；确保救助资金到位	
9	负责媒体接待、采访和引导工作，根据上级单位授权适时发布相关信息	

2.3 地下管线

序号	处置步骤	工作岗位或功能组
1	立即停止施工，值班人员立即向领导汇报情况	现场作业人员、值班人员
2	（1）通过现场查勘，确认管线种类。 （2）加强管线周边支护，对边坡薄弱位置进行加固处理。 （3）联系管线权属单位，邀请到场指导抢险工作。 （4）立即疏散周边人员，设置安全警示区域。 （5）如有人员受伤，查看受伤程度的大小进行急救。对于伤情较重者，应立即拨打120或送往医院；对于一些轻伤，可以进行简单的止血、消炎、包扎，然后送往医院处理	技术方案组、抢险救援组、综合协调组
3	在整个救援过程中，对人员、机械等进行协调	综合协调组
4	在整个救援过程中，检查维护或修复现场、水、电管线，提供饮用水、食物及调度机械设备、物资等，为现场实施救援提供保障	后勤保障组
5	在整个救援过程中，做好警戒防护，严禁无关人员进入事故现场，对影响地方交通的，做好充分沟通工作	综合协调组
6	配合外部调查，提供真实记录资料	
7	在整个救援过程中，做好保险理赔资料的收集；做好伤亡家属的安抚工作（如有）；确保救助资金到位	
8	负责媒体接待、采访和引导工作，根据上级单位授权适时发布相关信息	

2.4 火　灾

序号	处置步骤	工作岗位或功能组
1	现场确认受伤、被困人员情况，燃烧物质、燃烧时间、部位、蔓延方向、火势范围及危害程度以及设备设施、建（构）筑物损坏程度	现场作业人员、值班人员

续表

序号	处置步骤	工作岗位或功能组
2	(1)确定救援方案，下达应急指令。 (2)携带救援器材迅速进入现场，采取正确的救助方式，将所有遇险人员移至安全区域。 (3)对救出人员进行现场急救，及时转送医院救治	技术方案组、后勤保障组
3	协助事发单位进行现场灭火，控制火势： (1)电气设备起火，先切断电源，再采用二氧化碳、1211或干粉灭火器，不能使用水溶液或泡沫灭火器材，有油的电气设备如变压器起火时，如果油箱没有破损，可以用干粉、1211、二氧化碳灭火器等进行扑救。如果油箱已经破裂，大量变压器的油燃烧，火势凶猛时，切断电源后可用喷雾水或泡沫扑救。流散的油火，可用喷雾水或泡沫扑救，也可用砂土压埋。 (2)在火灾区域外进行灭火时。灭火人员应站在上风和侧风方向。进入烟区的扑救人员穿戴防毒面具和防护服。 (3)机械设备燃烧，采用灭火器灭火。 (4)乙炔管路燃烧，采用适宜灭火器材或干燥的砂土盖住火焰，使火熄灭。 (5)灭火期间，应注意观察洞内风流，防止火风压引起风流逆转	抢险救援组、后勤保障组
4	(1)引导消防车、救护车及时进入现场。 (2)消防大队到达现场以后，按照消防大队指令配合灭火	后勤保障组
5	负责媒体接待、采访和引导工作，根据上级单位授权适时发布相关信息	综合协调组

1. 防止扑救人员触电措施。

在火灾发生时要立即切断电源，应尽可能通知电力部门切断着火地段电源。

在现场切断电源时，应就近将电源开关拉开，或使用绝缘工具切断电源线路。

切断低压配电线路时，不要选择同一地点剪断，防止短路。

选择断电位置要适当，不要影响灭火工作的进行。

不懂电气知识的人员一般不要去切断电源。

2. 带电灭火的安全技术要求。

选择使用不导电的灭火器具，采用二氧化碳、1211 或干粉灭火器，不能使用水溶液或泡沫灭火器材。

采用水枪灭火时，宜用喷雾水枪，其泄漏电流小，对扑救人员比较安全；在不得已的情况下采用直流水枪灭火时，水枪的喷头必须用软铜线接地；扑救人员穿绝缘靴和戴绝缘手套，防止水柱泄漏电流致使人体触电。

使用水枪灭火，喷头与带电体之间距离：110 kV 要大于 3 m，220 kV 要大于 5 m。使用不导电的灭火器材，机体喷嘴距带电体的距离：10 kV 要大于 0.4 m，35 kV 要大于 0.6 m。

架空线路着火，在空中进行灭火时，带电导线断落接地，应立即划定警戒区，所有人员距接地处 8 m 以外，防止跨步电压触电。

YJ

中铁二局集团有限公司

YJ/ZTEJ–2020

重庆东环铁路桥梁工程
安全质量、生态环境事故（事件）
现场处置方案

2020年12月

中铁二局重庆东环铁路项目经理部

批 准 页

中铁二局《重庆东环铁路桥梁工程安全质量、生态环境事故（事件）现场处置方案》是中铁二局重庆东环铁路项目经理部为保护员工生命安全，减少财产损失，确保事故发生时快速反应、妥善处置而制定的内部规范性文件。

本处置方案是在开展事故风险分析和应急资源调查的基础上，针对具体的作业场所或设备设施制定的工作方案，同时考虑了突发质量事故、突发环境（安全事故衍生）事件的应急情形，明确了桥梁工程出现不可接受风险事件时，项目应急组织机构与职责、应急响应、应急处置原则、应急保障等相关要求，适用于桥梁工程坍塌、起重伤害、高处坠落、物体打击、放炮及突发环境事件等现场处置工作。

中铁二局《重庆东环铁路项目桥梁工程安全质量、生态环境事故（事件）现场处置方案》经中铁二局重庆东环铁路项目经理部安全生产领导小组批准，现正式实施。

项目书记：

项目经理：

年　月　日

目 录

1　事故风险分析

按风险评估要求，对该铁路项目的桥梁工程施工过程中可能存在的危险因素进行了全面辨识，并采用风险矩阵评价法对生产作业过程中可能发生的各类型事故产生的风险后果进行了评价。重庆东环铁路项目桥梁工程风险评估结果显示：在可能导致的12种事故类型中，低风险2项，中度风险5项，高度风险4项，极高风险1项，其中高风险及极高风险见表1。

表1　重庆东环铁路项目桥梁工程高风险及极高风险分析

序号	事故类型	易发区域影响范围	事故原因	风险等级	事故征兆	可能引发的次生衍生事故
1	坍塌	液压爬模施工平台、施工升降机、塔吊安装拆除、挂篮等机械设备	1. 液压爬模爬升前、爬升中、爬升后检查验收不到位。 2. 施工升降机标准节超过使用年限锈蚀，附墙件不按要求设置。 3. 塔吊安装与拆卸施工中违反拆装程序，对设备日常检查、保养不够，致使塔吊存在机械方面的安全隐患	极高风险（不可接受）	1. 液压爬模失稳倾斜及发出异常声响。 2. 模板或连接件开始滑落。 3. 固定模板的杆件失效断裂。 4. 施工升降机运行中摇摆幅度大异响震动大。 5. 塔吊摆动幅度大，异响，机械装置失灵	1. 机械伤害。 2. 高处坠落。 3. 物体打击。 4. 淹溺
		现浇梁、现浇支架	1. 连续梁挂篮施工不进行专项设计，不按设计要求施工；现浇梁钢筋制作支撑不按照方案进行，模板加固不到位，不按顺序浇筑混凝土。 2. 现浇支架不进行专项设计，不按设计要求施工，不按方案搭设支架；支架材料不符合要求，材料集中荷载、地基承载力不足，浇筑方式顺序不正确，浇筑作业无人员值守。 3. 跨河道桥梁施工过程中混凝土遗撒至河道内污染水源或混凝土随意倾倒		1. 制作钢筋梁时支撑加固不到位，梁体变形。 2. 浇筑梁体时不按顺序浇筑混凝土，模板变形。 3. 浇筑混凝土时模板支架变形移位。 4. 混凝土浇筑过程中保护措施不到位	1. 高处坠落。 2. 物体打击。 3. 淹溺。 4. 环境污染

续表

序号	事故类型	易发区域影响范围	事故原因	风险等级	事故征兆	可能引发的次生衍生事故
1	坍塌	人工挖孔桩	人工挖孔桩未按照方案挖孔，进尺超标、护壁施作不及时、不满足要求，泥浆随意排放，流入河道	极高风险(不可接受)	人工挖孔桩护壁施作不及时，孔内突涌	1. 物体打击。 2. 淹溺。 3. 环境污染
2	起重伤害	液压爬模平台、栈桥平台、下横梁、上中下塔柱施工、钢桁梁起重吊装、物料起重吊装作业	1. 吊装人员违反起重吊装“十不吊”原则。 2. 作业人员穿越或进入吊装区域。 3. 起重机械超负荷或带病作业。 4. 吊装辅助机具存在缺陷。 5. 吊装区域未设置警示范围	高度风险(不期望)	1. 起吊物有碰撞、挤压和坠落。 2. 违章指挥、违规吊装。 3. 吊装区域无警戒，无人员防护警戒。 4. 吊具存在缺陷。 5. 起重吊装设备带病作业出现异响、安全装置失效	1. 物体打击。 2. 触电。 3. 高处坠落
3	高处坠落	液压爬模平台、下横梁、上中下塔柱施工、钢桁梁架设、支架搭设、模板安装等 2 m 及以上高度作业。	1. 未经现场安全人员同意擅自拆除安全防护设施。 2. 不按规定的通道上下作业进入作业面。 3. 拆除脚手架、塔吊、模板支撑时无专人监护且未按规定设置可够的防护措施。 4. 作业人员注意力不集中，未正确佩戴安全带。 5. 高处作业的安全防护设施材质强度不够、安装不良、磨损老化。 6. 大雪大雨等恶劣天气违规进行高处作业	高度风险(不期望)	1. 高处作业未按规定佩戴使用安全带。 2. 高处作业平台防护不到位或擅自拆除安全防护。 3. 无高处作业上下通道或通道不通畅，人员违规攀爬。 4. 机械设备安装拆除时不按方案拆除、安全防护措施不到位。 5. 支架搭设过程中安全防护措施不到位	无
4	物体打击	上下层交叉作业、各类高处作业平台、起重吊装区域	1. 在高处作业平台上由于工具、零件等物件从高处掉落。 2. 吊物、材料掉落。 3. 设备带病运转，各种碎片飞溅。 4. 上下层交叉作业无防护或防护不到位	高度风险(不期望)	1. 交叉作业时物料传递、抛掷材料、工具等物件。 2. 安全通道上方未设置防护。 3. 机械设备防护装置失效或带病作业时。 4. 起吊作业未设置安全警戒区域时。 5. 物料堆码在高处作业平台边缘且堆码过高	无

续表

序号	事故类型	易发区域影响范围	事故原因	风险等级	事故征兆	可能引发的次生衍生事故
5	放炮	桩基施工时人工挖孔桩遇岩层或孤石爆破作业、施工钻孔平台水下爆破作业	1. 涉爆人员未按规范进行爆破作业。 2. 爆破作业人员未持证上岗作业。 3. 未严格按方案组织爆破。 4. 未设置警戒区，未按规定配置足够防护人员、清场不彻底。 5. 火工品销毁不符要求	极高风险（不可接受）	1. 未按规范要求对炸药进行运输、存放和使用。 2. 出现盲炮处置不当。 3. 水下人工作业时设施设备准备不足。 4. 爆破作业前未彻底清场导致爆破区域有闲杂人员存在。 5. 未在放炮前对孔口采取遮盖等防护措施，导致人工挖孔桩护壁受损	1. 坍塌。 2. 淹溺

2 事故响应

根据事故信息、初步原因分析、人员伤亡情况、经济损失和社会影响范围等因素划分，将应急响应级别分为Ⅰ～Ⅳ级，项目部负责第Ⅳ级应急响应工作，配合Ⅰ、Ⅱ、Ⅲ级响应工作。其响应分级、启动条件如表2：

表2 响应分级

序号	响应分级	启动条件（下列情况之一）	响应部门人员	响应内容
1	Ⅰ级中国中铁	1. 初判可能发生死亡10人及以上，或重伤50人及以上的安全事故。 2. 初判可能发生直接经济损失5 000万元及以上的事故。 3. 因施工造成的或生产安全事故衍生的，可能导致周边生态环境发生严重污染或破坏的突发环境事件。 4. 需疏散转移1 000人及以上的突发自然灾害事故。	中国中铁：领导及相关人员 中铁二局：公司主要领导，分管领导，工会主席，安全总监，公司办公室、安质环保部、工程管理部、人力资源部、宣传部、工会等负责人及相关人员 子（分）公司：主要领导、分管领导、工会主席、安全总监，安质环保部、工程管理部、人力资源部、党群工作部、工会等负责人及相关人员 区域公司：主要领导、监管领导、工程部长及相关人员	1. 向中国中铁请求支援。 2. 接受中国中铁下达的各项指令并响应。 3. 按响应级别及属地原则由各级政府组织应急救援的，服从其统一指挥

续表

序号	响应分级	启动条件（下列情况之一）	响应部门人员	响应内容
2	Ⅱ级 中铁 二局	1. 初判可能发生死亡3～9人，或重伤10～49人的安全事故。 2. 初判可能发生直接经济损失1 000万～5 000万元（不含）的事故。 3. 因施工造成或生产安全事故衍生的，可能导致周边生态环境发生较重污染或破坏的突发环境事件。 4. 需疏散转移500～1 000人（不含）的突发自然灾害事故	中铁二局：公司分管领导、工会主席、安全总监，安质环保部、工程管理部、宣传部、工会等负责人及相关人员 子（分）公司：主要领导、分管领导、工会主席，安全总监，安质环保部、工程管理部、党群工作部、工会等负责人及相关人员 区域公司：主要领导、监管领导、工程部长及相关人员	1. 中铁二局应急 领导小组下达指令。 2. 中铁二局应急工作组响应。 3. 按响应级别及属地原则由各级政府组织应急救援的，服从其统一指挥
3	Ⅲ级 子分公司、区域公司	1. 初判可能发生死亡1～2人，或3～9人重伤的安全事故。 2. 无人员伤亡，但社会影响较大的险性事故（事件）。 3. 初判可能发生直接经济损失100万～1 000万元（不含）的质量事故。 4. 因施工造成的或生产安全事故衍生的，可能导致邻近区域内生态环境发生较重污染或破坏的突发环境事件。 5. 需转移安置100～500人（不含）的突发自然灾害事故	子（分）公司：分管领导、安全总监，安质环保部、工程管理部等负责人及相关人员 区域公司：监管领导、工程部长及相关人员	1. 子（分）公司应急领导小组下达指令。 2. 现场应急工作组接受指令、响应。 3. 必要时，向中铁二局请求支援
4	Ⅳ级 项目经理部	1. 初判可能发生重伤3人（不含）以下的安全事故。 2. 其他影响较大，损失较重的险性事故。 3. 初判可能发生直接经济损失20万～100万元的质量事故。 4. 需转移安置50～100人（不含）的突发自然灾害事故	项目经理部：领导班子、职能部门及相关人员	1. 项目现场应急领导小组下达指令。 2. 现场应急处置组接受指令并响应。必要时，向子（分）公司或中铁二局区域公司请求支援

3　应急组织机构及工作职责

3.1　应急组织机构

3.1.1　组织机构

项目组织机构见图 1。

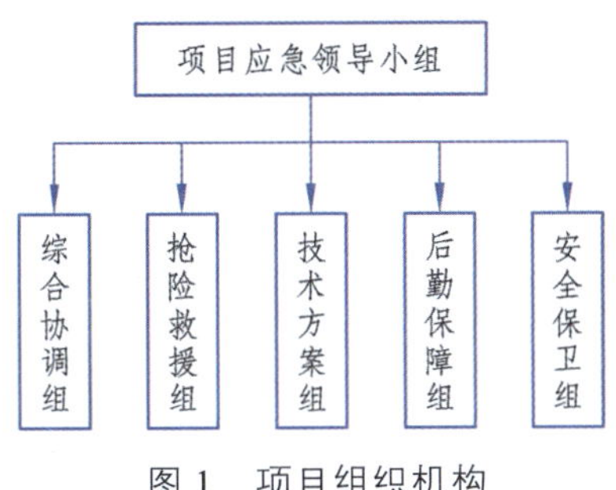

图 1　项目组织机构

3.1.2　应急组织机构设置

项目经理部设立应急领导小组，并下设五个应急处置组。

组　长：项目经理

副组长：项目书记、项目副经理、项目总工程师、项目安全总监

成　员：工程部、安全环保部、质量管理部、工经部、物机部、财会部、办公室、试验室等部门负责人和有关人员

应急领导小组办公室设在调度室，并设 24 小时值班电话。

3.2　应急领导小组职责

在发生事故和突发紧急事件时，必须立即组织应急队伍迅速到达事故现场。各应急处置组及副组长必须服从组长统一安排，按职责分工进行应急处置工作。

3.2.1　应急领导小组主要职责

1. 建立健全事故应急机构。
2. 组织编制项目部应急预案和现场处置方案。
3. 负责组织调配或购置应急物资、设备，监督指导项目职能部门建立应急管理工作台账。
4. 负责组织应急知识培训教育、宣传及应急预案培训、演练、评价工作。
5. 负责启动应急方案、及时调配应急资源。
6. 按照应急响应分级和程序，向上级和属地政府部门报告事故情况。
7. 接受上级或地方政府应急救援现场指挥部的领导，落实指令。
8. 指挥现场应急人员开展应急救援，采取有效措施防止事故扩大，并保护事故现场。
9. 配合事故调查，做好善后处置工作。

3.2.2 组长（项目经理）职责

1. 组织应急队伍迅速到达事故现场，指挥现场人员开展应急救援。
2. 组织采取有效措施防止事故扩大，最大限度减少人员伤亡和财产损失。
3 组织保护好事故现场，并及时向当地政府部门和上级报告事故情况。

3.2.3 副组长（项目书记）职责

1. 负责组织媒体接待、采访和引导工作，配合上级单位发布相关信息。
2. 组织伤亡人员及家属的接待、稳定工作。
3. 组织保险理赔工作。

3.2.4 副组长（项目副经理）职责

1. 负责组织实施现场应急救援。
2. 及时向组长汇报事件发生和发展信息，尤其是异常信息。
3. 组织保障现场交通。

3.2.5 副组长（项目总工程师）职责

1. 组织对应急救援进行安全风险评估。
2. 初步分析事故发生的技术原因。
3. 组织制定应急救援技术措施。

3.2.6 副组长（项目安全总监）职责：

1. 初步分析事故发生的管理原因。
2. 协助相关机构调查取证。
3. 协助相关机构人员的约谈。

3.3 应急处置组职责

3.3.1 综合协调组职责

1. 负责信息收集与传递。
2. 负责媒体接待、采访引导工作，配合上级单位发布相关信息。
3. 做好受伤人员救护及家属的接待、稳定工作。
4. 做好保险理赔工作。

3.3.2 抢险救援组职责

1. 采取措施防止次生灾害、保护伤员。
2. 按照方案组织救援，科学合理地提出应急物资、设备、人力配备建议。
3. 抢救现场伤员、设备及物资。

4. 必要时配合外部救援工作。

3.3.3 技术方案组职责

1. 辨识应急救援过程中的危险、有害因素，并进行安全风险评估。
2. 制定应急救援技术措施和救援步骤，指导救援。
3. 确定灾害现场监控量测方式，组织开展现场监控量测。
4. 协助开展对现场有关人员的约谈，调查了解事故发生的原因，配合上级单位进行事故调查。

3.3.4 后勤保障组职责

1. 负责现场抢险救援及事故调查工作人员生活保障、食宿安排等后勤服务；提供必要的办公用品、交通工具、通信工具、器材等。
2. 协助属地政府有关部门进行交通疏解。
3. 调配抢险救援急需的物资、设备等。

3.3.5 安全保卫组职责

1. 保证现场应急救援通道的畅通。
2. 做好现场保卫、警戒工作。
3. 动态关注现场情况，防止发生二次伤害事故。
4. 依据拟定技术措施和救援步骤，协助现场救援。

4 应急处置

4.1 生产安全事故应急处置

4.1.1 生产安全事故应急响应程序

项目应急响应流程见图 2。

4.1.2 现场应急处置步骤及内容

1. 事故发生后，事故现场人员应立即疏散、撤离，并采取自救、互救措施。
2. 现场人员第一时间通知项目经理。
3. 项目经理或其他负责人立即赶赴现场，查看事故情况及伤损情况。
4. 判明情况，下达处置方案启动命令并上报。
5. 确定方案开展救援和伤员救护。
6. 救援终止。
7. 事故调查及善后处理。

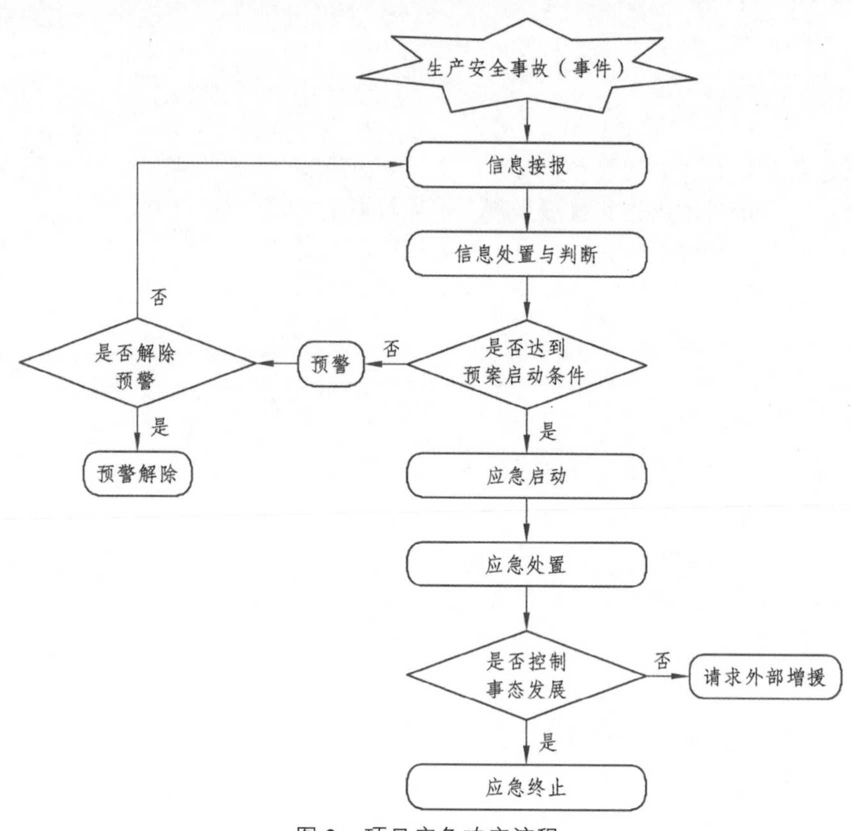

图 2　项目应急响应流程

4.1.3　应急处置措施

1. 桥梁工程坍塌事故现场应急处置措施（表 3 ~ 表 5）。

表 3　机械设备倾覆现场应急处置措施

序号	任务	主要工作内容	责任分工
1	现场确认	1. 首先抢救组查明险情，确定是否还有危险源，是否有继续倾覆的危险和人员伤亡情况。 2. 查看操作人员是否被困在操作室内，检查有无其他人员被砸伤或掩压在其下面，相邻构筑物是否受到侵害	抢险救援组、安全保卫组、综合协调组
2	封锁现场	封锁保护现场及周边区域，疏散作业人员到安全地带，并进行警戒不准闲人靠近，避免二次伤害	抢险救援组、后勤保障组
3	抢险救援	1. 设备、模板、梁体处于稳定状态，采取焊接、连接、支撑等方式，在不破坏失稳受力情况下增加平衡力矩，控制险情发展，救援人员将伤员抬出进行救治。 2. 设备、模板、梁体压住受伤人员时，采用起重设备或千斤顶等起升设备，抬出伤员进行救治；选用适量吨位起重机按照抢险方案将倾覆设备转移至平坦场地，变形部件用气焊割开或调整。 3. 当现场无设备、模板、梁体吊装或顶升条件时，采用氧气乙炔切割设备切割或破碎设备破除梁体，再进行人员救治	抢险救援组、后勤保障组、综合协调组、技术支持组

续表

序号	任务	主要工作内容	责任分工
4	人员施救	1. 应立即将其抬到通风良好的地方，解开衣服、裤带，纠正机体缺氧。 2. 呼吸停止者，应做人工呼吸。 3. 心跳停止者，应做胸壁外心脏按压。 4. 流血者应进行止血、包扎、固定等处理。 5. 严重者立即送到就近医院进行救治	抢险救援组、后勤保障组、综合协调组
5	现场处置	1. 对受影响的建筑物和设备进行观测，防止发生次生灾害。 2. 在专业人员的指导下进行倾翻变形设备的拆卸、修复工作	抢险救援组、后勤保障组、综合协调组

表 4　现浇支架、连续梁坍塌事故现场应急处置措施

序号	任务	主要工作内容	应急工作组
1	现场确认	1. 有效组织人员迅速撤离，通过询问目击者了解被困人员信息。 2. 迅速判断事故发展状态和现场情况	抢险救援组、技术方案组
2	制订方案	1. 根据事故现场的实际情况，制订针对性、切实可行的抢险救援方案，以最快速、最有效为原则进行抢险救援。 2. 摸清现场是否还存在产生坍塌的可能，如存在立即进行加固，如无人员伤亡掩埋情况下可拆除，确保其处于稳定状态，以避免造成二次坍塌事故。 3. 尽快了解坍塌现场的情况（伤亡人数、人员掩埋情况）。 4. 如发生人员掩埋，需尽量使用软质工具或人工挖掘，如需使用机械设备时，要准确地确定被救人员的方位，在现场指挥人员的指挥下进行挖掘，避免被救人员受伤。当人员被构件卡住无法摆脱时，抢救人员要用切割设备，小心切割掉构件，然后搬离伤员。对较重、较大的建筑构件可用吊车吊移。 5. 对无掩埋人员之处，且不会对被埋压人员造成危险的地方可使用机械设备进行挖掘，以加快搜救进程。 6. 采取有效措施，防止事故发展扩大，现场随时监护相邻构筑物、大型设备，防止造成再次事故的发生	抢险救援组、技术方案组
3	准备工作	组织人员封锁周围危险区域，防止进一步坍塌造成再次伤害	抢险救援组
4	抢险施救	1. 迅速组织疏散无关人员撤离事故现场，并组织保卫人员建立警戒，禁止无关人员进入事故影响范围，防止坍塌事故进一步扩大。 2. 如有人员被埋，应首先按部位进行抢救人员。抢救重点是集中现场的人力、物力、设备尽快把压在人上面的支架、构件搬离，受伤者抬出来并立即抢救。 3. 在向有关部门通知抢救电话的同时，对轻伤人员在现场采取可行的应急抢救，如现场包扎止血等措施。防止受伤人员流血过多造成死亡事故发生困人员脱险。 4. 抢救人员发现被救人员出现呼吸不畅休克时，现场救护人员立即清理呼吸道杂物，并进行紧急人工呼吸，待呼吸顺畅时立即就近送往医院救治，出现其他伤亡人员救护人员立即就近赶往医院救治	抢险救援组、综合协调组

表 5　人工挖孔桩坍塌事故现场应急处置措施

序号	任务	主要工作内容	责任分工
1	示警及撤离	1. 监测、施工人员发现孔口坍塌事故（征兆）时，立即发出险情信号，如高声呼喊，并撤离危险区域。 2. 施工人员如无法撤离，应立即躲入半圆弧防护罩内，避免过于慌张，以节约氧气	现场人员
2	现场确认	1. 对孔口稳定情况进行观察，查看有无裂缝和再次坍塌的可能性。 2. 对现场施工人员进行清点，如果发现有人员被掩埋，应记录其位置，发出求救信号，尽可能与救援人员取得联系，报告有关情况	人工挖孔桩坍塌范围内人员
3	准备工作	1. 应先用人工或机械设备消除孔口安全隐患，确保救援人员安全时，方可实施救援；尽量以人工开挖为主，防止周边再次坍塌。 2. 若大面积坍孔人员被埋，应保持通风，杜绝任何水源流入孔内	抢险救援组、技术支持组
4	人员施救	1. 救援时应以人工开挖方式为主，若挖孔桩大面积坍塌，应紧急调用挖机等设备对孔顶塌方体进行卸载，并采用钢套筒逐节下放等措施加强孔口、孔壁支护，直至找到受困人员。 2. 对受伤人员，应先将其抬上担架运出，再协助其余被困人员脱险。 3. 当被救人员脱离危险区域后，根据伤员人数、受伤程度，由医护人员在现场采取相应的紧急救护措施，按照“先重后轻”的原则及时将伤员送到医院进行抢救、治疗。 4. 对脱困的受伤人员要立即抬至安全的地点，清除口、鼻内的异物，进行简易包扎、止血或简易骨折固定，对呼吸、心跳停止的要立即予以心脏复苏抢救，并及时送往医院救治	抢险救援组

2. 桥梁工程起重伤害事故现场应急处置措施（表 6）。

表 6　桥梁工程起重伤害事故现场应急处置措施

序号	任务	主要工作内容	应急工作组
1	现场确认	1. 通过询问目击者了解被困人员信息。 2. 迅速判断事故发展状态和现场情况	抢险救援组、技术方案组
2	制订方案	1. 立即停止起重设备设施运行。 2. 确保其他从业人员无违反操作规程。 3. 机械设备的安全联锁装置确保完好、有效。 4. 对受伤员工进行紧急救护	抢险救援组、技术方案组
3	准备工作	1. 立即组织撤离在危险区作业的人员。 2. 集中现场的人力、物力和设备	抢险救援组

续表

序号	任务	主要工作内容	应急工作组
4	救援作业	1. 人员高空坠落：在事故现场根据人员坠落情况，用相应的抬升、切割设备移开压住伤员的物体，尽快抢救出坠落的伤员。 2. 起重机碰撞挤压作业人员：司机立即停机或实施反向运行操作，防止发生进一步挤压碰撞。 3. 起重机漏电、触电：立即切断起重机的总电源，用绝缘物将带电体从伤员身边移开。 4. 起重机吊具或吊物伤人：先切断危险电源、水源、气源，撤离易燃易爆危险品，应由专人负责现场的危险状况（空中吊物、电缆、电线、锐器、火源等）进行监控，确保施救人员的安全；如果已发生燃、爆事故，应立即组织灾害救援组进行救援工作。同时在事故现场根据人员被压情况，用相应的抬升、切割设备移开压住伤员的吊物（具），尽快抢救出被压的伤员	抢险救援组、后勤保障组
5	人员施救	1. 发生起重伤害事故，抢救的重点放在对休克、骨折和出血上进行处理。 2. 发生起重伤害事故，应马上组织抢救伤者，首先观察伤者的受伤情况、部位、伤害性质，如伤员发生休克，应先处理休克。遇呼吸、心跳停止者，应立即进行人工呼吸，胸外心脏按压。处于休克伤员要让其安静、保暖、平卧、少动，尽快送医院进行抢救治疗，严禁随意搬动受伤者。 3. 遇有创伤性出血的伤员，应迅速包扎止血，使伤员保持在头低脚高的卧位，并注意保暖。 4. 动用最快的交通工具，及时把伤者送住邻近医院抢救，运送途中应尽量减少颠簸。同时，密切注意伤者的呼吸、脉搏、血压及伤口的情况	抢险救援组、综合协调组

3. 高处坠落事故现场应急处置措施（表7）。

表7　桥梁工程高处坠落应急处置措施

序号	任务	主要工作内容	应急工作组
1	现场确认	1. 通过询问目击者了解被困人员信息。 2. 迅速判断事故发展状态和现场情况	抢险救援组、技术方案组
2	制订方案	1. 辨识应急救援过程中的危险、有害因素，并进行安全风险评估。 2. 根据事故现场的特点，制定相应的应急救援技术措施和应急救援步骤，为应急救援工作提供科学、有效的技术支持	抢险救援组、技术方案组
3	准备工作	1. 立即组织撤离在危险区作业的人员。 2. 集中现场的人力、物力和设备	抢险救援组

续表

序号	任务	主要工作内容	应急工作组
4	救援作业	1. 事故及险情发生后，项目部在报告的同时，按照本项目制订的应急预案开展自救。尽快组织抢救伤员，判定事故原因和可能造成的危害，采取措施，防止事故扩大，并保护好现场。 2. 按预案规定职责明确各应急工作组救援任务，开展救援。 3. 中心水沟（管）疏通后，应与被困人员取得联系，确认通道出入口安全后由专业救援人员实施救援	抢险救援组、后勤保障组
5	人员施救	1. 首先要仔细观察伤者的神志是否清醒，并尽可能了解伤员落地时其身体的着地部位。抢救的重点放在对休克、骨折和出血进行处理上。 2. 颌面部伤员首先应保持呼吸道畅通，摘除义齿，清除移位的组织碎片、血凝块、口腔分泌物等，同时松解伤员的颈、胸部纽扣。若舌已后坠或口腔内异物无法清除时，可用12号粗针穿刺环甲膜，维持呼吸，尽可能早作气管切开。 3. 发现脊椎受伤者,创伤处用消毒的纱布或清洁布等覆盖伤口，用绷带或布条包扎。搬运时，将伤者平卧放在帆布担架或硬板上，以免受伤的脊椎移位、断裂造成截瘫，招致死亡。抢救脊椎受伤者，搬运过程严禁只抬伤者的两肩与两腿或单肩背运。 4. 发现伤者手足骨折，不要盲目搬动伤者。应在骨折部位用夹板把受伤位置临时固定，使断端不再移位或刺伤肌肉、神经或血管。固定方法：以固定骨折处上下关节为原则，可就地取材，用木板、竹片等。 5. 复合伤要求平仰卧位，保持呼吸道畅通，解开衣领扣。 6. 周围血管伤，压迫伤部以上动脉干至骨骼。直接在伤口上放置厚敷料，绷带加压包扎以不出血和不影响肢体血循环为宜，常有效。当上述方法无效时可慎用止血带，原则上尽量缩短使用时间，一般以不超过1 h为宜，做好标记，注明上止血带时间	抢险救援组、综合协调组

4. 物体打击事故现场应急处置措施（表8）。

表8　桥梁工程物体打击事故应急处置措施

序号	任务	主要工作内容	应急工作组
1	现场确认	1. 通过询问目击者了解被困人员信息。 2. 迅速判断事故发展状态和现场情况	抢险救援组、技术方案组
2	制订方案	1. 辨识应急救援过程中的危险、有害因素，并进行安全风险评估。 2. 根据事故现场的特点，制定相应的应急救援技术措施和应急救援步骤，为应急救援工作提供科学、有效的技术支持	抢险救援组、技术方案组
3	准备工作	1. 立即组织撤离在危险区作业的人员。 2. 集中现场的人力、物力和设备	抢险救援组

续表

序号	任务	主要工作内容	应急工作组
4	人员施救	1. 发生物体打击事故，应马上组织抢救伤者，首先观察伤者的受伤情况、部位、伤害性质，如伤员发生休克，应先处理休克。遇呼吸、心跳停止者，应立即进行人工呼吸、胸外心脏按压。处于休克状态的伤员要让其安静、保暖、平卧、少动，并将下肢抬高约20°左右，尽快送医院进行抢救治疗。 2. 出现颅脑损伤，必须维持呼吸道通畅。昏迷者应平卧，面部转向一侧，以防舌根下坠或分泌物、呕吐物吸入，发生喉阻塞。有骨折者，应初步固定后再搬运。遇有凹陷骨折、严重的颅底骨折及严重的脑损伤症状出现，创伤处用消毒的纱布或清洁布等覆盖，用绷带或布条包扎后，及时送往医院治疗。 3. 遇有创伤性出血的伤员，应迅速包扎止血，使伤员保持在头低脚高的卧位，并注意保暖	抢险救援组、综合协调组

5. 放炮事故现场应急处置措施（表9）。

表9　桥梁工程放炮事故应急处置措施

序号	任务	主要工作内容	应急工作组
1	现场确认	1. 通过询问目击者了解被困人员信息。 2. 迅速判断事故发展状态和现场情况	抢险救援组、技术方案组
2	制订方案	1. 在爆炸物品到达现场后存储不符合要求或当天剩余炸药未退库违规存放。如遇船只起火或者高温，有爆炸危险的先兆时现场人员应保持情绪镇定，切忌乱跑，在统一指挥下，在确保自身安全的前提下，应立即切断电源，并将未爆炸的火工品紧急转移到距爆炸地点较远的安全地区，条件限制不能转移时，应立即组织人员向安全区撤退，并及时向单位报告。 2. 水下人工作业时作业人员除必备的氧气管外必须系好安全绳，遇供氧困难岸上人员立即拉回。 3. 在爆破作业区内，除施工作业船外，其他船只一律不准进入作业区。 4. 水位暴涨暴落、波高大于0.8 m或风力超过6级时，不准进行水下爆破作业。 5. 人工挖孔桩爆破前必须认真落实超前探孔、爆破后通风置换以及有毒有害气体的检测排放，采用活体动物同条件作业、便携式报警仪等方法，不达标坚决不下井作业，根据现场实际土质和地下水位确定挖孔进尺。 6. 人工挖孔桩遇到岩层需要爆破时，宜采用浅眼松动爆破法，应采用电雷管或导爆管起爆，不得使用火雷管，在放炮前应在孔口采取遮盖等防护措施，在炮眼附近加强防护，避免护壁受损。 7. 爆破后，爆破员必须按规定认真检查爆区有无盲炮。发现盲炮或怀疑盲炮时，应立即报告并及时处理。不能及时处理的盲炮，应在附件立明显标志，并采取相应的安全措施。 8. 处理盲炮时，就做好安全和警戒工作，无关人员不得进入现场。 9. 火工品的销毁按国家爆破安全规程执行	抢险救援组、技术方案组

续表

序号	任务	主要工作内容	应急工作组
3	准备工作	1. 立即组织撤离在危险区作业的人员。 2. 集中现场的人力、物力和设备	抢险救援组
4	人员施救	1. 发生放炮事故时，当班操作人员或现场人员应采取自救互救措施，无人员受伤时，采取自救，可使用劳动防护用品（氧气呼吸器、滤毒罐等）或逆风脱离现场；有人员受伤时，采取互救，使用劳动防护用品（氧气呼吸器、滤毒罐等）协助受伤人员逆风脱离现场，脱离现场后必要采取人工呼吸等急救措施，同时向项目领导报告。 2. 遇有创伤性出血的伤员，应迅速包扎止血，使伤员保持在头低脚高的卧位，并注意保暖。 3. 根据实际条件，及时将伤员送往就近的医院进行抢救治疗	抢险救援组、综合协调组

4.2 工程质量事故应急处置

4.2.1 质量事故应急响应程序

项目质量事故应急响应流程见图 3。

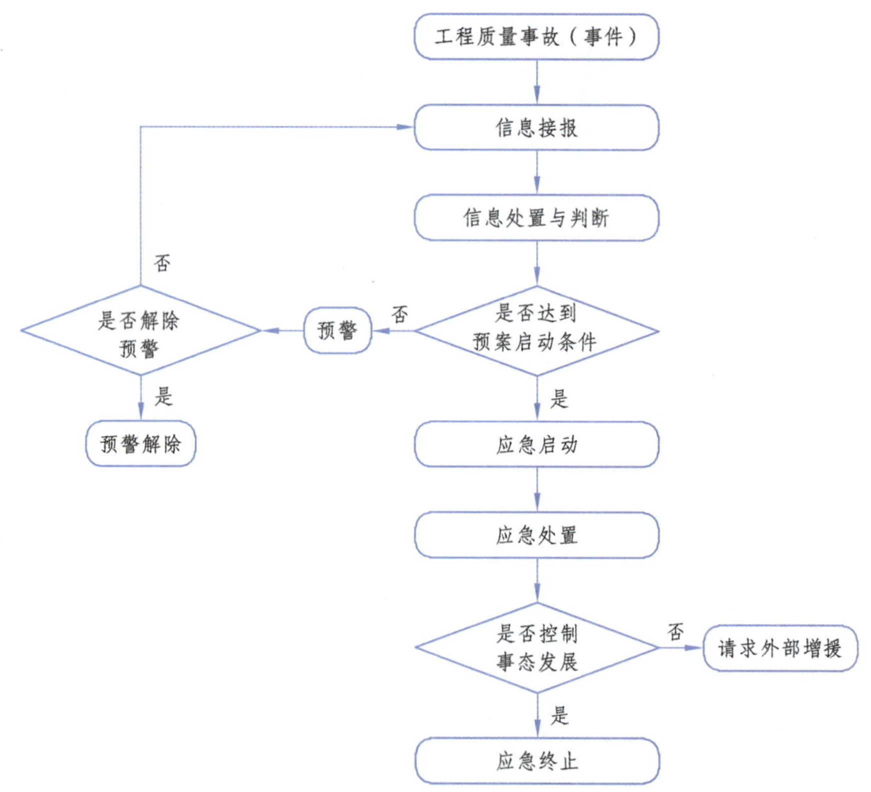

图 3 项目质量事故应急响应流程

4.2.2 现场应急处置步骤及内容

1. 事故发生后，事故现场人员应立即疏散、撤离。

2. 现场人员第一时间通知项目经理。

3. 项目经理或其他负责人立即赶赴现场，封闭事故区域，防止人员误入。

4. 查看质量事故区域，初步了解其影响范围，可能衍生的次生灾害等信息情况，并及时反馈建设单位、设计单位、监理单位等相关方。

5. 判明情况，构成工程质量事故应急情况条件的，下达处置方案启动命令并上报。

6. 在现场专家组及勘察设计单位确定工程应急方案后，进行返工或返修处理。

7. 应急处置终止。

8. 配合进行事故调查及善后处理。

4.2.3 应急处置措施

1. 质量事故引发的生产安全事故，按生产安全事故应急处置措施处置。

2. 质量事故造成工程工期严重滞后，需组织进行抢工的，须制订专项施工或返工方案，按方案执行。

3. 因设计重大变更、突发自然灾害等，造成工程保通应急情况出现的，不属于质量事故应急突发状况，按设计或现场专家组提出的方案进行保通施工。

4. 按设计方案进行工程返工或处理前，事故区域需进行预加固处理的，应及时形成专项方案，按专项处置方案进行处理，确保后续返工或处置现场作业环境安全。

4.3 突发环境事件应急处置

4.3.1 突发环境事件应急响应程序

项目突发环境事件应急响应流程见图 4。

4.3.2 现场应急处置步骤及内容

1. 事故发生后，事故发生区域现场人员应立即疏散、撤离。

2. 现场人员第一时间通知项目经理。

3. 项目经理或其他负责人立即赶赴现场，查看事故波及范围、污染源涌流方向及径流状态、地表沉陷等情况。

4. 根据判明情况，下达处置方案启动命令并上报。

5. 确定方案开展救援和伤员救护。

6. 救援终止。

7. 事故调查及善后处理。

4.3.3 现场应急处置措施

1. 在确保安全的基础上，加强观察，根据现场观察判断结果，立即向当地政府公共安全应急主管部门报告，立即启动预案，并向上级报告。

2. 据判断的结果，组织力量进行沿线预警、疏散人员。

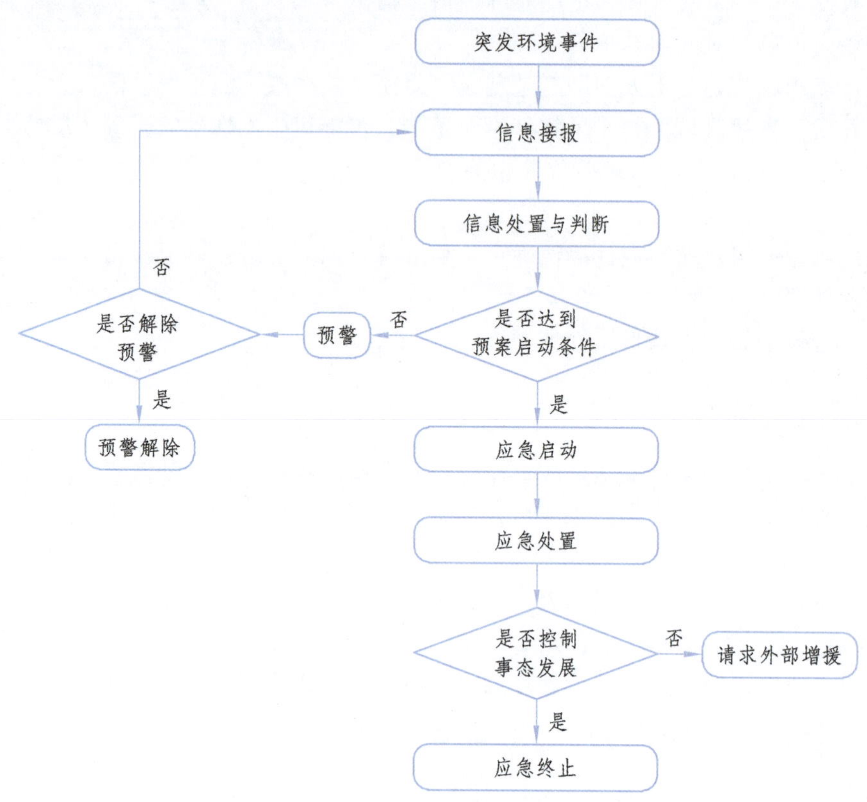

图 4　项目突发环境事件应急响应流程

5　注意事项

1. 在发生事故后应根据现场，在确保自身安全的前提下，采取积极、正确、有效的方法进行处置。

2. 现场周边做好相应警戒措施，防止事故扩大。

3. 使用抢险救援器材前，检查所使用的救援器材是否完好无损，并掌握正确使用方法，随身携带的工器具必须用绳索等系挂在身上，防止掉落伤人。

4. 受影响范围内管线、建筑物、构筑物须经评估并采取相应加固、迁改、拆除或保护措施后，方可实施抢险，防止发生次生灾害。

5. 应急救援结束后切勿放松警惕，所有人员必须立即撤离现场远离事发地点，做好人员清点。

6 附 件

附件 1：预案编制依据

1.《中华人民共和国安全生产法》
2.《中华人民共和国突发事件应对法》
3.《中华人民共和国特种设备安全法》
4.《生产安全事故应急预案管理办法》（修订版）
5.《国家安全生产事故灾难应急预案》
6.《建设工程重大质量安全事故应急预案》
7.《生产经营单位生产安全事故应急预案编制导则》
8.《建设工程安全生产管理条例》
9.《生产安全事故报告和调查处理条例》
10.《生产过程危险和有害因素分类与代码》
11.《企业职工伤亡事故分类》
12.《重大危险源辨识》
13.《风险管理 风险评估技术》
14.《铁路桥涵工程风险管理技术规范》
15.《铁路桥涵安全技术规程》
16.《铁路桥涵施工抢险救援指南》
17.《铁路总公司关于铁路建设项目质量安全红线管理规定》
18.《中铁二局安全生产和职业健康管理办法》
19.《中铁二局安全质量事故内部报告、应急处置和调查处理办法》
20.《中铁二局关于贯彻落实中国铁路总公司“铁路建设项目质量安全红线管理规定”实施方案》
21.《中铁二局工程质量监督管理办法》
22.《中铁二局工程项目施工环境保护管理办法》
23.《中铁二局五公司工程质量监督管理办法》
24.《中铁二局五公司工程项目施工环境保护管理办法》

附件 2：应急预案衔接

1.《重庆市生产安全事故灾难应急预案》
2.《重庆市突发环境事件应急预案》
3.《中国中铁股份有限公司安全质量事故（事件）应急预案》
4.《中铁二局安全质量、生态环境事故（事件）应急预案》
5.《中铁二局五公司安全质量、生态环境事故（事件）应急预案》
6.《建设单位应急预案》

附件 3：项目概况

中铁二局五公司承建的重庆东环铁路明月峡段站前工程 DHZQ-4 标段，位于长江上游重庆市南岸区广阳镇玉泉村，大桥南北走向一跨过江，桥北为重庆市江北区鱼嘴镇井池村，桥南为重庆市南岸区广阳镇玉泉村。桥位处于重庆绕城高速鱼嘴长江大桥下游约 3.0 km。目前项目已成立应急救援小组，用于抢险的机械设备和物资分别停存放于 2 号墩、3 号墩栈桥平台和应急物资库。

明月峡长江大桥为双层四线钢桁架斜拉桥，孔跨布置为（62.5+125+425+175+75）m，中心里程为 DK64+555.4，桥梁全长 877.8 m。共设 2 塔 2 台 2 辅助墩，两主塔位于长江南、北岸边，桥台和辅助墩位于山坡上，框架式桥台紧接隧道明洞。下层为时速 160 km/h 的重庆东环线客货共线双线铁路，上层为预留时速 250 km/h 的达渝城际双线铁路。

项目部重庆市江北区消防队 30 km，专业消防人员 40 min 内可到达事故现场；项目部距德阳市综合应急救援支队天池矿山救援大队 670 km，专业救援人员 9 h 内可到达事故现场；项目部与南岸区东南医院建立了医疗绿色通道，相距 17 km，专业救护人员 30 min 可到达事故现场。

附件 4：事故风险评估报告

附件 5：应急资源调查报告

附件 6：有关应急部门、机构或人员的联系方式

序号	部门（职务）	联系人	联系方式
子公司联系部门			
1	子（分）公司应急领导小组办公室	×××	×××
2	子（分）公司调度管理	×××	×××
项目部联系人员			
3	项目经理	×××	×××
4	项目书记	×××	×××
5	项目生产副经理	×××	×××
6	项目总工程师	×××	×××
7	项目安全总监	×××	×××
8	项目总经济师	×××	×××
9	项目工程部部长	×××	×××
10	项目安环部部长	×××	×××

续表

序号	部门（职务）	联系人	联系方式
11	项目质量部部长	×××	×××
12	项目物机部部长	×××	×××
13	项目综合办公室	×××	×××
14	项目财务部部长	×××	×××
15	项目工经部部长	×××	×××
外部救援单位			
16	医院急救电话	×××	×××
17	消防队火警电话	×××	×××
18	就近专业救援队	×××	×××

附件 7：应急物资装备的名录或清单

附件 7-1　明月峡长江大桥救援人员配置

序号	工　种	单　位	数　量	备注
1	桥梁结构工程师	人	5	
2	测量工程师	人	2	
3	测量工	人	4	
4	机械工程师	人	2	
5	钻机司机	人	4	
6	机械技师	人	4	
7	普工	人	200	普工 130 人，架子 24 人，搬运 46 人
8	电工	人	4	
9	桥梁道领工员	人	6	
10	桥梁技师	人	24	
11	木工	人	12	
12	电焊工	人	12	
13	氧焊、气割	人	24	

附件 7-2　应急处置可调用应急物资及机具台账

序号	名称	单位	数量	规格型号	储存位置
1	应急救援指挥车	辆	2		项目经理部
2	急救箱	箱	1		项目经理部
3	担架	副	1		项目经理部
4	担架	副	2		每座桥梁现场设置应急物资储备室
5	急救箱	箱	2		每座桥梁现场设置应急物资储备室
6	安全带	条	5	2 m	每座桥梁现场设置应急物资储备室
7	安全绳	条	5		每座桥梁现场设置应急物资储备室
8	橡胶垫	m^2	30		每座桥梁现场设置应急物资储备室
9	撬棍	根	5		每座桥梁现场设置应急物资储备室
10	急救运输车	辆	1		现场
11	灭火器	个	20		每座桥梁现场设置应急物资储备室
12	绝缘工具	套	1		每座桥梁现场设置应急物资储备室
13	绝缘手套	双	20		每座桥梁现场设置应急物资储备室
14	绝缘靴	双	20		每座桥梁现场设置应急物资储备室
15	铁铲	把	5		每座桥梁现场设置应急物资储备室
16	钎子	根	5		每座桥梁现场设置应急物资储备室
17	千斤顶	台	5		每座桥梁现场设置应急物资储备室
18	手拉葫芦	个	2		每座桥梁现场设置应急物资储备室
19	手持扩音器	台	2		每座桥梁现场设置应急物资储备室
20	装载机	台	1		现场
21	挖掘机	台	1		现场
22	编织袋	个	500		每座桥梁现场设置应急物资储备室
23	方木	m^3	2		每座桥梁现场设置应急物资储备室
24	对讲机	台	10		工区现场
25	潜水泵	台	2		每座桥梁现场设置应急物资储备室
26	电筒	把	20		每座桥梁现场设置应急物资储备室
27	吊车	台	3		现场
28	发电机	台	1		现场
29	浮吊	台	1		现场

附件 8：事故报告手机短信格式

中铁二局：201×年×月×日×时×分左右，在××（省市县）境内，由中铁×局××公司承建的×××工程×标，在×××工序施工过程中，因×××原因，导致现场作业人员×人死亡（失踪）、×人重伤、×人轻伤。事故已经于事发××小时（分钟）内，报告当地安全生产监管部门。现场应急预案已启动，事故单位×××领导已带队赶往现场；当地安监部门接报后，已于×月×日×时由任××职务××同志赶往现场，事故原因正在调查之中。

附件 9：中铁二局生产安全事故快报

单位名称：中铁二局×××公司（区域公司、经理部）

<table>
<tr><td>事故时间</td><td colspan="3">年　月　日　时　分</td><td>事故地点</td><td></td></tr>
<tr><td>事故单位</td><td colspan="5">××公司××××项目经理部（标段）</td></tr>
<tr><td rowspan="2">事故现场
负责人</td><td>姓 名</td><td></td><td rowspan="2">事故单位
负责人</td><td>姓 名</td><td></td></tr>
<tr><td>电 话</td><td></td><td>电 话</td><td></td></tr>
<tr><td colspan="2">事故已死亡（失踪）
人　数</td><td>死亡：
失踪：</td><td colspan="2">事故重伤/轻伤
人　数</td><td></td></tr>
<tr><td colspan="6">一、事故简要经过（包含但不限于承建单位、标段、协作队伍及相关安全生产许可证等资质号，单位工程名称、事故里程、结构形式、支撑体系、设备型号、墩身截面和高度、梁型和梁重、事发作业环节、高处坠落位置与高度等，其他工况均应细致清晰描述）、人员伤亡类别（职工、劳务工姓名及身份证号码）、初步估计的直接经济损失、报告地方政府和建设单位时间等

二、事故现场救援采取的主要措施

三、其他情况（事发项目工程概况，事故地点是否影响铁路营业线或繁华闹市区、高速公路、国道、其他重要设施安全）</td></tr>
</table>

附：事故现场照片（4 张以上，能充分反映事故现场实际情况和全貌的电子版照片及说明）。

附件 10：应急救援协议范本

甲方：中铁二局××项目经理部

乙方：××

为切实做好桥梁的事故预防和应急救援处理工作，结合双方的实际情况，就乙方为甲方所属桥梁救援服务内容，经双方协商，约定如下：

一、服务内容

1. 及时应召处理桥梁的灾害事故（即倒塌炸、起重伤害事故、高坠与物体打击等）

2. ……

二、履约方式和服务期限

1. 履约方式

2. 服务期限

三、服务费用和支付方式

1. 服务费用

2. 支付方式

四、双方权利与义务

1. 甲方的权利与义务

2. 乙方的权利与义务

五、违约责任

在履行本协议期间，双方如有特殊原因影响本协议项目工作，应提前予以通知对方，并说明原因。甲方或者乙方存在工作质量缺陷，应各自承担相关责任。

六、争议的解决办法

当事双方先协商解决；协商不成，由××仲裁委员会仲裁或法院诉讼。

七、双方协商的其他条款

1. 乙方在技术服务和处理事故过程中队员发生意外情况，按有关国家、省市有关规定处理，届时双方依据公平原则协商解决

2. ……

甲方联系方式：应急小组值班室 24 小时值班电话：××

乙方联系方式：救护大队电话：××

本协议未尽事宜由双方协商补充；

如需变更、解除或续订协议，由双方协商确定。

本协议，从双方签字盖章之日起生效。

本协议一式三份，呈报××地方安监局备案一份，甲乙方各执一份。

甲方法人（签字盖章）： 乙方法人（签字盖章）：

××年××月××日 ××年××月××日

附件 11：

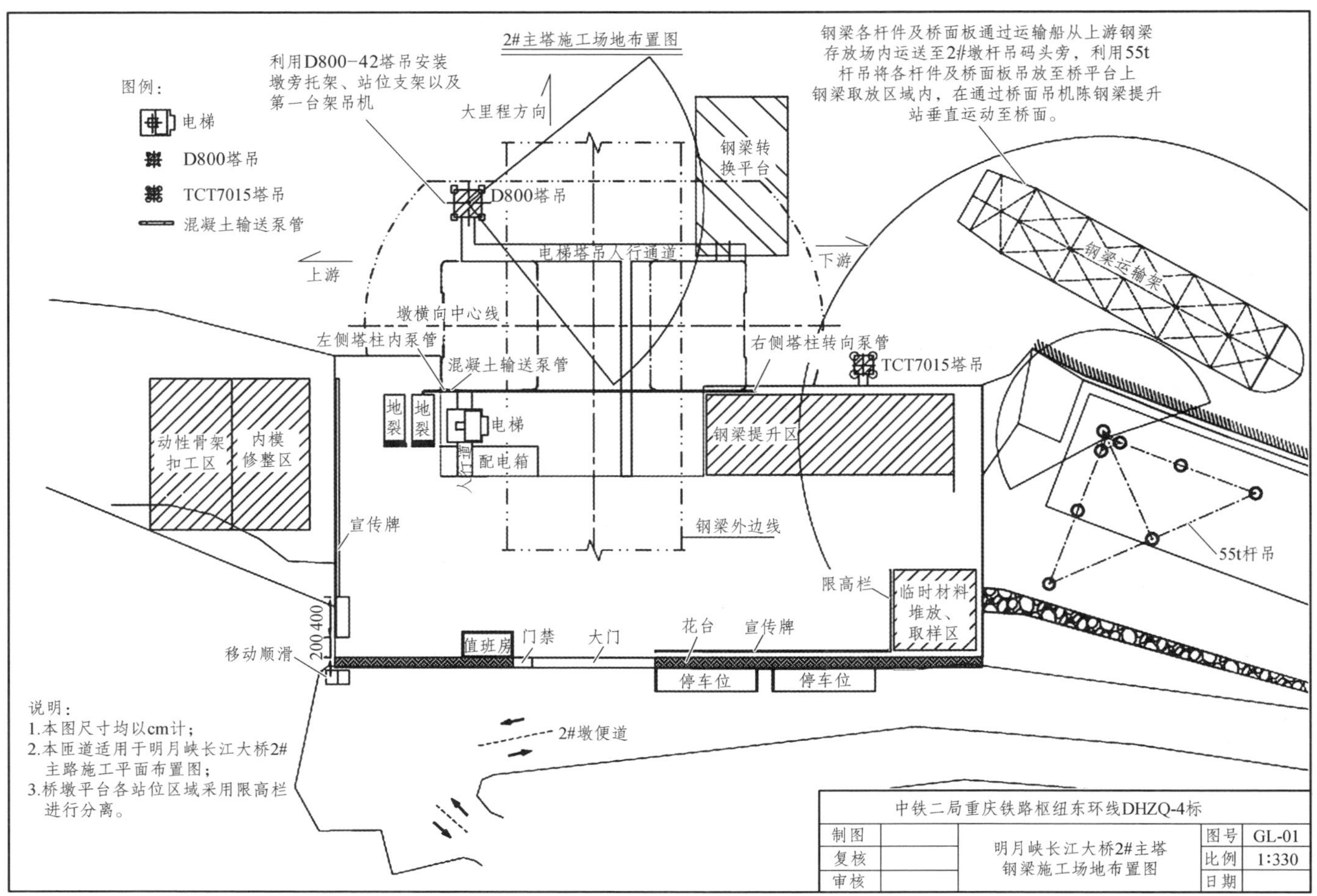

应急救援平面图

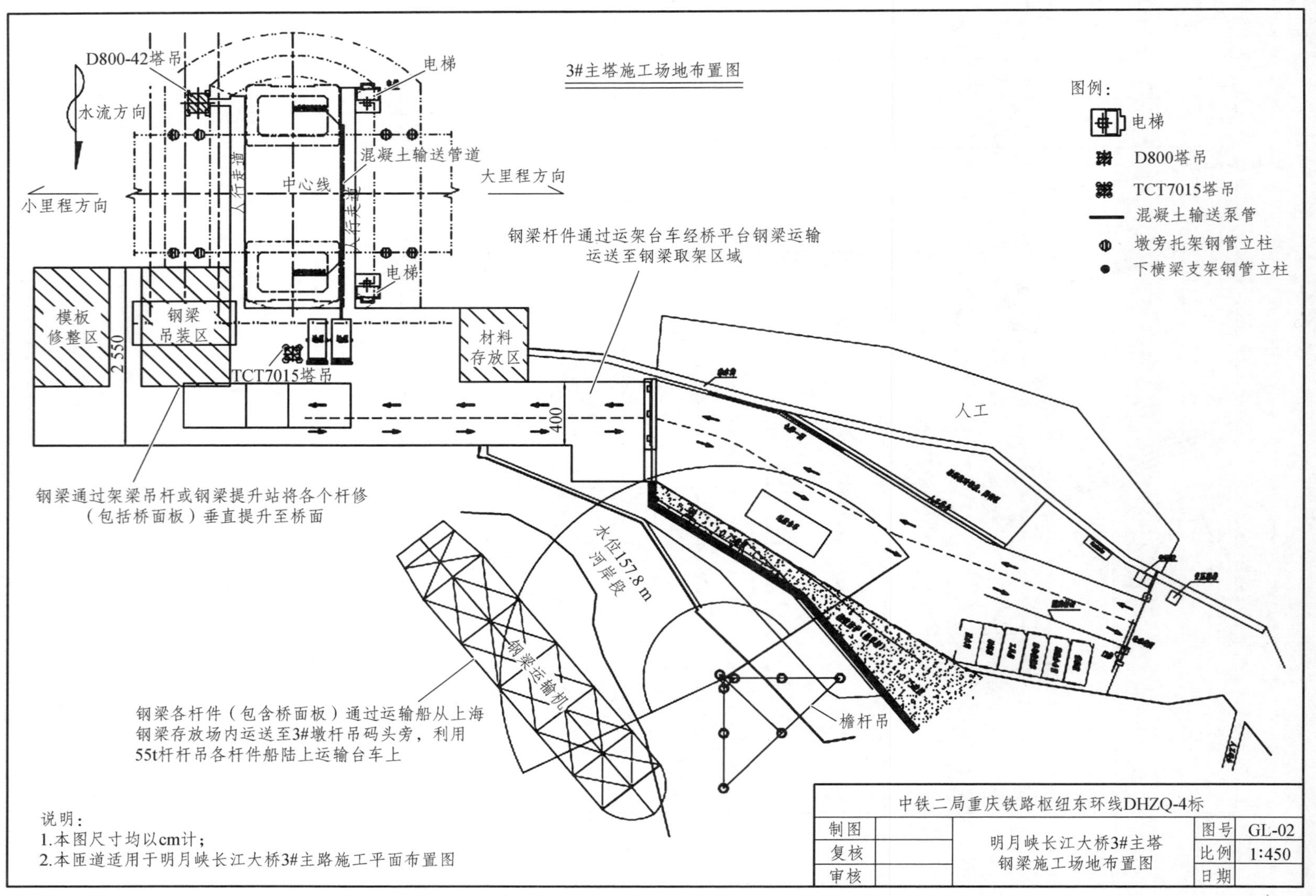
3#主塔施工场地布置图
图例：
电梯
D800塔吊
TCT7015塔吊
混凝土输送泵管
墩旁托架钢管立柱
下横梁支架钢管立柱
D800-42塔吊
水流方向
小里程方向
大里程方向
电梯
混凝土输送管道
中心线
人行走道
电梯
模板
修整区
钢梁
吊装区
2 550
TCT7015塔吊
材料
存放区
400
钢梁杆件通过运架台车经桥平台钢梁运输
运送至钢梁取架区域
人工
钢梁通过架梁吊杆或钢梁提升站将各个杆修
（包括桥面板）垂直提升至桥面
水位157.8 m
河岸段
钢梁运输机
桅杆吊
钢梁各杆件（包含桥面板）通过运输船从上海
钢梁存放场内运送至3#墩杆吊码头旁，利用
55t杆杆吊各杆件船陆上运输台车上
说明：
1.本图尺寸均以cm计；
2.本匝道适用于明月峡长江大桥3#主路施工平面布置图
中铁二局重庆铁路枢纽东环线DHZQ-4标
制图
复核
审核
明月峡长江大桥3#主塔
钢梁施工场地布置图
图号
GL-02
比例
1:450
日期

YJ

中铁二局集团有限公司

YJ/ZTEJ–2020

重庆东环铁路桥梁工程
安全质量、生态环境事故（事件）
现 场 应 急 处 置 卡

2020 年 12 月

中铁二局重庆东环铁路项目经理部

目 录

1 应急处置卡

1.1 应急领导小组组长应急处置卡

组长	项目经理（项目书记）	
序号	处置程序	处置要点
1	启动预案	启动应急预案，查看事故现场调配应急资源等
2	事故报告	按照应急响应分级和程序，及时向当地政府部门和上级报告事故情况
3	现场处置伤员救护	采取有效措施防止事态扩大；第一时间进行现场急救，及时转送医院救治
4	确定方案开展救援或配合救援	确定救援方案后，组织应急队伍迅速到达事故现场，指挥现场应急人员开展应急救援或响应至上一级并配合外部救援
5	救援终止	进行风险评估安全后，应急救援停止
6	配合事故调查及处理	配合事故调查，做好善后处置工作
注意事项： （1）信息的收集与传达，要求及时准确。 （2）每日召开碰头会落实各项指令和安排次日工作		

主要联系人员				
序号	姓 名	职 务	联系电话	备注
1		项目书记（经理）		
2		项目总工程师		
3		项目安全总监		
4		项目副经理		
5		作业队长		
6		办公室主任		
7		物设部部长		

1.2 综合协调组应急处置卡

组长	项目书记	
序号	处置程序	行动内容
1	信息收集与传递	负责按应急小组要求内容上报
2	场地安保、伤员救护	现场做好保卫、警戒工作；第一时间进行现场急救，及时转送医院救治

续表

<table>
<tr><td>序号</td><td>处置程序</td><td colspan="3">行动内容</td></tr>
<tr><td>3</td><td>对外接待及处置</td><td colspan="3">做好媒体接待、采访和引导工作，配合上级单位发布相关信息</td></tr>
<tr><td>4</td><td>家属接待及善后处理</td><td colspan="3">做好家属的接待、稳定工作；做好保险理赔工作</td></tr>
<tr><td colspan="5">注意事项：
（1）信息传递准确、及时可靠。
（2）伤员救治及安抚周到、及时。
（3）现场组织人员撤离后，不得盲目抢救被困人员</td></tr>
<tr><td colspan="5">主要联系人员</td></tr>
<tr><td>序号</td><td>姓 名</td><td>职 务</td><td>联系电话</td><td>备注</td></tr>
<tr><td>1</td><td></td><td>项目经理</td><td></td><td></td></tr>
<tr><td>2</td><td></td><td>项目副经理</td><td></td><td></td></tr>
<tr><td>3</td><td></td><td>项目总工程师</td><td></td><td></td></tr>
<tr><td>4</td><td></td><td>工委主任</td><td></td><td></td></tr>
<tr><td>5</td><td></td><td>办公室主任</td><td></td><td></td></tr>
<tr><td>6</td><td></td><td>物设部部长</td><td></td><td></td></tr>
<tr><td>7</td><td></td><td>施工管理人员</td><td></td><td></td></tr>
<tr><td>组员</td><td colspan="4">相关成员</td></tr>
<tr><td>序号</td><td>处置程序</td><td colspan="3">行动内容</td></tr>
<tr><td>组员 1</td><td colspan="4">×××</td></tr>
<tr><td>1</td><td>组织撤离</td><td colspan="3">发现险情后，第一时间有效组织人员撤离至安全地带</td></tr>
<tr><td>2</td><td>险情报告</td><td colspan="3">及时电话上报险情至项目安全生产管理负责人或项目经理</td></tr>
<tr><td>组员 2</td><td colspan="4">×××</td></tr>
<tr><td>1</td><td>收集信息</td><td colspan="3">定时收集信息</td></tr>
<tr><td>2</td><td>传递信息</td><td colspan="3">负责收集并发布救援信息</td></tr>
<tr><td>3</td><td>关注信息</td><td colspan="3">做好舆情关注、媒体应对，并配合上级发布信息</td></tr>
<tr><td>组员 3</td><td colspan="4">×××</td></tr>
<tr><td>1</td><td>对外接待</td><td colspan="3">做好家属、外部单位的接待和稳定工作</td></tr>
<tr><td>2</td><td>配合善后处理</td><td colspan="3">配合做好保险理赔工作</td></tr>
<tr><td colspan="5">注意事项：
（1）信息传递准确、及时可靠。
（2）伤员救治及安抚周到、及时。
（3）现场组织人员撤离后，不得盲目抢救被困人</td></tr>
<tr><td colspan="5">主要联系人员</td></tr>
<tr><td>序号</td><td>姓 名</td><td>职 务</td><td>联系电话</td><td>备注</td></tr>
<tr><td>1</td><td></td><td>项目经理</td><td></td><td></td></tr>
</table>

续表

序号	姓　名	职　务	联系电话	备注
2		项目书记		
3		项目副经理		
4		项目总工程师		
5		工委主任		
6		办公室主任		
7		物设部部长		
8		施工管理人员		

1.3　抢险救援组应急处置卡

组长	项目副经理	
序号	处置程序	行动内容
1	场地清理及防护	保证现场应急救援通道的畅通，采取措施防止次生灾害
2	熟知方案及准备	按照抢救方案组织救援，科学合理地提出应急物资、设备、人力配备建议
3	组织实施及调整	抢救现场伤员、将受伤人员转移至安全地带，对事故受损的设备进行修理、恢复，将现场救援进展情况及时汇报，必要时申请外部支援
4	救援配合、结束	领导小组现场评估安全后，则应急救援结束；如果需要外部救援，则配合救援工作
注意事项： （1）救援人员、物资与设备组织落实到位。 （2）按指令落实救援现场配套工作及安全监护。 （3）及时报告救援进展情况及问题。 （4）机械操作必须听从指挥，防止救援设备对人员造成机械伤害		

主要联系人员

序号	姓　名	职　务	联系电话	备注
1		项目经理		
2		项目书记		
3		项目总工程师		
4		项目安全总监		
5		工程部部长		
6		作业队长		
7		施工员		
8		办公室主任		

续表

<table>
<tr><td>序号</td><td>姓 名</td><td>职 务</td><td>联系电话</td><td>备注</td></tr>
<tr><td>9</td><td></td><td>物设部部长</td><td></td><td></td></tr>
<tr><td>10</td><td></td><td>现场指挥人员</td><td></td><td></td></tr>
<tr><td>11</td><td></td><td>作业队队长</td><td></td><td></td></tr>
<tr><td>12</td><td></td><td>机械操作人员</td><td></td><td></td></tr>
<tr><td>组员</td><td colspan="4">相关成员</td></tr>
<tr><td>序号</td><td>处置程序</td><td colspan="3">行动内容</td></tr>
<tr><td>组员 1</td><td colspan="4">×××</td></tr>
<tr><td>1</td><td>场地警戒及防护</td><td colspan="3">场地做好警戒工作；现场动态监控防止次生灾害，组织人员及时撤离</td></tr>
<tr><td>2</td><td>组织实施及救援</td><td colspan="3">组织物资、设备和人力到位，接到上级命令后指挥抢救现场伤员、设备及物资</td></tr>
<tr><td>组员 2</td><td colspan="4">×××</td></tr>
<tr><td>1</td><td>救援准备</td><td colspan="3">物资、设备和人力到位后，现场合理运用和调配</td></tr>
<tr><td>2</td><td>实施及救援</td><td colspan="3">接到现场指挥人员命令后，立即开展现场伤员、设备及物资救援工作</td></tr>
<tr><td>组员 3</td><td colspan="4">×××</td></tr>
<tr><td>1</td><td>接受培训</td><td colspan="3">接受应急救援处置方案的交底培训</td></tr>
<tr><td>2</td><td>实施救援</td><td colspan="3">接到现场指挥人员命令后开展救援工作</td></tr>
<tr><td colspan="5">注意事项：
（1）救援人员、物资与设备组织落实到位。
（2）按指令落实救援现场配套工作及安全监护。
（3）及时报告救援进展情况及问题。
（4）机械操作必须听从指挥，防止救援设备对人员造成机械伤害</td></tr>
<tr><td colspan="5">主要联系人员</td></tr>
<tr><td>序号</td><td>姓 名</td><td>职 务</td><td>联系电话</td><td>备注</td></tr>
<tr><td>1</td><td></td><td>项目经理</td><td></td><td></td></tr>
<tr><td>2</td><td></td><td>项目书记</td><td></td><td></td></tr>
<tr><td>3</td><td></td><td>项目副经理</td><td></td><td></td></tr>
<tr><td>4</td><td></td><td>项目总工程师</td><td></td><td></td></tr>
<tr><td>5</td><td></td><td>项目安全总监</td><td></td><td></td></tr>
<tr><td>6</td><td></td><td>工程部部长</td><td></td><td></td></tr>
<tr><td>7</td><td></td><td>作业队长</td><td></td><td></td></tr>
<tr><td>8</td><td></td><td>施工员</td><td></td><td></td></tr>
<tr><td>9</td><td></td><td>办公室主任</td><td></td><td></td></tr>
<tr><td>10</td><td></td><td>物设部部长</td><td></td><td></td></tr>
<tr><td>11</td><td></td><td>现场指挥人员</td><td></td><td></td></tr>
<tr><td>12</td><td></td><td>作业队队长</td><td></td><td></td></tr>
<tr><td>13</td><td></td><td>机械操作人员</td><td></td><td></td></tr>
</table>

1.4 技术方案组应急处置卡

组长	项目总工程师	
序号	处置程序	行动内容
1	现场核实、评估及制订方案	辨识应急救援过程中的危险、有害因素，并进行安全风险评估，确定灾害现场监控方式，组织开展现场监控
2	指导救援实施及安全监控	根据事故现场的特点，制定相应的应急救援技术措施和应急救援步骤；动态关注现场情况并制定措施，防止发生二次伤害事故
3	配合调查	协助开展对现场有关人员的约谈、并配合调查事故发生的原因

注意事项：

（1）救援方案制订及时可行。

（2）救援指导到位，调整及时。

（3）落实防控措施及监控到位。

（4）数据处理和及时上报

主要联系人员

序号	姓 名	职 务	联系电话	备注
1		项目经理		
2		项目书记		
3		项目副经理		
4		项目安全总监		
5		工程部部长		
6		安环部部长		
7		施工员		
8		作业队长		
9		技术指导人员		
10		监测人员		

组员	相关成员	
序号	处置程序	行动内容
组员 1	×××	
1	现场技术监控	开展现场监控，协助进行安全风险评估
2	数据处置与判断	数据预警或超限值，及时上报现场指挥人员
组员 2	×××	
1	组织撤离	发现数据预警或超限值后，第一时间有效组织人员撤离至安全地带
2	险情报告	及时电话上报险情至作业队队长、项目安全生产管理负责人或项目经理
3	动态监控	现场数据持续预警或超限值及时上报

续表

注意事项： （1）救援方案制订及时可行。 （2）救援指导到位，调整及时。 （3）落实防控措施及监控到位。 （4）数据处理和及时上报				
主要联系人员				
序号	姓 名	职 务	联系电话	备注
1		项目经理		
2		项目书记		
3		项目副经理		
4		项目总工程师		
5		项目安全总监		
6		工程部部长		
7		安环部部长		
8		施工员		
9		作业队长		
10		技术指导人员		
11		监测人员		

1.5 后勤保障组应急处置卡

组长	项目书记	
序号	处置程序	行动内容
1	救援物资工器具准备	准备抢险救援急需的物资、设备；负责现场救援及事故调查工作人员生活保障、食宿安排等后勤服务；提供必要的办公用品、交通工具、通信工具、器材等
2	现场交通维护	协助属地政府有关部门进行交通疏解
3	调配物资及设备	根据应急救援需要，及时将抢险救援急需的物资、设备送至现场

注意事项：
（1）按指令落实救援物资设备。
（2）确保设备完好使用正常

主要联系人员				
序号	姓 名	职 务	联系电话	备注
1		项目经理		
2		项目副经理		
3		项目安全总监		
4		安环部部长		
5		办公室主任		
6		物设部部长		

组员	相关成员	
序号	处置程序	行动内容
组员 1	×××	
1	救援物资、设备调配	根据救援方案，组织调配救援物资、设备
2	物资补充、设备维护	根据救援物资消耗情况及时补充物资设备，并进行设备维护
组员 2	×××	
1	后勤服务	做好抢险和事故调查人员生活保障、食宿安排等
2	办公、通信保障	提供必要的办公用品、交通工具、通信工具、器材等
组员 3	×××	
1	交通疏解	协助属地政府有关部门进行交通疏解，确保现场交通畅通

注意事项：
（1）按指令落实救援物资设备。
（2）确保设备完好使用正常

主要联系人员				
序号	姓 名	职 务	联系电话	备注
1		项目经理		
2		项目书记		
3		项目副经理		
4		项目安全总监		
5		工程部长		
6		办公室主任		
7		物设部部长		
8		作业队长		
9		安全员		
10		施工员		

1.6 安全保卫组应急处置卡

组长	项目安全总监	
序号	处置程序	行动内容
1	现场秩序维护	做好现场保卫、警戒工作，确定疏散路线
2	关注现场动态变化	动态关注现场情况，防止发生二次伤害事故
3	协助救援	协助做好受伤人员的转移工作

注意事项：
（1）关注现场安全动态变化情况，防止二次伤害。
（2）现场组织人员撤离后，不得盲目抢救被困人员。
（3）出现异常情况或险情扩大及时上报

主要联系人员				
序号	姓　名	职　务	联系电话	备注
1		项目经理		
2		项目书记		
3		项目副经理		
4		安环部部长		
5		办公室主任		
6		物设部部长		
7		安全监护人员		
8		安全员		
9		作业班组负责人		

组员	相关成员	
序号	处置程序	行动内容
组员 1	×××	
1	动态监控	现场动态监控异常情况和险情变化
2	异常情况处置与判断	出现异常情况或险情扩大，及时上报现场指挥人员
组员 2	×××	
1	组织撤离	发现险情后，第一时间有效组织人员撤离至安全地带
2	险情报告	及时电话上报险情至项目安全生产管理负责人或项目经理
3	动态监控	现场动态监控异常情况和险情变化；出现异常情况或险情扩大时及时上报
组员 3	×××	
1	组织撤离	发现险情后，第一时间有效组织人员撤离至安全地带
2	稳定现场	控制好现场秩序，做好现场安保工作

注意事项： （1）关注现场安全动态变化情况，防止二次伤害。 （2）现场组织人员撤离后，不得盲目抢救被困人员。 （3）出现异常情况或险情扩大及时上报				
主要联系人员				
序号	姓 名	职 务	联系电话	备注
1		项目经理		
2		项目书记		
3		项目副经理		
4		项目安全总监		
5		安环部部长		
6		办公室主任		
7		物设部部长		
8		安全监护人员		
9		安全员		
10		作业班组负责人		

2 应急处置方案卡控要点

2.1 机械设备倾覆

序号	处置步骤	工作岗位或功能组
1	（1）首先抢救组查明险情，确定是否还有危险源，是否有继续倾覆的危险和人员伤亡情况。 （2）查看操作人员是否被困在操作室内，检查有无其他人员被砸伤或掩压在其下面，相邻构筑物是否受到侵害	抢险救援组、安全保卫组、综合协调组
2	封锁保护现场及周边区域，疏散作业人员到安全地带，并进行警戒不准闲人靠近，避免二次伤害	抢险救援组、后勤保障组
3	（1）若设备、模板、梁体处于稳定状态，采取焊接、连接、支撑等方式，在不破坏失稳受力情况下增加平衡力矩，控制险情发展，救援人员将伤员抬出进行救治。 （2）若设备、模板、梁体压住受伤人员，采用起重设备或千斤顶等起升设备，抬出伤员进行救治；选用适量吨位起重机按照抢险方案将倾覆设备转移至平坦场地，变形部件用气焊割开或调整。 （3）当现场无设备、模板、梁体吊装或顶升条件时，采用氧气乙炔切割设备切割或破碎设备破除梁体，再进行人员救治	抢险救援组、后勤保障组、综合协调组、技术支持组

续表

序号	处置步骤	工作岗位或功能组
4	（1）应立即将其抬到通风良好的地方，解开衣服、裤带，纠正机体缺氧。 （2）呼吸停止者，应做人工呼吸。 （3）心跳停止者，应做胸壁外心脏按压。 （4）流血者应进行止血、包扎、固定等处理。 （5）严重者立即送到就近医院进行救治	抢险救援组、后勤保障组、综合协调组
5	（1）对受影响的建筑物和设备进行观测，防止发生次生灾害。 （2）在专业人员的指导下进行倾翻变形设备的拆卸、修复工作	抢险救援组、后勤保障组、综合协调组

2.2 现浇支架、连续梁坍塌

序号	处置步骤	工作岗位或功能组
1	（1）有效组织人员迅速撤离，通过询问目击者了解被困人员信息。 （2）迅速判断事故发展状态和现场情况	抢险救援组、技术方案组
2	（1）根据事故现场的实际情况，制订针对性、切实可行的抢险救援方案，以最快速、最有效为原则进行抢险救援。 （2）摸清现场是否还存在产生坍塌的可能，如存在立即进行加固，如无人员伤亡掩埋情况下可拆除，确保其处于稳定状态，以避免造成二次坍塌事故。 （3）尽快了解坍塌现场的情况（伤亡人数、人员掩埋情况）。 （4）如发生人员掩埋，需尽量使用软质工具或人工挖掘，如需使用机械设备时，要准确地确定被救人员的方位，在现场指挥人员的指挥下进行挖掘，避免被救人员受伤。当人员被构件卡住无法摆脱时，抢救人员要用切割设备，小心切割掉构件，然后搬离伤员。对较重、较大的建筑构件可用吊车吊移。 （5）对无掩埋人员之处，且不会对被埋压人员造成危险的地方可使用机械设备进行挖掘，以加快搜救进程。 （6）采取有效措施，防止事故发展扩大，现场随时监护相邻构筑物、大型设备，防止造成再次事故的发生	抢险救援组、技术方案组
3	组织人员封锁周围危险区域，防止进一步坍塌造成再次伤害	抢险救援组
4	（1）迅速组织疏散无关人员撤离事故现场，并组织保卫人员建立警戒，禁止无关人员进入事故影响范围，防止坍塌事故进一步扩大。 （2）如有人员被埋，应首先按部位进行抢救人员。抢救重点是集中现场的人力、物力、设备，尽快把压在人上面的支架、构件搬离，受伤者抬出来并立即抢救。 （3）在向有关部门通知抢救电话的同时，对轻伤人员在现场采取可行的应急抢救，如现场包扎止血等措施。防止受伤人员流血过多造成死亡事故发生困人员脱险。 （4）抢救人员发现被救人员出现呼吸不畅休克时，现场救护人员立即清理呼吸道杂物，并进行紧急人工呼吸，待呼吸顺畅时立即就近送往医院救治，出现其他伤亡人员救护人员立即就近赶往医院救治	抢险救援组、综合协调组

2.3 人工挖孔桩坍塌

序号	处置步骤	工作岗位或功能组
1	（1）监测、施工人员发现孔口坍塌事故（征兆）时，立即发出险情信号，如高声呼喊，并撤离危险区域。 （2）施工人员如无法撤离，应立即躲入半圆弧防护罩内，避免过于慌张，以节约氧气	现场人员
2	（1）对孔口稳定情况进行观察，查看有无裂缝和再次坍塌的可能性。 （2）对现场施工人员进行清点，如果发现有人员被掩埋，应记录其位置，发出求救信号，尽可能与救援人员取得联系，报告有关情况	人工挖孔桩坍塌范围内人员
3	（1）应先用人工或机械设备消除孔口安全隐患，确保救援人员安全时，方可实施救援；尽量以人工开挖为主，防止周边再次坍塌。 （2）若大面积坍孔人员被埋，应保持通风，杜绝任何水源流入孔内	抢险救援组、技术支持组
4	（1）救援时应以人工开挖方式为主，若挖孔桩大面积坍塌，应紧急调用挖机等设备对孔顶塌方体进行卸载，并采用钢套筒逐节下放等措施加强孔口、孔壁支护，直至找到受困人员。 （2）对受伤人员，应先将其抬上担架运出，再协助其余被困人员脱险。 （3）当被救人员脱离危险区域后，根据伤员人数、受伤程度，由医护人员在现场采取相应的紧急救护措施，按照“先重后轻”的原则及时将伤员送到医院进行抢救、治疗。 （4）对脱困的受伤人员要立即抬至安全的地点，清除口、鼻内的异物，进行简易包扎、止血或简易骨折固定，对呼吸、心跳停止的要立即予以心脏复苏抢救，并及时送往医院救治	抢险救援组

2.4 桥梁工程起重伤害

序号	处置步骤	工作岗位或功能组
1	（1）通过询问目击者了解被困人员信息。 （2）迅速判断事故发展状态和现场情况	抢险救援组、技术方案组
2	（1）立即停止起重设备设施运行。 （2）确保其他从业人员无违反操作规程。 （3）机械设备的安全联锁装置确保完好、有效。 （4）对受伤员工进行紧急救护	抢险救援组、技术方案组
3	（1）立即组织撤离在危险区作业的人员。 （2）集中现场的人力、物力和设备	抢险救援组

续表

序号	处置步骤	工作岗位或功能组
4	（1）人员高空坠落：在事故现场根据人员坠落情况，用相应的抬升、切割设备移开压住伤员的物体，尽快抢救出坠落的伤员。 （2）起重机碰撞挤压作业人员：司机立即停机或实施反向运行操作，防止发生进一步挤压碰撞。 （3）起重机漏电、触电：立即切断起重机的总电源，用绝缘物将带电体从伤员身边移开。 （4）起重机吊具或吊物伤人：先切断危险电源、水源、气源，撤离易燃易爆危险品，应由专人负责现场的危险状况（空中吊物、电缆、电线、锐器、火源等）进行监控，确保施救人员的安全；如果已发生燃、爆事故，应立即组织灾害救援组进行救援工作。同时在事故现场根据人员被压情况，用相应的抬升、切割设备移开压住伤员的吊物（具），尽快抢救出被压的伤员	抢险救援组、后勤保障组
5	（1）发生起重伤害事故，抢救的重点放在对休克、骨折和出血进行处理上。 （2）发生起重伤害事故，应马上组织抢救伤者，首先观察伤者的受伤情况、部位、伤害性质，如伤员发生休克，应先处理休克。遇呼吸、心跳停止者，应立即进行人工呼吸，胸外心脏按压。处于休克伤员要让其安静、保暖、平卧、少动，尽快送医院进行抢救治疗，严禁随意搬动受伤者。 （3）遇有创伤性出血的伤员，应迅速包扎止血，使伤员保持在头低脚高的卧位，并注意保暖。 （4）动用最快的交通工具，及时把伤者送往邻近医院抢救，运送途中应尽量减少颠簸。同时，密切注意伤者的呼吸、脉搏、血压及伤口的情况	抢险救援组、综合协调组

2.5 桥梁工程高处坠落

序号	处置步骤	工作岗位或功能组
1	（1）通过询问目击者了解被困人员信息。 （2）迅速判断事故发展状态和现场情况	抢险救援组、技术方案组
2	（1）辨识应急救援过程中的危险、有害因素，并进行安全风险评估。 （2）根据事故现场的特点，制定相应的应急救援技术措施和步骤，为应急救援工作提供科学、有效的技术支持	抢险救援组、技术方案组
3	（1）立即组织撤离在危险区作业的人员。 （2）集中现场的人力、物力和设备	抢险救援组
4	（1）事故及险情发生后，项目部在报告的同时，按照本项目制订的应急预案开展自救。尽快组织抢救伤员，判定事故原因和可能造成的危害，采取措施，防止事故扩大，并保护好现场。 （2）按预案规定职责明确各应急工作组救援任务，开展救援。 （3）中心水沟（管）疏通后，应与被困人员取得联系，确认通道出入口安全后由专业救援人员实施救援	抢险救援组、后勤保障组

续表

序号	处置步骤	工作岗位或功能组
5	（1）首先要仔细观察伤者的神志是否清醒，并尽可能了解伤员落地时其身体的着地部位。抢救的重点放在对休克、骨折和出血进行处理上。 （2）颌面部伤员首先应保持呼吸道畅通，摘除义齿，清除移位的组织碎片、血凝块、口腔分泌物等，同时松解伤员的颈、胸部纽扣。 （3）发现脊椎受伤者，创伤处用消毒的纱布或清洁布等覆盖伤口，用绷带或布条包扎。搬运时，将伤者平卧放在帆布担架或硬板上，以免受伤的脊椎移位、断裂造成截瘫，招致死亡。抢救脊椎受伤者，搬运过程严禁只抬伤者的两肩与两腿或单肩背运。 （4）发现伤者手足骨折，不要盲目搬动伤者。应在骨折部位用夹板把受伤位置临时固定，使断端不再移位或刺伤肌肉、神经或血管。固定方法：以固定骨折处上下关节为原则，可就地取材，用木板、竹片等。 （5）复合伤要求平仰卧位，保持呼吸道畅通，解开衣领扣。 （6）周围血管伤，压迫伤部以上动脉干至骨骼。直接在伤口上放置厚敷料，绷带加压包扎以不出血和不影响肢体血循环为宜，常有效。当上述方法无效时可慎用止血带，原则上尽量缩短使用时间，一般以不超过1h为宜，做好标记，注明上止血带时间	抢险救援组、综合协调组

2.6 桥梁工程物体打击

序号	处置步骤	工作岗位或功能组
1	（1）通过询问目击者了解被困人员信息。 （2）迅速判断事故发展状态和现场情况	抢险救援组、技术方案组
2	（1）辨识应急救援过程中的危险、有害因素，并进行安全风险评估。 （2）根据事故现场的特点，制定相应的应急救援技术措施和应急救援步骤，为应急救援工作提供科学、有效的技术支持	抢险救援组、技术方案组
3	（1）立即组织撤离在危险区作业的人员。 （2）集中现场的人力、物力和设备	抢险救援组
4	（1）发生物体打击事故，应马上组织抢救伤者，首先观察伤者的受伤情况、部位、伤害性质，如伤员发生休克，应先处理休克。遇呼吸、心跳停止者，应立即进行人工呼吸，胸外心脏按压。处于休克状态的伤员要让其安静、保暖、平卧、少动，并将下肢抬高约20°左右，尽快送医院进行抢救治疗。 （2）出现颅脑损伤，必须维持呼吸道通畅。昏迷者应平卧，面部转向一侧，以防舌根下坠或分泌物、呕吐物吸入，发生喉阻塞。有骨折者，应初步固定后再搬运。遇有凹陷骨折、严重的颅底骨折及严重的脑损伤症状出现，创伤处用消毒的纱布或清洁布等覆盖，用绷带或布条包扎后，及时送往医院治疗。 （3）遇有创伤性出血的伤员，应迅速包扎止血，使伤员保持在头低脚高的卧位，并注意保暖。	抢险救援组、综合协调组

2.7 桥梁工程放炮

序号	处置步骤	工作岗位或功能组
1	（1）通过询问目击者了解被困人员信息。 （2）迅速判断事故发展状态和现场情况	抢险救援组、技术方案组
2	（1）在爆炸物品到达现场后存储不符合要求或当天剩余炸药未退库违规存放。如遇船只起火或者高温，有爆炸危险的先兆时现场人员应保持情绪镇定，切忌乱跑，在统一指挥下，在确保自身安全的前提下，应立即切断电源，并将未爆炸的火工品紧急转移到距爆炸地点较远的安全地区，条件限制不能转移时，应立即组织人员向安全区撤退，并及时向单位报告。 （2）水下人工作业时作业人员除必备的氧气管外必须系好安全绳，遇供氧困难岸上人员立即拉回。 （3）在爆破作业区内，除施工作业船外，其他船只一律不准进入作业区。 （4）水位暴涨暴落、波高大于 0.8 m 或风力超过 6 级时，不准进行水下爆破作业。 （5）人工挖孔桩爆破前必须认真落实超前探孔、爆破后通风置换以及有毒有害气体的检测排放，采用活体同条件作业、便携式报警仪等方法，不达标坚决不下井作业，根据现场实际土质和地下水位确定挖孔进尺。 （6）人工挖孔桩遇到岩层需要爆破时，宜采用浅眼松动爆破法，应采用电雷管或导爆管起爆，不得使用火雷管，在放炮前应在孔口采取遮盖等防护措施，在炮眼附近加强防护，避免护壁受损。 （7）爆破后，爆破员必须按规定认真检查爆区有无盲炮。发现盲炮或怀疑盲炮时，应立即报告并及时处理。不能及时处理的盲炮，应在附件立明显标志，并采取相应的安全措施。 （8）处理盲炮时，就做好安全和警戒工作，无关人员不得进入现场。 （9）火工品的销毁按国家爆破安全规程执行	抢险救援组、技术方案组
3	（1）立即组织撤离在危险区作业的人员。 （2）集中现场的人力、物力和设备	抢险救援组
4	（1）发生放炮事故时，当班操作人员或现场人员应采取自救互救措施，无人员受伤时，采取自救，可使用劳动防护用品（氧气呼吸器、滤毒罐等）或逆风脱离现场；有人员受伤时，采取互救，使用劳动防护用品协助受伤人员逆风脱离现场，脱离现场后必要采取人工呼吸等急救措施，同时向项目领导报告。 （2）遇有创伤性出血的伤员，应迅速包扎止血，使伤员保持在头低脚高的卧位，并注意保暖。 （3）根据实际条件，及时将伤员送往就近的医院进行抢救治疗	抢险救援组、综合协调组

YJ

中铁二局集团有限公司

YJ/ZTEJ–2020

鲁南铁路桥梁制运架工程
安全质量、生态环境事故（事件）
现场处置方案

2020 年 12 月

中铁二局鲁南铁路项目经理部

批 准 页

中铁二局《鲁南铁路桥梁制运架工程安全质量、生态环境事故（事件）现场处置方案》是中铁二局鲁南铁路项目经理部为保护员工生命安全，减少财产损失，确保事故发生时快速反应、妥善处置而制定的内部规范性文件。

本处置方案是在开展事故风险分析和应急资源调查的基础上，针对具体的作业场所或设备设施制定的工作方案，本方案同时考虑了突发质量事故、突发环境（安全事故衍生）事件的应急情形，明确了桥梁预制、转运、架设工程出现不可接受风险事件时，项目应急组织机构与职责、应急响应、应急处置原则、应急保障等相关要求，适用于桥梁制运架工程坍塌（倾覆）、起重伤害、高处坠落、车辆伤害及突发环境事件等现场处置工作。

中铁二局《鲁南铁路桥梁制运架工程安全质量、生态环境事故（事件）现场处置方案》经中铁二局鲁南铁路项目经理部安全生产领导小组批准，现正式实施。

项目书记：

项目经理：

年　月　日

目　录

1 事故风险分析

按风险评估要求，对该桥梁制运架施工过程中可能存在的危险因素进行了全面辨识，并使用风险矩阵评价法对可能发生的各类型事故产生的风险后果进行了评价。鲁南铁路项目桥梁制运架工程风险评估结果显示：在可能导致的 9 种事故类型中，中度风险的有 5 项，高度风险的有 1 项，极高度风险有 3 项，其中高度风险及极高风险见表 1。

表 1 鲁南项目桥梁制运架工程高度风险及极高风险分析

序号	事故类型	易发区域、影响范围	事故原因	风险等级	事故征兆	可能引发的次生衍生事故
1	坍塌（倾覆）	1. 桥梁预制模板安拆。 2. 大型设备（龙门吊、拌和站、搬提运架设备）安拆。 3. 架桥机过孔、架梁作业。 4. 梁体坍塌、倾覆	1. 模板支撑体系及基础强度不足、模型失稳。 2. 设备安拆未编制方案、方案未经审批、方案未交底、实施过程未严格按方案执行。 3. 架桥作业桥墩强度不足。 4. 运架设备未经过验收，未定期检测维修，设备故障，带病作业。 5. 架梁未编制专项方案、方案未交底、过程未严格按方案施工。 6. 设备操作失误，未按操作规程操作。 7. 存梁台位不满足存梁要求。 8. 梁体受外力撞击	极高风险（不可接受）	1. 模板存放外不稳，受外力冲击。 2. 设备出现异响。 3. 起重设备支腿位置地基塌陷。 4. 存梁台座出现裂纹	物体打击
2	起重伤害	1. 起重吊装（含搬运机、提梁机、架桥机）设备作业区。 2. 起重设备安装、拆卸	1. 起重设备安装、拆卸、起重吊装作业方案不完善。 2. 设备故障，带病作业。 3. 特种设备操作人员、指挥人员违章作业、违章指挥。 4. 运行环境不满足设备运行要求	极高风险（不可接受）	1. 起吊物碰撞、挤压和坠落。 2. 起重设备发出异常声响、安全装置失效。 3. 起吊钢丝绳、吊装钢丝绳断裂、主要结构件变形、断裂。 4. 起重设备发生倾覆。 5. 起重机失速	1. 物体打击。 2. 高坠

续表

序号	事故类型	易发区域、影响范围	事故原因	风险等级	事故征兆	可能引发的次生衍生事故
3	高处坠落	1. 设备安拆、检修及维护。 2. 桥梁面临边作业区。 3. 桥梁架设作业等高空作业	1. 从事高处作业未正确佩戴安全防护用品。 2. 临边作业无有效防护措施。 3. 作业平台的强度、稳定性不够。 4. 走行通道或作业面湿滑	极高风险（不可接受）	高处作业人员发生碰撞、跌倒、溜滑、失足	—
4	车辆伤害	1. 物资运输车。 2. 场内机动车。 3. 场内运输通道，转角、上下坡。 4. 运梁车及运梁通道	1. 运输车辆故障，如制动失灵等。 2. 操作人员超速行驶、疲劳驾驶、无证驾驶。 3. 超载、偏载运输。 4. 运梁车偏离运输线路、运梁通道状况不佳	高度风险（控制后可接受风险）	1. 车况不良。 2. 路况不良。 3. 违章驾驶	火灾

2 事故响应

根据事故信息、初步原因分析、人员伤亡情况、经济损失和社会影响范围等因素划分，将应急响应级别分为Ⅰ～Ⅳ级，项目部负责第Ⅳ级应急响应工作，配合Ⅰ、Ⅱ、Ⅲ级响应工作。其响应分级、启动条件见表 2。

表 2　响应分级

序号	响应分级	启动条件（下列情况之一）	响应部门人员	响应内容
1	Ⅰ级 中国中铁	1. 初判可能发生死亡 10 人及以上，或重伤 50 人及以上的安全事故。 2. 初判可能发生直接经济损失 5 000 万元及以上的事故。 3. 因施工造成的或生产安全事故衍生的，可能导致周边生态环境发生严重污染或破坏的突发环境事件。 4. 需疏散转移 1 000 人及以上的突发自然灾害事故	中国中铁：领导及相关人员 中铁二局：公司主要领导，分管领导，工会主席，安全总监，公司办公室、安质环保部、工程管理部、人力资源部、宣传部、工会等负责人及相关人员 子公司：主要领导、分管领导、工会主席、安全总监，安质环保部、工程管理部、人力资源部、党群工作部、工会等负责人及相关人员 区域公司：主要领导、监管领导、工程部长及相关人员	1. 向中国中铁请求支援，必要时可请求国家救援队支援。 2. 接受中国中铁下达的各项指令并响应。 3. 按响应级别及属地原则由各级政府组织应急救援的，服从其统一指挥

续表

序号	响应分级	启动条件（下列情况之一）	响应部门人员	响应内容
2	Ⅱ级 中铁 二局	1. 初判可能发生死亡3～9人，或重伤10～49人的安全事故。 2. 初判可能发生直接经济损失1 000万～5 000万元（不含）的事故。 3. 因施工造成或生产安全事故衍生的，可能导致周边生态环境发生较重污染或破坏的突发环境事件。 4. 需疏散转移500～1 000人（不含）的突发自然灾害事故	中铁二局：公司分管领导、工会主席、安全总监，安质环保部、工程管理部、宣传部、工会等负责人及相关人员 子公司：主要领导、分管领导、工会主席，安全总监，安质环保部、工程管理部、党群工作部、工会等负责人及相关人员 区域公司：主要领导、监管领导、工程部长及相关人员	1. 中铁二局应急领导小组下达指令。 2. 中铁二局应急工作组响应。 3. 必要时可请求国家救援队支援。 4. 按响应级别及属地原则由各级政府组织应急救援的，服从其统一指挥
3	Ⅲ级 子分 公司、 区域 公司	1. 初判可能发生死亡1～2人，或3～9人重伤的安全事故。 2. 无人员伤亡，但社会影响较大的险性事故（事件）： （1）营业线施工及施工破坏管线，造成较大影响的事故。 （2）无人员伤亡，但社会影响较大的险性事故（事件），如架桥机倾覆等。 （3）其他影响大、损失较大的险性事故。 3. 初判可能发生直接经济损失100万～1 000万元（不含）的质量事故。 4. 因施工造成的或生产安全事故衍生的，可能导致邻近区域内生态环境发生较重污染或破坏的突发环境事件。 5. 需转移安置100～500人（不含）的突发自然灾害事故	子分公司：分管领导、安全总监、安质环保部、工程管理部部长及相关人员 区域公司：监管领导、工程部长及相关人员	1. 子（分）公司应急领导小组下达指令。 2. 现场应急工作组接受指令、响应。 3. 必要时，向中铁二局请求支援

续表

序号	响应分级	启动条件（下列情况之一）	响应部门人员	响应内容
4	Ⅳ级 项目 经理部	1. 初判可能发生重伤 3 人（不含）以下的安全事故。 2. 其他影响较大，损失较重的险性事故。 3. 初判可能发生直接经济损失 20 万～100 万元的质量事故。 4. 需转移安置 50～100 人（不含）的突发自然灾害事故	项目经理部：领导班子、职能部门负责人及相关人员	1. 项目现场应急领导小组下达指令。 2. 现场应急处置组接受指令、并响应。 3. 必要时，向子（分）公司或中铁二局区域公司请求支援

3　应急组织机构及工作职责

3.1　应急组织机构

3.1.1　组织机构

项目组织机构见图 1。

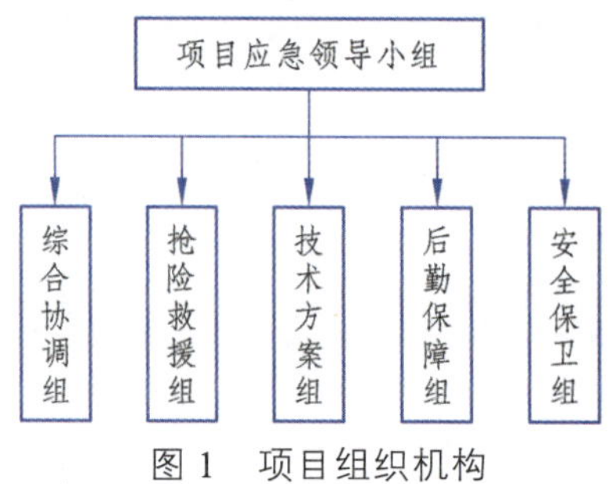

图 1　项目组织机构

3.1.2　应急组织机构设置

项目经理部设立应急领导小组，并下设五个应急处置组。

组　长：项目经理

副组长：项目书记、项目副经理、项目总工程师、项目安全总监

成　员：工程部、安全环保部、质量管理部、工经部、物机部、财会部、办公室、试验室等部门负责人和有关人员

应急领导小组办公室设在调度室，并设 24 小时值班电话。

3.2 应急领导小组职责

在发生事故和突发紧急事件时，必须立即组织应急队伍迅速到达事故现场。各应急处置组及副组长必须服从组长统一安排，按职责分工进行应急处置工作。

3.2.1 应急领导小组主要职责

1. 建立健全事故应急机构。
2. 组织编制项目部应急预案和现场处置方案。
3. 负责组织调配或购置应急物资、设备，监督指导项目职能部门建立应急管理工作台账。
4. 负责组织应急知识培训教育、宣传及应急预案培训、演练、评价工作。
5. 负责启动应急方案、及时调配应急资源。
6. 按照应急响应分级和程序，向上级和属地政府部门报告事故情况。
7. 接受上级或地方政府应急救援现场指挥部的领导，落实指令。
8. 指挥现场应急人员开展应急救援，采取有效措施防止事故扩大，并保护事故现场。
9. 配合事故调查，做好善后处置工作。

3.2.2 组长（项目经理）职责

1. 组织应急队伍迅速到达事故现场，指挥现场人员开展应急救援。
2. 组织采取有效措施防止事故扩大，最大限度减少人员伤亡和财产损失。
3. 组织保护好事故现场，并及时向当地政府部门和上级报告事故情况。

3.2.3 副组长（项目书记）职责

1. 负责组织媒体接待、采访和引导工作，配合上级单位发布相关信息。
2 组织伤亡人员及家属的接待、稳定工作。
3 组织保险理赔工作。

3.2.4 副组长（项目副经理）职责

1. 负责组织实施现场应急救援。
2. 及时向组长汇报事件发生和发展信息，尤其是异常信息。
3. 组织保障现场交通。

3.2.5 副组长（项目总工程师）职责

1. 组织对应急救援进行安全风险评估。
2. 初步分析事故发生的技术原因。
3. 组织制定应急救援技术措施。

3.2.6 副组长（项目安全总监）职责

1. 初步分析事故发生的管理原因。

2. 协助相关机构调查取证。

3. 协助相关机构人员的约谈。

3.3 应急处置组职责

3.3.1 综合协调组职责

1. 负责信息收集与传递。

2. 负责媒体接待、采访和引导工作，配合上级单位发布相关信息。

3. 做好受伤人员救护及家属的接待、稳定工作。

4. 做好保险理赔工作。

3.3.2 抢险救援组职责

1. 采取措施防止次生灾害、保护伤员。

2. 按照方案组织救援，科学合理地提出应急物资、设备、人力配备建议。

3. 抢救现场伤员、设备及物资。

4. 必要时配合外部救援工作。

3.3.3 技术方案组职责

1. 辨识应急救援过程中的危险、有害因素，并进行安全风险评估。

2. 制定应急救援技术措施和救援步骤，指导救援。

3. 确定灾害现场监控量测方式，组织开展现场监控量测。

4. 协助开展对现场有关人员的约谈，调查了解事故发生的原因，配合上级单位进行事故调查。

3.3.4 后勤保障组职责

1. 负责现场抢险救援及事故调查工作人员生活保障、食宿安排等后勤服务；提供必要的办公用品、交通工具、通信工具、器材等。

2. 协助属地政府有关部门进行交通疏解。

3. 调配抢险救援急需的物资、设备等。

3.3.5 安全保卫组职责

1. 保证现场应急救援通道的畅通。

2. 做好现场保卫、警戒工作。

3. 动态关注现场情况，防止发生二次伤害事故。

4. 依据拟定技术措施和救援步骤，协助现场救援。

4　应急处置

4.1　生产安全事故应急响应程序

4.1.1　生产安全事故应急响应流程

项目生产安全事故应急响应流程见图 2。

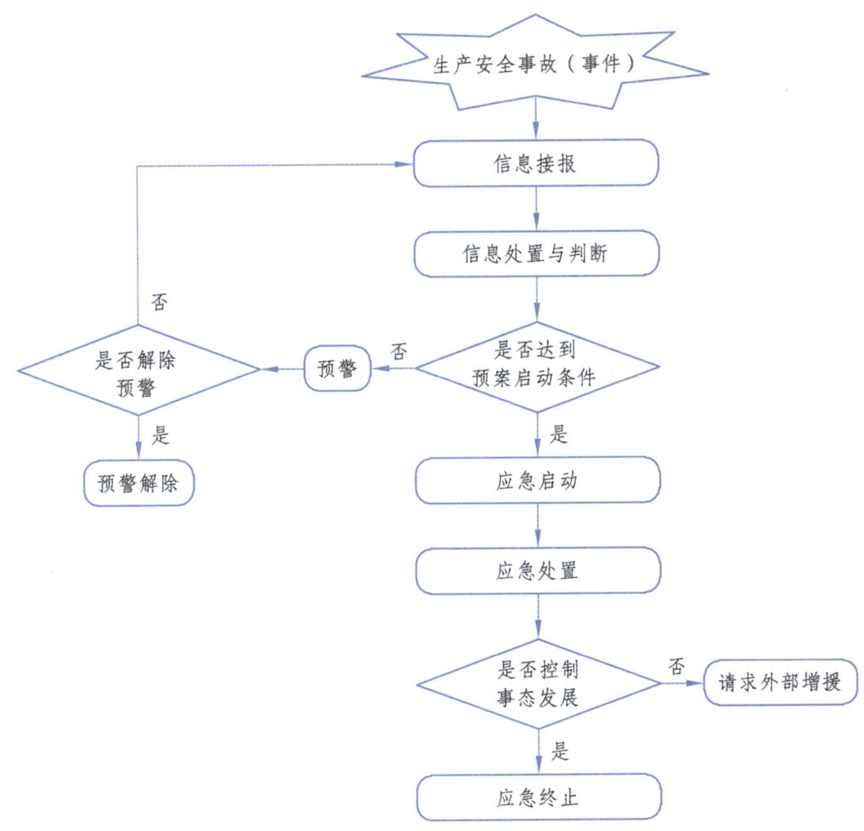

图 2　项目生产安全事故应急响应流程

4.1.2　现场应急处置步骤及内容

1. 事故发生后，事故现场人员应立即疏散、撤离，并采取自救、互救措施。
2. 现场人员第一时间通知项目经理。
3. 项目经理或其他负责人立即赶赴现场，查看事故情况及伤损情况。
4. 判明情况，下达处置方案启动命令并上报。
5. 确定方案开展救援和伤员救护。
6. 救援终止。
7. 事故调查及善后处理。

4.1.3 应急处置措施

1. 坍塌（倾覆）事故现场应急处置措施（表 3）。

表 3 坍塌（倾覆）事故现场应急处置措施表

序号	任务	主要工作内容	责任分工
1	现场确认	（1）首先抢救组查明险情，确定是否还有危险源，是否有继续倾覆的危险和人员伤亡情况。 （2）查看操作人员是否被困在操作室内，检查有无其他人员被砸伤或掩压在其下面，相邻构筑物是否受到侵害	抢险救援组、安全保卫组、综合协调组
2	封锁现场	封锁保护现场及周边区域，疏散作业人员到安全地带，并进行警戒不准闲人靠近，避免二次伤害	安全保卫组、后勤保障组
3	救援作业	（1）若设备、模板、梁体处于稳定状态，采取焊接、连接、支撑等方式，在不破坏失稳受力情况下增加平衡力矩，控制险情发展，救援人员将伤员抬出进行救治。 （2）若设备、模板、梁体压住受伤人员，采用起重设备或千斤顶等起升设备，抬出伤员进行救治；选用适量吨位起重机按照抢险方案将倾覆设备转移至平坦场地,变形部件用气焊割开或调整。 （3）当现场无设备、模板、梁体吊装或顶升条件时，采用氧气乙炔切割设备切割或破碎设备破除梁体，再进行人员救治	抢险救援组、后勤保障组、综合协调组、技术支持组
4	人员施救	（1）应立即将其抬到通风良好的地方，解开衣服、裤带，纠正机体缺氧。 （2）呼吸停止者，应做人工呼吸。 （3）心跳停止者，应做胸壁外心脏按压。 （4）流血者应进行止血、包扎、固定等处理。 （5）严重者立即送到就近医院进行救治	后勤保障组、综合协调组
5	现场处置	（1）对受影响的建筑物和设备进行观测，防止发生次生灾害。 （2）在专业人员的指导下进行倾翻变形设备的拆卸、修复工作	抢险救援组、后勤保障组、综合协调组

2. 起重伤害事故现场应急处置措施（表 4）。

表 4 起重伤害应急处置措施

序号	任务	主要工作内容	责任分工
1	现场处置	（1）起重设备司机应立即停止起重作业，关闭电源，现场人员大声呼救，立即通知现场负责人。 （2）进行人员疏散，组织人员撤离现场，对影响范围进行警戒，防止无关人员进入	抢险救援组、安全保卫组
2	现场确认	（1）现场确认事故影响和危害，人员受伤情况。 （2）根据现场吊装重物、设备、周边环境情况等制订救援方案及措施	抢险救援组、技术支持组

续表

序号	任务	主要工作内容	责任分工
3	伤员脱险	（1）重物悬空：应在保证安全的前提下，落下重物，关掉电源。 （2）吊具或吊物伤人：人员被压在重物下面时，立即采取搬开重物或使用抬升、切割、顶开设备（千斤顶、叉车、或气切割工具等）或起重工具移开重物等措施，将受伤人员转移到安全地带，进行抢救。 （3）起重机碰撞挤压伤人：立即停机或实施反向运行操作，让伤员脱险。 （4）起重伤害造成人员高坠或司机、作用人员被困高处：利用液压升降平台或高空通道、吊篮等设备、工装将伤员或被困者从高处危险环境转移。 （5）起重设备漏电、触电：立即切断起重设备电源，用绝缘物体将带电体从伤员身边移开	抢险救援组、后勤保障组、综合协调组
4	人员施救	（1）对较轻的受伤人员，视伤情立即采取止血、包扎、固定等措施，送往医院治疗。 （2）受伤人员出现呼吸、心跳停止症状后，必须立即进行人工呼吸。 （3）伤势严重者，急救人员边抢救边就近送医院，或拨打 120 急救	后勤保障组、综合协调组
5	现场恢复	（1）根据现场设备、吊装重物情况，开展吊装卸载、设备检查、供电恢复等工作。 （2）如起重设备发生倾覆，根据设备特点开展设备起复救援工作。 （3）设备检修	抢险救援组、技术支持组

3. 高处坠落事故现场应急处置措施（表 5）。

表 5　高坠伤害应急处置措施

序号	任务	主要工作内容	责任分工
1	自救互救	（1）事故发生后，如受伤人员清醒应发出求救信号，方便周围人员知道并确认位置。 （2）现场人员大声呼救，立即通知现场负责人，现场负责人上报并组织现场施救	抢险救援组、综合协调组
2	现场确认	（1）现场确认人员受伤情况，制订现场急救方式，并拨打 120 请求救援。 （2）对现场进行清查，确认伤员上方无物品坠落危险	抢险救援组、技术支持组、综合协调组
3	人员脱险	将伤员转移至安全位置，如伤员被困高处则利用液压升降平台或高空通道、吊篮等设备、工装将伤员或被困者从高处危险环境转移	抢险救援组、技术支持组
4	人员施救	（1）发生人员高处坠落摔伤，首先应观察伤员的神志是否清醒，随后看伤员坠落时身体着地部位。 （2）如发生流血对受伤人员，应进行止血、包扎、固定等处理。 （3）立即送到就近医院进行救治	后期保障组、综合协调组
5	现场恢复	（1）保护封锁高坠现场，等待相关人员进行事故调查。 （2）事故调查完清楚后，清理现场。 （3）完善现场安全防护设备、设施	综合协调组、安全保卫组

4. 车辆伤害事故现场应急处置措施（表 6）。

表 6　车辆伤害事故现场应急处置措施

序号	任务	主要工作内容	责任分工
1	封锁现场	封锁现场，将现场及周边人员疏散至安全区域，在事故点前后按要求设置警示标志，防止发生次生事故	抢险救援组、后勤保障组、安全保卫组
2	现场救援	（1）发生一般车辆压住伤者，应立即小心移开车辆，或用千斤顶顶起车辆，将伤者小心移出。 （2）如果发现车辆有漏油，疏散无关人员，禁止点火源出现，并立即采取堵漏措施，发生车辆自燃立即用灭火器等进行灭火。 （3）如遇运梁车发生事故，首先停止设备并固定好设备，防止设备溜移。用相应吨位起重设备或顶升设施将倾覆梁体和车辆缓慢起升，让伤员脱险。 （4）在无法起升梁体或车辆时通过切割梁体、凿除梁体混凝土，将混凝土梁板分层数段，首先切割、凿除，并及时清理现场，尽快让伤员脱离危险	抢险救援组、后勤保障组、综合协调组、技术支持组
3	人员施救	（1）现场确认后，立即开展伤员救治，并向 120 求救。 （2）对受伤人员，应进行止血、包扎、固定等处理，再送到就近医院进行救治	后勤保障组、综合协调组
4	后期处置	（1）保护封锁现场，等待相关人员进行事故调查。 （2）现场处理物及时外运，将对外界的影响缩小到最低限度	安全保卫组、抢险救援组、综合协调组

4.2　工程质量事故应急处置

4.2.1　质量事故应急响应程序

项目工程质量事故应急响应流程见图 3。

4.2.2　现场应急处置步骤及内容

1. 事故发生后，事故现场人员应立即疏散、撤离。
2. 现场人员第一时间通知项目经理。
3. 项目经理或其他负责人立即赶赴现场，封闭事故区域，防止人员误入。
4. 查看质量事故区域，初步了解其影响范围、可能衍生的次生灾害等信息情况，并及时反馈建设单位、设计单位、监理单位等相关方。
5. 判明情况，构成工程质量事故应急情况条件的，下达处置方案启动命令并上报。
6. 在现场专家组及勘察设计单位确定工程应急方案后，进行返工或返修处理。
7. 应急处置终止。
8. 配合进行事故调查及善后处理。

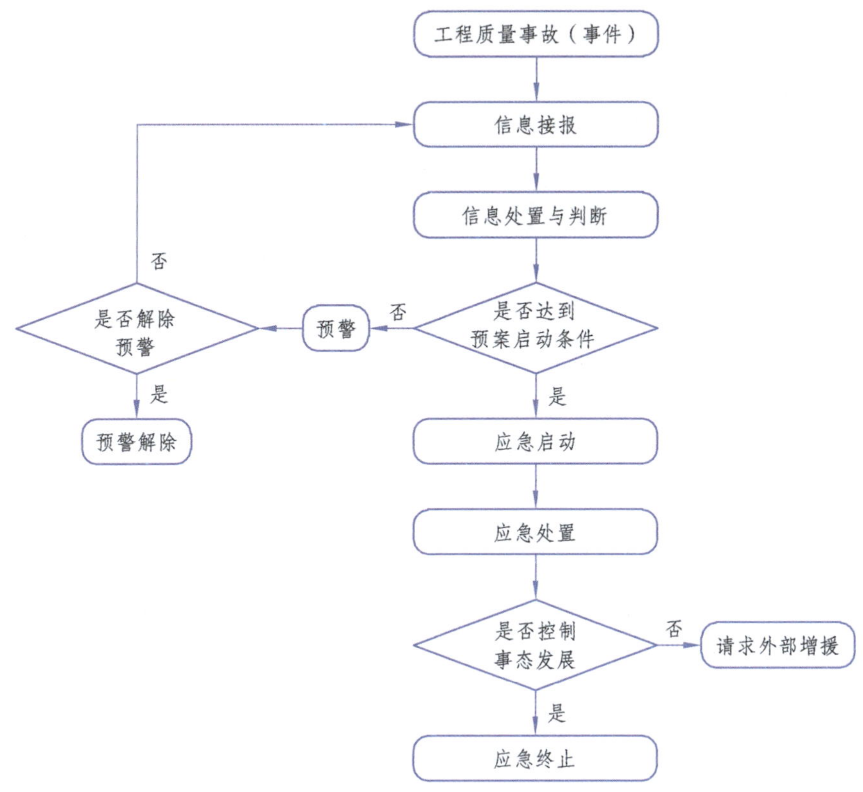

图 3　项目工程质量事故应急响应流程

4.2.3　应急处置措施

1. 质量事故引发工程安全事故，按本桥梁制运架工程安全事故应急处置措施处置。

2. 质量事故造成工程工期严重滞后，需组织进行抢工的，须制订专项施工或返工方案，按方案执行。

3. 因设计重大变更、突发自然灾害等，造成工程保通应急情况出现的，不属于质量事故应急突发状况的，按设计或现场专家组提出的方案进行保通施工。

4. 按设计方案进行工程返工或处理前，事故区域需进行预加固处理的，应及时形成专项方案，按专项处置方案进行处理，确保后续返工或处置现场作业环境安全。

4.3　突发环境事件应急处置

4.3.1　突发环境事件应急响应程序

项目突发生态环境事件应急响应流程见图 4。

4.3.2　现场应急处置步骤及内容

1. 事故发生后，事故发生区域现场人员应立即疏散、撤离。

2. 现场人员第一时间通知项目经理。

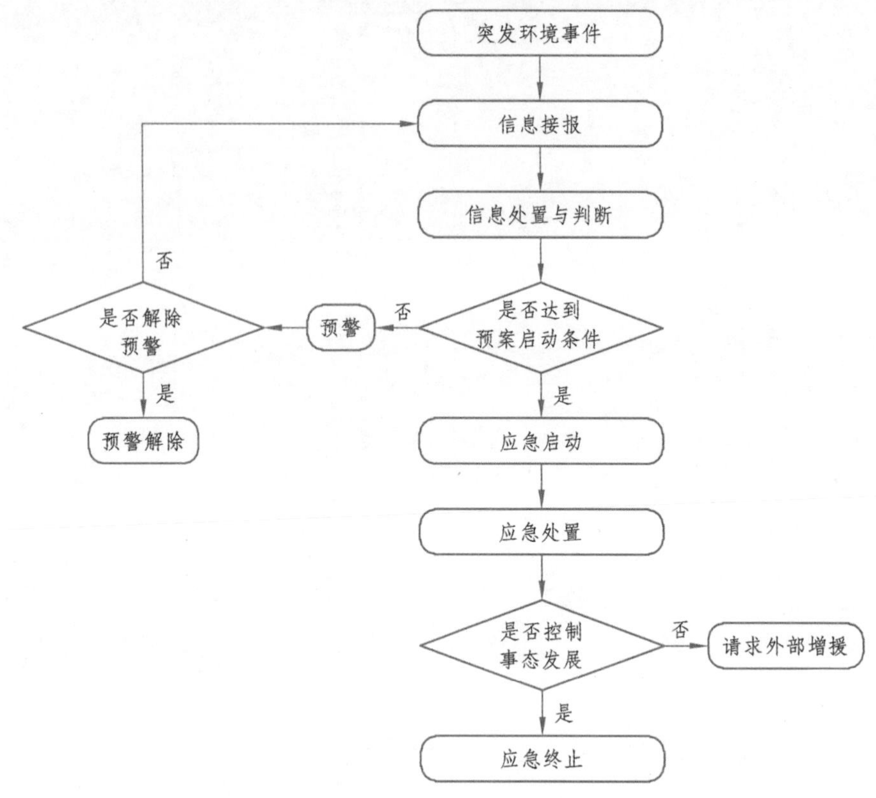

图 4　项目突发生态环境事件应急响应流程

3. 项目经理或其他负责人立即赶赴现场，查看事故波及范围、污染源扩散方向等情况。
4. 根据判明情况，下达处置方案启动命令并上报。
5. 确定方案开展救援和伤员救护。
6. 救援终止。
7. 事故调查及善后处理。

4.3.3　现场应急处置措施

拌合站污水泄漏应急处置措施见表 7。

表 7　污水泄漏应急处置措施

序号	任务	主要工作内容	责任分工
1	现场确认	（1）查看拌合站三级沉淀池，查找污水处理效果及产生的原因。 （2）根据泄漏情况，查看是否排污管道是否被堵塞、破坏，确定污染点位置	抢险救援组、技术保障组
2	事件报告	（1）在确保安全的基础上，加强观察，根据现场观察判断结果，污水可能危及村庄、河道的，立即向当地政府环境保护主管部门报告，立即启动预案，并向上级报告。 （2）据判断的结果，组织力量进行沿线预警、配合处理	综合协调组、安全保卫组、抢险救援组

续表

序号	任务	主要工作内容	责任分工
3	现场处置	（1）立即停止拌合站生产，暂停污水排放。 （2）对堵塞的排污管道进行疏通，对损坏的排污管道进行修复。 （3）对拌合站三级沉淀池进行清淤、修复处理	抢险救援组、技术保障组、后期保障组
4	效果确认	检查沉淀池及排污管道恢复后使用功能，经确认后才能启用排污系统	抢险救援组、综合协调组

5 注意事项

1. 若遇大型设备（运架设备、龙门吊、搬运机）坍塌/倾覆，受困人员尽量要保存自己体力，进行呼救；应对设备和周边影响范围建筑进行监测，防止发生次生伤害。

2. 正确判断事故现场应急处置能力，决不能因怕扩大事故影响，对不能组织抢险自救的，强行组织自救，而不向外部请求救援。对无关人员要迅速组织撤离现场或危险区域后，做好安全防护后，才能动用大型机械设备抢险救助。

3. 救援器材要正规厂家的产品，并且有出厂合格证书，性能完好，并要按规程正确操作，防止发生自身伤害和再次伤害他人。

6 附　件

附件 1：预案编制依据

1.《中华人民共和国安全生产法》
2.《中华人民共和国突发事件应对法》
3.《中华人民共和国特种设备安全法》
4.《生产安全事故应急预案管理办法》（修订版）
5.《国家安全生产事故灾难应急预案》
6.《建设工程重大质量安全事故应急预案》
7.《生产经营单位生产安全事故应急预案编制导则》
8.《建设工程安全生产管理条例》
9.《生产安全事故报告和调查处理条例》
10.《生产过程危险和有害因素分类与代码》
11.《企业职工伤亡事故分类》
12.《重大危险源辨识》
13.《风险管理 风险评估技术》

14.《铁路总公司关于铁路建设项目质量安全红线管理规定》
15.《中铁二局安全生产和职业健康管理办法》
16.《中铁二局安全质量事故内部报告、应急处置和调查处理办法》
17.《中铁二局关于贯彻落实中国铁路总公司“铁路建设项目质量安全红线管理规定”实施方案》
18.《中铁二局工程质量监督管理办法》
19.《中铁二局工程项目施工环境保护管理办法》
20.《中铁二局新运公司工程质量监督管理办法》
21.《中铁二局新运公司生产安全事故应急预案》
22.《中铁二局新运公司工程项目施工环境保护管理办法》

附件 2：应急预案衔接

1.《山东省生产安全事故灾难应急预案》
2.《济宁市生产安全事故应急预案》
3.《中国中铁股份有限公司安全质量事故（事件）应急预案》
4.《中铁二局生产安全事故应急预案》
5.《中铁二局集团新运工程有限公司产安全事故应急预案》
6.《建设单位应急预案》

附件 3：项目概况

中铁二局集团新运工程有限公司承建鲁南高速铁路曲阜至菏泽段 QHTJ-3 标段东起跨梁宝寺特大途径嘉祥县、巨野县、郓城县。施工里程为 DK329+660.39 ~ DK373+518.36，标段范围内为 3 座特大桥 2 段路基，7 座连续梁 1 座系杆拱，14 座涵洞 2 座框架中桥。线路全长 42.873 km，桥梁长度 38.546，路基长 4.327 km，共承担标段 1146 孔箱梁制运架工程。

项目部矿山和地质灾害应急救援中心约 100 km，专业救援人员 2 h 内可到达事故现场；项目部与嘉祥县人民医院建立了医疗绿色通道，相距约 20 km，专业救护人员可 30 min 可到达事故现场。

附件 4：事故风险评估报告

附件 5：应急资源调查报告

附件 6：有关应急部门、机构或人员的联系方式

序号	部门（职务）	联系人	联系方式
子公司联系部门			
1	子（分）公司应急领导小组办公室	×××	×××
2	子（分）公司调度管理	×××	×××

续表

序号	部门（职务）	联系人	联系方式
项目部联系人员			
3	项目经理	×××	×××
4	项目书记	×××	×××
5	项目生产副经理	×××	×××
6	项目总工程师	×××	×××
7	项目安全总监	×××	×××
8	项目总经济师	×××	×××
9	项目工程部部长	×××	×××
10	项目安环部部长	×××	×××
11	项目质量部部长	×××	×××
12	项目物机部部长	×××	×××
13	项目综合办公室	×××	×××
14	项目财务部部长	×××	×××
15	项目工经部部长	×××	×××
外部救援单位			
16	医院急救电话	×××	×××
17	消防队火警电话	×××	×××
18	就近专业救援队	×××	×××

附件 7：应急物资装备的名录或清单

附件 7-1　坍塌（倾覆）可调用应急物资及机具台账

序号	类别	物资名称	数量	配置要求	存放地点	管理责任人和联系电话
1	医疗救助	担架	2 副		制梁场及铺架现场应急物资库	×××
2		医药箱	2 个			
3	车辆类	急救保障车	2 辆		制梁场	
4	防护类	安全帽	20 顶		制梁场应急物资库	
5		防护眼镜	10 副			
6		气割面罩	3 副			
7	通信类	对讲机	8 对			
8		口哨	2 个			
9	警戒类	隔离警示带	10 卷			
10		危险警示牌	4 个			

续表

序号	类别	物资名称	数量	配置要求	存放地点	管理责任人和联系电话
11	警戒类	警示灯	4 个		制梁场应急物资库	×××
12		锥形路障	10 个			
13	抢险、救生物资类	链条葫芦	4 个	5 t		
14		液压油顶	4 台	最大顶举 15 t		
15		钢丝绳带 U 型绳卡	6 根	ϕ24 mm×4 m		
16			6 根	ϕ30 mm×4 m		
17			2 根	ϕ30 mm×8 m		
18		垫木	6 块	20 cm×30 cm×2 m		
19			6 块	20 cm×15 cm×1 m		
20		撑梁木	4 根			
21		夹板	10 套			
22		绷带	10 套			
23		止血棉	10 包			
24	抢险、救生设备类	气割	2 套			
25		叉车	1 台		制梁场	
26		汽车吊	2 台			
27		破碎机	1 台			
28		空压机	2 台			
29		电焊机	2 台			

附件 7-2　起重伤害可调用应急物资及机具台账

序号	类别	物资名称	数量	配置要求	存放地点	管理责任人和联系电话
1	医疗救助	担架	2 副		制梁场及铺架现场应急物资库	×××
2		医药箱	2 个			
3	车辆类	急救保障车	2 辆		制梁场	
4	防护类	安全帽	20 顶		制梁场应急物资库	
5		防护眼镜	10 副			
6		安全绳	10 根			
7	通信类	对讲机	8 对			
8		口哨	2 个			
9	警戒类	隔离警示带	10 卷			
10		危险警示牌	4 个			

续表

序号	类别	物资名称	数量	配置要求	存放地点	管理责任人和联系电话
11	警戒类	警示灯	4 个		制梁场应急物资库	×××
12		锥形路障	10 个			
13	抢险、救生物资类	链条葫芦	4 个	5 t		
14		液压油顶	4 台	最大顶举 15 t		
15		钢丝绳带 U 型绳卡	6 根	ϕ24 mm×4 m		
16			6 根	ϕ30 mm×4 m		
17			2 根	ϕ30 mm×8 m		
18		垫木	6 块	20 cm×30 cm×2 m		
19			6 块	20 cm×15 cm×1 m		
20	抢险、救生设备类	气割	2 套	并备用 3 瓶氧气		
21		叉车	1 台		制梁场	
22		汽车吊	2 台			

附件 7-3　高坠事故可调用应急物资及机具台账

序号	类别	物资名称	数量	配置要求	存放地点	管理责任人和联系电话
1	医疗救助	担架	2 副		制梁场及铺架现场应急物资库	×××
2		医药箱	2 个			
3	车辆类	急救保障车	2 辆		制梁场	
4	防护类	安全帽	50 顶		制梁场应急物资库	
5		防护眼镜	50 副			
6		安全绳	10 条			
7	通信类	对讲机	8 对			
8		口哨	2 个			
9	防护类	隔离警示带	10 卷			
10		危险警示牌	4 个			
11		警示灯	4 个			
12	抢险、救生物资类	夹板	10 套	5 t		
13		绷带	10 套	最大顶举 15 t		
14		止血棉	10 包	ϕ24 mm×4 m		
15	抢险、救生设备类	升降梯车	1 台		制梁场	
16		汽车吊	1 台			

附件 7-4　车辆伤害可调用应急物资及机具台账

<table>
<tr><th>序号</th><th>类别</th><th>物资名称</th><th>数量</th><th>配置要求</th><th>存放地点</th><th>管理责任人和联系电话</th></tr>
<tr><td>1</td><td rowspan="2">医疗救助</td><td>担架</td><td>2 副</td><td></td><td rowspan="2">制梁场及铺架现场应急物资库</td><td rowspan="21">×××</td></tr>
<tr><td>2</td><td>医药箱</td><td>2 个</td><td></td></tr>
<tr><td>3</td><td>车辆类</td><td>急救保障车</td><td>2 辆</td><td></td><td>制梁场</td></tr>
<tr><td>4</td><td rowspan="3">防护类</td><td>安全帽</td><td>20 顶</td><td></td><td rowspan="16">制梁场应急物资库</td></tr>
<tr><td>5</td><td>防护眼镜</td><td>10 副</td><td></td></tr>
<tr><td>6</td><td>气割面罩</td><td>3 副</td><td></td></tr>
<tr><td>7</td><td rowspan="2">通信类</td><td>对讲机</td><td>8 对</td><td></td></tr>
<tr><td>8</td><td>口哨</td><td>2 个</td><td></td></tr>
<tr><td>9</td><td rowspan="4">警戒类</td><td>隔离警示带</td><td>10 卷</td><td></td></tr>
<tr><td>10</td><td>危险警示牌</td><td>4 个</td><td></td></tr>
<tr><td>11</td><td>警示灯</td><td>4 个</td><td></td></tr>
<tr><td>12</td><td>锥形路障</td><td>10 个</td><td></td></tr>
<tr><td>13</td><td rowspan="6">抢险、救生物资类</td><td>液压油顶</td><td>4 台</td><td>最大顶举 15 t</td></tr>
<tr><td>14</td><td>钢丝绳
带 U 型绳卡</td><td>4 根</td><td>ϕ24 mm×4 m</td></tr>
<tr><td>15</td><td>垫木</td><td>6 块</td><td>20 cm×15 cm×1 m</td></tr>
<tr><td>16</td><td>夹板</td><td>10 套</td><td></td></tr>
<tr><td>17</td><td>绷带</td><td>10 套</td><td></td></tr>
<tr><td>18</td><td>止血棉</td><td>10 包</td><td></td></tr>
<tr><td>19</td><td rowspan="3">抢险、救生设备类</td><td>气割</td><td>2 套</td><td></td></tr>
<tr><td>20</td><td>叉车</td><td>1 台</td><td></td><td rowspan="2">制梁场</td></tr>
<tr><td>21</td><td>汽车吊</td><td>1 台</td><td></td></tr>
</table>

附件 8：事故报告手机短信格式

中铁二局：201×年×月×日×时×分左右，在××（省市县）境内，由中铁×局××公司承建的×××工程×标，在×××工序施工过程中，因×××原因，导致现场作业人员×人死亡（失踪）、×人重伤、×人轻伤。事故已经于事发××小时（分钟）内，报告当地安全生产监管部门。现场应急预案已启动，事故单位×××领导已带队赶往现场；当地安监部门接报后，已于×月×日×时由任××职务××同志赶往现场，事故原因正在调查之中。

附件9：中铁二局生产安全事故快报

单位名称：中铁二局×××公司（区域公司、经理部）

<table>
<tr><td>事故时间</td><td colspan="3">年　月　日　时　分</td><td colspan="2">事故地点</td><td colspan="2"></td></tr>
<tr><td>事故单位</td><td colspan="7">××公司××××项目经理部（标段）</td></tr>
<tr><td rowspan="2">事故现场
负 责 人</td><td>姓 名</td><td></td><td colspan="2" rowspan="2">事故单位
负 责 人</td><td colspan="2">姓 名</td><td></td></tr>
<tr><td>电 话</td><td></td><td colspan="2">电 话</td><td></td></tr>
<tr><td colspan="2">事故已死亡（失踪）
人　　数</td><td>死亡：
失踪：</td><td colspan="4">事故重伤/轻伤
人　　数</td><td></td></tr>
<tr><td colspan="8">一、事故简要经过（包含但不限于承建单位、标段、协作队伍及相关安全生产许可证等资质号，单位工程名称、事故里程、结构形式、支撑体系、设备型号、墩身截面和高度、梁型和梁重、事发作业环节、高处坠落位置与高度等，其他工况均应细致清晰描述）、人员伤亡类别（职工、劳务工姓名及身份证号码）、初步估计的直接经济损失、报告地方政府和建设单位时间等

二、事故现场救援采取的主要措施

三、其他情况（事发项目工程概况，事故地点是否影响铁路营业线或繁华闹市区、高速公路、国道、其他重要设施安全）</td></tr>
</table>

附：事故现场照片（4张以上，能充分反映事故现场实际情况和全貌的电子版照片及说明）。

附件 10：应急救援协议范本

甲方：中铁二局××项目经理部

乙方：××救护队

为切实做好××项目的事故预防和应急救援处理工作，结合双方的实际情况，就乙方为甲方所属单位救援服务内容，经双方协商，约定如下：

一、服务内容

1. 据需要，及时组织救援力量处理项目的灾害事故（即坍塌/倾覆、起重伤害等）

2. ……

二、履约方式和服务期限

1. 履约方式

2. 服务期限

三、服务费用和支付方式

1. 服务费用

2. 支付方式

四、双方权利与义务

1. 甲方的权利与义务

2. 乙方的权利与义务

五、违约责任

在履行本协议期间，双方如有特殊原因影响本协议项目工作，应提前予以通知对方，并说明原因。甲方或者乙方存在工作质量缺陷，应各自承担相关责任。

六、争议的解决办法

当事双方先协商解决；协商不成，由××仲裁委员会仲裁或法院诉讼。

七、双方协商的其他条款

1. 乙方在技术服务和处理事故过程中队员发生意外情况，按有关国家、省市有关规定处理，届时双方依据公平原则协商解决

2. ……

甲方联系方式：应急小组值班室 24 小时值班电话：××

乙方联系方式：救护大队电话：××

本协议未尽事宜由双方协商补充；

如需变更、解除或续订协议，由双方协商确定。

本协议，从双方签字盖章之日起生效。

本协议一式 *N* 份，呈报建设方及地方相关政府监管部门备案一份，甲乙方各执一份。

甲方法人（签字盖章）：　　　　　　　　　　乙方法人（签字盖章）：

××年××月××日　　　　　　　　　　××年××月××日

附件 11：

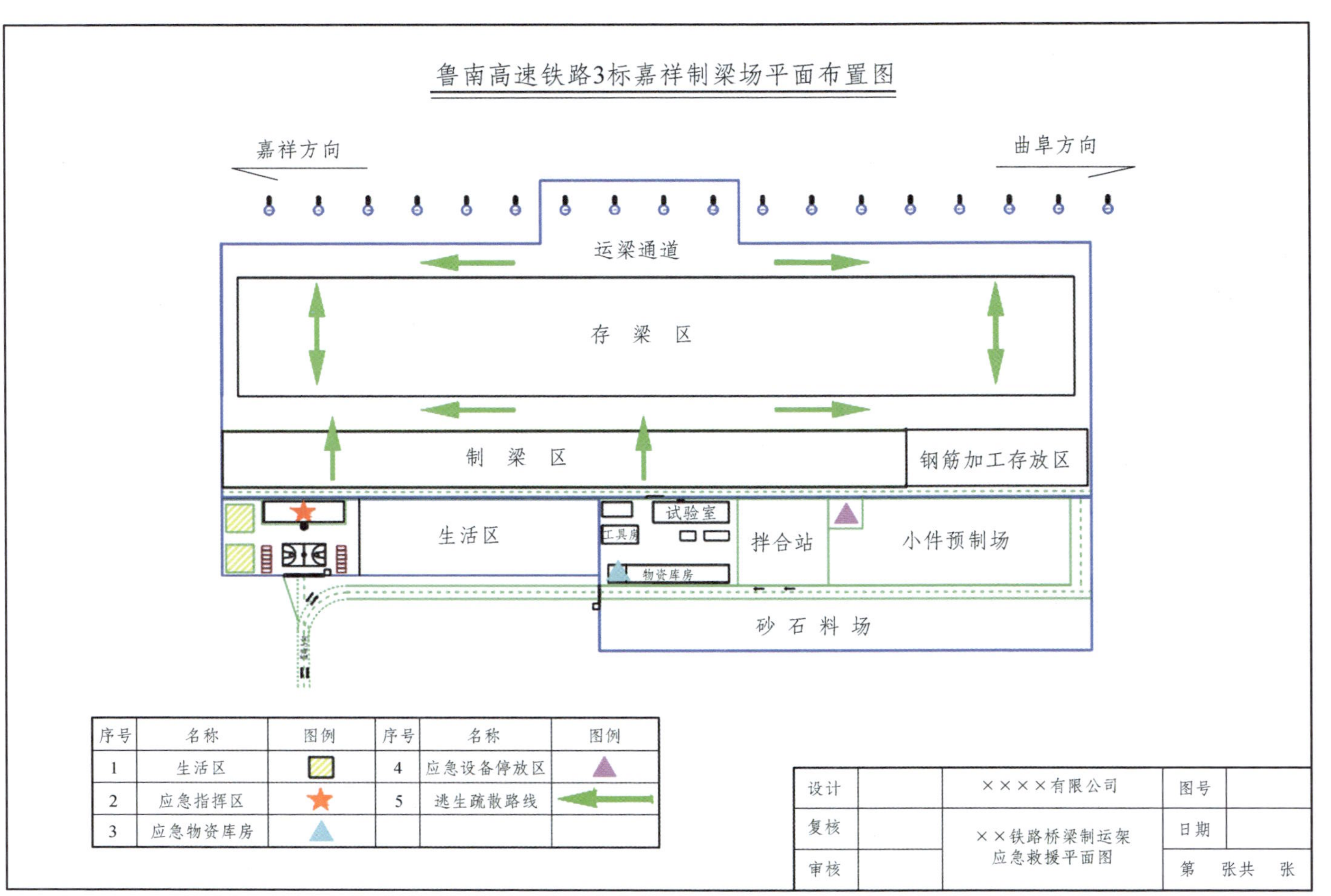

应急救援平面图

YJ

中铁二局集团有限公司

YJ/ZTEJ–2020

鲁南铁路桥梁制运架工程
安全质量、生态环境事故（事件）
现场应急处置卡

2020 年 12 月

中铁二局鲁南铁路项目经理部

目　录

1　应急处置卡

1.1　应急领导小组组长应急处置卡

组长	项目经理（项目书记）	
序号	处置程序	处置要点
1	启动预案	启动应急预案，查看事故现场调配应急资源等
2	事故报告	按照应急响应分级和程序，及时向当地政府部门和上级报告事故情况
3	现场处置伤员救护	采取有效措施防止事态扩大；第一时间进行现场急救，及时转送医院救治
4	确定方案开展救援或配合救援	确定救援方案后，组织应急队伍迅速到达事故现场，指挥现场应急人员开展应急救援或响应至上一级并配合外部救援
5	救援终止	进行风险评估安全后，应急救援停止
6	配合事故调查及处理	配合事故调查，做好善后处置工作
注意事项： （1）信息的收集与传达，要求及时准确。 （2）每日召开碰头会落实各项指令和安排次日工作		

主要联系人员				
序号	姓　名	职　务	联系电话	备注
1		项目书记（经理）		
2		项目总工程师		
3		项目安全总监		
4		项目副经理		
5		作业队长		
6		办公室主任		
7		物设部部长		

1.2　综合协调组应急处置卡

组长	项目书记	
序号	处置程序	行动内容
1	信息收集与传递	负责按应急小组要求内容上报
2	场地安保、伤员救护	现场做好保卫、警戒工作；第一时间进行现场急救，及时转送医院救治
3	对外接待及处置	做好媒体接待、采访和引导工作，配合上级单位发布相关信息
4	家属接待及善后处理	做好家属的接待、稳定工作；做好保险理赔工作

注意事项： （1）信息传递准确、及时可靠。 （2）伤员救治及安抚周到、及时。 （3）现场组织人员撤离后，不得盲目抢救被困人员				
主要联系人员				
序号	姓　名	职　务	联系电话	备注
1		项目经理		
2		项目副经理		
3		项目总工程师		
4		工委主任		
5		办公室主任		
6		物设部部长		
7		施工管理人员		

组员	相关成员	
序号	处置程序	行动内容
组员 1	×××	
1	组织撤离	发现险情后，第一时间有效组织人员撤离至安全地带
2	险情报告	及时电话上报险情至项目安全生产管理负责人或项目经理
组员 2	×××	
1	收集信息	定时收集信息
2	传递信息	负责收集并发布救援信息
3	关注信息	做好舆情关注、媒体应对，并配合上级发布信息
组员 3	×××	
1	对外接待	做好家属、外部单位的接待和稳定工作
2	配合善后处理	配合做好保险理赔工作

注意事项： （1）信息传递准确、及时可靠。 （2）伤员救治及安抚周到、及时。 （3）现场组织人员撤离后，不得盲目抢救被困人员				
主要联系人员				
序号	姓　名	职　务	联系电话	备注
1		项目经理		
2		项目书记		
3		项目副经理		
4		项目总工程师		
5		工委主任		
6		办公室主任		
7		物设部部长		
8		施工管理人员		

1.3 抢险救援组应急处置卡

<table>
<tr><td>组长</td><td colspan="5">项目副经理</td></tr>
<tr><td>序号</td><td colspan="2">处置程序</td><td colspan="3">行动内容</td></tr>
<tr><td>1</td><td colspan="2">场地清理及防护</td><td colspan="3">保证现场应急救援通道的畅通，采取措施防止次生灾害</td></tr>
<tr><td>2</td><td colspan="2">熟知方案及准备</td><td colspan="3">按照抢救方案组织救援，科学合理地提出应急物资、设备、人力配备建议</td></tr>
<tr><td>3</td><td colspan="2">组织实施及调整</td><td colspan="3">抢救现场伤员、将受伤人员转移至安全地带，对事故受损的设备进行修理、恢复，将现场救援进展情况及时汇报，必要时申请外部支援</td></tr>
<tr><td>4</td><td colspan="2">救援配合、结束</td><td colspan="3">领导小组现场评估安全后，则应急救援结束；如果需要外部救援，则配合救援工作</td></tr>
<tr><td colspan="6">注意事项：
（1）救援人员、物资与设备组织落实到位。
（2）按指令落实救援现场配套工作及安全监护。
（3）及时报告救援进展情况及问题。
（4）机械操作必须听从指挥，防止救援设备对人员造成机械伤害</td></tr>
<tr><td colspan="6">主要联系人员</td></tr>
<tr><td>序号</td><td>姓　名</td><td colspan="2">职　务</td><td>联系电话</td><td>备注</td></tr>
<tr><td>1</td><td></td><td colspan="2">项目经理</td><td></td><td></td></tr>
<tr><td>2</td><td></td><td colspan="2">项目书记</td><td></td><td></td></tr>
<tr><td>3</td><td></td><td colspan="2">项目总工程师</td><td></td><td></td></tr>
<tr><td>4</td><td></td><td colspan="2">项目安全总监</td><td></td><td></td></tr>
<tr><td>5</td><td></td><td colspan="2">工程部部长</td><td></td><td></td></tr>
<tr><td>6</td><td></td><td colspan="2">作业队长</td><td></td><td></td></tr>
<tr><td>7</td><td></td><td colspan="2">施工员</td><td></td><td></td></tr>
<tr><td>8</td><td></td><td colspan="2">办公室主任</td><td></td><td></td></tr>
<tr><td>9</td><td></td><td colspan="2">物设部部长</td><td></td><td></td></tr>
<tr><td>10</td><td></td><td colspan="2">现场指挥人员</td><td></td><td></td></tr>
<tr><td>11</td><td></td><td colspan="2">作业队队长</td><td></td><td></td></tr>
<tr><td>12</td><td></td><td colspan="2">机械操作人员</td><td></td><td></td></tr>
<tr><td>组员</td><td colspan="5">相关成员</td></tr>
<tr><td>序号</td><td colspan="2">处置程序</td><td colspan="3">行动内容</td></tr>
<tr><td>组员 1</td><td colspan="5">×××</td></tr>
<tr><td>1</td><td colspan="2">场地警戒及防护</td><td colspan="3">场地做好警戒工作；现场动态监控防止次生灾害，组织人员及时撤离</td></tr>
<tr><td>2</td><td colspan="2">组织实施及救援</td><td colspan="3">组织物资、设备和人力到位，接到上级命令后指挥抢救现场伤员、设备及物资</td></tr>
<tr><td>组员 2</td><td colspan="5">×××</td></tr>
<tr><td>1</td><td colspan="2">救援准备</td><td colspan="3">物资、设备和人力到位后，现场合理运用和调配</td></tr>
<tr><td>2</td><td colspan="2">实施及救援</td><td colspan="3">接到现场指挥人员命令后，立即开展现场伤员、设备及物资救援工作</td></tr>
</table>

续表

序号	处置程序	行动内容
组员3	×××	
1	接受培训	接受应急救援处置方案的交底培训
2	实施救援	接到现场指挥人员命令后开展救援工作
注意事项： （1）救援人员、物资与设备组织落实到位。 （2）按指令落实救援现场配套工作及安全监护。 （3）及时报告救援进展情况及问题。 （4）机械操作必须听从指挥，防止救援设备对人员造成机械伤害		

主要联系人员				
序号	姓 名	职 务	联系电话	备注
1		项目经理		
2		项目书记		
3		项目副经理		
4		项目总工程师		
5		项目安全总监		
6		工程部部长		
7		作业队长		
8		施工员		
9		办公室主任		
10		物设部部长		
11		现场指挥人员		
12		作业队队长		
13		机械操作人员		

1.4 技术方案组应急处置卡

组长	项目总工程师	
序号	处置程序	行动内容
1	现场核实、评估及制订方案	辨识应急救援过程中的危险、有害因素，并进行安全风险评估，确定灾害现场监控方式，组织开展现场监控
2	指导救援实施及安全监控	根据事故现场的特点，制定相应的应急救援技术措施和应急救援步骤；动态关注现场情况并制定措施，防止发生二次伤害事故
3	配合调查	协助开展对现场有关人员的约谈，并配合调查事故发生的原因
注意事项： （1）救援方案制订及时可行。 （2）救援指导到位，调整及时。 （3）落实防控措施及监控到位。 （4）数据处理和及时上报		

续表

<table>
<tr><td colspan="5">主要联系人员</td></tr>
<tr><td>序号</td><td>姓　名</td><td>职　务</td><td>联系电话</td><td>备注</td></tr>
<tr><td>1</td><td></td><td>项目经理</td><td></td><td></td></tr>
<tr><td>2</td><td></td><td>项目书记</td><td></td><td></td></tr>
<tr><td>3</td><td></td><td>项目副经理</td><td></td><td></td></tr>
<tr><td>4</td><td></td><td>项目安全总监</td><td></td><td></td></tr>
<tr><td>5</td><td></td><td>工程部部长</td><td></td><td></td></tr>
<tr><td>6</td><td></td><td>安环部部长</td><td></td><td></td></tr>
<tr><td>7</td><td></td><td>施工员</td><td></td><td></td></tr>
<tr><td>8</td><td></td><td>作业队长</td><td></td><td></td></tr>
<tr><td>9</td><td></td><td>技术指导人员</td><td></td><td></td></tr>
<tr><td>10</td><td></td><td>监测人员</td><td></td><td></td></tr>
<tr><td>组员</td><td colspan="4">相关成员</td></tr>
<tr><td>序号</td><td>处置程序</td><td colspan="3">行动内容</td></tr>
<tr><td>组员 1</td><td colspan="4">×××</td></tr>
<tr><td>1</td><td>现场技术监控</td><td colspan="3">开展现场监控，协助进行安全风险评估</td></tr>
<tr><td>2</td><td>数据处置与判断</td><td colspan="3">数据预警或超限值，及时上报现场指挥人员</td></tr>
<tr><td>组员 2</td><td colspan="4">×××</td></tr>
<tr><td>1</td><td>组织撤离</td><td colspan="3">发现数据预警或超限值后，第一时间有效组织人员撤离至安全地带</td></tr>
<tr><td>2</td><td>险情报告</td><td colspan="3">及时电话上报险情至作业队队长、项目安全生产管理负责人或项目经理</td></tr>
<tr><td>3</td><td>动态监控</td><td colspan="3">现场数据持续预警或超限值及时上报</td></tr>
<tr><td colspan="5">注意事项：
（1）救援方案制定及时可行；
（2）救援指导到位，调整及时；
（3）落实防控措施及监控到位；
（4）数据处理和及时上报。</td></tr>
<tr><td colspan="5">主要联系人员</td></tr>
<tr><td>序号</td><td>姓　名</td><td>职　务</td><td>联系电话</td><td>备注</td></tr>
<tr><td>1</td><td></td><td>项目经理</td><td></td><td></td></tr>
<tr><td>2</td><td></td><td>项目书记</td><td></td><td></td></tr>
<tr><td>3</td><td></td><td>项目副经理</td><td></td><td></td></tr>
<tr><td>4</td><td></td><td>项目总工程师</td><td></td><td></td></tr>
<tr><td>5</td><td></td><td>项目安全总监</td><td></td><td></td></tr>
<tr><td>6</td><td></td><td>工程部部长</td><td></td><td></td></tr>
<tr><td>7</td><td></td><td>安环部部长</td><td></td><td></td></tr>
<tr><td>8</td><td></td><td>施工员</td><td></td><td></td></tr>
<tr><td>9</td><td></td><td>作业队长</td><td></td><td></td></tr>
<tr><td>10</td><td></td><td>技术指导人员</td><td></td><td></td></tr>
<tr><td>11</td><td></td><td>监测人员</td><td></td><td></td></tr>
</table>

1.5 后勤保障组应急处置卡

<table>
<tr><td>组长</td><td colspan="4">项目书记</td></tr>
<tr><td>序号</td><td>处置程序</td><td colspan="3">行动内容</td></tr>
<tr><td>1</td><td>救援物资工器具准备</td><td colspan="3">准备抢险救援急需的物资、设备；负责现场救援及事故调查工作人员生活保障、食宿安排等后勤服务；提供必要的办公用品、交通工具、通信工具、器材等</td></tr>
<tr><td>2</td><td>现场交通维护</td><td colspan="3">协助属地政府有关部门进行交通疏解</td></tr>
<tr><td>3</td><td>调配物资及设备</td><td colspan="3">根据应急救援需要，及时将抢险救援急需的物资、设备送至现场</td></tr>
<tr><td></td><td></td><td colspan="3"></td></tr>
<tr><td></td><td></td><td colspan="3"></td></tr>
<tr><td colspan="5">注意事项：
（1）按指令落实救援物资设备。
（2）确保设备完好使用正常</td></tr>
<tr><td colspan="5">主要联系人员</td></tr>
<tr><td>序号</td><td>姓 名</td><td>职 务</td><td>联系电话</td><td>备注</td></tr>
<tr><td>1</td><td></td><td>项目经理</td><td></td><td></td></tr>
<tr><td>2</td><td></td><td>项目副经理</td><td></td><td></td></tr>
<tr><td>3</td><td></td><td>项目安全总监</td><td></td><td></td></tr>
<tr><td>4</td><td></td><td>安环部部长</td><td></td><td></td></tr>
<tr><td>5</td><td></td><td>办公室主任</td><td></td><td></td></tr>
<tr><td>6</td><td></td><td>物设部部长</td><td></td><td></td></tr>
<tr><td>组员</td><td colspan="4">相关成员</td></tr>
<tr><td>序号</td><td>处置程序</td><td colspan="3">行动内容</td></tr>
<tr><td>组员1</td><td colspan="4">×××</td></tr>
<tr><td>1</td><td>救援物资、设备调配</td><td colspan="3">根据救援方案，组织调配救援物资、设备</td></tr>
<tr><td>2</td><td>物资补充、设备维护</td><td colspan="3">根据救援物资消耗情况及时补充物资设备，并进行设备维护</td></tr>
<tr><td>组员2</td><td colspan="4">×××</td></tr>
<tr><td>1</td><td>后勤服务</td><td colspan="3">做好抢险和事故调查人员生活保障、食宿安排等</td></tr>
<tr><td>2</td><td>办公、通信保障</td><td colspan="3">提供必要的办公用品、交通工具、通信工具、器材等</td></tr>
<tr><td>组员3</td><td colspan="4">×××</td></tr>
<tr><td>1</td><td>交通疏解</td><td colspan="3">协助属地政府有关部门进行交通疏解，确保现场交通畅通</td></tr>
<tr><td colspan="5">注意事项：
（1）按指令落实救援物资设备。
（2）确保设备完好使用正常</td></tr>
<tr><td colspan="5">主要联系人员</td></tr>
<tr><td>序号</td><td>姓 名</td><td>职 务</td><td>联系电话</td><td>备注</td></tr>
<tr><td>1</td><td></td><td>项目经理</td><td></td><td></td></tr>
<tr><td>2</td><td></td><td>项目书记</td><td></td><td></td></tr>
</table>

续表

序号	姓 名	职 务	联系电话	备注
3		项目副经理		
4		项目安全总监		
5		工程部长		
6		办公室主任		
7		物设部部长		
8		作业队长		
9		安全员		
10		施工员		

1.6 安全保卫组应急处置卡

组长	项目安全总监			
序号	处置程序	行动内容		
1	现场秩序维护	做好现场保卫、警戒工作，确定疏散路线		
2	关注现场动态变化	动态关注现场情况，防止发生二次伤害事故		
3	协助救援	协助做好受伤人员的转移工作		
注意事项： （1）关注现场安全动态变化情况，防止二次伤害。 （2）现场组织人员撤离后，不得盲目抢救被困人员。 （3）出现异常情况或险情扩大及时上报				
主要联系人员				
序号	姓 名	职 务	联系电话	备注
1		项目经理		
2		项目书记		
3		项目副经理		
4		安环部部长		
5		办公室主任		
6		物设部部长		
7		安全监护人员		
8		安全员		
9		作业班组负责人		
组员	相关成员			
序号	处置程序	行动内容		
组员 1	×××			
1	动态监控	现场动态监控异常情况和险情变化		
2	异常情况处置与判断	出现异常情况或险情扩大，及时上报现场指挥人员		
组员 2	×××			
1	组织撤离	发现险情后，第一时间有效组织人员撤离至安全地带		

续表

序号	处置程序	行动内容
2	险情报告	及时电话上报险情至项目安全生产管理负责人或项目经理
3	动态监控	现场动态监控异常情况和险情变化；出现异常情况或险情扩大时及时上报
组员 3	×××	
1	组织撤离	发现险情后，第一时间有效组织人员撤离至安全地带
2	稳定现场	控制好现场秩序，做好现场安保工作
注意事项： （1）关注现场安全动态变化情况，防止二次伤害。 （2）现场组织人员撤离后，不得盲目抢救被困人员。 （3）出现异常情况或险情扩大及时上报		

主要联系人员				
序号	姓 名	职 务	联系电话	备注
1		项目经理		
2		项目书记		
3		项目副经理		
4		项目安全总监		
5		安环部部长		
6		办公室主任		
7		物设部部长		
8		安全监护人员		
9		安全员		
10		作业班组负责人		

2　应急处置方案卡控要点

2.1　坍塌（倾覆）

序号	处置步骤	工作岗位或功能组
1	（1）首先查明险情，确定是否还有危险源，是否有继续倾覆的危险和人员伤亡情况。 （2）查看操作人员是否被困在操作室内,检查有无其他人员被砸伤或掩压在其下面，相邻构筑物是否受到侵害	抢险救援组、安全保卫组、综合协调组
2	封锁保护现场及周边区域，疏散作业人员到安全地带，并进行警戒不准闲人靠近，避免二次伤害	安全保卫组、后勤保障组
3	（1）若设备、模板、梁体处于稳定状态，采取焊接、连接、支撑等方式，在不破坏失稳受力情况下增加平衡力矩，控制险情发展，救援人员将伤员抬出进行救治。	抢险救援组、后勤保障组、

续表

序号	处置步骤	工作岗位或功能组
3	（2）若设备、模板、梁体压住受伤人员，采用起重设备或千斤顶等起升设备，抬出伤员进行救治；选用适量吨位起重机按照抢险方案将倾覆设备转移至平坦场地，变形部件用气焊割开或调整。 （3）当现场无设备、模板、梁体吊装或顶升条件时，采用氧气乙炔切割设备切割或破碎设备破除梁体，再进行人员救治	综合协调组、技术支持组
4	（1）立即将伤员抬到通风良好的地方，解开衣服、裤带，纠正机体缺氧。 （2）呼吸停止者，立即做人工呼吸。 （3）心跳停止者，立即做胸壁外心脏按压。 （4）流血者应进行止血、包扎、固定等处理。 （5）严重者立即送到就近医院进行救治	后勤保障组、综合协调组
5	（1）对受影响的建筑物和设备进行观测，防止发生次生灾害。 （2）在专业人员的指导下进行倾翻变形设备的拆卸、修复工作	抢险救援组、后勤保障组、综合协调组

2.2 起重伤害

序号	处置步骤	工作岗位或功能组
1	（1）起重设备司机应立即停止起重作业，关闭电源，现场人员大声呼救，立即通知现场负责人。 （2）进行人员疏散，组织人员撤离现场，对影响范围进行警戒，防止无关人员进入	抢险救援组、安全保卫组
2	（1）现场确认事故影响和危害，人员受伤情况。 （2）根据现场吊装重物、设备、周边环境情况等制订救援方案及措施	抢险救援组、技术支持组
3	（1）重物悬空：应在保证安全的前提下，落下重物，关掉电源。 （2）吊具或吊物伤人：人员被压在重物下面时，立即采取搬开重物或使用抬升、切割、顶开设备（千斤顶、叉车、或气切割工具等）或起重工具移开重物等措施，将受伤人员转移到安全地带，进行抢救。 （3）起重机碰撞挤压伤人：立即停机或实施反向运行操作，让伤员脱险。 （4）起重伤害造成人员高坠或司机、作用人员被困高处：利用液压升降平台或高空通道、吊篮等设备、工装将伤员或被困者从高处危险环境转移。 （5）起重设备漏电、触电：立即切断起重设备电源，用绝缘物体将带电体从伤员身边移开	抢险救援组、后勤保障组、综合协调组
4	（1）对较轻的受伤人员，视伤情及时采取止血、包扎、固定等措施，送往医院治疗。 （2）受伤人员出现呼吸、心跳停止症状后，必须立即进行人工呼吸。 （3）伤势严重者，急救人员边抢救边就近送医院，或拨打 120 急救	后勤保障组、综合协调组
5	（1）根据现场设备、吊装重物情况，开展吊装卸载、设备检查、供电恢复等工作。 （2）如起重设备发生倾覆，根据设备特点开展设备起复救援工作。 （3）设备检修	抢险救援组、技术支持组

2.3 高处坠落

序号	处置步骤	工作岗位或功能组
1	（1）事故发生后，如受伤人员清醒应发出求救信号，方便周围人员知道并确认位置。 （2）现场人员大声呼救，立即通知现场负责人，现场负责人上报并组织现场施救	抢险救援组、综合协调组
2	（1）现场确认人员受伤情况，制定现场急救方式，并拨打120请求救援。 （2）对现场进行清查，确认伤员上方无物品坠落危险	抢险救援组、技术支持组、综合协调组
3	将伤员转移至安全位置，如伤员被困高处则利用液压升降平台或高空通道、吊篮等设备、工装将伤员或被困者从高处危险环境转移	抢险救援组、技术支持组
4	（1）发生人员高处坠落摔伤，首先应观察伤员的神志是否清醒，随后看伤员坠落时身体着地部位。 （2）如发生流血对受伤人员，应进行止血、包扎、固定等处理。 （3）立即送到就近医院进行救治	后期保障组、综合协调组
5	（1）保护封锁高坠现场，等待相关人员进行事故调查。 （2）事故调查完清楚后，清理现场。 （3）完善现场安全防护设备、设施	综合协调组、安全保卫组

2.4 车辆伤害

序号	主要工作内容	责任分工
1	封锁现场，将现场及周边人员疏散至安全区域，在事故点前后按要求设置警示标志，防止发生次生事故	抢险救援组、后勤保障组、安全保卫组
2	（1）发生一般车辆压住伤者，立即小心移开车辆，或用千斤顶顶起车辆，将伤者小心移出。 （2）如果发现车辆有漏油，疏散无关人员，禁止点火源出现，并立即采取堵漏措施，发生车辆自燃立即用灭火器等进行灭火。 （3）如遇运梁车发生事故，首先停止设备并固定好设备，防止设备溜移。用相应吨位起重设备或顶升设施将倾覆梁体和车辆缓慢起升，让伤员脱险。 （4）在无法起升梁体或车辆时通过切割梁体、凿除梁体砼，将砼梁板分层数段，首先切割、凿除，并及时清理现场，尽快让伤员脱离危险	抢险救援组、后勤保障组、综合协调组、技术支持组
3	（1）现场确认后，立即开展伤员救治，并向120求救。 （2）对受伤人员，应进行止血、包扎、固定等处理，再送到就近医院进行救治	后勤保障组、综合协调组
4	（1）保护封锁现场，等待相关人员进行事故调查。 （2）现场处理物及时外运，将对外界的影响缩小到最低限度	安全保卫组、抢险救援组、综合协调组

YJ

中铁二局集团有限公司

YJ/ZTEJ–2020

成昆铁路轨道工程
安全质量、生态环境事故（事件）
现 场 处 置 方 案

2020 年 12 月

中铁二局成昆铁路项目经理部

批 准 页

中铁二局《成昆铁路轨道工程安全质量、生态环境事故（事件）现场处置方案》是中铁二局成昆铁路项目经理部为保护员工生命安全，减少财产损失，确保事故发生时快速反应、妥善处置而制定的内部规范性文件。

本处置方案是在开展事故风险分析和应急资源调查的基础上，针对具体的作业场所或设备设施制定的工作方案，同时考虑了突发质量事故、突发环境（安全事故衍生）事件的应急情形，明确了轨道工程出现不可接受风险事件时，项目应急组织机构与职责、应急响应、应急处置原则、应急保障等相关要求，适用于铁路项目及地铁项目轨道工程可能造成的轨行设备溜逸、车辆伤害、起重伤害、轨行设备脱线和倾覆，及突发环境事件等现场处置工作。

中铁二局《成昆铁路轨道工程安全质量、生态环境事故（事件）现场处置方案》经中铁二局成昆铁路项目经理部安全生产领导小组批准，现正式实施。

项目书记：

项目经理：

年 月 日

目　录

1 事故风险分析

按风险评估要求，对该轨道施工过程中可能存在的危险因素进行了全面辨识，并使用风险矩阵评价法对可能发生的各类型事故产生的风险后果进行了评价。成昆铁路轨道风险评估结果显示：在可能导致的10种事故类型中，中度风险的有6项，高度风险的有3项，极高度风险有1项，其中高度风险及极高风险见表1。

表1 成昆铁路轨道工程高度风险及极高风险分析

序号	事故类型	易发区域、影响范围	事故原因	风险等级	事故征兆	可能引发的次生衍生事故
1	轨行设备溜逸	1. 上下坡区段。 2. 车站	1. 防溜措施不到位。 2. 设备制动。 3. 大坡道停车。 4. 人员操作失误失灵	极高风险（不可接受）	轨行设备失速	1. 车辆伤害。 2. 设备倾覆
2	车辆伤害	1. 铁路工程线。 2. 地铁轨行区行车区域	1. 行车计划不合理，违规行车、调车、停车。 2. 材料机具装车侵限、施工机具及材料侵限。 3. 大件材料机具固定不牢固、小件材料机具散落未装箱。 4. 机组人员超速、疲劳驾驶、不按信号驾驶。 5. 作业人员不按经审批的施工计划施工等。 6. 小平车管理不当。 7. 施工现场防护不到位	高度风险（控制后可接受风险）	1. 轨行车辆相撞。 2. 轨行车辆溜逸	1. 火灾。 2. 倾覆
3	起重伤害	吊装作业面	1. 吊装作业过程中吊装方案不当。 2. 吊装设备故障。 3. 运行环境不满足吊装要求。 4. 违章指挥、违章作业	高度风险（控制后可接受风险）	1. 试吊时设备异常。 2. 起吊物吊起后，钢丝绳出现断裂声响。 3. 吊装设备出现超载异响。 4. 地基承载面坍陷等	1. 物体打击。 2. 触电。 3. 高处坠落
4	轨行设备脱线、倾覆	铺轨设备、自轮运转设备作业面	1. 轨道线路不满足行车安全要求。 2. 机组人员操作失误、违规作业。 3. 工具材料侵限。 4. 货物装载偏载。 5. 设备故障。 6. 道口管理不当	高度风险（控制后可接受风险）	轨行设备失速、晃动、跳动	1. 火灾。 2. 机械伤害。 3. 车辆伤害

2 事故响应

根据事故信息、初步原因分析、人员伤亡情况、经济损失和社会影响范围等因素划分，将应急响应级别分为Ⅰ～Ⅳ级，项目部负责第Ⅳ级应急响应工作，配合Ⅰ、Ⅱ、Ⅲ级响应工作。其响应分级、启动条件见表2。

表2 响应分级

序号	响应分级	启动条件（下列情况之一）	响应部门人员	响应内容
1	Ⅰ级 中国 中铁	1. 初判可能发生死亡10人及以上，或重伤50人及以上的安全事故。 2. 初判可能发生直接经济损失5 000万元及以上的事故。 3. 因施工造成的或生产安全事故衍生的，可能导致周边生态环境发生严重污染或破坏的突发环境事件。 4. 需疏散转移1 000人及以上的突发自然灾害事故	中国中铁：领导及相关人员 中铁二局：公司主要领导，分管领导，工会主席，安全总监，公司办公室、安质环保部、工程管理部、人力资源部、宣传部、工会等负责人及相关人员 子公司：主要领导、分管领导、工会主席、安全总监，安质环保部、工程管理部、人力资源部、党群工作部、工会等负责人及相关人员 区域公司：主要领导、监管领导、工程部长及相关人员	1. 向中国中铁请求支援，必要时可请求国家救援队支援。 2. 接受中国中铁下达的各项指令并响应。 3. 按响应级别及属地原则由各级政府组织应急救援的，服从其统一指挥
2	Ⅱ级 中铁 二局	1. 初判可能发生死亡3～9人，或重伤10～49人的安全事故。 2. 初判可能发生直接经济损失1 000万～5 000万元（不含）的事故。 3. 因施工造成或生产安全事故衍生的，可能导致周边生态环境发生较重污染或破坏的突发环境事件。 4. 需疏散转移500～1 000人（不含）的突发自然灾害事故	中铁二局：公司分管领导、工会主席、安全总监，安质环保部、工程管理部、宣传部、工会等负责人及相关人员 子公司：主要领导、分管领导、工会主席，安全总监，安质环保部、工程管理部、党群工作部、工会等负责人及相关人员 区域公司：主要领导、监管领导、工程部长及相关人员	1. 中铁二局应急领导小组下达指令。 2. 中铁二局应急工作组响应。 3. 必要时可请求国家救援队支援。 4. 按响应级别及属地原则由各级政府组织应急救援的，服从其统一指挥
3	Ⅲ级 子分公司、区域公司	1. 初判可能发生死亡1～2人，或3～9人重伤的安全事故。 2. 无人员伤亡，但社会影响较大的险性事故（事件）：	子分公司：分管领导、安全总监、安质环保部、工程管理部部长及相关人员	1. 子（分）公司应急领导小组下达指令。

续表

序号	响应分级	启动条件（下列情况之一）	响应部门人员	响应内容
3	Ⅲ级 子分公司、区域公司	（1）营业线施工及施工破坏管线，造成较大影响的事故。 （2）机车溜逸。 （3）其他影响大、损失较大的险性事故。 3. 初判可能发生直接经济损失 100 万～1 000 万元（不含）的质量事故。 4. 因施工造成或生产安全事故衍生的，可能导致邻近区域内生态环境发生较重污染或破坏的突发环境事件。 5. 需转移安置 100～500 人（不含）的突发自然灾害事故	区域公司：监管领导、工程部长及相关人员	2. 现场应急工作组接受指令、响应。 3. 必要时，向中铁二局请求支援
4	Ⅳ级 项目经理部	1. 初判可能发生重伤 3 人（不含）以下的安全事故。 2. 其他影响较大、损失较重的险性事故。 3. 初判可能发生直接经济损失 20 万～100 万元的质量事故。 4. 需转移安置 50～100 人（不含）的突发自然灾害事故	项目经理部：领导班子、职能部门负责人及相关人员	1. 项目现场应急领导小组下达指令。 2. 现场应急处置组接受指令、并响应。 3. 必要时，向子（分）公司或中铁二局区域公司请求支援

3 应急组织机构及工作职责

3.1 应急组织机构

3.1.1 组织机构

项目组织机构见图 1。

3.1.2 应急组织机构设置

项目经理部设立应急领导小组，并下设五个应急处置组。

组 长：项目经理

副组长：项目书记、项目副经理、项目总工程师、项目安全总监

成 员：工程部、安全环保部、质量管理部、工经部、物机部、财会部、办公室、试验室等部门负责人和有关人员

应急领导小组办公室设在调度室，并设 24 小时值班电话。

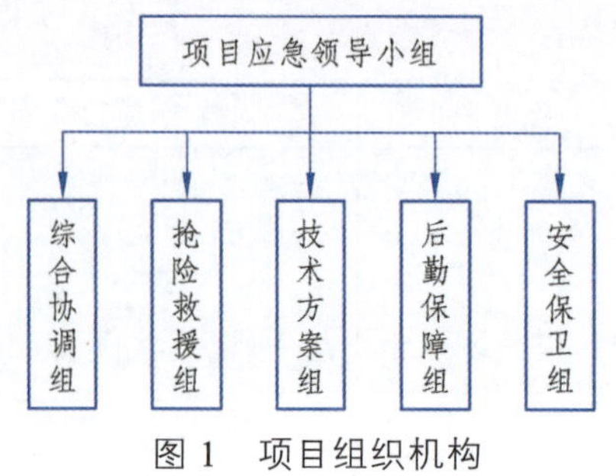

图 1　项目组织机构

3.2　应急领导小组职责

在发生事故和突发紧急事件时，必须立即组织应急队伍迅速到达事故现场。各应急处置组及副组长必须服从组长统一安排，按职责分工进行应急处置工作。

3.2.1　应急领导小组主要职责

1. 建立健全事故应急机构。
2. 组织编制项目部应急预案和现场处置方案。
3. 负责组织调配或购置应急物资、设备，监督指导项目职能部门建立应急管理工作台账。
4. 负责组织应急知识培训教育、宣传及应急预案培训、演练、评价工作。
5. 负责启动应急方案、及时调配应急资源。
6. 按照应急响应分级和程序，向上级和属地政府部门报告事故情况。
7. 接受上级或地方政府应急救援现场指挥部的领导，落实指令。
8. 指挥现场应急人员开展应急救援，采取有效措施防止事故扩大，并保护事故现场。
9. 配合事故调查，做好善后处置工作。

3.2.2　组长（项目经理）职责

1. 组织应急队伍迅速到达事故现场，指挥现场人员开展应急救援。
2. 组织采取有效措施防止事故扩大，最大限度减少人员伤亡和财产损失。
3. 组织保护好事故现场，并及时向当地政府部门和上级报告事故情况。

3.2.3　副组长（项目书记）职责

1. 负责组织媒体接待、采访和引导工作，配合上级单位发布相关信息。
2. 组织伤亡人员及家属的接待、稳定工作。
3. 组织保险理赔工作。

3.2.4　副组长（项目副经理）职责

1. 负责组织实施现场应急救援。
2. 及时向组长汇报事件发生和发展信息，尤其是异常信息。
3. 组织保障现场交通。

3.2.5 副组长（项目总工程师）职责

1. 组织对应急救援进行安全风险评估。
2. 初步分析事故发生的技术原因。
3. 组织制定应急救援技术措施。

3.2.6 副组长（项目安全总监）职责

1. 初步分析事故发生的管理原因。
2. 协助相关机构调查取证。
3. 协助相关机构人员的约谈。

3.3 应急处置组职责

3.3.1 综合协调组职责

1. 负责信息收集与传递。
2. 负责媒体接待、采访和引导工作，配合上级单位发布相关信息。
3. 做好受伤人员救护及家属的接待、稳定工作。
4. 做好保险理赔工作。

3.3.2 抢险救援组职责

1 采取措施防止次生灾害、保护伤员。

2 按照方案组织救援，科学合理地提出应急物资、设备、人力配备建议。

3 抢救现场伤员、设备及物资。

4 必要时配合外部救援工作。

3.3.3 技术方案组职责

1. 辨识应急救援过程中的危险、有害因素，并进行安全风险评估。
2. 制定应急救援技术措施和救援步骤，指导救援。
3. 确定灾害现场监控量测方式，组织开展现场监控量测。
4. 协助开展对现场有关人员的约谈，调查了解事故发生的原因，配合上级单位进行事故调查。

3.3.4 后勤保障组职责

1. 负责现场抢险救援及事故调查工作人员生活保障、食宿安排等后勤服务；提供必要的办公用品、交通工具、通信工具、器材等。
2. 协助属地政府有关部门进行交通疏解。
3. 调配抢险救援急需的物资、设备等。

3.3.5 安全保卫组职责

1. 保证现场应急救援通道的畅通。
2. 做好现场保卫、警戒工作。
3. 动态关注现场情况，防止发生二次伤害事故。
4. 依据拟定技术措施和救援步骤，协助现场救援。

4 应急处置

4.1 生产安全事故应急响应程序

4.1.1 生产安全事故应急响应流程

项目生产安全事故应急响应流程见图 2。

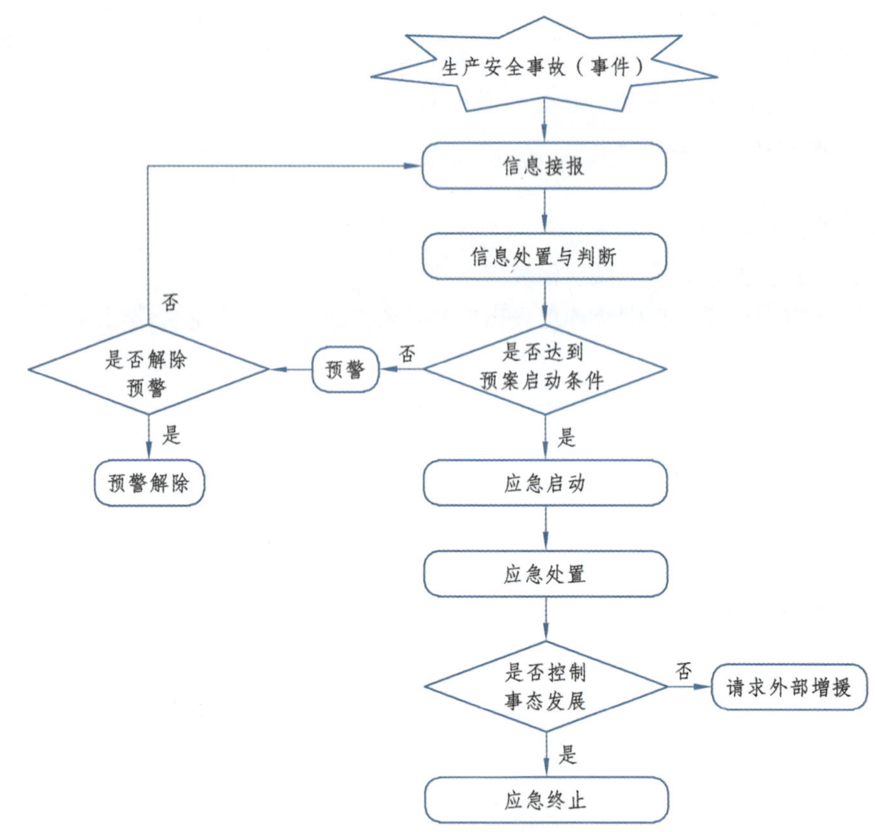

图 2　项目生产安全事故应急响应流程

4.1.2 现场应急处置步骤及内容

1. 事故发生后，事故现场人员应立即疏散、撤离，并采取自救、互救措施。

2. 现场人员第一时间通知项目经理。
3. 项目经理或其他负责人立即赶赴现场，查看事故情况及伤损情况。
4. 判明情况，下达处置方案启动命令并上报。
5. 确定方案开展救援和伤员救护。
6. 救援终止。
7. 事故调查及善后处理。

4.1.3 应急处置措施

1. 车辆伤害事故现场处置措施（表 3）。

表 3 车辆伤害应急处置措施

序号	任务	主要工作内容	责任分工
1	前期处置	（1）操作司机立即停车，停车后按规定拉紧驻车制动，切断动力源，开启危险信号灯。在事发点前后两端不小于 300 m 处设置停车防护。 （2）发出险情讯号，并按逃生路线有序撤离，将遇险人员逐步转移到安全地点	抢险救援组、安全保卫组
2	现场确认	（1）现场确认伤员伤情及位置情况，查看是否被困。 （2）现场确认车辆损伤、对轨道线路、周边建筑物、构筑物影响。 （3）根据现场情况，制定救援措施	抢险救援组、技术保障组
3	封锁区间	（1）立即将现场情况上报行车调度指挥中心，申请立即对工程线（轨行区）事故区段封锁线路。 （2）立即组织人员封锁隔离现场，保证无关车辆人员误入事发现场	抢险救援组、安全保卫组
4	救援作业	（1）运输车辆冲撞人员：轨行设备后退运行，让被困人员脱险；或者采用垫木配合液压油顶顶升、设备起吊等方式抬升运输车辆，并利用垫木搭设施救空间，转移出受伤人员。 （2）运输车辆碰撞侵限作业平台：组织人员按从上到下的顺序清理现场，采用轨道吊等设备起吊大型障碍物。如有需要，将障碍物切割后再进行清除，及时转移出受伤人员	抢险救援组、后勤保障组
5	人员施救	视伤情对伤员及时采取止血、包扎、固定等措施，伤势严重者，急救人员边抢救边就近送医院，或拨打 120 急救	抢险救援组、综合协调组
6	恢复线路	立即组织人员尽快清理现场，尽早达到列车放行条件，开通该段线路	抢险救援组、技术保障组、后勤保障组
7	解除封锁	向行车调度指挥中心汇报线路恢复情况，销记，对线路进行开通前确认，解除封锁	抢险救援组、综合协调组

2. 起重伤害事故现场应急处置措施（表4）。

表4　起重事故应急处置措施

序号	任务	主要工作内容	责任分工
1	前期处置	（1）立即切断一切动力源、电源、火源，防止事故扩大。 （2）事故现场人员应立即疏散、撤离危险区域并采取自救、互救措施	抢险救援组、安全保卫组
2	现场确认	（1）迅速查看并判断起重机是否支稳，倾覆影响范围及周边是否存在再次坍塌和坠落隐情，对险情进行初步评估，在能力范围内排除险情。不能排除的险情，进行重点警戒。 （2）封锁事故现场。严禁一切无关的人员、车辆和物品进入事故危险区域，开辟应急救援人员、车辆及物资进出的安全通道	抢险救援组、技术保障组、安全保卫组
3	救援作业	（1）控制危险源。根据发生事故的起重机械的结构特点以及所发生事故的类别，采取有针对性的安全技术措施，控制事故的扩大。 （2）起吊物或起重设备伤人：直接搬开或用抬升、切割、顶开设备（千斤顶、叉车、装载机或吊车、气切割工具等）抬升或移开压住伤员的吊物（具），尽快抢救出伤员。 （3）起重设备起复：制订起重机起复施救方案，实施设备起复，尽快抢救出伤员	抢险救援组、技术保障组、后勤保障组
4	人员施救	视伤情对伤员及时采取止血、包扎、固定等措施，伤势严重者，急救人员边抢救边就近送医院，或拨打120急救	抢险救援组、综合协调组
5	现场恢复	（1）清理现场。 （2）对起重设备进行检修或修复	抢险救援组、技术保障组

3. 轨行设备脱线、倾覆现场应急处置措施（表5）。

表5　轨行设备脱线、倾覆应急处置措施

序号	任务	主要工作内容	责任分工
1	前期处置	（1）操作司机立即停车，停车后按规定拉紧驻车制动，切断动力源，开启危险信号灯。事发点前后两端不小于300 m处设置停车防护。 （2）按照发出险情讯号，并按逃生路线有序撤离，将遇险人员逐步转移到安全地点	抢险救援组、安全保卫组
2	现场确认	（1）立即检查是否有人受伤、受困，如果发生轨行设备倾覆事故时，首先查看操作人员是否被困在操作室内，检查有无其他人员被砸伤或掩压在其下面。若有人员被困，立即组织人员脱险。 （2）检查轨行车辆脱线、倾覆造成损坏行车设备情况、影响范围、相邻构筑物是否受到侵害	抢险救援组、技术支持组、综合协调组
3	封锁区间	（1）立即将现场情况上报调度指挥中心，申请立即对工程线（轨行区）事故区段封锁线路。 （2）立即组织人员封锁隔离现场，防止无关车辆、人员误入事发现场	抢险救援组、安全保卫组

续表

序号	任务	主要工作内容	责任分工
4	现场救援	（1）按照使用说明书要求使用复轨器起复车列。 （2）复轨器不能起复时使用相应吨位起重设备将倾覆设备复位，再组织营救伤害人员	抢险救援组、技术支持组、后勤保障组
5	人员施救	视伤情对伤员及时采取止血、包扎、固定等措施，伤势严重者，急救人员边抢救边就近送医院，或拨打120急救	抢险救援组、综合协调组、后勤保障组
6	恢复线路	立即组织人员尽快恢复受损铁路线路及设备，清理现场，及时达到列车放行条件，尽早开通该段线路	抢险救援组、技术保障组、后勤保障组
7	解除封锁	向调度中心汇报线路恢复情况，对线路进行开通前确认，进行销记、解除封锁	抢险救援组、综合协调组

4. 轨行设备溜逸现场应急处置措施（表6）。

表6　轨行设备溜逸应急处置措施

序号	任务	主要工作内容	责任分工
1	紧急处置	（1）当轨行设备溜逸时，发现者应立即安放铁鞋，上车使用手制动措施，尽量做到就地制动，防止溜入区间或邻站。 （2）迅速报告车站值班员、行车调度指挥中心，并申请立即对工程线（轨行区）事故区段封锁线路。 （3）立即大声呼喊，疏散周围及车列运行前方人群，所有人员在远离线路两侧避让车列，当在地铁区间时，攀附轨道两侧的管片或上疏散平台避让车列	抢险救援组、综合协调组
2	封锁区间	（1）调度指挥中心立即组织人员通知各作业单位在车列溜逸运行前方人员疏散。 （2）立即停止向同区间股道发行车列	抢险救援组、安全保卫组
3	现场救援	（1）组织发生溜逸的车站、邻站（下坡）端车站准备木楔、枕木、铁鞋、脱轨器等设备在运行前方线路插放枕木、放置铁鞋、脱轨器进行溜逸堵截，有关人员要远离安放地点，防止机车、车辆扎上防溜设备时脱落飞起伤人。 （2）有条件的车站将进路的道岔扳向安全线位置。 （3）对可能影响既有线行车安全时，拆断线路。 （4）尽量避免溜逸车辆通过龙门吊，造成挂倒、冲倒龙门吊事故	抢险救援组、技术支持组、后勤保障组
4	人员施救	（1）及时转移现场受伤人员。 （2）视伤情对伤员及时采取止血、包扎、固定等措施，伤势严重者，急救人员边抢救边就近送医院，或拨打120急救	抢险救援组、综合协调组、后勤保障组

续表

序号	任务	主要工作内容	责任分工
5	恢复线路	立即组织人员尽快恢复受损轨道线路及设备，清理现场，及时达到列车放行条件，尽早开通该段线路	抢险救援组、技术保障组、后勤保障组
6	解除封锁	向调度中心汇报线路恢复情况，对线路进行开通前确认，进行销记、解除封锁	抢险救援组、综合协调组

4.2 工程质量事故应急处置

4.2.1 质量事故应急响应程序

项目工程质量事故应急响应流程见图 3。

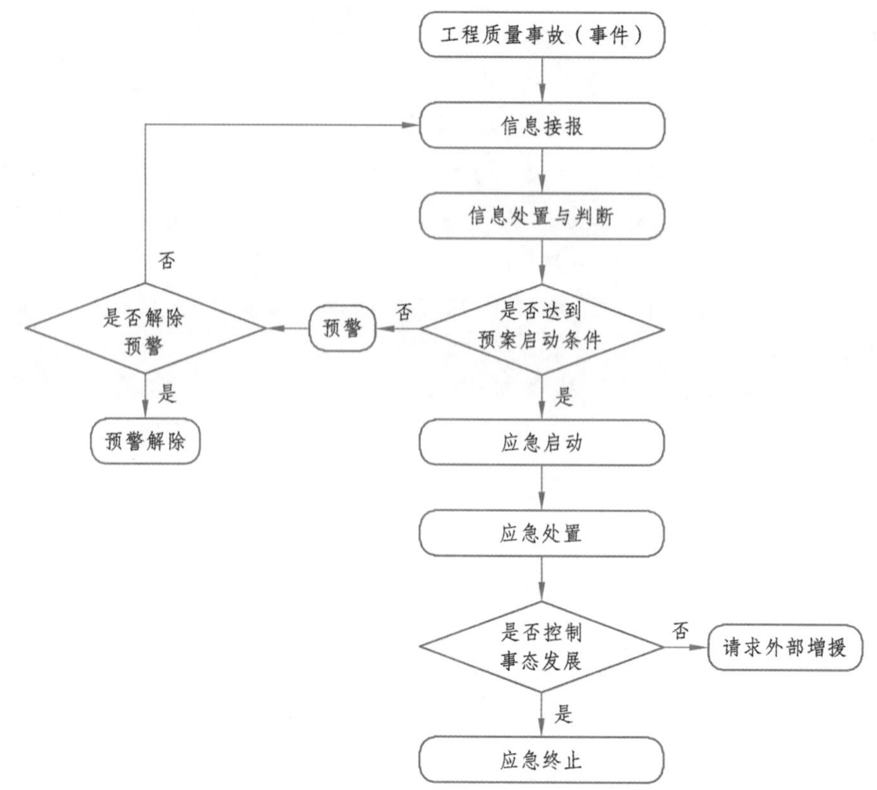

图 3　项目工程质量事故应急响应流程

4.2.2 现场应急处置步骤及内容

1. 事故发生后，事故现场人员应立即疏散、撤离。
2. 现场人员第一时间通知项目经理。
3. 项目经理或其他负责人立即赶赴现场，封闭事故区域，防止人员误入。
4. 查看质量事故区域，初步了解其影响范围、可能衍生的次生灾害等信息情况，并及时反馈建设单位、设计单位、监理单位等相关方。

5. 判明情况，构成工程质量事故应急情况条件的，下达处置方案启动命令并上报。

6. 在现场专家组及勘察设计单位确定工程应急方案后，进行返工或返修处理。

7. 应急处置终止。

8. 配合进行事故调查及善后处理。

4.2.3 应急处置措施

1. 质量事故引发工程安全事故，按本轨道工程安全事故应急处置措施处置。

2. 质量事故造成工程工期严重滞后，需组织进行抢工的，须制订专项施工或返工方案，按方案执行。

3. 因设计重大变更、突发自然灾害等，造成工程保通应急情况出现的，不属于质量事故应急突发状况，按设计或现场专家组提出的方案进行保通施工。

4. 按设计方案进行工程返工或处理前，事故区域需进行预加固处理的，应及时形成专项方案，按专项处置方案进行处理，确保后续返工或处置现场作业环境安全。

4.3 突发环境事件应急处置

4.3.1 突发环境事件应急响应程序

项目突发生态环境事件应急响应流程见图 4。

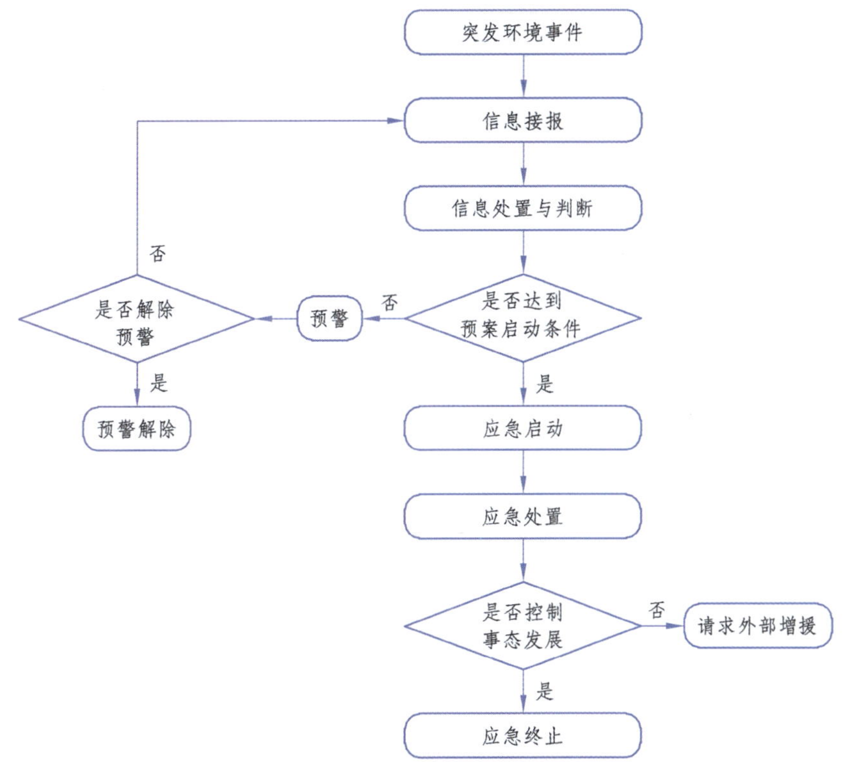

图 4　项目突发生态环境事件应急响应流程

4.3.2 现场应急处置步骤及内容

1. 事故发生后，事故发生区域现场人员应立即疏散、撤离。
2. 现场人员第一时间通知项目经理。
3. 项目经理或其他负责人立即赶赴现场，查看事故波及范围、污染源扩散方向等情况。
4. 根据判明情况，下达处置方案启动命令并上报。
5. 确定方案开展救援和伤员救护。
6. 救援终止。
7. 事故调查及善后处理。

4.3.3 现场应急处置措施

钢轨焊接烟雾泄漏应急处置措施见表7。

1. 在确保安全的基础上，加强观察，根据现场观察判断结果，烟雾可能危及村庄、道路的，立即向当地政府公共安全应急主管部门报告，立即启动预案，并向上级报告。

2. 据判断的结果，组织力量进行沿线预警、疏散人员。

表7 钢轨焊接烟雾泄漏应急处置措施

序号	任务	主要工作内容	责任分工
1	现场确认	1. 通过询问目击者了解烟雾蔓延情况。 2. 综合烟雾产生速度，了解烟雾发展状态。 3. 观测烟雾蔓延方向，判断是否危及或污染属地空气。 4. 了解现场风力、风向及可能经过的方向是否有村落、道路等现状，判断是否扩大疏散范围	抢险救援组、技术方案组
2	方案制订	1. 确定烟雾产生原因，排队烟雾发生源，防止生产更多烟雾。 2. 增调其他焊烟净化器，加快烟雾吸附。 3. 增调雾炮机，在烟雾泄漏区域进行喷雾，加快烟雾沉积，防止烟雾进一步扩大影响范围	抢险救援组、技术方案组
3	人员疏散、道路管制	1. 在烟雾蔓延可能区域，设置警戒标志、配置人员进行值守。 2. 组织人员进入涌蔓延方向沿途村庄，疏散人员；配合交管部门对沿线道路进行封闭管制、疏散车辆	安全保卫组、综合协调组、后勤保障组
4	现场清理、善后处理	1. 租用大型雾炮高空烟雾进行清除，以控制烟雾影响区域。 2. 配合属地政府有关部门进行现场灾害及污染情况的统计、查核、登记、造册、上报及进行相关善后处置事宜	抢险救援组、后勤保障组、综合协调组

5 注意事项

1. 救援人员进入救援区域前，应佩戴齐全防护用品，保障自身救援安全。

2. 若要扩大应急救援，应做好救援前期准备工作，包括救援工作面、发电机、吊车、装载机等相关设备。

3. 当轨行设备溜逸时，现场人员应采取措施，在采取溜逸措施时，不要慌乱，保持清醒意识，防止发生人身伤害。

4. 当对倾覆设备进行抢险救援时应注意观察，防止发生二次事故。

6 附　件

附件 1：预案编制依据

1.《中华人民共和国安全生产法》

2.《中华人民共和国突发事件应对法》

3.《中华人民共和国特种设备安全法》

4.《生产安全事故应急预案管理办法》（修订版）

5.《国家安全生产事故灾难应急预案》

6.《建设工程重大质量安全事故应急预案》

7.《生产经营单位生产安全事故应急预案编制导则》

8.《建设工程安全生产管理条例》

9.《生产安全事故报告和调查处理条例》

10.《生产过程危险和有害因素分类与代码》

11.《企业职工伤亡事故分类》

12.《重大危险源辨识》

13.《风险管理 风险评估技术》

14.《铁路总公司关于铁路建设项目质量安全红线管理规定》

15.《中铁二局安全生产和职业健康管理办法》

16.《中铁二局安全质量事故内部报告、应急处置和调查处理办法》

17.《中铁二局关于贯彻落实中国铁路总公司“铁路建设项目质量安全红线管理规定”实施方案》

18.《中铁二局工程质量监督管理办法》

19.《中铁二局工程项目施工环境保护管理办法》

20.《中铁二局新运公司工程质量监督管理办法》

21.《中铁二局新运公司生产安全事故应急预案》

22.《中铁二局新运公司工程项目施工环境保护管理办法》

附件 2：应急预案衔接

1.《四川省生产安全事故灾难应急预案》

2.《德昌县生产安全事故应急预案》

3.《四川省突发环境事件应急预案》

4.《中国中铁股份有限公司安全质量事故（事件）应急预案》

5.《中铁二局安全质量、生态环境事故（事件）应急预案》

6.《中铁二局新运公司安全质量、生态环境（事件）应急预案》

7.《建设单位应急预案》

附件 3：项目概况

中铁二局新运公司承建的成昆铁路峨眉至米易段扩能工程起自峨眉站，经乐山、凉山州至攀枝花市米易县，与成昆铁路攀枝花至米易段扩能工程贯通。目前项目已成立应急救援小组，用于抢险的物资存放于铺轨基地应急物资库内，抢险设备由应急指挥小组临时从铺轨基地、梁场调配。

EMZQ-13 标铺架工程正线铺轨 352.18 铺轨公里，铺粒料道床 841 990 m^3，轨道调整 305.34 铺轨公里，铺整体道床 0.34 铺轨公里，支承块预制 156 032 块，改建拆铺线路 0.52 铺轨公里，改建重铺线路 0.53 铺轨公里，既有无缝线路应力放散 2.8 km，改建补充道砟 1524 m^3，轨道调整 0.53 铺轨公里；站线铺轨 33.15 铺轨公里，铺道岔 152 组，铺粒料道床 139 041 m^3，轨道调整 33.15 铺轨公里，改建拆除线路 3.64 km，改建重铺线路 0.34 km，改建起落道 0.4 km，改建拆除道岔 15 组。

项目部与德昌县医院立了医疗绿色通道，相距 25 km，专业救护人员 25 min 可到达事故现场。

附件 4：事故风险评估报告

附件 5：应急资源调查报告

附件 6：有关应急部门、机构或人员的联系方式

序号	部门（职务）	联系人	联系方式
子公司联系部门			
1	子（分）公司应急领导小组办公室	×××	×××
2	子（分）公司调度管理	×××	×××
项目部联系人员			
3	项目经理	×××	×××
4	项目书记	×××	×××
5	项目生产副经理	×××	×××
6	项目总工程师	×××	×××
7	项目安全总监	×××	×××
8	项目总经济师	×××	×××

续表

序号	部门（职务）	联系人	联系方式
9	项目工程部部长	×××	×××
10	项目安环部部长	×××	×××
11	项目质量部部长	×××	×××
12	项目物机部部长	×××	×××
13	项目综合办公室	×××	×××
14	项目财务部部长	×××	×××
15	项目工经部部长	×××	×××
外部救援单位			
16	医院急救电话	×××	×××
17	消防队火警电话	×××	×××
18	就近专业救援队	×××	×××

附件 7：应急物资装备的名录或清单

附件 7-1　车辆伤害事故应急处置可调用应急物资及机具台账

序号	类别	物资名称	数量	配置要求	存放地点	管理责任人和联系电话
1	医疗救助	担架	2 副		铺轨基地应急物资库	×××
2		医药箱	2 个			
3	车辆类	急救保障车	2 辆		铺轨基地	
4	防护类	安全帽	50 顶		铺轨基地应急物资库	
5		防护眼镜	50 副			
6	通信类	对讲机	8 对			
7	警戒类	停车牌	4 个			
8		隔离警示带	10 卷			
9		警示灯	4 个			
10	照明类	手电筒	20 个			
11	抢险、救生物资类	链条葫芦	4 个	5 t		
12		撬棍	10 根			
13		液压油顶	4 个	20 t		
14		复轨器	2 个			
15		钢丝绳	6 根	ϕ24 mm×4 m		
16			6 根	ϕ30 mm×4 m		
17			2 根	ϕ30 mm×8 m		

续表

序号	类别	物资名称	数量	配置要求	存放地点	管理责任人和联系电话
18	抢险、救生物资类	垫木（油枕或硬杂木）	6 块	20 cm×30 cm×2 m	铺轨基地应急物资库	×××
19			6 块	20 cm×30 cm×1 m		
20			6 块	20 cm×15 cm×2 m		
21			6 块	20 cm×15 cm×1 m		
22	抢险、救生设备类	轨道吊	1 台			
23		汽车吊	2 台			
24		气割	2 套	并备用 3 瓶氧气		

附件 7-2　起重伤害可调用应急物资及机具台账

序号	类别	物资名称	数量	配置要求	存放地点	管理责任人和联系电话
1	医疗救助	担架	2 副		铺轨基地应急物资库	×××
2		医药箱	2 个			
3	车辆类	急救保障车	2 辆		铺轨基地	
4	防护类	安全帽	50 顶		铺轨基地应急物资库	
5		防护眼镜	50 副			
6	通信类	对讲机	8 对			
7		口哨	2 个			
8	警戒类	停车牌	2 个			
9		隔离警示带	10 卷			
10		危险警示牌	4 个			
11		警示灯	4 个			
12	抢险、救生物资类	链条葫芦	4 个	5 t		
13		液压油顶	4 台	最大顶举 15 t		
14		钢丝绳	6 根	ϕ24 mm×4 m		
15			6 根	ϕ30 mm×4 m		
16			2 根	ϕ30 mm×8 m		
17		垫木	6 块	20 cm×30 cm×2 m		
18			6 块	20 cm×15 cm×1 m		
19	抢险、救生设备类	叉车	1 台			
20		汽车吊	2 台			
21		气割	2 套	并备用 3 瓶氧气		

附件 7-3　轨行设备脱线、倾覆可调用应急物资及机具台账

序号	类别	物资名称	数量	配置要求	存放地点	管理责任人和联系电话
1	医疗救助	担架	2 副		铺轨基地应急物资库	×××
2		医药箱	2 个			
3	车辆类	急救保障车	2 辆		铺轨基地	
4	防护类	安全帽	50 顶		铺轨基地应急物资库	
5		防护眼镜	50 副			
6	通信类	对讲机	5 对			
7	警戒类	停车牌	4 个			
8		隔离警示带	10 卷			
9		警示灯	4 个			
10	照明类	手电筒	20 个			
11	消防类	干粉灭火器	20 个	8 kg		
12		水枪	4 支	开花、直流		
13		水龙带	400 m	直径 63.5 mm 和 50.8 mm		
14	抢险、救生物资类	链条葫芦	4 个	5 t		
15		撬棍	10 根			
16		液压油顶	4 个	20 t		
17		复轨器	2 个			
18		钢丝绳	6 根	ϕ24 mm×4 m		
19			6 根	ϕ30 mm×4 m		
20			2 根	ϕ30 mm×8 m		
21		垫木（油枕或硬杂木）	6 块	20 cm×30 cm×2 m		
22			6 块	20 cm×30 cm×1 m		
23			6 块	20 cm×15 cm×2 m		
24	抢险、救生设备类	轨道吊	1 台			
25		汽车吊	2 台			
26		气割	2 套	并备用 3 瓶氧气		

附件 7-4　轨行设备溜逸事故应急处置可调用应急物资及机具台账

序号	类别	物资名称	数量	配置要求	存放地点	管理责任人和联系电话
1	医疗救助	担架	2 副		铺轨基地应急物资库	×××
2		医药箱	2 个			
3	车辆类	急救保障车	2 辆		铺轨基地	
4	防护类	安全帽	50 顶		铺轨基地应急物资库	
5	通信类	对讲机	8 对			
6	警戒类	停车牌	4 个			
7		隔离警示带	10 卷			
8		警示灯	4 个			
9	照明类	手电筒	20 个			
10	抢险、救生物资类	撬棍	10 根			
11		液压油顶	4 个	20 t		
12		复轨器	2 个			
13		铁鞋	4 个	ϕ24 mm×4 m		
14		垫木（油枕或硬杂木）	6 块	20 cm×30 cm×2 m		
15			6 块	20 cm×30 cm×1 m		
16			6 块	20 cm×15 cm×2 m		
17			6 块	20 cm×15 cm×1 m		
18	抢险、救生设备类	轨道吊	1 台			
19		汽车吊	2 台			
20		气割	2 套			

附件 8：事故报告手机短信格式

中铁二局：201×年×月×日×时×分左右，在××（省市县）境内，由中铁×局××公司承建的×××工程×标，在×××工序施工过程中，因×××原因，导致现场作业人员×人死亡（失踪）、×人重伤、×人轻伤。事故已经于事发××小时（分钟）内，报告当地安全生产监管部门。现场应急预案已启动，事故单位×××领导已带队赶往现场；当地安监部门接报后，已于×月×日×时由任××职务××同志赶往现场，事故原因正在调查之中。

附件 9：中铁二局生产安全事故快报

单位名称：中铁二局×××公司（区域公司、经理部）

<table>
<tr><td>事故时间</td><td colspan="2">年 月 日 时 分</td><td>事故地点</td><td colspan="2"></td></tr>
<tr><td>事故单位</td><td colspan="5">××公司××××项目经理部（标段）</td></tr>
<tr><td rowspan="2">事故现场
负责人</td><td>姓 名</td><td></td><td rowspan="2">事故单位
负责人</td><td>姓 名</td><td></td></tr>
<tr><td>电 话</td><td></td><td>电 话</td><td></td></tr>
<tr><td colspan="2">事故已死亡（失踪）
人 数</td><td>死亡：
失踪：</td><td colspan="2">事故重伤/轻伤
人 数</td><td></td></tr>
<tr><td colspan="6">一、事故简要经过（包含但不限于承建单位、标段、协作队伍及相关安全生产许可证等资质号，单位工程名称、事故里程、结构形式、支撑体系、隧道断面、设备型号、墩身截面和高度、梁型和梁重、事发作业环节、高处坠落位置与高度等，其他工况均应细致清晰描述）、人员伤亡类别（职工、劳务工姓名及身份证号码）、初步估计的直接经济损失、报告地方政府和建设单位时间等

二、事故现场救援采取的主要措施

三、其他情况（事发项目工程概况，事故地点是否影响铁路营业线或繁华闹市区、高速公路、国道、其他重要设施安全）</td></tr>
</table>

附：事故现场照片（4 张以上，能充分反映事故现场实际情况和全貌的电子版照片及说明）。

附件 10：应急救援协议范本

甲方：中铁二局××项目经理部

乙方：××救护队

为切实做好××项目的事故预防和应急救援处理工作，结合双方的实际情况，就乙方为甲方所属单位救援服务内容，经双方协商，约定如下：

一、服务内容

1. 据需要，及时组织救援力量处理项目的灾害事故（即车辆伤害、起重伤害等）

2. ……

二、履约方式和服务期限

1. 履约方式

2. 服务期限

三、服务费用和支付方式

1. 服务费用

2. 支付方式

四、双方权利与义务

1. 甲方的权利与义务

2. 乙方的权利与义务

五、违约责任

在履行本协议期间，双方如有特殊原因影响本协议项目工作，应提前予以通知对方，并说明原因。甲方或者乙方存在工作质量缺陷，应各自承担相关责任。

六、争议的解决办法

当事双方先协商解决；协商不成，由××仲裁委员会仲裁或法院诉讼。

七、双方协商的其他条款

1. 乙方在技术服务和处理事故过程中队员发生意外情况，按有关国家、省市有关规定处理，届时双方依据公平原则协商解决

2. ……

甲方联系方式：应急小组值班室 24 小时值班电话：××

乙方联系方式：救护大队电话：××

本协议未尽事宜由双方协商补充；

如需变更、解除或续订协议，由双方协商确定。

本协议，从双方签字盖章之日起生效。

本协议一式 N 份，呈报建设方及地方相关政府监管部门备案一份，甲乙方各执一份。

甲方法人（签字盖章）：　　　　乙方法人（签字盖章）：

××年××月××日　　　　××年××月××日

附件 11：

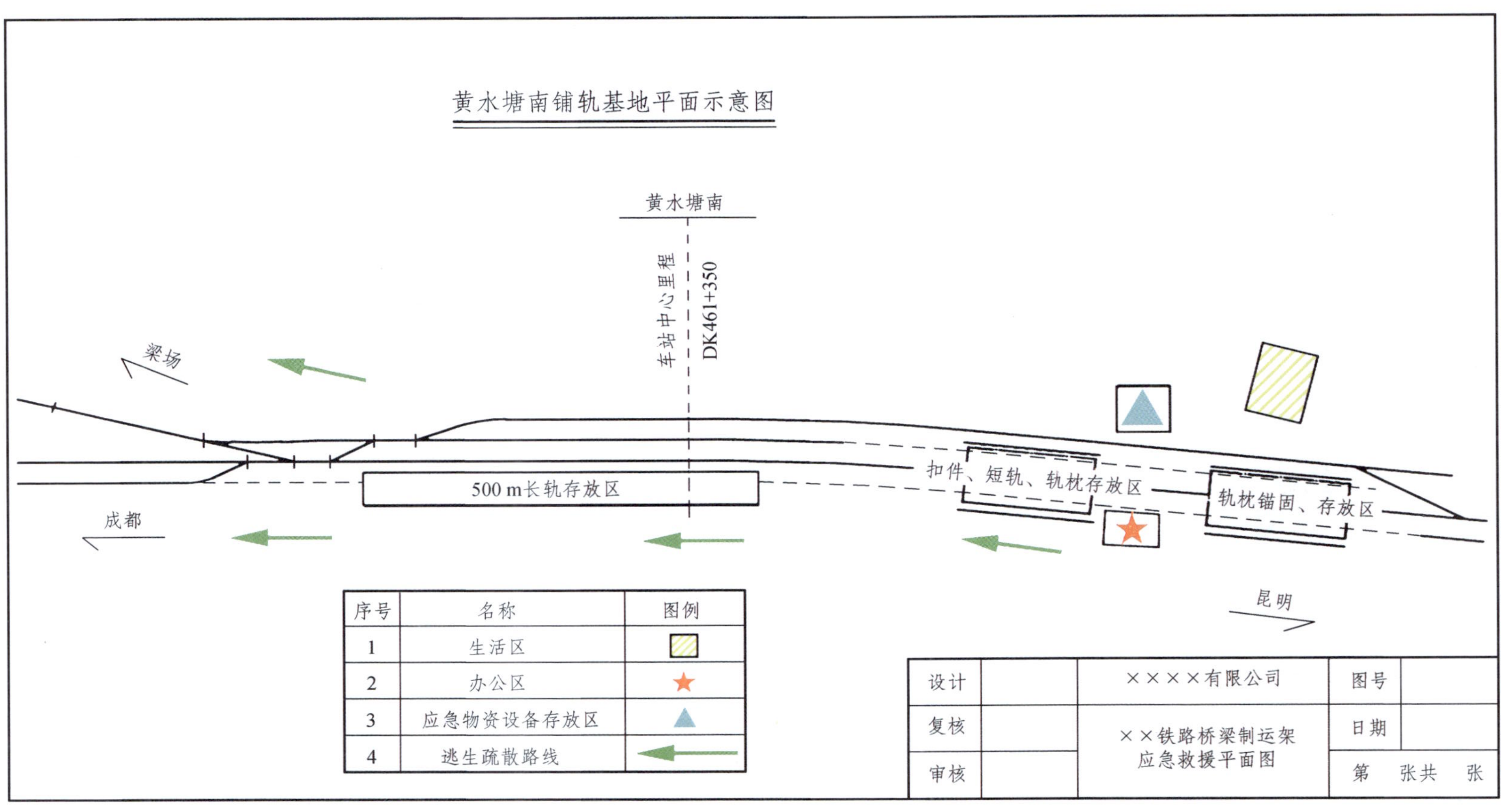

应急救援平面图

YJ

中铁二局集团有限公司

YJ/ZTEJ–2020

成昆铁路轨道工程
安全质量、生态环境事故（事件）
现场应急处置卡

2020 年 12 月

中铁二局成昆铁路项目经理部

目　录

1 应急处置卡

1.1 应急领导小组组长应急处置卡

组长	项目经理（项目书记）	
序号	处置程序	处置要点
1	启动预案	启动应急预案，查看事故现场调配应急资源等
2	事故报告	按照应急响应分级和程序，及时向当地政府部门和上级报告事故情况
3	现场处置伤员救护	采取有效措施防止事态扩大；第一时间进行现场急救，及时转送医院救治
4	确定方案开展救援或配合救援	确定救援方案后，组织应急队伍迅速到达事故现场，指挥现场应急人员开展应急救援或响应至上一级并配合外部救援
5	救援终止	进行风险评估安全后，应急救援停止
6	配合事故调查及处理	配合事故调查，做好善后处置工作
注意事项： （1）信息的收集与传达，要求及时准确。 （2）每日召开碰头会落实各项指令和安排次日工作		

主要联系人员				
序号	姓　名	职　务	联系电话	备注
1		项目书记（经理）		
2		项目总工程师		
3		项目安全总监		
4		项目副经理		
5		作业队长		
6		办公室主任		
7		物设部部长		

1.2 综合协调组应急处置卡

组长	项目书记	
序号	处置程序	行动内容
1	信息收集与传递	负责按应急小组要求内容上报
2	场地安保、伤员救护	现场做好保卫、警戒工作；第一时间进行现场急救，及时转送医院救治
3	对外接待及处置	做好媒体接待、采访和引导工作，配合上级单位发布相关信息
4	家属接待及善后处理	做好家属的接待、稳定工作；做好保险理赔工作

注意事项： （1）信息传递准确、及时可靠。 （2）伤员救治及安抚周到、及时。 （3）现场组织人员撤离后，不得盲目抢救被困人员				
主要联系人员				
序号	姓名	职务	联系电话	备注
1		项目经理		
2		项目副经理		
3		项目总工程师		
4		工委主任		
5		办公室主任		
6		物设部部长		
7		施工管理人员		

组员	相关成员	
序号	处置程序	行动内容
组员 1	×××	
1	组织撤离	发现险情后，第一时间有效组织人员撤离至安全地带
2	险情报告	及时电话上报险情至项目安全生产管理负责人或项目经理
组员 2	×××	
1	收集信息	定时收集信息
2	传递信息	负责收集并发布救援信息
3	关注信息	做好舆情关注、媒体应对，并配合上级发布信息
组员 3	×××	
1	对外接待	做好家属、外部单位的接待和稳定工作
2	配合善后处理	配合做好保险理赔工作

注意事项： （1）信息传递准确、及时可靠。 （2）伤员救治及安抚周到、及时。 （3）现场组织人员撤离后，不得盲目抢救被困人员				
主要联系人员				
序号	姓名	职务	联系电话	备注
1		项目经理		
2		项目书记		
3		项目副经理		
4		项目总工程师		
5		工委主任		
6		办公室主任		
7		物设部部长		
8		施工管理人员		

1.3 抢险救援组应急处置卡

组长	项目副经理	
序号	处置程序	行动内容
1	场地清理及防护	保证现场应急救援通道的畅通，采取措施防止次生灾害
2	熟知方案及准备	按照抢救方案组织救援，科学合理地提出应急物资、设备、人力配备建议
3	组织实施及调整	抢救现场伤员、将受伤人员转移至安全地带，对事故受损的设备进行修理、恢复，将现场救援进展情况及时汇报，必要时申请外部支援
4	救援配合、结束	领导小组现场评估安全后，则应急救援结束；如果需要外部救援，则配合救援工作
注意事项： （1）救援人员、物资与设备组织落实到位。 （2）按指令落实救援现场配套工作及安全监护。 （3）及时报告救援进展情况及问题。 （4）机械操作必须听从指挥，防止救援设备对人员造成机械伤害		

主要联系人员				
序号	姓　名	职　务	联系电话	备注
1		项目经理		
2		项目书记		
3		项目总工程师		
4		项目安全总监		
5		工程部部长		
6		作业队长		
7		施工员		
8		办公室主任		
9		物设部部长		
10		现场指挥人员		
11		作业队队长		
12		机械操作人员		

组员	相关成员	
序号	处置程序	行动内容
组员1	×××	
1	场地警戒及防护	场地做好警戒工作；现场动态监控防止次生灾害，组织人员及时撤离
2	组织实施及救援	组织物资、设备和人力到位，接到上级命令后指挥抢救现场伤员、设备及物资

续表

序号	处置程序	行动内容
组员 2	×××	
1	救援准备	物资、设备和人力到位后，现场合理运用和调配
2	实施及救援	接到现场指挥人员命令后，立即开展现场伤员、设备及物资救援工作
组员 3	×××	
1	接受培训	接受应急救援处置方案的交底培训
2	实施救援	接到现场指挥人员命令后开展救援工作
注意事项： （1）救援人员、物资与设备组织落实到位。 （2）按指令落实救援现场配套工作及安全监护。 （3）及时报告救援进展情况及问题。 （4）机械操作必须听从指挥，防止救援设备对人员造成机械伤害		

主要联系人员				
序号	姓 名	职 务	联系电话	备注
1		项目经理		
2		项目书记		
3		项目副经理		
4		项目总工程师		
5		项目安全总监		
6		工程部部长		
7		作业队长		
8		施工员		
9		办公室主任		
10		物设部部长		
11		现场指挥人员		
12		作业队队长		
13		机械操作人员		

1.4 技术方案组应急处置卡

组长	项目总工程师	
序号	处置程序	行动内容
1	现场核实、评估及制订方案	辨识应急救援过程中的危险、有害因素，并进行安全风险评估，确定灾害现场监控方式，组织开展现场监控
2	指导救援实施及安全监控	根据事故现场的特点，制定相应的应急救援技术措施和应急救援步骤；动态关注现场情况并制定措施，防止发生二次伤害事故
3	配合调查	协助开展对现场有关人员的约谈、并配合调查事故发生的原因

续表

<table>
<tr><td colspan="5">注意事项：
（1）救援方案制订及时可行。
（2）救援指导到位，调整及时。
（3）落实防控措施及监控到位。
（4）数据处理和及时上报</td></tr>
<tr><td colspan="5">主要联系人员</td></tr>
<tr><td>序号</td><td>姓 名</td><td>职 务</td><td>联系电话</td><td>备注</td></tr>
<tr><td>1</td><td></td><td>项目经理</td><td></td><td></td></tr>
<tr><td>2</td><td></td><td>项目书记</td><td></td><td></td></tr>
<tr><td>3</td><td></td><td>项目副经理</td><td></td><td></td></tr>
<tr><td>4</td><td></td><td>项目安全总监</td><td></td><td></td></tr>
<tr><td>5</td><td></td><td>工程部部长</td><td></td><td></td></tr>
<tr><td>6</td><td></td><td>安环部部长</td><td></td><td></td></tr>
<tr><td>7</td><td></td><td>施工员</td><td></td><td></td></tr>
<tr><td>8</td><td></td><td>作业队长</td><td></td><td></td></tr>
<tr><td>9</td><td></td><td>技术指导人员</td><td></td><td></td></tr>
<tr><td>10</td><td></td><td>监测人员</td><td></td><td></td></tr>
<tr><td>组员</td><td colspan="4">相关成员</td></tr>
<tr><td>序号</td><td>处置程序</td><td colspan="3">行动内容</td></tr>
<tr><td>组员 1</td><td colspan="4">×××</td></tr>
<tr><td>1</td><td>现场技术监控</td><td colspan="3">开展现场监控，协助进行安全风险评估</td></tr>
<tr><td>2</td><td>数据处置与判断</td><td colspan="3">数据预警或超限值，及时上报现场指挥人员</td></tr>
<tr><td>组员 2</td><td colspan="4">×××</td></tr>
<tr><td>1</td><td>组织撤离</td><td colspan="3">发现数据预警或超限值后，第一时间有效组织人员撤离至安全地带</td></tr>
<tr><td>2</td><td>险情报告</td><td colspan="3">及时电话上报险情至作业队队长、项目安全生产管理负责人或项目经理</td></tr>
<tr><td>3</td><td>动态监控</td><td colspan="3">现场数据持续预警或超限值及时上报</td></tr>
<tr><td colspan="5">注意事项：
（1）救援方案制订及时可行。
（2）救援指导到位，调整及时。
（3）落实防控措施及监控到位。
（4）数据处理和及时上报</td></tr>
<tr><td colspan="5">主要联系人员</td></tr>
<tr><td>序号</td><td>姓 名</td><td>职 务</td><td>联系电话</td><td>备注</td></tr>
<tr><td>1</td><td></td><td>项目经理</td><td></td><td></td></tr>
<tr><td>2</td><td></td><td>项目书记</td><td></td><td></td></tr>
</table>

续表

序号	姓 名	职 务	联系电话	备注
3		项目副经理		
4		项目总工程师		
5		项目安全总监		
6		工程部部长		
7		安环部部长		
8		施工员		
9		作业队长		
10		技术指导人员		
11		监测人员		

1.5 后勤保障组应急处置卡

组长	项目书记			
序号	处置程序	行动内容		
1	救援物资工器具准备	准备抢险救援急需的物资、设备；负责现场救援及事故调查工作人员生活保障、食宿安排等后勤服务；提供必要的办公用品、交通工具、通信工具、器材等		
2	现场交通维护	协助属地政府有关部门进行交通疏解		
3	调配物资及设备	根据应急救援需要，及时将抢险救援急需的物资、设备送至现场		
注意事项： （1）按指令落实救援物资设。 （2）确保设备完好使用正常				
主要联系人员				
序号	姓 名	职 务	联系电话	备注
1		项目经理		
2		项目副经理		
3		项目安全总监		
4		安环部部长		
5		办公室主任		
6		物设部部长		

续表

组员	相关成员	
序号	处置程序	行动内容
组员 1	×××	
1	救援物资、设备调配	根据救援方案，组织调配救援物资、设备
2	物资补充、设备维护	根据救援物资消耗情况及时补充物资设备，并进行设备维护
组员 2	×××	
1	后勤服务	做好抢险和事故调查人员生活保障、食宿安排等
2	办公、通信保障	提供必要的办公用品、交通工具、通信工具、器材等
组员 3	×××	
1	交通疏解	协助属地政府有关部门进行交通疏解，确保现场交通畅通
注意事项： （1）按指令落实救援物资设备。 （2）确保设备完好使用正常		

主要联系人员				
序号	姓　名	职　务	联系电话	备注
1		项目经理		
2		项目书记		
3		项目副经理		
4		项目安全总监		
5		工程部长		
6		办公室主任		
7		物设部部长		
8		作业队长		
9		安全员		
10		施工员		

1.6　安全保卫组应急处置卡

组长	项目安全总监	
序号	处置程序	行动内容
1	现场秩序维护	做好现场保卫、警戒工作，确定疏散路线
2	关注现场动态变化	动态关注现场情况，防止发生二次伤害事故
3	协助救援	协助做好受伤人员的转移工作

续表

注意事项：
（1）关注现场安全动态变化情况，防止二次伤害。
（2）现场组织人员撤离后，不得盲目抢救被困人员。
（3）出现异常情况或险情扩大及时上报

主要联系人员

序号	姓名	职务	联系电话	备注
1		项目经理		
2		项目书记		
3		项目副经理		
4		安环部部长		
5		办公室主任		
6		物设部部长		
7		安全监护人员		
8		安全员		
9		作业班组负责人		

组员	相关成员	
序号	处置程序	行动内容
组员1	×××	
1	动态监控	现场动态监控异常情况和险情变化
2	异常情况处置与判断	出现异常情况或险情扩大，及时上报现场指挥人员
组员2	×××	
1	组织撤离	发现险情后，第一时间有效组织人员撤离至安全地带
2	险情报告	及时电话上报险情至项目安全生产管理负责人或项目经理
3	动态监控	现场动态监控异常情况和险情变化；出现异常情况或险情扩大时及时上报
组员3	×××	
1	组织撤离	发现险情后，第一时间有效组织人员撤离至安全地带
2	稳定现场	控制好现场秩序，做好现场安保工作

注意事项：
（1）关注现场安全动态变化情况，防止二次伤害。
（2）现场组织人员撤离后，不得盲目抢救被困人员。
（3）出现异常情况或险情扩大及时上报

续表

主要联系人员				
序号	姓名	职务	联系电话	备注
1		项目经理		
2		项目书记		
3		项目副经理		
4		项目安全总监		
5		安环部部长		
6		办公室主任		
7		物设部部长		
8		安全监护人员		
9		安全员		
10		作业班组负责人		

2 应急处置方案卡控要点

2.1 车辆伤害

序号	处置步骤	工作岗位或功能组
1	（1）操作司机立即停车，停车后按规定拉紧驻车制动，切断动力源，开启危险信号灯。在事发点前后两端不小于300 m处设置停车防护。 （2）发出险情信号，并按逃生路线有序撤离，将遇险人员逐步转移到安全地点	抢险救援组、安全保卫组
2	（1）现场确认伤员伤情及位置情况，查看是否被困。 （2）现场确认车辆损伤，对轨道线路、周边建筑物、构筑物的影响。 （3）根据现场情况，制定救援措施	抢险救援组、技术保障组
3	（1）立即将现场情况上报行车调度指挥中心，申请立即封锁工程线（轨行区）事故区段线路。 （2）立即组织人员封锁隔离现场，保证没有无关车辆人员误入事发现场	抢险救援组、安全保卫组
4	（1）运输车辆冲撞人员：轨行设备后退运行，让被困人员脱险；或者采用垫木配合液压油顶顶升、设备起吊等方式抬升运输车辆，并利用垫木搭设施救空间，转移出受伤人员。 （2）运输车辆碰撞侵限作业平台：组织人员按从上到下的顺序清理现场，采用轨道吊等设备起吊大型障碍物。如有需要，将障碍物切割后再进行清除，及时转移出受伤人员	抢险救援组、后勤保障组

续表

序号	处置步骤	工作岗位或功能组
5	视伤情对伤员及时采取止血、包扎、固定等措施，伤势严重者，急救人员边抢救边就近送医院，或拨打120急救	抢险救援组、综合协调组
6	立即组织人员尽快清理现场，尽早达到列车放行条件，开通该段线路	抢险救援组、技术保障组、后勤保障组
7	向行车调度指挥中心汇报线路恢复情况，销记，对线路进行开通前确认，解除封锁	抢险救援组、综合协调组

2.2 起重伤害

序号	处置步骤	工作岗位或功能组
1	（1）立即切断一切动力源、电源、火源，防止事故扩大。 （2）事故现场人员应立即疏散、撤离危险区域并采取自救、互救措施	抢险救援组、安全保卫组
2	（1）迅速查看并判断起重机是否支稳，倾覆影响范围及周边是否存在再次坍塌和坠落隐情，对险情进行初步评估，在能力范围内排除险情。不能排除的险情，进行重点警戒。 （2）封锁事故现场。严禁一切无关的人员、车辆和物品进入事故危险区域，开辟应急救援人员、车辆及物资进出的安全通道	抢险救援组、技术保障组、安全保卫组
3	（1）控制危险源。根据发生事故的起重机械的结构特点以及所发生事故的类别，采取有针对性的安全技术措施，控制事故的扩大。 （2）起吊物或起重设备伤人：直接搬开或用抬升、切割、顶开设备（千斤顶、叉车、装载机或吊车、气切割工具等）抬升或移开压住伤员的吊物（具），尽快抢救出伤员。 （3）起重设备起复：制订起重机起复施救方案，实施设备起复，尽快抢救出伤员	抢险救援组、技术保障组、后勤保障组
4	视伤情对伤员及时采取止血、包扎、固定等措施，伤势严重者，急救人员边抢救边就近送医院，或拨打120急救	抢险救援组、综合协调组
5	（1）清理现场。 （2）对起重设备进行检修或修复	抢险救援组、技术保障组

2.3 设备倾覆

序号	处置步骤	工作岗位或功能组
1	（1）操作司机立即停车，停车后按规定拉紧驻车制动，切断动力源，开启危险信号灯。事发点前后两端不小于 300 m 处设置停车防护。 （2）按照发出险情讯号，并按逃生路线有序撤离，将遇险人员逐步转移到安全地点	抢险救援组、安全保卫组
2	（1）立即检查是否有人受伤、受困，如果发生轨行设备倾覆事故时，首先查看操作人员是否被困在操作室内，检查有无其他人员被砸伤或掩压在其下面。若有人员被困，立即组织人员脱险。 （2）检查轨行车辆脱线、倾覆造成损坏行车设备情况、影响范围、相邻构筑物是否受到侵害	抢险救援组、技术支持组、综合协调组
3	（1）立即将现场情况上报调度指挥中心，申请立即封锁工程线（轨行区）事故区段线路。 （2）立即组织人员封锁隔离现场，防止无关车辆、人员误入事发现场。	抢险救援组、安全保卫组
4	（1）按照使用说明书要求使用复轨器起复车列。 （2）复轨器不能起复时使用相应吨位起重设备将倾覆设备复位，再组织营救伤害人员	抢险救援组、技术支持组、后勤保障组
5	视伤情对伤员及时采取止血、包扎，固定等措施，伤势严重者，急救人员边抢救边就近送医院，或拨打 120 急救	抢险救援组、综合协调组、后勤保障组
6	立即组织人员尽快恢复受损铁路线路及设备，清理现场，及时达到列车放行条件，尽早开通该段线路	抢险救援组、技术保障组、后勤保障组
7	向调度中心汇报线路恢复情况，对线路进行开通前确认，进行销记、解除封锁	抢险救援组、综合协调组

2.4 轨行设备溜逸

序号	主要工作内容	责任分工
1	（1）当轨行设备溜逸时，发现者应立即安放铁鞋，上车使用手制动措施，尽量做到就地制动，防止溜入区间或邻站。 （2）迅速报告车站值班员、行车调度指挥中心，并申请立即封锁工程线（轨行区）事故区段线路。 （3）立即大声呼喊，疏散周围及车列运行前方人群，所有人员在远离线路两侧避让车列，当在地铁区间时，攀附轨道两侧的管片或上疏散平台避让车列	抢险救援组、综合协调组

续表

序号	主要工作内容	责任分工
2	（1）调度指挥中心立即组织人员通知各作业单位在车列溜逸运行前方人员疏散。 （2）立即停止向同区间股道发行车列	抢险救援组、安全保卫组
3	（1）组织发生溜逸的车站、邻站（下坡）端车站准备木楔、枕木、铁鞋、脱轨器等设备在运行前方线路插放枕木、放置铁鞋、脱轨器进行溜逸堵截，有关人员要远离安放地点，防止机车、车辆扎上防溜设备时脱落飞起伤人。 （2）有条件的车站将进路的道岔扳向安全线位置。 （3）对可能影响既有线行车安全时，拆断线路。 （4）尽量避免溜逸车辆通过龙门吊，造成挂倒、冲倒龙门吊事故	抢险救援组、技术支持组、后勤保障组
4	（1）及时转移现场受伤人员。 （2）视伤情对伤员及时采取止血、包扎、固定等措施，伤势严重者，急救人员边抢救边就近送医院，或拨打120急救	抢险救援组、综合协调组、后勤保障组
5	立即组织人员尽快恢复受损轨道线路及设备，清理现场，及时达到列车放行条件，尽早开通该段线路	抢险救援组、技术保障组、后勤保障组
6	向调度中心汇报线路恢复情况，对线路进行开通前确认，进行销记、解除封锁	抢险救援组、综合协调组

YJ

中铁二局集团有限公司

YJ/ZTEJ–2020

青岛世界博览城
安全质量、生态环境事故（事件）
现场处置方案

2020 年 12 月

中铁二局青岛世界博览城项目经理部

批 准 页

中铁二局《青岛世界博览城项目安全质量、生态环境事故（事件）现场处置方案》是中铁二局世界青岛博览城项目经理部为保护员工生命安全，减少财产损失，确保事故发生时快速反应、妥善处置而制定的内部规范性文件。

本处置方案是在开展事故风险分析和应急资源调查的基础上，针对具体的作业场所或设备设施制定的工作方案，同时考虑了突发质量事故、突发环境（安全事故衍生）事件的应急情形，明确了房建工程出现不可接受风险事件时，项目应急组织机构与职责、应急响应、应急处置原则、应急保障等相关要求，适用于房建工程坍塌、高处坠落、起重伤害、物体打击、火灾、触电及突发环境事件等现场处置工作。

中铁二局《青岛世界博览城项目安全质量、生态环境事故（事件）现场处置方案》经中铁二局青岛世界博览城项目经理部安全生产领导小组批准，现正式实施。

项目书记：

项目经理：

年　月　日

目　录

1 事故风险分析

按风险评估要求，对该项目施工过程中可能存在的危险因素进行了全面辨识，并使用风险矩阵评价法对可能发生的各类型事故产生的风险后果进行了评价。青岛世界博览城项目风险评估结果显示：在可能导致的15种事故类型中，蓝色风险2项，黄色风险7项，橙色风险5项，红色风险1项，其中高风险及极高风险见表1。

表1 青岛世界博览城项目高风险及极高风险分析

序号	事故类型	易发区域、影响范围	事故原因	风险等级	事故征兆	可能引发的次生衍生事故
1	坍塌	沟槽、深基坑作业、高边坡	1. 不按顺序开挖、超挖。 2. 支护不符合方案要求。 3. 降排水设施不符合方案要求。 4. 临边堆载超出方案要求。 5. 支护强度不足。 6. 基坑变形监测数据不准确、监测不及时，基坑变形达到报警值或极限值后没有采取应对措施等	红色（不可接受）	1. 基坑顶部、边坡有裂缝。 2. 基坑变形超过允许值。 3. 基坑变形值变化速率超过允许值。 4. 土方有滑动迹象。 5. 支护结构有异响	1. 高处坠落。 2. 物体打击。 3. 地下管线破坏。 4. 周边建筑物沉降
		人工挖孔桩基	1. 坑壁地质条件差。 2. 地表及地下水。 3. 护壁混凝土强度不足。 4. 护壁混凝土厚度小。 5. 护壁的搭接长度不满足要求等		护壁混凝土出现变形开裂	
		脚手架、模板支架	1. 材料不合格。 2. 未编制专项方案或方案未按要求进行审批。 3. 未严格按照方案要求进行搭设和拆除。 4. 未按要求进行检查验收。 5. 大风大雨或长时间停工后未进行检查。 6. 竖向偏载、超载或水平荷载过大。 7. 基础承载力或附着结构物强度不足；脚手架未进行承载力、刚度、稳定性验算		脚手架、模板支架出现晃动、倾斜和异响	

续表

序号	事故类型	易发区域、影响范围	事故原因	风险等级	事故征兆	可能引发的次生衍生事故
1	坍塌	钢筋绑扎	1. 未按照方案要求堆放物料。 2. 未按照方案要求制作和放置马凳或支撑。 3. 马凳未与上、下钢筋网形成完整的结构体系	红色（不可接受）	钢筋发生倾斜、侧移或异响	1. 高处坠落。 2. 物体打击。 3. 地下管线破坏。 4. 周边建筑物沉降
2	高处坠落	塔吊、施工电梯、物料提升机、卸料平台、吊篮、脚手架、卸料平台、高处作业平台、临边、洞口等部位	1. 作业平台防护缺失或防护措施不到位。 2. 未设置照明或照明不足。 3. 高处作业人员未佩戴或正确使用安全防护用品。 4. 作业人员违章作业	橙色（控制后可接受风险）	1. 作业人员未进行培训、交底或不到位。 2. 安全防护未设置或设置不到位。 3."三违"行为未受到有效控制。 4. 安全隐患未及时有效整改	
3	起重伤害	塔式起重机、施工电梯、汽车吊、龙门吊、吊篮、物料提升机、电动葫芦、手拉葫芦、千斤顶等起重设备作业区	1. 未编制专项方案或方案未进行审批，未按方案安拆。 2. 材料不合格或基础强度不够。 3. 安拆、吊装作业违章操作。 4. 违章指挥。 5. 安全装置缺失或失效或操作系统失灵。 6. 检测、试验、维护保养不到位，设备带病作业，吊具损坏未更换	橙色（控制后可接受风险）	1. 地基基础损坏，垂直度超过允许值。 2. 违章作业。 3. 带病作业。 4. 运行时异响、晃动。 5. 支腿基础不稳。 6. 作业人员未持证上岗。 7.机械设备安全防护装置不齐全、灵敏；联锁装置失效	
4	物体打击	施工作业场所	1. 临边、洞口安全防护设施防护不到位。 2. 上下交叉作业无防护等。 3. 作业人员安全意识差，随意抛掷物品。 4. 高空作业工具、材料随意放置或临边堆码。 5. 未佩戴或正确使用个人安全防护用品	橙色（控制后可接受风险）	1. 物料捆绑不牢。 2. 物料临边堆放超过规定高度。 3. 安全防护缺失。 4. 临边作业人员未使用工具袋。 5. 乱扔乱抛物料或建筑垃圾	

续表

序号	事故类型	易发区域、影响范围	事故原因	风险等级	事故征兆	可能引发的次生衍生事故
5	火灾	库房、驻地、木工加工区、防水、保温、油漆施工区、焊接作业区、装饰装修区	1. 违规存放大量可燃、易燃材料，施工生产过程中对危险源管控不到位。 2. 对火源和动火作业管控不严。 3. 临时用电不规范，发生线路老化、短路、过载等。 4. 消防设施和器材不完善或失效	橙色（控制后可接受风险）	1. 违规堆放大量可燃、易燃材料。 2. 焊接作业违规动火。 3. 电气设备线路老化、短路、过载等。 4. 有异常的焦煳味、烟雾	中毒窒息
6	触电	临时用场所	1. 临时用电布置、敷设不符合方案要求。 2. 用电设备设施不符合要求、线路老化。 3. 违规操作、非专业人员操作电气设备。 4. 临电设备设施维护不到位。 5. 使用移动电气设备或进行电焊作业时，在潮湿、腐蚀性的环境中，电压不符合要求，缺少漏电保护器等。 6. 外电防护不符合方案要求。 7. 安全用电教育培训不足	橙色（控制后可接受风险）	1. 缺少漏电保护器、过载保护。 2. 金属箱壳等未接地保护。 3. 操作人员未持证上岗，未佩戴或正确使用防护用品。 4. 私拉乱接。 5. 线路老化、破损、线缆拖地、泡水	

2 事故响应

根据事故信息、初步原因分析、人员伤亡情况、经济损失和社会影响范围等因素划分，将应急响应级别分为Ⅰ～Ⅳ级，项目部负责第Ⅳ级应急响应工作，配合Ⅰ、Ⅱ、Ⅲ级响应工作。其响应分级、启动条件见表 2。

表2 响应分级

序号	响应分级	启动条件（下列情况之一）	响应部门及相关应急人员	响应内容
1	Ⅰ级中国中铁	1. 初判可能发生死亡10人或重伤50人及以上事故。 2. 初判可能发生直接经济损失5 000万元及以上的事故。 3. 初判可能发生1 000人以上疏散、转移的突发环境事件或灾害事故（事件）。 4.一次食物中毒100人以上并出现死亡病例，或一次食物中毒出现10例及以上死亡病例。一次发生急性职业中毒50人及以上，或一次发生急性职业中毒死亡5人及以上的重大突发公共卫生事件	中国中铁：领导及相关人员 中铁二局：公司主要领导，分管领导，工会主席，安全总监，公司办公室、安质环保部、工程管理部、人力资源部、宣传部、工会等负责人及相关人员 子（分）公司：主要领导、分管领导、工会主席、安全总监，安质环保部、工程管理部、人力资源部、党群工作部、工会等负责人及相关人员 区域公司：主要领导、监管领导、工程部长及相关人员	事故发生项目部立即启动应急预案，在规定时限内报告地方政府监督管理部门，并按程序逐级内部上报。各相应层级单位组织有关人员赶赴现场，接受现场指挥部下达的各项指令
2	Ⅱ级中铁二局	1. 初判可能发生死亡3～9人或重伤10～49人的事故。 2. 初判可能发生直接经济损失1 000万元～5 000万元（不含）的事故。 3.初判可能发生500～1 000人疏散、转移的突发环境事件或灾害事故（事件）。 4.一次食物中毒超过100人，或出现死亡病例；一次发生急性职业中毒10～49人，或一次发生急性职业中毒死亡5人以下的较大突发公共卫生事件	中铁二局：公司分管领导、工会主席、安全总监，安质环保部、工程管理部、宣传部、工会等负责人及相关人员 子（分）公司：主要领导、分管领导、工会主席，安全总监，安质环保部、工程管理部、党群工作部、工会等负责人及相关人员 区域公司：主要领导、监管领导、工程部长及相关人员	事故发生项目经理部立即启动应急预案，在规定时限内报告地方政府监督管理部门，并按程序逐级内部上报。相关单位组织有关人员赶赴现场，接受现场指挥部下达的各项指令
3	Ⅲ级子分公司、区域公司	1. 初判可能发生死亡1～2人或重伤3～9人的事故。 2. 初判可能发生直接经济损失100万～1 000万元（不含）的事故。 3. 营业线施工及施工破坏管线，造成较大影响的事故。 4. 初判可能发生200～499人疏散、转移的突发环境事件或灾害事故（事件）。 5. 无人员伤亡，但社会影响较大的险性事故（事件）：	子（分）公司：分管领导、安全总监，安质环保部、工程管理部等负责人及相关人员 区域公司：监管领导、工程部长及相关人员	事故发生项目经理部立即启动应急预案，在规定时限内报告地方政府监督管理部门，并按程序上报公司。公司接到事故（事件）报告后，立即启动公司应急预案，组织有关人员赶赴现场，开展应急救援工作

续表

序号	响应分级	启动条件（下列情况之一）	响应部门及相关应急人员	响应内容
3	Ⅲ级子分公司、区域公司	（1）塔式起重机、施工电梯等大型机械设备险性事故。 （2）高支模等大型临时设施险性事故。 （3）开挖深度大于 5 m（含）的基坑坍塌险性事故。 （4）其他影响大，损失严重的险性事故	子（分）公司：分管领导、安全总监，安质环保部、工程管理部等负责人及相关人员 区域公司：监管领导、工程部长及相关人员	事故发生项目经理部立即启动应急预案，在规定时限内报告地方政府监督管理部门，并按程序上报公司。公司接到事故（事件）报告后，立即启动公司应急预案，组织有关人员赶赴现场，开展应急救援工作
4	Ⅳ级项目经理部	1. 初判可能造成人员重伤 1～2 人的事故。 2. 初判可能发生直接经济损失 20 万～100 万元（不含）的事故。 3. 无人员伤亡，具有社会影响的险性事故（事件）: （1）开挖深度小于 5 m 的基坑坍塌险性事故。 （2）其他影响较大，损失较重的险性事故	项目经理部：领导班子、职能部门及相关人员	事故发生项目经理部按程序上报，立即启动应急预案，开展应急救援工作

3　应急组织机构及工作职责

3.1　应急组织机构

3.1.1　组织机构

项目组织机构见图 1。

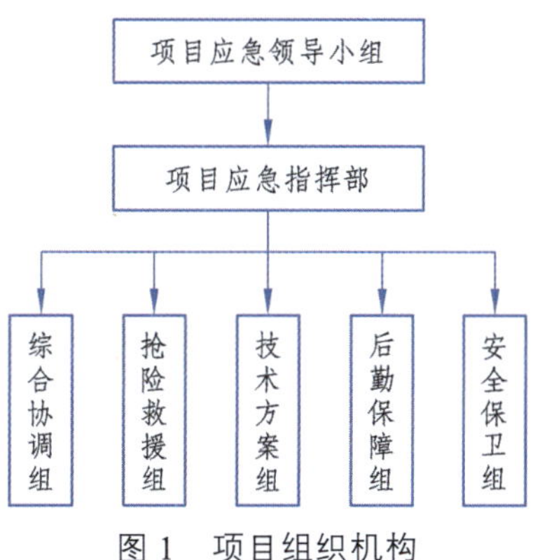

图 1　项目组织机构

3.1.2 应急组织机构设置

项目经理部设立应急领导小组，并下设五个应急处置组。

组　长：项目经理

副组长：项目书记、项目副经理、项目总工程师、项目安全总监

成　员：工程部、安全环保部、质量管理部、工经部、物机部、财会部、办公室、试验室等部门负责人和有关人员

如果项目经理不在项目部或不能及时联系时，应急领导小组组长由在施工现场的项目书记担任。依据本原则，其余顺序依次为项目副经理、项目总工程师、项目安全总监。

应急领导小组办公室设在调度室，并设 24 小时值班电话。

3.2 应急领导小组职责

在发生事故和突发紧急事件时，必须立即组织应急队伍迅速到达事故现场。各应急处置组及副组长必须服从组长统一安排，按职责分工进行应急处置工作。

3.2.1 应急领导小组主要职责

1. 建立健全事故应急机构。
2. 组织编制项目部应急预案和现场处置方案。
3. 负责组织调配或购置应急物资、设备，监督指导项目职能部门建立应急管理工作台账。
4. 负责组织应急知识培训教育、宣传及应急预案培训、演练、评价工作。
5. 负责启动应急预案、及时调配应急资源。
6. 按照应急响应分级和程序，向上级和属地政府部门报告事故情况。
7. 接受上级应急指挥中心的领导，落实指令。
8. 指挥现场应急人员开展应急救援，采取有效措施防止事故扩大，并保护事故现场。
9. 配合事故调查，做好善后处置工作。

3.2.2 组长（项目经理）职责

1. 组织应急队伍迅速到达事故现场，指挥现场人员开展应急救援。
2. 组织采取有效措施防止事故扩大，最大限度减少人员伤亡和财产损失。
3. 组织保护好事故现场，并及时向当地政府部门和上级报告事故情况。

3.2.3 副组长（项目书记）职责

1. 负责组织媒体接待、采访和引导工作，配合上级单位发布相关信息。
2. 组织伤亡人员及家属的接待、稳定工作。
3. 组织保险理赔工作。

3.2.4 副组长（项目副经理）职责

1. 负责组织实施现场应急救援。

2. 及时向组长汇报事件发生和发展信息，尤其是异常信息。

3. 组织保障现场交通。

3.2.5 副组长（项目总工程师）职责

1. 组织对应急救援进行安全风险评估。

2. 初步分析事故发生的技术原因。

3. 组织制定应急救援技术措施。

3.2.6 副组长（项目安全总监）职责

1. 初步分析事故发生的管理原因。

2. 协助相关机构调查取证。

3. 协助相关机构人员的约谈。

3.3 应急处置组职责

3.3.1 综合协调组职责

1. 负责信息收集与传递。

2. 负责媒体接待、采访引导工作，配合上级单位发布相关信息。

3. 做好受伤人员救护及家属的接待、稳定工作。

4. 做好保险理赔工作。

3.3.2 抢险救援组职责

1. 采取措施防止次生灾害、保护伤员。

2. 按照方案组织救援，科学合理地提出应急物资、设备、人力配备建议。

3. 抢救现场伤员、设备及物资。

4. 必要时配合外部救援工作。

3.3.3 技术方案组职责

1. 辨识应急救援过程中的危险、有害因素，并进行安全风险评估。

2. 制定应急救援技术措施和救援步骤，指导救援。

3. 确定灾害现场监控量测方式，组织开展现场监控量测。

4. 协助开展对现场有关人员的约谈，调查了解事故发生的原因，配合上级单位进行事故调查。

3.3.4 后勤保障组职责

1. 负责现场抢险救援及事故调查工作人员生活保障、食宿安排等后勤服务；提供必要的办公用品、交通工具、通信工具、器材等。

2. 协助属地政府有关部门进行交通疏解。

3. 调配抢险救援急需的物资、设备等。

3.3.5 安全保卫组职责

1. 保证现场应急救援通道的畅通。
2. 做好现场保卫、警戒工作。
3. 动态关注现场情况，防止发生二次伤害事故。

4 依据拟定技术措施和救援步骤，协助现场救援。

4 应急处置

4.1 生产安全事故应急处置

4.1.1 生产安全事故应急响应程序

项目生产安全事故应急响应流程见图 2。

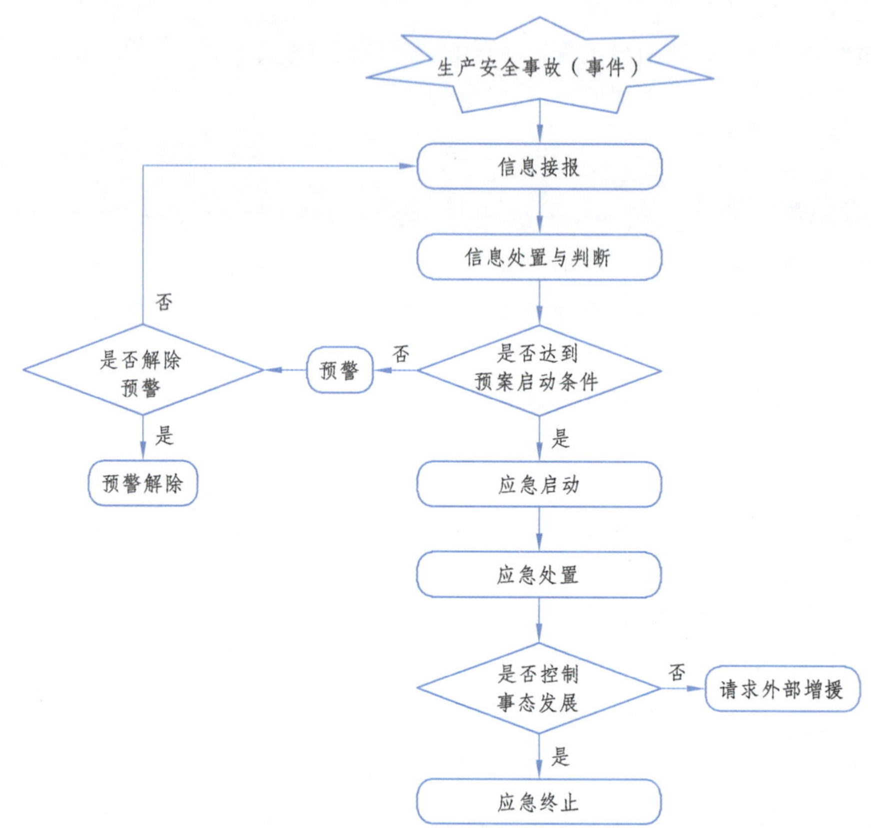

图 2 项目生产安全事故应急响应流程

4.1.2 现场应急处置步骤及内容

1. 事故发生后，事故现场人员应立即疏散、撤离，并采取自救、互救措施。
2. 现场人员第一时间通知项目经理或其他负责人。
3. 项目经理或其他负责人立即赶赴现场，查看事故情况及伤损情况。
4. 判明情况，下达处置方案启动命令并上报。
5. 确定方案开展救援和伤员救护。
6. 救援终止。
7. 事故调查及善后处理。

4.1.3 应急处置措施

1. 坍塌事故现场应急处置措施（表 3、表 4）。

（1）应急小组到达坍塌现场后，应立即组织疏散无关人员，保护好现场，立即组织人员进行抢救受伤人员。抢救前要详细检查坍塌土体、脚手架、支模架等，对有可能继续坍塌或有可能坠落的物体先处理后再进行抢救工作，抢救过程中要密切关注现场情况，防止造成二次事故。

（2）配合各产权单位进行各种管线的切断、恢复及保护工作，确定各管线改移的方案。加强基坑排水、降水措施；迅速运走边坡弃土、材料机械设备等重物；加强基坑支护，对边坡薄弱环节进行加固处理；削去部分坡体，减小边坡坡度；做好周边建筑、管线、道路的监测保护。

表 3　基坑坍塌事故现场应急处置措施

序号	任务	主要工作内容	责任分工
1	撤离疏散	1. 发现有基坑坍塌事故时，现场人员应大声呼叫示警，并立刻向项目管理人员或项目负责人汇报，发生人员被埋压时，拨打 120 电话。 2. 项目负责人接到报告后，立即启动预案，并立即赶赴现场。 3. 通知基坑内所有作业人员立即停止所有作业活动，迅速撤离现场。 4. 对基坑坍塌区域进行封闭隔离， 并设立危险警戒区域，设专人把守，除抢救人员可以进出外，禁止任何无关人员进入事故发生区域，防止事故进一步扩大	现场作业人员、抢险救援组、后勤保障组
2	救援作业	1. 抢险救援组组织现场所有挖掘机集中，组织抢险突击队带着铁锹随时做好抢救加固准备。 2. 应急领导小组应向第一报告者和作业现场人员询问，粗略估计伤害程度及被困人员数量及被困位置。 3. 仔细观察塌方部位情况，如果基坑有继续坍塌迹象，立即对基坑塌方部位上方附近所有机械、物资搬离。 4. 由技术方案组根据现场情况制订边坡处置及加固方案、救援方案。	抢险救援组、后勤保障组、技术方案组

续表

序号	任务	主要工作内容	责任分工
2	救援作业	5. 实施边坡处置及加固，防止边坡不断失稳，造成救援人员二次伤害。 6. 边坡相对稳定后，由第一报告者和作业现场人员在大致判断被埋压人员位置，组织机械和人工迅速清除人员掩埋处坍塌土体及边坡结构物，根据现场具体情况，采取适当的办法对坍塌现场进行处理：当坍塌量较少时，现场救护人员要用铁锹进行撮土挖掘，并注意不要伤及被埋人员；当坍塌量较大时，要在抢险救援组统一领导和指挥下，采用挖掘机进行抢救，现场要有指挥并监护，防止机械伤及被埋或被压人员，在接近被埋压人员时必须停止机械作业，改用人工挖掘，防止误伤被埋压人员。 7. 保护好事故现场，同时对事故地点进行拍照、录像。 8. 拨打120急救电话时，应详细说明事故地点和人员伤害情况，并派人到路口进行接应。 9. 如发生大面积的塌方，现场急救条件不能满足需求时，必须立即上报当地政府有关部门，并请求必要的支持和帮助	抢险救援组、后勤保障组、技术方案组
3	人员施救	现场救治后，第一时间送往医院救治	抢险救援组、综合协调组
4	现场处置	1. 保护封锁现场，等待相关人员进行事故调查。 2. 对受影响的建筑物、管线和设备进行观测，防止发生次生灾害	抢险救援组

注意事项：夜间抢险救援要保证现场救援的各种照明及动力。

表4　脚手架、模板支架坍塌事故现场应急处置措施

序号	任务	主要工作内容	责任分工
1	撤离疏散	1. 发现有坍塌迹象或事故时，现场人员应大声呼叫示警，并立刻向项目管理人员或项目负责人汇报，发生人员被埋压时，拨打120电话。 2. 项目负责人接到报告后，立即启动预案，并立即赶赴现场。 3. 通知作业区域内所有作业人员立即停止所有作业活动，迅速撤离现场。 4. 对坍塌区域进行封闭隔离， 并设立危险警戒区域，设专人把守，除抢救人员可以进出外，禁止任何无关人员进入事故发生区域，防止事故进一步扩大	抢险救援组、后勤保障组
2	救援作业	1. 迅速向第一报告者和作业现场人员核实脚手架、模板支架上作业人数，可能伤亡人数及人员掩埋情况。 2. 抢险救援组应迅速确定事故发生的准确位置、可能波及的范围、脚手架损坏的程度，摸清现场是否还存在产生坍塌的可能，如存在应立即制订加固（拆除）方案及救援方案。	技术方案组、抢险救援组、后勤保障组

续表

序号	任务	主要工作内容	责任分工
2	救援作业	3. 根据加固（拆除）方案进行现场处置，以避免造成新的坍塌事故，为救援提供可靠环境。如脚手架太重，可用千斤顶，必要时动用吊车将坍塌体缓慢抬高，以便救人。当构件连带着钢筋、模板纵横交错地堆积在废墟之中时，一定要进行科学合理的评估，不能盲目牵引和顶撑，以免发生大面积坍塌；坍塌后的混凝土拌合物应及时妥善清理。 4. 确认救援环境可靠后，拆除或切割压住伤者的杆件，将伤员移出。如无人员伤亡，立即实施脚手架加固或拆除等措施。 5. 保护好事故现场，同时对事故地点进行拍照、录像。 6. 拨打 120 急救电话时，应详细说明事故地点和人员伤害情况，并派人到路口进行接应。 7. 如发生大面积的塌方，现场急救条件不能满足需求时，必须立即上报当地政府有关部门，并请求必要的支持和帮助	技术方案组、抢险救援组、后勤保障组
3	人员施救	1. 发现被救人员出现呼吸不畅休克时，现场救护人员立即清理呼吸道杂物，并进行紧急人工呼吸，待呼吸顺畅时立即就近送往医院救治。 2. 出现其他伤亡人员救护人员立即就近送往医院救治	抢险救援组、综合协调组
4	现场处置	1. 保护封锁现场，等待相关人员进行事故调查。 2. 对受影响的建筑物和设备进行观测，防止发生次生灾害	抢险救援组、后勤保障组

注意事项：夜间抢险救援要保证现场救援的各种照明及动力。

2. 高处坠落事故现场应急处置措施（表 5）。

表 5　高坠伤害应急处置措施

序号	任务	主要工作内容	责任分工
1	现场确认	1. 发现有人员发生高处坠落事故时，立即向项目管理人员或项目负责人汇报。 2. 对现场进行清查，确认伤员上方无物品坠落危险。 3. 初判伤员伤情严重时，根据现场确认的人员受伤情况，对受伤员工进行医疗急救；如果发生人员被困情况复杂或受伤情况严重，不易随便移动人员，对受伤员工进行医疗急救的同时，应拨打应急救援 119 和应急救护 120 请求救援	抢险救援组、技术方案组
2	人员施救	1. 现场确认后，立即开展伤员救助，并撤离危险区域。 2. 对受伤人员进行包扎、止血、固定骨折部位等，受伤人员呼吸、心跳停止时，必须立即进行心肺复苏，中途不得间断，直到急救人员赶到现场后，协助救护人员将伤员搬移到急救车辆上，送到就近医院进行救治	抢险救援组、综合协调组

续表

序号	任务	主要工作内容	责任分工
3	现场处置	1. 保护、封锁事故现场，等待相关人员进行事故调查。 2. 事故调查清楚后，方可清理现场	综合协调组、技术方案组

注意事项：

1. 受伤人员跌落在有高处坠落、触电、机械伤害等危险的区域时，救援人员应采取相应的防范措施后，方可实施救援。

2. 对怀疑或确认有骨折的人员，切勿随意搬动伤员，应先在骨折部位用夹板于骨折位置的上、下关节处作临时固定，然后等待专业医疗机构救援或送至专业医疗机构接受救治。

3. 对于怀疑有脊椎骨折的伤员搬运时应用夹板或木板垫在伤员的身下，以免受伤的脊椎移位、断裂造成截瘫，如伤员不在危险区域，暂无生命危险的，应就地待等待专业医疗机构救援。

4. 如怀疑有颅脑损伤的，首先必须维持呼吸道通畅，昏迷伤员应侧卧位或仰卧偏头，以防舌根。下坠或分泌物、呕吐物吸入气管，发生气道阻塞。

5. 高处坠落后被下方物体刺穿时，严禁拔出致伤物体，可将外物于身体接触处适当位置切割后送医治疗。

3. 起重伤害事故现场应急处置措施（表 6）。

（1）发生事故后，起重司机必须立即停止起重作业，并向周围人员呼救， 同时起重司机或现场人员立即向项目管理人员或项目负责人进行报告。

（2）当事故超出现场处置能力时，应请求外部力量救援。

表 6　起重伤害事故应急处置措施

序号	任务	主要工作内容	责任分工
	现场确认	1. 当发生起重伤害事故时，起重司机或现场人员立即向项目管理人员或项目负责人报告。 2. 项目负责人接到报告后，立即启动预案。并立即赶赴现场，组织技术人员对现场进行确认，是否有发生二次事故的危险，否则应制定加固或拆除等措施确保救援环境安全。 3. 如果人员被压在重物下面，在搬开重物或使用起重工具吊起重物等措施时，应确保被埋压人员不受到二次伤害到。 4. 初判伤员伤情，根据现场确认的人员受伤情况，对受伤员工进行医疗急救，并拨打 120 请求救援	抢险救援组、技术方案组
1	撤离疏散	1. 将现场及周边人员疏散至安全区域。 2. 隔离现场，并疏散无关人员	安全保卫组
2	现场救援	1. 按方案对现场进行加固或拆除，按方案移开压在埋压人员身上的坍塌体。 2. 将受伤人员转移到安全地带，进行抢救，如属于一般机械事故，无人员受伤，起重司机应保持冷静，立即停止起重作业，如重物悬空应在保证安全的情况下，落下重物，停掉电源。对受伤较轻的人员，视伤情及时进行止血、包扎、固定等措施，然后送往医院治疗。受伤人员出现呼吸、心跳停止症状后，必须立即进行应立即进行心肺复苏，中途不得间断，直到急救人员赶到现场后，协助救护人员将伤员搬移到急救车辆上，送到就近医院进行救治。	抢险救援组、安全保卫组

续表

序号	任务	主要工作内容	责任分工
2	现场救援	3. 发生触电时，应立即切断起重机机械电源，然后再抢救触电人员。 4. 针对未发生人员伤亡的一般机械事故，要立即组织人员封锁事故现场，做好警示标识，等待专业维修人员进行处理。 5. 起重机械的修复应由具有相关资质的人员或单位进行维修，经专业机构检测合格后，方可恢复使用	抢险救援组、安全保卫组
3	救治伤员	1. 对救出人员进行现场急救。 2. 对受伤人员及时转送医院救治	抢险救援组、综合协调组

注意事项：如发生机械设备倾覆且有人员被困时，必须在确认无发生二次事故危险的情况下，再进行人员救援；否则，必须采取措施先进行加固，然后才能进行人员救援。

4. 物体打击事故现场应急处置措施（表7）。

表7　物体打击事故现场应急处置措施

序号	任务	主要工作内容	责任分工
1	现场确认	1. 发现有人员发生物体打击事故时，立刻向项目管理人员或项目负责人汇报。 2. 对现场进行清查，确认伤员上方无物品坠落危险。 3. 如遇重物影响，应制定适当措施移开重物。 4. 初判伤员伤情严重时，根据现场确认的人员受伤情况，对受伤员工进行医疗急救，并拨打120请求救援	抢险救援组、技术方案组
2	人员施救	1. 根据方案移开障碍物。 2. 现场确认后，立即开展伤员救治。 3. 对受伤人员，应进行止血、包扎、固定等处理，再送到就近医院进行救治	抢险救援组、综合协调组
3	现场处置	1. 保护封锁现场，等待相关人员进行事故调查。 2. 事故调查清楚后，方可清理现场	综合协调组、技术方案组

5. 火灾事故现场应急处置措施（表8）。

（1）现场人员发现火情后，拨打项目管理人员或项目负责人电话报告火情。

（2）发生电气火灾时，应及时切断上级电源开关。

（3）做好防护，在确保安全的前提下，使用现场的灭火器或消防水源扑救初期火灾，当火灾不能控制时，拨打119报警，出现人员伤亡时，同时拨打120，并立即撤离火灾现场。

表8　火灾应急处置措施

序号	任务	主要工作内容	责任分工
1	撤离疏散	项目负责人接到报告后，立即启动预案。并立即赶赴现场，将现场及周边人员疏散至安全区域，隔离现场，并疏散无关人员	抢险救援组
2	清点确认	1. 清点受伤、被困人员情况。 2. 确认燃烧物质、燃烧时间、部位、蔓延方向、火势范围及危害程度。 3. 制订扑救及救援方案	抢险救援组、技术方案组

续表

序号	任务	主要工作内容	责任分工
3	进行救援	1. 将伤员撤离至安全区域，使用烫伤药进行救护并包扎，若伤势较重，初步处理后送往医院进一步医治。 2. 疏散人员和物资，控制各出口，保障道路畅通，无关人员只许出不许进，引导救援人员进入灾害现场。 3. 在抢险救援组统一指挥下，佩戴防毒面具，根据方案进行灭火，搜索未及时疏散的人员，将其疏散至安全区域。 4. 对现场进行摄像，做好通信、后勤、车辆、消防水源等保障工作。清除障碍物，设置警戒，保持救援通道畅通。 5. 协助消防队进行灭火救援。 6. 应急救援结束后，组织人员清理现场，恢复生产	抢险救援组、安全保卫组
4	救治伤员	1. 对救出人员进行现场急救。 2. 对受伤人员及时转送医院救治	抢险救援组、综合协调组

注意事项：

1. 外墙保温等材料起火，采取高压消防水进行灭火。
2. 火灾初期扑救时，操作人员必须位于着火点的上风口。
3. 应急救援结束后，加强巡检，防止复燃。

6. 触电事故现场应急处置措施（表 9）。

发现有人触电，首先要快速使触电者脱离电源，然后根据触电者的具体症状进行对症施救。

表 9　触电应急处置措施

序号	任务	主要工作内容	责任分工
1	撤离疏散	1. 首先切断电源。 2. 做好防护，使触电者尽快脱离电源，若无法关闭电源，可借助绝缘体把伤者拖离电源，高空触电做好防坠落防护	抢险救援组
2	进行救援	1. 拨打项目管理人员电话，若伤势较重，直接拨打 120。 2. 隔离现场，疏散无关人员。 3. 将伤员撤离至安全地区，若受伤人员出现呼吸、心跳停止症状后，必须立即进行应立即进行心肺复苏，中途不得间断，直到急救人员赶到现场后，协助救护人员将伤员搬移到急救车辆上，送到就近医院进行救治；若有灼伤，应用清水冲洗伤处后尽快送往医院进一步医治。 4. 引导外部救援力量进入现场。 5. 应急救援结束后，组织人员清理现场，恢复生产	抢险救援组、综合协调组
3	救治伤员	1. 对救出人员进行现场急救。 2. 对伤重人员及时转送医院救治	抢险救援组、综合协调组

注意事项：对伤者进行人工呼吸救护时，注意力度，避免造成施救二次伤害。

4.2 工程质量事故应急处置

4.2.1 质量事故应急响应程序

项目质量事故应急响应流程见图 3。

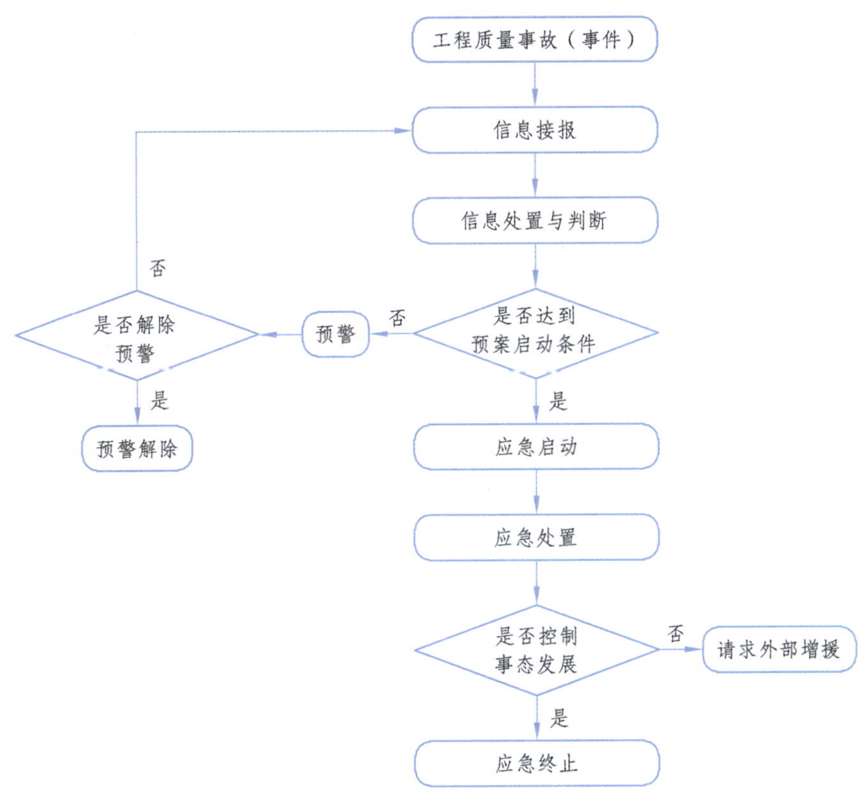

图 3 项目质量事故应急响应流程

4.2.2 现场应急处置步骤及内容

1. 事故发生后，事故现场人员应立即疏散、撤离。
2. 现场人员第一时间通知项目负责人。
3. 项目经理或其他负责人立即赶赴现场，封闭事故区域，防止人员误入。
4. 查看质量事故区域，初步了解其影响范围，可能衍生的次生灾害等信息情况，并及时反馈建设单位、设计单位、监理单位等相关方。
5. 判明情况，构成工程质量事故应急情况条件的，下达处置方案启动命令并上报。
6. 在现场专家组及勘察设计单位确定工程应急方案后，进行返工或返修处理。
7. 应急处置终止。
8. 配合进行事故调查及善后处理。

4.2.3 应急处置措施

1. 质量事故引发工程安全事故，按本项目安全事故应急处置措施处置。

2. 质量事故造成工程工期严重滞后，需组织进行抢工的，须制订专项施工或返工方案，按方案执行。

3. 按设计方案进行工程返工或处理前，事故区域需进行预加固处理的，应及时形成专项方案，按专项处置方案进行处理，确保后续返工或处置现场作业环境安全。

4.3 突发环境事件应急处置

4.3.1 突发环境事件应急响应程序

项目突发环境事件应急响应流程见图 4。

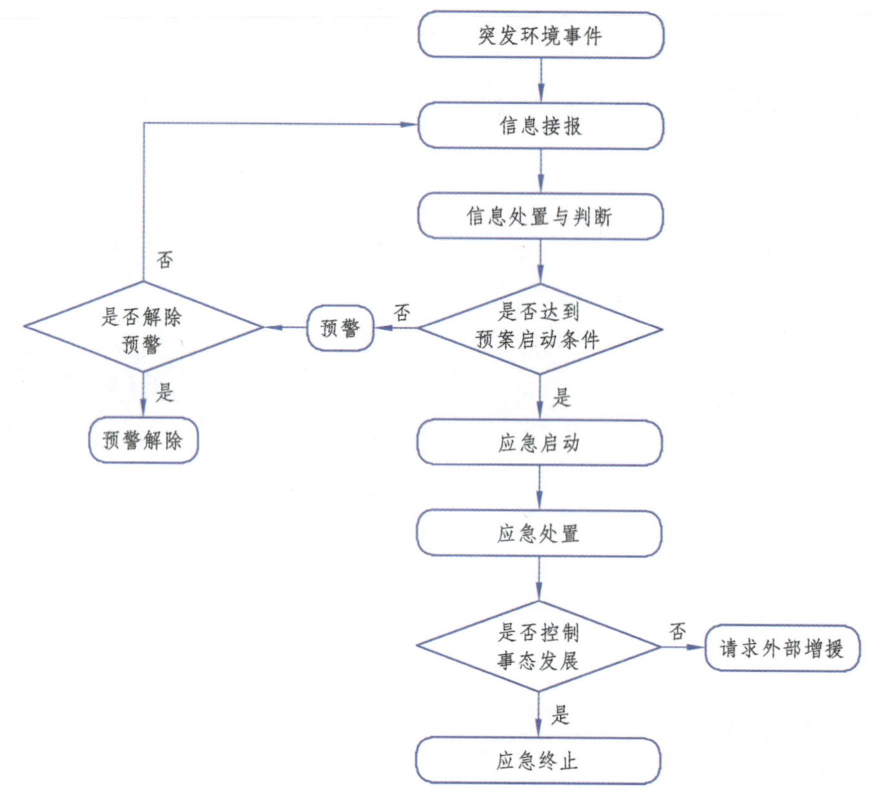

图 4　项目突发环境事件应急响应流程

4.3.2 现场应急处置步骤及内容

1. 事故发生后，事故发生区域现场人员应立即疏散、撤离。
2. 现场人员第一时间通知项目负责人。
3. 项目经理或其他负责人立即赶赴现场，查看事故波及范围、污染源流向等情况。
4. 根据判明情况，下达处置方案启动命令并上报。
5. 确定方案开展救援和伤员救护。

6. 救援终止。

7. 事故调查及善后处理。

5 注意事项

当自身力量无法满足救援需要时，应立即拨打 119 或 120，拨打时应注意：

1. 电话接通后要准确报出事故发生地址。在说不清楚具体地址时，要说出地理位置、周围明显建筑物或道路标志。对于 119 应注意说明发生的险情、有没有人被困、有无爆炸物品等。对于 120 说清病人的主要病情，使救护人员能做好救治设施的准备。

2. 将自己的姓名、电话或手机号码告诉对方，以便联系。注意听清提出的问题，以便正确回答。

3. 若是成批伤员，必须报告事故原因，并报告罹患人员的大致数目，以便 120 调集救护车辆、报告政府部门及通知各医院救援人员集中到事故地点。

4. 挂断电话后，应派人在单位门口或交叉路口等候，并引导救援车辆的出入。

5. 疏通道路。

6. 若情况发生变化，应立即通知 119 或 120，以便他们调整部署。

6 附　件

附件 1：预案编制依据

1.《中华人民共和国安全生产法》

2.《中华人民共和国突发事件应对法》

3.《中华人民共和国特种设备安全法》

4.《生产安全事故应急预案管理办法》（修订版）

5.《国家安全生产事故灾难应急预案》

6.《建设工程重大质量安全事故应急预案》

7.《生产经营单位生产安全事故应急预案编制导则》

8.《建设工程安全生产管理条例》

9.《生产安全事故报告和调查处理条例》

10.《生产过程危险和有害因素分类与代码》

11.《企业职工伤亡事故分类》

12.《重大危险源辨识》

13.《风险管理 风险评估技术》

14.《中铁二局职业安全健康监督管理办法》

15.《中铁二局安全质量事故内部报告、应急处置和调查处理办法》

16.《中铁二局工程质量监督管理办法》
17.《中铁二局工程项目施工环境保护管理办法》
18.《中铁二局建筑公司工程质量监督管理办法》
19.《中铁二局建筑公司环境保护管理办法》

附件 2：应急预案衔接

1.《山东省生产安全事故应急预案管理办法》实施细则（试行）
2.《青岛市生产安全事故应急预案管理办法》
3.《青岛市突发环境事件应急预案》
4.《中国中铁股份有限公司安全质量事故（事件）应急预案》
5.《中铁二局安全质量、生态环境事故（事件）应急预案》
6.《中铁二局建筑公司安全质量、生态环境事故（事件）应急预案》
7.《建设单位应急预案》

附件 3：项目概况

中铁二局建筑公司承建的青岛世界博览城项目，位于山东省青岛市西海岸新区，明富大道以北、圣元路以西。项目 4-2#东西地块工程总占地面积 98 448.01 m^2，总建筑面积 174 709.5 m^2，其中地下建筑面积 41 868.79 m^2。目前项目已成立应急救援小组，用于救援的机械设备和物资分别停放在现场办公区西侧、幼儿园北侧、L23#楼南侧、G8#楼北侧、G2#楼北侧。

该项目由东、西两个地块组成，共包含 14 栋高层、17 栋叠院、29 栋别墅以及 1 栋幼儿园，共计 61 栋单体。该工程设计使用年限为 50 年，抗震设防烈度为 7 度，高层基础形式为预制桩+防水板，叠院基础形式为预制桩+地梁，筏形基础，别墅和幼儿园基础形式为条形基础，其主体结构形式为框架、剪力墙结构。

项目部距青岛红十字蓝天救援队 73.2 km，专业救援人员 2 h 内可到达事故现场；项目部距青岛西海岸新区“山海情”救援队 8.1 km，专业救援人员半小时内可到达事故现场；项目部与胶南市人民医院建立了医疗绿色通道，相距 5.5 km，专业救护人员 10 min 可到达事故现场；项目部距黄岛区消防大队 6.7 km，专业消防人员 10 min 可到达事故现场。

附件 4：有关应急部门、机构或人员的联系方式

序号	部门（职务）	联系人	联系方式
子公司联系部门			
1	子（分）公司应急领导小组办公室	×××	×××
2	子（分）公司调度管理	×××	×××
项目部联系人员			
3	项目经理	×××	×××
4	项目书记	×××	×××

续表

序号	部门（职务）	联系人	联系方式
5	项目生产副经理	×××	×××
6	项目总工程师	×××	×××
7	项目安全总监	×××	×××
8	项目总经济师	×××	×××
9	项目工程部部长	×××	×××
10	项目安环部部长	×××	×××
11	项目质量部部长	×××	×××
12	项目物机部部长	×××	×××
13	项目综合办公室	×××	×××
14	项目财务部部长	×××	×××
15	项目工经部部长	×××	×××
外部救援单位			
16	医院急救电话	×××	×××
17	消防队火警电话	×××	×××
18	就近专业救援队	×××	×××

附件 5：应急物资装备的名录或清单

附件 5-1　房建施工生产安全事故救援人员配置

序号	工　种	单　位	数　量	备注
1	房建工程师	人	2	
2	测量工程师	人	1	
3	测量工	人	2	
4	机械工程师	人	1	
5	机械技师	人	4	
6	普工	人	40	
7	电工	人	2	
8	施工员	人	2	
9	电焊工	人	2	
10	氧焊、气割	人	2	

附件 5-2　房建施工生产安全事故应急处置可调用应急物资及机具台账

序号	类别	物资名称	数量	配置要求	存放地点	管理责任人和联系电话
1	医疗救助	常用小夹板	2 副		项目应急物资库	
2		担架	2 副			×××
3		医药箱	2 个			

续表

序号	类别	物资名称	数量	配置要求	存放地点	管理责任人和联系电话
4	医疗救助	急救包	2 个		项目应急物资库	×××
5		便携式氧气瓶	1 个			
6	车辆类	急救保障车	1 辆		项目部	
7	防护类	安全帽	30 顶		项目应急物资库	
8		安全带	10 副			
9	侦检类	无线对讲机	5 对			
10		有线电话	2 台			
11		全站仪	1 台			
12		水准仪	1 台			
13	警戒类	路障	5 个			
14		隔离警示带	10 卷			
15		危险警示牌	10 个			
16		警戒标识杆	10 个			
17	抢险、救生物资类	应急灯	10 盏			
18		多用插座	10 个			
19	抢险、救生设备类	手持电锯	3 台		项目部	
20		电焊机	3 台			
21		气割	2 套			
22		挖掘机	1 台			
23		装载机	1 台			
24		电钻	5 台			
25		十字镐	10 把			
26		撬棍	10 把			
27		铁锹	10 把			
28	照明类	手电筒	20 个		项目应急物资库	
29	消防类	干粉灭火器	20 具	4 kg		
30		消防水枪	4 支			
31		消防水带	100 m			
32	消防类	消防桶	10 把		施工现场	
33		消防锹	10 把			
34		对讲机	6 个		项目应急物资库	
35		警戒绳	200 m			

附件 6：事故报告手机短信格式

中铁二局：201×年×月×日×时×分左右，在××（省市县）境内，由中铁×局××公司承建的×××工程×标，在×××工序施工过程中，因×××原因，导致现场作业人员×人死亡（失踪）、×人重伤、×人轻伤。事故已经于事发××小时（分钟）内，报告当地安全生产监管部门。现场应急预案已启动，事故单位×××领导已带队赶往现场；当地安监部门接报后，已于×月×日×时由任××职务××同志赶往现场，事故原因正在调查之中。

附件 7：中铁二局生产安全事故快报

单位名称：中铁二局×××公司（区域公司、经理部）

<table>
<tr><td>事故时间</td><td colspan="3">年 月 日 时 分</td><td>事故地点</td><td></td></tr>
<tr><td>事故单位</td><td colspan="5">××公司××××项目经理部（标段）</td></tr>
<tr><td rowspan="2">事故现场
负责人</td><td>姓 名</td><td></td><td rowspan="2">事故单位
负责人</td><td>姓 名</td><td></td></tr>
<tr><td>电 话</td><td></td><td>电 话</td><td></td></tr>
<tr><td colspan="2">事故已死亡（失踪）
人 数</td><td>死亡：
失踪：</td><td colspan="2">事故重伤/轻伤
人 数</td><td></td></tr>
<tr><td colspan="6">一、事故简要经过（包含但不限于承建单位、标段、协作队伍及相关安全生产许可证等资质号，单位工程名称、结构形式、支撑体系、设备型号、事发作业环节、高处坠落位置与高度等，其他工况均应细致清晰描述）、人员伤亡类别（职工、劳务工姓名及身份证号码）、初步估计的直接经济损失、报告地方政府和建设单位时间等

二、事故现场救援采取的主要措施

三、其他情况（事发项目工程概况，事故地点是否影响铁路营业线或繁华闹市区、高速公路、国道、其他重要设施安全）</td></tr>
</table>

附：事故现场照片（4 张以上，能充分反映事故现场实际情况和全貌的电子版照片及说明）。

附件 8：应急救援协议范本（根据地方政府版本更新）

甲方：中铁二局××项目经理部

乙方：××救援队

为切实做好房建的事故预防和应急救援处理工作，结合双方的实际情况，就乙方为甲方所属房建救援服务内容，经双方协商，约定如下：

一、服务内容

1. 根据需要，及时组织救援力量处理房建的灾害事故（即坍塌、高处坠落与火灾等）

2. ……

二、履约方式和服务期限

1. 履约方式

2. 服务期限

三、服务费用和支付方式

1. 服务费用

2. 支付方式

四、双方权利与义务

1. 甲方的权利与义务

2. 乙方的权利与义务

五、违约责任

在履行本协议期间，双方如有特殊原因影响本协议项目工作，应提前予以通知对方，并说明原因。甲方或者乙方存在工作质量缺陷，应各自承担相关责任。

六、争议的解决办法

当事双方先协商解决；协商不成，由××仲裁委员会仲裁或法院诉讼。

七、双方协商的其他条款

1. 乙方在技术服务和处理事故过程中队员发生意外情况，按有关国家、省市有关规定处理，届时双方依据公平原则协商解决

2. ……

甲方联系方式：应急小组值班室 24 小时值班电话：××

乙方联系方式：救护大队电话：××

本协议未尽事宜由双方协商补充；

如需变更、解除或续订协议，由双方协商确定。

本协议，从双方签字盖章之日起生效。

本协议一式三份，呈报××地方应急管理部门备案一份，甲乙方各执一份。

甲方法人（签字盖章）：　　　　　　乙方法人（签字盖章）：

××年××月××日　　　　　　××年××月××日

附件 9：

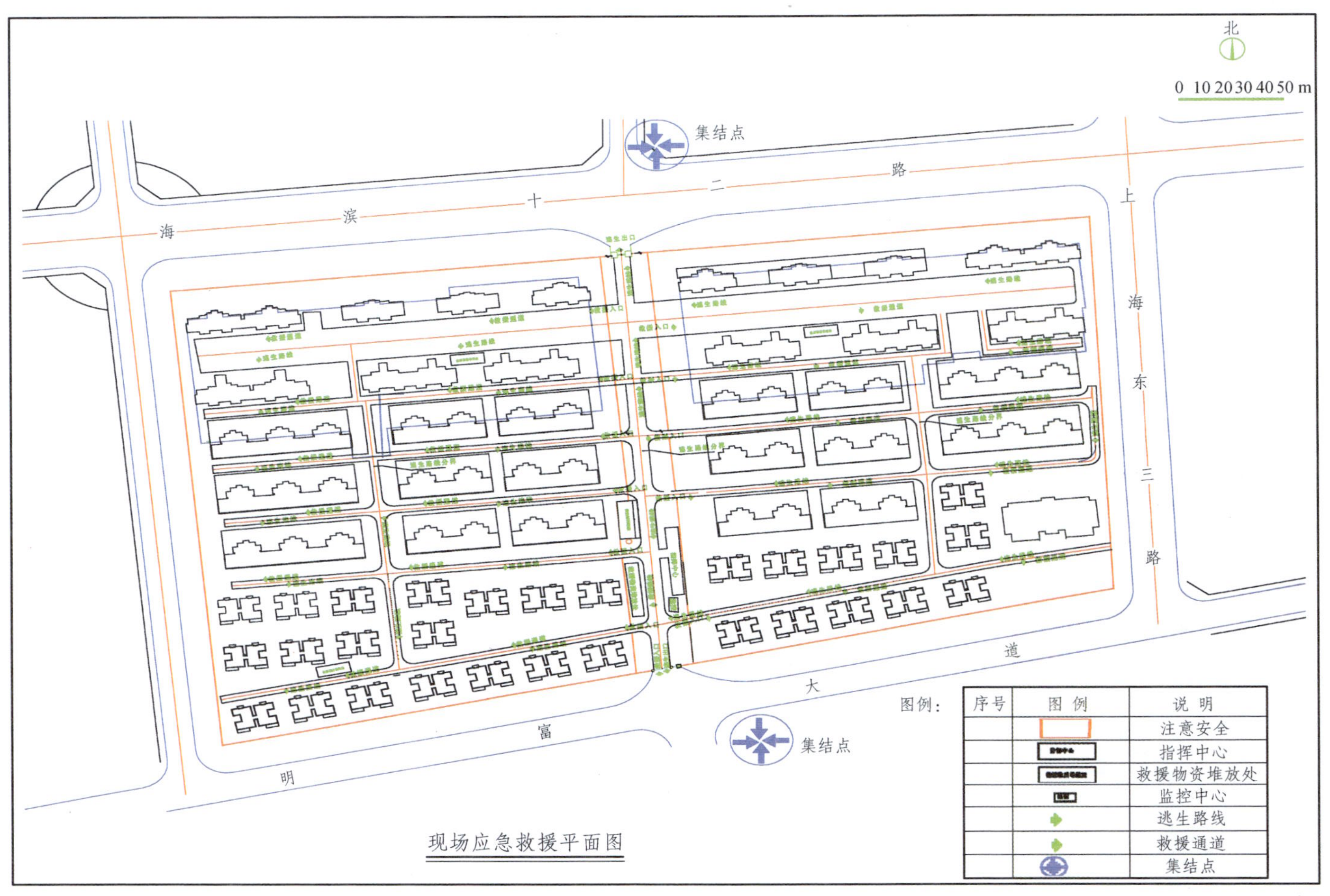

序号	图 例	说 明
		注意安全
		指挥中心
		救援物资堆放处
		监控中心
		逃生路线
		救援通道
		集结点

现场应急救援平面图

YJ

中铁二局集团有限公司

YJ/ZTEJ–2020

青岛世界博览城
安全质量、生态环境事故（事件）
现 场 应 急 处 置 卡

2020 年 12 月

中铁二局青岛世界博览城项目经理部

目　录

1 应急处置卡

1.1 应急领导小组组长应急处置卡

组长	项目经理（项目书记）	
序号	处置程序	处置要点
1	启动预案	启动应急预案，查看事故现场调配应急资源等
2	事故报告	按照应急响应分级和程序，及时向当地政府部门和上级报告事故情况
3	现场处置伤员救护	采取有效措施防止事态扩大；第一时间进行现场急救，及时转送医院救治
4	确定方案开展救援或配合救援	确定救援方案后，组织应急队伍迅速到达事故现场，指挥现场应急人员开展应急救援或响应至上一级并配合外部救援
5	救援终止	进行风险评估安全后，应急救援停止
6	配合事故调查及处理	配合事故调查，做好善后处置工作
注意事项： （1）信息的收集与传达，要求及时准确。 （2）每日召开碰头会落实各项指令和安排次日工作		

主要联系人员				
序号	姓 名	职 务	联系电话	备注
1		项目书记（经理）		
2		项目总工程师		
3		项目安全总监		
4		项目副经理		
5		作业队长		
6		办公室主任		
7		物设部部长		

1.2 综合协调组应急处置卡

组长	项目书记	
序号	处置程序	行动内容
1	信息收集与传递	负责按应急小组要求内容上报
2	场地安保、伤员救护	现场做好保卫、警戒工作，封闭事故区域，防治人员误入；第一时间进行现场急救，及时转送医院救治
3	对外接待及处置	做好媒体接待、采访引导工作，配合上级单位发布相关信息
4	家属接待及善后处理	做好家属的接待、稳定工作；做好保险理赔工作

<table>
<tr><td colspan="5">注意事项：
（1）信息传递准确、及时可靠。
（2）伤员救治及安抚周到、及时。
（3）现场组织人员撤离后，不得盲目抢救被困人员</td></tr>
<tr><td colspan="5">主要联系人员</td></tr>
<tr><td>序号</td><td>姓 名</td><td>职 务</td><td>联系电话</td><td>备注</td></tr>
<tr><td>1</td><td></td><td>项目经理</td><td></td><td></td></tr>
<tr><td>2</td><td></td><td>项目副经理</td><td></td><td></td></tr>
<tr><td>3</td><td></td><td>项目总工程师</td><td></td><td></td></tr>
<tr><td>4</td><td></td><td>工委主任</td><td></td><td></td></tr>
<tr><td>5</td><td></td><td>办公室主任</td><td></td><td></td></tr>
<tr><td>6</td><td></td><td>物设部部长</td><td></td><td></td></tr>
<tr><td>7</td><td></td><td>施工管理人员</td><td></td><td></td></tr>
<tr><td>组员</td><td colspan="4">相关成员</td></tr>
<tr><td>序号</td><td>处置程序</td><td colspan="3">行动内容</td></tr>
<tr><td>组员 1</td><td colspan="4">×××</td></tr>
<tr><td>1</td><td>组织撤离</td><td colspan="3">发现险情后，第一时间有效组织人员撤离至安全地带</td></tr>
<tr><td>2</td><td>险情报告</td><td colspan="3">及时电话上报险情至项目安全生产管理负责人或项目经理</td></tr>
<tr><td>组员 2</td><td colspan="4">×××</td></tr>
<tr><td>1</td><td>收集信息</td><td colspan="3">定时收集信息</td></tr>
<tr><td>2</td><td>传递信息</td><td colspan="3">负责收集并发布救援信息</td></tr>
<tr><td>3</td><td>关注信息</td><td colspan="3">做好舆情关注、媒体应对，并配合上级发布信息</td></tr>
<tr><td>组员 3</td><td colspan="4">×××</td></tr>
<tr><td>1</td><td>对外接待</td><td colspan="3">做好家属、外部单位的接待和稳定工作</td></tr>
<tr><td>2</td><td>配合善后处理</td><td colspan="3">配合做好保险理赔工作</td></tr>
<tr><td colspan="5">注意事项：
（1）信息传递准确、及时可靠。
（2）伤员救治及安抚周到、及时。
（3）现场组织人员撤离后，不得盲目抢救被困人员</td></tr>
<tr><td colspan="5">主要联系人员</td></tr>
<tr><td>序号</td><td>姓 名</td><td>职 务</td><td>联系电话</td><td>备注</td></tr>
<tr><td>1</td><td></td><td>项目经理</td><td></td><td></td></tr>
<tr><td>2</td><td></td><td>项目书记</td><td></td><td></td></tr>
<tr><td>3</td><td></td><td>项目副经理</td><td></td><td></td></tr>
<tr><td>4</td><td></td><td>项目总工程师</td><td></td><td></td></tr>
<tr><td>5</td><td></td><td>工委主任</td><td></td><td></td></tr>
<tr><td>6</td><td></td><td>办公室主任</td><td></td><td></td></tr>
<tr><td>7</td><td></td><td>物设部部长</td><td></td><td></td></tr>
<tr><td>8</td><td></td><td>施工管理人员</td><td></td><td></td></tr>
</table>

1.3 抢险救援组应急处置卡

组长	项目副经理	
序号	处置程序	行动内容
1	场地清理及防护	保证现场应急救援通道的畅通，采取措施防止次生灾害
2	熟知方案及准备	按照抢救方案组织救援，科学合理地提出应急物资、设备、人力配备建议
3	组织实施及调整	抢救现场伤员、将受伤人员转移至安全地带，对事故受损的设备进行修理、恢复，将现场救援进展情况及时汇报，必要时申请外部支援
4	救援配合、结束	领导小组现场评估安全后，则应急救援结束；如果需要外部救援，则配合救援工作
注意事项： （1）救援人员、物资与设备组织落实到位。 （2）按指令落实救援现场配套工作及安全监护。 （3）及时报告救援进展情况及问题。 （4）机械操作必须听从指挥，防止救援设备对人员造成机械伤害		

主要联系人员				
序号	姓　名	职　务	联系电话	备注
1		项目经理		
2		项目书记		
3		项目总工程师		
4		项目安全总监		
5		工程部部长		
6		作业队长		
7		施工员		
8		办公室主任		
9		物设部部长		
10		现场指挥人员		
11		作业队队长		
12		机械操作人员		

组员	相关成员	
序号	处置程序	行动内容
组员 1	×××	
1	场地警戒及防护	场地做好警戒工作；现场动态监控防止次生灾害，组织人员及时撤离
2	组织实施及救援	组织物资、设备和人力到位，接到上级命令后指挥抢救现场伤员、设备及物资

组员 2	×××	
1	救援准备	物资、设备和人力到位后，现场合理运用和调配
2	实施及救援	接到现场指挥人员命令后，立即开展现场伤员、设备及物资救援工作
组员 3	×××	
1	接受培训	接受应急救援处置方案的交底培训
2	实施救援	接到现场指挥人员命令后开展救援工作
注意事项： （1）救援人员、物资与设备组织落实到位。 （2）按指令落实救援现场配套工作及安全监护。 （3）及时报告救援进展情况及问题。 （4）机械操作必须听从指挥，防止救援设备对人员造成机械伤害		

主要联系人员				
序号	姓　名	职　务	联系电话	备注
1		项目经理		
2		项目书记		
3		项目副经理		
4		项目总工程师		
5		项目安全总监		
6		工程部部长		
7		作业队长		
8		施工员		
9		办公室主任		
10		物设部部长		
11		现场指挥人员		
12		作业队队长		
13		机械操作人员		

1.4　技术方案组应急处置卡

组长	项目总工程师	
序号	处置程序	行动内容
1	现场核实、评估及制订方案	辨识应急救援过程中的危险、有害因素，并进行安全风险评估，确定灾害现场监控方式，组织开展现场监控
2	指导救援实施及安全监控	根据事故现场的特点，制定相应的应急救援技术措施和应急救援步骤；动态关注现场情况并制定措施，防止发生二次伤害事故
3	配合调查	协助开展对现场有关人员的约谈、并配合调查事故发生的原因

续表

<table>
<tr><td colspan="5">注意事项：
（1）救援方案制订及时可行。
（2）救援指导到位，调整及时。
（3）落实防控措施及监控到位。
（4）数据处理和及时上报</td></tr>
<tr><td colspan="5">主要联系人员</td></tr>
<tr><td>序号</td><td>姓　名</td><td>职　务</td><td>联系电话</td><td>备注</td></tr>
<tr><td>1</td><td></td><td>项目经理</td><td></td><td></td></tr>
<tr><td>2</td><td></td><td>项目书记</td><td></td><td></td></tr>
<tr><td>3</td><td></td><td>项目副经理</td><td></td><td></td></tr>
<tr><td>4</td><td></td><td>项目安全总监</td><td></td><td></td></tr>
<tr><td>5</td><td></td><td>工程部部长</td><td></td><td></td></tr>
<tr><td>6</td><td></td><td>安环部部长</td><td></td><td></td></tr>
<tr><td>7</td><td></td><td>施工员</td><td></td><td></td></tr>
<tr><td>8</td><td></td><td>作业队长</td><td></td><td></td></tr>
<tr><td>9</td><td></td><td>技术指导人员</td><td></td><td></td></tr>
<tr><td>10</td><td></td><td>监测人员</td><td></td><td></td></tr>
<tr><td>组员</td><td colspan="4">相关成员</td></tr>
<tr><td>序号</td><td>处置程序</td><td colspan="3">行动内容</td></tr>
<tr><td>组员 1</td><td colspan="4">×××</td></tr>
<tr><td>1</td><td>现场技术监控</td><td colspan="3">开展现场监控，协助进行安全风险评估</td></tr>
<tr><td>2</td><td>数据处置与判断</td><td colspan="3">数据预警或超限值，及时上报现场指挥人员</td></tr>
<tr><td>组员 2</td><td colspan="4">×××</td></tr>
<tr><td>1</td><td>组织撤离</td><td colspan="3">发现数据预警或超限值后，第一时间有效组织人员撤离至安全地带</td></tr>
<tr><td>2</td><td>险情报告</td><td colspan="3">及时电话上报险情至作业队队长、项目安全生产管理负责人或项目经理</td></tr>
<tr><td>3</td><td>动态监控</td><td colspan="3">现场数据持续预警或超限值及时上报</td></tr>
<tr><td colspan="5">注意事项：
（1）救援方案制订及时可行。
（2）救援指导到位，调整及时。
（3）落实防控措施及监控到位。
（4）数据处理和及时上报</td></tr>
<tr><td colspan="5">主要联系人员</td></tr>
<tr><td>序号</td><td>姓　名</td><td>职　务</td><td>联系电话</td><td>备注</td></tr>
<tr><td>1</td><td></td><td>项目经理</td><td></td><td></td></tr>
<tr><td>2</td><td></td><td>项目书记</td><td></td><td></td></tr>
</table>

续表

序号	姓 名	职 务	联系电话	备注
3		项目副经理		
4		项目总工程师		
5		项目安全总监		
6		工程部部长		
7		安环部部长		
8		施工员		
9		作业队长		
10		技术指导人员		
11		监测人员		

1.5 后勤保障组应急处置卡

<table>
<tr><td>组长</td><td colspan="4">项目书记</td></tr>
<tr><td>序号</td><td>处置程序</td><td colspan="3">行动内容</td></tr>
<tr><td>1</td><td>救援物资工器具准备</td><td colspan="3">准备抢险救援急需的物资、设备；负责现场救援及事故调查工作人员生活保障、食宿安排等后勤服务；提供必要的办公用品、交通工具、通信工具、器材等</td></tr>
<tr><td>2</td><td>现场交通维护</td><td colspan="3">协助属地政府有关部门进行交通疏解</td></tr>
<tr><td>3</td><td>调配物资及设备</td><td colspan="3">根据应急救援需要，及时将抢险救援急需的物资、设备送至现场</td></tr>
<tr><td></td><td></td><td colspan="3"></td></tr>
<tr><td></td><td></td><td colspan="3"></td></tr>
<tr><td></td><td></td><td colspan="3"></td></tr>
<tr><td></td><td></td><td colspan="3"></td></tr>
<tr><td></td><td></td><td colspan="3"></td></tr>
<tr><td colspan="5">注意事项：
（1）按指令落实救援物资设备。
（2）确保设备完好使用正常</td></tr>
<tr><td colspan="5">主要联系人员</td></tr>
<tr><td>序号</td><td>姓 名</td><td>职 务</td><td>联系电话</td><td>备注</td></tr>
<tr><td>1</td><td></td><td>项目经理</td><td></td><td></td></tr>
<tr><td>2</td><td></td><td>项目副经理</td><td></td><td></td></tr>
<tr><td>3</td><td></td><td>项目安全总监</td><td></td><td></td></tr>
<tr><td>4</td><td></td><td>安环部部长</td><td></td><td></td></tr>
<tr><td>5</td><td></td><td>办公室主任</td><td></td><td></td></tr>
<tr><td>6</td><td></td><td>物设部部长</td><td></td><td></td></tr>
</table>

续表

组员	相关成员	
序号	处置程序	行动内容
组员 1	×××	
1	救援物资、设备调配	根据救援方案，组织调配救援物资、设备
2	物资补充、设备维护	根据救援物资消耗情况及时补充物资设备，并进行设备维护
组员 2	×××	
1	后勤服务	做好抢险和事故调查人员生活保障、食宿安排等
2	办公、通信保障	提供必要的办公用品、交通工具、通信工具、器材等
组员 3	×××	
1	交通疏解	协助属地政府有关部门进行交通疏解，确保现场交通畅通
注意事项： （1）按指令落实救援物资设备。 （2）确保设备完好使用正常		

主要联系人员				
序号	姓　名	职　务	联系电话	备注
1		项目经理		
2		项目书记		
3		项目副经理		
4		项目安全总监		
5		工程部长		
6		办公室主任		
7		物设部部长		
8		作业队长		
9		安全员		
10		施工员		

1.6　安全保卫组应急处置卡

组长	项目安全总监	
序号	处置程序	行动内容
1	现场秩序维护	做好现场保卫、警戒工作，确定疏散路线
2	关注现场动态变化	动态关注现场情况，防止发生二次伤害事故
3	协助救援	协助做好受伤人员的转移工作

续表

注意事项： （1）关注现场安全动态变化情况，防止二次伤害。 （2）现场组织人员撤离后，不得盲目抢救被困人员。 （3）出现异常情况或险情扩大及时上报				
主要联系人员				
序号	姓　名	职　务	联系电话	备注
1		项目经理		
2		项目书记		
3		项目副经理		
4		安环部部长		
5		办公室主任		
6		物设部部长		
7		安全监护人员		
8		安全员		
9		作业班组负责人		
组员	相关成员			
序号	处置程序	行动内容		
组员 1	×××			
1	动态监控	现场动态监控异常情况和险情变化		
2	异常情况处置与判断	出现异常情况或险情扩大，及时上报现场指挥人员		
组员 2	×××			
1	组织撤离	发现险情后，第一时间有效组织人员撤离至安全地带		
2	险情报告	及时电话上报险情至项目安全生产管理负责人或项目经理		
3	动态监控	现场动态监控异常情况和险情变化；出现异常情况或险情扩大时及时上报		
组员 3	×××			
1	组织撤离	发现险情后，第一时间有效组织人员撤离至安全地带		
2	稳定现场	控制好现场秩序，做好现场安保工作		
注意事项： （1）关注现场安全动态变化情况，防止二次伤害。 （2）现场组织人员撤离后，不得盲目抢救被困人员。 （3）出现异常情况或险情扩大及时上报				
主要联系人员				
序号	姓　名	职　务	联系电话	备注
1		项目经理		
2		项目书记		

续表

序号	姓 名	职 务	联系电话	备注
3		项目副经理		
4		项目安全总监		
5		安环部部长		
6		办公室主任		
7		物设部部长		
8		安全监护人员		
9		安全员		
10		作业班组负责人		

2 应急处置方案卡控要点

2.1 基坑坍塌

序号	处置步骤	工作岗位或功能组
1	（1）发出险情讯号，应大声呼叫示警。 （2）通知基坑内所有作业人员立即停止所有作业活动，迅速撤离现场。 （3）发生人员被埋压时，拨打120电话	现场作业人员
2	（1）询问人员，粗略估计事故伤害程度及被困人员数量及被困位置。 （2）对基坑坍塌区域进行封闭隔离，并设立危险警戒区域，设专人把守，除抢救人员可以进出外，禁止任何无关人员进入事故发生区域，防止事故进一步扩大。 （3）制订边坡加固方案，并实施加固，防止边坡不断失稳，造成救援人员二次伤害	技术方案组、抢险救援组
3	（1）根据事故具体情况，采取机械和人工相结合的办法，对坍塌现场进行处理。 （2）坍塌量较少时，边坡相对稳定后，由第一报告者和作业现场人员在大致判断被埋压人员位置，组织机械和人工迅速清除人员掩埋处坍塌土体及边坡结构物，根据现场具体情况，采取适当的办法对坍塌现场进行处理：当坍塌量较少时，现场救护人员要用铁锹进行撮土挖掘，并注意不要伤及被埋人员；当坍塌量较大时，要在抢险救援组统一领导和指挥下，采用挖掘机进行抢救，现场要有指挥并监护，防止机械伤及被埋或被压人员，在接近被埋压人员时必须停止机械作业，改用人工挖掘，防止误伤被埋压人员。 （3）坍塌量较大时，要在应急救援领导小组统一领导和指挥下，采用挖掘机进行抢救，现场要有指挥并监护，防止机械伤及被埋或被压人员。 （4）在接近被埋压人员时必须停止机械作业，改用人工挖掘。 （5）现场救治后，第一时间送往医院救治	技术方案组、抢险救援组

续表

<table>
<tr><td>4</td><td>在整个救援过程中，对人员、机械等进行协调</td><td>综合协调组</td></tr>
<tr><td>5</td><td>在整个救援过程中，检查维护或修复现场水、电管线，提供饮用水、食物及调度机械设备、物资等，为现场实施救援提供保障</td><td>后勤保障组</td></tr>
<tr><td>6</td><td>在整个救援过程中，做好警戒防护，严禁无关人员进入事故现场，对影响地方交通的，做好充分沟通工作。夜间抢险救援要保证现场救援的各种照明及动力</td><td rowspan="4">综合协调组</td></tr>
<tr><td>7</td><td>配合外部调查，提供真实记录资料</td></tr>
<tr><td>8</td><td>在整个救援过程中，做好保险理赔资料的收集；做好伤亡家属的安抚工作（如有）；确保救助资金到位</td></tr>
<tr><td>9</td><td>负责媒体接待、采访引导工作，根据上级单位授权适时发布相关信息</td></tr>
</table>

2.2 脚手架、模板支架坍塌

<table>
<tr><th>序号</th><th>处置步骤</th><th>工作岗位或功能组</th></tr>
<tr><td>1</td><td>（1）发出险情讯号，应大声呼叫示警，并立刻向项目管理人员或项目负责人汇报，发生人员被埋压时，拨打120电话。
（2）通知坍塌区域及附近所有作业人员立即停止所有作业活动，迅速撤离现场</td><td>现场作业人员</td></tr>
<tr><td>2</td><td>（1）迅速核实脚手架、模板支架上作业人数，伤亡人数及人员掩埋情况。
（2）摸清现场是否还存在产生坍塌的可能，如存在应立即进行加固</td><td>技术方案组、抢险救援组</td></tr>
<tr><td>3</td><td>（1）对未坍塌部位进行抢修加固或者拆除，封锁周围危险区域，防止进一步坍塌。
（2）如有人员被压，立即加固四周，拆除或切割压住伤者的杆件，将伤员移出。
（3）如脚手架太重，可用千斤顶，必要时动用吊车将架体缓慢抬高，以便救人。
（4）在建筑构件连带着钢筋、模板纵横交错地堆积在废墟之中时，一定要进行科学合理的评估，不能盲目牵引和顶撑，以免发生大面积坍塌。坍塌后的混凝土拌合物应及时妥善清理</td><td>技术方案组、抢险救援组</td></tr>
<tr><td>4</td><td>在整个救援过程中，对人员、机械等进行协调</td><td>综合协调组</td></tr>
<tr><td>5</td><td>在整个救援过程中，检查维护或修复现场水、电管线，提供饮用水、食物及调度机械设备、物资等，为现场实施救援提供保障。保护好事故现场，同时对事故地点进行拍照、录像</td><td>后勤保障组</td></tr>
<tr><td>6</td><td>在整个救援过程中，做好警戒防护，严禁无关人员进入事故现场，对影响地方交通的，做好充分沟通工作</td><td rowspan="4">综合协调组</td></tr>
<tr><td>7</td><td>配合外部调查，提供真实记录资料</td></tr>
<tr><td>8</td><td>在整个救援过程中，做好保险理赔资料的收集；做好伤亡家属的安抚工作（如有）；确保救助资金到位</td></tr>
<tr><td>9</td><td>负责媒体接待、采访引导工作，根据上级单位授权适时发布相关信息</td></tr>
</table>

2.3　高处坠落

序号	处置步骤	工作岗位 或功能组
1	（1）发生事故时，立即向项目管理人员或项目负责人汇报。 （2）通知坠落区域及附近所有作业人员立即停止所有作业活动，迅速撤离现场	现场作业人员
2	（1）对现场进行清查，确认伤员上方无物品坠落危险。 （2）初判伤员伤情严重时，根据现场确认的人员受伤情况，对受伤员工进行医疗急救，并拨打120请求救援。 （3）对受伤人员进行包扎、止血、固定骨折部位等，受伤人员呼吸、心跳停止时，必须立即进行心肺复苏，中途不得间断，待急救车辆赶到现场后，协助救护人员将伤员搬移到急救车辆上，送到就近医院进行救治。 （4）高处坠落后被下方物体刺穿时，严禁拔出致伤物体，可将外物于身体接触处适当位置切割后送医治疗	技术方案组、抢险救援组
3	在整个救援过程中，对人员、机械等进行协调	综合协调组
4	在整个救援过程中，检查维护或修复现场水、电管线，提供饮用水、食物及调度机械设备、物资等，为现场实施救援提供保障	后勤保障组
5	在整个救援过程中，做好警戒防护，严禁无关人员进入事故现场，对影响地方交通的，做好充分沟通工作	综合协调组
6	配合外部调查，提供真实记录资料	
7	在整个救援过程中，做好保险理赔资料的收集；做好伤亡家属的安抚工作（如有）；确保救助资金到位	
8	负责媒体接待、采访引导工作，根据上级单位授权适时发布相关信息	

2.4　起重伤害

序号	处置步骤	工作岗位 或功能组
1	（1）发生事故时，立即向项目管理人员或项目负责人汇报。 （2）通知事故现场及附近所有作业人员立即停止所有作业活动，迅速撤离现场	现场作业人员
2	（1）现场核实人员被困情况。 （2）是否还存在产生坍塌的可能	技术方案组、抢险救援组
3	（1）如属于一般机械事故，无人员受伤，起重司机应保持冷静，立即停止起重作业，如重物悬空应在保证安全的情况下，落下重物，停掉电源。 （2）初判伤员伤情严重时，根据现场确认的人员受伤情况，对受伤员工进行医疗急救，并拨打120请求救援。 （3）对受伤较轻的人员，视伤情及时进行止血、包扎、固定等措施，受伤人员出现呼吸、心跳停止症状后，必须立即进行应立即进行心肺复苏，中途不得间断，直到急救人员赶到现场后，协助救护人员将伤员搬移到急救车辆上，送到就近医院进行救治。	技术方案组、抢险救援组

续表

序号	处置步骤	工作岗位或功能组
3	(4)对现场进行确认，是否有发生二次事故的危险，否则应制定加固或拆除等措施确保救援环境安全。 (5)如果人员被压在重物下面，应立即采取搬开重物或使用起重工具吊起重物等措施，将受伤人员转移到安全地带，进行抢救。 (6)发生触电时，应立即切断起重机机械电源，然后再抢救触电人员。 (7)未发生人员伤亡的一般机械事故，要立即组织人员封锁事故现场，做好警示标识，等待专业维修人员进行处理	技术方案组、抢险救援组
4	(1)在整个救援过程中，对人员、机械等进行协调。 (2)隔离现场，并疏散无关人员	综合协调组
5	在整个救援过程中，检查维护或修复现场水、电管线，提供饮用水、食物及调度机械设备、物资等，为现场实施救援提供保障	后勤保障组
6	在整个救援过程中，做好警戒防护，严禁无关人员进入事故现场，对影响地方交通的，做好充分沟通工作	综合协调组
7	配合外部调查，提供真实记录资料	
8	在整个救援过程中,做好保险理赔资料的收集;做好伤亡家属的安抚工作(如有);确保救助资金到位	
9	负责媒体接待、采访引导工作，根据上级单位授权适时发布相关信息	

2.5 物体打击

序号	处置步骤	工作岗位或功能组
1	(1)发生事故时，立即向项目管理人员或项目负责人汇报。 (2)通知事故发生区域及附近所有作业人员立即停止所有作业活动，迅速撤离现场	现场作业人员
2	(1)对现场进行清查，确认伤员上方无物品坠落危险。 (2)初判伤员伤情严重时，根据现场确认的人员受伤情况，对受伤员工进行医疗急救，并拨打120请求救援。 (3)对受伤人员进行包扎、止血、固定骨折部位等，受伤人员呼吸、心跳停止时，应立即进行心肺复苏，待急救车辆赶到现场后，协助救护人员将伤员搬移到急救车辆上，送到就近医院进行救治。 (4)如遇重物影响，采用起重设备移开重物	技术方案组、抢险救援组
3	在整个救援过程中，对人员、机械等进行协调	综合协调组
4	在整个救援过程中，检查维护或修复现场水、电管线，提供饮用水、食物及调度机械设备、物资等，为现场实施救援提供保障	后勤保障组

续表

序号	处置步骤	工作岗位或功能组
5	在整个救援过程中，做好警戒防护，严禁无关人员进入事故现场，对影响地方交通的，做好充分沟通工作	综合协调组
6	配合外部调查，提供真实记录资料	
7	在整个救援过程中，做好保险理赔资料的收集；做好伤亡家属的安抚工作（如有）；确保救助资金到位	
8	负责媒体接待、采访引导工作，根据上级单位授权适时发布相关信息	

2.6 火 灾

序号	处置步骤	工作岗位或功能组
1	（1）发生事故时，立即向项目管理人员或项目负责人汇报，并拨打119火警电话，出现人员伤亡时，同时拨打120。 （2）通知事故发生区域及附近所有作业人员立即停止所有作业活动，迅速撤离现场	现场作业人员
2	（1）清点受伤、被困人员情况。 （2）确认燃烧物质、燃烧时间、部位、蔓延方向、火势范围及危害程度。 （3）将伤员撤离至安全区域，使用烫伤药进行救护并包扎，若伤势较重，初步处理后送往医院进一步医治。 （4）疏散人员和物资，控制各出口，无关人员只许出不许进，引导救援力量进入灾害现场。 （5）在现场救援小组统一指挥下，佩戴防毒面具，根据方案进行灭火，搜索未及时疏散的人员，将其疏散至安全区域。 （6）协助消防队进行灭火救援。 （7）发生电气火灾时，应及时切断上级电源开关。 （8）外墙保湿等材料起火，采取高压消防水进行灭火	技术方案组、抢险救援组
3	在整个救援过程中，检查维护或修复现场水、电管线，提供饮用水、食物及调度机械设备、物资等，为现场实施救援提供保障	后勤保障组
4	在整个救援过程中，做好警戒防护，严禁无关人员进入事故现场，对影响地方交通，做好充分沟通工作	综合协调组
5	配合外部调查，提供真实记录资料	
6	在整个救援过程中，做好保险理赔资料的收集；做好伤亡家属的安抚工作（如有）；确保救助资金到位	
7	负责媒体接待、采访引导工作，根据上级单位授权适时发布相关信息	

2.7 触　电

序号	处置步骤	工作岗位或功能组
1	（1）首先切断电源。 （2）做好防护，使触电者尽快脱离电源，若无法关闭电源，可借助绝缘体把伤者拖离电源。 （3）发生事故时，立即向项目管理人员或项目负责人汇报	现场作业人员
2	（1）将伤员撤离至安全地区，若出现人员昏迷，应进行人工呼吸；若受伤人员出现呼吸、心跳停止症状后，必须立即进行心肺复苏，中途不得间断，直达急救人员赶到现场后，协助救护人员将伤员搬移到急救车辆上，送到就近医院进行救治；若有灼伤，应用烫伤药治疗并包扎，初步处理后送往医院进一步医治。 （2）若急救车无法及时赶到现场，负责用车辆将伤员送至医院。 （3）引导外部救援力量进入现场	技术方案组、抢险救援组
3	在整个救援过程中，做好警戒防护，严禁无关人员进入事故现场，对影响地方交通的，做好充分沟通工作	综合协调组
4	在整个救援过程中，做好保险理赔资料的收集；做好伤亡家属的安抚工作（如有）；确保救助资金到位	
5	负责媒体接待、采访引导工作，根据上级单位授权适时发布相关信息	

YJ

中铁二局集团有限公司

YJ/ZTEJ–2020

广州地铁 11 号线梓元岗车站
安全质量、生态环境事故（事件）
现 场 处 置 方 案

2020 年 12 月

中铁二局广州地铁 11 号线项目经理部

批 准 页

中铁二局《广州地铁11号线梓元岗车站安全质量、生态环境事故（事件）现场处置方案》是中铁二局广州地铁11号线项目经理部为保护员工生命安全，减少财产损失，确保事故发生时快速反应、妥善处置而制定的内部规范性文件。

本处置方案是在开展事故风险分析和应急资源调查的基础上，针对具体的作业场所或设备设施制定的工作方案，同时考虑了突发质量事故、突发环境（安全事故衍生）事件的应急情形，明确了明挖深基坑工程出现不可接受风险事件时，项目应急组织机构与职责、应急响应、应急处置原则、应急保障等相关要求，适用于明挖深基坑坍塌、突泥涌水、高支模坍塌、起重伤害、机械伤害、地下管线破坏、工程质量事故及突发环境事件等现场处置工作。

中铁二局《广州地铁11号线梓元岗车站安全质量、生态环境事故（事件）现场处置方案》经中铁二局广州地铁11号线项目经理部安全生产领导小组批准，现正式实施。

项目书记：

项目经理：

年　　月　　日

目 录

1 事故风险分析

按风险评估要求，对该明挖深基坑施工过程中可能存在的危险因素进行了全面辨识，并使用综合评价法对可能发生的各类型事故产生的风险后果进行了评价。梓元岗站风险评估结果显示：在可能导致的 19 种事故（事件）类型中，不可接受的Ⅰ级风险 1 项，不愿接受的Ⅱ级风险 9 项，可接受的Ⅲ级风险 6 项、可忽略的Ⅳ级风险 4 项。其中Ⅰ级风险、Ⅱ级风险和重大风险见表 1。

表 1 梓元岗站西站厅安全事故Ⅰ级及Ⅱ级风险分析

序号	事故类型	易发区域、影响范围	事故原因	风险等级	事故征兆	可能引发的次生衍生事故
1	坍塌	1. 基坑围护结构失稳坍塌。 2. 开挖作业面土体坍塌	1. 在施工过程中未严格按照既定方案施工，开挖施工方法不正确，开挖程序不对引起的坍塌。 2. 已开挖的基坑边荷载引起的坍塌。 3. 支护体系设置或拆除不正确引起的坍塌。 4. 基坑降水、排水措施不力引起的坍塌	Ⅰ级风险（不可接受）	1. 基坑围护结构连续墙墙体、混凝土支撑、地面出现裂纹。 2. 围护结构连续墙接缝突涌水涌砂。 3. 未开挖土体顶部出现裂纹、开挖面出现小型溜坍和掉块的现象。 4. 基坑地面沉降、连续墙桩顶水平位移、支撑轴力等监测数据变化速率突增（突变）。 5. 开挖到底的基底有地基隆起或突涌现象	1. 突泥涌水。 2. 物体打击。 3. 淹溺。 4. 围护结构失稳。 5. 管线破坏。 6. 周边建筑物沉降
2	突泥涌水	1. 围护结构连续墙接缝处。 2. 基底开挖面以下土层发生突涌破坏	1. 连续强施工质量缺陷、接缝夹泥。 2. 超挖导致基底土层破坏。 3. 地质条件差，承压含水层顶面以上土层的重量不足以抵抗承压含水层顶面处的承压水头压力。 4. 基坑降水措施不足	Ⅱ级风险（不愿接受的）	1. 连续墙接缝处有渗水且渗水有增大趋势，渗漏水携带大量泥沙。 2. 已开挖出的连续墙接缝夹泥且往下有进一步恶化趋势。 3. 基坑开挖过程中靠近围护结构边土体含水量突增。 4. 土方开挖面底面土体含水，有少量水流出。 5. 有类似流水的异响	1. 淹溺。 2. 围护结构失稳。 3. 坍塌。 4. 管线破坏。 5. 周边建筑物沉降

续表

序号	事故类型	易发区域、影响范围	事故原因	风险等级	事故征兆	可能引发的次生衍生事故
3	高支模坍塌	1. 高支模搭设。 2. 混凝土浇筑过程	1. 支架设计不科学，步距、间距不合理。 2. 不按方案施工缺少扫地杆、剪刀撑等主要构件。 3. 支架材料质量不合格。 4. 混凝土浇筑不按方案施工，导致支架受偏压	Ⅱ级风险（不愿接受的）	1. 支架局部杆件变形严重了，存在弯折、移位、脱扣等现象。 2. 支架模板存在局部上浮、整体位移、整体倾斜等现象。 3. 模板面沉降量过大或沉降不均匀现象	1. 高处坠落。 2. 物体打击
4	起重伤害	1. 起重作业区域。 2. 大型机械设备装、拆现场。 3. 钢支撑、钢围檩安拆	1. 特种作业人员未持证上岗。 2. 违章指挥、违章作业、冒险作业。 3. 起重设备、吊具带病作业。 4. 违反卡控红线作业规定	Ⅱ级风险（不愿接受的）	1. 起重设备运行出现异响、卡顿现象。 2. 起重设备安全装置不灵敏、失效，有轻微溜钩、冲顶现象。 3. 起重吊具有磨损、开裂、断丝、断股现象。 4. 构件捆绑不牢固	1. 高处坠落。 2. 物体打击。 3. 触电
5	机械伤害	机械设备运行区	1. 机械设备危险部位未设置防护罩。 2. 设备检查维保不到位带病作业。 3. 违规操作、超负荷运行	Ⅱ级风险（不愿接受的）	1. 安全防护设施缺失，起重区域无警戒、皮带传输部位无防护罩。 2. 大型机械作业区无管制，有无关人员活动	1. 高处坠落。 2. 物体打击
6	地下管线破坏	1. 市区内沟槽开挖。 2. 围护结构连续墙施工	1. 施工时与管线权属单位沟通协调不到位。 2. 对地下管线调查不清，排查不细。 3. 无管线保护方	Ⅱ级风险（不愿接受的）	施工现场无管线标示	1. 火灾。 2. 中毒窒息。 3. 淹溺。 4. 道路塌陷等

续表

序号	事故类型	易发区域、影响范围	事故原因	风险等级	事故征兆	可能引发的次生衍生事故
7	工程质量事故	1. 围护结构施工。 2. 基坑降水。 3. 支撑架设及拆除。 4. 土方开挖。 5. 主体结构施工	1. 在施工过程中未严格按照既定方案施工，施工方式、工艺流程、施工技术措施不正确。 2. 使用质量存在缺陷的原材料、半成品、商品混凝土等。 3. 施工过程未严格控制，施工缝凿毛清理不彻底、混凝土浇筑不规范、钢筋制安不规范、焊接质量差等。 4. 监控量测不及时、数据分析处理不及时不合理	一般	1. 模板出现异响、异常变形。 2. 混凝土出现结块、粒析。 3. 支架有变形、位移、弯折等现象	1. 突泥涌水。 2. 围护结构失稳。 3. 管线破坏。 4. 周边建筑物沉降
8	突发环境事故	1. 周边雨水、污水管道水体造成水污染、管道造成堵塞等。 2. 对周边居民、商户造成噪声与震动污染等。 3. 生活垃圾、建筑垃圾、土石方等固体废弃物污染	1. 事故机械使用后的废弃机油、柴油处置不当，现场渣土外运场地冲洗的污水未经沉淀直接排入市政管道等。 2. 施工工法考虑不周，所采用的施工机械设备存在缺陷，带病作业等因素易引发噪声与震动危害事故。 3. 施工过程中现场未设置废弃物存放点，建筑废弃物未做到工完料净场地清等因素可能引发固体废弃物污染事故	重大		中毒窒息

续表

序号	事故类型	易发区域、影响范围	事故原因	风险等级	事故征兆	可能引发的次生衍生事故
9	公共卫生事故	施工现场、生活区、办公区	1. 食品的品质差、饮用水的品质差。 2. 食品放置场所的卫生条件差、饮用水存储设备的卫生条件差、食堂内部及周围的环境状况差。 3. 食堂用具的卫生状况差、员工餐具的卫生状况差，烹饪方法不合理等。 4. 蚊、蚁、鼠防治措施不到位导致登革热、鼠疫和其他传染性疾病的诞生和传播	一般	1. 食物味道、口感、颜色异常。 2. 有人员活动的区域蚊虫、蚂蚁、老鼠等活动频繁数量多。 3. 食堂卫生条件差	1. 火灾。 2. 中毒窒息

2 事故响应

根据事故信息、初步原因分析、人员伤亡情况、经济损失和社会影响范围等因素划分，将应急响应级别分为Ⅰ～Ⅳ级，项目部负责第Ⅳ级应急响应工作，配合Ⅰ、Ⅱ、Ⅲ级响应工作。其响应分级、启动条件见表 2。

表 2 响应分级

序号	响应分级	启动条件（下列情况之一）	响应部门人员	响应内容
1	Ⅰ级 中国中铁	1. 初判可能发生死亡 10 人或重伤 50 人及以上事故。 2. 初判可能发生直接经济损失 5 000 万元及以上的事故。 3. 初判可能发生 1 000 人及以上疏散、转移的突发环境事件或灾害事故（时事件）。 4. 一次食物中毒超过 100 人以上并出现死亡病例，或一次食物中毒出现 10 例以上死亡病例；一次发生急性职业中毒 50 人及以上，或一次发生急性职业中毒死亡 5 人及以上的重大突发公共卫生事件	中国中铁：领导及相关人员 中铁二局：公司主要领导，分管领导，工会主席，安全总监，公司办公室、安质环保部、工程管理部、人力资源部、宣传部、工会等负责人及相关人员 子（分）公司：主要领导、分管领导、工会主席、安全总监，安质环保部、工程管理部、人力资源部、党群工作部、工会等负责人及相关人员 区域公司：主要领导、监管领导、工程部长及相关人员	1. 向中国中铁请求支援，必要时可请求国家隧道救援队支援。 2. 接受中国中铁下达的各项指令并响应。 3. 按响应级别及属地原则由各级政府或各铁路局组织应急救援的，服从其统一指挥

续表

序号	响应分级	启动条件（下列情况之一）	响应部门人员	响应内容
2	Ⅱ级 中铁二局	1. 初判可能发生死亡 3～9 人或重伤 10～49 人的事故。 2. 初判可能发生直接经济损失 1 000 万～5 000 万元（不含）的事故。 3. 造成 500～1 000 人疏散、转移的突发环境事件或灾害事故（事件）。 4. 一次食物中毒超过 100 人出现死亡病例；一次发生急性职业中毒 10～49 人，或一次发生急性职业中毒死亡 5 人及以下的较大突发公共卫生事件	中铁二局：公司分管领导、工会主席、安全总监，安质环保部、工程管理部、工会等负责人及相关人员 子（分）公司：主要领导、分管领导、工会主席，安全总监，安质环保部、工程管理部、党群工作部、工会等负责人及相关人员 区域公司：主要领导、监管领导、工程部长及相关人员	1. 中铁二局应急 领导小组下达指令。 2. 中铁二局应急工作组响应。 3. 必要时可请求国家隧道救援队支援。 4. 按响应级别及属地原则由各级政府组织应急救援的，服从其统一指挥
3	Ⅲ级 子（分）公司、区域公司	1. 初判可能发生死亡 1～2 人（不含）以下，或发生 3～9 人重伤的事故。 2. 无人员伤亡，但社会影响较大的险性事故（事件）： （1）开挖深度大于 5 m（含）的基坑坍塌险性事故。 （2）其他影响大，损失较大的险性事故。 3. 初判可能发生直接经济损失 100 万～1 000 万元（不含）的质量事故。 4. 因施工造成或生产安全事故衍生的，邻近区域内生态环境发生较重污染或破坏的突发环境事件。 5. 需转移安置 200～500 人（不含）的突发自然灾害事故	子（分）公司：分管领导、安全总监、安质环保部、工程管理部等负责人及相关人员 区域公司：监管领导、工程部长及相关人员	1. 子（分）公司应急领导小组下达指令。 2. 现场应急工作组接受指令、响应。 3. 必要时，向中铁二局请求支援
4	Ⅳ级 项目经理部	1. 初判可能造成人员重伤 1～2 人事故。 2. 初判可能发生直接经济损失 20 万～100 万元的事故。 3. 开挖深度 2（含）～5 m 的基坑坍塌险性事故。 4. 其他影响较大，损失较重的险性事故。 5. 因施工造成邻近区域内生态环境发生污染或破坏的突发环境事件。 6. 需转移安置 50～100 人（不含）的突发自然灾害事故	项目经理部：领导班子、职能部门及相关人员	1. 项目现场应急领导小组下达指令。 2. 现场应急处置组接受指令、并响应。 3. 必要时，向子（分）公司或中铁二局区域公司请求支援

3 应急组织机构及工作职责

3.1 应急组织机构

3.1.1 组织机构

项目部应急领导小组组织机构见图 1。

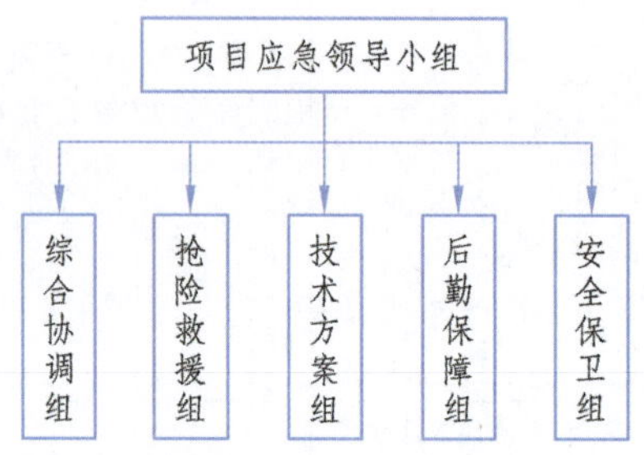

图 1 项目部应急领导小组组织机构

3.1.2 应急组织机构设置

项目经理部设立应急领导小组，并下设五个应急处置组。

组　长：项目经理、项目书记

副组长：项目副经理、项目总工程师、项目安全总监

成　员：工程部、安全环保部、质量管理部、工经部、物机部、财会部、办公室、试验室等部门负责人和有关人员

应急领导小组办公室设在调度室，并设 24 小时值班电话。

3.2 应急领导小组职责

在发生事故和突发紧急事件时，必须立即组织应急队伍迅速到达事故现场。各应急处置组及副组长必须服从组长统一安排，按职责分工进行应急处置工作。

3.2.1 应急领导小组主要职责

1. 建立健全事故应急机构。
2. 组织编制项目部应急预案和现场处置方案。
3. 负责组织调配或购置应急物资、设备，监督指导项目职能部门建立应急管理工作台账。
4. 负责组织应急知识培训教育、宣传及应急预案培训、演练、评价工作。
5. 负责启动应急方案、及时调配应急资源。
6. 按照应急响应分级和程序，向上级和属地政府部门报告事故情况。
7. 接受上级或地方政府应急救援现场指挥部的领导，落实指令。
8. 指挥现场应急人员开展应急救援，采取有效措施防止事故扩大，并保护事故现场。
9. 配合事故调查，做好善后处置工作。

3.2.2 组长（项目经理）职责

1. 组织应急队伍迅速到达事故现场，指挥现场人员开展应急救援。
2. 组织采取有效措施防止事故扩大，最大限度减少人员伤亡和财产损失。
3. 组织保护好事故现场，并及时向当地政府部门和上级报告事故情况。

3.2.3 副组长（项目书记）职责

1. 负责组织媒体接待、采访和引导工作，配合上级单位发布相关信息。
2. 组织伤亡人员及家属的接待、稳定工作。
3. 组织保险理赔工作。

3.2.4 副组长（项目副经理）职责

1. 负责组织实施现场应急救援。
2. 及时向组长汇报事件发生和发展信息，尤其是异常信息。
3. 组织保障现场交通。

3.2.5 副组长（项目总工程师）职责

1. 组织对应急救援进行安全风险评估。
2. 初步分析事故发生的技术原因。
3. 组织制定应急救援技术措施。

3.2.6 副组长（项目安全总监）职责

1. 初步分析事故发生的管理原因。
2. 协助相关机构调查取证。
3. 协助相关机构人员的约谈。

3.3 应急处置组职责

3.3.1 综合协调组职责

1. 负责信息收集与传递。
2. 负责媒体接待、采访引导工作，配合上级单位发布相关信息。
3. 做好受伤人员救护及家属的接待、稳定工作。
4. 做好保险理赔工作。

3.3.2 抢险救援组职责

1. 采取措施防止次生灾害、保护伤员。
2. 按照方案组织救援，科学合理地提出应急物资、设备、人力配备建议。
3. 抢救现场伤员、设备及物资。
4. 必要时配合外部救援工作。

3.3.3 技术方案组职责

1. 辨识应急救援过程中的危险、有害因素，并进行安全风险评估。

2. 制定应急救援技术措施和救援步骤，指导救援。

3. 确定灾害现场监控量测方式，组织开展现场监控量测。

4. 协助开展对现场有关人员的约谈，调查了解事故发生的原因，配合上级单位进行事故调查。

3.3.4 后勤保障组职责

1. 负责现场抢险救援及事故调查工作人员生活保障、食宿安排等后勤服务；提供必要的办公用品、交通工具、通信工具、器材等。

2. 协助属地政府有关部门进行交通疏解。

3. 调配抢险救援急需的物资、设备等。

3.3.5 安全保卫组职责

1. 保证现场应急救援通道的畅通。

2. 做好现场保卫、警戒工作。

3. 动态关注现场情况，防止发生二次伤害事故。

4. 依据拟定技术措施和救援步骤，协助现场救援。

4 应急处置

4.1 生产安全事故应急处置

4.1.1 生产安全事故应急响应程序

项目生产安全应急响应流程见图 2。

4.1.2 现场应急处置步骤及内容

1. 事故发生后，事故现场人员应立即疏散、撤离，并采取自救、互救措施。

2. 现场人员第一时间通知项目经理。

3. 项目经理或其他负责人立即赶赴现场，查看事故情况及伤损情况。

4. 判明情况，下达处置方案启动命令并上报。

5. 确定方案开展救援和伤员救护。

6. 救援终止。

7. 事故调查及善后处理。

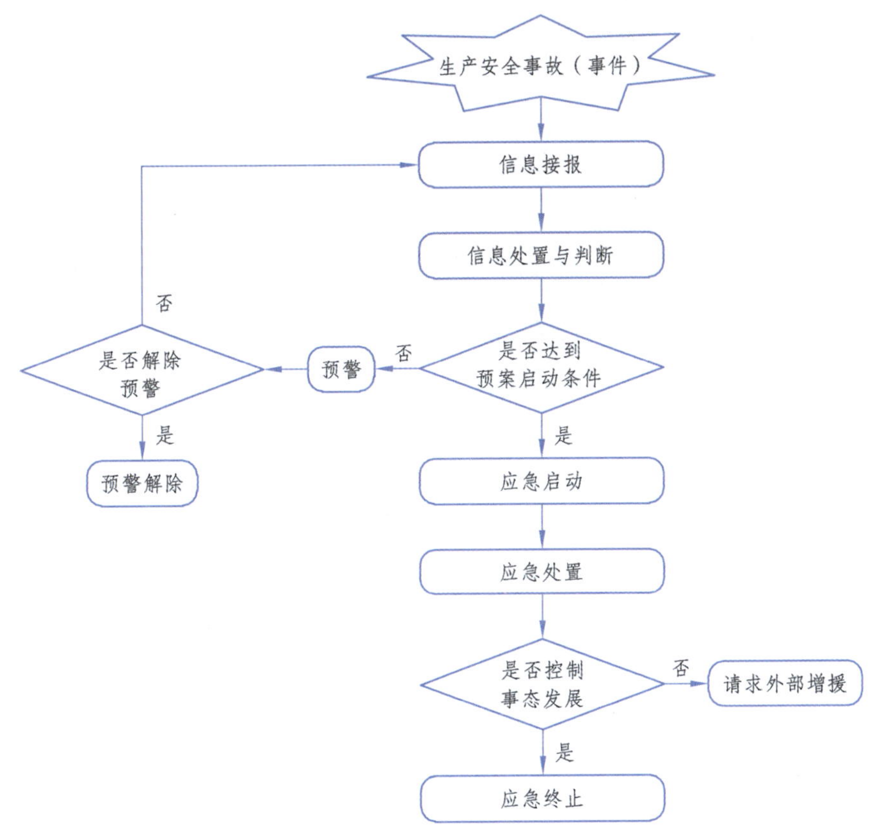

图 2　项目生产安全应急响应流程

4.1.3　生产安全事故现场处置措施

1. 坍塌应急处置措施。

（1）险情的处置措施：

发现漏水、地表或基坑局部开裂、局部区域土体下滑，基坑支护变形、开裂，支撑变形及出现不均匀沉降等，监控量测数据出现反弯点，恶劣天气如暴雨等事故前兆时，应立即停止施工，按照现场处置方案及时确定应对，并通知有关部门、单位采取相应行动，预防事故发生。

根据灾情预警，可能造成严重人员伤亡和财产损失的，紧急转移人员，及时做出必要的预警或向项目经理部、应急救援指挥中心提出相应的预警建议，相关单位随时做好启动应急预案准备工作。

（2）事故救援处置措施：

① 一旦发生基坑坍塌事故，发现者高声呼叫基坑内人员赶紧沿逃生通道，逃离基坑。再由安全保卫组清点人员，确认有无人员失踪、受伤。了解事发前该区域施工人员情况、作业人数、如有施工人员失踪或被埋，立即组织有效的挖掘救人工作。

② 挖掘应采用人工挖掘，禁止采用机械挖掘，防止及机械对被埋人员造成伤害。人工挖掘尽量避免使用尖锐性工具。对于大块沉重物体，应合理组织搬运，尤其是压在被埋人员身上的大块物体，必须组织好足够人力方可搬运，搬运前明确职责，由专人负责将被埋人员转移出基坑。

③ 抢救挖掘合理按照工作面安排人力，力争在最短时间内将被埋人员抢救出来，安排好救助车辆引导，保障道路畅通。如有人员失踪应立即报警。

④ 划定危险区域，做好警戒。安排测量人员进行基坑坡面位移变形观测，并安排有经验的技术人员做好监控工作，如坡面不能稳定，及时采取措施处理，必要时合理组织卸掉基坑周边的机械设备、材料等堆载，基坑坡面组织有效支撑，对已破坏的既有支撑结构进行加固，防止塌方面扩大。

⑤ 在专业医疗人员到达前由救助组对受伤人员进行简单救助。争分夺秒抢救被压埋者，使头部先露出，保证呼吸畅通；救出来之后，初步判断有无胸部肢体骨折，避免救护过程中造成二次伤害。呼吸停止者应立即做人工呼吸，然后进行正规心肺复苏；伤口止血且使用止血带；切忌对压伤者进行热敷或按摩。

⑥ 当发生机械倾覆事故时，首先看司机是否被困在操作室内，检查有无其他人员被砸伤或掩埋在其下面，若有人员被困，确定被埋压人员的位置，立即组织现场急救。

基坑坍塌应急处置措施见表3。

表3 基坑坍塌应急处置措施

序号	任务	主要工作内容	责任分工
1	现场确认	（1）一旦发生基坑坍塌事故，发现者高叫“快跑”，基坑内人员逃离基坑，再由安全保卫组组织疏散坑内作业人员。 （2）人员疏散完毕后，开始清点人员，确定有无人员失踪、受伤。 （3）向逃生成功的人员了解事发前该区域施工人员情况，作业人数，如有施工人员失踪或被埋，立即组织有效的挖掘工作	抢险救援组、技术方案组
2	方案制订	（1）现场确认了解的情况，若无人员被埋或失踪，等待处置方案，按照方案抢救物资、设备。 （2）探明有人员被埋或失踪，挖掘应采用人工挖掘，禁止采用机械挖掘，防止及机械对被埋人员造成伤害。 （3）人工挖掘尽量避免使用十字镐、铁锹、撬棍尖锐性工具，尽量采用勾、刨的方式或者采取手工开挖的方式。 （4）遇大块沉重物体，应合理组织搬运，尤其是压在被埋人员身上的大块物体，必须组织好足够人力方可搬运，搬运前明确职责，由专人负责将被埋人员移动出。避免二次伤害	抢险救援组、技术方案组
3	救援作业	（1）抢救挖掘合理按照工作面安排人力，力争在最短时间内将被埋人员抢救出来。 （2）抢救挖掘发现有人员失踪、受伤应立即报警，并安排车辆引导员做好救助车辆引导。 （3）抢险挖掘时安全保卫组要划定危险区域，做好警戒安管理，无关人员不得进入抢险区。 （4）抢险过程要安排测量人员进行基坑坡面位移变形观测，并安排有经验的技术人员做好监控工作，如坡面不能稳定，及时采取措施处理，必要时合理组织卸掉坑周边堆载，基坑坡面组织有效支撑。 （5）对已破坏的既有支撑结构进行加固，防止塌方面扩大。 （6）当发生机械倾覆事故时，首先看司机是否被困在操作室内，检查有无其他人员被砸伤或掩埋在其下面，若有人员被困，确定被埋压人员的位置，立即组织现场急救	抢险救援组、后勤保障组

续表

序号	任务	主要工作内容	责任分工
4	人员施救	（1）在专业医疗人员到达前由救助组对受伤人员进行简单救助。 （2）争分夺秒抢救压埋者，使头部先露出，保证呼吸畅通，并安抚其情绪。 （3）如果头部出来之后，呼吸停止者立即做人工呼吸，快速清理其胸部土石，然后进行正规心肺复苏。 （4）如遇伤员受伤，止血且使用止血带，切忌对压伤者进行热敷或按摩。 （5）当专业医务人员到达后，将所有的伤员转交给医务人员处理，做好现场配合	抢险救援组、后勤保障组、抢险救援组、综合协调组

2. 突泥涌水应急处置措施。

（1）险情的处置措施：

① 当发生基坑内涌水、涌泥时，立即停止作业，组织无关人员撤至安全地点，利用抽水设备、加大抽水量，同时，派技术人员观测基坑变化，如有发生坍塌的可能，采用砂袋堆码或其他支撑方法进行挡护。

② 如果开挖过程中发现围护结构接头夹泥，应随开挖面的暴露及时用钢板封堵地下墙接缝，并用水泥浆灌注钢板与围护桩接缝。如在开挖过程中发生渗漏，应视渗漏部位、流量、渗漏点大小采用下列方法：

如果渗漏点局限于开挖面以上，且渗漏量不大，宜采用抽槽压注双液浆的方法封堵。

如果渗漏点局限于开挖面以上，且渗漏量较大，宜在渗漏点打入泄水管，用钢板和快速水泥封堵泄水管周围，待封堵材料达到强度后关闭泄水管阀门。如果渗漏点自开挖面上延伸至开挖面以下，则在基坑外渗漏点附近压注双液浆，注浆采用压力控制，最高压力不得超过0.3 MPa，同时注意支撑安全。

如果渗漏点自开挖面上延伸至开挖面以下且流量较大，应在基坑内局部回填至流量减少后，在基坑外渗漏点附近注双液浆。

如果渗漏点不明，水流自开挖面下向上涌出，立即停止开挖，局部回填至渗漏停止，然后采取上述基坑外注双液浆措施。

如果渗漏水流混浊，且渗漏时间较长，渗漏点附近可能存在严重的土体流失，出现空洞，此时严禁重型机械靠近，并应立即采用振管注浆方法填补空洞。

③ 基坑涌水涌砂被止住后，对基坑周围地层加强注浆，固化基坑外围地层。

（2）事故救援处置措施：

① 立即把施工人员从操作面上有组织的疏散到安全部位或从安全通道疏散到地面上，并清点现场人数。

② 现场采取安全警戒线或隔离措施，防止除救援外其他人员进入危险区域，避免灾害损失的扩大。

③ 出现坑内施工作业人员被淹时，在组织潜水泵抽水的同时，调查清楚具体被淹溺的人员及数量，派水性好的营救人员系安全绳下基坑进行打捞营救。

④ 营救出受伤人员以后，迅速转移至基坑外面安全区域，判明胸骨及肢体有无骨折避免

造成二次伤害，清除掉口腔、鼻腔内的泥浆等杂物，保持呼吸道畅通。使受伤者采用平卧位，头侧向一侧或俯卧位，面朝下，头低脚高，迅速倒掉吸入的水，同时检查心跳呼吸情况。当发现呼吸停止者，瞳孔散大、口唇青紫明显，神志不清，要立即进行人工呼吸，心跳停止者则应立即同时进行胸外心脏按压术，并同时紧急送往医院。

⑤ 立即启动施工现场应急预案，通知抢险应急救援队到达事故现场，投入抢险，各应急组接令后各就各位以最快速度投入抢险、救援。

基坑突泥涌水应急处置措施见表 4。

表 4　基坑突泥涌水应急处置措施

序号	任务	主要工作内容	责任分工
1	现场确认	（1）当发生基坑内涌水、涌泥时，立即停止作业，组织无关人员撤至安全地点。 （2）利用抽水设备、加大抽水量，抽水设备的出水量应是最大突水量的 1.2 倍。 （3）派技术人员观测基坑变化，如有发生坍塌的可能，采用砂袋堆码或其他支撑方法进行挡护。 （4）技术部门人员要快速确认渗漏点的部位、高度、水压力、连续墙施工情况等信息。 （5）如果发现周边其他围护结构接头夹泥，应随开挖面的暴露及时用钢板封堵地下墙接缝，并用水泥浆灌注钢板与围护桩接缝	抢险救援组 技术方案组
2	方案制订	（1）如果渗漏点局限于开挖面以上，且渗漏量不大，宜采用抽槽压注双液浆的方法封堵。 （2）如果渗漏点局限于开挖面以上，且渗漏量较大，宜在渗漏点打入泄水管，用钢板和快速水泥封堵泄水管周围，待封堵材料达到强度后关闭泄水管阀门。如果渗漏点自开挖面上延伸至开挖面以下，在基坑外渗漏点附件压注双液浆，注浆采用压力控制，最高压力不得超过 0.3 MPa，同时注意支撑安全。 （3）如果渗漏点自开挖面上延伸至开挖面以下且流量较大，应在基坑内局部回填至流量减少后，在基坑外渗漏点附近注双液浆。 （4）如果渗漏点不明，水流自开挖面下向上涌出，立即停止开挖，局部回填至渗漏停止，然后采取上述基坑外注双液浆措施。 （5）如果渗漏水流混浊，且渗漏时间较长，渗漏点附件可能存在严重的土体流失，出现空洞，此时严禁重型机械靠近，并应立即采用振管注浆方法填补空洞	抢险救援组、 技术方案组
3	救援作业	（1）立即把施工人员从操作面上有组织地疏散到安全部位或从安全通道疏散到地面上，并清点现场人数。 （2）现场采取安全警戒线或隔离措施，防止除救援外其他人员进入危险区域，避免灾害损失的扩大。 （3）根据方案科学组织抢险，做好风险确认，防止意外发生。 （4）抢险过程出现坑内施工作业人员或抢险人员被淹时，在组织潜水泵抽水的同时，调查清楚具体被淹溺的人员及数量，派水性好的营救人员系安全绳下基坑进行打捞营救	抢险救援组、 后勤保障组

续表

序号	任务	主要工作内容	责任分工
5	人员施救	（1）营救出受伤人员以后，迅速转移至基坑顶面安全区域，清除掉口腔、鼻腔内的泥浆等杂物，保持呼吸道畅通。 （2）使受伤者采用平卧位，头侧向一侧或俯卧位，面朝下，头低脚高，迅速倒掉吸入的水。 （3）检查心跳呼吸情况。当发现呼吸停止者，瞳孔散大、口唇青紫明显，神志不清，要立即进行人工呼吸，心跳停止者则应立即同时进行胸外心脏按压术，并同时紧急送往医院	抢险救援组、综合协调组

3. 高支模坍塌应急处置措施。

（1）高支模失稳险情的处置措施。

高支模在浇灌混凝土时，应有专门的管理人员对架体进行观测，观测的内容有架体的变形和板面混凝土的沉降。当观测数据超过警戒严值时或目测架体变形有可能导致失稳破坏时，应采取如下应急措施：

① 立即停止混凝土的浇灌，立即把浇灌混凝土的施工人员从操作面疏散到安全地带或从安全通道疏散到地面上。

② 立即把在架体内值班的人员或架体有可能坍塌影响到的范围内的所有人员疏散到安全地带，并划出危险区域，拉起警戒线，由保安负责，不准人员靠近。

③ 现场值班负责人马上报告给应急小组组长及相关负责人，主要说明有可能失稳的部位、目前混凝土浇灌量、已经采取的应急措施。

④ 应急领导人赶到现场后，应快速了解现场的实际情况，检查人员是否全部疏散到了安全地带，检查已经采取的应急措施是否合理和有效。

（2）事故处置措施。

发生坍塌事故时，事故发现人员应高声呼救，现场混凝土浇灌值班的负责人应立即按以下程序进行应急处理：

① 立即停止混凝土的浇灌，立即把施工人员从操作面上有组织的疏散到安全部位或从安全通道疏散到地面上。

② 立即把架体有可能再次坍塌影响到的范围内的地面人员疏散到安全地带，并划出危险区域，拉起警戒线，由保安负责，不准人员靠近。

③ 在坍塌后的安全区域立即组织抢救从操作面上掉下来的施工人员。

④ 立即报告应急小组组长，主要说明坍塌部位、坍塌面积、有无伤亡、目前采取的应急措施、是否需要派救护车、消防车或警力支援到现场实施抢救。

⑤ 立即通知现场医生赶到出事地点，如需要可直接拨打 120 等求救电话。

⑥ 清点现场人数，确定被埋、压人员的数量和位置。

高支模坍塌应急处置措施见表 5。

表5 高支模坍塌应急处置措施

序号	任务	主要工作内容	责任分工
1	预警措施	（1）高支模在浇灌混凝土时，应有专门的管理人员对架体进行观测，观测的内容有架体的变形和板面混凝土的沉降。 （2）当观测数据超过警戒严值时或目测架体变形有可能导致失稳破坏时，应采取应急措施	抢险救援组、技术方案组
2	应急措施	（1）立即停止混凝土的浇灌，立即把浇灌混凝土的施工人员从操作面疏散到安全地带或从安全通道疏散到地面上。 （2）立即把在架体内值班的人员或架体有可能坍塌影响到的范围内的所有人员疏散到安全地带，并划出危险区域，拉起警戒线，由保安负责，不准人员靠近。 （3）现场值班负责人马上报告给应急小组组长及相关负责人，主要说明有可能失稳的部位、目前混凝土浇灌量、已经采取的应急措施。 （4）应急领导人赶到现场后，应快速了解现场的实际情况，检查人员是否全部疏散到了安全地带，检查已经采取的应急措施是否合理和有效	抢险救援组、技术方案组
3	抢险救援	发生坍塌事故时，事故发现人员应高声呼救，现场混凝土浇灌值班负责人应立即按以下程序进行应急处理： （1）立即停止混凝土的浇灌，立即把施工人员从操作面上有组织的疏散到安全部位或从安全通道疏散到地面上。 （2）立即把架体有可能再次坍塌影响到的范围内的地面人员疏散到安全地带，并划出危险区域，拉起警戒线，由保安负责不准人员靠近。 （3）在坍塌后的安全区域立即组织抢救从操作面上掉下来的施工人员。 （4）立即报告应急小组组长，主要说明坍塌部位、坍塌面积、有无伤亡、目前采取的应急措施、是否需要派救护车、消防车或警力支援到现场实施抢救。 （5）立即通知现场医生赶到出事地点，如需要可直接拨打120等求救电话。 （6）清点现场人数，确定被埋、压人员的数量和位置	抢险救援组、后勤保障组
4	人员施救	将人员运出，及时送医院进行救治。	抢险救援组、综合协调组

4. 起重伤害应急处置措施。

（1）起重机倾覆事故应急处置措施。

当发生起重机倾覆事故时，首先看起重机司机是否被困在操作室内，检查有无其他人员被砸伤或掩埋在其下面，相邻构筑物是否受到侵害。若有人员被困，确定被埋人员的位置，立即组织现场急救。当挖救被埋人员时，切勿用机械挖救，以防伤人，同时调用其他起重设备将倾覆起重机缓慢拉起，顶升稳固，再组织抢救被埋人员。

（2）吊装钢支撑、钢围檩滑落应急处置措施。

当发生吊装钢支撑、钢围檩滑落造成物体打击伤害事故时，首先观察伤员受伤部位，失血多少，对于微小伤，可临时进行简单的止血、消炎、包扎，然后送往医院救治。伤势严重者，急送就近送医院救治。

（3）操作人员高处坠落事故应急处置措施。

当发现有人从高处坠落摔伤，首先应观察伤员的神志是否清醒，随后看伤员坠落时身体着地部位，再根据伤员的伤害程度的不同，组织救援。

起重吊装应急处置措施见表6。

表6 起重吊装应急处置措施

序号	任务	主要工作内容	责任分工
1	起重机倾覆事故处置	（1）当发生起重机倾覆事故时，首先看起重机司机是否被困在操作室内。 （2）检查有无其他人员被砸伤或掩埋在其下面，相邻构筑物是否受到侵害。 （3）若有人员被困，确定被埋人员的位置，立即组织现场急救。 （4）当挖救被埋人员时，切勿用机械挖救，以防伤人，同时调用其他起重设备将倾覆起重机缓慢拉起，顶升稳固，再组织抢救被埋人员	抢险救援组、技术方案组、后勤保障组
2	吊装钢支撑、钢围檩滑落处置	当发生吊装钢支撑、钢围檩滑落造成物体打击伤害事故时，首先观察伤员受伤部位，失血多少，对于一些微小伤可以临时进行简单的止血、消炎、包扎，然后送往医院处理。伤势严重者，急送就近送医院	抢险救援组、技术方案组、后勤保障组
3	操作人员高处坠落处置	当发现有人从高处坠落摔伤，首先应观察伤员的神志是否清醒，随后看伤员坠落时身体着地部位，再根据伤员的伤害程度的不同，组织救援	抢险救援组、技术方案组、后勤保障组

5. 机械伤害应急处置措施。

（1）当施工人员发生机械伤害时，急救人员尽快赶往出事地点，并呼叫周围人员及时通知医疗部门，尽可能不要移动伤者，尽量当场施救。如果处在不宜施救的场所时必须将患者搬运到能够安全施救的地方，搬运时尽量多找一些人来搬运，观察伤者呼吸和脸色的变化，如果是脊柱骨折，不要弯曲、扭动伤者的颈部和身体，不要接触伤者的伤口，要使伤者身体放松，尽量将伤者放到担架或平板上进行搬运。

（2）现场急救措施：

① 发生机械伤害事故，应马上组织施救，首先观察伤者的受伤情况、部位、伤害性质，如伤员发生休克，应先处理休克。遇呼吸、心跳停止者，应立即进行人工呼吸，胸外心脏按压。处于休克状态的伤员要确认其安静、保暖、平卧、少动，并将下肢抬高约20°左右，尽快送医院进行抢救治疗。

② 出现昏迷者疑是颅脑损伤，必须维持呼吸道畅通。昏迷者应平卧，面部转向一侧，以防舌根下坠或分泌物、呕吐物吸入，发生喉阻塞。有骨折者，应初步固定后再搬运。遇有凹陷骨折、严重的颅底骨折及严重的脑损伤症状出现，创伤处用消毒的纱布或清洁布等覆盖伤口，用绷带或布条包扎后，及时送往就近有条件的医院治疗。

③ 发现脊椎受伤者，创伤处用消毒的纱布或清洁布等覆盖伤口，用绷带或布条包扎后，搬运时，将伤者平卧放在帆布担架或硬板上，以免受伤的脊椎移位、断裂造成截瘫，招致死

亡。抢救脊椎受伤者，搬运过程中，严禁只抬伤者的两肩与两腿或单肩背运。

④ 发现伤者手足骨折者，不要盲目搬动伤者。应在骨折部位用夹板把受伤的位置临时固定，使断端不再移位或刺伤肌肉、神经或血管。固定方法：以固定骨折处上下关节为原则，用夹板，也可就地取材，用木板、竹子等，在无材料的情况下，上肢可固定在身侧，下肢与腱侧下肢缚在一起，及时把伤者送往邻近医院抢救，运送途中应尽量减少颠簸。同时密切注意伤者的呼吸、脉搏、血压及伤口的情况。

机械伤害应急处置措施见表 7。

表 7　机械伤害应急处置措施

序号	任务	主要工作内容	责任分工
1	现场确认	（1）当施工人员发生机械伤害时，急救人员尽快赶往出事地点，并呼叫周围人员及时通知医疗部门。 （2）确认现场设备机械是否已停止运行。 （3）观察伤者的受伤情况、部位、伤害性质。 （4）如果处在不宜施救的场所时必须将患者搬运到能够安全施救的地方，搬运时尽量多找一些人来搬运，观察患者的呼吸和脸色变化	抢险救援组、技术方案组
2	现场急救	（1）伤员发生休克，应先处理休克。处于休克状态的伤员要确认其安静、保暖、平卧、少动，并将下肢抬高约 20°左右，尽快送医院进行抢救治疗。 （2）遇呼吸、心跳停止者，应立即进行人工呼吸，胸外心脏按压。 （3）出现颅脑损伤时，必须维持呼吸道畅通。昏迷者应平卧，面部转向一侧，以防舌根下坠或分泌物、呕吐物吸入，发生喉阻塞。 （4）骨折者，应初步固定后再搬运。遇有凹陷骨折、严重的颅底骨折及严重的脑损伤症状出现，创伤处用消毒的纱布或清洁布等覆盖伤口，用绷带或布条包扎后，及时送往就近有条件的医院治疗。 （5）发现伤者手足骨折者，不要盲目搬动伤者。应在骨折部位用夹板把受伤的位置临时固定，使断端不再移位或刺伤肌肉、神经或血管。 （6）遇有创伤性出血的伤员，应迅速包扎止血，使伤员保持在头底脚高的卧位，并注意保暖	抢险救援组、技术方案组、医疗救护组
3	人员送医	（1）用最快的方式及时把伤者送往邻近医院抢救，运送途中应尽量减少颠簸。 （2）密切注意伤者的呼吸、脉搏、血压及伤口的情况	抢险救援组、综合协调组

6. 地下管线破坏应急处置措施。

（1）施工中意外损坏管线立即通知管线所有权单位进行应急处理。

（2）提前掌握管线上下游阀门位置，管线被损坏后立即关闭上下游阀门。

（3）如雨水、污水、自来水等管线破损后立即报告权属单位即时组织人员进行抢修。

（4）如导致煤气管道，电力管线沉降马上组织人员观测现场，要立即对周边人员疏散，对事故范围进行封闭警戒，保护现场，防止引发火灾，避免事态扩大。立即通知管线单位进行抢修。

地下管线破坏应急处置措施见表 8。

表 8　地下管线破坏应急处置措施

序号	任务	主要工作内容	责任分工
1	现场确认	（1）摸排被破坏管线情况，管线类型、规格、埋深、是否带压、是否属于主要线路、旁边管线情况。 （2）查找破坏原因，分析破坏管线的影响程度。 （3）弄清管线影响范围，做好配合抢修准备	抢险救援组、技术方案组
2	应急措施	（1）管线损坏立即通知管线所有权单位进行应急处理。 （2）提前掌握管线上下游阀门位置，管线破坏后立即关闭上下游阀门。 （3）如雨水、污水、自来水等管线破损后立即报告权属单位及时组织人员进行修复。 （4）如导致煤气管道，电力管线沉降马上组织人员观测现场，要立即对周边人员疏散，对事故范围进行封闭警戒，保护现场，防止引发火灾，避免事态扩大。立即通知管线单位进行抢修，做好配合工作	抢险救援组、技术方案组、后勤保障组

4.2　工程质量事故应急处置

4.2.1　质量事故应急响应程序

工程质量事故应急响应流程见图 3。

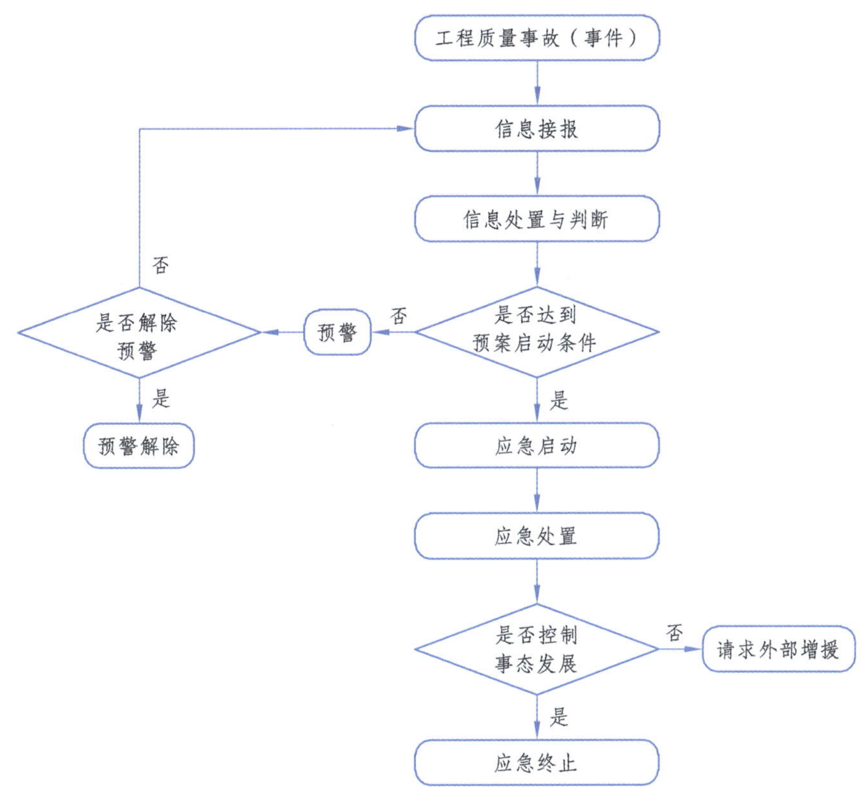

图 3　工程质量事故应急响应流程

4.2.2 现场应急处置步骤及内容

1. 事故发生后，事故现场人员应立即撤离，确认无人员伤亡。

2. 现场人员第一时间通知项目经理或项目其他领导。

3. 接到事故报告的领导立即赶赴现场，查看事故情况及再次确认无人员伤亡。通知安全总监、总工程师等相关人员到现场查明事故原因，评估经济损失，小于等于 100 万元的，制订处置方案。

4. 大于 100 万元的按层级管理上报并配合相关方制订处置方案。

5. 下达启用《处置方案》命令。

6. 实施工程质量事故处置。

7. 工程质量事故调查。

8. 完成工程质量事故处置终止应急响应程序。

4.2.3 应急处置措施

1. 质量事故引发工程安全事故，按本工程安全事故应急处置措施处置。

2. 质量事故造成工程工期严重滞后，需组织进行抢工的，须制订专项施工或返工方案，按方案执行。

3. 因设计重大变更、突发自然灾害等，造成工程保通应急情况出现的，不属于质量事故应急突发状况，按设计或现场专家组提出的方案进行保通施工。

4. 按设计方案进行工程返工或处理前，事故区域需进行预加固处理的，应及时形成专项方案，按专项处置方案进行处理，确保后续返工或处置现场作业环境安全。

4.3 突发环境事件应急处置

4.2.1 突发环境事件应急响应程序

突发环境事件应急响应流程见图 4。

4.3.2 现场应急处置步骤及内容

1. 施工损坏地下管道，遭遇煤气泄漏、水淹事故发生后，现场人员立即高呼受事故影响区域的人员立即撤离。

2. 现场人员第一时间报告项目经理或项目其他领导。

3. 接到事故报告的领导带领相关人员立即赶赴现场，组织疏散周边人员、关闭上下游阀门、通知管线单位进行抢修、对事故范围进行封闭警戒，保护现场，防止引发火灾或淹溺事故，避免事态扩大。

4. 配合管道抢修。

5. 开展事故调查。

6. 完成事故调查和配合抢修终止应急响应程序。

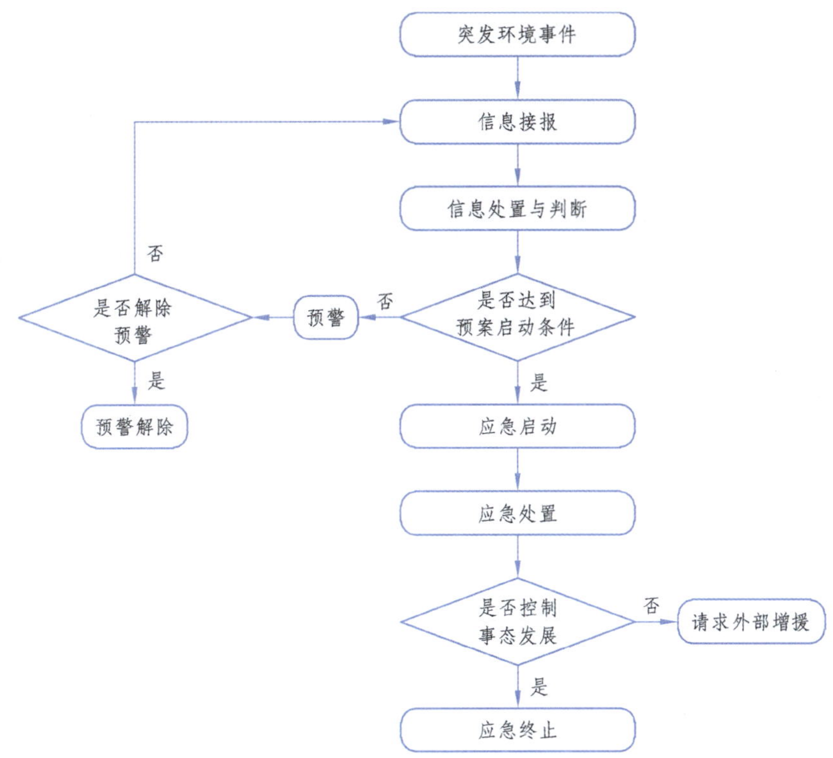

图 4　突发环境事件应急响应流程

4.3.3　应急处置措施

1. 指挥现场应急人员积极抢救受伤害人员。

2. 迅速控制现场、在事件现场周围划定并建立紧急隔离区域、设置警告标志，防止与救援无关人员进入事故现场受到伤害，保障救援队伍、物资运输和人群疏散等的交通畅通，并避免发生不必要的伤害。

3. 做好人群疏散，减少污染区域人员伤害扩大，对疏散的紧急情况、疏散区域、疏散距离、疏散路线、疏散运输工具等做出细致的准备。对已实施临时疏散的人群，要做好临时安置。

4. 制定处置措施切断污染源，防止污染物扩散；根据现场调查和查阅有关资料并参考有关专家意见，向公司领导汇报污染处置方案。

5. 做好污染监测工作，及时对污染水源、大气、土壤进行跟踪监测，在第一时间确定污染物种类，出具监测资料；必要时由协调有关监测部门对环境突发事件的发展势态及影响及时进行动态的监测，并对监测信息做出初步评估，将各阶段的事态监测和初步评估的结果快速反馈公司领导，为整体的应急决策提供依据。

6. 如有人员伤亡，启动相应的人身伤亡事故应急预案。

7. 根据事故的具体情况，调配事故应急体系中的各级救援力量和资源开展事故现场救援工作，必要时求助政府部门。

8. 在应急处理过程中必须对应急人员自身的安全问题进行周密的考虑，包括安全预防措施、个体防护设备、现场安全监测等，防止被化学药品灼伤及气体中毒，保证应急人员免受事故的伤害。

4.4 突发公共卫生事件应急处理

4.4.1 突发公共卫生事件应急响应程序

突发公共卫生事件应急响应流程见图 5。

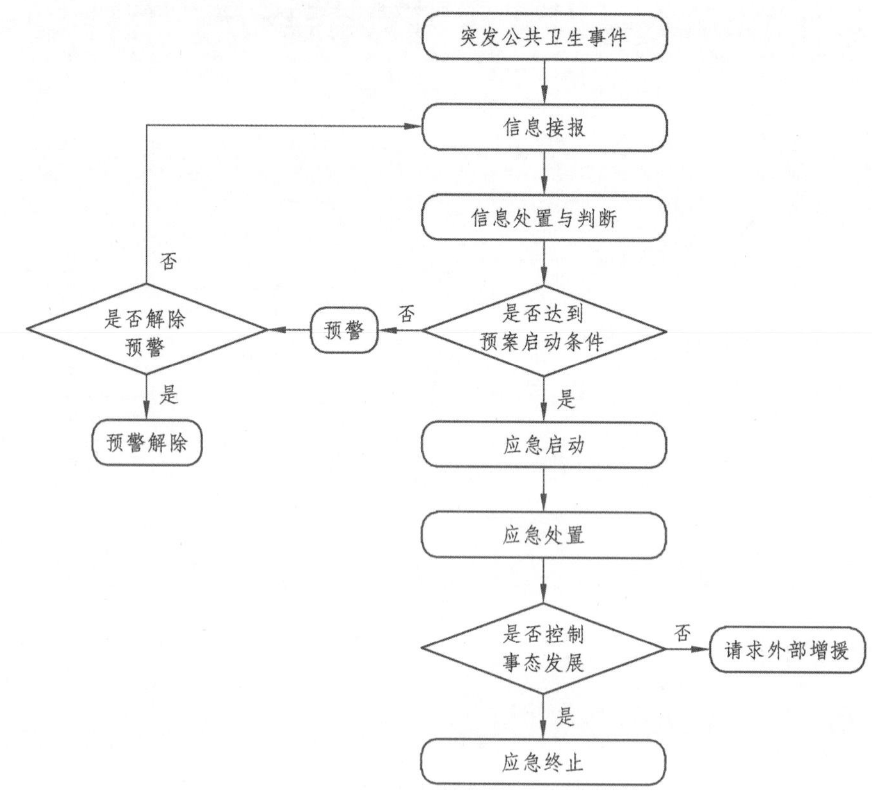

图 5 突发公共卫生事件应急响应流程

4.4.2 突发公共卫生事件现场应急处置步骤及内容

1. 建立事件健全项目部公共卫生管理制度，遵循预防、报告为主，实行书记专人负责公共卫生管理。

2. 公共卫生事件发生后，严格遵守报告纪律。项目部协助政府医政部门做好应急工作。

3. 加强对员工进行预防传染病、食品卫生等相关卫生知识的宣传和健康教育工作。

4. 做到无病先防，积极开展爱国卫生运动，加强污水和垃圾的管理，养成良好卫生习惯。

5. 一旦发现传染病在项目部暴发流行，应立即以最快通信方式向当地人民政府监管部门、卫生局、卫生防疫站报告：疾病流行的名称、地址、时间、人数同时发生传染病等。

4.4.3 应急处置措施

1. 立即停止食堂的生产活动，向局应急指挥中心和政府卫生防疫站报告。

2. 以最快速度将中毒人员送往附近医院，或由应急负责人拨打急救中心电话“120”请求救助，积极配合协助卫生机构救助病人。

3. 保护好现场，封存一切剩余可疑食物及原料、工具、设备、保护好中毒现场和食品留样，无关人员不允许到操作间或留样处。防止人为地破坏现场，等候卫生执法部门处理。

4. 配合卫生行政部门进行调查，按卫生行政部门的要求如实提供有关材料和样品。

5. 落实卫生行政部门要求采取的其他措施，把事态控制在最小范围。

6. 收集相关病情信息，协助卫生、防疫部门进行事件调查、处理。

7. 事故发生后，要注意维护正常的工作秩序和生活秩序，各管理人员要做好食物中毒人员的思想工作。稳定员工情绪，要求各类人员不得以个人名义向外界扩散消息，以免引起不必要的混乱。

8. 事件发生后，应立即采取紧急措施，未经允许，一切外来人员禁止进入施工场地。

9. 如有新闻媒体要求采访，必须经过应急中心同意，未经许可，任何个人不得接受采访，以避免报道失实。

5 注意事项

1. 深基坑施工前可以在连续墙接缝位置预先埋设袖阀管，日常还需进行维护，为突发事件应急处置做前期准备。

2. 若要扩大应急救援，应做好救援前期准备工作，包括施工便道、救援工作面、动力电源、高压水、作业平台、混凝土、砂袋、钢支撑等相关设备设施。

3. 本方案只为控制事态进一步加剧和抢救受伤被困人员临时措施，不作为事故后续处理的参照。要完全解除事故发生的风险隐患应由五方责任主体共同商定。

6 附 件

附件 1：预案编制依据

1.《中华人民共和国安全生产法》

2.《中华人民共和国突发事件应对法》

3.《中华人民共和国特种设备安全法》

4.《生产安全事故应急预案管理办法》

5.《国家安全生产事故灾难应急预案》

6.《建设工程重大质量安全事故应急预案》

7.《生产经营单位生产安全事故应急预案编制导则》

8.《建设工程安全生产管理条例》

9.《生产安全事故报告和调查处理条例》

10.《生产过程危险和有害因素分类与代码》

11.《企业职工伤亡事故分类》

12.《重大危险源辨识》

13.《风险管理风险评估技术》

14.《城市轨道交通建设工程质量安全事故应急预案管理办法》

15.《城市轨道交通安全质量检查指南》

16.《广东省安全生产管理条例》

17.《广东省生产安全事故应急预案管理办法实施细则》

18.《广州市安全生产管理规定（试行）》

19.《广州地铁集团有限公司安全风险管理细则》

20.《中铁二局职业安全健康监督管理规定》

21.《中铁二局职业安全质量事故内部报告、应急处置和调查处理办法》

22.《中铁二局生产安全事故应急预案》

23.《中铁二局工程质量监督管理办法》

24.《中铁二局工程项目施工环境保护管理办法》

25.《中铁二局四公司生产安全事故应急预案》

附件 2：应急预案衔接

1.《广东省生产安全事故灾难应急预案》

2.《广州市生产安全事故应急预案》

3.《国家区域矿山应急救援郴州队应急预案》

4.《中国中铁股份有限公司安全质量事故（事件）应急预案》

5.《中铁二局安全质量事故（事件）应急预案》

6.《中铁二局四公司生产安全事故应急预案》

7.《广州地铁集团有限公司突发事件应急预案》

8.《广州地铁集团有限公司建设事业总部突发事件综合应急预案》

附件 3：项目概况

广州地铁 11 号线及综合管廊工程是中国中铁施工总承包项目，是广州地铁建设历史上最难最复杂的一条环形地铁线路。梓元岗站为广州地铁 11 号线第 14 个车站，梓元岗站位于三元里大道与机场路交界处，全长 280.8 m，车站呈东西走向，下穿三元里大道与机场路。车站东西两端明挖，中间暗挖，基坑最大开挖深度为 36.6 m，东侧设盾构接收井，西侧设盾构始发井。

西站厅共设置 5 道混凝土支撑，支撑截面采用 0.8 m×1.0 m、0.4 m×0.6 m、1.0 m×1.2 m 等形式；局部采用混凝土板撑，厚度为 0.3 m；支撑立柱采用格构式钢结构柱，临时立柱插入柱中，采用 ϕ1.2 m、ϕ1.4 m 旋挖钻孔灌注桩。

目前项目已成立应急救援小组，用于抢险的机械设备和物资分别停存于临近施工现场。

项目部距国家区域矿山应急救援郴州队 400 km，专业救援人员 5 h 内可到达事故现场；项目部距广州市荔湾区综合应急救援大队 11.3 km，专业救援人员 0.5 h 内可到达事故现场；项目部与广州中医大学第一附属医院建立了医疗绿色通道，相距 0.6 km，专业救护人员可 10 min 可到达事故现场；项目部距广州市公安消防支队越秀区大队广园西中队 1.3 km，专业消防人员 10 min 内可到达事故现场。

梓元岗站 BIM 示意见附图 1。

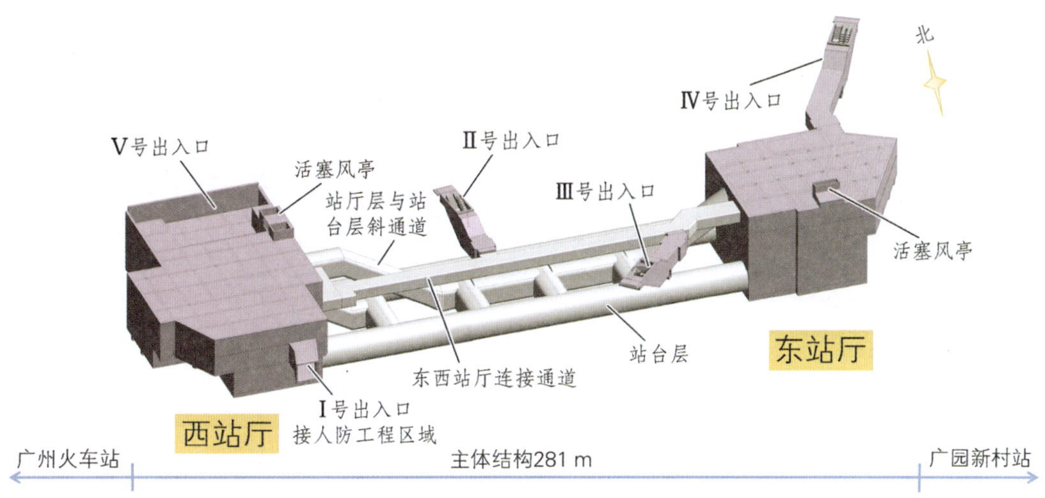

附图 1　梓元岗站 BIM 示意

附件 4：事故风险评估报告

附件 5：应急资源调查报告

附件 6：有关应急部门、机构或人员的联系方式

序号	部门（职务）	联系人	联系方式
子公司联系部门			
1	子（分）公司应急领导小组办公室	×××	×××
2	子（分）公司调度管理	×××	×××
项目部联系人员			
3	项目经理	×××	×××
4	项目书记	×××	×××
5	项目生产副经理	×××	×××
6	项目生产副经理	×××	×××
7	项目总工程师	×××	×××
8	项目安全总监	×××	×××
9	项目工程部部长	×××	×××
10	项目安环部部长	×××	×××
11	项目质量部部长	×××	×××
12	项目物机部部长	×××	×××
13	项目综合办公室	×××	×××
14	项目财务部部长	×××	×××
15	项目工经部部长	×××	×××

续表

序号	单位	联系方式
外部救援单位		
16	广州市地铁集团有限公司	×××
17	广州地铁公司十一号工区管理部	×××
18	广东建科建设咨询有限公司	×××
19	广州市建设工程安全监督站	×××
20	广州市安监局	×××
21	广州市越秀区安监局	×××
22	广州市应急管理办公室	×××
23	广州市应急指挥中心	×××
24	广东省人民医院	×××
25	广州军区广州总医院	×××
26	广东省中毒急救中心	×××
27	武警广东省总队医院（广州市天河区燕岭路268号）	×××
28	报警电话	110
29	消防电话	119
30	急救电话	120
31	广州市荔湾区站前街道办（流花路）	×××
32	自来水公司	96968
33	广州燃气集团	×××
34	广州市燃气公司抢修（荔湾区、白云区）	×××
35	煤气抢险	×××
36	广州市海珠区供电局	×××
37	广州市荔湾区供电局	×××
38	广州市流花交警大队	×××
39	气象局	×××
40	广州市城管委	×××
41	广州市环保局	×××
42	广东省有线电视	96956
43	中铁广州局管线工程有限公司	×××

附件7：应急物资装备的名录和清单

附件7-1　坍塌应急处置可调用应急物资及机具台账

序号	名称	单位	规格型号	数量
1	编织袋（水泥袋）	只		1000
2	铁丝	kg	8#	20
3	铁锹（方锹）	把		30
4	十字镐	把		30
5	强光电筒	把		10

续表

序号	名称	单位	规格型号	数量
6	麻绳（安全绳）	m		100
7	方木	m^3	4 000×100×100	5
8	木板	m^3	4 000×300×50	5
9	彩条布	卷		3
10	钢丝绳	根	ϕ16×600	2
11	安全带	条		20
12	雨衣	件		30
13	高音喇叭	个		5
14	口哨	个		5
15	矿工帽	个		20
16	对讲机	部		5
17	急救箱	个		2
18	氧气袋	瓶		4
19	消毒药品	瓶		10
20	消炎药水	瓶		5
21	口罩（防毒）	个		20
22	纱布	卷		5
23	担架	床		2
24	风镐	台		5
25	污水潜水泵	台	5.5 kW	2
26	钢管	根	ϕ42 mm	40
27	消防器材（斧头、消防桶、尖锹、撬棍）	套		4
28	安全帽	顶		30

附件 7-2　基坑突泥涌水应急处置可调用应急物资及机具台账

序号	物质设备名称	单位	数量	存放地点
1	对讲机	台	10	专用库房
2	编织袋	只	1 000	专用库房
3	强光手电	把	20	专用库房
4	应急发电机	台	1	现场
5	挖机	台	2	现场
6	电动空压机	台	2	现场
7	焊机	台	2	现场
8	撬棍	个	3	专用库房
9	电动风镐	台	2	专用库房
10	尖头镐	个	15	专用库房
11	方木		若干	专用库房

续表

序号	物质设备名称	单位	数量	存放地点
12	工字钢		若干	专用库房
13	大锤	把	2	专用库房
14	污水泵	台	2	专用库房
15	泥浆泵	台	2	专用库房
16	电锯	把	1	专用库房
17	救援担架	副	2	专用库房
18	绝缘水鞋	双	30	专用库房
19	常用救治医疗箱	个	2	专用库房
20	救生衣	件	20	专用库房
21	钻机、双液注浆泵		1 台·套	

附件 7-3　高支模坍塌应急处置可调用应急物资及机具台账

序号	名称	规格	数量	备注
1	发电机	250 kW、10 kW	2 台	大小功率一台
2	应急车		2 辆	
3	防潮照明灯		10 只	
4	应急灯	LED 型	2 台	
5	对讲机		4 台	
6	警示灯		10 个	
7	警戒带		10 卷	
8	路障警示桩		20 个	
9	担架		4 副	

附件 7-4　起重伤害应急处置可调用应急物资及机具台账

序号	应急物资设备名称	单位	数量
1	常备药品	套	1
2	小夹板	副	2
3	供氧气瓶	个	2
4	止血袋	个	5
5	担架	副	2
6	千斤顶	个	4

附件 7-5　机械伤害应急处置可调用应急物资及机具台账

序号	应急物资设备名称	单位	数量
1	常备药品	套	1
2	小夹板	副	2
3	供氧气瓶	个	2
4	止血袋	个	5
5	担架	副	2
6	小汽车	台	1

附件 7-6　地下管线破坏应急处置可调用应急物资及机具台账

序号	材料设备名称	单位	数量
1	空压机	台	2
2	风镐	把	8
3	十字镐	把	20
4	铁锹	把	20
5	灭火器	套	10
6	防毒面具	套	40
7	警戒线	m	1000

附件 7-7　突发环境事件应急处置可调用应急物资及机具台账

序号	材料、设备名称	单位	数量	规格型号	主要工作性能指标	备注
1	挖掘机	台	2		1 m^3	
2	自卸车	台	1		容量 5 m^3	
3	电焊机	台	3			
4	空压机	台	2		3.5 m^3/min	
5	发电机	台	1	100 kW		
6	应急车辆	辆	2			
7	担架	个	1			
8	对讲机	对	10			
9	医药箱	个	1			
10	警示锥	个	20			
11	警示带	卷	5			
12	铁锹	把	10			
13	电筒	把	4			
14	撬棍	根	4			
15	雨衣	件	20			
16	雨鞋	双	10			
17	防护手套	双	20			
18	手推车	台	2			
19	橡套电缆	m	50			
20	编织袋	个	500			
21	配电箱含开关箱	套	2			
22	喊话器	个	3			
23	警示牌	个	2			
24	防潮照明灯	盏	5			
25	应急灯	盏	2	LED		
26	氧气、乙炔气瓶	套	1			
27	铁大锤	把	1			
28	安全帽	顶	50	钢化玻璃		

续表

序号	材料、设备名称	单位	数量	规格型号	主要工作性能指标	备注
29	安全绳	根	10	20 m		
30	梯子	把	2			
31	起重机	台	1			
32	气体检测仪	个	1			

附件 7-8　突发公共卫生事件应急处置可调用应急物资及机具台账

序号	材料、设备名称	单位	数量	规格型号	主要工作性能指标	备注
1	发电机	台	1	100 kW		
2	应急车辆	辆	2			
3	担架	个	1			
4	对讲机	对	10			
5	医药箱	个	1			
6	警示锥	个	20			
7	警示带	卷	5			
8	铁锹	把	10			
9	电筒	把	4			
10	撬棍	根	4			
11	雨衣	件	20			
12	雨鞋	双	10			
13	防护手套	双	20			
14	手推车	台	2			
15	橡套电缆	m	50			
16	编织袋	个	500			
17	配电箱含开关箱	套	2			
18	喊话器	个	3			
19	警示牌	个	2			
20	防潮照明灯	盏	5			
21	铁大锤	把	1			
22	安全帽	顶	50	钢化玻璃		
23	安全绳	根	10	20 m		
24	梯子	把	2			
25	气体检测仪	个	1			

附件 8：事故报告手机短信格式

中铁二局：201×年×月×日×时×分左右，在××（省市县）境内，由中铁×局××公司承建的×××工程×标，在×××工序施工过程中，因×××原因，导致现场作业人员×人死亡（失踪）、×人重伤、×人轻伤。事故已经于事发××小时（分钟）内，报告当地安全生产监管部门。现场应急预案已启动，事故单位×××领导已带队赶往现场；当地安监部门接报后，已于×月×日×时由任××职务××同志赶往现场，事故原因正在调查之中。

附件 9：中铁二局生产安全事故快报

单位名称：中铁二局×××公司（区域公司、经理部）

<table>
<tr><td>事故时间</td><td colspan="3">年 月 日 时 分</td><td>事故地点</td><td></td></tr>
<tr><td>事故单位</td><td colspan="5">××公司×××项目经理部（标段）</td></tr>
<tr><td rowspan="2">事故现场负责人</td><td>姓名</td><td></td><td rowspan="2">事故单位负责人</td><td>姓名</td><td></td></tr>
<tr><td>电 话</td><td></td><td>电 话</td><td></td></tr>
<tr><td colspan="2">事故已死亡（失踪）人 数</td><td>死亡：
失踪：</td><td colspan="2">事故重伤/轻伤人 数</td><td></td></tr>
<tr><td colspan="6">一、事故简要经过（包含但不限于承建单位、标段、协作队伍及相关安全生产许可证等资质号，单位工程名称、事故位置、结构形式、支撑体系、开挖深度、开挖面积、事发作业环节、高处坠落位置与高度等，其他工况均应细致清晰描述）、人员伤亡类别（职工、劳务工姓名及身份证号码）、设备损失、影响范围等情况，发展趋势，处置情况（含向政府部门报送信息和政府部门到场情况），拟采取的措施，下一步工作建议等
二、事故现场救援采取的主要措施
三、其他情况（事发项目工程概况，事故地点是否影响地铁既有路营业线或繁华闹市区、高架桥、周边房屋、其他重要设施安全）</td></tr>
</table>

附：事故现场照片（4 张以上，能充分反映事故现场实际情况和全貌的电子版照片及说明）。

附件 10：应急救援协议范本

甲方：中铁二局××项目经理部

乙方：××救护队

为切实做好地铁的事故预防和应急救援处理工作，结合双方的实际情况，就乙方为甲方所属隧道救援服务内容，经双方协商，约定如下：

一、服务内容

1. 及时应召处理隧道的灾害事故（即瓦斯爆炸、突泥涌水、坍塌与火灾等）

2. ……

二、履约方式和服务期限

1. 履约方式

2. 服务期限

三、服务费用和支付方式

1. 服务费用

2. 支付方式

四、双方权利与义务

1. 甲方的权利与义务

2. 乙方的权利与义务

五、违约责任

在履行本协议期间，双方如有特殊原因影响本协议项目工作，应提前予以通知对方，并说明原因。甲方或者乙方存在工作质量缺陷，应各自承担相关责任。

六、争议的解决办法

当事双方先协商解决；协商不成，由××仲裁委员会仲裁或法院诉讼。

七、双方协商的其他条款

1. 乙方在技术服务和处理事故过程中队员发生意外情况，按有关国家、省市有关规定处理，届时双方依据公平原则协商解决

2.……

甲方联系方式：应急小组值班室 24 小时值班电话：××

乙方联系方式：救护大队电话：××

本协议未尽事宜由双方协商补充；

如需变更、解除或续订协议，由双方协商确定。

本协议，从双方签字盖章之日起生效。

本协议一式三份，呈报××地方安监局备案一份，甲乙方各执一份。

甲方法人（签字盖章）： 乙方法人（签字盖章）：

××年××月××日 ××年××月××日

附件 11：

1. 现场救援路线：现场救援路线已基坑东侧施工便道为主，此处便道较宽有利于机械作业。如事故发生在东侧可就近向三元里大道转移。梓元岗站应急救援平面图见附图 2。

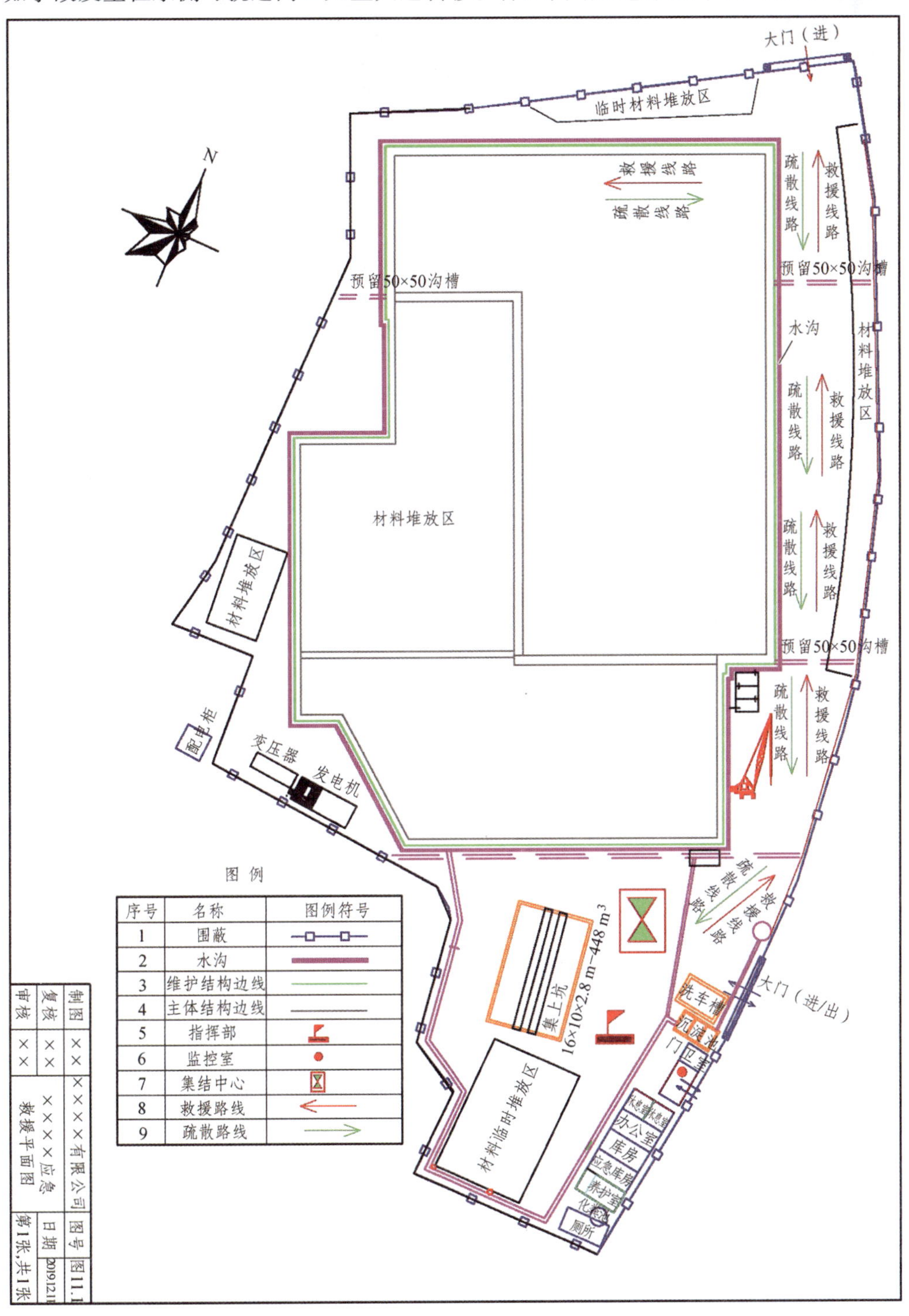

附图 2 梓元岗站应急救援平面图

2. 附近医院：选取“广州中医药大学第一附属医院”为梓元岗站应急救援医院。从梓元岗站向北沿机场路出发，前行 400 m 到达目的地，见附图 3。

附图 3　梓元岗站工地附近医院向导图

YJ

中铁二局广州地铁11号线项目

YJ/ZTEJ–2020

广州地铁11号线梓元岗车站
安全质量、生态环境事故（事件）
现 场 应 急 处 置 卡

2020年12月

中铁二局广州地铁11号线项目经理部

目录

1 应急处置卡

1.1 应急领导小组组长应急处置卡

组长	项目经理（项目书记）	
序号	处置程序	处置要点
1	启动预案	启动应急预案，确认各个专业组及组长到位，了解事故现场情况，调配应急资源开展救援
2	事故报告	按照应急响应分级和程序，及时向当地政府部门（1小时内）和上级报告事故情况
3	现场处置伤员救护	第一时间救人及时转送医院救治，采取有效措施防止事态扩大
4	确定方案开展 救援或配合救援	确定救援方案后，组织应急队伍迅速到达事故现场，指挥现场应急人员开展应急救援或响应至上一级并配合外部救援
5	救援终止	按分级管理的权属单位进行风险评估安全后，应急救援停止
6	配合事故调查及处理	事故调查和配合调查，做好善后处置工作
注意事项： （1）信息的收集与传达，要求及时准确。 （2）每日召开碰头会落实各项指令和安排次日工作，必要时召开临时会议会诊急切疑难问题		

主要联系人员				
序号	姓名	职务	联系电话	备注
1	×××	项目经理	×××	
2	×××	党委书记	×××	
3	×××	项目总工程师	×××	
5	×××	项目安全总监	×××	
6	×××	项目副经理	×××	
7	×××	办公室主任	×××	
8	×××	物设部部长	×××	

1.2 综合协调组应急处置卡

组长	项目书记	
序号	处置程序	行动内容
1	信息收集与传递	按应急小组要求内容上报事故情况
2	场地安保、伤员救护	第一时间救人及时转送医院救治，安排安保人员设置警戒线做好现场保卫工作
3	对外接待及处置	做好媒体接待、采访和引导工作，配合上级单位发布相关信息

续表

<table>
<tr><td>序号</td><td>处置程序</td><td colspan="3">行动内容</td></tr>
<tr><td>4</td><td>家属接待及善后处理</td><td colspan="3">做好家属的接待、安抚工作；做好保险理赔的影像数据收集工作</td></tr>
<tr><td colspan="5">注意事项：
（1）信息传递准确、及时可靠。
（2）伤员救治及安抚周到、及时。
（3）发现事故时撤离人员，不得盲目抢救被困人员</td></tr>
<tr><td colspan="5"></td></tr>
<tr><td colspan="5"></td></tr>
<tr><td colspan="5">主要联系人员</td></tr>
<tr><td>序号</td><td>姓名</td><td>职务</td><td>联系电话</td><td>备注</td></tr>
<tr><td>1</td><td>×××</td><td>项目经理</td><td>×××</td><td></td></tr>
<tr><td>2</td><td>×××</td><td>项目书记</td><td>×××</td><td></td></tr>
<tr><td>3</td><td>×××</td><td>项目总工程师</td><td>×××</td><td></td></tr>
<tr><td>4</td><td>×××</td><td>工委主任</td><td>×××</td><td></td></tr>
<tr><td>5</td><td>×××</td><td>办公室主任</td><td>×××</td><td></td></tr>
<tr><td>6</td><td>×××</td><td>物设部部长</td><td>×××</td><td></td></tr>
<tr><td>7</td><td>×××</td><td>施工管理人员</td><td>×××</td><td></td></tr>
</table>

<table>
<tr><td>组员</td><td colspan="2">相关成员</td></tr>
<tr><td>序号</td><td>处置程序</td><td>行动内容</td></tr>
<tr><td>组员 1</td><td colspan="2">×××</td></tr>
<tr><td>1</td><td>组织撤离</td><td>发现险情后，第一时间组织人员撤离至安全地带</td></tr>
<tr><td>2</td><td>险情报告</td><td>及时电话上报险情至项目安全生产管理负责人或项目经理</td></tr>
<tr><td>组员 2</td><td colspan="2">×××</td></tr>
<tr><td>1</td><td>收集信息</td><td>定时收集信息</td></tr>
<tr><td>2</td><td>传递信息</td><td>负责收集并发布救援信息</td></tr>
<tr><td>3</td><td>关注信息</td><td>做好舆情关注、媒体应对，并配合上级发布信息</td></tr>
<tr><td>组员 3</td><td colspan="2">×××</td></tr>
<tr><td>1</td><td>对外接待</td><td>做好家属、外部单位的接待和稳定工作</td></tr>
<tr><td>2</td><td>配合善后处理</td><td>配合做好保险理赔工作</td></tr>
<tr><td colspan="3">注意事项：
（1）信息传递准确、及时可靠。
（2）伤员救治及安抚周到、及时。
（3）现场组织人员撤离后，不得盲目抢救被困人员</td></tr>
</table>

<table>
<tr><td colspan="5">主要联系人员</td></tr>
<tr><td>序号</td><td>姓名</td><td>职务</td><td>联系电话</td><td>备注</td></tr>
<tr><td>1</td><td>×××</td><td>项目经理</td><td>×××</td><td></td></tr>
</table>

续表

序号	姓名	职务	联系电话	备注
2	×××	项目书记	×××	
3	×××	项目副经理	×××	
4	×××	项目总工程师	×××	
5	×××	工委主任	×××	
6	×××	办公室主任	×××	
7	×××	物设部部长	×××	
8	×××	施工管理人员	×××	

1.3 抢险救援组应急处置卡

组长	项目副经理			
序号	处置程序	行动内容		
1	场地清理及防护	保证现场应急救援通道的畅通，采取措施防止次生灾害		
2	熟知方案及准备	按照抢救方案组织救援，科学合理地提出应急物资、设备、人力配备建议		
3	组织实施及调整	抢救现场伤员、将受伤人员转移至安全地带，对事故受损的设备进行修理、恢复，将现场救援进展情况及时汇报，必要时申请外部支援		
4	救援配合、结束	如果引入外部救援，则配合救援工作，分级管理权属单位现场评估安全后，应急救援结束		
注意事项： （1）救援人员、物资与设备组织落实到位。 （2）按指令落实救援现场配套工作及安全监护。 （3）及时报告问题及救援进展情况。 （4）机械操作必须听从指挥，防止救援设备对人员造成机械伤害				
主要联系人员				
序号	姓名	职务	联系电话	备注
1	×××	项目经理	×××	
2	×××	项目书记	×××	
3	×××	项目总工程师	×××	
4	×××	项目安全总监	×××	
5	×××	工程部部长	×××	
6	×××	作业队长	×××	
7	×××	施工员	×××	
8	×××	办公室主任	×××	
9	×××	物设部部长	×××	
10	×××	现场指挥人员	×××	

续表

<table>
<tr><td>序号</td><td>姓名</td><td colspan="2">职务</td><td>联系电话</td><td>备注</td></tr>
<tr><td>11</td><td>×××</td><td colspan="2">机械操作人员</td><td>×××</td><td>负责操作人员的统一调配</td></tr>
<tr><td>组员</td><td colspan="5">相关成员</td></tr>
<tr><td>序号</td><td colspan="2">处置程序</td><td colspan="3">行动内容</td></tr>
<tr><td>组员 1</td><td colspan="5">×××</td></tr>
<tr><td>1</td><td colspan="2">场地警戒及防护</td><td colspan="3">做好场地警戒工作，组织人员及时撤离现场，动态监控防止次生灾害</td></tr>
<tr><td>2</td><td colspan="2">组织实施及救援</td><td colspan="3">接到上级命令后指挥抢救现场伤员、组织物资、设备和人力到位</td></tr>
<tr><td>组员 2</td><td colspan="5">×××</td></tr>
<tr><td>1</td><td colspan="2">救援准备</td><td colspan="3">现场合理运用和调配到位的物资、设备和人力</td></tr>
<tr><td>2</td><td colspan="2">实施及救援</td><td colspan="3">接到现场指挥人员命令后，立即开展现场伤员、设备及物资救援工作</td></tr>
<tr><td>组员 3</td><td colspan="5">×××</td></tr>
<tr><td>1</td><td colspan="2">接受培训</td><td colspan="3">接受应急救援处置方案的交底培训</td></tr>
<tr><td>2</td><td colspan="2">实施救援</td><td colspan="3">接到现场指挥人员命令后开展救援工作</td></tr>
<tr><td colspan="6">注意事项：
（1）组织救援人员、物资与设备到位。
（2）按指令落实救援现场配套工作及安全监护。
（3）及时报告问题及救援进展情况。
（4）机械操作必须听从指挥，防止救援设备对被救人员造成机械伤害</td></tr>
<tr><td colspan="6">主要联系人员</td></tr>
<tr><td>序号</td><td>姓名</td><td colspan="2">职务</td><td>联系电话</td><td>备注</td></tr>
<tr><td>1</td><td>×××</td><td colspan="2">项目经理</td><td>×××</td><td></td></tr>
<tr><td>2</td><td>×××</td><td colspan="2">项目书记</td><td>×××</td><td></td></tr>
<tr><td>3</td><td>×××</td><td colspan="2">项目副经理</td><td>×××</td><td></td></tr>
<tr><td>4</td><td>×××</td><td colspan="2">项目总工程师</td><td>×××</td><td></td></tr>
<tr><td>5</td><td>×××</td><td colspan="2">项目安全总监</td><td>×××</td><td></td></tr>
<tr><td>6</td><td>×××</td><td colspan="2">工程部部长</td><td>×××</td><td></td></tr>
<tr><td>7</td><td>×××</td><td colspan="2">作业队长</td><td>×××</td><td></td></tr>
<tr><td>8</td><td>×××</td><td colspan="2">施工员</td><td>×××</td><td></td></tr>
<tr><td>9</td><td>×××</td><td colspan="2">办公室主任</td><td>×××</td><td></td></tr>
<tr><td>10</td><td>×××</td><td colspan="2">物设部部长</td><td>×××</td><td></td></tr>
<tr><td>11</td><td>×××</td><td colspan="2">项目副经理</td><td>×××</td><td></td></tr>
<tr><td>13</td><td>×××</td><td colspan="2">机械操作人员</td><td>×××</td><td>负责操作人员的统一调配</td></tr>
</table>

1.4　技术方案组应急处置卡

组长	项目总工程师	
序号	处置程序	行动内容
1	现场核实、评估及制订方案	辨识应急救援过程中的危险、有害因素，并进行安全风险评估，确定灾害现场监控方式，组织开展现场监控
2	指导救援实施及安全监控	根据事故现场的特点，制定相应的应急救援技术措施和应急救援步骤；动态关注现场情况并制定措施，防止发生二次伤害事故
3	配合调查	内部事故调查和配合外部调查，协助开展对现场有关人员的约谈

注意事项：
（1）制订救援方案。
（2）及时调整资源，指导救援到位。
（3）落实防控措施及监控到位。
（4）数据处理和及时上报

主要联系人员

序号	姓名	职务	联系电话	备注
1	×××	项目经理	×××	
2	×××	项目书记	×××	
3	×××	项目副经理	×××	
4	×××	项目安全总监	×××	
5	×××	工程部部长	×××	
6	×××	安环部部长	×××	
7	×××	施工员	×××	
8	×××	作业队长	×××	
9	×××	技术指导人员	×××	
10	×××	监测人员	×××	

组员	相关成员	
序号	处置程序	行动内容
组员 1	×××	
1	现场技术监控	开展现场监控，协助进行安全风险评估
2	数据处置与判断	数据预警或超限值，及时报告现场指挥人员
组员 2	×××	
1	组织撤离	发现数据预警或超限值后，第一时间组织人员撤离至安全地带
2	险情报告	及时电话报告险情至作业队队长、项目安全生产管理负责人或项目经理
3	动态监控	现场数据持续预警或超限值及时上报

注意事项： （1）制订救援方案。 （2）适时调整资源，指导救援到位。 （3）落实防控措施及监控到位。 （4）数据处理和及时上报				
主要联系人员				
序号	姓名	职务	联系电话	备注
1	×××	项目经理	×××	
2	×××	项目书记	×××	
3	×××	项目副经理	×××	
4	×××	项目总工程师	×××	
5	×××	项目安全总监	×××	
6	×××	工程部部长	×××	
7	×××	安环部部长	×××	
8	×××	施工员	×××	
9	×××	作业队长	×××	
10	×××	技术指导人员	×××	
11	×××	监测人员	×××	

1.5 后勤保障组应急处置卡

组长	项目书记	
序号	处置程序	行动内容
1	救援物资设备准备	准备抢险救援急需的物资、设备；负责现场救援及事故调查工作人员生活保障、食宿安排等后勤服务；提供必要的办公用品、交通工具、通信工具、器材等
2	现场交通维护	保障场内通道顺畅，协助属地政府有关部门进行场外交通疏解
3	调配物资及设备	根据应急救援需要，及时将抢险救援急需的物资、设备送至现场
注意事项： （1）按指令落实救援物资设备。 （2）确保物资合格、设备完好、使用正常		

续表

主要联系人员				
序号	姓名	职务	联系电话	备注
1	×××	项目经理	×××	
2	×××	项目副经理	×××	
3	×××	项目安全总监	×××	
4	×××	安环部部长	×××	
5	×××	办公室主任	×××	
6	×××	物设部部长	×××	

组员	相关成员	
序号	处置程序	行动内容
组员 1	×××	
1	调配救援物资、设备	根据救援方案，组织调配救援物资、设备
2	物资补充、设备维护	根据救援物资消耗情况及时补充物资设备，并进行设备维护
组员 2	×××	
1	后勤服务	做好抢险和事故调查人员生活保障、食宿安排等
2	办公、通信保障	提供必要的办公用品、交通工具、通信工具、器材等
组员 3	×××	
1	交通疏解	保障场内通道顺畅，协助属地政府有关部门进行交通疏解，确保现场交通畅通

注意事项：
（1）按指令落实救援物资设备。
（2）确保设备完好使用正常

主要联系人员				
序号	姓名	职务	联系电话	备注
1	×××	项目经理	×××	
2	×××	项目书记	×××	
3	×××	项目副经理	×××	
4	×××	项目安全总监	×××	
5	×××	工程部部长	×××	
6	×××	办公室主任	×××	
7	×××	物设部部长	×××	
8	×××	作业队长	×××	
9	×××	安全员	×××	
10	×××	施工员	×××	

1.6 安全保卫组应急处置卡

组长	项目安全总监	
序号	处置程序	行动内容
1	现场秩序维护	做好现场保卫、警戒工作，确定疏散路线顺畅
2	关注现场动态变化	动态关注现场情况，防止发生二次伤害事故
3	协助救援	协助做好受伤人员的转移、送医工作

注意事项：

（1）关注现场安全动态变化情况，防止二次伤害。

（2）发现事故撤离人员，不得盲目抢救被困人员。

（3）出现异常情况或险情扩大及时上报

主要联系人员

序号	姓名	职务	联系电话	备注
1	×××	项目经理	×××	
2	×××	项目书记	×××	
3	×××	项目副经理	×××	
4	×××	安环部部长	×××	
5	×××	办公室主任	×××	
6	×××	物设部部长	×××	
7	×××	安全监护人员	×××	
8	×××	安全员	×××	
9	×××	作业班组负责人	×××	

组员	相关成员	
序号	处置程序	行动内容
组员 1	×××	
1	动态监控	现场动态监控异常情况和险情变化
2	异常情况处置与判断	出现异常情况或险情扩大，及时报告现场指挥人员
组员 2	×××	
1	组织撤离	发现险情后，第一时间组织人员撤离至安全地带
2	险情报告	向项目安全生产管理负责人或项目经理及时电话报告险情
3	动态监控	现场动态监控异常情况和险情变化；出现异常情况或险情扩大时及时上报
组员 3	×××	
1	组织撤离	发现险情后，第一时间组织人员撤离至安全地带
2	稳定现场	控制好现场秩序，做好现场安保工作

续表

注意事项： （1）关注现场安全动态变化情况，防止二次伤害。 （2）发现事故撤离人员，不得盲目抢救被困人员。 （3）出现异常情况或险情扩大及时上报				
主要联系人员				
序号	姓名	职务	联系电话	备注
1	×××	项目经理	×××	
2	×××	项目书记	×××	
3	×××	项目副经理	×××	
4	×××	项目安全总监	×××	
5	×××	安环部部长	×××	
6	×××	办公室主任	×××	
7	×××	物设部部长	×××	
8	×××	安全监护人员	×××	
9	×××	安全员	×××	
10	×××	作业班组负责人	×××	

2　应急处置方案卡控要点

2.1　明挖基坑坍塌

序号	处置步骤	工作岗位或功能组
1	（1）监测、施工人员发现疑似坍塌事故征兆时，立即发出险情信号，组织人员撤离危险区域。 （2）如果发现人员被困，立即与救援人员取得联系，报告有关情况。 （3）被困人员如有自主意识，应保持镇定开始开展自救.如不能自救，应保存体力等待救援	现场管理人员、作业人员
2	（1）了解被困人员信息（数量、姓名、伤情）。 （2）综合坍塌规模、坍塌部位、支护体系受损情况、支护参数、地质情况等因素分析了解坍塌基本情况。 （3）根据坍塌的基本信息、坍塌规模、基坑开挖深度、基坑支护情况、连续墙施工情况、地面情况、地面房屋管线情况、坍体的物理力学性质等综合分析，制订救援方案	技术方案组、抢险救援组

续表

序号	处置步骤	工作岗位或功能组
3	（1）现场确认了解的情况，若无人员被埋或失踪，等待处置方案，按照方案抢救物资、设备。 （2）探明有人员被埋或失踪，挖掘应采用人工挖掘，禁止采用机械挖掘，防止机械对被埋人员造成伤害。 （3）人工挖掘尽量避免使用十字镐、铁锹、撬棍尖锐性工具，尽量采用勾、刨的方式或者采取掏爬手工开挖的方式。 （4）遇大块沉重物体，应合理组织搬运，尤其是压在被埋人员身上的大块物体，必须组织好足够人力方可搬运，搬运前明确职责，由专人负责将被埋人员移动出来。避免二次伤害	技术方案组、抢险救援组
4	（1）抢救挖掘按照工作面合理安排人力，力争在最短时间内将被埋人员抢救出来。 （2）抢救挖掘受伤人员并安排车辆引导员做好救助车辆引导，发现有人员失踪应立即报警。 （3）抢险挖掘时安全保卫组要划定危险区域，做好警戒安管理，无关人员不得进入抢险区。 （4）抢险过程要安排测量人员进行基坑坡面位移变形观测，并安排有经验的技术人员做好监控工作，如坡面不能稳定，及时采取措施处理，必要时合理组织卸掉坑周边堆载，基坑坡面组织有效支撑。 （5）对已破坏的既有支撑结构进行加固，防止塌方面扩大。 （6）当发生机械倾覆事故时，首先看司机是否被困在操作室内，检查有无其他人员被砸伤或掩埋在其下面，若有人员被困，确定被埋压人员的位置，立即组织现场急救	抢险救援组
5	在整个救援过程中，对人员、机械等进行协调	后勤保障组
6	在整个救援过程中，检查维护或修复现场、水、电管线，提供饮用水、食物及调度机械设备、物资等，为现场实施救援提供后勤保障	
7	在整个救援过程中，做好警戒防护，严禁无关人员进入事故现场，对影响地方交通的，做好充分沟通工作	综合协调组
8	开展内部调查并配合外部调查，提供真实记录资料	
9	在整个救援过程中，做好保险理赔的影像数据资料的收集；如有伤亡，做好家属的安抚工作；确保救助资金到位	
10	负责媒体接待、采访和引导工作，根据上级单位授权适时发布相关信息	

2.2 突泥涌水

序号	处置步骤	工作岗位或功能组
1	（1）发出险情信号，并按逃生路线有序撤离。 （2）遇险人员应利用预设的应急爬梯、逃生绳等脱险，如果涌水量较大，人员可利用救生圈、救生衣等进行逃生，迅速转移到安全地点	现场作业人员

续表

序号	处置步骤	工作岗位或功能组
2	（1）基坑内安装大功率泵，其功率应能保证坑内积水不淹没漏水点周边基面，为抢险堵漏提供条件。 （2）抽水站排水能力按设计最大突涌水量的 1.2 倍配置，水泵及管路应有富余备用，供电电源采用双回路。 （3）出水口配置大功率污水处理设备，抽排的水（黄泥水）要处理达到排放标准后才予以排放，避免造成水污染。 （4）基坑周边配置大功率排水设备备用，备用抽水机应配可移动机架和减震装置等，形成移动式抽水站，并定期检查维护，保证能随时投入使用	后勤保障组
3	（1）突涌水量发生后应及时开启预设的回灌井，补充基坑外土体水量和水压，防止失水过多导致地面沉降。 （2）水量较大时，应做好警戒区域，可待水情基本稳定后，组织救援人员施救。 （3）当发生小规模突水时，应及时采取水泥或砂袋进行反压，堵住渗漏口。当发生突泥或者突水带有大量砂石应快速反应，及时进行封堵。 （4）救援人员应佩戴救生衣、呼救器、定位器等必备的救援防护器械	技术方案组、抢险救援组
4	在整个救援过程中，对人员、机械等进行协调	综合协调组
5	在整个救援过程中，检查维护或修复现场、水、电管线，提供饮用水、食物及调度机械设备、物资等，为现场实施救援提供保障	后勤保障组
6	在整个救援过程中，做好警戒防护，严禁无关人员进入事故现场，对影响地方交通的，做好充分沟通工作	综合协调组
7	开展内部调查并配合外部调查，提供真实记录资料	
8	在整个救援过程中，做好保险理赔的影像数据资料的收集；如有伤亡，做好家属的安抚工作；确保救助资金到位	
9	负责媒体接待、采访和引导工作，根据上级单位授权适时发布相关信息	

2.3 高支模坍塌

序号	处置步骤	工作岗位或功能组
1	（1）当高支模坍塌正在发生时，应立即大声呼喊人员撤离，撤离时注意脚下安全，避免绊倒和跌落至空洞。 （2）值班人员立即向领导汇报情况，请求救援，同时下令立即停止混凝土的浇灌，立即把周围其他的施工人员从操作面上有组织的疏散到安全部位或从安全通道疏散到地面上。 （3）立即把架体有可能再次坍塌影响到的范围内的地面人员疏散到安全地带，并划出危险区域，拉起警戒线，由保安负责不准人员靠近	现场作业人员、值班人员
2	（1）在坍塌后的安全区域内，立即组织抢救从操作面上掉下来的施工人员。不得盲目进入坍塌区域施救，避免再次坍塌发生二次伤害。 （2）立即通过坍塌部位、坍塌面积、有无伤亡、目前已采取的应急措施等因素综合分析制订详细的方案，避免二次伤亡。 （3）负责人根据伤亡及救援情况分析是否需要派救护车、消防车或警力支援到现场实施抢救，如需要可直接拨打 120 等求救电话	技术方案组、抢险救援组、综合协调组

续表

序号	处置步骤	工作岗位或功能组
3	在整个救援过程中，对人员、机械等进行协调	综合协调组
4	在整个救援过程中，检查维护或修复现场、水、电管线，提供饮用水、食物及调度机械设备、物资等，为现场实施救援提供保障	后勤保障组
5	在整个救援过程中，做好警戒防护，严禁无关人员进入事故现场，对影响地方交通的，做好充分沟通工作	综合协调组
6	开展内部调查并配合外部调查，提供真实记录资料	
7	在整个救援过程中，做好保险理赔的影像数据资料的收集；如有伤亡，做好家属的安抚工作；确保救助资金到位	
8	负责媒体接待、采访和引导工作，根据上级单位授权适时发布相关信息	

2.4 起重伤害

序号	处置步骤	工作岗位或功能组
1	（1）当发生起重机倾覆事故时，首先看起重机司机是否被困在操作室内。当发生吊装钢支撑、钢围檩滑落造成物体打击伤害事故时，先检查伤员情况及时进行止血。 （2）检查有无其他人员被砸伤或掩埋在其下面，相邻构筑物是否受到侵害。 （3）值班人员立即向领导汇报情况，请求救援。保护事故现场，做好警戒，疏散人群，避免再次伤害其他人	现场作业人员、值班人员
2	（1）确定救援方案，下达应急指令。 （2）携带救援器材迅速进入现场，采取正确的救助方式，将所有遇险人员移至安全区域。 （3）当需要大型设备辅助救援时，应注意设备规范使用，避免新增事故发生。 （4）对救出人员进行现场急救，及时转送医院救治	技术方案组、后勤保障组
3	（1）调用其他起重设备将倾覆起重机缓慢拉起，一定要顶升稳固，再组织抢救被埋人员。 （2）救援过程中遇到伤势严重者，急救人员边抢救边就近送医院。 （3）救援操作人员高处坠落摔伤的伤员时，动作要轻，根据伤员的伤害程度的不同组织救援。避免对伤员造成二次伤害	抢险救援组、后勤保障组
4	（1）做好应急物资储备，加强与应急设备租赁单位的连续，确保第一时间，救援设备能到达现场参与救援。 （2）当地救援队伍参与救援，做好引导和配合	后勤保障组
5	负责媒体接待、采访和引导工作，根据上级单位授权适时发布相关信息	综合协调组
6	在整个救援过程中，做好警戒防护，严禁无关人员进入事故现场，对影响地方交通的，做好充分沟通工作	
7	开展内部调查并配合外部调查，提供真实记录资料	
8	在整个救援过程中，做好保险理赔的影像数据资料的收集；如有伤亡，做好家属的安抚工作；确保救助资金到位	
9	负责媒体接待、采访和引导工作，根据上级单位授权适时发布相关信息	

2.5 机械伤害

序号	处置步骤	工作岗位或功能组
1	（1）当施工人员发生机械伤害时，急救人员尽快赶往出事地点，并呼叫周围人员及时通知医疗部门，尽可能不要移动伤者，尽量当场施救。 （2）值班人员立即向领导汇报情况，请求救援。保护事故现场，做好警戒，疏散人群，为现场急救提供充足的场地	现场作业人员、值班人员
2	（1）如果处在不宜施救的场所，必须将患者搬运到能够安全施救的地方，技术方案组根据现场情况和资源配置情况制订伤员转移和保护的技术方案。 （2）在抢险过程中如遇脊柱骨折，不要弯曲、扭动伤者的颈部和身体，不要接触伤者的伤口，要使伤者身体放松，尽量将伤者放到担架或平板上进行搬运。 （3）当遇呼吸、心跳停止者、处于休克状态的伤员是要立即送往医院或者直接拨打120等求救电话	技术方案组、抢险救援组、综合协调组
3	在整个救援过程中，对人员、机械等进行协调	综合协调组
4	在整个救援过程中，检查维护或修复现场、水、电管线，提供饮用水、食物及调度机械设备、物资等，为现场实施救援提供保障	后勤保障组
5	在整个救援过程中，做好警戒防护，严禁无关人员进入事故现场，对影响地方交通的，做好充分沟通工作	综合协调组
6	开展内部调查并配合外部调查，提供真实记录资料	
7	在整个救援过程中，做好保险理赔的影像数据资料的收集；如有伤亡，做好家属的安抚工作；确保救助资金到位	
8	负责媒体接待、采访和引导工作，根据上级单位授权适时发布相关信息	

2.6 地下管线破坏

序号	处置步骤	工作岗位或功能组
1	（1）当施工人员发生管线损坏立即通知管线所有权单位进行应急处理。 （2）值班人员立即向领导汇报情况，请求救援。根据掌握的管线上下游阀门位置，立即关闭被破坏管线上下游阀门	现场作业人员、值班人员
2	（1）雨水、污水、自来水等管线破损后可现场制订修复方案，及时组织人员进行修复技术方案。 （2）如导致煤气管道、电力管线沉降马上组织人员观测现场，要立即对周边人员疏散，对事故范围进行封闭警戒，保护现场，防止引发火灾，避免事态扩大。立即通知管线单位进行抢修。 （3）如有人员伤亡要立即送往医院或者直接拨打120等求救电话	技术方案组、抢险救援组、综合协调组
3	在整个救援过程中，对人员、机械等进行协调	综合协调组
4	在整个救援过程中，检查维护或修复现场、水、电管线，提供饮用水、食物及调度机械设备、物资等，为现场实施救援提供保障	后勤保障组

续表

序号	处置步骤	工作岗位或功能组
5	在整个救援过程中，做好警戒防护，严禁无关人员进入事故现场，对影响地方交通的，做好充分沟通工作	综合协调组
6	开展内部调查并配合外部调查，提供真实记录资料	
7	在整个救援过程中，做好保险理赔的影像数据资料的收集；如有伤亡，做好家属的安抚工作；确保救助资金到位	
8	负责媒体接待、采访和引导工作，根据上级单位授权适时发布相关信息	

2.7 工程质量事故

序号	处置步骤	工作岗位或功能组
1	（1）事故发生后，事故现场人员应立即撤离，确认无人员伤亡。 （2）现场人员第一时间通知项目经理或项目其他领导。 （3）质量事故引发工程安全事故，按本工程安全事故应急处置措施处置	现场作业人员、值班人员
2	（1）接到事故报告后立即赶赴现场，查看事故情况及再次确认无人员伤亡。 （2）通知安全总监、总工程师等相关人员到现场查明事故原因，评估经济损失，小于等于100万元的，制订处置方案。 （3）大于100万元的按层级管理上报并配合相关方制订处置方案。 （4）下达启用《处置方案》命令。 （5）按照处置方案实施抢险救援。 （6）质量事故造成工程工期严重滞后，需组织进行抢工的，须制订专项施工或返工方案，按方案执行。 （7）因设计重大变更、突发自然灾害等，造成工程保通应急情况出现的，不属于质量事故应急突发状况，按设计或现场专家组提出的方案进行保通施工。 （8）按设计方案进行工程返工或处理前，事故区域需进行预加固处理的，应及时形成专项方案，按专项处置方案进行处理，确保后续返工或处置现场作业环境安全	技术方案组、抢险救援组、综合协调组
3	在整个救援过程中，对人员、机械等进行协调	综合协调组
4	在整个救援过程中，检查维护或修复现场、水、电管线，提供饮用水、食物及调度机械设备、物资等，为现场实施救援提供保障	后勤保障组
5	在整个救援过程中，做好警戒防护，严禁无关人员进入事故现场，对影响地方交通的，做好充分沟通工作	综合协调组
6	开展内部调查并配合外部调查，提供真实记录资料	
7	在整个救援过程中，做好保险理赔的影像数据资料的收集；如有伤亡，做好家属的安抚工作；确保救助资金到位	
8	负责媒体接待、采访和引导工作，根据上级单位授权适时发布相关信息	

2.8 突发环境事件

序号	处置步骤	工作岗位或功能组
1	（1）事故发生后，事故现场人员应立即撤离，确认无人员伤亡。 （2）现场人员第一时间通知项目经理或项目其他领导。 （3）如有人员伤亡，按本工程安全事故应急处置措施处置。 （4）迅速控制现场、在事件现场周围划定并建立紧急隔离区域、设置警告标志，防止与救援无关人员进入事故现场受到伤害，保障救援队伍、物资运输和人群疏散等的交通畅通	现场作业人员、值班人员、后勤保障组
2	（1）制定处置措施切断污染源，防止污染物扩散；根据现场调查和查阅有关资料并参考有关专家意见，向公司领导汇报污染处置方案。 （2）做好人群疏散，减少污染区域人员伤害扩大，对疏散的紧急情况、疏散区域、疏散距离、疏散路线、疏散运输工具等做出细致的准备。对已实施临时疏散的人群，要做好临时安置。 （3）做好污染监测工作，及时对污染水源、大气、土壤进行跟踪监测，在第一时间确定污染物种类，出具监测资料；必要时由协调有关监测部门对环境突发事件的发展势态及影响及时进行动态的监测，并对监测信息做出初步评估，将各阶段的事态监测和初步评估的结果快速反馈公司领导，为整体的应急决策提供依据。 （4）根据事故的具体情况，调配事故应急体系中的各级救援力量和资源开展事故现场救援工作，必要时求助政府部门	技术方案组、抢险救援组、综合协调组
3	在整个救援过程中，对人员、机械等进行协调	综合协调组
4	在整个救援过程中，检查维护或修复现场、水、电管线，提供饮用水、食物及调度机械设备、物资等，为现场实施救援提供保障	后勤保障组
5	在整个救援过程中，做好警戒防护，严禁无关人员进入事故现场，对影响地方交通的，做好充分沟通工作	综合协调组
6	开展内部调查并配合外部调查，提供真实记录资料	
7	在整个救援过程中，做好保险理赔的影像数据资料的收集；如有伤亡，做好家属的安抚工作；确保救助资金到位	
8	负责媒体接待、采访和引导工作，根据上级单位授权适时发布相关信息	

2.9 突发公共卫生事件

序号	处置步骤	工作岗位或功能组
1	（1）事故发生后，事故现场人员应立停止餐食行动，确认现场无人员伤亡。 （2）现场人员第一时间通知项目经理或项目其他领导。 （3）如有人员伤亡，按本工程安全事故应急处置措施处置。 （4）立即停止食堂的生产活动，向局应急指挥中心和政府卫生防疫站报告	后勤管理人员、厨房工作人员、后勤保障组

续表

<table>
<tr><th>序号</th><th>处置步骤</th><th>工作岗位或功能组</th></tr>
<tr><td>2</td><td>（1）以最快速度将中毒人员送往附近医院，或由应急负责人拨打急救中心电话“120”请求救助，积极配合协助卫生机构救助病人。
（2）保护好现场，封存一切剩余可疑食物及原料、工具、设备、保护好中毒现场和食品留样，无关人员不允许到操作间或留样处。防止人为地破坏现场，等候卫生执法部门处理。
（3）落实卫生行政部门要求采取的其他措施，把事态控制在最小范围。
（4）收集相关病情信息，协助卫生、防疫部门进行事件调查、处理。
（5）事故发生后，要注意维护正常的工作秩序和生活秩序，各管理人员要做好食物中毒人员的思想工作。稳定员工情绪，要求各类人员不得以个人名义向外界扩散消息，以免引起不必要的混乱</td><td>技术方案组、抢险救援组、综合协调组</td></tr>
<tr><td>3</td><td>在整个救援过程中，对人员、机械等进行协调</td><td>综合协调组</td></tr>
<tr><td>4</td><td>在整个救援过程中，检查维护或修复现场、水、电管线，提供饮用水、食物及调度机械设备、物资等，为现场实施救援提供保障</td><td>后勤保障组</td></tr>
<tr><td>5</td><td>在整个救援过程中，做好警戒防护，严禁无关人员进入事故现场，对影响地方交通的，做好充分沟通工作</td><td rowspan="4">综合协调组</td></tr>
<tr><td>6</td><td>（1）配合卫生行政部门进行调查，按卫生行政部门的要求如实提供有关材料和样品。
（2）开展内部调查并配合外部调查，提供真实记录资料</td></tr>
<tr><td>7</td><td>在整个救援过程中，做好保险理赔的影像数据资料的收集；如有伤亡，做好家属的安抚工作；确保救助资金到位</td></tr>
<tr><td>8</td><td>（1）负责媒体接待、采访和引导工作，根据上级单位授权适时发布相关信息。
（2）如有新闻媒体要求采访，必须经过应急中心同意，未经许可，任何个人不得接受采访，以避免报道失实</td></tr>
</table>

YJ

中铁二局集团有限公司

YJ/ZTEJ–2020

深圳岗厦北枢纽装饰装修工程
安全质量、生态环境事故（事件）
现 场 处 置 方 案

2020 年 12 月

中铁二局岗厦北项目经理部

批 准 页

中铁二局《深圳岗厦北枢纽装饰装修工程安全质量、生态环境事故（事件）现场处置方案》是中铁二局岗厦北项目经理部为保护员工生命安全，减少财产损失，确保事故发生时快速反应、妥善处置而制定的内部规范性文件。

本处置方案是在开展事故风险分析和应急资源调查的基础上，针对具体的作业场所或设备设施制定的工作方案，同时考虑了突发质量事故、突发环境（安全事故衍生）事件的应急情形，明确了装修工程出现不可接受风险事件时，项目应急组织机构与职责、应急响应、应急处置原则、应急保障等相关要求，适用于装饰装修工程高处坠落、物体打击、火灾事故等现场处置工作。

中铁二局《深圳岗厦北枢纽装饰装修工程安全质量、生态环境事故（事件）现场处置方案》经中铁二局岗厦北项目经理部安全生产领导小组批准，现正式实施。

项目书记：

项目经理：

年　月　日

目　录

1 事故风险分析

按风险评估要求，岗厦北项目装饰装修工程风险评估采用风险矩阵评价法，对生产作业过程中存在的主要风险类型进行了评价，在可能导致的12种事故类型中，蓝色风险2项，黄色风险6项，橙色风险3项，其中高风险见表1。

表1 岗厦北项目装饰装修工程高风险分析

序号	事故类型	易发区域、影响范围	事故原因	风险等级	事故征兆	可能引发的次生衍生事故
1	高处坠落	1. 幕墙施工区域使用的吊篮、脚手架。 2. 登高车、临边洞口、人字梯。 3. 其他超过基准面2m的施工作业区	1. 高处作业未佩戴或未正确佩戴安全帽、安全带。 2. 临边洞口、作业平台（层）防护措施不到位。 3. 登高车、吊篮等使用不规范倾覆	橙色（控制后可接受风险）	—	—
2	物体打击	1. 幕墙施工区域使用的吊篮、脚手架。 2. 高处作业区域。 3. 材料卸货、搬运、安装区域	1. 违规上下交叉作业安全防护措施不到位。 2. 高处作业未配备工具袋、材料堆码过多或随意抛掷材料、工具。 3. 作业平台（层）挡脚板、密目网缺失。 4. 材料搬运过程中操作不当、临时固定不牢固。 5. 玻璃幕墙质量缺陷导致玻璃、基础等坠落	橙色（控制后可接受风险）	—	—
3	火灾	1. 动火作业区。 2. 易燃品、可燃物堆码存放区	1. 动火作业，可燃物未清理、未配备灭火器等。 2. 易燃品、包装材料等可燃物管理不当遇明火	橙色（控制后可接受风险）	1. 焦味。 2. 发现火星或产生大量浓烟	1. 中毒和窒息。 2. 伴生属地空气污染事故（事件）

2 事故响应

根据事故信息、初步原因分析、人员伤亡情况、经济损失和社会影响范围等因素划分，将应急响应级别分为Ⅰ～Ⅳ级，项目部负责第Ⅳ级应急响应工作，配合Ⅰ、Ⅱ、Ⅲ级响应工作。其响应分级、启动条件见表2。

表2　响应分级

序号	响应分级	启动条件（下列情况之一）	响应部门及相关应急人员	响应内容
1	Ⅰ级 中国中铁	1. 初判可能造成死亡10人及以上，或重伤50人及以上的安全事故。 2. 初判可能发生直接经济损失≥5 000万元的事故。 3. 因施工造成的或生产安全事故衍生的，可能导致周边生态环境发生严重污染或破坏的突发环境事件。 4. 需疏散转移1 000人及以上的突发自然灾害事故	中国中铁：领导及相关人员 中铁二局：主要领导、分管领导、工会主席、安全总监，办公室、安质环保部、工程管理部、人力资源部、党群工作部、工会等负责人及相关人员 中铁二局区域公司：主要领导、监管领导、工程部长及相关人员 公司：主要领导、分管领导、工会主席、安全总监，安质环保部、工程管理部、人力资源部、党群工作部、工会等负责人及相关人员	1. 向中国中铁请求支援。 2. 接受中国中铁下达的各项指令并响应
2	Ⅱ级 中铁二局	1. 初判可能造成死亡3～9人，或重伤10～49人的安全事故。 2. 初判可能发生直接经济损失1 000万～5 000万元（不含）的事故。 3. 因施工造成或生产安全事故衍生的，可能导致周边生态环境发生较重污染或破坏的突发环境事件。 4. 需疏散转移500～1 000人（不含）的突发自然灾害事故	中铁二局：分管领导、工会主席、安全总监，安质环保部、工程管理部、宣传部、工会等负责人及相关人员 中铁二局区域公司：主要领导、监管领导、工程部长及相关人员 子公司：主要领导、分管领导、工会主席、安全总监，安质环保部、工程管理部、党群工作部、工会等负责人及相关人员 区域公司：主要领导、监管领导、工程部长及相关人员	1. 中铁二局应急领导小组下达指令。 2. 中铁二局应急工作组响应。 3. 按响应级别及属地原则由各级政府组织应急救援的，服从其统一指挥
3	Ⅲ级 子分公司、区域公司	1. 初判可能造成死亡1～2人，或3～9人重伤的安全事故。 2. 无人员伤亡，但社会影响较大的险性事故（事件）： （1）施工吊篮、外脚手架等大型临时设施险性事故。 （2）发生火灾等社会影响恶劣的。 （3）其他影响大，损失严重的险性事故。 3. 初判可能发生直接经济损失100万～1 000万元（不含）的质量事故。 4. 因施工造成的或生产安全事故衍生的，可能导致邻近区域内生态环境发生较重污染或破坏的突发环境事件。 5. 需转移安置100～500人（不含）的突发自然灾害事故	中铁二局区域公司：分管领导、安全总监、安质环保部、工程管理部部长及相关人员 子公司：监管领导、工程部长及相关人员	1. 子（分）公司应急领导小组下达指令。 2. 现场应急工作组接受指令、响应。 3. 必要时，向中铁二局请求支援

续表

序号	响应分级	启动条件（下列情况之一）	响应部门及相关应急人员	响应内容
4	Ⅳ级 项目经理部	1. 初判可能造成重伤 1～2 人的事故。 2. 无人员伤亡，具有社会影响的险性事故（事件）。 （1）汽车吊倾覆等险性事故。 （2）其他影响较大，损失较重的险性事故。 3. 初判可能发生直接经济损失 20 万～100 万元的质量事故。 4. 需转移安置 50～100 人（不含）的突发自然灾害事故	项目经理部：领导班子、职能部门及相关人员	1. 项目现场应急领导小组下达指令。 2. 现场应急处置组接受指令并响应。 3. 必要时，向子（分）公司、或中铁二局区域公司请求支援

3 应急组织机构及工作职责

3.1 应急组织机构

3.1.1 组织机构

项目组织机构见图 1。

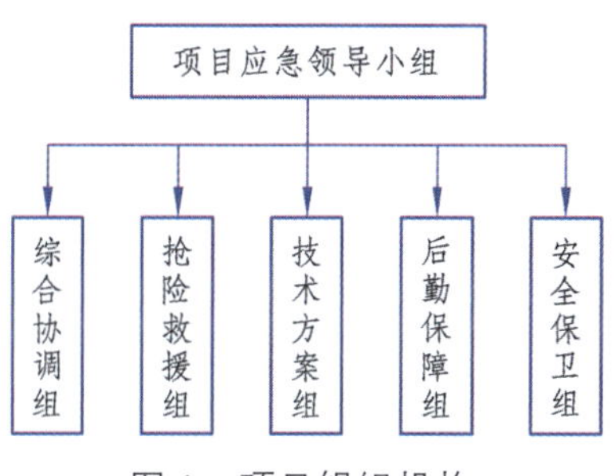

图 1 项目组织机构

3.1.2 应急组织机构设置

项目经理部设立应急领导小组，并下设五个应急处置组。

组长：项目经理、项目书记

副组长：项目副经理、项目总工程师、项目安全总监

成员：工程部、安全环保部、质量管理部、工经部、物机部、财会部、办公室、试验室等部门负责人和有关人员

应急领导小组办公室设在安全环保部，并设 24 小时值班电话。

3.1.3 应急机构主要职责

应急领导小组编制项目部应急预案和现场处置方案，建立健全事故应急机构，配备应急物资、设备，并建立应急管理工作台账；负责应急知识培训教育和宣传工作，组织应急预案培训、演练、评价。发生事故和突发紧急事件时，小组成员必须组织应急队伍迅速到达事故现场，指挥现场应急人员开展应急救援，采取有效措施防止事故扩大，最大限度减少人员伤亡和财产损失，保护好事故现场，并及时向当地政府部门和上级报告事故情况。

3.2 应急领导小组职责

3.2.1 应急领导小组主要职责

1. 建立健全事故应急机构。
2. 组织编制项目部应急预案和现场处置方案。
3. 负责组织调配或购置应急物资、设备，监督指导项目职能部门建立应急管理工作台账。
4. 负责组织应急知识培训教育、宣传及应急预案培训、演练、评价工作。
5. 负责启动应急预案、及时调配应急资源。
6. 按照应急响应分级和程序，向上级和属地政府部门报告事故情况。
7. 接受上级及地方政府应急救援现场指挥部的领导，落实指令。
8. 指挥现场应急人员开展应急救援，采取有效措施防止事故扩大，并保护事故现场。
9. 配合事故调查，做好善后处置工作。

3.2.2 组长（项目经理）职责

1. 组织应急队伍迅速到达事故现场，指挥现场人员开展应急救援。
2. 采取有效措施防止事故扩大，最大限度减少人员伤亡和财产损失。
3. 保护好事故现场，并及时向当地政府部门和上级报告事故情况。

3.2.3 组长（项目书记）职责

1. 负责组织媒体接待、采访和引导工作，配合上级单位发布相关信息。
2. 组织伤亡人员及家属的接待、稳定工作。
3. 组织做好保险理赔工作。

3.2.4 副组长（项目副经理）职责

1. 组织实施现场应急救援。
2. 及时向组长汇报事件发生和发展信息，尤其是异常信息。
3. 保障现场交通。

3.2.5 副组长（项目总工程师）职责

1. 对应急救援进行安全风险评估。
2. 初步分析事故发生的技术原因。

3. 制定应急救援技术措施。

3.2.6 副组长（项目安全总监）职责

1. 初步分析事故发生的管理原因。
2. 协助相关机构调查取证。
3. 协助相关机构人员的约谈。

3.3 应急处置组职责

3.3.1 综合协调组

1. 负责信息收集传递。
2. 负责媒体接待、采访和引导工作，配合上级单位发布相关信息。
3. 做好受伤人员救护及家属的接待、稳定工作。
4. 做好保险理赔工作。

3.3.2 抢险救援组

1. 采取措施防止次生灾害、保护伤员。
2. 按照方案组织救援，科学合理地提出应急物资、设备、人力配备建议。
3. 抢救现场伤员、设备及物资。
4. 必要时配合外部救援工作。

3.3.3 技术方案组

1. 辨识应急救援过程中的危险、有害因素，并进行安全风险评估。
2. 制定应急救援技术措施和救援步骤，指导救援。
3. 确定灾害现场监控量测方式，组织开展现场监控量测。
4. 协助开展对现场有关人员的约谈，调查了解事故发生的原因，并配合上级单位事故调查。

3.3.4 后勤保障组

1. 负责现场抢险救援及事故调查工作人员生活保障、食宿安排等后勤服务；提供必要的办公用品、交通工具、通信工具、器材等。
2. 协助属地政府有关部门进行交通疏解。
3. 调配抢险救援急需的物资、设备等。

3.3.5 安全保卫组

1. 保证现场应急救援通道的畅通。
2. 做好现场保卫、警戒工作。
3. 动态关注现场情况，防止发生二次伤害事故。
4. 依据拟定技术措施和救援步骤，协助救援。

4 应急处置

4.1 生产安全事故应急处置

4.1.1 生产安全事故应急响应程序

项目生产安全事故应急响应流程见图 2。

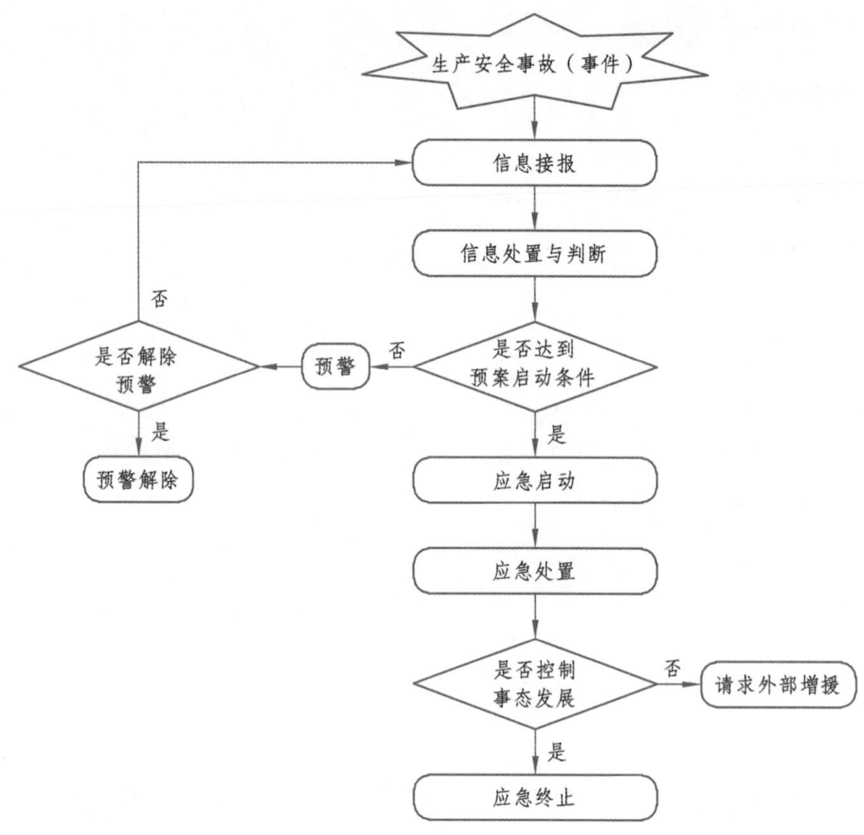

图 2 项目生产安全事故应急响应流程

4.1.2 生产安全事故现场应急处置步骤及内容

1. 事故发生后，事故现场人员应立即疏散、撤离，并采取自救、互救措施。
2. 现场人员第一时间通知项目经理。
3. 项目经理或其他负责人立即赶赴现场，查看事故情况及伤损情况。
4. 判明情况，下达处置方案启动命令并上报。
5. 确定方案开展救援和伤员救护。
6. 救援终止。
7. 事故调查及善后处理。

4.1.3 生产安全事故应急处置措施

1. 高处坠落事故现场应急处置措施（表 3）。

表 3 高处坠落事故应急处置措施

序号	任务	主要工作内容	责任分工
1	现场确认	1. 现场确认受伤人员情况。 2. 拨打应急电话或 120 急救电话	现场作业人员、值班人员
2	人员施救	1. 若伤员能自主活动，能站起来或移动身体，则要让其躺下用担架抬送医院救治。 2. 处于休克状态的伤员要让其平躺、保暖，并将下肢抬高 20°，尽快送医院进行治疗。 3. 伤者手足骨折时，不要盲目搬动，骨折部位用夹板把受伤位置临时固定，使断端不再位移或刺伤肌肉、神经或血管。 4. 遇有创伤性出血的伤员，应迅速包扎止血，使伤者保持在头低脚高的卧位，并注意保暖	抢险救援组、后勤保障组
3	救援引导	1. 引导救护车及时进入现场。 2. 救援车到达现场以后，配合医务人员对伤员进行	后勤保障组

备注：

1. 搬运和转送休克伤员过程中，颈部和躯干不能前屈或扭转，应使脊柱伸直，禁止一个抬肩一个抬腿的搬法，以免加重伤害甚至截瘫。

2. 骨折处应采用夹板固定，找两到三块比骨折骨头稍长一点的木板，托住骨折部位，绑三道绳，使骨折处由夹板依托不产生横向受力，绑绳不能太紧，以能够在夹板上左右移动 1～2 cm 为宜。

2. 物体打击事故现场应急处置措施（表 4）。

表 4 物体打击事故应急处置措施

序号	任务	主要工作内容	责任分工
1	现场确认	1. 现场确认受伤人员情况。 2. 拨打应急电话或 120 急救电话	现场作业人员、值班人员
2	人员施救	1. 对一般伤口进行处理： （1）伤口不深的外出血症状，将伤口清洗干净后用纱布包扎止血。 （2）一般的小动脉出血，用多层敷料加压包扎即可止血。 （3）对出血较严重的伤员，密切注视伤者的神志、皮肤温度、脉搏、呼吸等体征情况，判断伤员是否进入休克状态。 2. 伤者手足骨折时，不要盲目搬动，骨折部位用夹板把受伤位置临时固定。 3. 颅脑损伤的病员处理： （1）颅脑损伤的病员有昏迷者，首先必须维持呼吸道通畅。 （2）如受害者心跳已停止，应先进行胸外心脏按压。 （3）对于有颅骨凹陷性骨折的伤员，创伤处应用消毒的纱布覆盖伤口，用绷带或布条包扎。 4. 待医院医务人员到达现场后结束，配合医务人员对伤员进行救治	抢险救援组、后勤保障组
3	配合救援	1. 引导救护车及时进入现场。 2. 救护车到达现场以后，配合医务人员对伤员进行抢救	后勤保障组

备注：

1. 呼吸、心跳情况的判定：

（1）伤员如意识丧失，应在 10 s 内，用看、听、试的方法判定伤员呼吸心跳情况。

（2）看——看伤员的胸部、腹部有无起伏动作。

（3）听——用耳贴近伤员的口鼻处，听有无呼气声音。

（4）试——试测口鼻有无呼气的气流，再用两手指轻试一侧喉结盘凹陷处的颈动脉有无搏动。

（5）若看、听、试既无呼吸又无颈动脉搏动，可判定呼吸心跳停止。

2. 颅骨损伤症状：

（1）颅骨损伤如导致颅内高压的症状有：昏迷、呕吐（呈喷射状呕吐）、脉搏或呼吸紊乱、瞳孔放大或缩小、大小便失禁等。

（2）颅骨骨折或颞骨骨折的伤员不一定有昏迷、呕吐，但有脉搏或呼吸紊乱、瞳孔放大或缩小，鼻、眼、口腔甚至耳朵可有无色的液体流出，伴颅内出血者可见血性液体流出。

3. 火灾事故现场应急处置措施（表 5）。

表 5　火灾事故应急处置措施

序号	任务	主要工作内容	责任分工
1	现场确认	发现火情，现场确认火势情况及人员受伤、被困情况，燃烧物质、燃烧时间、部位、蔓延方向、火势范围及危害程度以及设备设施、建（构）筑物损坏程度	现场作业人员、值班人员
2	组织扑救	如火势较小立即组织在场人员使用消防器材扑灭初起火灾，并立即拨打项目部值班电话	现场作业人员、值班人员
3	撤离清点	1. 如火势无法控制，立即拨打 119 急救电话。 2. 将现场及周边能疏散的人员疏散至安全区域。 3. 及时清点汇报受伤、被困人员情况	现场作业人员、值班人员
4	被困救助	1. 确定救援方案，下达应急指令。 2. 携带救援器材迅速进入现场，采取正确的救助方式，将所有遇险人员移至安全区域。 3. 对救出人员进行现场急救，及时转送医院救治	技术方案组、后勤保障组
5	控制火势	1. 电气设备起火，先切断电源，再采用灭火器和直流水枪灭火，有油的电气设备如变压器起火时，采用干燥的砂土盖住火焰。 2. 防水板等塑胶材料起火，采取高压水冲击的方法灭火。灭火水枪设在上风和侧风方向。进入烟区的扑救人员穿戴防毒面具和防护服。 3. 机械设备燃烧，采用灭火器灭火。 4. 乙炔管路燃烧，采用干燥的砂土盖住火焰，使火熄灭。 5. 灭火期间，应注意观察现场风流，防止火风压引起风流逆转	抢险救援组
6	配合救援	1. 保证消防通道畅通并引导消防车、救护车及时进入现场。 2. 消防大队到达现场以后，按照消防大队指令配合灭火	抢险救援组、后勤保障组
7	媒体接待	负责媒体接待、采访和引导工作，根据上级单位授权适时发布相关信息	后勤保障组

4.2 工程质量事故应急处置

4.2.1 工程质量事故应急响应程序

项目工程质量事故应急响应流程见图 3。

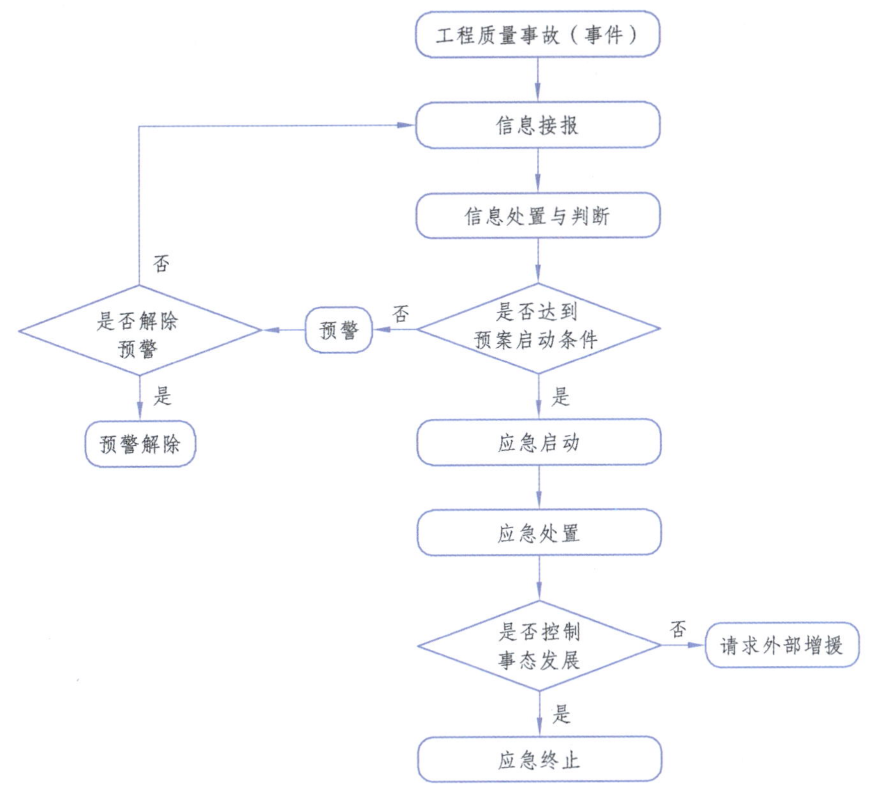

图 3 项目工程质量事故应急响应流程

4.2.2 工程质量事故现场应急处置步骤及内容

1. 事故发生后，事故现场人员应立即疏散、撤离。
2. 现场人员第一时间通知项目经理。
3. 项目经理或其他负责人立即赶赴现场，封闭事故区域，防止人员误入。
4. 查看质量事故区域，初步了解其影响范围，可能衍生的次生灾害等信息情况，并及时反馈建设单位、设计单位、监理单位等相关方。
5. 判明情况，构成工程质量事故应急情况条件的，下达处置方案启动命令并上报。
6. 在现场专家组及勘察设计单位确定工程应急方案后，进行返工或返修处理。
7. 应急处置终止。
8. 配合进行事故调查及善后处理。

4.2.3 工程质量事故应急处置措施

1. 事故发生后，应第一时间采取防护措施，包括加固、维护或者拆除等；在发生事故时，如相邻结构正在施工，必须暂停所有工序，以免造成不必要的伤亡。

2. 发现质量隐患后，应第一时间通知项目主要负责人，主要负责人应立即通知上级部门及设计院，共同商议应对措施，切不可盲目组织抢修。

3. 要及时确定事故的影响范围和性质。某个构件或某一跨板的质量事故经常不是其单独存在的问题，应及时分析其相邻构件将产生的影响，以及及时联合设计分析事故原因，以便在随后采取有效的处理措施。

4. 修复工程必须要求设计院的正式图纸，切不可盲目施工。

5. 同时应按照本应急预案说明部分，如发生生产安全事故，应首先采取生产安全事故应急处置措施，之后方可采取本措施应对质量事故。

4.3 突发环境事件应急处置

4.3.1 突发环境事件应急响应程序

项目突发环境事件应急响应流程见图 4。

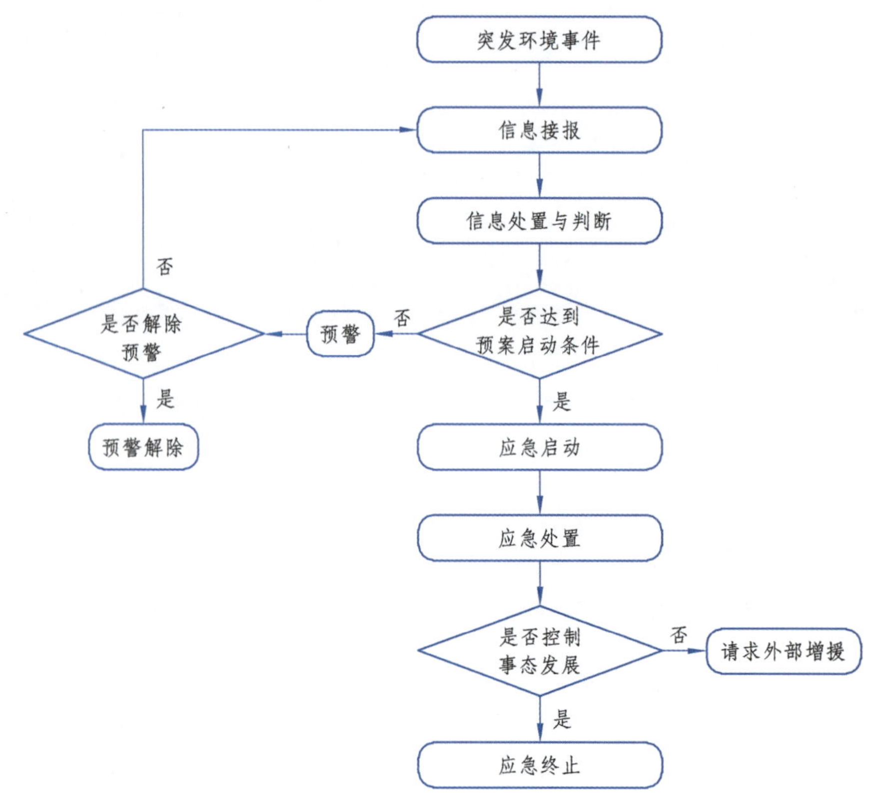

图 4 项目突发环境事件应急响应流程

4.3.2 突发环境事件现场应急处置步骤及内容

1. 项目部接到突发环境事件报警后，立即向现场监理、业主、市环保部门汇报，即时启动应急预案，及时与应急指挥组织的通信联系，随时掌握事件进展情况。并通知各应急小组分钟内到达各自岗位，同时完成人员、车辆及装备调度。由指挥中心负责指挥调度，下达指令。

2. 接到指令后，现场监察组快速到达事故现场，进行调查取证，保护现场，查找污染源，并对事故类型、发生进度、地点、污染源、主要污染物质、影响的范围和程度等基本情况进行初步调查分析，形成初步意见，及时反馈。

3. 收到各组信息反馈后，及时汇报，并召开情况碰头会，研究相关问题、布置下步工作，必要时向市政府报告。按照有关意见协调相关部门进行现场消解、处置工作及采取其他应急措施，控制污染扩散。

4. 在污染事故现场处置妥当后，综合协调组按照《突发环境事件应急预案管暂行办法》的要求，经项目部研究后，向市政府及上级部门进行速报。

4.3.3 突发环境事件应急处置措施

1. 人员的疏散，撤离。

当突发环境事件发生时，要立即组织成员，对现场人员进行清点工作，帮助人员有序有效的疏散到安全地区。如果事故后果严重无法自救时，而消防部门没有达到之前，要在总指挥的统一指挥下，应向周边企业及政府部门及时汇报情况。应急救援队成员在处理完安全事故后，在组长的指挥下撤离事故现场前，要清点人数报告每名队员情况，对受伤队员要送到医疗机构进行检查，并将信息及时反馈给指挥中心。

2. 危险区的隔离。

当事故发生时立即组织人员救险的同时，在现场指挥小组组长的亲自指挥下对危险区内的事故现场进行隔离，隔离区的划定以保护四周无危险为宜。具体范围应根据事故的大小程序而划定，要组织人员拉事故现场隔离带，划好警戒线，同时对现场周围区域的道路拉警戒线，疏导交通，同时等待外部支援力量的到来。

3. 受伤人员处置。

当事故发生后应急救护小组成员要马上进入现场，在现场指挥小组长的亲自指挥下，对伤员采取现场救治，等医疗机构人员赶到后，轻伤者及时送往就近医院治疗，重伤者根据专家及医院的意见马上转移到医护水平较高的医院进行抢救治疗。

4. 终止应急。

（1）事件现场得到控制，事件条件已消除。

（2）污染源的泄漏或释放已降至规定限值以内。

（3）事件所造成的危害已经被彻底消除，无再发可能。

（4）事件现场的各专业处置行动已无继续的必要。

（5）采取了必要的防护措施以保护公众再次免受危害，并使事件可能引起的中长期影响趋于尽可能低的合理水平。

5 注意事项

1. 事故发生后，应按“先救命，后治伤”的原则进行。

2. 要备齐必要的应急救援物品，如车辆、医药箱、担架、止血带、氧气袋、通信设备等。

3. 非专业救护人员不可进行人工呼吸和胸外心脏按压。

6 附 件

附件 1：预案编制依据

1.《中华人民共和国安全生产法》

2.《中华人民共和国突发事件应对法》

3.《中华人民共和国特种设备安全法》

4.《生产安全事故应急预案管理办法》（修订版）

5.《国家安全生产事故灾难应急预案》

6.《建设工程重大质量安全事故应急预案》

7.《生产经营单位生产安全事故应急预案编制导则》

8.《建设工程安全生产管理条例》

9.《生产安全事故报告和调查处理条例》

10.《生产过程危险和有害因素分类与代码》

11.《企业职工伤亡事故分类》

12.《重大危险源辨识》

13.《风险管理 风险评估技术》

14.《中铁二局职业安全健康监督管理规定》

15.《中铁二局职业安全质量事故内部报告、应急处置和调查处理办法》

16.《中铁二局集团有限公司安全质量、生态环境事故（事件）应急预案》

17.《中铁二局关于贯彻落实中国铁路总公司“铁路建设项目质量安全红线管理规定”实施方案》

18.《中铁二局工程质量监督管理办法》

19.《中铁二局工程项目施工环境保护管理办法》

20.《中铁二局集团装饰装修工程有限公司工程质量监督管理办法》

21.《中铁二局集团装饰装修工程有限公司工程项目施工环境保护管理办法》

22.《中铁二局集团装饰装修工程有限公司安全质量、生态环境事故（事件）应急预案》

附件 2：应急预案衔接

1.《四川省生产安全事故灾难应急预案》

2.《四川省突发环境事件应急预案》

3.《深圳市福田区生产安全事故应急预案》

4.《中国中铁股份有限公司安全质量、生态环境事故（事件）应急预案》

5.《中铁二局集团有限公司安全质量、生态环境事故（事件）应急预案》

6.《中铁二局集团装饰装修工程有限公司安全质量、生态环境事故（事件）应急预案》

7. 建设单位应急预案

附件 3：项目概况

中铁二局集团有限公司承建的岗厦北项目位于深圳市中心地带，深南大道与彩田路交叉口，处于深圳市城市东西、南北发展轴的交汇点，是以城市轨道换乘为主，以常规公交接驳为辅，兼顾少量出租、社会车辆接驳的客运城市综合交通枢纽。工程总面积 241111.93 m^2。其中主体建筑面积 177746.87 m^2，广场及其他建筑面积 63365.06 m^2。

本枢纽以新建 10 号线、11 号线、14 号线与已建 2 号线地铁换乘、集散及市政过街功能为主，兼顾商业，总共地下三层结构，局部地下一层上方设置夹层。枢纽分为 4 个组成部分，分别为轨道交通工程、东区地下空间、西区地下空间和南区地下空间。其中，轨道交通工程包括地下一层（中央的站厅公共区、站厅设备区和站厅商业区以及站厅公共区的夹层环廊）、全部地下二层（11、14 号线站台公共区、设备区、区间和 10 号线的设备夹层）、全部地下三层（10 号线的站台公共区、设备区）；地下一层站厅公共区东侧为东区地下空间；地下一层站厅公共区西侧为西区地下空间；地下一层站厅公共区南侧为南区地下空间。

附件 4：事故风险评估报告

附件 5：应急资源调查报告

附件 6：有关应急部门、机构或人员的联系方式

序号	部门（职务）	联系人	联系方式
子公司联系部门			
1	子（分）公司应急领导小组办公室	×××	×××
2	子（分）公司调度管理	×××	×××
项目部联系人员			
3	项目经理	×××	×××
4	项目书记	×××	×××
5	项目生产副经理	×××	×××
6	项目总工程师	×××	×××
7	项目安全总监	×××	×××
8	项目总经济师	×××	×××
9	项目工程部部长	×××	×××

续表

序号	部门（职务）	联系人	联系方式
10	项目安环部部长	×××	×××
11	项目质量部部长	×××	×××
12	项目物机部部长	×××	×××
13	项目综合办公室	×××	×××
14	项目财务部部长	×××	×××
15	项目工经部部长	×××	×××
外部救援单位			
16	医院急救电话	×××	×××
17	消防队火警电话	×××	×××
18	就近专业救援队	×××	×××

附件7：应急物资装备的名录或清单

附件7-1　高处坠落事故应急物资及机具台账

序号	类别	物资名称	数量	配置要求	存放地点	管理责任人和联系电话
1	医疗救助	担架	2副		应急物资库	×××
2		医药箱	2个			
3	车辆类	急救保障车	2辆		项目部	
4	警戒类	隔离警示带	10卷		应急物资库	
5		危险警示牌	10个			
6		警戒标识杆	10个			
7	抢险、救生物资类	液压剪刀	1把		应急物资库	
8		防爆工具	1套			
9		大绳	2根	直径30 mm、长50 m		
10		保温毯	3条	棉织		
11		急救药箱	1个			
12	照明类	防水头灯	50个		应急物资库	

附件 7-2 物体打击事故应急物资及机具台账

序号	类别	物资名称	数量	配置要求	存放地点	管理责任人和联系电话
1	医疗救助	担架	2 副		应急物资库	×××
2		医药箱	2 个			
3	车辆类	急救保障车	2 辆		项目部	
4	警戒类	隔离警示带	10 卷		应急物资库	
5		危险警示牌	10 个			
6		警戒标识杆	10 个			
7	抢险、救生物资类	液压剪刀	1 把		应急物资库	
8		防爆工具	1 套			
9		大绳	2 根	直径 30 mm、长 50 m		
10		保温毯	3 条	棉织		
11		急救药箱	1 个			
12	照明类	防水头灯	50 个		应急物资库	

附件 7-3 火灾可调用应急物资及机具台账

序号	类别	物资名称	数量	配置要求	存放地点	管理责任人和联系电话
1	医疗救助	担架	2 副		应急物资库	×××
2		医药箱	2 个			
3	车辆类	急救保障车	2 辆		项目部	
4	防护类	自救呼吸器	N 个	按最大单班人员数量配置	应急物资库	
5		防毒面具	10 个			
6	消防类	手提式干粉灭火器	N 个		应急物资库	
7		推车式干粉灭火器	2 台	开挖支护、衬砌作业面最少各 2 台		
8		消防水龙头	个	每 50 m 安装 1 个		
9		消防水管、水枪	2 套	防水板作业面配 2 套，其余地段配 2 套		
10	侦检类	氧气呼吸器校验仪	1 台		应急物资库	
11		氧气检定器	2 台			
12		一氧化碳检定器	2 台			
13		风表	2 台	中、低速		
14		温度计	2 支	0 ~ 100 °C		
15		干湿温度计	2 支			

续表

序号	类别	物资名称	数量	配置要求	存放地点	管理责任人和联系电话
16	警戒类	路障	5 个		应急物资库	
17		隔离警示带	10 卷			
18		危险警示牌	10 个			
19		警戒标识杆	10 个			
20	抢险、救生物资类	安全救生绳	50 根		应急物资库	
21		液压剪刀	1 把			
23		大绳	2 根	直径 30 mm、长 30 m		
24	照明类	防水头灯	50 个		应急物资库	
25		防水照明灯	5 个		应急物资库	

附件 8：事故报告手机短信格式

中铁二局：××年×月×日×时×分左右，在××（省市县）境内，由中铁×局××公司承建的×××工程×标，在×××工序施工过程中，因×××原因，导致现场作业人员×人死亡（失踪）、×人重伤、×人轻伤。事故已经于事发××小时（分钟）内，报告当地安全生产监管部门。现场应急预案已启动，事故单位×××领导已带队赶往现场；当地安监部门接报后，已于×月×日×时由任××职务××同志赶往现场，事故原因正在调查之中。

附件 9：中铁二局生产安全事故快报

单位名称：中铁二局×××公司（区域公司、经理部）

<table>
<tr><td>事故时间</td><td colspan="3">年　月　日　时　分</td><td>事故地点</td><td colspan="2"></td></tr>
<tr><td>事故单位</td><td colspan="6">××公司××××项目经理部（标段）</td></tr>
<tr><td rowspan="2">事故现场负责人</td><td>姓名</td><td></td><td rowspan="2" colspan="2">事故单位负责人</td><td>姓名</td><td></td></tr>
<tr><td>电　话</td><td></td><td>电　话</td><td></td></tr>
<tr><td colspan="2">事故已死亡（失踪）
人　　数</td><td>死亡：
失踪：</td><td colspan="3">事故重伤/轻伤
人　　数</td><td></td></tr>
<tr><td colspan="7">一、事故简要经过（包含但不限于承建单位、标段、协作队伍及相关安全生产许可证等资质号，单位工程名称、事故里程、结构形式、支撑体系、设备型号、事发作业环节、高处坠落位置与高度等，其他工况均应细致清晰描述）、人员伤亡类别（职工、劳务工姓名及身份证号码）、初步估计的直接经济损失、报告地方政府和建设单位时间等
二、事故现场救援采取的主要措施
三、其他情况（事发项目工程概况，事故地点是否影响铁路营业线或繁华闹市区、高速公路、国道、其他重要设施安全）</td></tr>
</table>

附：事故现场照片（4 张以上，能充分反映事故现场实际情况和全貌的电子版照片及说明）。

附件 10：应急救援协议范本

甲方：中铁二局××项目经理部

乙方：××救援队

为切实做好事故预防和应急救援处理工作，结合双方的实际情况，就乙方为甲方所属救援服务内容，经双方协商，约定如下：

一、服务内容

1. 及时应召处理灾害事故；

2. ……

二、履约方式和服务期限

1. 履约方式

2. 服务期限

三、服务费用和支付方式

1. 服务费用

2. 支付方式

四、双方权利与义务

1. 甲方的权利与义务

2. 乙方的权利与义务

五、违约责任

在履行本协议期间，双方如有特殊原因影响本协议项目工作，应提前予以通知对方，并说明原因。甲方或者乙方存在工作质量缺陷，应各自承担相关责任。

六、争议的解决办法

当事双方先协商解决；协商不成，由××仲裁委员会仲裁或法院诉讼。

七、双方协商的其他条款

1. 乙方在技术服务和处理事故过程中队员发生意外情况，按有关国家、省市有关规定处理，届时双方依据公平原则协商解决

2. ……

甲方联系方式：应急小组值班室 24 小时值班电话：××

乙方联系方式：救护大队电话：××

本协议未尽事宜由双方协商补充；

如需变更、解除或续订协议，由双方协商确定。

本协议，从双方签字盖章之日起生效。

本协议一式×份，呈报建设方及地方相关监管部门备案一份，甲乙方各执一份。

甲方法人（签字盖章）：　　　　　　　　乙方法人（签字盖章）：

××年××月××日　　　　　　　　××年××月××日

附件 11：应急救援平面图

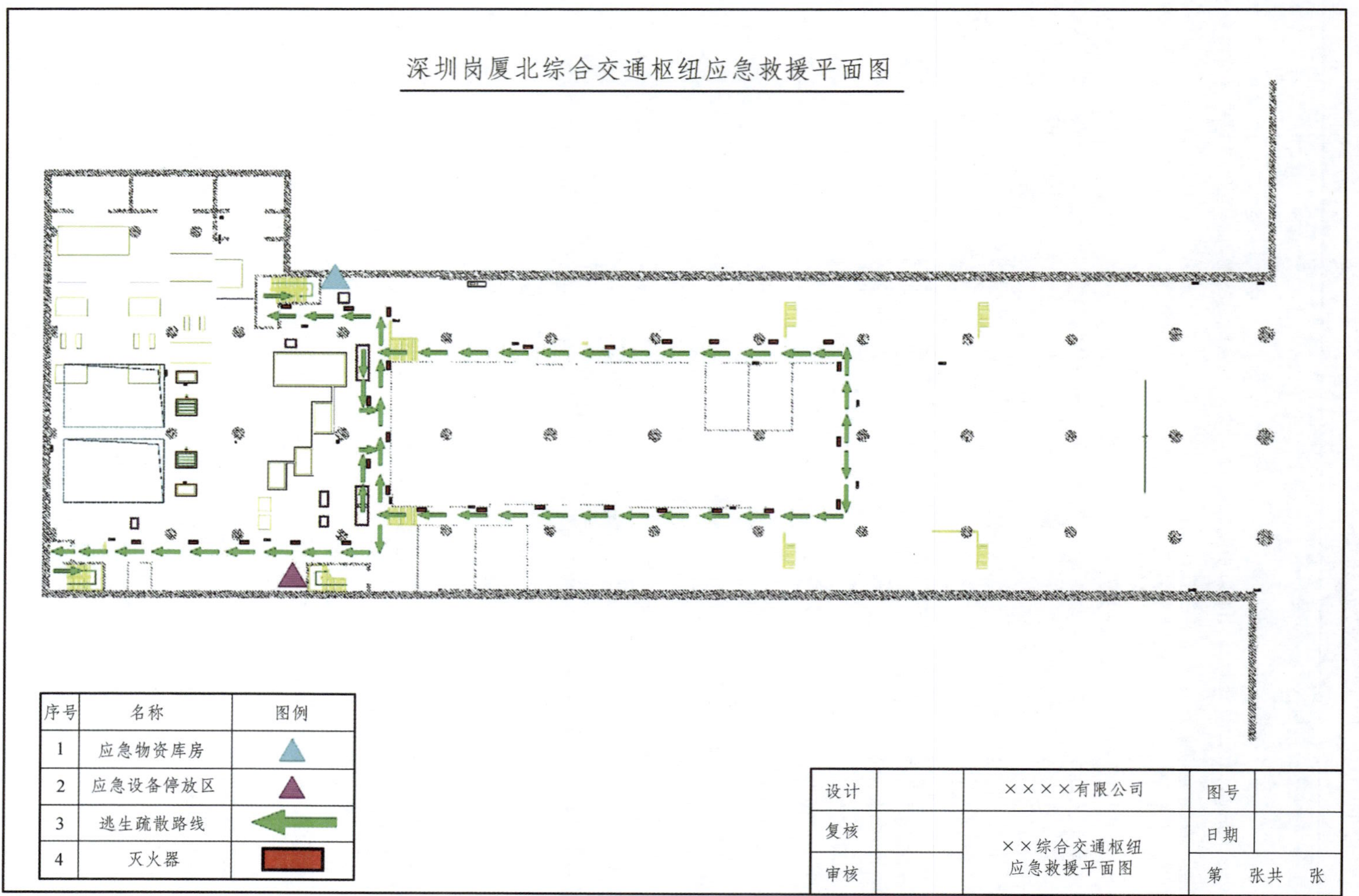

YJ

中铁二局集团有限公司

YJ/ZTEJ–2020

深圳岗厦北枢纽装饰装修工程
安全质量、生态环境事故（事件）
现场应急处置卡

2020 年 12 月

中铁二局岗厦北项目经理部

目 录

1 应急处置卡

1.1 应急领导小组组长应急处置卡

组长	项目经理（项目书记）	
序号	处置程序	处置要点
1	启动预案	启动应急预案，查看事故现场调配应急资源等
2	事故报告	按照应急响应分级和程序，及时向当地政府部门和上级报告事故情况
3	现场处置伤员救护	采取有效措施防止事态扩大；第一时间进行现场急救，及时转送医院救治
4	确定方案开展救援或配合救援	确定救援方案后，组织应急队伍迅速到达事故现场，指挥现场应急人员开展应急救援或响应至上一级并配合外部救援
5	救援终止	进行风险评估安全后，应急救援停止
6	配合事故调查及处理	配合事故调查，做好善后处置工作
注意事项： （1）信息的收集与传达，要求及时准确。 （2）每日召开碰头会落实各项指令和安排次日工作		

主要联系人员				
序号	姓名	职务	联系电话	备注
1		项目书记（经理）		
2		项目总工程师		
3		项目安全总监		
4		项目副经理		
5		作业队长		
6		办公室主任		
7		物设部部长		

1.2 综合协调组应急处置卡

组长	项目书记	
序号	处置程序	行动内容
1	信息收集与传递	负责按应急小组要求内容上报
2	场地安保、伤员救护	现场做好保卫、警戒工作；第一时间进行现场急救，及时转送医院救治
3	对外接待及处置	做好媒体接待、采访和引导工作，配合上级单位发布相关信息
4	家属接待及善后处理	做好家属的接待、稳定工作；做好保险理赔工作

续表

<table>
<tr><td colspan="5">注意事项：
（1）信息传递准确、及时可靠。
（2）伤员救治及安抚周到、及时。
（3）现场组织人员撤离后，不得盲目抢救被困人员</td></tr>
<tr><td colspan="5">主要联系人员</td></tr>
<tr><td>序号</td><td>姓名</td><td>职务</td><td>联系电话</td><td>备注</td></tr>
<tr><td>1</td><td></td><td>项目经理</td><td></td><td></td></tr>
<tr><td>2</td><td></td><td>项目副经理</td><td></td><td></td></tr>
<tr><td>3</td><td></td><td>项目总工程师</td><td></td><td></td></tr>
<tr><td>4</td><td></td><td>工委主任</td><td></td><td></td></tr>
<tr><td>5</td><td></td><td>办公室主任</td><td></td><td></td></tr>
<tr><td>6</td><td></td><td>物设部部长</td><td></td><td></td></tr>
<tr><td>7</td><td></td><td>施工管理人员</td><td></td><td></td></tr>
<tr><td>组员</td><td colspan="4">相关成员</td></tr>
<tr><td>序号</td><td colspan="2">处置程序</td><td colspan="2">行动内容</td></tr>
<tr><td>组员 1</td><td colspan="4">×××</td></tr>
<tr><td>1</td><td colspan="2">组织撤离</td><td colspan="2">发现险情后，第一时间有效组织人员撤离至安全地带</td></tr>
<tr><td>2</td><td colspan="2">险情报告</td><td colspan="2">及时电话上报险情至项目安全生产管理负责人或项目经理</td></tr>
<tr><td>组员 2</td><td colspan="4">×××</td></tr>
<tr><td>1</td><td colspan="2">收集信息</td><td colspan="2">定时收集信息</td></tr>
<tr><td>2</td><td colspan="2">传递信息</td><td colspan="2">负责收集并发布救援信息</td></tr>
<tr><td>3</td><td colspan="2">关注信息</td><td colspan="2">做好舆情关注、媒体应对，并配合上级发布信息</td></tr>
<tr><td>组员 3</td><td colspan="4">×××</td></tr>
<tr><td>1</td><td colspan="2">对外接待</td><td colspan="2">做好家属、外部单位的接待和稳定工作</td></tr>
<tr><td>2</td><td colspan="2">配合善后处理</td><td colspan="2">配合做好保险理赔工作</td></tr>
<tr><td colspan="5">注意事项：
（1）信息传递准确、及时可靠。
（2）伤员救治及安抚周到、及时。
（3）现场组织人员撤离后，不得盲目抢救被困人员</td></tr>
<tr><td colspan="5">主要联系人员</td></tr>
<tr><td>序号</td><td>姓名</td><td>职务</td><td>联系电话</td><td>备注</td></tr>
<tr><td>1</td><td></td><td>项目经理</td><td></td><td></td></tr>
<tr><td>2</td><td></td><td>项目书记</td><td></td><td></td></tr>
<tr><td>3</td><td></td><td>项目副经理</td><td></td><td></td></tr>
<tr><td>4</td><td></td><td>项目总工程师</td><td></td><td></td></tr>
<tr><td>5</td><td></td><td>工委主任</td><td></td><td></td></tr>
<tr><td>6</td><td></td><td>办公室主任</td><td></td><td></td></tr>
<tr><td>7</td><td></td><td>物设部部长</td><td></td><td></td></tr>
<tr><td>8</td><td></td><td>施工管理人员</td><td></td><td></td></tr>
</table>

1.3 抢险救援组应急处置卡

<table>
<tr><td>组长</td><td colspan="4">项目副经理</td></tr>
<tr><td>序号</td><td>处置程序</td><td colspan="3">行动内容</td></tr>
<tr><td>1</td><td>场地清理及防护</td><td colspan="3">保证现场应急救援通道的畅通，采取措施防止次生灾害</td></tr>
<tr><td>2</td><td>熟知方案及准备</td><td colspan="3">按照抢救方案组织救援，科学合理地提出应急物资、设备、人力配备建议</td></tr>
<tr><td>3</td><td>组织实施及调整</td><td colspan="3">抢救现场伤员、将受伤人员转移至安全地带，对事故受损的设备进行修理、恢复，将现场救援进展情况及时汇报，必要时申请外部支援</td></tr>
<tr><td>4</td><td>救援配合、结束</td><td colspan="3">领导小组现场评估安全后，则应急救援结束；如果需要外部救援，则配合救援工作</td></tr>
<tr><td colspan="5">注意事项：
（1）救援人员、物资与设备组织落实到位。
（2）按指令落实救援现场配套工作及安全监护。
（3）及时报告救援进展情况及问题。
（4）机械操作必须听从指挥，防止救援设备对人员造成机械伤害</td></tr>
<tr><td colspan="5">主要联系人员</td></tr>
<tr><td>序号</td><td>姓名</td><td>职务</td><td>联系电话</td><td>备注</td></tr>
<tr><td>1</td><td></td><td>项目经理</td><td></td><td></td></tr>
<tr><td>2</td><td></td><td>项目书记</td><td></td><td></td></tr>
<tr><td>3</td><td></td><td>项目总工程师</td><td></td><td></td></tr>
<tr><td>4</td><td></td><td>项目安全总监</td><td></td><td></td></tr>
<tr><td>5</td><td></td><td>工程部部长</td><td></td><td></td></tr>
<tr><td>6</td><td></td><td>作业队长</td><td></td><td></td></tr>
<tr><td>7</td><td></td><td>施工员</td><td></td><td></td></tr>
<tr><td>8</td><td></td><td>办公室主任</td><td></td><td></td></tr>
<tr><td>9</td><td></td><td>物设部部长</td><td></td><td></td></tr>
<tr><td>10</td><td></td><td>现场指挥人员</td><td></td><td></td></tr>
<tr><td>11</td><td></td><td>作业队队长</td><td></td><td></td></tr>
<tr><td>12</td><td></td><td>机械操作人员</td><td></td><td></td></tr>
<tr><td>组员</td><td colspan="4">相关成员</td></tr>
<tr><td>序号</td><td>处置程序</td><td colspan="3">行动内容</td></tr>
<tr><td>组员 1</td><td colspan="4">×××</td></tr>
<tr><td>1</td><td>场地警戒及防护</td><td colspan="3">场地做好警戒工作；现场动态监控防止次生灾害，组织人员及时撤离</td></tr>
<tr><td>2</td><td>组织实施及救援</td><td colspan="3">组织物资、设备和人力到位，接到上级命令后指挥抢救现场伤员、设备及物资</td></tr>
<tr><td>组员 2</td><td colspan="4">×××</td></tr>
<tr><td>1</td><td>救援准备</td><td colspan="3">物资、设备和人力到位后，现场合理运用和调配。</td></tr>
<tr><td>2</td><td>实施及救援</td><td colspan="3">接到现场指挥人员命令后，立即开展现场伤员、设备及物资救援工作</td></tr>
<tr><td>组员 3</td><td colspan="4">×××</td></tr>
<tr><td>1</td><td>接受培训</td><td colspan="3">接受应急救援处置方案的交底培训</td></tr>
<tr><td>2</td><td>实施救援</td><td colspan="3">接到现场指挥人员命令后开展救援工作</td></tr>
</table>

注意事项： （1）救援人员、物资与设备组织落实到位。 （2）按指令落实救援现场配套工作及安全监护。 （3）及时报告救援进展情况及问题。 （4）机械操作必须听从指挥，防止救援设备对人员造成机械伤害				
主要联系人员				
序号	姓名	职务	联系电话	备注
1		项目经理		
2		项目书记		
3		项目副经理		
4		项目总工程师		
5		项目安全总监		
6		工程部部长		
7		作业队长		
8		施工员		
9		办公室主任		
10		物设部部长		
11		现场指挥人员		
12		作业队队长		
13		机械操作人员		

1.4 技术方案组应急处置卡

组长	项目总工程师	
序号	处置程序	行动内容
1	现场核实、评估及制订方案	辨识应急救援过程中的危险、有害因素，并进行安全风险评估，确定灾害现场监控方式，组织开展现场监控
2	指导救援实施及安全监控	根据事故现场的特点，制订相应的应急救援技术措施和应急救援步骤；动态关注现场情况并制订措施，防止发生二次伤害事故
3	配合调查	协助开展对现场有关人员的约谈，并配合调查事故发生的原因

注意事项： （1）救援方案制订及时可行。 （2）救援指导到位，调整及时。 （3）落实防控措施及监控到位。 （4）数据处理和及时上报				
主要联系人员				
序号	姓名	职务	联系电话	备注
1		项目经理		
2		项目书记		

续表

序号	姓名	职务	联系电话	备注
3		项目副经理		
4		项目安全总监		
5		工程部部长		
6		安环部部长		
7		施工员		
8		作业队长		
9		技术指导人员		
10		监测人员		

组员	相关成员	
序号	处置程序	行动内容
组员 1	×××	
1	现场技术监控	开展现场监控，协助进行安全风险评估
2	数据处置与判断	数据预警或超限值，及时上报现场指挥人员
组员 2	×××	
1	组织撤离	发现数据预警或超限值后，第一时间有效组织人员撤离至安全地带
2	险情报告	及时电话上报险情至作业队队长、项目安全生产管理负责人或项目经理
3	动态监控	现场数据持续预警或超限值及时上报

注意事项：
（1）救援方案制订及时可行。
（2）救援指导到位，调整及时。
（3）落实防控措施及监控到位。
（4）数据处理和及时上报

主要联系人员

序号	姓名	职务	联系电话	备注
1		项目经理		
2		项目书记		
3		项目副经理		
4		项目总工程师		
5		项目安全总监		
6		工程部部长		
7		安环部部长		
8		施工员		
9		作业队长		
10		技术指导人员		
11		监测人员		

1.5 后勤保障组应急处置卡

组长	项目书记	
序号	处置程序	行动内容
1	救援物资工器具准备	准备抢险救援急需的物资、设备；负责现场救援及事故调查工作人员生活保障、食宿安排等后勤服务；提供必要的办公用品、交通工具、通信工具、器材等
2	现场交通维护	协助属地政府有关部门进行交通疏解
3	调配物资及设备	根据应急救援需要，及时将抢险救援急需的物资、设备送至现场

注意事项：
（1）按指令落实救援物资设备。
（2）确保设备完好使用正常

主要联系人员				
序号	姓名	职务	联系电话	备注
1		项目经理		
2		项目副经理		
3		项目安全总监		
4		安环部部长		
5		办公室主任		
6		物设部部长		

组员	相关成员	
序号	处置程序	行动内容
组员 1	×××	
1	救援物资、设备调配	根据救援方案，组织调配救援物资、设备
2	物资补充、设备维护	根据救援物资消耗情况及时补充物资设备，并进行设备维护
组员 2	×××	
1	后勤服务	做好抢险和事故调查人员生活保障、食宿安排等
2	办公、通信保障	提供必要的办公用品、交通工具、通信工具、器材等
组员 3	×××	
1	交通疏解	协助属地政府有关部门进行交通疏解，确保现场交通畅通

注意事项：
（1）按指令落实救援物资设备。
（2）确保设备完好使用正常

续表

主要联系人员				
序号	姓名	职务	联系电话	备注
1		项目经理		
2		项目书记		
3		项目副经理		
4		项目安全总监		
5		工程部长		
6		办公室主任		
7		物设部部长		
8		作业队长		
9		安全员		
10		施工员		

1.6 安全保卫组应急处置卡

组长	项目安全总监	
序号	处置程序	行动内容
1	现场秩序维护	做好现场保卫、警戒工作，确定疏散路线
2	关注现场动态变化	动态关注现场情况，防止发生二次伤害事故
3	协助救援	协助做好受伤人员的转移工作
注意事项： （1）关注现场安全动态变化情况，防止二次伤害。 （2）现场组织人员撤离后，不得盲目抢救被困人员。 （3）出现异常情况或险情扩大及时上报		

主要联系人员				
序号	姓名	职务	联系电话	备注
1		项目经理		
2		项目书记		
3		项目副经理		
4		安环部部长		
5		办公室主任		
6		物设部部长		
7		安全监护人员		
8		安全员		
9		作业班组负责人		

续表

组员	相关成员	
序号	处置程序	行动内容
组员 1	×××	
1	动态监控	现场动态监控异常情况和险情变化
2	异常情况处置与判断	出现异常情况或险情扩大，及时上报现场指挥人员
组员 2	×××	
1	组织撤离	发现险情后，第一时间有效组织人员撤离至安全地带
2	险情报告	及时电话上报险情至项目安全生产管理负责人或项目经理
3	动态监控	现场动态监控异常情况和险情变化；出现异常情况或险情扩大时及时上报
组员 3	×××	
1	组织撤离	发现险情后，第一时间有效组织人员撤离至安全地带
2	稳定现场	控制好现场秩序，做好现场安保工作
注意事项： （1）关注现场安全动态变化情况，防止二次伤害。 （2）现场组织人员撤离后，不得盲目抢救被困人员。 （3）出现异常情况或险情扩大及时上报		

主要联系人员				
序号	姓名	职务	联系电话	备注
1		项目经理		
2		项目书记		
3		项目副经理		
4		项目安全总监		
5		安环部部长		
6		办公室主任		
7		物设部部长		
8		安全监护人员		
9		安全员		
10		作业班组负责人		

2　应急处置方案卡控要点

2.1　高处坠落

序号	处置步骤	工作岗位或功能组
1	（1）现场确认受伤人员情况。 （2）拨打应急电话或120急救电话	现场作业人员、值班人员

续表

序号	处置步骤	工作岗位或功能组
2	（1）若伤员能自主活动，能站起来或移动身体，则要让其躺下用担架抬送医院救治。 （2）处于休克状态的伤员要让其平躺、保暖，并将下肢抬高 20°，尽快送医院进行治疗。 （3）伤者手足骨折时，不要盲目搬动，骨折部位用夹板把受伤位置临时固定，使断端不再位移或刺伤肌肉、神经或血管。 （4）遇有创伤性出血的伤员，应迅速包扎止血，使伤者保持在头低脚高的卧位，并注意保暖	抢险救援组、 后勤保障组
3	（1）引导救护车及时进入现场。 （2）救护车到达现场以后，配合医务人员对伤员进行抢救	后勤保障组
4	在整个救援过程中，做好警戒防护，严禁无关人员进入事故现场，对影响地方交通的，做好充分沟通工作	后勤保障组
5	配合外部调查，提供真实记录资料	
6	在整个救援过程中，做好保险理赔资料的收集；做好伤亡家属的安抚工作（如有）；确保救助资金到位	

2.2 物体打击

序号	处置步骤	工作岗位或功能组
1	（1）现场确认受伤人员情况。 （2）拨打应急电话或 120 急救电话	现场作业人员、 值班人员
2	（1）对一般伤口进行处理： ① 伤口不深的外出血症状，用双氧水将创口的污物进行清洗，再用酒精消毒（无双氧水、酒精等消毒液时可用瓶装水冲洗伤口污物），伤口清洗干净后用纱布包扎止血。出血较严重者用多层纱布加压包扎止血，然后立即送往就近医院进行进一步救治。 ② 一般的小动脉出血，用多层敷料加压包扎即可止血。较大的动脉创伤出血，还应在出血位置的上方动脉搏动处用手指压迫或用止血胶管（或布带）在伤口近心端进行绑扎，加强止血效果，并应立即送往医院进行救治，以免贻误救治时机。 ③ 对出血较严重的伤员，在止血的同时，还应密切注视伤者的神志、皮肤温度、脉搏、呼吸等体征情况，以判断伤员是否进入休克状态。 （2）伤者手足骨折时，不要盲目搬动，骨折部位用夹板把受伤位置临时固定，使断端不再位移或刺伤肌肉、神经或血管。 （3）颅脑损伤的病员处理： ① 颅脑损伤的病员有昏迷者，首先必须维持呼吸道通畅。 ② 如受害者心跳已停止，应先进行胸外心脏按压。 ③ 对于有颅骨凹陷性骨折的伤员，创伤处应用消毒的纱布覆盖伤口，用绷带或布条包扎。 （4）待医院医务人员到达现场后结束，配合医务人员对伤员进行救治	抢险救援组、 后勤保障组

续表

序号	处置步骤	工作岗位或功能组
3	（1）引导救护车及时进入现场。 （2）救护车到达现场以后，配合医务人员对伤员进行抢救	后勤保障组
4	在整个救援过程中，做好警戒防护，严禁无关人员进入事故现场，对影响地方交通的，做好充分沟通工作	后勤保障组
5	配合外部调查，提供真实记录资料	
6	在整个救援过程中，做好保险理赔资料的收集；做好伤亡家属的安抚工作（如有）；确保救助资金到位	
7	负责媒体接待、采访和引导工作，根据上级单位授权适时发布相关信息	

2.3 火　灾

序号	处置步骤	工作岗位或功能组
1	（1）发现火情，现场确认受伤、被困人员情况，燃烧物质、燃烧时间、部位、蔓延方向、火势范围及危害程度以及设备设施、建（构）筑物损坏程度。 （2）将现场及周边能疏散的人员疏散至安全区域	现场作业人员、值班人员
2	（1）清点受伤、被困人员情况。 （2）确定救援方案，下达应急指令。 （3）携带救援器材迅速进入现场，采取正确的救助方式，将所有遇险人员移至安全区域。 （4）对救出人员进行现场急救，及时转送医院救治	技术方案组、后勤保障组
3	进行现场灭火，控制火势： （1）电气设备起火，先切断电源，再采用灭火器和直流水枪灭火，有油的电气设备如变压器起火时，采用干燥的砂土盖住火焰。 （2）防水板等塑胶材料起火，采取高压水冲击的方法灭火。灭火水枪设在上风和侧风方向。进入烟区的扑救人员穿戴防毒面具和防护服。 （3）机械设备燃烧，采用灭火器灭火。 （4）乙炔管路燃烧，采用干燥的砂土盖住火焰，使火熄灭。 （5）灭火期间，应注意观察现场风流，防止火风压引起风流逆转	抢险救援组、后勤保障组
4	（1）引导消防车、救护车及时进入现场。 （2）消防大队到达现场以后，按照消防大队指令配合灭火	后勤保障组
5	负责媒体接待、采访和引导工作，根据上级单位授权适时发布相关信息	后勤保障组

YJ

中铁二局集团有限公司

YJ/ZTEJ–2020

文泰高速公路南浦溪大桥钢结构工程安全质量、生态环境事故（事件）现场处置方案

2020 年 12 月

中铁二局文泰高速公路项目经理部

批 准 页

中铁二局《文泰高速公路南浦溪大桥钢结构工程安全质量、生态环境事故（事件）现场处置方案》是中铁二局文泰高速公路项目经理部为保护员工生命安全，减少财产损失，确保事故发生时快速反应、妥善处置而制定的内部规范性文件。

本处置方案是在开展事故风险分析和应急资源调查的基础上，针对具体的作业场所或设备设施制定的工作方案，同时考虑了突发质量事故、突发环境（安全事故衍生）事件的应急情形，明确了钢结构工程出现不可接受风险事件时，项目应急组织机构与职责、应急响应、应急处置原则、应急保障等相关要求，适用于钢结构工程起重伤害、高处坠落等现场处置工作。

中铁二局《文泰高速公路南浦溪大桥钢结构工程安全质量、生态环境事故（事件）现场处置方案》经中铁二局文泰高速公路项目经理部安全生产领导小组批准，现正式实施。

项目书记：

项目经理：

年　月　日

目　录

1 事故风险分析

按风险评估要求，对该桥梁钢结构施工过程中可能存在的危险因素进行了全面辨识，并使用风险矩阵评价法对可能发生的各类型事故产生的风险后果进行了评价。南浦溪大桥钢结构工程风险评估结果显示：在可能导致的10种事故类型中，低风险4项，中度风险4项，高风险2项，极高风险0项，其中高风险见表1。

表1 钢结构工程高风险分析

序号	事故类型	易发区域、影响范围	事故原因	风险等级	事故征兆	可能引发的次生衍生事故
1	起重伤害	使用起重机械上下吊装与运转材料各吊装区域	1. 吊装人员违反起重吊装“十不吊”原则。 2. 作业人员穿越或进入吊装区域。 3. 起重机械超负荷或带病作业；吊装辅助机具存在缺陷。 4. 吊装区域未设置警示范围	高度风险（不期望）	1. 起重机械带病作业，卷筒与钢丝绳发出异响；吊装重物时钢丝绳、吊带有小股钢丝断裂发出异响。 2. 吊物在空中因碰撞或者大风左右摇摆幅度过大造成撞伤或挤压伤。 3. 歪拉斜吊时吊物离地瞬间滑移时碰伤、挤压。 4. 汽车吊支腿处地面开裂、支腿下陷。 5. 汽车吊吊重量以小充大跷腿吊装作业	1. 坍塌。 2. 物体打击。 3. 容器爆炸。 4. 高处坠落
2	高处坠落	架设、拆除与架桥中，高空作业的各种临边处 架桥吊装区域	1. 高空及临边作业，未设置防护栏杆，无警示标志或防护设施设置存在设置不符合要求、加固不牢固等显现。 2. 挂篮设计不合理、制作安装、违规操作等问题造成垮塌坠落。 3. 移动模架设计不合理、制作安装、违规操作等问题造成垮塌坠落	高度风险（不期望）	1. 高空及临边作业，未设置防护栏杆，无警示标志或防护设施设置存在设置不符合要求、加固不牢固等显现。 2. 挂篮设计不合理、制作安装、违规操作等问题造成垮塌坠落。 3. 移动模架设计不合理、制作安装、违规操作等问题造成垮塌坠落	1. 坍塌。 2. 物体打击

2 事故响应

根据事故信息、初步原因分析、人员伤亡情况、经济损失和社会影响范围等因素划分，将应急响应级别分为Ⅰ～Ⅳ级，项目部负责第Ⅳ级应急响应工作，配合Ⅰ、Ⅱ、Ⅲ级响应工作。其响应分级、启动条件见表2。

表2 响应分级

序号	响应分级	启动条件（下列情况之一）	响应部门人员	响应内容
1	Ⅰ级 中国中铁	1. 初判可能发生死亡10人及以上，或重伤50人及以上的安全事故。 2. 初判可能发生直接经济损失5 000万元及以上的事故。 3. 因施工造成的或生产安全事故衍生的，可能导致周边生态环境发生严重污染或破坏的突发环境事件。 4. 需疏散转移1 000人及以上的突发自然灾害事故	中国中铁：领导及相关人员 中铁二局：公司主要领导，分管领导，工会主席，安全总监，公司办公室、安质环保部、工程管理部、人力资源部、宣传部、工会等负责人及相关人员 子（分）公司：主要领导、分管领导、工会主席、安全总监，安质环保部、工程管理部、人力资源部、党群工作部、工会等负责人及相关人员 区域公司：主要领导、监管领导、工程部长及相关人员	1. 向中国中铁请求支援，必要时可请求国家隧道救援队支援。 2. 接受中国中铁下达的各项指令并响应。 3. 按响应级别及属地原则由各级政府组织应急救援的，服从其统一指挥
2	Ⅱ级 中铁二局	1. 初判可能发生死亡3～9人，或重伤10～49人的安全事故； 2. 初判可能发生直接经济损失1 000万～5 000万元（不含）的事故。 3. 因施工造成或生产安全事故衍生的，可能导致周边生态环境发生较重污染或破坏的突发环境事件。 4. 需疏散转移500～1 000人（不含）的突发自然灾害事故	中铁二局：公司分管领导、工会主席、安全总监，安质环保部、工程管理部、宣传部、工会等负责人及相关人员 子（分）公司：主要领导、分管领导、工会主席，安全总监，安质环保部、工程管理部、党群工作部、工会等负责人及相关人员 区域公司：主要领导、监管领导、工程部长及相关人员	1. 中铁二局应急领导小组下达指令。 2. 中铁二局应急工作组响应。 3. 按响应级别及属地原则由各级政府组织应急救援的，服从其统一指挥

续表

序号	响应分级	启动条件（下列情况之一）	响应部门人员	响应内容
3	Ⅲ级 子分公司、区域公司	1. 初判可能发生死亡1~2人,或3~9人重伤的安全事故。 2. 无人员伤亡，但社会影响较大的险性事故（事件）。 3. 初判可能发生直接经济损失100万~1 000万元（不含）的质量事故。 4. 因施工造成的或生产安全事故衍生的,可能导致邻近区域内生态环境发生较重污染或破坏的突发环境事件。 5. 需转移安置100~500人（不含）的突发自然灾害事故	子（分）公司：分管领导、安全总监，安质环保部、工程管理部等负责人及相关人员 区域公司：监管领导、工程部长及相关人员	1. 子（分）公司应急领导小组下达指令。 2. 现场应急工作组接受指令并响应。 3. 必要时，向中铁二局请求支援
4	Ⅳ级 项目经理部	1. 初判可能发生重伤3人（不含）以下的安全事故。 2. 其他影响较大，损失较重的险性事故。 3. 初判可能发生直接经济损失20万~100万元的质量事故。 4. 需转移安置50~100人（不含）的突发自然灾害事故	项目经理部：领导班子、职能部门及相关人员	1. 项目现场应急领导小组下达指令。 2. 现场应急处置组接受指令、并响应。 3. 必要时，向子（分）公司、或中铁二局区域公司请求支援。

3 应急组织机构及工作职责

3.1 应急组织机构

3.1.1 组织机构

项目组织机构见图1。

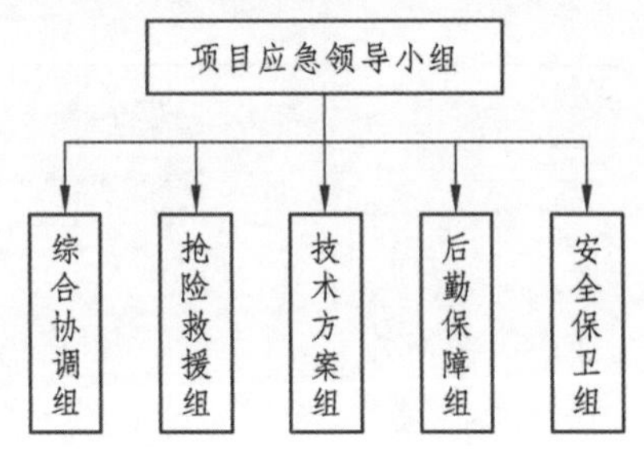

图 1　项目组织机构

3.1.2　应急组织机构设置

项目经理部设立应急领导小组，并下设五个应急处置组。

组　长：项目经理

副组长：项目书记、项目副经理、项目总工程师、项目安全总监

成　员：工程部、安全环保部、质量管理部、工经部、物机部、财会部、办公室、试验室等部门负责人和有关人员

应急领导小组办公室设在调度室，并设 24 小时值班电话。

3.2　应急领导小组职责

在发生事故和突发紧急事件时，必须立即组织应急队伍迅速到达事故现场。各应急处置组及副组长必须服从组长统一安排，按职责分工进行应急处置工作。

3.2.1　应急领导小组主要职责

1. 建立健全事故应急机构。
2. 组织编制项目部应急预案和现场处置方案。
3. 负责组织调配或购置应急物资、设备；监督指导项目职能部门建立应急管理工作台账。
4. 负责组织应急知识培训教育、宣传及应急预案培训、演练、评价工作。
5. 负责启动应急方案、及时调配应急资源。
6. 按照应急响应分级和程序，向上级和属地政府部门报告事故情况。
7. 接受上级或地方政府应急救援现场指挥部的领导，落实指令。
8. 指挥现场应急人员开展应急救援，采取有效措施防止事故扩大，并保护事故现场。
9. 配合事故调查，做好善后处置工作。

3.2.2　组长（项目经理）职责

1. 组织应急队伍迅速到达事故现场，指挥现场人员开展应急救援。
2. 组织采取有效措施防止事故扩大，最大限度减少人员伤亡和财产损失。
3. 组织保护好事故现场，并及时向当地政府部门和上级报告事故情况。

3.2.3 副组长（项目书记）职责

1. 负责组织媒体接待、采访和引导工作，配合上级单位发布相关信息。
2. 组织伤亡人员及家属的接待、稳定工作。
3. 组织保险理赔工作。

3.2.4 副组长（项目副经理）职责

1. 负责组织实施现场应急救援。
2. 及时向组长汇报事件发生和发展信息，尤其是异常信息。
3. 组织保障现场交通。

3.2.5 副组长（项目总工程师）职责

1. 组织对应急救援进行安全风险评估。
2. 初步分析事故发生的技术原因。
3. 组织制定应急救援技术措施。

3.2.6 副组长（项目安全总监）职责

1. 初步分析事故发生的管理原因。
2. 协助相关机构调查取证。
3. 协助相关机构人员的约谈。

3.3 应急处置组职责

3.3.1 综合协调组职责

1. 负责信息收集与传递。
2. 负责媒体接待、采访引导工作，配合上级单位发布相关信息。
3. 做好受伤人员救护及家属的接待、稳定工作。
4. 做好保险理赔工作。

3.3.2 抢险救援组职责

1. 采取措施防止次生灾害、保护伤员。
2. 按照方案组织救援，科学合理地提出应急物资、设备、人力配备建议。
3. 抢救现场伤员、设备及物资。
4. 必要时配合外部救援工作。

3.3.3 技术方案组职责

1. 辨识应急救援过程中的危险、有害因素，并进行安全风险评估。
2. 制定应急救援技术措施和救援步骤，指导救援。

3. 确定灾害现场监控量测方式，组织开展现场监控量测。

4. 协助开展对现场有关人员的约谈，调查了解事故发生的原因，配合上级单位进行事故调查。

3.3.4 后勤保障组职责

1. 负责现场抢险救援及事故调查工作人员生活保障、食宿安排等后勤服务；提供必要的办公用品、交通工具、通信工具、器材等。
2. 协助属地政府有关部门进行交通疏解。
3. 调配抢险救援急需的物资、设备等。

3.3.5 安全保卫组职责

1. 保证现场应急救援通道的畅通。
2. 做好现场保卫、警戒工作。
3. 动态关注现场情况，防止发生二次伤害事故。
4. 依据拟定技术措施和救援步骤，协助现场救援。

4 应急处置

4.1 生产安全事故应急处置

4.1.1 生产安全事故应急响应程序

项目应急响应流程见图 2。

4.1.2 现场应急处置步骤及内容

1. 事故发生后，事故现场人员应立即疏散、撤离，并采取自救、互救措施。
2. 现场人员第一时间通知项目经理。
3. 项目经理或其他负责人立即赶赴现场，查看事故情况及伤损情况。
4. 判明情况，下达处置方案启动命令并上报。
5. 确定方案开展救援和伤员救护。
6. 救援终止。
7. 事故调查及善后处理。

4.1.3 应急处置措施

1. 起重伤害现场应急处置措施（表 3）。

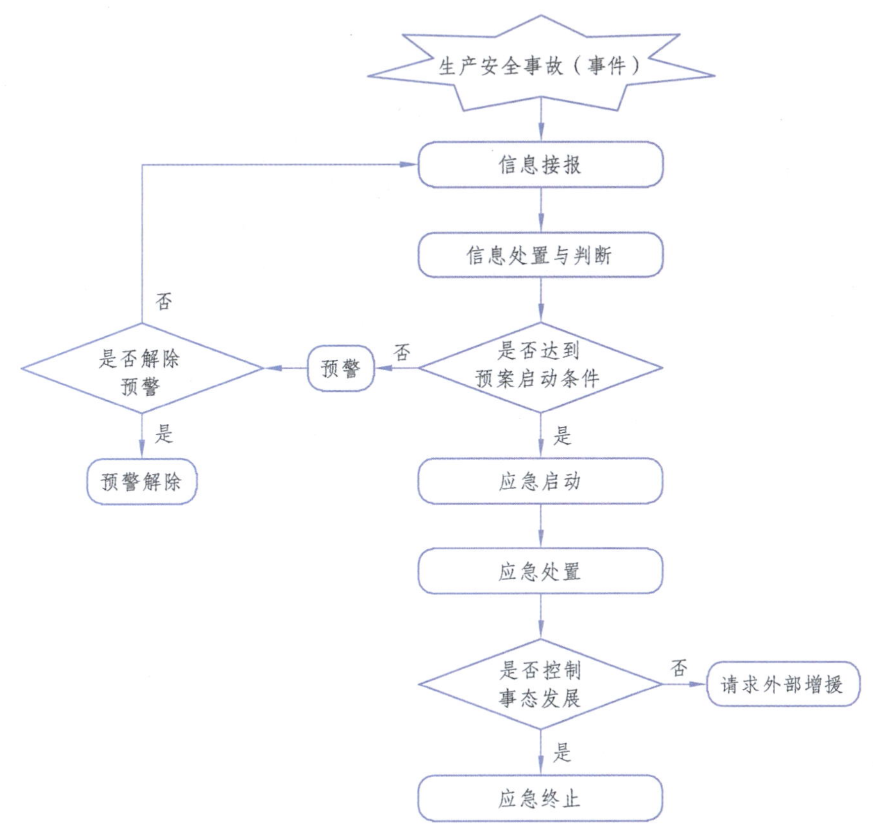

图 2　项目应急响应流程

表 3　钢结构工程起重伤害应急处置措施

序号	任务	主要工作内容	应急工作组
1	现场确认	1. 通过询问目击者了解被困人员信息。 2. 迅速判断事故发展状态和现场情况	抢险救援组、技术方案组
2	制订方案	1. 立即停止起重设备设施运行。 2. 确保其他从业人员无违反操作规程。 3. 机械设备的安全联锁装置确保完好、有效。 4. 对受伤员工进行紧急救护	抢险救援组、技术方案组
3	准备工作	1. 立即组织撤离在危险区作业的人员。 2. 集中现场的人力、物力和设备	抢险救援组
4	救援作业	1. 人员高空坠落：在事故现场根据人员坠落情况，用相应的抬升、切割设备移开压住伤员的物体，尽快抢救出坠落的伤员。 2. 起重机碰撞挤压作业人员：司机立即停机或实施反向运行操作，防止发生进一步挤压碰撞。 3. 起重机漏电、触电：立即切断起重机的总电源，用绝缘物将带电体从伤员身边移开。	抢险救援组、后勤保障组

续表

序号	任务	主要工作内容	应急工作组
4	救援作业	4. 起重机吊具或吊物伤人：先切断危险电源、水源、气源，撤离易燃易爆危险品，应由专人负责现场的危险状况（空中吊物、电缆、电线、锐器、火源等）进行监控，确保施救人员的安全；如果已发生燃、爆事故，应立即组织灾害救援组进行救援工作。同时在事故现场根据人员被压情况，用相应的抬升、切割设备移开压住伤员的吊物（具），尽快抢救出被压的伤员	抢险救援组、后勤保障组
5	人员施救	1. 发生起重伤害事故，抢救的重点放在对休克、骨折和出血上进行处理。 2. 发生起重伤害事故，应马上组织抢救伤者，首先观察伤者的受伤情况、部位、伤害性质，如伤员发生休克，应先处理休克。遇呼吸、心跳停止者，应立即进行人工呼吸，胸外心脏按压。处于休克伤员要让其安静、保暖、平卧、少动，并将下肢抬高约20°左右，尽快送医院进行抢救治疗。 3. 出现颅脑损伤，必须维持呼吸道通畅。昏迷者应平卧，面部转向一侧，以防舌根下坠或分泌物、呕吐物吸入，发生喉阻塞。有骨折者，应初步固定后再搬运。遇有凹陷骨折、严重的颅底骨折及严重的脑损伤症状出现，创伤处用消毒的纱布或清洁布等覆盖伤口，用绷带或布条包扎后，及时送往医院治疗。 4. 发现脊椎受伤者，创伤处用消毒的纱布或清洁布等覆盖伤口，用绷带或布条包扎后。搬运时，将伤者平卧放在帆布担架或硬板上，以免受伤的脊椎移位、断裂造成截瘫，招致死亡。抢救脊椎受伤者，搬运过程，严禁只抬伤者的两肩与两腿或单肩背运。 5. 发现伤者手足骨折，不要盲目搬运伤者。应在骨折部位用夹板把受伤位置临时固定，使断端不再移位或刺伤肌肉，神经或血管。固定方法：以固定骨折处上下关节为原则，可就地取材，用木板、竹头等，在无材料的情况下，上肢可固定在身侧，下肢与健侧下肢缚在一起。 6. 遇有创伤性出血的伤员，应迅速包扎止血，使伤员保持在头低脚高的卧位，并注意保暖。 7. 动用最快的交通工具，及时把伤者送往邻近医院抢救，运送途中应尽量减少颠簸。同时，密切注意伤者的呼吸、脉搏、血压及伤口的情况	抢险救援组、综合协调组

2. 高处坠落事故现场应急处置措施（表 4）。

表 4　钢结构工程高处坠落应急处置措施

序号	任务	主要工作内容	应急工作组
1	现场确认	1. 通过询问目击者了解被困人员信息。 2. 迅速判断事故发展状态和现场情况	抢险救援组、技术方案组
2	制订方案	1. 辨识应急救援过程中的危险、有害因素，并进行安全风险评估。 2. 根据事故现场的特点，制定相应的应急救援技术措施和应急救援步骤，为应急救援工作提供科学、有效的技术支持	抢险救援组、技术方案组
3	准备工作	1. 立即组织撤离在危险区作业的人员。 2. 集中现场的人力、物力和设备	抢险救援组
4	救援作业	1. 事故及险情发生后，项目部在报告的同时，按照本项目制订的应急预案开展自救。尽快组织抢救伤员，判定事故原因和可能造成的危害，采取措施，防止事故扩大，并保护好现场。 2. 按预案规定职责明确各应急工作组救援任务，开展救援。 3. 中心水沟（管）疏通后，应与被困人员取得联系，确认通道出入口安全后由专业救援人员实施救援	抢险救援组、后勤保障组
5	人员施救	1. 首先要仔细观察伤者的神志是否清醒，并尽可能了解伤员落地时其身体的着地部位。抢救的重点放在对休克、骨折和出血上进行处理。 2. 颌面部伤员首先应保持呼吸道畅通，摘除义齿，清除移位的组织碎片、血凝块、口腔分泌物等，同时松解伤员的颈、胸部纽扣。若舌已后坠或口腔内异物无法清除时，可用 12 号粗针穿刺环甲膜，维持呼吸，尽可能早做气管切开。 3. 发现脊椎受伤者，创伤处用消毒的纱布或清洁布等覆盖伤口，用绷带或布条包扎。搬运时，将伤者平卧放在帆布担架或硬板上，以免受伤的脊椎移位、断裂造成截瘫，招致死亡。抢救脊椎受伤者，搬运过程严禁只抬伤者的两肩与两腿或单肩背运。 4. 发现伤者手足骨折，不要盲目搬动伤者。应在骨折部位用夹板把受伤位路临时固定，使断端不再移位或刺伤肌肉、神经或血管。固定方法：以固定骨折处上下关节为原则，可就地取材，用木板、竹片等。 5. 复合伤要求平仰卧位，保持呼吸道畅通，解开衣领扣。 6. 周围血管伤，压迫伤部以上动脉干至骨骼。直接在伤口上放置厚敷料，绷带加压包扎以不出血和不影响肢体血循环为宜，常有效。当上述方法无效时可慎用止血带，原则上尽量缩短使用时间，一般以不超过 1 h 为宜，做好标记，注明上止血带时间	抢险救援组、综合协调组

4.2 工程质量事故应急处置

4.2.1 质量事故应急响应程序

项目质量事故应急响应流程见图 3。

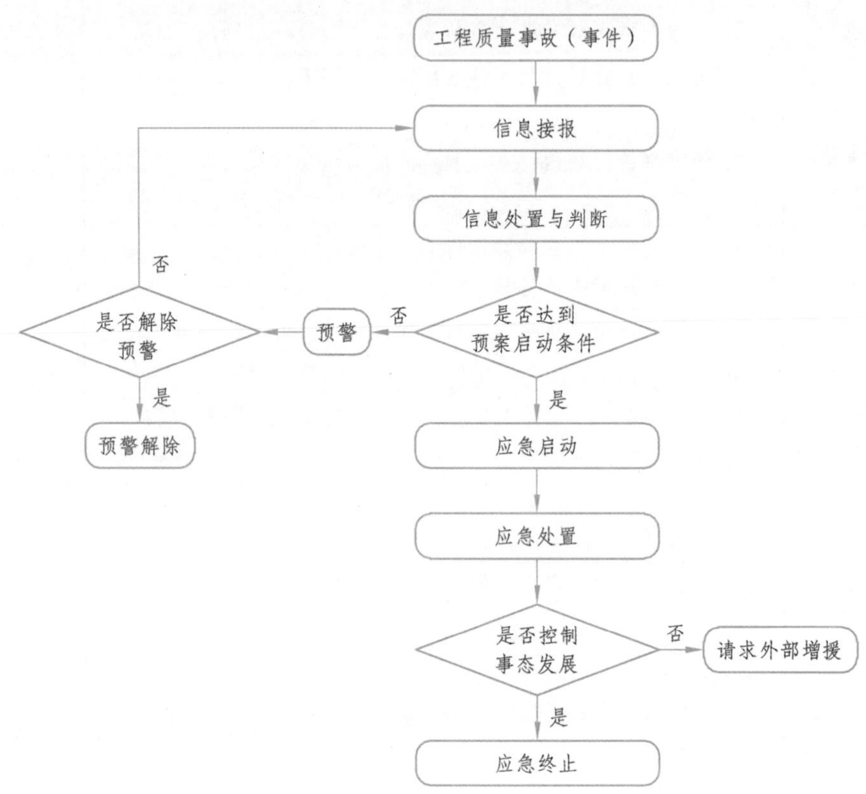

图 3　项目质量事故应急响应流程

4.2.2 现场应急处置步骤及内容

1. 事故发生后，事故现场人员应立即疏散、撤离。

2. 现场人员第一时间通知项目经理。

3. 项目经理或其他负责人立即赶赴现场，封闭事故区域，防止人员误入。

4. 查看质量事故区域，初步了解其影响范围，可能衍生的次生灾害等信息情况，并及时反馈建设单位、设计单位、监理单位等相关方。

5. 判明情况，构成工程质量事故应急情况条件的，下达处置方案启动命令并上报。

6. 在现场专家组及勘察设计单位确定工程应急方案后，进行返工或返修处理。

7. 应急处置终止。

8. 配合进行事故调查及善后处理。

4.2.3 应急处置措施

1. 质量事故引发的生产安全事故，按生产安全事故应急处置措施处置。

2. 质量事故造成工程工期严重滞后，需组织进行抢工的，须制订专项施工或返工方案，按方案执行。

3. 因设计重大变更、突发自然灾害等，造成工程保通应急情况出现的，不属于质量事故应急突发状况，按设计或现场专家组提出的方案进行保通施工。

4. 按设计方案进行工程返工或处理前，事故区域需进行预加固处理的，应及时形成专项方案，按专项处置方案进行处理，确保后续返工或处置现场作业环境安全。

4.3 突发环境事件应急处置

4.3.1 突发环境事件应急响应程序

项目突发环境事件应急响应流程见图 4。

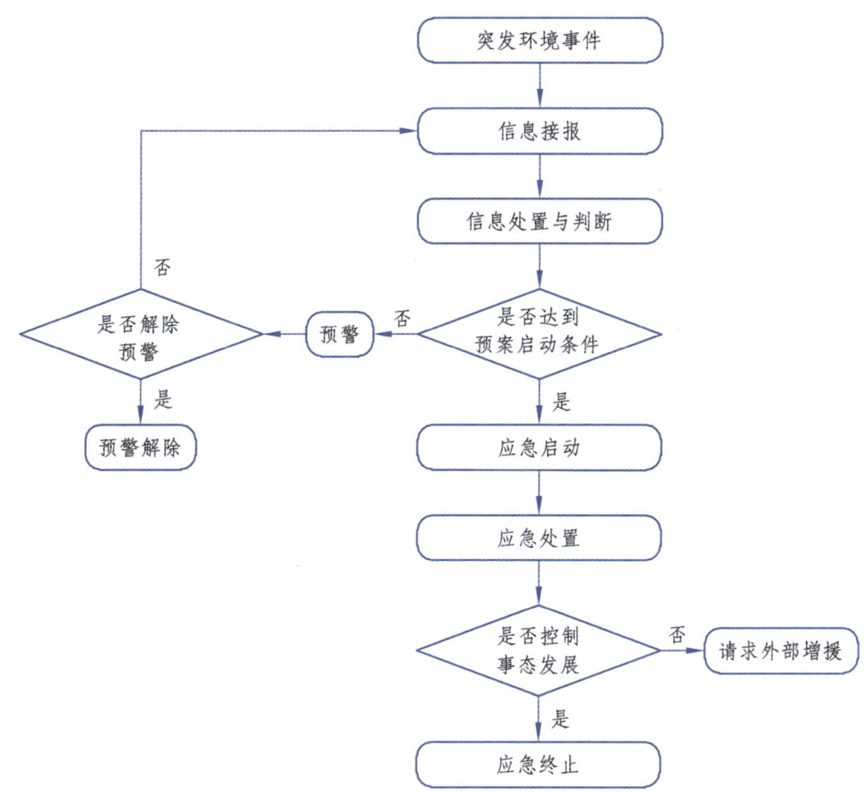

图 4　项目突发环境事件应急响应流程

4.3.2 现场应急处置步骤及内容

1. 事故发生后，事故发生区域现场人员应立即疏散、撤离。

2. 现场人员第一时间通知项目经理。

3. 项目经理或其他负责人立即赶赴现场，查看事故波及范围、污染源涌流方向及径流状态、地表沉陷等情况。

4. 根据判明情况，下达处置方案启动命令并上报。

5. 确定方案开展救援和伤员救护。

6. 救援终止。

7. 事故调查及善后处理。

4.3.3　现场应急处置措施

1. 在确保安全的基础上，加强观察，根据现场观察判断结果，立即向当地政府公共安全应急主管部门报告，立即启动预案，并向上级报告。

2. 据判断的结果，组织力量进行沿线预警、疏散人员。

5　注意事项

1. 在发生事故后应根据现场，在确保自身安全的前提下，采取积极、正确、有效的方法进行处置。

2. 现场周边做好相应警戒措施，防止事故扩大。

3. 使用抢险救援器材前，检查所使用的救援器材是否完好无损，并掌握正确使用方法，随身携带的工器具必须用绳索等系挂在身上，防止掉落伤人。

4. 受影响范围内管线、建筑物、构筑物须经评估并采取相应加固、迁改、拆除或保护措施后，方可实施抢险，防止发生次生灾害。

5. 应急救援结束后切勿放松警惕，所有人员必须立即撤离现场远离事发地点，做好人员清点。

6　附　件

附件 1：预案编制依据

1.《中华人民共和国安全生产法》

2.《中华人民共和国突发事件应对法》

3.《中华人民共和国特种设备安全法》

4.《生产安全事故应急预案管理办法》（修订版）

5.《国家安全生产事故灾难应急预案》

6.《建设工程重大质量安全事故应急预案》

7.《生产经营单位生产安全事故应急预案编制导则》

8.《建设工程安全生产管理条例》

9.《生产安全事故报告和调查处理条例》

10.《生产过程危险和有害因素分类与代码》

11.《企业职工伤亡事故分类》

12.《重大危险源辨识》

13.《风险管理风险评估技术》

14.《铁路桥涵工程风险管理技术规范》

15.《铁路桥涵安全技术规程》

16.《铁路桥涵施工抢险救援指南》

17.《铁路总公司关于铁路建设项目质量安全红线管理规定》

18.《中铁二局安全生产和职业健康管理办法》

19.《中铁二局安全质量事故内部报告、应急处置和调查处理办法》

20.《中铁二局关于贯彻落实中国铁路总公司“铁路建设项目质量安全红线管理规定”实施方案》

21.《中铁二局工程质量监督管理办法》

22.《中铁二局工程项目施工环境保护管理办法》

23.《中铁二局五公司工程质量监督管理办法》

24.《中铁二局五公司工程项目施工环境保护管理办法》

附件 2：应急预案衔接

1.《浙江省生产安全事故灾难应急预案》

2.《浙江省突发环境污染事故应急预案》

3.《中国中铁股份有限公司安全质量事故（事件）应急预案》

4.《中铁二局安全质量、生态环境事故（事件）应急预案》

5.《中铁二局五公司安全质量、生态环境事故（事件）应急预案》

附件 3：公司概况

南浦溪特大桥位于泰顺县南浦溪镇岭头村附近，跨越珊溪水库库区和 601 县道，桥位两侧地势陡峭，程 V 字形。桥梁按照 80 km/h 的高速公路进行设计，桥梁全长 444.96 m，桥梁配跨为（4×20+258+4×20）m。

大桥主跨为 258 m 钢管混凝土桁架上承式拱桥，设计矢高 56.087 m，矢跨比为 1/4.6，主拱轴线为悬链线，拱肋为等截面钢管混凝土桁架结构。两榀桁架中心间距 17 m，单榀拱肋由 4 根直径 1 200 mm×22 mm 的主钢管加竖腹杆、斜腹杆组成高 5.5 m、宽 3 m 的钢管桁架，两榀钢管拱肋间设置 13 到横撑。单榀钢管拱肋共划分为 13 个吊装节段，全桥共 39 个吊装单元（包括 13 到横撑），采用临时货运架空索道进行吊装，最大吊重是 D6/D8 节段约 106 t。拱上共设计 13 排钢箱立柱，上部梁体采用工型钢加预制桥面板组合梁结构，全桥钢结构约 6 400 t。

附件 4：事故风险评估报告

附件 5：应急资源调查报告

附件 6：有关应急部门、机构或人员的联系方式

序号	部门（职务）	联系人	联系方式
子公司联系部门			
1	子（分）公司应急领导小组办公室	×××	×××
2	子（分）公司调度管理	×××	×××
项目部联系人员			
3	项目经理	×××	×××
4	项目书记	×××	×××
5	项目生产副经理	×××	×××
6	项目总工程师	×××	×××
7	项目安全总监	×××	×××
8	项目总经济师	×××	×××
9	项目工程部部长	×××	×××
10	项目安环部部长	×××	×××
11	项目质量部部长	×××	×××
12	项目物机部部长	×××	×××
13	项目综合办公室	×××	×××
14	项目财务部部长	×××	×××
15	项目工经部部长	×××	×××
外部救援单位			
16	医院急救电话	×××	×××
17	消防队火警电话	×××	×××
18	就近专业救援队	×××	×××

附件 7：应急物资装备的名录或清单

附件 7-1　起重伤害可调用应急物资及机具台账

序号	类别	物资名称	数量	配置要求	存放地点	管理责任人和联系电话
1	医疗救助	担架	2 副		应急物资库	×××
2		医药箱	2 个			
3	车辆类	急救保障车	2 辆		项目部	
4	防护类	安全帽	50 顶		应急物资库	
5		防护眼镜	50 副			

续表

序号	类别	物资名称	数量	配置要求	存放地点	管理责任人和联系电话
6	警戒类	路障	5 个		应急物资库	×××
7		隔离警示带	10 卷			
8		危险警示牌	10 个			
9		警戒标识杆	10 个			
10		撬棍	10 把	清理材料		
11		方木	1 m^3	15 cm×15 cm		
12		工作灯	10 盏			
13		白炽灯泡	10 盒			
14		多用插座	10 个			
15	抢险、救生设备类	台锯	1 台			
16		手持电锯	3 台			
17		电焊机	3 台			
18		气割	2 套			
19		起重机	1 台			
20		自卸汽车	1 台			
21	照明类	防水手电筒	20 个			

附件 7-2　高处坠落可调用应急物资及机具台账

序号	类别	物资名称	数量	配置要求	存放地点	管理责任人和联系电话
1	医疗救助	担架	2 副		应急物资库	×××
2		医药箱	2 个			
3	车辆类	急救保障车	2 辆		项目部	
4	防护类	安全帽	50 顶		应急物资库	
5		防护眼镜	50 副			
6	警戒类	路障	5 个			
7		隔离警示带	10 卷			
8		危险警示牌	10 个			
9		警戒标识杆	10 个			
10		方木	1 m^3	15 cm×15 cm		
11		木板	20 cm×5 cm×6 m	搭设安全通道		
12		无缝钢管	100m	搭设安全通道		
13		工作灯	10 盏			
14		白炽灯泡	10 盒			

续表

序号	类别	物资名称	数量	配置要求	存放地点	管理责任人和联系电话
15		多用插座	10个		应急物资库	×××
16	抢险、救生设备类	台锯	1台			
17		手持电锯	3台			
18		电焊机	3台			
19		气割	2套			
20		起重机	1台			
21		自卸汽车	1台			
22	照明类	防水手电筒	20个			

附件8：事故报告手机短信格式

中铁二局：201×年×月×日×时×分左右，在××（省市县）境内，由中铁×局××公司承建的×××工程×标，在×××工序施工过程中，因×××原因，导致现场作业人员×人死亡（失踪）、×人重伤、×人轻伤。事故已经于事发××小时（分钟）内，报告当地安全生产监管部门。现场应急预案已启动，事故单位×××领导已带队赶往现场；当地安监部门接报后，已于×月×日×时由任××职务××同志赶往现场，事故原因正在调查之中。

附件9：中铁二局生产安全事故快报

单位名称：中铁二局×××公司（区域公司、经理部）

<table>
<tr><td>事故时间</td><td colspan="2">年　月　日　时　分</td><td>事故地点</td><td colspan="2"></td></tr>
<tr><td>事故单位</td><td colspan="5">××公司××××项目经理部（标段）</td></tr>
<tr><td rowspan="2">事故现场负责人</td><td>姓名</td><td></td><td rowspan="2">事故单位负责人</td><td>姓名</td><td></td></tr>
<tr><td>电话</td><td></td><td>电话</td><td></td></tr>
<tr><td colspan="2">事故已死亡（失踪）人数</td><td>死亡：
失踪：</td><td colspan="2">事故重伤/轻伤人数</td><td></td></tr>
<tr><td colspan="6">一、事故简要经过（包含但不限于承建单位、标段、协作队伍及相关安全生产许可证等资质号，单位工程名称、事故里程、结构形式、支撑体系、设备型号、事发作业环节、高处坠落位置与高度等，其他工况均应细致清晰描述）、人员伤亡类别（职工、劳务工姓名及身份证号码）、初步估计的直接经济损失、报告地方政府和建设单位时间等
二、事故现场救援采取的主要措施
三、其他情况（事发项目工程概况，事故地点是否影响铁路营业线或繁华闹市区、高速公路、国道、其他重要设施安全）</td></tr>
</table>

附：事故现场照片（4张以上，能充分反映事故现场实际情况和全貌的电子版照片及说明）。

附件 10：应急救援协议范本

甲方：中铁二局××项目经理部

乙方：××救护队

为切实做好起重吊装的事故预防和应急救援处理工作，结合双方的实际情况，就乙方为甲方所属工程救援服务内容，经双方协商，约定如下：

一、服务内容

1. 及时应召处理起重的灾害事故（即起重伤害、高处坠落等）

2. ……

二、履约方式和服务期限

1. 履约方式

2. 服务期限

三、服务费用和支付方式

1. 服务费用

2. 支付方式

四、双方权利与义务

1. 甲方的权利与义务

2. 乙方的权利与义务

五、违约责任

在履行本协议期间，双方如有特殊原因影响本协议项目工作，应提前予以通知对方，并说明原因。甲方或者乙方存在工作质量缺陷，应各自承担相关责任。

六、争议的解决办法

当事双方先协商解决；协商不成，由××仲裁委员会仲裁或法院诉讼。

七、双方协商的其他条款

1. 乙方在技术服务和处理事故过程中队员发生意外情况，按有关国家、省市有关规定处理，届时双方依据公平原则协商解决

2. ……

甲方联系方式：应急小组值班室 24 小时值班电话：××

乙方联系方式：救护大队电话：××

本协议未尽事宜由双方协商补充；

如需变更、解除或续订协议，由双方协商确定。

本协议，从双方签字盖章之日起生效。

本协议一式三份，呈报××地方安监局备案一份，甲乙方各执一份。

甲方法人（签字盖章）：　　　　乙方法人（签字盖章）：

××年××月××日　　　　××年××月××日

附件 11：钢结构工程应急救援平面图（南浦溪特大桥）

图例

序号	名称	图例符号	序号	名称	图例符号
1	指挥部		7	公路	
2	施工队伍		8	营救线路	
3	监控室		9	逃生线路	
4	集结中心		10	救援物资	
5	警投系统		11	道路	
6	起重伤害区域		12	河流	

施工项目
临时驻地

营救线路

逃生线路

文成

YJ

中铁二局集团有限公司

YJ/ZTEJ–2020

文泰高速公路南浦溪大桥钢结构工程安全质量、生态环境事故（事件）现场应急处置卡

2020 年 12 月

中铁二局文泰高速公路项目经理部

目 录

1 应急处置卡

1.1 应急领导小组组长应急处置卡

<table>
<tr><td>组长</td><td colspan="4">项目经理（项目书记）</td></tr>
<tr><td>序号</td><td colspan="2">处置程序</td><td colspan="2">处置要点</td></tr>
<tr><td>1</td><td colspan="2">启动预案</td><td colspan="2">启动应急预案，查看事故现场调配应急资源等</td></tr>
<tr><td>2</td><td colspan="2">事故报告</td><td colspan="2">按照应急响应分级和程序，及时向当地政府部门和上级报告事故情况</td></tr>
<tr><td>3</td><td colspan="2">现场处置伤员救护</td><td colspan="2">采取有效措施防止事态扩大；第一时间进行现场急救，及时转送医院救治</td></tr>
<tr><td>4</td><td colspan="2">确定方案开展救援或配合救援</td><td colspan="2">确定救援方案后，组织应急队伍迅速到达事故现场，指挥现场应急人员开展应急救援或响应至上一级并配合外部救援</td></tr>
<tr><td>5</td><td colspan="2">救援终止</td><td colspan="2">进行风险评估安全后，应急救援停止</td></tr>
<tr><td>6</td><td colspan="2">配合事故调查及处理</td><td colspan="2">配合事故调查，做好善后处置工作</td></tr>
<tr><td colspan="5">注意事项：
（1）信息的收集与传达，要求及时准确。
（2）每日召开碰头会落实各项指令和安排次日工作</td></tr>
<tr><td colspan="5">主要联系人员</td></tr>
<tr><td>序号</td><td>姓名</td><td>职务</td><td>联系电话</td><td>备注</td></tr>
<tr><td>1</td><td></td><td>项目书记（经理）</td><td></td><td></td></tr>
<tr><td>2</td><td></td><td>项目总工程师</td><td></td><td></td></tr>
<tr><td>3</td><td></td><td>项目安全总监</td><td></td><td></td></tr>
<tr><td>4</td><td></td><td>项目副经理</td><td></td><td></td></tr>
<tr><td>5</td><td></td><td>作业队长</td><td></td><td></td></tr>
<tr><td>6</td><td></td><td>办公室主任</td><td></td><td></td></tr>
<tr><td>7</td><td></td><td>物设部部长</td><td></td><td></td></tr>
</table>

1.2 综合协调组应急处置卡

<table>
<tr><td>组长</td><td colspan="2">项目书记</td></tr>
<tr><td>序号</td><td>处置程序</td><td>行动内容</td></tr>
<tr><td>1</td><td>信息收集与传递</td><td>负责按应急小组要求内容上报</td></tr>
<tr><td>2</td><td>场地安保、伤员救护</td><td>现场做好保卫、警戒工作；第一时间进行现场急救，及时转送医院救治</td></tr>
</table>

续表

序号	处置程序	行动内容
3	对外接待及处置	做好媒体接待、采访和引导工作，配合上级单位发布相关信息
4	家属接待及善后处理	做好家属的接待、稳定工作；做好保险理赔工作

注意事项：
（1）信息传递准确、及时可靠。
（2）伤员救治及安抚周到、及时。
（3）现场组织人员撤离后，不得盲目抢救被困人员

主要联系人员

序号	姓名	职务	联系电话	备注
1		项目经理		
2		项目副经理		
3		项目总工程师		
4		工委主任		
5		办公室主任		
6		物设部部长		
7		施工管理人员		

组员	相关成员	
序号	处置程序	行动内容
组员 1	×××	
1	组织撤离	发现险情后，第一时间有效组织人员撤离至安全地带
2	险情报告	及时电话上报险情至项目安全生产管理负责人或项目经理
组员 2	×××	
1	收集信息	定时收集信息
2	传递信息	负责收集并发布救援信息
3	关注信息	做好舆情关注、媒体应对，并配合上级发布信息
组员 3	×××	
1	对外接待	做好家属、外部单位的接待和稳定工作
2	配合善后处理	配合做好保险理赔工作

注意事项：
（1）信息传递准确、及时可靠。
（2）伤员救治及安抚周到、及时。
（3）现场组织人员撤离后，不得盲目抢救被困人员

主要联系人员

序号	姓名	职务	联系电话	备注
1		项目经理		
2		项目书记		

续表

序号	姓名	职务	联系电话	备注
3		项目副经理		
4		项目总工程师		
5		工委主任		
6		办公室主任		
7		物设部部长		
8		施工管理人员		

1.3　抢险救援组应急处置卡

组长	项目副经理	
序号	处置程序	行动内容
1	场地清理及防护	保证现场应急救援通道的畅通，采取措施防止次生灾害
2	熟知方案及准备	按照抢救方案组织救援，科学合理地提出应急物资、设备、人力配备建议
3	组织实施及调整	抢救现场伤员、将受伤人员转移至安全地带，对事故受损的设备进行修理、恢复，将现场救援进展情况及时汇报，必要时申请外部支援
4	救援配合、结束	领导小组现场评估安全后，则应急救援结束；如果需要外部救援，则配合救援工作
注意事项： （1）救援人员、物资与设备组织落实到位。 （2）按指令落实救援现场配套工作及安全监护。 （3）及时报告救援进展情况及问题。 （4）机械操作必须听从指挥，防止救援设备对人员造成机械伤害		

主要联系人员				
序号	姓名	职务	联系电话	备注
1		项目经理		
2		项目书记		
3		项目总工程师		
4		项目安全总监		
5		工程部部长		
6		作业队长		
7		施工员		
8		办公室主任		
9		物设部部长		
10		现场指挥人员		
11		作业队队长		
12		机械操作人员		

续表

组员	相关成员	
序号	处置程序	行动内容
组员 1	×××	
1	场地警戒及防护	场地做好警戒工作；现场动态监控防止次生灾害，组织人员及时撤离
2	组织实施及救援	组织物资、设备和人力到位，接到上级命令后指挥抢救现场伤员、设备及物资
组员 2	×××	
1	救援准备	物资、设备和人力到位后，现场合理运用和调配
2	实施及救援	接到现场指挥人员命令后，立即开展现场伤员、设备及物资救援工作
组员 3	×××	
1	接受培训	接受应急救援处置方案的交底培训
2	实施救援	接到现场指挥人员命令后开展救援工作
注意事项： （1）救援人员、物资与设备组织落实到位。 （2）按指令落实救援现场配套工作及安全监护。 （3）及时报告救援进展情况及问题。 （4）机械操作必须听从指挥，防止救援设备对人员造成机械伤害		

主要联系人员				
序号	姓名	职务	联系电话	备注
1		项目经理		
2		项目书记		
3		项目副经理		
4		项目总工程师		
5		项目安全总监		
6		工程部部长		
7		作业队长		
8		施工员		
9		办公室主任		
10		物设部部长		
11		现场指挥人员		
12		作业队队长		
13		机械操作人员		

1.4　技术方案组应急处置卡

<table>
<tr><td>组长</td><td colspan="4">项目总工程师</td></tr>
<tr><td>序号</td><td colspan="2">处置程序</td><td colspan="2">行动内容</td></tr>
<tr><td>1</td><td colspan="2">现场核实、评估及制订方案</td><td colspan="2">辨识应急救援过程中的危险、有害因素，并进行安全风险评估，确定灾害现场监控方式，组织开展现场监控</td></tr>
<tr><td>2</td><td colspan="2">指导救援实施及安全监控</td><td colspan="2">根据事故现场的特点，制定相应的应急救援技术措施和应急救援步骤；动态关注现场情况并制定措施，防止发生二次伤害事故</td></tr>
<tr><td>3</td><td colspan="2">配合调查</td><td colspan="2">协助开展对现场有关人员的约谈并配合调查事故发生的原因</td></tr>
<tr><td colspan="5">注意事项：
（1）救援方案制订及时可行。
（2）救援指导到位，调整及时。
（3）落实防控措施及监控到位。
（4）数据处理和及时上报</td></tr>
<tr><td colspan="5">主要联系人员</td></tr>
<tr><td>序号</td><td>姓名</td><td>职务</td><td>联系电话</td><td>备注</td></tr>
<tr><td>1</td><td></td><td>项目经理</td><td></td><td></td></tr>
<tr><td>2</td><td></td><td>项目书记</td><td></td><td></td></tr>
<tr><td>3</td><td></td><td>项目副经理</td><td></td><td></td></tr>
<tr><td>4</td><td></td><td>项目安全总监</td><td></td><td></td></tr>
<tr><td>5</td><td></td><td>工程部部长</td><td></td><td></td></tr>
<tr><td>6</td><td></td><td>安环部部长</td><td></td><td></td></tr>
<tr><td>7</td><td></td><td>施工员</td><td></td><td></td></tr>
<tr><td>8</td><td></td><td>作业队长</td><td></td><td></td></tr>
<tr><td>9</td><td></td><td>技术指导人员</td><td></td><td></td></tr>
<tr><td>10</td><td></td><td>监测人员</td><td></td><td></td></tr>
<tr><td>组员</td><td colspan="4">相关成员</td></tr>
<tr><td>序号</td><td colspan="2">处置程序</td><td colspan="2">行动内容</td></tr>
<tr><td>组员 1</td><td colspan="4">×××</td></tr>
<tr><td>1</td><td colspan="2">现场技术监控</td><td colspan="2">开展现场监控，协助进行安全风险评估</td></tr>
<tr><td>2</td><td colspan="2">数据处置与判断</td><td colspan="2">数据预警或超限值，及时上报现场指挥人员</td></tr>
<tr><td>组员 2</td><td colspan="4">×××</td></tr>
<tr><td>1</td><td colspan="2">组织撤离</td><td colspan="2">发现数据预警或超限值后，第一时间有效组织人员撤离至安全地带</td></tr>
<tr><td>2</td><td colspan="2">险情报告</td><td colspan="2">及时电话上报险情至作业队队长、项目安全生产管理负责人或项目经理</td></tr>
<tr><td>3</td><td colspan="2">动态监控</td><td colspan="2">现场数据持续预警或超限值及时上报</td></tr>
</table>

续表

注意事项： （1）救援方案制订及时可行。 （2）救援指导到位，调整及时。 （3）落实防控措施及监控到位。 （4）数据处理和及时上报				
主要联系人员				
序号	姓名	职务	联系电话	备注
1		项目经理		
2		项目书记		
3		项目副经理		
4		项目总工程师		
5		项目安全总监		
6		工程部部长		
7		安环部部长		
8		施工员		
9		作业队长		
10		技术指导人员		
11		监测人员		

1.5 后勤保障组应急处置卡

组长	项目书记	
序号	处置程序	行动内容
1	救援物资工器具准备	准备抢险救援急需的物资、设备；负责现场救援及事故调查工作人员生活保障、食宿安排等后勤服务；提供必要的办公用品、交通工具、通信工具、器材等
2	现场交通维护	协助属地政府有关部门进行交通疏解
3	调配物资及设备	根据应急救援需要，及时将抢险救援急需的物资、设备送至现场

续表

注意事项：
（1）按指令落实救援物资设备。
（2）确保设备完好使用正常

主要联系人员

序号	姓名	职务	联系电话	备注
1		项目经理		
2		项目书记		
3		项目副经理		
4		项目安全总监		
5		安环部部长		
6		办公室主任		
7		物设部部长		

组员	相关成员	
序号	处置程序	行动内容
组员 1	×××	
1	救援物资、设备调配	根据救援方案，组织调配救援物资、设备
2	物资补充、设备维护	根据救援物资消耗情况及时补充物资设备，并进行设备维护
组员 2	×××	
1	后勤服务	做好抢险和事故调查人员生活保障、食宿安排等
2	办公、通信保障	提供必要的办公用品、交通工具、通信工具、器材等
组员 3	×××	
1	交通疏解	协助属地政府有关部门进行交通疏解，确保现场交通畅通

注意事项：
（1）按指令落实救援物资设备。
（2）确保设备完好使用正常

主要联系人员

序号	姓名	职务	联系电话	备注
1		项目经理		
2		项目书记		
3		项目副经理		
4		项目安全总监		
5		工程部长		
6		办公室主任		
7		物设部部长		
8		作业队长		
9		安全员		
10		施工员		

1.6 安全保卫组应急处置卡

组长	项目安全总监	
序号	处置程序	行动内容
1	现场秩序维护	做好现场保卫、警戒工作，确定疏散路线
2	关注现场动态变化	动态关注现场情况，防止发生二次伤害事故
3	协助救援	协助做好受伤人员的转移工作
注意事项： （1）关注现场安全动态变化情况，防止二次伤害。 （2）现场组织人员撤离后，不得盲目抢救被困人员。 （3）出现异常情况或险情扩大及时上报		

主要联系人员				
序号	姓名	职务	联系电话	备注
1		项目经理		
2		项目书记		
3		项目副经理		
4		安环部部长		
5		办公室主任		
6		物设部部长		
7		安全监护人员		
8		安全员		
9		作业班组负责人		

组员	相关成员	
序号	处置程序	行动内容
组员 1	×××	
1	动态监控	现场动态监控异常情况和险情变化
2	异常情况处置与判断	出现异常情况或险情扩大，及时上报现场指挥人员
组员 2	×××	
1	组织撤离	发现险情后，第一时间有效组织人员撤离至安全地带
2	险情报告	及时电话上报险情至项目安全生产管理负责人或项目经理
3	动态监控	现场动态监控异常情况和险情变化；出现异常情况或险情扩大时及时上报
组员 3	×××	
1	组织撤离	发现险情后，第一时间有效组织人员撤离至安全地带
2	稳定现场	控制好现场秩序，做好现场安保工作

续表

注意事项： （1）关注现场安全动态变化情况，防止二次伤害。 （2）现场组织人员撤离后，不得盲目抢救被困人员。 （3）出现异常情况或险情扩大及时上报				
主要联系人员				
序号	姓名	职务	联系电话	备注
1		项目经理		
2		项目书记		
3		项目副经理		
4		项目安全总监		
5		安环部部长		
6		办公室主任		
7		物设部部长		
8		安全监护人员		
9		安全员		
10		作业班组负责人		

2 应急处置方案卡控要点

2.1 起重伤害

序号	处置步骤	工作岗位或功能组
1	（1）管理人员、施工人员发现严重危险起重作业的事故征兆时，立即发出险情信号，并撤离危险区域。 （2）如果发现人员被伤，立即与救援人员取得联系，报告有关情况。 （3）对现场受伤人员进行现场力所能及的救治，未受伤的人员应寻找安全位置（安全通道、开阔场地）避险	现场管理人员、现场作业人员
2	现场对伤员救助： （1）了解被伤人员信息（数量、姓名），受伤状态（受伤情况、受伤部位、伤害性质），并针对性救治。 （2）马上组织抢救伤者，首先观察伤者的受伤情况、部位、伤害性质，如伤员发生休克，应先处理休克。遇呼吸、心跳停止者，应立即进行人工呼吸，胸外心脏按压。处于休克状态的伤员要让其安静、保暖、平卧、少动，并将下肢抬高约20°左右，尽快送就近医院进行抢救治疗。	技术方案组、抢险救援组

续表

序号	处置步骤	工作岗位或功能组
2	（3）出现颅脑损伤，必须维持呼吸道通畅。昏迷者应平卧，面部转向一侧，以防舌根下坠或分泌物、呕吐物吸入，发生喉阻塞。有骨折者，应初步固定后再搬运。遇有凹陷骨折、严重的颅底骨折及严重的脑损伤症状出现，创伤处用消毒的纱布或清洁布等覆盖伤口，用绷带或布条包扎后，及时送就近有条件的医院治疗。 （4）被材料或吊机压、埋情况，综合起重伤害打击范围、打击严重程度、是否会有二次伤害等基本情况，在确保安全的情况下，对其他设备与材料清理，对伤者实施现场救助	技术方案组、抢险救援组
3	（1）引导救护车及时进入现场。 （2）救护车到达现场以后，配合医生护士指令对伤员进行移动或救治	后勤保障组
4	在整个救援过程中，对人员、机械等进行协调	综合协调组
5	在整个救援过程中，检查维护或修复现场、水、电管线，提供饮用水、食物及调度机械设备、物资等，为现场实施救援提供保障	后勤保障组
6	在整个救援过程中，做好警戒防护，严禁无关人员进入事故现场，对影响地方交通的，做好充分沟通工作	综合协调组
7	配合外部调查，提供真实记录资料	
8	在整个救援过程中，做好保险理赔资料的收集；做好伤亡家属的安抚工作（如有）；确保救助资金到位	
9	负责媒体接待、采访和引导工作，根据上级单位授权适时发布相关信息。	

2.2 高处坠落

序号	处置步骤	工作岗位或功能组
1	（1）管理人员、施工人员发现高处坠落后，立即发出险情信号，并将人员撤离危险区域。 （2）如果发现人员被伤，立即与救援人员取得联系，报告有关情况	现场管理人员、现场作业人员
2	现场对伤员救助： （1）首先要仔细观察伤者的神志是否清醒，并尽可能了解伤员落地时其身体的着地部位。抢救的重点放在对休克、骨折和出血上进行处理。 （2）颌面部伤员首先应保持呼吸道畅通，摘除义齿，清除移位的组织碎片、血凝块、口腔分泌物等，同时松解伤员的颈、胸部纽扣。若舌已后坠或口腔内异物无法清除时，可用12号粗针穿刺环甲膜，维持呼吸，尽可能早做气管切开。	技术方案组、抢险救援组

续表

序号	处置步骤	工作岗位或功能组
2	（3）发现脊椎受伤者，创伤处用消毒的纱布或清洁布等覆盖伤口，用绷带或布条包扎。搬运时，将伤者平卧放在帆布担架或硬板上，以免受伤的脊椎移位、断裂造成截瘫，招致死亡。抢救脊椎受伤者，搬运过程严禁只抬伤者的两肩与两腿或单肩背运。 （4）发现伤者手足骨折，不要盲目搬动伤者。应在骨折部位用夹板把受伤位路临时固定，使断端不再移位或刺伤肌肉、神经或血管。固定方法：以固定骨折处上下关节为原则，可就地取材，用木板、竹片等。 （5）复合伤要求平仰卧位，保持呼吸道畅通，解开衣领扣。 （6）周围血管伤，压迫伤部以上动脉干至骨骼。直接在伤口上放路厚敷料，绷带加压包扎以不出血和不影响肢体血循环为宜，常有效。当上述方法无效时可慎用止血带，原则上尽量缩短使用时间，一般以不超过 1 h 为宜，做好标记，注明上止血带时间	技术方案组、抢险救援组
3	（1）引导救护车及时进入现场。 （2）救护车到达现场以后，配合医生护士指令对伤员进行移动或救治	后勤保障组
4	在整个救援过程中，对人员、机械等进行协调	综合协调组
5	在整个救援过程中，检查维护或修复现场、水、电管线，提供饮用水、食物及调度机械设备、物资等，为现场实施救援提供保障	后勤保障组
6	在整个救援过程中，做好警戒防护，严禁无关人员进入事故现场，对影响地方交通的，做好充分沟通工作	综合协调组
7	配合外部调查，提供真实记录资料	
8	在整个救援过程中，做好保险理赔资料的收集；做好伤亡家属的安抚工作（如有）；确保救助资金到位	
9	负责媒体接待、采访和引导工作，根据上级单位授权适时发布相关信息	

YJ

中铁二局集团有限公司

YJ/ZTEJ–2020

北京地铁 7 号线四电工程
安全质量、生态环境事故（事件）
现 场 处 置 方 案

2020 年 12 月

中铁二局北京 7 号线项目经理部

批 准 页

中铁二局《北京地铁 7 号线四电工程安全质量、生态环境事故（事件）现场处置方案》是中铁二局北京 7 号线项目经理部为保护员工生命安全，减少财产损失，确保事故发生时快速反应、妥善处置而制定的内部规范性文件。

本处置方案是在开展事故风险分析和应急资源调查的基础上，针对具体的作业场所或设备设施制定的工作方案，同时考虑了突发质量事故、突发环境（安全事故衍生）事件的应急情形，明确了地铁四电工程出现不可接受风险事件时，项目应急组织机构与职责、应急响应、应急处置原则、应急保障等相关要求，适用于地铁四电工程触电、起重伤害、车辆伤害、城市轨道交通事故、火灾等现场处置工作。

中铁二局《北京地铁 7 号线四电工程安全质量、生态环境事故（事件）现场处置方案》经中铁二局北京 7 号线项目经理部安全生产领导小组批准，现正式实施。

项目书记：

项目经理：

年　月　日

目　录

1 事故风险分析

按风险评估要求，对该四电工程施工过程中可能存在的危险因素进行了全面辨识，并使用风险矩阵评价法对可能发生的各类型事故产生的风险后果进行了评价。北京 7 号线四电工程风险评估结果显示：在可能导致的 11 种事故类型中，Ⅳ级风险的有 2 项，Ⅲ级风险的有 4 项，Ⅱ级风险的有 5 项，无Ⅰ级风险，其中Ⅱ风险见表 1。

表 1　北京 7 号线四电工程高度风险及极高风险分析

序号	事故类型	易发区域、影响范围	事故原因	风险等级	事故征兆	可能引发的次生衍生事故
1	触电	施工作业现场、临电使用区域、机具使用场所	1. 电力调度下错令，操作人员错送、误送电。 2. 施工人员违规施工，进入了带电区域。 3. 施工前未进行验电、挂接地线。 4. 非专业人员操作电气设备等。 5. 设备故障无法分闸。 6. 施工人员施工完成后仍在施工现场，接触轨或设备送电后造成触电事故。 7. 设备或电缆损坏	Ⅱ级（不愿接受）	无	火灾
2	起重伤害	大型构件、设备、电缆、材料等起重吊装作业现场	1. 作业场所地面不平整、支撑不稳定、配重不平衡、吊装作业地基未压实。 2. 作业范围有障碍物、与高压线路安全距离不够等环境因素影响。 3. 起重机各机构、系统、安全装置、起重索具检修不到位等机械故障因素影响。 4. 无人指挥或指挥信号不明。 5. 如物体未绑扎牢固。 6. 重物重量不明或超过额定起重量	Ⅱ级（不愿接受）	1. 起吊过程中出现支腿地基下沉。 2. 起吊过程中支脚油缸液压油泄漏，油管爆裂。 3. 超出额定起升高度跨距时起重机大幅度倾斜。 4. 吊装过程中吊装物倾斜。 5. 钢丝绳、绑带断裂	交通事故、高坠

续表

序号	事故类型	易发区域、影响范围	事故原因	风险等级	事故征兆	可能引发的次生衍生事故
3	车辆伤害	轨行区施工	1. 轨行区施工两端未设置防护。 2. 防护人员无法和施工人员有效联系，如对讲机质量太差、防护人员之间距离太远、对讲机频道不一致、对讲机没电了、现场噪声太大等。 3. 防护员距离施工人员太近，施工人员无法及时撤离。 4. 运输材料用的平板车无刹车、无防溜措施、坡度太大、运输物品过重等	Ⅱ级（不愿接受）	1. 出现很大的车轮摩擦钢轨的尖锐声音。 2. 防护人员报告有危险。 3. 有轨道车发动机的轰鸣声。	无
4	城市轨道交通事故	既有线施工	1. 既有线施工天窗点时间较短，施工任务未完成，导致延点。 2. 既有线施工完毕材料机具未除清，影响送电或者行车。 3. 新线和既有线的贯通调试，新老系统不兼容、软件出现BUG（漏洞），设备无法控制	Ⅱ级（不愿接受）	1. 明显施工进度落后预期。 2. 施工完毕后清理工机具和材料发现有材料遗漏	人员伤亡
5	火灾	变电所施工、区间施工	1. 施工现场违规存放大量可燃的材料（主要有防水板、塑料包装袋、模板、机械设备燃油、氧乙炔瓶等），由于对火源管控不严或者电气故障易导致火灾事故的发生。 2. 施工人员违规用电、线路或用电设施故障、和动火作业，容易导致火灾事故发生	Ⅱ级（不愿接受）	1. 电线冒烟。 2. 易燃品冒烟	触电

说明：1. 车辆伤害主要是指：轨行区施工时使用的小平车发生溜滑或失控造成的伤害。

2. 城市轨道交通事故主要是指：在既有线施工时，因为施工原因影响第二天列车正常运营所形成的事故。

2　事故响应

根据事故信息、初步原因分析、人员伤亡情况、经济损失和社会影响范围等因素划分，将应急响应级别分为Ⅰ～Ⅳ级，项目部负责第Ⅳ级应急响应工作，配合Ⅰ、Ⅱ、Ⅲ级响应工作。其响应分级、启动条件见表2。

表2　响应分级

序号	响应分级	启动条件（下列情况之一）	响应部门人员	响应内容
1	Ⅰ级中国中铁	1. 初判可能发生死亡10人或重伤50人及以上事故。 2. 初判可能发生直接经济损失5 000万元及以上的事故。 3. 一次食物中毒100人并出现死亡病例，或一次食物中毒出现10例及以上死亡病例；一次发生急性职业中毒50人及以上，死亡5人及以上的重大突发公共卫生事件。 4. 初判可能发生1 000人以上人员疏散、转移的突发环境事件或自然灾害事故（事件）	中国中铁：领导及相关人员 中铁二局：公司主要领导，分管领导，工会主席，安全总监，公司办公室、安质环保部、工程管理部、人力资源部、宣传部、工会等负责人及相关人员 子（分）公司：主要领导、分管领导、工会主席、安全总监，安质环保部、工程管理部、人力资源部、党群工作部、工会等负责人及相关人员 区域公司：主要领导、监管领导、工程部长及相关人员	事故发生项目部立即启动应急预案，在规定时限内报告地方政府监督管理部门，并按程序逐级内部上报。各相应层级单位组织有关人员赶赴现场，接受现场指挥部下达的各项指令
2	Ⅱ级中铁二局	1. 初判可能发生死亡3～9人，或重伤10～49人的事故。 2. 初判可能发生直接经济损失1 000万～5 000万元（不含）的事故； 3. 一次食物中毒超过100人，或出现死亡病例；一次发生急性职业中毒10～49人，死亡5人以下的较大突发公共卫生事件。 4. 初判可能发生500～1 000人疏散、转移的突发环境事件或自然灾害事故（事件）。 5. 初判可能发生一级营运事件	中铁二局：公司分管领导、工会主席、安全总监，安质环保部、工程管理部、宣传部、工会等负责人及相关人员 子（分）公司：主要领导、分管领导、工会主席，安全总监，安质环保部、工程管理部、党群工作部、工会等负责人及相关人员 区域公司：主要领导、监管领导、工程部长及相关人员	事故发生项目经理部立即启动应急预案，在规定时限内报告地方政府监督管理部门，并按程序逐级内部上报。相关单位组织有关人员赶赴现场，接受现场指挥部下达的各项指令
3	Ⅲ级子分公司、区域公司	1. 初判可能发生死亡1～2人或3～9人重伤的安全事故。 2. 初判可能发生直接经济损失100万～1 000万元（不含）的事故； 3. 初判可能发生200～499人疏散、转移的突发环境事件或自然灾害事故。 4. 初判可能发生二级营运事件。 5. 无人员伤亡，但社会影响较大的其他险性事故（事件）。	子分公司：分管领导、安全总监、安质环保部、工程管理部部长及相关人员 区域公司：监管领导、工程部长及相关人员	事故发生项目经理部立即启动应急预案，在规定时限内报告地方政府监督管理部门，并按程序上报公司。公司接到事故（事件）报告后，立即启动公司应急预案，组织有关人员赶赴现场，开展应急救援工作

续表

序号	响应分级	启动条件（下列情况之一）	响应部门人员	响应内容
4	Ⅳ级项目经理部	1. 初判可能发生人员重伤 1～2 人的事故。 2. 初判可能发生直接经济损失 20 万～100 万元（不含）的事故。 3. 初判可能发生三级营运事件。 4. 其他影响较大，损失较重的险性事故	项目经理部：领导班子、职能部门及相关人员	事故发生项目经理部按程序上报，立即启动应急预案，开展应急救援工作

3　应急组织机构及工作职责

3.1　应急组织机构

3.1.1　组织机构

项目组织机构见图 1。

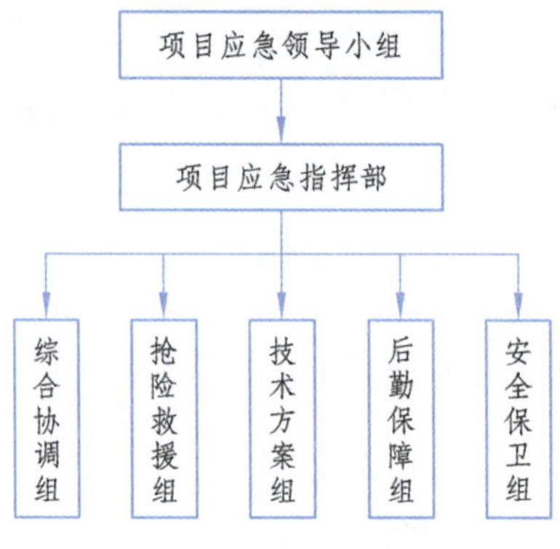

图 1　项目组织机构

3.1.2　应急组织机构设置

项目经理部设立应急领导小组，并下设五个应急处置组。

组　长：项目经理、项目书记

副组长：项目副经理、项目总工程师、项目安全总监

成　员：工程部、安全环保部、质量管理部、工经部、物机部、财会部、办公室、试验室等部门负责人和有关人员

应急领导小组办公室设在安质环保部，并设 24 小时值班电话。

3.2 应急领导小组职责

在发生事故和突发紧急事件时，必须立即组织应急队伍迅速到达事故现场。各应急处置组及副组长必须服从组长统一安排，按职责分工进行应急处置工作。

3.2.1 应急领导小组主要职责

1. 建立健全事故应急机构。
2. 组织编制项目部应急预案和现场处置方案。
3. 负责组织调配或购置应急物资、设备，监督指导项目职能部门建立应急管理工作台账。
4. 负责组织应急知识培训教育、宣传及应急预案培训、演练、评价工作。
5. 负责启动应急预案、及时调配应急资源。
6. 按照应急响应分级和程序，向上级和属地政府部门报告事故情况。
7. 接受上级应急指挥中心的领导，落实指令。
8. 指挥现场应急人员开展应急救援，采取有效措施防止事故扩大，并保护事故现场。
9. 配合事故调查，做好善后处置工作。

3.2.2 组长（项目经理）职责

1. 组织应急队伍迅速到达事故现场，指挥现场人员开展应急救援。
2. 组织采取有效措施防止事故扩大，最大限度减少人员伤亡和财产损失。
3. 组织保护好事故现场，并及时向当地政府部门和上级报告事故情况。

3.2.3 副组长（项目书记）职责

1. 负责组织媒体接待、采访和引导工作，配合上级单位发布相关信息。
2. 组织伤亡人员及家属的接待、稳定工作。
3. 组织保险理赔工作。

3.2.4 副组长（项目副经理）职责

1. 负责组织实施现场应急救援。
2. 及时向组长汇报事件发生和发展信息，尤其是异常信息。
3. 组织保障现场交通。

3.2.5 副组长（项目总工程师）职责

1. 组织对应急救援进行安全风险评估。
2. 初步分析事故发生的技术原因。
3. 组织制定应急救援技术措施。

3.2.6 副组长（项目安全总监）职责

1. 初步分析事故发生的管理原因。

2. 协助相关机构调查取证。

3. 协助相关机构人员的约谈。

3.3 应急处置组职责

3.3.1 综合协调组职责

1. 负责信息收集与传递。

2. 负责媒体接待、采访和引导工作，配合上级单位发布相关信息。

3. 做好受伤人员救护及家属的接待、稳定工作。

4. 做好保险理赔工作。

3.3.2 抢险救援组职责

1. 采取措施防止次生灾害、保护伤员。

2. 按照方案组织救援，科学合理地提出应急物资、设备、人力配备建议。

3. 抢救现场伤员、设备及物资。

4. 必要时配合外部救援工作。

3.3.3 技术方案组职责

1. 辨识应急救援过程中的危险、有害因素，并进行安全风险评估。

2. 制定应急救援技术措施和救援步骤，指导救援。

3. 确定灾害现场监控量测方式，组织开展现场监控量测。

4. 协助开展对现场有关人员的约谈，调查了解事故发生的原因，配合上级单位进行事故调查。

3.3.4 后勤保障组职责

1. 负责现场抢险救援及事故调查工作人员生活保障、食宿安排等后勤服务；提供必要的办公用品、交通工具、通信工具、器材等。

2. 协助属地政府有关部门进行交通疏解。

3. 调配抢险救援急需的物资、设备等。

3.3.5 安全保卫组职责

1. 保证现场应急救援通道的畅通。

2. 做好现场保卫、警戒工作。

3. 动态关注现场情况，防止发生二次伤害事故。

4. 依据拟定技术措施和救援步骤，协助现场救援。

4 应急处置

4.1 生产安全事故应急处置

4.1.1 事故应急响应程序

项目应急响应流程见图 2。

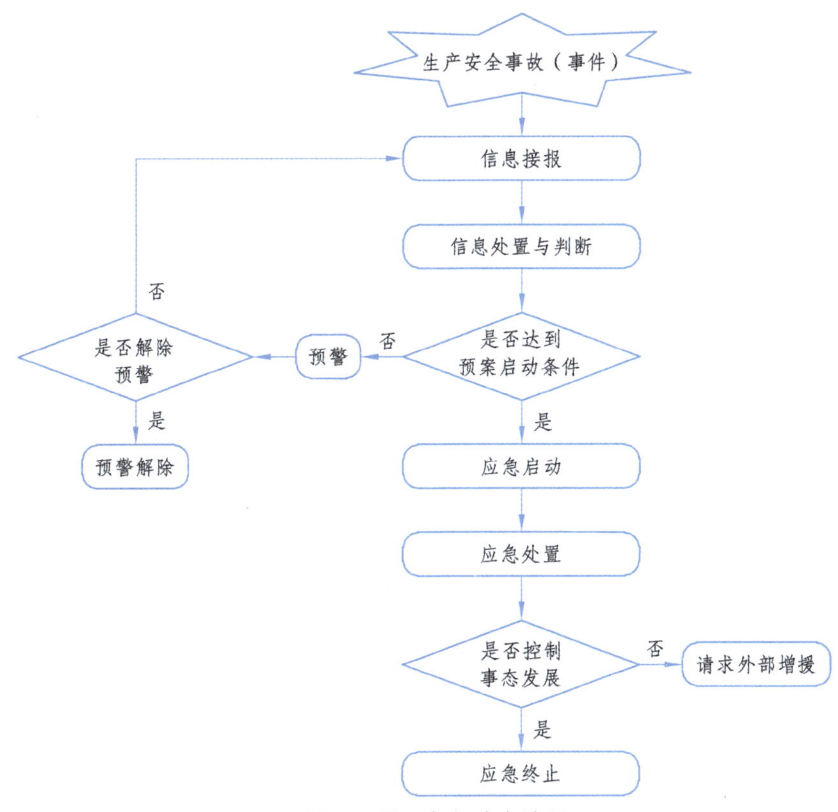

图 2　项目应急响应流程

4.1.2 现场应急处置步骤及内容

1. 事故发生后，事故现场人员应立即疏散、撤离，并采取自救、互救措施。
2. 现场人员第一时间通知项目经理。
3. 项目经理或其他负责人立即赶赴现场，查看事故情况及伤损情况。
4. 判明情况，下达处置方案启动命令并上报。
5. 确定方案开展救援和伤员救护。
6. 救援终止。
7. 事故调查及善后处理。

4.1.3 应急处置措施

1. 触电事故现场应急处置措施。

（1）现场涉险人员的先期自救和互救措施：

① 当发生高压触电伤害时，要贯彻“迅速、就地、正确、坚持”的触电急救八字方针。发现有人触电，首先要快速使触电者脱离电源，然后根据触电者的具体症状进行对症施救，同时向项目领导和安环部汇报。具体步骤如下：

立即通知有关部门停电。

带上绝缘手套，穿上绝缘靴，用相应电压等级的绝缘工具按顺序拉断开关。

用高压绝缘杆挑开触电者身上的电线或者挑开触电者。

如果触电者触及断落在地上的带电高压导线，且尚未确证线路无电之前，救护人员不得进入断落点 8～10 m 的范围内，以防止跨步电压触电。进入该范围的救护人员应穿上绝缘靴接近触电者。触电者脱离带电导线后，应迅速将其带至 8～10 m 以外立即开始触电急救。只有在确认线路已经无电，才可在触电者离开触电导线后就地急救。

② 在触电者脱离电源时应注意的事项：

未采取绝缘措施前，救护人不得直接触及触电者的皮肤和潮湿的衣服。

严禁救护人员直接用手推、拉和触摸触电者，救护人不得采用金属或其他绝缘性能差的物体（如潮湿的木棒、布带等）作为救护工具。

在拉拽触电者脱离电源的过程中，救护人宜用单手操作，这样对救护人比较安全。

当触电者位于高位时，应采取措施预防触电者在脱离电源后，坠地摔伤或摔死（电击二次伤害）。

夜间发生触电事故时，应考虑切断电源后的临时照明问题，以利于救护。

③ 触电者未失去知觉的救护措施：

应让救护者在比较干燥、通风暖和的地方静卧休息，并派人严密观察，同时请医生前来或送往医院诊治。

④ 触电者已失去知觉但尚有心跳和呼吸的抢救，四周不要围人，保持空气流通，冷天应注意保暖，同时立即请医生前来或送医院诊治。若发现触电者呼吸困难或心跳失常，应立即人工呼吸及胸外心脏按压等急救措施。

（2）应急救援措施（表 3）。

表 3　触电应急处置措施

序号	任务	主要工作内容	责任分工
1	现场确认	1. 确认现场触电事故，通知有关部门停电。 2. 检查现场验电确认无电后挂好接地	抢险救援组、技术方案组
2	脱离电源	使触电者脱离电源	抢险救援组
3	救治伤员	1. 对救出人员进行现场急救。 2. 对受伤人员及时转送医院救治	抢险救援组、综合协调组
4	现场保护	1. 派人保护好现场，维护好现场秩序。 2. 妥善保存现场重要物证和痕迹，等待对事故原因和责任人调查	安全保卫组
5	原因调查	1. 调查发生事故的原因。 2. 收集现场证物，对相关现场进行拍照。 3. 同时采取善后工作	技术方案组、综合协调组

2. 起重伤害事故现场应急处置措施。

（1）现场涉险人员的先期自救和互救措施。

① 当发生起重机械倾覆事故时，现场作业人员立即自觉组织自救和互救。明确一人统一指挥，并进行简要分工。同时向项目领导和安环部报告。

② 立即组织检查看是否有人受伤、受困，如果有，立即拨打医院救护电话。在急救医疗机构人员赶到前，抢险救护组应对受伤者进行必要的救助，根据伤情对伤者进行分类处理：

对呼吸困难、窒息和心跳停止的伤者，从速置头于后仰位，托起下颌，使呼吸道畅通，同时进行人工呼吸。

如伤者神志清醒，手臂或小腿发生闭合性或开放性骨折，伴有开放性伤口和出血，应先止血和包扎伤口，再用夹板对骨折部位进行固定；固定时操作者动作要轻快，最好不要随意移动伤肢或翻动伤者，以免加重损伤，增加疼痛；如断骨伸出伤口外，不要把刺出的断骨送回伤口，以免感染和刺破血管和神经，加重伤情。

如发现有断手或断肢要立即拾起，用干净的手绢、毛巾、布片包好，放在没有裂缝的塑料袋或胶皮带内，不要在断肢上涂碘酒、酒精或其他消毒液，避免组织细胞变质，扎紧袋口（在夏季应在口袋周围放冰块、雪糕等降温）等救护到达后随救护车送到医院进行断手或断肢再植和抢救。

③ 迅速进行警戒，禁止外部人员进入事故区域。

④ 迅速查看并判断起重机是否支稳，倾覆影响范围及周边是否存在再次坍塌和坠落隐情，对险情进行初步评估，在能力范围内排除险情。不能排除的险情，进行重点警戒。

（2）应急救援措施（表 4）。

表 4 起重机倾覆现场处置措施

序号	任务	主要工作内容	责任分工
1	现场确认	1. 通过询问现场人员了解现场人员受伤情况。 2. 判定起重机倾覆影响范围、可能发生次生事故情况	抢险救援组、技术方案组
2	方案制订	1. 被困人员施救方案。 2. 起重机起复方案	抢险救援组、技术方案组
3	救治被困人员	按照被困人员施救方案，在技术支持组的指导下，由抢险救援组实施救援。施救过程中，切实防范起重机零部件坍塌、被困人员再次伤害等次生事故发生	抢险救援组、后勤保障组、技术方案组
4	救治伤员	1. 对救出人员进行现场急救。 2. 对受伤人员及时转送医院救治	抢险救援组、后勤保障组
5	起重机起复	按照起重机起复施救方案，在技术支持组的指导下，由抢险救援组实施起复施救。施救过程中，划定工作范围、并严格落实施救方案和防护措施。	抢险救援组、技术方案组
6	原因调查	1. 调查发生事故的原因。 2. 收集现场证物，对相关现场进行拍照。 3. 同时采取善后工作	技术方案组、综合协调组

3. 车辆伤害事故现场应急处置措施。

（1）现场涉险人员的先期自救和互救措施。

① 当施工现场发生小平车失控、溜逸等原因撞伤人员时，现场负责人或作业人员必须在第一时间到达有信号的地方向项目部领导和安全环保部报告，同时开展抢救和维护现场秩序，保护事故现场。

② 有人员伤害的，现场作业人员应迅速将伤员脱离危险地带，移至安全地带，并利用衣物等有效绑扎止血，包扎伤口。

③ 保持呼吸道通畅，若发现窒息者，应及时解除其呼吸道梗死和呼吸机能障碍，应立即解开伤员衣领，消除伤员口鼻、咽、喉部的异物、血块、分泌物、呕吐物等。

④ 视其伤情直接送往医院或待简单处理后去医院检查。

⑤ 若伤员有断肢情况发生应尽早用干净的干布（灭菌敷料）包裹装入塑料袋内，随伤员一起转送。

⑥ 立即拨打 120 向当地急救中心取得联系（医院在附近的直接送往医院），应详细说明事故地点、严重程度、本单位的联系电话，并派人到路口接应。

（2）应急救援措施（表 5）。

表 5　车辆伤害现场处置措施

序号	任务	主要工作内容	责任分工
1	封锁区间	1. 将现场情况上报调度指挥中心，申请立即对轨行区事故区段进行封锁。 2. 立即组织人员封锁隔离现场，保证无关车辆人员进入事发现场	综合协调组
2	现场确认	1. 通过询问现场人员了解现场人员受伤情况，受伤人员的位置。 2. 现场平板小车是否已经控制，不会发生溜滑造成二次伤害	抢险救援组、技术方案组
3	制订方案	技术人员根据现场情况制订救援方案和伤员运输路径	技术方案组
4	救治伤员	1. 对救出人员进行现场急救。 2. 将受伤人员运出及时转送医院救治	抢险救援组、后勤保障组
5	原因调查	1. 调查发生事故的原因。 2. 收集现场证物，对相关现场进行拍照。 3. 同时采取善后工作	技术方案组、综合协调组
6	恢复线路	立即组织人员尽快清理现场，及时达到列车放行条件，尽早开通该段线路	抢险救援组、技术保障组、后勤保障组
7	解除封锁	向调度指挥中心汇报线路恢复情况，对线路进行开通前确认，解除封锁	抢险救援组、后勤保障组

4. 城市轨道交通事故现场应急处置措施。

（1）现场涉险人员的先期自救和互救措施。

① 在既有线施工时，当施工进度和预期有明显的差别，无法按时完成时，应减少工作量，提前清理工机具和材料按时离场，等待第二个天窗点进行施工。

② 在既有线施工时，当施工进度和预期有明显的差别，无法按时完成时，施工任务又必须在当天完成时，现场管理人员提前和相关单位报告情况申请延点，避免因顶点造成人员伤亡。

③ 在既有线施工时，当施工完成后，在出门清理工机具和材料比实际少时，应立即向相关单位报告，得到批准后返回施工现场寻找遗失的工具和材料，并在规定时间内撤离现场。

④ 在既有线施工时，当调试出现问题，开关无法远程恢操作时，应立即通知相关单位进行手动操作。当系统不兼容出现系统崩溃时，应立即启用备用系统或者立刻恢复原来的系统。保证第二天系统正常运行。

（2）应急救援措施（表 6）。

表 6　城市轨道交通事故应急处置措施

序号	任务	主要工作内容	责任分工
1	现场确认	1. 了解施工现场是何原因影响行车，造成城市轨道交通事故。 2. 和相关单位进行沟通，报告现场情况	抢险救援组、技术方案组
2	制订方案	根据现场情况制订处置方案	技术方案组
3	现场处置	根据制订的方案采取措施，进行处置	抢险救援组
4	保驾	1. 当驻站联络员转发车站发出的放行列车命令后，观察放行列车运行状态。 2. 若需要后续天窗点继续处理的要按要求派人值守监护直至恢复至正常工作状态	抢险救援组、技术方案组
5	原因调查	1. 调查发生事故的原因。 2. 收集现场证物，对相关现场进行拍照。 3. 派出领导小组人员与相关领导取得联系，协调相关善后事宜	技术方案组 综合协调组

5. 火灾的事故现场应急处置措施。

（1）现场涉险人员的先期自救和互救措施。

① 迅速了解或判明事故的性质、地点范围和事故区通风系统、风流及火灾烟气蔓延方向、所处位置，依据灾害预防自救措施及现场的实际，确定撤退路线和避灾自救的方法。

② 若火势较小，或正处于冒烟状态，立即使用干粉灭火器或二氧化碳灭火器扑灭火源。

③ 撤退时，应在现场负责人及有经验的人员带领下有组织地撤退位于火源进风侧的人员，应迎着新鲜风流撤退。

④ 位于火源回风侧的人员或是在撤退途中遇到烟气有中毒危险时，利用隧道内的水，浸湿毛巾、衣物或向身上淋水等办法进行降温，并用湿物捂住口鼻，尽量低身弯腰应尽量躬身弯腰，低着头快速前进，尽快撤退或绕到新鲜风流中去或在烟气没有到达之前，顺着风流尽快从回风出口撤到安全地点；烟雾大、视线不清或温度高时，则应尽量贴着隧道底板和边墙管道等爬行撤退。

（2）应急救援措施（表 7）。

表 7　火灾应急处置措施

序号	任务	主要工作内容	责任分工
1	撤离疏散	1. 发现火情，立即撤离现场人员。 2. 将现场及周边人员疏散至安全区域。 3. 项目现场救援小组在统一指挥下，佩戴防毒面具与消防装置进入现场，利用最近的预留供水管消防接口进行连接，进行灭火、搜救、及清除现场遗留残余火源	抢险救援组
2	清点确认	1. 清点受伤、被困人员情况。 2. 确认燃烧物质、燃烧时间、部位、蔓延方向、火势范围及危害程度	抢险救援组、技术支持组
3	进行救援	1. 清除障碍物，设置警戒，保持救援通道畅通。 2. 对道路进行管制，引导救援车辆和人员进入现场搜救	抢险救援组、安全保卫组
4	救治伤员	1. 对救出人员进行现场急救。 2. 对受伤人员及时转送医院救治	抢险救援组、综合协调组

4.2　工程质量事故应急处置

4.2.1　工程事故应急响应程序

项目工程质量事故应急响应流程见图 3。

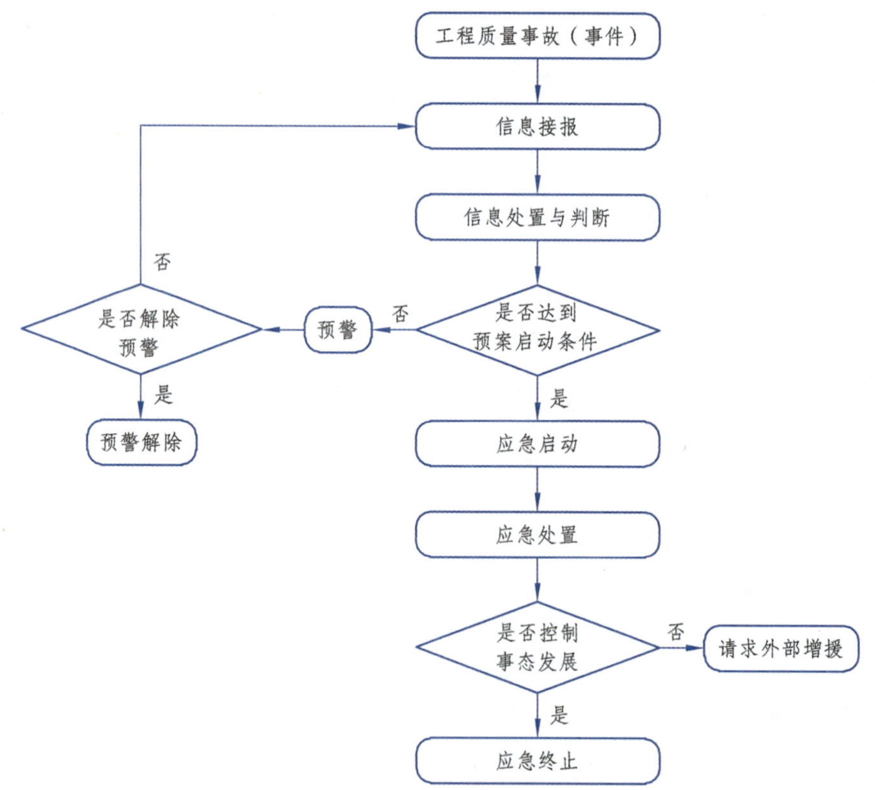

图 3　项目工程质量事故应急响应流程

4.2.2 现场应急处置步骤及内容

1. 事故发生后，事故现场人员应立即疏散、撤离。

2. 现场人员第一时间通知项目经理。

3. 项目经理或其他负责人立即赶赴现场，封闭事故区域，防止人员误入。

4. 查看质量事故区域，初步了解其影响范围，可能衍生的次生灾害等信息情况，并及时反馈建设单位、设计单位、监理单位等相关方。

5. 判明情况，构成工程质量事故应急情况条件的，下达处置方案启动命令并上报。

6. 在现场专家组及设计单位确定工程应急方案后，进行返工或返修处理。

7. 应急处置终止。

8. 配合进行事故调查及善后处理。

4.2.3 工程质量事故应急处置措施

1. 质量事故引发工程安全事故，按照本工程安全事故应急处置措施处置。

2. 质量事故造成工程工期严重滞后，需组织进行抢工的，须制订专项施工或返工方案，按方案执行。

3. 因设计重大变更、突发自然灾害等造成工程保通应急情况出现的，不属于质量事故应急突发状况，按设计或现场专家组提出的方案进行保通施工。

4. 按设计方案进行工程返工或处理前，事故区域各受力点需进行预加固处理的，应及时形成专项方案，按专项处置方案进行处理，确保后续返工或处置现场作业环境安全。

4.3 突发环境事件应急处置

4.3.1 突发环境事件应急响应程序

项目突发生态环境事件应急响应流程见图 4。

4.3.2 突发环境事件现场应急处置步骤及内容

1. 突发环境事件发生后，现场人员应立即撤离至安全区域，等待应急领导小组的指令不得盲目展开应急处置以免发生二次伤害事故；应急领导小组即时向当地环境保护主管部门和相关部门报告，同时通报可能受到突发环境事件影响的单位和居民。

2. 一旦发生突发环境污染事件时，将对周围的环境空气、水环境等产生不同程度的影响，为保证应急处理措施得当、有效，必须对事件后果进行及时监测。

由于本项目不具备自主监测能力，故当突发环境事件时，现场应由应急指挥部成员视事故情况拨打相关部门（北京环保局），请求技术支援，安排应急监测。

项目部安排应急监测的准备事宜并配合监测，协助政府救援力量开展相应工作。应急监测因子主要为：① 废水常规因子为 pH、COD_{Cr}（重铬酸盐指数）、氨氮，特征因子为石油类；② 废气根据事故选择泄漏危险物或可能产生的次生污染物作为特征因子，如非甲烷总烃、氯化氢。水环境监测点位可选择事件发生地最近的河流设置断面；大气监测点位可选择事件发生时主导风向的下风向设监测点位。

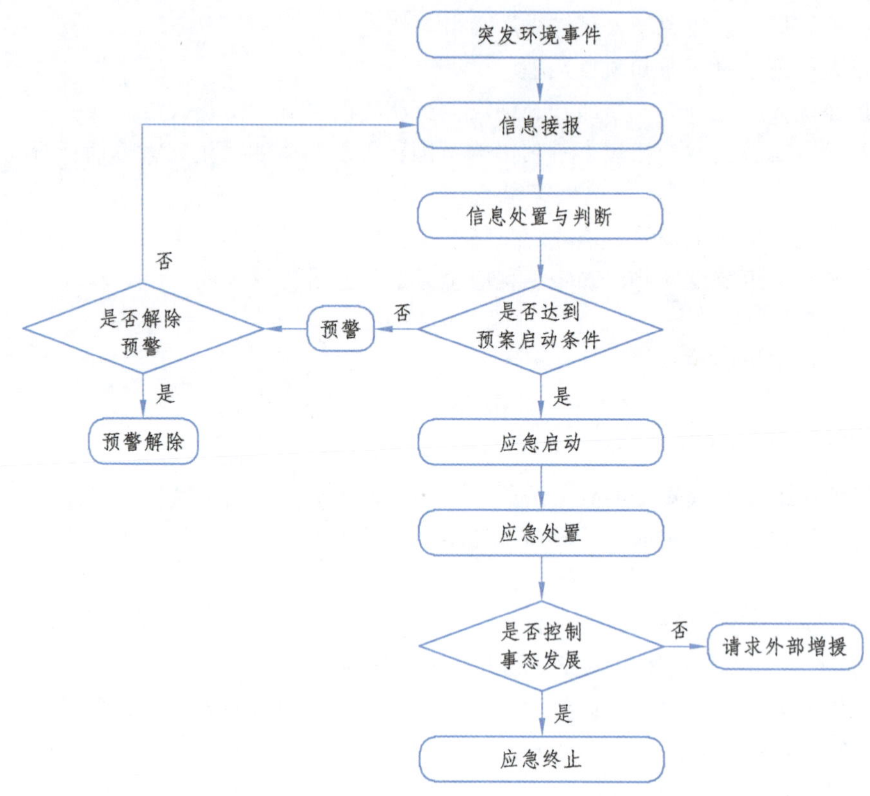

图 4　项目突发生态环境事件应急响应流程

监测人员到达现场进行污染状况调查后，将监测结果及时上报应急指挥中心，对事件危害情况进行应急评估，为指挥中心作出撤离、疏散范围、控制范围决策提供判断依据。

3. 当地政府接到通报后启动突发环境事件应急预案并到达现场后项目部应急领导小组向当地政府的应急指挥部移交指挥处置权，并协调本项目部配合进行响应。

4. 善后处置。

突发环境事件结束后，将危废交由有资质的单位处理。

5. 调查与评估。

突发环境事件结束后，项目部配合当地政府应急指挥部进行环境事件的处理情况进行调查和评估。

5　注意事项

若项目部不能有效开展应急救援，应请求子公司或公司启动更高级别应急预案，或申请外部救援，确保应急救援的及时、有效、安全和直接经济损失最小化。

6 附　件

附件 1：预案编制依据

1.《中华人民共和国安全生产法》
2.《中华人民共和国突发事件应对法》
3.《中华人民共和国特种设备安全法》
4.《生产安全事故应急预案管理办法》
5.《国家安全生产事故灾难应急预案》
6.《建设工程重大质量安全事故应急预案》
7.《生产经营单位生产安全事故应急预案编制导则》
8.《建设工程安全生产管理条例》
9.《生产安全事故报告和调查处理条例》
10.《生产过程危险和有害因素分类与代码》
11.《企业职工伤亡事故分类》
12.《重大危险源辨识》
13.《风险管理 风险评估技术》
14.《国家突发环境公共事件总体应急预案》
15.《国家处置城市地铁事故灾难应急预案》
16.《国务院关于特大安全事故行政责任追究的规定》
17.《中铁二局安全生产和职业健康管理办法》
18.《中铁二局安全质量事故内部报告、应急处置和调查处理办法》
19.《中铁二局安全质量事故（事件）应急预案》
20.《中铁二局二公司生产安全事故应急预案》
21.《生产经营单位安全生产事故应急预案编制导则》
22.《城市轨道交通建设工程质量安全事故应急预案管理办法》
23.《北京市安全生产条例》
24.《城市轨道交通地下工程建设风险管理规范》
25.《城市轨道交通运营安全管理规范》
26.《地铁运营安全评价标准》
27.《城市轨道交通运营安全管理规范》
28.《中铁二局关于贯彻落实中国铁路总公司“铁路建设项目质量安全红线管理规定”实施方案》
29.《中铁二局工程质量监督管理办法》
30.《中铁二局工程项目施工环境保护管理办法》
31.《中铁二局电务公司生产安全事故应急预案》
32.《中铁二局电务公司工程项目施工环境保护管理办法》

33.《铁路总公司关于铁路建设项目质量安全红线管理规定》

34.《中铁二局电务公司工程质量监督管理办法》

附件 2：应急预案衔接

1.《四川省生产安全事故灾难应急预案》

2.《中国铁路北京局北京工程项目管理部应急预案》

3.《国家突发公共事件总体应急预案》

4.《北京市安全生产特重大事故应急预案》

5.《北京市自然灾害救助应急预案》

6.《中国中铁股份有限公司安全质量事故（事件）应急预案》

7.《中铁二局安全质量事故（事件）应急预案》

8.《中铁二局二公司生产安全事故应急预案》

9.《建设单位应急预案》

附件 3：项目概况

北京市轨道交通 7 号线二期工程位于朝阳、通州两个城区，是横穿北京南城的东西向重要骨干线路 7 号线的东部延伸线。

北京市轨道交通 7 号线二期工程起自既有 7 号线终点焦化厂站（不含），线路以地下线方式沿规划焦化厂中路向东南下穿五环路后向东敷设，经过豆各庄安置用房核心区域后，沿既有万通路继续向东，下穿京哈高速和南大沟后进入通州区范围；通州段线路沿万盛南街、群芳南街向东敷设，沿六环路内侧转向南进入环球影城项目并设置终点站。

线路从焦化厂站站后折返线至终点全长 16.6 km，全为地下线，全线共设车站 9 座，其中 2020 线网中换乘站两座分别与 S6（城际铁路联络线）在万盛南街西口站换乘，与八通线南延线在环球影城站换乘。

本项目主要包含以下施工内容：

1. 供电系统施工安装范围主要包括 10 kV 环网电缆工程（43 km）、变电所工程（15 个所）、变电所综合自动化工程、牵引网系统的电气工程部分、杂散电流工程、车站 UPS 电源整合系统、7 号线一期既有线焦化厂变电所改造等。

2. 综合监控系统施工范围为正线 9 个车站、控制中心、备用中心，综合监控系统的所有设备和连接电缆的供货、基础制作及安装；单体设备调试、系统联调。

3. 动力照明施工范围为 0.4 kV 低压开关柜馈出至动力照明一级配电箱的一次电缆敷设、接续及路由的制安。

4. 通信和信号专业施工范围正线 9 个车站及区间的电缆敷设和设备安装

北京地铁 7 号线每个车站附近都有医院及派出所，其中黑庄户站离最近的黑庄户医院只有 5 km，开车 10 min 之内就能到达，离大型北京中医药大学东直门医院（三级甲等）30 km，开车 40 min 之内能赶到。离黑庄户站最近的黑庄户派出所 6 km，开车 10 min 之内就能赶到。万盛南街站离通州区消防支队只有 3 km 能在 5 min 之内赶赴现场。

医院名称及地址

医疗名称	医院性质	地址	电话	备注
北京中医药大学东直门医院	三级甲等中医（综合）医院	北京市通州区翠屏西路116号	010-80816655	
北京西直河仁安医院	公立/综合医院一级甲等	北京市朝阳区十八里店乡西直河村村委会南院	010-67367115	
北京市朝阳区双桥医院	公立/综合医院二级甲等	北京市朝阳区双桥中路1号	010-85392623	
朝阳区黑庄户医院	丙级综合医院	北京市朝阳区黑庄户乡	010-85386855	
北京市通州区张家湾卫生院	公立/综合医院一级甲等	北京市通州区张家湾镇张家湾村东区甲2号	010-61503694	

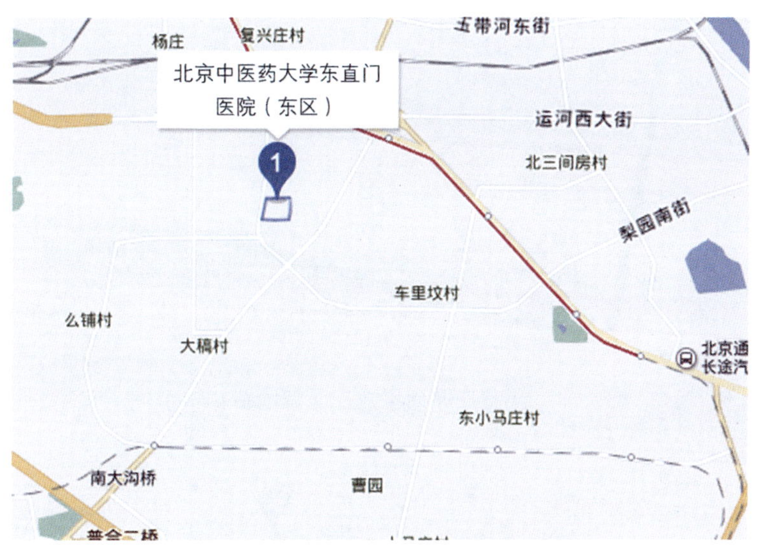

北京中医药大学东直门医院位置图

黄厂村站到北京西直河仁安医院线路

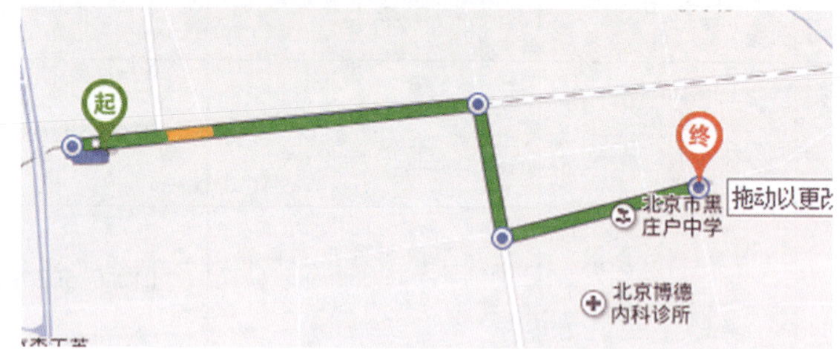

豆各庄站到黑户庄医院线路

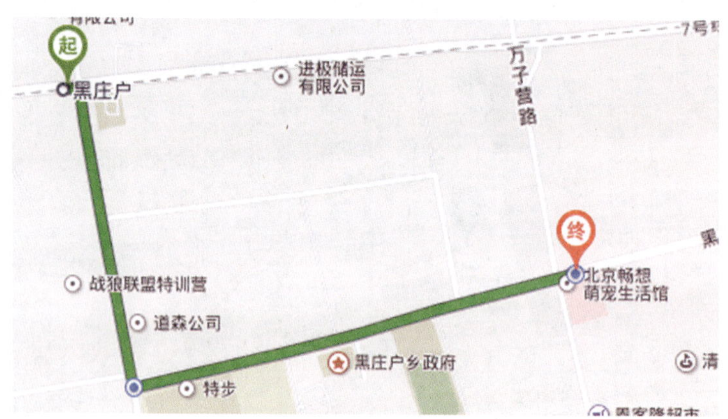

黑户庄站到黑户庄医院线路

万盛街南西口站到黑户庄医院线路

万盛街南西口站北京市朝阳区双桥医院线路

云景东路到黑户庄医院线路

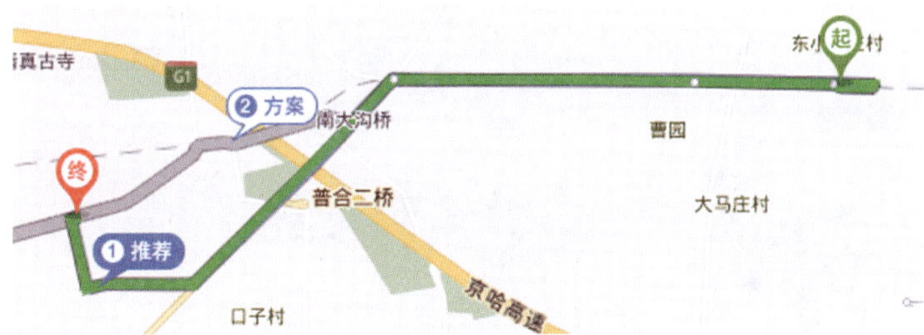

小马庄站到黑户庄医院线路

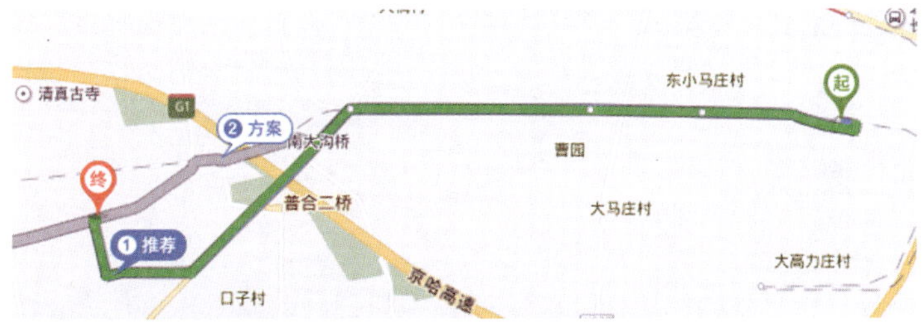

高楼金（车辆基地）到黑户庄医院线路

环球影城到黑户庄医院线路

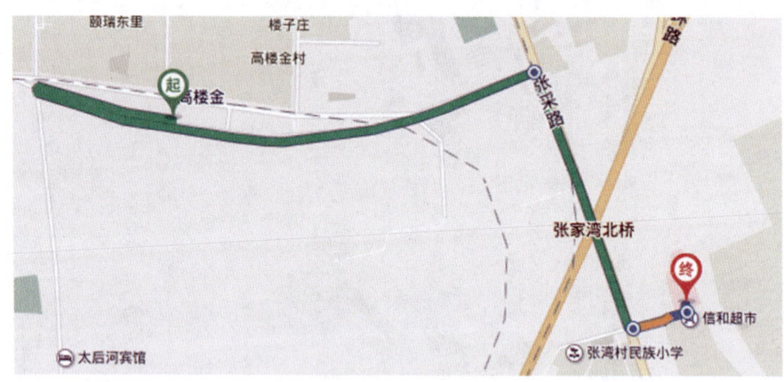

高楼金到通州区张家湾卫生院线路

附近派出所清单及线路

序号	派出所名称	地址	电话	备注
1	黑户庄派出所	北京市朝阳区黑庄户大街甲 1 号	010-85380178	
2	梨园派出所	北京市通州区云景东路 80 号	010-60524838	
3	豆各庄派出所	北京市朝阳区豆各庄乡西马各庄村 168 号	010-85308831	
4	张家湾派出所	北京市通州区张家湾镇广源西街 2 号	010-69571242	

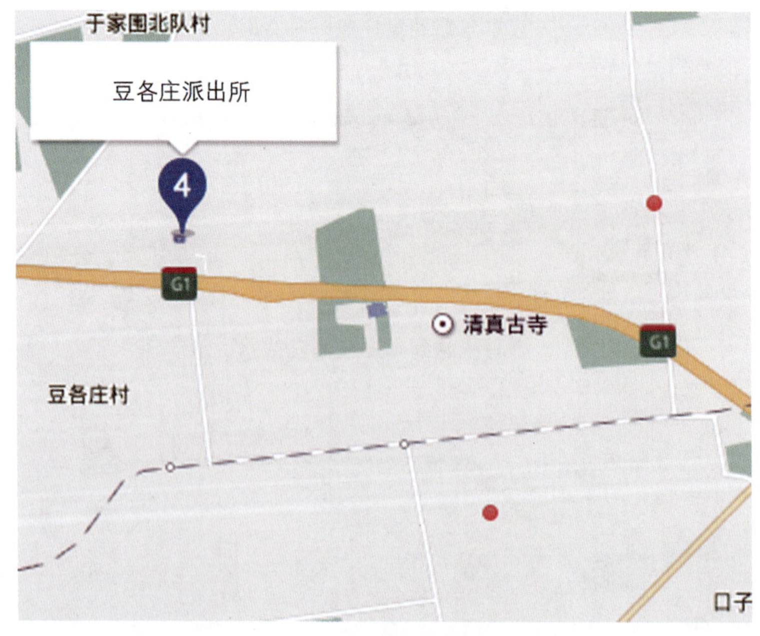

豆各庄派出所位置

黑户庄派出所位置

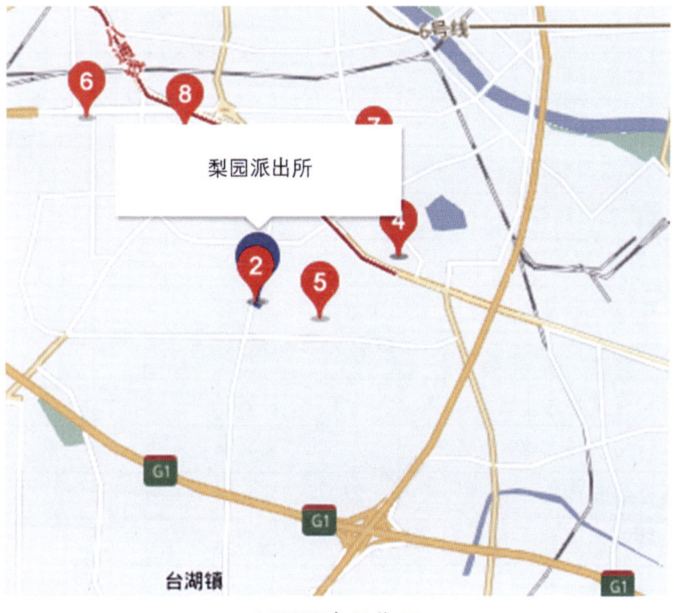

梨园派出所位置

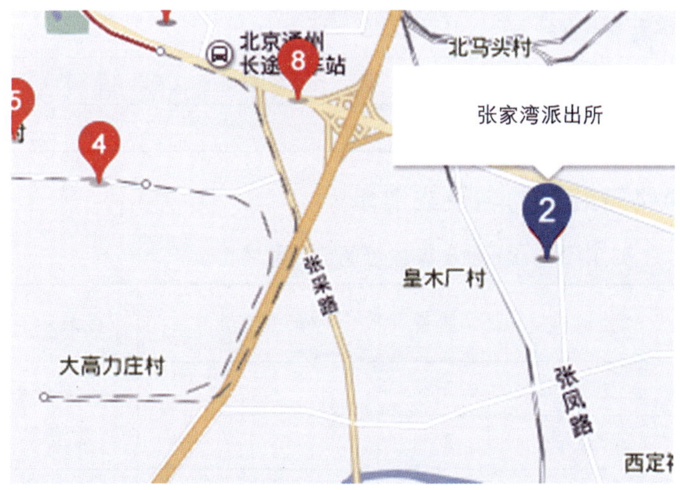

张家湾派出所位置

附件 4：事故风险评估报告

附件 5：应急资源调查报告

附件 6：有关应急部门、机构或人员的联系方式

序号	部门（职务）	联系人	联系方式
子公司联系部门			
1	子（分）公司应急领导小组办公室	×××	×××
2	子（分）公司调度管理	×××	×××
项目部联系人员			
3	项目经理	×××	×××
4	项目书记	×××	×××
5	项目生产副经理	×××	×××
6	项目总工程师	×××	×××
7	项目安全总监	×××	×××
8	项目总经济师	×××	×××
9	项目工程部部长	×××	×××
10	项目安环部部长	×××	×××
11	项目质量部部长	×××	×××
12	项目物机部部长	×××	×××
13	项目综合办公室	×××	×××
14	项目财务部部长	×××	×××
15	项目工经部部长	×××	×××
外部救援单位			
16	医院急救电话	×××	×××
17	消防队火警电话	×××	×××
18	就近专业救援队	×××	×××

附件 7：应急物资装备的名录或清单

附件 7-1　触电事故可调用应急物资及机具台账

<table>
<tr><th>序号</th><th>类别</th><th>物资名称</th><th>数量</th><th>配置要求</th><th>存放地点</th><th>管理责任人和联系电话</th></tr>
<tr><td>1</td><td rowspan="2">医疗救助</td><td>担架</td><td>2 副</td><td></td><td rowspan="2">料库应急物资库</td><td rowspan="3">×××</td></tr>
<tr><td>2</td><td>医药箱</td><td>2 个</td><td></td></tr>
<tr><td>3</td><td>车辆类</td><td>急救保障车</td><td>2 辆</td><td></td><td>项目部</td></tr>
</table>

续表

序号	类别	物资名称	数量	配置要求	存放地点	管理责任人和联系电话
4	防护类	安全帽	50 顶		料库应急物资库	×××
5		防护反光服	50 件			
6		防护眼镜	50 副			
7		防毒面具	50 副			
8		绝缘鞋	20 双			
9		绝缘手套	20 双			
10		自救器	1 台	压缩氧		
11	消防类	干粉灭火器	20 个	8 kg	项目部料库	
12	警戒类	路障	5 个		料库应急物资库	
13		隔离警示带	10 卷			
14		危险警示牌	10 个			
15		警戒标识杆	10 个			
16	抢险、救生物资类	安全救生绳	50 根			
17		绝缘钳	5 把			
18		防爆工具	1 套			
19		大绳	2 根	直径 30 mm、长 30 m		
20		验电器	10 套			
21		接地棒	10 套			
22		绝缘棒	10 套			
23	照明类	防爆手电筒	20 个			
23		防爆灯具	12 套			

附件 7-2 起重伤害救援人员配置

序号	工 种	单 位	数 量	备注
1	吊车司机	人	5	
2	电工	人	4	
3	普工	人	50	
4	氧焊、气割	人	8	4 班制

附件 7-3 起重伤害应急处置可调用应急物资及机具台账

序号	类别	物资名称	数量	配置要求	存放地点	管理责任人和联系电话
1	医疗救助	担架	2 副		料库应急物资库	×××
2		医药箱	2 个			
3	车辆类	急救保障车	2 辆		项目部	
4	防护类	安全帽	50 顶		料库应急物资库	
5		防护反光服	50 件			
6		防护手套	50 副			
7	警戒类	路障	5 个			
8		隔离警示带	10 卷			
9		危险警示牌	10 个			
10		警戒标识杆	10 个			
11	抢险、救生设备类	台锯	1 台			
12		手持电锯	3 台			
13		电焊机	3 台			
14		气割	2 套			
15		汽车吊机	2 台			
16		链条葫芦	4 个	5 t		
17		千斤顶	4 台	最大顶举 15 t		
18		钢丝绳	6 根	ϕ30 mm×2 m		
19			6 根	ϕ30 mm×4 m		
20			2 根	ϕ30 mm×8 m		
21		垫木	5 块	20 cm×30 cm×2 m		
22			5 块	20 cm×30 cm×1 m		
23			5 块	20 cm×15 cm×2 m		
24			5 块	20 cm×15 cm×1 m		
25	照明类	防爆手电筒	20 个			
26		防爆灯具	12 套			

附件 7-4 车辆伤害可调用应急物资及机具台账

序号	类别	物资名称	数量	配置要求	存放地点	管理责任人和联系电话
1	医疗救助	担架	2 副		料库应急物资库	×××
2		医药箱	2 个			
3	车辆类	急救保障车	2 辆		项目部	

续表

序号	类别	物资名称	数量	配置要求	存放地点	管理责任人和联系电话
4	防护类	安全帽	50 顶		料库应急物资库	×××
5		防护反光服	50 件			
6		防护手套	50 副			
7	警戒类	路障	5 个			
8		隔离警示带	10 卷			
9		危险警示牌	10 个			
10		警戒标识杆	10 个			
11	抢险、救生设备类	台锯	1 台			
12		手持电锯	3 台			
13		电焊机	3 台			
14		气割	2 套			
15		链条葫芦	4 个	5 t		
16		千斤顶	4 台	最大顶举 15 t		
17	照明类	防爆手电筒	20 个		料库应急物资库	
18		防爆灯具	12 套			

附件 7-5　轨道交通事故可调用应急物资及机具台账

序号	类别	物资名称	数量	配置要求	存放地点	管理责任人和联系电话
1	医疗救助	担架	2 副		料库应急物资库	×××
2		医药箱	2 个			
3	车辆类	急救保障车	2 辆		项目部	
4	防护类	安全帽	50 顶		料库应急物资库	
5		防护反光服	50 件			
6		绝缘鞋	20 双			
7		绝缘手套	20 双			
8		氧气	5 瓶			
9	消防类	干粉灭火器	20 个	8 kg	项目部料库	
10	抢险救援	绝缘钳	5 把		料库应急物资库	
11		验电器	10 套			
12		接地棒	10 套			
13		绝缘棒	10 套			
14	照明类	防爆手电筒	20 个			

附件 7-6　火灾可调用应急物资及机具台账

序号	类别	物资名称	数量	配置要求	存放地点	管理责任人和联系电话
1	医疗救助	担架	2 副		料库应急物资库	×××
2		医药箱	2 个			
3	车辆类	急救保障车	2 辆		项目部	
4	防护类	安全帽	50 顶		料库应急物资库	
5		防护反光服	50 件			
6		自救呼吸器	10 个			
7		防毒面具	10 个			
8	消防类	手提式干粉灭火器	50 台		料库应急物资库、变电所	
9		氧气检定器	1 台		变电所	
10		一氧化碳检定器	1 台			
11		风表	1 台	中、低速		
12		温度计	1 支	0 ~ 100 °C		
13		干湿温度计	1 支			
14	警戒类	路障	5 个		料库应急物资库	
15		隔离警示带	10 卷			
16		危险警示牌	10 个			
17		警戒标识杆	10 个			
18	抢险、救生物资类	安全救生绳	50 根			
19		液压剪刀	1 把			
20		大绳	2 根	直径 30 mm、长 30 m		
21	照明类	手电筒	20 个			

附件 8：事故报告手机短信格式

中铁二局：201×年×月×日×时×分左右，在××（省市县）境内，由中铁×局××公司承建的×××工程×标，在×××工序施工过程中，因×××原因，导致现场作业人员×人死亡（失踪）、×人重伤、×人轻伤。事故已经于事发××小时（分钟）内，报告当地安全生产监管部门。现场应急预案已启动，事故单位×××领导已带队赶往现场；当地安监部门接报后，已于×月×日×时由任××职务××同志赶往现场，事故原因正在调查之中。

附件 9：中铁二局生产安全事故快报

单位名称：中铁二局×××公司（区域公司、经理部）

<table>
<tr><td>事故时间</td><td colspan="2">年　月　日　时　分</td><td>事故地点</td><td colspan="2"></td></tr>
<tr><td>事故单位</td><td colspan="5">××公司××××项目经理部（标段）</td></tr>
<tr><td rowspan="2">事故现场
负责人</td><td>姓名</td><td></td><td rowspan="2">事故单位
负责人</td><td>姓名</td><td></td></tr>
<tr><td>电话</td><td></td><td>电话</td><td></td></tr>
<tr><td colspan="2">事故已死亡（失踪）
人数</td><td>死亡：
失踪：</td><td colspan="2">事故重伤/轻伤
人数</td><td></td></tr>
<tr><td colspan="6">一、事故简要经过（包含但不限于承建单位、标段、协作队伍及相关安全生产许可证等资质号，单位工程名称、事故里程、结构形式、支撑体系、隧道断面、设备型号、墩身截面和高度、梁型和梁重、事发作业环节、高处坠落位置与高度等，其他工况均应细致清晰描述）、人员伤亡类别（职工、劳务工姓名及身份证号码）、初步估计的直接经济损失、报告地方政府和建设单位时间等
二、事故现场救援采取的主要措施
三、其他情况（事发项目工程概况，事故地点是否影响铁路营业线或繁华闹市区、高速公路、国道、其他重要设施安全）</td></tr>
</table>

附：事故现场照片（4 张以上，能充分反映事故现场实际情况和全貌的电子版照片及说明）。

附件 10：应急救援协议范本

甲方：中铁二局××项目经理部

乙方：××轨道交通运营集团公司

为切实做好四电工程的事故预防和应急救援处理工作，结合双方的实际情况，就乙方为甲方所属四电工程救援服务内容，经双方协商，约定如下：

一、服务内容

1. 据需要，及时组织救援力量处理四电工程事故

2. ……

二、履约方式和服务期限

1. 履约方式

2. 服务期限

三、服务费用和支付方式

1. 服务费用

2. 支付方式

四、双方权利与义务

1. 甲方的权利与义务

2. 乙方的权利与义务

五、违约责任

在履行本协议期间，双方如有特殊原因影响本协议项目工作，应提前予以通知对方，并说明原因。甲方或者乙方存在工作质量缺陷，应各自承担相关责任。

六、争议的解决办法

当事双方先协商解决；协商不成，由××仲裁委员会仲裁或法院诉讼。

七、双方协商的其他条款

1. 乙方在技术服务和处理事故过程中队员发生意外情况，按有关国家、省市有关规定处理，届时双方依据公平原则协商解决

2. ……

甲方联系方式：应急小组值班室 24 小时值班电话：××

乙方联系方式：救护大队电话：××

本协议未尽事宜由双方协商补充；

如需变更、解除或续订协议，由双方协商确定。

本协议，从双方签字盖章之日起生效。

本协议一式 N 份，呈报建设方及地方相关政府监管部门备案一份，甲乙方各执一份。

甲方法人（签字盖章）： 乙方法人（签字盖章）：

××年××月××日 ××年××月××日

附件 11：现场常规急救措施

（1）出血的处置方法：

① 伤口渗血，用消毒纱布或用干净布盖住伤口，然后进行包扎。若包扎后仍有较多渗血，可再加绷带，适当加压止血或用布带等止血。

② 伤口出血呈喷射状或鲜血液涌出时立即用清洁手指压迫出血点上方（近心端）使血流中断，并将出血肢体抬高或举高，以减少出血量。有条件用止血带止血后再送医院。

（2）骨折处置方法：

① 肢体骨折可用夹板或木棍、竹竿等将断骨上、下方关节固定，也可利用伤员身体进行固定，避免骨折部位移动，以减少疼痛，防止伤势恶化。

② 开放性骨折，伴有大出血者应先止血，固定，并用干净布片覆盖伤口，然后速送医院救治，切勿将外露的断骨推回伤口内。

③ 疑有颈椎损伤，在使伤员平卧后，用沙土袋（或其他替代物）放在头部两侧使颈部固定不动，以免引起截瘫。

④ 腰椎骨折应将伤员平卧在平硬木板上，并将腰椎躯干及两侧下肢一同进行固定预防瘫痪。搬动时应数人合作，保持平稳，不能扭曲。

⑤ 在搬运和转送过程中，颈部和躯干不能前屈或扭转，而应使脊柱伸直，绝对禁止一个抬肩一个抬腿的搬法，以免发生或加重截瘫。

（3）颅脑外伤处置方法：

① 应使伤员采取平卧位，保持气管通畅，若有呕吐，扶好头部，和身体同时侧转防窒息。

② 耳鼻有液体流出时，不要用棉花堵塞，只可轻轻拭去，以利降低颅内压力。

③ 颅脑外伤，病情复杂多变，禁止给予饮食，应立送医院诊治。

④ 搬走时，应使伤员平躺在担架上，腰部束在担架上，防止跌下。平地搬走时，伤员头部在后，上楼、下楼、下坡时头部在上。

（4）穿透伤及内伤处理方法：

① 如有腹腔脏器脱出，可用干毛巾、软布料加以保护。

② 及时去除伤员身上的用具和口袋中的硬物。

③ 禁止将穿透物拔除，应立即将伤员连同穿透物一起送往医院处置。

（5）心跳及呼吸停止的伤员处置方法：

① 通畅气道：伤员呼吸停止，重要的是应始终确保气道通畅。如发现伤员口内有异物，可将其身体及头部同时侧转，并迅速用一个手指或用两手指交叉从口角处插入，取出异物。操作中要注意防止将异物推到咽喉深部。

通畅气道可采用仰头抬颏法。用一只手放在伤者前额，另一只手的手指将其下颌骨向上抬起，两手协同将头部推向后仰，舌根随之抬起，气道即可通畅，严禁用枕头或其他物品垫在伤员头下。头部抬高前倾，会加重气道的阻塞，且使胸外按压时心脏流向脑部的血流减少，甚至消失。

② 口对口（鼻）人工呼吸：在保持伤员气道通畅的同时，救护人员用放在伤员额头上的手指，捏住伤员的鼻翼，在救护人员深吸气后，与伤员口对口紧合，在不漏气的情况下，先连续大口吹气两次，每次 1 ~ 5 s。如两次吹气后试测颈动脉仍无搏动，可判断心跳已经停止，

要立即同时进行胸外按压。

除开始时大口吹气两次外，正常口对口（鼻）呼吸的吹气量不需过大，以免引起胃膨胀。吹气和放松时要注意伤员胸部应有起伏的呼吸动作。吹气时如有较大阻力，可能是头部后仰不够，应及时纠正。

伤员如牙关紧闭，可口对鼻进行人工呼吸。口对鼻人工呼吸吹气时，要将伤员嘴唇紧闭，防止漏气。

③ 胸外按压：正确的按压位置是保证胸外按压效果的重要前提。确定正确按压位置的步骤如下：

右手的食指和中指沿触电伤员的右侧肋弓下缘向上，找到肋骨和胸骨接合处的中点；

两手指并齐，中指放在切迹中点（剑突底部），食指平放在胸骨下部；

另一只手的掌根紧挨食指上缘置于胸骨上，即为正确的按压位置。

正确的按压姿势是达到胸外按压效果的基本保证。正确的按压姿势如下：

使伤员仰面躺在平硬的地方，救护人员站立或跪在伤员一侧肩旁，两肩位于伤员胸骨正上方，两臂伸直，肘关节固定不屈，两手掌根相叠，手指翘起，不接触伤员胸壁；

以髋关节为支点，利用上身的重力，垂直将正常成人胸骨压陷 3 ~ 5 cm（儿童和瘦弱者酌减）；

按压至要求程度后，立即全部放松，但放松时救护人员的掌根不得离开胸壁。

按压必须有效，其标志是按压过程中可以触及颈动脉搏动。

操作频率如下：

胸外按压要以均匀速度进行，每分钟 80 次左右，每次按压和放松的时间相等。

胸外按压与口对口（鼻）人工呼吸同时进行，其节奏为：单人抢救时，每按压 15 次后吹气 2 次（15∶2），反复进行；双人抢救时，每按压 5 次后由另一人吹气 1 次（5∶1），反复进行。

④抢救过程中的再判定。

按压吹气 1 min 后（相当于单人抢救时做了 4 个 15∶2 压吹循环），应用看、听、试方法在 5 ~ 7 s 时间内完成对伤员呼吸和心跳是否恢复的再判定。

若判定颈动脉已有搏动但无呼吸，则暂停胸外按压，而再进行 2 次口对口人工呼吸，接着每 5 s 时间吹气 1 次（即每分钟 12 次）。如脉搏和呼吸均未恢复，则继续坚持心肺复苏法抢救。

心肺复苏应在现场就地坚持进行，不要为方便而随意移动伤员，如确实需要移动时，抢救中断时间不应超过 30 s。

应创造条件，用塑料袋装入砸碎了的冰屑做成帽状包绕在伤员头部，露出眼睛，使脑部温度降低，争取心脑完全复苏。

⑤ 伤员好转后的处理。

如伤员的心跳和呼吸经抢救后均已恢复，可暂停心肺复苏法操作，但心跳呼吸恢复的早期有可能再次骤停，应严密监护，不能麻痹，要随时准备再次抢救。

初期恢复后，伤员可能神志不清或精神恍惚、躁动，应设法使伤员安静。

YJ

中铁二局集团有限公司

YJ/ZTEJ–2020

北京地铁 7 号线四电工程
安全质量、生态环境事故（事件）
现 场 应 急 处 置 卡

2020 年 12 月

中铁二局北京 7 号线项目经理部

目　录

1 应急处置卡

1.1 应急领导小组组长应急处置卡

组长	项目经理（项目书记）	
序号	处置程序	处置要点
1	启动预案	启动应急预案，查看事故现场调配应急资源等
2	事故报告	按照应急响应分级和程序，及时向当地政府部门和上级报告事故情况
3	现场处置伤员救护	采取有效措施防止事态扩大；第一时间进行现场急救，及时转送医院救治
4	确定方案开展救援或配合救援	确定救援方案后，组织应急队伍迅速到达事故现场，指挥现场应急人员开展应急救援或响应至上一级并配合外部救援
5	救援终止	进行风险评估安全后，应急救援停止
6	配合事故调查及处理	配合事故调查，做好善后处置工作
注意事项： （1）信息的收集与传达，要求及时准确。 （2）每日碰头会落实各项指令和安排次日工作		

主要联系人员				
序号	姓名	职务	联系电话	备注
1		项目书记（经理）		
2		项目总工程师		
3		项目安全总监		
4		项目副经理		
5		作业队长		
6		办公室主任		
7		物设部部长		

1.2 综合协调组应急处置卡

组长	项目书记	
序号	处置程序	行动内容
1	信息收集与传递	负责按应急小组要求内容上报
2	场地安保、伤员救护	现场做好保卫、警戒工作；第一时间进行现场急救，及时转送医院救治

续表

序号	处置程序	行动内容		
3	对外接待及处置	做好媒体接待、采访和引导工作，配合上级单位发布相关信息		
4	家属接待及善后	做好家属的接待、稳定工作；做好保险理赔工作		
注意事项： （1）信息传递准确、及时可靠。 （2）伤员救治及安抚周到、及时。 （3）现场组织人员撤离后，不得盲目抢救被困人员				
主要联系人员				
序号	姓名	职务	联系电话	备注
1		项目经理		
2		项目副经理		
3		项目总工程师		
4		工委主任		
5		办公室主任		
6		物设部部长		
7		施工管理人员		

组员	相关成员	
序号	处置程序	行动内容
组员 1	×××	
1	组织撤离	发现险情后，第一时间有效组织人员撤离至安全地带
2	险情报告	及时电话上报险情至项目安全生产管理负责人或项目经理
组员 2	×××	
1	收集信息	定时收集信息
2	传递信息	负责收集并发布救援信息
3	关注信息	做好舆情关注、媒体应对，并配合上级发布信息
组员 3	×××	
1	对外接待	做好家属、外部单位的接待工作
2	配合善后处理	配合做好保险理赔工作
注意事项： （1）信息传递准确、及时可靠。 （2）伤员救治及安抚周到、及时。 （3）现场组织人员撤离后，不得盲目抢救被困人员		

主要联系人员				
序号	姓名	职务	联系电话	备注
1		项目经理		
2		项目书记		

续表

序号	姓名	职务	联系电话	备注
3		项目副经理		
4		项目总工程师		
5		工委主任		
6		办公室主任		
7		物设部部长		
8		施工管理人员		

1.3 抢险救援组应急处置卡

组长	项目副经理			
序号	处置程序	行动内容		
1	场地清理及防护	保证现场应急救援通道的畅通，采取措施防止次生灾害		
2	熟知方案及准备	按照抢救方案组织救援，科学合理地提出应急物资、设备、人力配备建议		
3	组织实施及调整	抢救现场伤员、将受伤人员转移至安全地带，对事故受损的设备进行修理、恢复，将现场救援进展情况及时汇报，必要时申请外部支援		
4	救援结束及配合	领导小组现场评估安全后，则应急救援结束；如果需要外部救援，则配合救援工作		
注意事项： （1）救援人员、物资与设备组织落实到位。 （2）按指令落实救援现场配套工作及安全监护。 （3）及时报告救援进展情况及问题。 （4）机械操作必须听从指挥，防止救援设备对人员造成机械伤害				
主要联系人员				
序号	姓名	职务	联系电话	备注
1		项目经理		
2		项目书记		
3		项目总工程师		
4		项目安全总监		
5		工程部部长		
6		安质部部长		
7		作业队长		
8		施工员		
9		办公室主任		
10		物设部部长		

续表

<table>
<tr><td>序号</td><td>姓名</td><td>职务</td><td>联系电话</td><td>备注</td></tr>
<tr><td>11</td><td></td><td>现场指挥人员</td><td></td><td></td></tr>
<tr><td>12</td><td></td><td>作业队队长</td><td></td><td></td></tr>
<tr><td>13</td><td></td><td>机械操作人员</td><td></td><td></td></tr>
<tr><td>组员</td><td colspan="4">相关成员</td></tr>
<tr><td>序号</td><td colspan="2">处置程序</td><td colspan="2">行动内容</td></tr>
<tr><td>组员 1</td><td colspan="4">×××</td></tr>
<tr><td>1</td><td colspan="2">场地警戒及防护</td><td colspan="2">场地做好警戒工作；现场动态监控防止次生灾害，组织人员及时撤离</td></tr>
<tr><td>2</td><td colspan="2">组织实施及救援</td><td colspan="2">组织物资、设备和人力到位，接到上级命令后指挥抢救现场伤员、设备及物资</td></tr>
<tr><td>组员 2</td><td colspan="4">×××</td></tr>
<tr><td>1</td><td colspan="2">救援准备</td><td colspan="2">物资、设备和人力到位后，现场合理运用和调配</td></tr>
<tr><td>2</td><td colspan="2">实施及救援</td><td colspan="2">接到现场指挥人员命令后，立即开展现场伤员、设备及物资救援工作</td></tr>
<tr><td>组员 3</td><td colspan="4">×××</td></tr>
<tr><td>1</td><td colspan="2">接受培训</td><td colspan="2">接受应急救援处置方案的交底培训</td></tr>
<tr><td>2</td><td colspan="2">实施救援</td><td colspan="2">接到现场指挥人员命令后开展救援工作</td></tr>
<tr><td colspan="5">注意事项：
（1）救援人员、物资与设备组织落实到位。
（2）按指令落实救援现场配套工作及安全监护。
（3）及时报告救援进展情况及问题。
（4）机械操作必须听从指挥，防止机伤被困人员</td></tr>
<tr><td colspan="5">主要联系人员</td></tr>
<tr><td>序号</td><td>姓名</td><td>职务</td><td>联系电话</td><td>备注</td></tr>
<tr><td>1</td><td></td><td>项目经理</td><td></td><td></td></tr>
<tr><td>2</td><td></td><td>项目书记</td><td></td><td></td></tr>
<tr><td>3</td><td></td><td>项目副经理</td><td></td><td></td></tr>
<tr><td>4</td><td></td><td>项目总工程师</td><td></td><td></td></tr>
<tr><td>5</td><td></td><td>项目安全总监</td><td></td><td></td></tr>
<tr><td>6</td><td></td><td>工程部部长</td><td></td><td></td></tr>
<tr><td>7</td><td></td><td>安质部部长</td><td></td><td></td></tr>
<tr><td>8</td><td></td><td>作业队长</td><td></td><td></td></tr>
<tr><td>9</td><td></td><td>施工员</td><td></td><td></td></tr>
<tr><td>10</td><td></td><td>办公室主任</td><td></td><td></td></tr>
<tr><td>11</td><td></td><td>物设部部长</td><td></td><td></td></tr>
<tr><td>12</td><td></td><td>现场指挥人员</td><td></td><td></td></tr>
<tr><td>13</td><td></td><td>作业队队长</td><td></td><td></td></tr>
<tr><td>14</td><td></td><td>机械操作人员</td><td></td><td></td></tr>
</table>

1.4 技术方案组应急处置卡

组长	项目总工程师	
序号	处置程序	行动内容
1	现场核实、评估及制订方案	辨识应急救援过程中的危险、有害因素，并进行安全风险评估，确定灾害现场监控量测方式，组织开展现场监控
2	指导救援实施及安全监控	根据事故现场的特点，制定相应的应急救援技术措施和应急救援步骤；动态关注现场情况并制定措施，防止发生二次伤害事故
3	配合调查	协助开展对现场有关人员的约谈、并配合调查事故发生的原因

注意事项：

（1）救援方案制订及时可行。

（2）救援指导到位，调整及时。

（3）落实防控措施及监控到位。

（4）数据处理和及时上报

主要联系人员				
序号	姓名	职务	联系电话	备注
1		项目经理		
2		项目书记		
3		项目副经理		
4		项目安全总监		
5		工程部部长		
6		安环部部长		
7		质量部部长		
8		施工员		
9		作业队长		
10		技术指导人员		

组员	相关成员	
序号	处置程序	行动内容
组员1	×××	
1	现场技术监控	开展现场监控量测，协助功能组进行安全风险评估
2	数据处置与判断	数据预警或超限值，及时上报现场指挥人员
组员2	×××	
1	组织撤离	发现数据预警或超限值后，第一时间有效组织人员撤离至安全地带
2	险情报告	及时电话上报险情至作业队队长、项目安全生产管理负责人或项目经理
3	动态监控	现场数据持续预警或超限值及时上报

注意事项： （1）救援方案制订及时可行。 （2）救援指导到位，调整及时。 （3）落实防控措施及监控到位。 （4）数据处理和及时上报				
主要联系人员				
序号	姓名	职务	联系电话	备注
1		项目经理		
2		项目书记		
3		项目副经理		
4		项目总工程师		
5		项目安全总监		
6		工程部部长		
7		安环部部长		
8		质量部部长		
9		施工员		
10		作业队长		
11		技术指导人员		

1.5 后勤保障组应急处置卡

组长	项目书记	
序号	处置程序	行动内容
1	救援物资工器具准备	调配抢险救援急需的物资、设备；负责现场救援及事故调查工作人员生活保障、食宿安排等后勤服务；提供必要的办公用品、交通工具、通信工具、器材等
2	现场交通维护	协助属地政府有关部门进行交通疏解
3	调配物资及设备	调配抢险救援急需的物资、设备
注意事项： （1）按指令落实救援物资设备。 （2）确保设备完好使用正常		

续表

<table>
<tr><td colspan="5">主要联系人员</td></tr>
<tr><td>序号</td><td>姓名</td><td>职务</td><td>联系电话</td><td>备注</td></tr>
<tr><td>1</td><td></td><td>项目经理</td><td></td><td></td></tr>
<tr><td>2</td><td></td><td>项目副经理</td><td></td><td></td></tr>
<tr><td>3</td><td></td><td>项目安全总监</td><td></td><td></td></tr>
<tr><td>4</td><td></td><td>安环部部长</td><td></td><td></td></tr>
<tr><td>5</td><td></td><td>办公室主任</td><td></td><td></td></tr>
<tr><td>6</td><td></td><td>物设部部长</td><td></td><td></td></tr>
<tr><td>组员</td><td colspan="4">相关成员</td></tr>
<tr><td>序号</td><td>处置程序</td><td colspan="3">行动内容</td></tr>
<tr><td>组员 1</td><td colspan="4">×××</td></tr>
<tr><td>1</td><td>救援物资、设备调配</td><td colspan="3">根据救援方案，组织调配救援物资、设备</td></tr>
<tr><td>2</td><td>物资补充、设备维护</td><td colspan="3">根据救援物资消耗情况及时补充物资设备，并进行设备维护</td></tr>
<tr><td>组员 2</td><td colspan="4">×××</td></tr>
<tr><td>1</td><td>后勤服务</td><td colspan="3">做好抢险和事故调查人员生活保障、食宿安排等</td></tr>
<tr><td>2</td><td>办公、通信保障</td><td colspan="3">提供必要的办公用品、交通工具、通信工具、器材等</td></tr>
<tr><td>组员 3</td><td colspan="4">×××</td></tr>
<tr><td>1</td><td>交通疏解</td><td colspan="3">协助属地政府有关部门进行交通疏解，确保现场交通畅通</td></tr>
<tr><td colspan="5">注意事项：
（1）按指令落实救援物资设备。
（2）确保设备完好使用正常</td></tr>
<tr><td colspan="5">主要联系人员</td></tr>
<tr><td>序号</td><td>姓名</td><td>职务</td><td>联系电话</td><td>备注</td></tr>
<tr><td>1</td><td></td><td>项目经理</td><td></td><td></td></tr>
<tr><td>2</td><td></td><td>项目书记</td><td></td><td></td></tr>
<tr><td>3</td><td></td><td>项目副经理</td><td></td><td></td></tr>
<tr><td>4</td><td></td><td>项目安全总监</td><td></td><td></td></tr>
<tr><td>5</td><td></td><td>工程部长</td><td></td><td></td></tr>
<tr><td>6</td><td></td><td>办公室主任</td><td></td><td></td></tr>
<tr><td>7</td><td></td><td>物设部部长</td><td></td><td></td></tr>
<tr><td>8</td><td></td><td>作业队长</td><td></td><td></td></tr>
<tr><td>9</td><td></td><td>安全员</td><td></td><td></td></tr>
<tr><td>10</td><td></td><td>施工员</td><td></td><td></td></tr>
</table>

1.6 安全保卫组应急处置卡

<table>
<tr><td>组长</td><td colspan="4">项目安全总监</td></tr>
<tr><td>序号</td><td colspan="2">处置程序</td><td colspan="2">行动内容</td></tr>
<tr><td>1</td><td colspan="2">现场秩序维护</td><td colspan="2">做好现场保卫、警戒工作，确定疏散路线</td></tr>
<tr><td>2</td><td colspan="2">关注现场动态变化</td><td colspan="2">动态关注现场情况，防止发生二次伤害事故</td></tr>
<tr><td>3</td><td colspan="2">参与指导救援</td><td colspan="2">协助做好受伤人员的转移工作</td></tr>
<tr><td colspan="5">注意事项：
（1）关注现场安全动态变化情况，防止二次伤害。
（2）现场组织人员撤离后，不得盲目抢救被困人员。
（3）出现异常情况或险情扩大及时上报</td></tr>
<tr><td colspan="5">主要联系人员</td></tr>
<tr><td>序号</td><td>姓名</td><td>职务</td><td>联系电话</td><td>备注</td></tr>
<tr><td>1</td><td></td><td>项目经理</td><td></td><td></td></tr>
<tr><td>2</td><td></td><td>项目书记</td><td></td><td></td></tr>
<tr><td>3</td><td></td><td>项目副经理</td><td></td><td></td></tr>
<tr><td>4</td><td></td><td>安环部部长</td><td></td><td></td></tr>
<tr><td>5</td><td></td><td>办公室主任</td><td></td><td></td></tr>
<tr><td>6</td><td></td><td>物设部部长</td><td></td><td></td></tr>
<tr><td>7</td><td></td><td>安全监护人员</td><td></td><td></td></tr>
<tr><td>8</td><td></td><td>安全员</td><td></td><td></td></tr>
<tr><td>9</td><td></td><td>作业班组负责人</td><td></td><td></td></tr>
<tr><td>组员</td><td colspan="4">相关成员</td></tr>
<tr><td>序号</td><td colspan="2">处置程序</td><td colspan="2">行动内容</td></tr>
<tr><td>组员 1</td><td colspan="4">×××</td></tr>
<tr><td>1</td><td colspan="2">动态监控</td><td colspan="2">现场动态监控异常情况和险情变化</td></tr>
<tr><td>2</td><td colspan="2">异常情况处置与判断</td><td colspan="2">出现异常情况或险情扩大，及时上报现场指挥人员</td></tr>
<tr><td>组员 2</td><td colspan="4">×××</td></tr>
<tr><td>1</td><td colspan="2">组织撤离</td><td colspan="2">发现险情后，第一时间有效组织人员撤离至安全地带</td></tr>
<tr><td>2</td><td colspan="2">险情报告</td><td colspan="2">及时电话上报险情至项目安全生产管理负责人或项目经理</td></tr>
<tr><td>3</td><td colspan="2">动态监控</td><td colspan="2">现场动态监控异常情况和险情变化；出现异常情况或险情扩大时及时上报</td></tr>
<tr><td>组员 3</td><td colspan="4">×××</td></tr>
<tr><td>1</td><td colspan="2">组织撤离</td><td colspan="2">发现险情后，第一时间有效组织人员撤离至安全地带</td></tr>
<tr><td>2</td><td colspan="2">稳定现场</td><td colspan="2">控制好现场秩序，做好现场安保工作</td></tr>
</table>

续表

注意事项： （1）关注现场安全动态变化情况，防止二次伤害。 （2）现场组织人员撤离后，不得盲目抢救被困人员。 （3）出现异常情况或险情扩大及时上报				
主要联系人员				
序号	姓名	职务	联系电话	备注
1		项目经理		
2		项目书记		
3		项目副经理		
4		项目安全总监		
5		安环部部长		
6		办公室主任		
7		物设部部长		
8		安全监护人员		
9		安全员		
10		作业班组负责人		

2 应急处置方案卡控要点

2.1 触电伤害

序号	处置步骤	工作岗位或功能组
1	1. 若触电后电源未跳闸，立即通知有关部门进行停电。 2. 事故现场人员应立即疏散、撤离危险区域并采取自救、互救措施；明确一人统一指挥，并进行简要分工。 3. 戴上绝缘手套，穿上绝缘靴，用相应电压等级的绝缘工具按顺序拉断开关。 4. 用高压绝缘杆挑开触电者身上的电线或者挑开触电者。 5. 如果触电者触及断落在地上的带电高压导线，且尚未确证线路无电之前，救护人员不得进入断落点 8～10 m 的范围内，以防止跨步电压触电；进入该范围的救护人员应穿上绝缘靴接近触电者；触电者脱离带电导线后，应迅速将其带至 8～10 m 以外立即开始触电急救；只有在确认线路已经无电，才可在触电者离开触电导线后就地急救。 6. 未采取绝缘措施前，救护人不得直接触及触电者的皮肤和潮湿的衣服。	现场管理人员、作业人员

续表

序号	处置步骤	工作岗位或功能组
1	7. 严禁救护人员直接用手推、拉和触摸触电者，救护人不得采用金属或其他绝缘性能差的物体（如潮湿的木棒、布带等）作为救护工具。 8. 在拉拽触电者脱离电源的过程中，救护人宜用单手操作，这样对救护人比较安全。 9. 当触电者位于高位时，应采取措施预防触电者在脱离电源后，坠地摔伤或摔死（电击二次伤害）。 11. 夜间发生触电事故时，应考虑切断电源后的临时照明问题，以利于救护。 12. 在人员脱离电源后，根据伤者情况采取急救措施，如心肺复苏、止血等。 13. 现场临时救援负责人尽快掌握事故人员涉险及伤亡情况、事故现场初步情况，立即向项目经理或其他负责人电话报告	现场管理人员、作业人员
2	1. 确认触电人员信息，被困情况；（姓名、数量、位置）。 2. 立即通知有关部门，对相关回路进行停电。 3. 根据现场情况制订救援方案。 4. 根据人员受伤情况拨打急救电话	技术方案组、抢险救援组、后勤保障组
3	1. 没法停电时带上绝缘手套，穿上绝缘靴，用相应电压等级的绝缘工具按顺序拉断开关。 2. 用高压绝缘杆挑开触电者身上的电线。 3. 如果触电者触及断落在地上的带电高压导线，且尚未确证线路无电之前，救护人员不得进入断落点 8～10 m 的范围内，以防止跨步电压触电。进入该范围的救护人员应穿上绝缘靴接近触电者，触电者脱离带电导线后，应迅速将其带至 8～10 m 以外	技术方案组、抢险救援组
4	1. 在确认线路已经无电，或者触电人员身处安全地点后，才可对触电者开展就地急救。 2. 根据伤者情况使用不同的急救措施，待情况好转后送就近的医院进行治疗	抢险救援组、后勤保障组
5	1. 在整个救援过程中，对人员、机械等进行协调。 2. 在整个救援过程中，检查维护或修复现场，提供饮用水、食物及调度机械设备、物资等，为现场实施救援提供保障	后勤保障组
6	1. 在整个救援过程中，做好警戒防护，严禁无关人员进入事故现场，对影响地方交通的，做好充分沟通工作。 2. 配合外部调查，提供真实记录资料。 3. 在整个救援过程中，做好保险理赔资料的收集；做好伤亡家属的安抚工作（如有）；确保救助资金到位。 4. 负责媒体接待、采访和引导工作，根据上级单位授权适时发布相关信息	综合协调组

2.2 起重伤害

序号	处置步骤	工作岗位或功能组
1	1. 切断一切动力源、电源、火源，防止事故扩大。 2. 事故发生后，事故现场人员应立即疏散、撤离危险区域并采取自救、互救措施；明确一人统一指挥，并进行简要分工。 3. 确认被困人员信息，被困情况；如果有人员受伤、受困立即拨打医院救护电话。 4. 迅速查看并判断起重机是否支稳，倾覆影响范围及周边是否存在再次坍塌和坠落隐情，对险情进行初步评估，在能力范围内排除险情；不能排除的险情，进行重点警戒。 5. 在能基本保证自身和被困人员安全的情况下实施营救，切勿生拉硬拽、强行搬撬。 6. 对救出到安全地带的受伤人员进行止血、心脏复苏、人工呼吸等常识性医疗救助。 7. 现场临时救援负责人尽快掌握事故人员涉险及伤亡情况、事故现场初步情况，立即向项目经理或其他负责人电话报告	现场管理人员、作业人员
2	1. 确认被困人员信息、被困情况（数量、姓名）。 2. 判定起重机倾覆影响范围、可能发生次生事故情况。 3. 综合起重设备倾覆等基本情况，制订被困人员施救方案和起重设备起复方案	技术方案组、抢险救援组
3	1. 按照被困人员施救方案，在技术支持组的指导下，由抢险救援组实施救援。 2. 施救过程中，切实防范起重机零部件坍塌、被困人员再次伤害等次生事故发生	技术方案组、抢险救援组
4	1. 对救出人员进行现场急救。 2. 对受伤人员及时转送医院救治	抢险救援组、后勤保障组
5	1. 按照起重机起复施救方案，在技术支持组的指导下，由抢险救援组实施起复施救。 2. 施救过程中，划定工作范围、并严格落实施救方案和防护措施	技术方案组、抢险救援组
6	1. 在整个救援过程中，对人员、机械等进行协调。 2. 在整个救援过程中，检查维护或修复现场、水、电管线，提供饮用水、食物及调度机械设备、物资等，为现场实施救援提供保障	后勤保障组
7	1. 在整个救援过程中，做好警戒防护，严禁无关人员进入事故现场，对影响地方交通的，做好充分沟通工作。 2. 配合外部调查，提供真实记录资料。 3. 在整个救援过程中，做好保险理赔资料的收集；做好伤亡家属的安抚工作（如有）；确保救助资金到位。 4. 负责媒体接待、采访和引导工作，根据上级单位授权适时发布相关信息	综合协调组

2.3 车辆伤害

序号	处置步骤	工作岗位或功能组
1	1. 事故发生后，事故现场人员应立即疏散、撤离危险区域并采取自救、互救措施。 2. 明确一人统一指挥，并进行简要分工。 3. 确认被困人员信息及被困情况，如果有人员受伤、受困立即拨打医院救护电话。 4. 对险情进行初步评估，在能力范围内排除险情；不能排除的险情，进行重点警戒。 5. 排查人员被困和伤害情况，在能基本保证自身和被困人员安全的情况下实施营救，切勿生拉硬拽、强行搬撬。 6. 将受伤人员移动到安全地带后，根据受伤人员情况进行止血、心脏复苏、人工呼吸等常识性医疗救助。 7. 现场临时救援负责人尽快掌握事故人员涉险及伤亡情况、事故现场初步情况，立即到有信号的地方，向项目经理或其他负责人电话报告	现场管理人员、作业人员
2	1. 立即将现场情况上报调度指挥中心，申请立即对工程线（轨行区）事故区段封锁线路。 2. 立即组织人员封锁隔离现场，保证无关车辆人员误入事发现场	抢险救援组、安全保卫组
3	1. 通过询问现场人员了解现场人员受伤情况，受伤人员的位置。 2. 现场平板小车是否已经控制，所运物品不会倒塌，小平车不会发生溜滑造成二次伤害。 3. 技术人员根据现场情况制订救援方案和伤员运输路径	技术方案组、抢险救援组
4	1. 按照被困人员施救方案，在技术支持组的指导下，由抢险救援组实施救援。 2. 施救过程中，切实防范小平车所运物品坍塌、被困人员再次伤害等次生事故发生	技术方案组、抢险救援组
5	1. 对救出人员进行现场急救。 2. 对受伤人员及时转送医院救治	抢险救援组、后勤保障组
6	1. 在整个救援过程中，对人员、机械等进行协调。 2. 在整个救援过程中，检查维护或修复现场，提供饮用水、食物及调度机械设备、物资等，为现场实施救援提供保障	后勤保障组
7	1. 立即组织人员尽快清理现场，及时达到列车放行条件，尽早开通该段线路。 2. 向调度指挥中心汇报线路恢复情况，对线路进行开通前确认，解除封锁	综合协调组
8	1. 在整个救援过程中，做好警戒防护，严禁无关人员进入事故现场，对影响地方交通的，做好充分沟通工作。 2. 配合外部调查，提供真实记录资料。 3. 在整个救援过程中，做好保险理赔资料的收集；做好伤亡家属的安抚工作（如有）；确保救助资金到位。 4. 负责媒体接待、采访和引导工作，根据上级单位授权适时发布相关信息	综合协调组

2.4 城市轨道交通事故

序号	处置步骤	工作岗位或功能组
1	1. 当施工进度和预期有明显的差别，无法按时完成时，应减少工作量，提前清理工机具和材料按时离场，等待第二个天窗点进行施工或者加快施工进度。 2. 当施工进度和预期有明显的差别，无法按时完成时，施工任务又必须在当天完成时，现场管理人员提前和相关单位报告情况申请延点，避免因顶点造成人员伤亡。 3. 当施工完成后，在出门清理工机具和材料比实际少时，应立即向相关单位报告，得到批准后返回施工现场寻找遗失的工具和材料，并在规定时间内撤离现场。 4. 当调试出现 BUG 开关误动无法远程恢复时，应立即通知相关单位进行手动操作	现场管理人员、作业人员
2	1. 了解施工现场是何原因影响行车，造成铁路交通事故。 2. 和相关单位进行沟通，报告现场情况	抢险救援组、安全保卫组
3	1. 若因预计施工未完成，则考虑减少工作量，及时恢复相关设备，保证第二天正常运行。 2. 若必须完成施工，立即和相关部门联系，报告现场情况申请延点，避免人员因顶点施工造成伤亡。 3. 当出现工机具遗留在现场，立即和相关部门报告，得到批准后返回现场寻回遗失物品。 4. 如已发生停车事故则由现场人员即时与机车司机沟通及时发车，缩短影响行车的时间。 5. 若因调试造成开关误动，无法远程恢复时。立即停止调试，转用备用系统或者立即联系相关单位，得到批准后派遣值班员进行手动操作，保证设备的正常运行	技术方案组
4	1. 当驻站联络员转发车站发出的放行列车命令后，观察放行列车运行状态。 2. 若需要后续天窗点继续处理的要按要求派人值守监护直至恢复至正常工作状态。 3. 派出领导小组人员与路局主管行车调度的领导取得联系，协调相关善后事宜	技术方案组、抢险救援组、综合协调组
6	1. 在整个救援过程中，对人员、机械等进行协调。 2. 在整个救援过程中，检查维护现场，提供饮用水、食物及调度机械设备、物资等，为现场实施救援提供保障	后勤保障组
8	1. 在整个救援过程中，做好警戒防护，严禁无关人员进入事故现场，对影响地方交通的，做好充分沟通工作。 2. 配合外部调查，提供真实记录资料。 3. 在整个救援过程中，做好保险理赔资料的收集。 4. 负责媒体接待、采访和引导工作，根据上级单位授权适时发布相关信息	综合协调组

2.5 火 灾

序号	处置步骤	工作岗位或功能组
1	现场确认受伤、被困人员情况，燃烧物质、燃烧时间、部位、蔓延方向、火势范围及危害程度以及设备设施、建（构）筑物损坏程度	现场作业人员、值班人员
2	（1）确定救援方案，下达应急指令。 （2）携带救援器材迅速进入现场，采取正确的救助方式，将所有遇险人员移至安全区域。 （3）对救出人员进行现场急救，及时转送医院救治	技术方案组、后勤保障组
3	协助事发单位进行现场灭火，控制火势： （1）电气设备起火，先切断电源，再采用灭火器和直流水枪灭火，有油的电气设备如变压器起火时，采用适宜灭火器材或干燥的砂土盖住火焰。 （2）防水板等塑胶材料起火，采取高压水冲击的方法灭火。灭火水枪设在上风和侧风方向。进入烟区的扑救人员穿戴防毒面具和防护服。 （3）机械设备燃烧，采用灭火器灭火。 （4）乙炔管路燃烧，采用适宜灭火器材或干燥的砂土盖住火焰，使火熄灭。 （5）灭火期间，应注意观察洞内风流，防止火风压引起风流逆转	抢险救援组、后勤保障组
4	（1）引导消防车、救护车及时进入现场。 （2）消防大队到达现场以后，按照消防大队指令配合灭火	后勤保障组
5	负责媒体接待、采访和引导工作，根据上级单位授权适时发布相关信息	综合协调组

YJ

中铁二局集团有限公司

YJ/ZTEJ–2020

京原铁路项目四电工程
安全质量、生态环境事故（事件）
现场处置方案

2020 年 12 月

中铁二局京原铁路项目经理部

批 准 页

中铁二局《京原铁路项目四电工程安全质量、生态环境事故（事件）现场处置方案》是中铁二局京原铁路项目经理部为保护员工生命安全，减少财产损失，确保事故发生时快速反应、妥善处置而制定的内部规范性文件。

本处置方案是在开展事故风险分析和应急资源调查的基础上，针对具体的作业场所或设备设施制定的工作方案，同时考虑了突发质量事故、突发环境（安全事故衍生）事件的应急情形，明确了铁路四电工程出现不可接受风险事件时，项目应急组织机构与职责、应急响应、应急处置原则、应急保障等相关要求，适用于铁路四电工程接触网塌网、侵限或防护不当、损坏既有光电缆和设备、触电、设备吊装倾覆及突发环境事件等现场处置工作。

中铁二局《京原铁路项目四电工程安全质量、生态环境事故（事件）现场处置方案》经中铁二局京原铁路项目经理部安全生产领导小组批准，现正式实施。

项目书记：

项目经理：

年 月 日

目　录

1 事故风险分析

按风险评估要求，对该四电工程施工过程中可能存在的危险因素进行了全面辨识，并使用风险矩阵评价法，对可能发生的各类型事故产生的风险后果进行了评价。京原铁路项目四电工程风险评估结果显示：在可能导致的7种事故类型，中度风险的有4项，高度风险的有3项。高度风险及极高风险见表1。

表1 四电工程高度风险及极高风险分析

序号	事故类型	易发区域、影响范围	事故原因	风险等级	事故征兆	可能引发的次生衍生事故	备注
1	接触网塌网	接触网施工区段、既有接触网改造区段、公路邻近铁路接触网区段	1. 接触网连接不可靠等质量问题导致脱落。 2. 电气连接不良等质量问题烧毁接触网。 3. 支柱受外力而断裂	高度风险（不期望）	无	1. 物体打击。 2. 高坠。 3. 触电。	
2	影响行车	铁路运营区段	1. 物资、设备、机具或人员侵限。 2. 邻近既有线施工防护不到位。 3. 施工器具操作不当造成红光带。 4. 无计划超范围施工	高度风险（不期望）	无	1. 物体打击。 2. 触电	
3	光电缆损坏影响行车	站场区间在路肩或股道间开挖缆沟及基坑，影响区间及站场通信、区间及站场信号	1. 对既有地下管线情况不清楚，人工开挖探沟不仔细，地下设施调查未全面覆盖。 2. 违章作业，施工野蛮，安全防护不到位，无设备管理单位人员现场配合指导擅自施工	高度风险（不期望）	1. 线缆外皮损伤，有明显折痕，线路通信发生异常，数据传送出现掉包现象，设备出现重启或断电现象。 2. 信号电缆外护套划伤和芯线损害，信号机灭灯，信号显示降级。 3. 禁止灯光灭灯时，不允许信号信号机再开放。 4. 道岔定反位不能正常操动或者定反位表示回不到室内。 5. 无车占用时红光带	致使铁路通信中断，铁路信号显示混乱或中断，导致铁路行车事故的发生，造成人身伤亡和财产损失，还可能伴随触电事故发生，造成次生伤害	

续表

序号	事故类型	易发区域、影响范围	事故原因	风险等级	事故征兆	可能引发的次生衍生事故	备注
4	设备损坏影响行车	通信机房、通信基站，信号轨旁设备，信号机房，变电所，区间接地封线处	1. 操作不当造成设备损坏。 2. 自然因素外力造成设备损坏。 3. 漏缆脱落侵限、信号机安装质量不合格侵限等质量问题导致侵限影响行车	高度风险（不期望）	1. 设备报警、关闭，通信中断。信号机出现灭灯或者允许信号非正常变为禁止信号现象。 2. 道岔出现无法转换或者失去表示的现场。 3. 方向电路无法办理或者半自动闭塞设备失效。 4. 包括且不限于以上情况导致影响正常接发列车	致使铁路信号显示混乱或中断，导致铁路行车事故的发生，造成人身伤亡和财产损失	
5	触电	送电区段	1. 未按操作规程进行送电前检查。 2. 拆除接地线后还在进行施工就进行送电。 3. 误进入有电区作业。 4. 邻近既有电力线施工绝缘距离不够。 5. 雷击。 6. 感应电	高度风险（不期望）	无	影响行车	
6	设备吊装倾覆	设备吊装区	1. 未按操作规程操作。 2. 起重设备支腿不牢、地基承载力不够。 3. 起重机械未进行进场验收，起重机械质量不合格易造成起重伤害。 4. 机械选型错误，起重能力不足	高度风险（不期望）	1. 起吊过程中出现支腿地基下沉。 2. 支脚油缸液压油泄漏，油管爆裂	物体打击	

备注："铁路事故"是指火车（包括所有机车、车厢或车皮一类的车辆）在运行过程中发生碰撞、脱轨、火灾、爆炸、断电等影响正常行车安全的事故，也包括铁路运输系统在相关作业过程中发生的事故、火车在运行过程中与行人、机动车、非机动车、牲畜及其他障碍物相撞的事故，甚至还包括因管理、操作不当而导致的严重晚点情况等。

2 事故响应

根据事故信息、初步原因分析、人员伤亡情况、经济损失和社会影响范围等因素划分，将应急响应级别分为Ⅰ～Ⅳ级，项目部负责第Ⅳ级应急响应工作，配合Ⅰ、Ⅱ、Ⅲ级响应工作。其响应分级、启动条件见表2。

表2 响应分级

序号	响应分级	启动条件（下列情况之一）	响应部门人员	响应内容
1	Ⅰ级 中国中铁	1. 初判可能发生死亡10人或重伤50人及以上事故。 2. 初判可能发生直接经。损失5 000万元及以上的事故。 3. 一次食物中毒100人并出现死亡病例，或一次食物中毒出现10例及以上死亡病例；一次发生急性职业中毒50人及以上，死亡5人及以上的重大突发公共卫生事件。 4. 初判可能发生1 000人以上人员疏散、转移的突发环境事件或自然灾害事故（事件）	中国中铁：领导及相关人员 中铁二局：公司主要领导，分管领导，工会主席，安全总监，公司办公室、安质环保部、工程管理部、人力资源部、宣传部、工会等负责人及相关人员 子（分）公司：主要领导、分管领导、工会主席、安全总监，安质环保部、工程管理部、人力资源部、党群工作部、工会等负责人及相关人员 区域公司：主要领导、监管领导、工程部长及相关人员	事故发生项目部立即启动应急预案，在规定时限内报告地方政府监督管理部门，并按程序逐级内部上报。各相应层级单位组织有关人员赶赴现场，接受现场指挥部下达的各项指令
2	Ⅱ级 中铁二局	1. 初判可能发生死亡3～9人，或重伤10～49人的事故。 2. 初判可能发生直接经济损失1 000万～5 000万元（不含）的事故。 3. 一次食物中毒超过100人，或出现死亡病例；一次发生急性职业中毒10～49人，死亡5人以下的较大突发公共卫生事件。 4. 初判可能发生500～1 000人疏散、转移的突发环境事件或自然灾害事故（事件）	中铁二局：公司分管领导、工会主席、安全总监，安质环保部、工程管理部、宣传部、工会等负责人及相关人员 子（分）公司：主要领导、分管领导、工会主席，安全总监，安质环保部、工程管理部、党群工作部、工会等负责人及相关人员 区域公司：主要领导、监管领导、工程部长及相关人员	事故发生项目经理部立即启动应急预案，在规定时限内报告地方政府监督管理部门，并按程序逐级内部上报。相关单位组织有关人员赶赴现场，接受现场指挥部下达的各项指令

续表

序号	响应分级	启动条件（下列情况之一）	响应部门人员	响应内容
3	Ⅲ级 子（分）公司、区域公司	1. 初判可能发生死亡 1～2 人或 3～9 人重伤的安全事故。 2. 初判可能发生直接经济损失 100 万～1 000 万元（不含）的事故。 3. 初判可能发生 200 人～499 人疏散、转移的突发环境事件或自然灾害事故。 4. 营业线施工及施工破坏管线，造成较大影响的事故。 5. 无人员伤亡，但社会影响较大的险性事故（事件）： （1）初判构成铁路交通一般 A、B、C 类事故。 （2）其他影响大，损失严重的险性事故	子（分）公司：分管领导、安全总监、安质环保部、工程管理部部长及相关人员 区域公司：监管领导、工程部长及相关人员	事故发生项目经理部立即启动应急预案，在规定时限内报告地方政府监督管理部门，并按程序上报公司。公司接到事故（事件）报告后，立即启动公司应急预案，组织有关人员赶赴现场，开展应急救援工作
4	Ⅳ级 项目经理部	1. 初判可能发生人员重伤 1～2 人的事故。 2. 初判可能发生直接经济损失 20 万～100 万元（不含）的事故。 3. 初判构成铁路交通一般 D 类及以下事故。 4. 其他影响较大，损失较重的险性事故	项目经理部：领导班子、职能部门及相关人员	事故发生项目经理部按程序上报，立即启动应急预案，开展应急救援工作

3　应急组织机构及工作职责

3.1　应急组织机构

3.1.1　组织机构

项目组织机构见图 1。

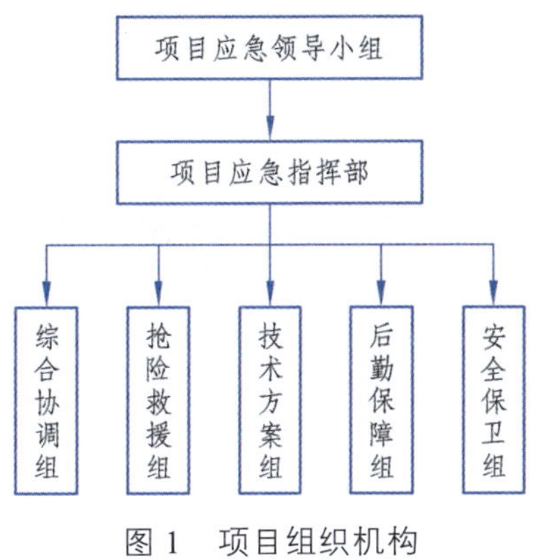

图 1　项目组织机构

3.1.2　应急组织机构设置

项目经理部设立应急领导小组，并下设五个应急处置组。

组　长：项目经理

副组长：项目书记、项目副经理、项目总工程师、项目安全总监

成　员：工程部、安全环保部、质量管理部、工经部、物机部、财会部、办公室、试验室等部门负责人和有关人员

应急领导小组办公室设在安质环保部，并设 24 小时值班电话。

3.2　应急领导小组职责

在发生事故和突发紧急事件时，必须立即组织应急队伍迅速到达事故现场。各应急处置组及副组长必须服从组长统一安排，按职责分工进行应急处置工作。当组长不在现场时，由副职或者上级单位指定人员履行应急处置职责。

3.2.1　应急领导小组主要职责

1. 建立健全事故应急机构。
2. 组织编制项目部应急预案和现场处置方案。
3. 负责组织调配或购置应急物资、设备，监督指导项目职能部门建立应急管理工作台账。
4. 负责组织应急知识培训教育、宣传及应急预案培训、演练、评价工作。
5. 负责启动应急预案、及时调配应急资源。
6. 按照应急响应分级和程序，向上级和属地政府部门报告事故情况。
7. 接受上级或地方政府应急救援现场指挥部的领导，落实指令。
8. 指挥现场应急人员开展应急救援，采取有效措施防止事故扩大，并保护事故现场。
9. 配合事故调查，做好善后处置工作。

3.2.2　组长（项目经理）职责

1. 组织应急队伍迅速到达事故现场，指挥现场人员开展应急救援。
2. 组织采取有效措施防止事故扩大，最大限度减少人员伤亡和财产损失。

3. 组织保护好事故现场，并及时向当地政府部门和上级报告事故情况。

3.2.3 副组长（项目书记）职责

1. 负责组织媒体接待、采访和引导工作，配合上级单位发布相关信息。
2. 组织伤亡人员及家属的接待、稳定工作。
3. 组织保险理赔工作。

3.2.4 副组长（项目副经理）职责

1. 负责组织实施现场应急救援。
2. 及时向组长汇报事件发生和发展信息，尤其是异常信息。
3. 组织保障现场交通。

3.2.5 副组长（项目总工程师）职责

1. 组织对应急救援进行安全风险评估。
2. 初步分析事故发生的技术原因。
3. 组织制定应急救援技术措施。

3.2.6 副组长（项目安全总监）职责：

1. 初步分析事故发生的原因。
2. 协助相关机构调查取证。
3. 协助相关机构人员的约谈。

3.3 应急处置组职责

3.3.1 综合协调组职责

1. 负责信息收集与传递。
2. 负责媒体接待、采访和引导工作，配合上级单位发布相关信息。
3. 做好受伤人员救护及家属的接待、稳定工作。
4. 做好保险理赔工作。

3.3.2 抢险救援组职责

1. 采取措施防止次生灾害、保护伤员。
2. 按照方案组织救援，科学合理地提出应急物资、设备、人力配备建议。
3. 抢救现场伤员、设备及物资。
4. 必要时配合外部救援工作。

3.3.3　技术方案组职责

1. 辨识应急救援过程中的危险、有害因素，并进行安全风险评估。
2. 制定应急救援技术措施和救援步骤，指导救援。
3. 确定灾害现场监控量测方式，组织开展现场监控量测。
4. 协助开展对现场有关人员的约谈，调查了解事故发生的原因，配合上级单位进行事故调查。

3.3.4　后勤保障组职责

1. 负责现场抢险救援及事故调查工作人员生活保障、食宿安排等后勤服务；提供必要的办公用品、交通工具、通信工具、器材等。
2. 协助属地政府有关部门进行交通疏解。
3. 调配抢险救援急需的物资、设备等。

3.3.5　安全保卫组职责

1. 保证现场应急救援通道的畅通。
2. 做好现场保卫、警戒工作。
3. 动态关注现场情况，防止发生二次伤害事故。
4. 依据拟定技术措施和救援步骤，协助现场救援。

4　应急处置

4.1　生产安全事故应急处置

4.1.1　生产安全事故应急响应程序

生产安全事故应急响应程序见图 2。

4.1.2　现场应急处置步骤及内容

1. 事故发生后，事故现场人员应立即撤离至安全区域，等待应急领导小组的指令不得盲目展开应急处置以免发生二次伤害事故。
2. 现场人员第一时间通知项目经理；立即通知两端车站拦停可能通过事故区域列车，通知设备管理单位、在车站登记销记。
3. 项目经理或其他负责人立即启动现场应急处置方案赶赴现场指挥；根据事故情况判断若为已送电电化区段且必须抢险，则应上报电力调度办理牵引供电停电手续，上报车站行车调度办理封锁点手续。
4. 确定方案开展应急处理。
5. 检查应急处置情况，办理销点手续，办理送电验电手续。开通前会同设备单位检查确认放行条件。

6. 应急处置终止，保驾护航放行列车并派人监护。

7. 事故调查及善后处理。

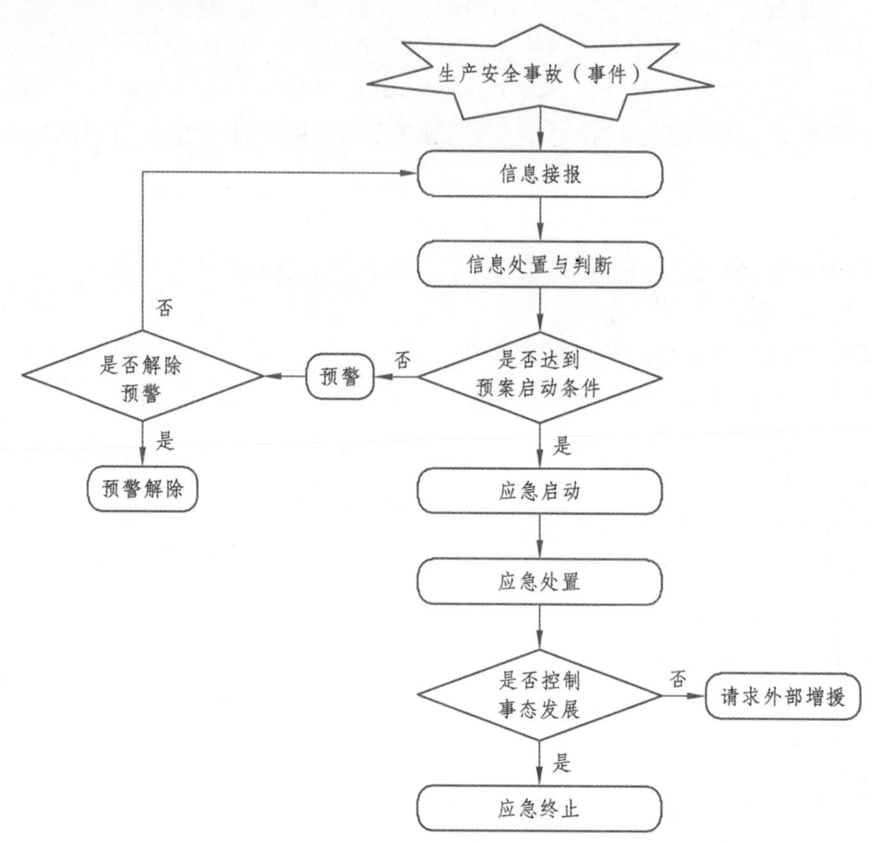

图 2　生产安全事故应急响应程序

4.1.3　应急处置措施

1. 接触网塌网构成铁路交通事故现场应急处置措施。

（1）抢修原则及安全规定：

① 事故抢修应统一指挥，处理方案科学合理，本着“先通后复”“先通一线”的原则，故障排除和抢修过程中不得给以后的修复和施工及其他部门的工作造成困难，杜绝人身伤亡，保证行车安全。

“先通后复”：以最快的速度使设备先行临时供电，疏通线路，必要时采取迂回供电、越区供电和降弓通过等措施，尽量缩短停电、中断行车时间，随后要尽快安排时间处理遗留问题，使牵引供电设备尽快恢复正常技术状态。

接触网故障抢修应按照“先重点后一般”的规定，优先确保列车、重点列车运行。

② 事故抢修时应遵循“先通车、后恢复”的原则，快速组织抢修，尽量缩小事故范围，减少事故损失。

③ 应急小组人员到达现场后，应迅速控制事故范围，防止事故扩大化。如果事故范围较长，则根据设备损坏数量及人员、机具情况，将事故范围划分几个作业小组分片、分区进行抢修。

④ 抢修人员在到达现场后，要充分利用电力调度员下达准许作业命令并验电接地这段时

间，进行好抢修作业的有关准备工作。待电力调度员下达准许作业命令后，验电接地后方可开展抢修作业。

⑤ 遇有人员伤亡时，小组人员应立即向上级主管部门汇报。同时，还应与当地医疗部门联系抢救受伤人员。

（2）应急救援措施（表 3、表 4）。

表 3　接触网断线应急处置措施

序号	任务	主要工作内容	责任分工
1	现场确认	1. 现场检查塌网范围。 2. 对塌网的性质及塌网区域各组件的受力进行分析，了解塌网的基本情况	抢险救援组
2	制订方案	根据塌网的基本情况、塌网的规模及类型以及区域内的各组件受力情况等综合分析制订抢险方案	抢险救援组、技术方案组
3	准备工作	1. 将备好的相关抢险用物资及机具运送至抢险点；申请停电封锁点。 2. 等待抢险领导小组的抢险命令。 3. 停电作业命令下达后，按规程要求验电接地	抢险救援组、后勤保障组
4	断线接续	1. 接触线塌网、断线抢修 当发现导线断线时，应查明断线两侧导线损伤情况及破坏是否波及中心锚结和补偿装置。如果断头两侧导线没有较大损伤，导线长度没有较大变化，可直接紧线（紧线前卸下此半个锚段的补偿坠砣 5～8 块）做接头恢复，恢复后检查接头质量，接触网各种技术状态。 断头两侧导线严重损伤 50 m 以内，必须另接一段导线，接线时注意导线的张力，接好后检查接头质量及各部状态。 2. 承力索塌网、断线抢修 承力索断线，应另外接一段新承力索。如果破坏范围在一个跨距内用链条葫芦紧起承力索，一次性恢复。影响范围大时，两端下锚分别接一段新承力索硬锚在支柱上，后面要点更换承力索恢复原状。 3. 分段绝缘器的抢修 分段绝缘器零件脱落，影响列车通过，应先到车站办理封闭作业手续，利用封闭点出动作业车或利用梯车处理更换分段绝缘器零件。 4. 绝缘子故障抢修 棒式绝缘子断裂，腕臂脱落，影响行车时应先到车站办理封闭抢修手续，利用封闭点人工更换或利用作业车更换。 5. 补偿绳断线抢修 在锚柱上用链条葫芦下硬锚，检查锚段关节和本锚段的技术状态，利用作业车要点进行处理。 6. 附加线断线抢修 抢修方案：发现附加线线断线，现场首先查明并报告是否影响行车，损坏线索长度，令作业队及时利用人工修复	抢险救援组、安全保卫组

续表

序号	任务	主要工作内容	责任分工
5	销点前检查	1. 复查定位器坡度、沿线路方向偏移值，测量接触线高度、拉出值（之字值）和跨中接触线对受电弓偏移值，调整有关零部件，使之符合规定。 2. 在接触悬挂暂无法恢复到技术要求的地段，根据情况，按要求设置升、降受电弓标志。 3. 清理作业现场，检查所有的抢险用物资及机具和拆除的物资等全部撤离至安全区域。 4. 检查接地线按规程要求拆除。 5. 检查所有抢险人员撤至安全区域	抢险救援组、技术方案组
6	放行列车后保驾	1. 当应急处置总指挥下达救援工作结束和开通线路命令后，结束作业，向电力调度员申请送电。 2. 验电后等待第一辆列车的通过，核实接触网工作状态，若需要后续天窗点继续处理的要按要求派人值守监护直至该区段接触网全部恢复至正常工作状态。如有异常则重启抢险程序	抢险救援组
备注： 1. 各项目结合接触网工程施工环境和现场实际情况，合理选用应急处置措施。 2. 相关图例、图示，根据现场实际需要附后			

表 4　接触网断杆应急处置措施

序号	任务	主要工作内容	责任分工
1	现场确认	1. 现场检查断杆范围。 2. 对断杆的性质及断杆处接触网的受力进行分析，了解塌网的基本情况	抢险救援组
2	制订方案	根据塌网的基本情况、塌网的规模及类型以及区域内的支柱受力情况等综合分析制订抢险方案	抢险救援组、技术方案组
3	准备工作	1. 将备好的相关抢险用物资及机具运送至抢险点。 2. 等待抢险领导小组的抢险命令。 3. 停电作业命令下达后，按规程要求验电接地	抢险救援组、后勤保障组
4	支柱抢修	1. 用临时支柱，代替原有支柱。 2. 暂时取消折断支柱侧的悬挂支撑、定位等部件，将承力索和导线吊起，慢行或降弓通过。 3. 借助地理条件，稳固的建筑物时，可在高处打地锚角钢的方法把接触悬挂支撑起来。 采用方法视具体情况而定，一般采用第一种方法，因为简单实用，不需慢行或降弓，符合接触网事故抢修原则，当支柱断 2 根可根据情况立 1 根临时支柱。断 3 根可根据情况立 2 根临时支柱	抢险救援组、安全保卫组

续表

序号	任务	主要工作内容	责任分工
5	销点前检查	1. 复查定位器坡度、沿线路方向偏移值，测量接触线高度、拉出值（之字值）和跨中接触线对受电弓偏移值，调整有关零部件，使之符合规定。 2. 在接触悬挂暂无法恢复到技术要求的地段，根据情况，按要求设置升、降受电弓标志。 3. 清理作业现场，检查所有的抢险用物资及机具和拆除的物资等全部撤离至安全区域。 4. 检查接地线按规程要求拆除。 5. 检查所有抢险人员撤至安全区域	抢险救援组
6	放行列车后保驾	1. 当应急处置总指挥下达救援工作结束和开通线路命令后，结束作业，向电力调度员申请送电。 2. 验电后等待第一辆列车的通过，核实接触网工作状态，若需要后续天窗点继续处理的要按要求派人值守监护直至该区段接触网全部恢复至正常工作状态。如有异常则重启抢险程序	
备注： 1. 各项目结合接触网工程施工环境和现场实际情况，合理选用应急处置措施。 2. 相关图例、图示，根据现场实际需要附后			

（3）断杆抢修方法及施工注意事项。

① 中间柱的抢修方法。

A. 直线区段的中间柱折断，接触悬挂高度在规定值以上时，可不立杆，接触悬挂在此处不悬挂，不定位，即可送电。

B. 曲外支柱折断，在保证接触悬挂高度、拉出值和电气安全距离条件下，可不立支柱，否则，需立抢修支柱挑起悬挂。在保证接触悬挂和电气安全距离条件下恢复供电。

C. 曲内支柱折断，在保证接触悬挂高度、拉出值和电气安全距离条件下，可不立支柱。否则，需立抢修支柱挑起悬挂，曲线内侧清理现场破损支柱及场地，拆除损坏支柱悬挂装置。

② 锚柱抢修方法。

A. 若相邻两锚段长度不大，可在两转换柱间将两锚段承力索和导线分别合并，合并后要保证张力平衡，必需时可取消一个中心锚结，在断杆处立抢修支柱，将悬挂挑起。

另一种方案：在并锚的同时，在断杆处按规定安装临时小铁塔，采用单拉手的软定位形式，固定好承力索、接触线。

B. 如相邻两锚段长度均比较大，不宜延长锚段时，可借助附近容量足够的支柱下锚，但必须注意要上紧拉线。临时下锚可做硬锚，其下锚拉线紧固良好，且在受力方向上，处理此类故障时必须注意，紧起后的导线高度必须达到规定要求值以上，锚段关节处的过渡要保证电气连接可靠，回路畅通。

③ 中心柱、转换柱事故抢修方法。

可立抢修支柱或利用附近建筑物挑起悬挂，降弓通过。当两悬挂间不能保证规定的绝缘距离时，可暂不作绝缘锚段关节用。

转换柱折断后，不仅会损坏锚段关节，而且会波及两个锚段的接触悬挂。抢修时，不仅要恢复断柱处的接触悬挂，而且需调整整个锚段关节及恢复两相邻锚段被波及的接触悬挂和附加悬挂等，转换柱事故抢修有以下方法：

A. 直接用小铁塔进行抢修：清理现场破损支柱及接触悬挂装置以及加悬挂装置；如在绝缘关节发生故障，由于时间紧迫，保证不了绝缘方面的安全距离，必须将绝缘锚段关节按非绝缘锚段关节对待；安排临时支柱小铁塔（具体办法同中间支柱中介绍），立起小铁塔固定后，在田野侧打两根“人”字形拉线；安装临时支柱上两组接触悬挂的支持装置（条件允许时，应采用临时软定位方式）和附加悬挂的肩架；采用软定位把接触线、承力索固定到规定位置，保证接触线高度和拉出值，检查调整锚段关节。

B. 取消断柱处接触悬挂的支持、定位装置，布置好安全措施，采取降弓通过的抢修方法，应注意，在绝缘锚段关节处折断时，应将其他支柱的接触线水平间距按绝缘锚段关节与非绝缘锚段关节技术要求之间的范围内进行调整。

工作完成后，调整好拉出值，同时检查整个锚段波及的范围，调整好线岔、锚段关节、电连接等，使设备达到开通条件。抢修工作完毕后，人员下网，拆除地线，撤除防护，向供电调度消令。按规定观察送电后列车在事故点运行情况，无异常后，人员撤离，抢修工作结束，以后按计划尽早恢复设备的正常状态。在进行支柱抢修工程中，应考虑附加线的安放。建议凡立临时支柱小铁塔的情况都需要把附加线肩架装好，把故障处附加线按照规定弛度、间距固定，以防受风力或其他外力影响，侵入其他线路。加强线需要做好绝缘措施，在没有立小铁塔的情况时，在折断支柱相邻支柱上打上手扳葫芦，减小附加线的弛度，再拆除手扳葫芦，固定好附加线。以上为临时措施，需尽快恢复正常。

④ 施工注意事项：

A. 在整个抢修工作中，始终将安全放在首位，要坚持安全作业，严格遵守《接触网安全工作规程》和铁路总公司、路局有关规定，防止杜绝衍生事故的发生。

B. 抢修过程中要坚持设置行车防护，防护人员要思想集中，坚守岗位，履行职责，及时、准确地传递信号。

C. 接触网修复过程中，对接触网主导电回路、安全距离、紧固力矩及受电弓动态联络线等关键部位要严格把关。抢修工作结束后，现场抢修指挥人要确认符合供电、行车条件且人员、机具、材料全部撤到安全地带后，通知驻站联络员销令送电。接触网送电后，要观察 1～2 列电力机车通过情况，确认运行正常后方准撤离现场。

2. 铁路交通事故（侵限或防护不当影响行车事故）现场应急处置措施。

（1）现场人员的先期处置措施

① 向上级报告侵限或防护不当等造成的影响行车事故。

②确认自身安全的情况下挪开侵限物，防护不当的立即纠正并采取正确的防护措施，施工不当造成红光带的立即采取措施消除红光带。

③ 如侵限状态短时间不能解除或是人少、物大、无法移动等情况就得紧急拦停列车，如无列车则立即通知两端车站拦停可能通过事故区域列车。

（2）应急措施（表 5）。

表 5 侵限或防护不当影响行车事故现场应急处置措施

侵限或防护不当影响行车事故应急处置措施			
序号	任务	主要工作内容	责任分工
1	现场确认	1. 电话询问现场侵限范围或防护不当影响范围及先期处置措施是否已消除隐患。 2. 检查现场确认隐患排除及前期处置情况	抢险救援组
2	现场协调	如已发生停车事故则由现场人员即时与机车司机沟通及时发车，缩短影响行车的时间	综合协调组
3	车站及行车调度协调	1. 报告相邻车站，派出驻站联络员与车站取得联系与机车司机上报的事故类型一致，争分夺秒协调尽快放行列车，缩短影响行车的时间。 2. 根据影响行车的情况派出协调人员与路局行车调度取得联系，将行车事故影响缩小到最小范围。 3. 派出领导小组人员与路局主管行车调度的领导取得联系，协调相关善后事宜	综合协调组、后勤保障组
4	放行列车后保驾	1. 当驻站联络员转发车站发出的放行列车命令后，观察放行列车运行状态。 2. 若需要后续天窗点继续处理的要按要求派人值守监护直至恢复至正常工作状态	抢险救援组
备注： 1. 各项目结合四电工程施工环境和现场实际情况，合理选用应急处置措施。 2. 相关图例、图示，根据现场实际需要附后			

3. 光电缆中断影响行车事故现场应急处置措施。

（1）光、电缆中断险情类别：

① 当施工现场作业人员挖断、挖伤光、电缆时，现场施工负责人立即将光、电缆损伤情况通知现场设备管理单位。同时立即上报项目经理部。项目经理部第一时间启动应急预案，组织人力、物力同设备管理单位对光、电缆进行接续抢修，第一时间抢通线路，确保列车安全运行。

② 当因其他原因造成光、电缆中断时，项目经理部立即启动应急预案，与设备管理单位联合对险情进行控制抢修。项目经理部第一时间根据光、电缆中断情况，全力组织人力、物力同设备管理单位一并进入抢险状态。将险情造成的损失控制到最低限度。

（2）应急救援措施（表 6）。

表 6 光电缆中断影响行车应急处置措施

光电缆中断影响行车应急处置措施			
序号	任务	主要工作内容	责任分工
1	现场确认	1. 找到故障点，按要求设置防护。 2. 将故障点光电缆受损情况报设备管理部门、领导小组负责人。 3. 向设备管理单位申请启用备用光电缆	现场作业人员 抢险救援组
2	制订方案	根据现场光电缆余留情况及光电缆伤害范围情况制订相应的抢险方案	抢险救援组、技术方案组

续表

序号	任务	主要工作内容	责任分工
3	准备工作	1. 将备好相关抢险用物资及机具运送至抢险点。 2. 等待抢险领导小组的抢险命令；申请封锁点。 3. 封锁作业命令下达后，按规程要求设好防护。 4. 安排人员把故障点两端的光、电缆按操作要求挖出 5~10 m 长，保证接续时使用；开挖的接头坑面积保证不少于两人作业。 5. 在开挖光、电缆接续坑的同时，将受损光、电缆两端理顺到合适长度，清洁受损光、电缆两端做好接续准备工作	抢险救援组、后勤保障组
4	断缆接续	1. 有预留的光、电缆可以挖出做现场接续使用。 2. 如光电缆伤害范围小并能尽快恢复的，可将预留光电缆挖出进行清洗，把光、电缆开天窗 1.5 m，把受伤及断纤的束管截断，剥出光纤清洁接续，测试电路损耗在允许的范围内后，将接头盒封装并做防水处理，将挖出的光、电缆及接续盒按照设计标准填埋并埋好标桩。 3. 光电缆现场接续操作人员必须持证上岗，严格按照铁路要求接续纤芯损耗小于 0.08 dB，测试所有业务都回复正常后将接续盒封装并做防水处理，按照设计标准将多余的光电缆盘好放入电缆井填砂处理，敷设标桩清理现场	抢险救援组、安全保卫组
5	销点前检查	1. 完成工作后及时向设备管理单位及项目领导小组负责人汇报事故处理情况。 2. 配合设备管理单位进行现场测试和试验。 3. 清理作业现场，检查所有的抢险用物资及机具和拆除的物资等全部撤离至安全区域。 4. 检查所有抢险人员撤至安全区域	抢险救援组
6	放行列车后保驾	1. 当应急处置总指挥下达救援工作结束和开通线路命令后，结束作业，向行车调度员申请销点。 2. 封锁点销记后等待第一辆列车的通过，核实通信信号光电缆工作状态，若需要后续天窗点继续处理的要按要求派人值守监护直至该区段通信信号工程全部恢复至正常工作状态。如有异常则重启抢险程序	抢险救援组
备注： 1. 各项目结合通信信号工程工程施工环境和现场实际情况，合理选用应急处置措施。 2. 相关图例、图示，根据现场实际需要附后。 3. 光电缆接续的顺序按照业务的重要性进行修复： A. 运用中的计轴通道； B. 站间行车电话； C. TDCS 和 CTC 的网络通道； D. 车辆运行安全监测传输通道； E. 客票发售与预定系统网络通道； F. 车号自动识别系统网络通道； G. 其他备用通道			

4. 设备损坏影响行车事故应急处置措施。

（1）通信信号设备损坏影响到行车对此必须坚持以下应急处置工作原则：

① 导向安全的原则。

应急处置必须坚持安全第一，处置过程必须做到有序可控。

② 按章处置的原则。

故障应急处置必须严格遵守应急处置的相关程序和规章制度。应急处置严格执行“一停用、二汇报、三处理、四确认”制度，即：按规定停用相关故障设备→按规定逐级汇报→按有关规定进行处理→监视首趟列车通过时的设备状态、确认首趟列车运行正常。

③ 减少损失的原则。

故障应急处置必须尽最大可能减少生命财产损失和减少对运输秩序的影响，防止次生灾害发生。故障处理基本原则：先恢复正线设备，后恢复侧线设备；先临时抢通，后正式恢复设备。

④ 单一指挥的原则。

故障应急处置必须要遵循单一指挥的原则。其中：

A. 网络设备故障由电务段指挥处置，相关单位配合；

B. CTC/TDCS、半自动闭塞、安全数据网等车站设备故障，由电务段指挥，通信段配合；

C. CTC/TDCS 中心设备故障，由中心设备维护单位指挥，电务段配合。

（2）应急救援措施（表 7）。

表 7　通信信号设备损坏影响行车应急处置措施

通信信号设备损坏影响行车应急处置措施			
序号	任务	主要工作内容	责任分工
1	现场确认	1. 找到损坏的设备，按要求设置防护和警戒。 2. 将设备受损情况报设备管理部门、领导小组负责人。 3. 向设备管理单位申请停用损坏设备，启用备用设备	现场作业人员、抢险救援组、综合协调组
2	制订方案	1. 根据现场设备所属正线侧线情况及设备损坏影响范围情况制订相应的抢险方案。 2. 积极研究临时过渡方案：遇一时无法恢复的列控系统故障，技术方案组应积极组织研究临时过渡方案，研判安全风险，确定故障停用范围或向运用单位提出书面行车限制条件建议，及时规范登记，卡控安全风险，尽可能减少对运输的干扰	抢险救援组、技术方案组
3	准备工作	1. 将备好的相关抢险用物资及机具运送至抢险点。 2. 等待抢险领导小组的抢险命令；申请封锁点。 3. 封锁作业命令下达后，按规程要求设好防护	抢险救援组、后勤保障组
4	设备故障处理	1. 确认故障现象。专业技术人员到达控制台，通过计算机联锁显示器、CTC/TDCS 终端和集中监测等查看设备状态，利用报警或监测信息迅速判明故障现象。 2. 登记停用相关故障设备，按规定逐级汇报。 3. 按有关规定进行处理。项目部配合电务工区人员按照设备故障的处理程序，对故障设备进行处置。 4. 复查试验。故障处理完毕后，由电务段人员对故障相关的设备进行复查，按照规定进行联锁试验	抢险救援组、安全保卫组

续表

序号	任务	主要工作内容	责任分工
5	销点前检查	1. 现场处置人员应配合电务段做好设备恢复使用前的试验确认。 2. 清理作业现场，检查所有的抢险用物资及机具和拆除的物资等全部撤离至安全区域。 3. 检查所有抢险人员撤至安全区域	抢险救援组
6	放行列车后保驾	1. 确认设备状态无误后，迅速办理销记手续恢复设备正常使用。 2. 销记汇报。在对故障设备修复并由电务人员试验良好后，与通信或电务人员在车站《行车设备检查登记簿》内销记。 3. 首趟列车确认。故障设备恢复使用后，调度指挥中心和现场要通过集中监测设备监视首趟列车通过时的设备状态，确认首趟列车运行正常	抢险救援组
备注： 1. 各项目结合通信信号工程工程施工环境和现场实际情况，合理选用应急处置措施。 2. 相关图例、图示，根据现场实际需要附后			

5. 触电事故现场应急处置措施。

（1）应急措施（表8）。

表8 触电事故现场应急处置措施

触电事故应急处置措施			
序号	任务	主要工作内容	责任分工
1	现场确认	1. 确认现场触电事故，通知有关部门停电。 2. 检查现场验电确认无电后挂好接地	综合协调组、抢险救援组、安全保卫组
2	制订方案	1. 根据现场情况制订抢救方案。 2. 拨打联系好的医院电话要求派出救护车进行救护	抢险救援组、综合协调组
3	脱离危险区域	1. 没法停电时带上绝缘手套，穿上绝缘靴，用相应电压等级的绝缘工具按顺序拉断离触电点最近的开关；或使用接地线在非易损带电点接地迫使该区域供电设备跳闸。无接地线时可由高压电工抢险人员抛掷裸金属线使裸线短路接地，迫使保护装置动作，断开电源，抛掷前先接金属线的一端可靠接地后，然后再抛另一端，抛掷的一端不可触及触电者和其他人（必须由专人人员操作）。 2. 用高压绝缘杆挑开触电者身上的电线	综合协调组、抢险救援组
4	就地急救	使用人工呼吸法和胸外心脏挤压法现场救护	抢险救援组、后勤保障组
5	送医院急救	1. 医院专业救护人员到来后将触电人员交由其专业人员进行救护。 2. 派出陪同人员陪护	抢险救援组、后勤保障组

续表

备注： 1. 各项目结合工程施工环境和现场实际情况，合理选用应急处置措施。 2. 如果触电者触及断落在地上的带电高压导线，且尚未确证线路无电之前，救护人员不得进入断落点 8～10 m 的范围内，以防止跨步电压触电。进入该范围的救护人员应穿上绝缘靴接近触电者。触电者脱离带电导线后，应迅速将其带至 8～10 m 以外立即开始触电急救。只有在确认线路已经无电，才可在触电者离开触电导线后就地急救。 3. 相关图例、图示，根据现场实际需要附后

（2）急救方法。

① 触电者未失去知觉的救护措施：

应让救护者在比较干燥、通风暖和的地方静卧休息，并派人严密观察，同时请医生前来或送往医院诊治。

② 触电者已失去知觉但尚有心跳和呼吸的抢救：

四周不要围人，保持空气流通，冷天应注意保暖，同时立即请医生前来或送医院诊治。若发现触电者呼吸困难或心跳失常，应立即人工呼吸及胸外心脏按压。

③ 对“假死”者的急救措施：

当判断触电者呼吸和心跳停止时，应立即按心肺复苏法抢救。

A. 通畅气道。

第一，清除口中异物。使触电者仰面躺在平硬的地方迅速解开其领扣、围巾、紧身衣和裤等。如发现触电者口内有食物、假牙、血块等异物，可将其身体及头部同时侧转，迅速用一只手指或两只手指交叉从口角处插入，从口中取出异物，操作中要注意防止将异物推以咽喉深处。

第二，采用仰头抬颏法畅通气道。操作时，救护用一只手放在触电者前额，另一只手的手指将其颏颌骨向上抬起，两手协同将头部推向后仰，舌根自然随之抬起，气道即可畅通。为使触电者头部后仰，可于其颈部下方垫适量厚度的物品，但严禁用枕头或其他物品垫在触电者头下。

B. 口对口（鼻）人工呼吸。

使病人仰卧，松解衣扣和腰带，清除伤者口腔内痰液、呕吐物、血块、泥土等，保持呼吸道畅通。救护人员一手将伤者下颌托起，使其头尽量后仰，另一只手捏住伤者的鼻孔，深吸一口气，对住伤者的口用力吹气，然后立即离开伤者口，同时松开捏鼻孔的手。吹气力量要适中，次数以每分钟 16～18 次为宜。

胸外心脏按压：将伤者仰卧在地上或硬板床上，救护人员跪或部于伤者一侧，面对伤者，将右手掌置于伤者胸骨下段向后压向脊柱，随后将手腕放松，每分钟挤压 60～80 次。在进行胸外心脏按压时，宜将伤者头放低以利于静脉血回流。若伤者同时伴有呼吸停止，再进行胸外按压时，还应进行人工呼吸。一般作四次胸外心脏按压，做一次人工呼吸。

6. 起重事故（设备吊装倾覆事故）现场应急处置措施。

（1）现场人员的先期处置措施。

① 立即切断一切动力源、电源、火源，防止事故扩大。

② 事故现场人员应立即疏散、撤离危险区域并采取自救、互救措施。

③ 排查人员被困和伤害情况，在能基本保证自身和被困人员安全的情况下实施营救，切勿生拉硬拽、强行扳撬。

④ 迅速进行警戒，禁止外部人员进入事故区域。

⑤ 迅速查看并判断起重机是否支稳，倾覆影响范围及周边是否存在再次坍塌和坠落隐情，对险情进行初步评估，在能力范围内排除险情。不能排除的险情，进行重点警戒。

（2）应急措施（表 9）

表 9　设备吊装倾覆事故现场应急处置措施

序号	任务	主要工作内容	责任分工
1	现场确认及救援准备	1. 确认被困人员信息，被困情况。 2. 判定起重机倾覆影响范围、可能发生的次生事故情况。 3. 封锁事故现场。严禁一切无关的人员、车辆和物品进入事故危险区域，开辟应急救援人员、车辆及物资进出的安全	抢险救援组、技术方案组、安全保卫组
2	制订方案	1. 被困人员施救方案。 2. 起重机起复方案	抢险救援组、技术方案组
3	被困人员施救	1. 按照被困人员施救方案，在技术支持组的指导下，由抢险救援组实施救援。 （1）起吊物或起重设备伤人应急处置措施：用抬升、切割、顶开设备（千斤顶、叉车、装载机或吊车、气切割工具等）抬升或移开压住伤员的吊物（具），尽快抢救出伤员。 （2）起重设备倾覆应急处置措施：在技术支持组的指导下，制订起重机起复施救方案，由抢险救援组实施起复施救。 2. 施救过程中，切实防范起重机零部件坍塌、被困人员再次伤害等次生事故发生	抢险救援组、技术方案组、后勤保障组
4	救治伤员	1. 对救出人员进行现场急救。 2. 对受伤人员及时转送医院救治	抢险救援组、后勤保障组
5	起重机起复施救	1. 按照起重机起复施救方案，在技术支持组的指导下，由抢险救援组实施起复施救。 2. 施救过程中，划定工作范围，并严格落实施救方案和防护措施	抢险救援组、技术方案组

4.2　工程质量事故应急处置

4.2.1　工程事故应急响应程序

工程事故应急响应程序见图 3。

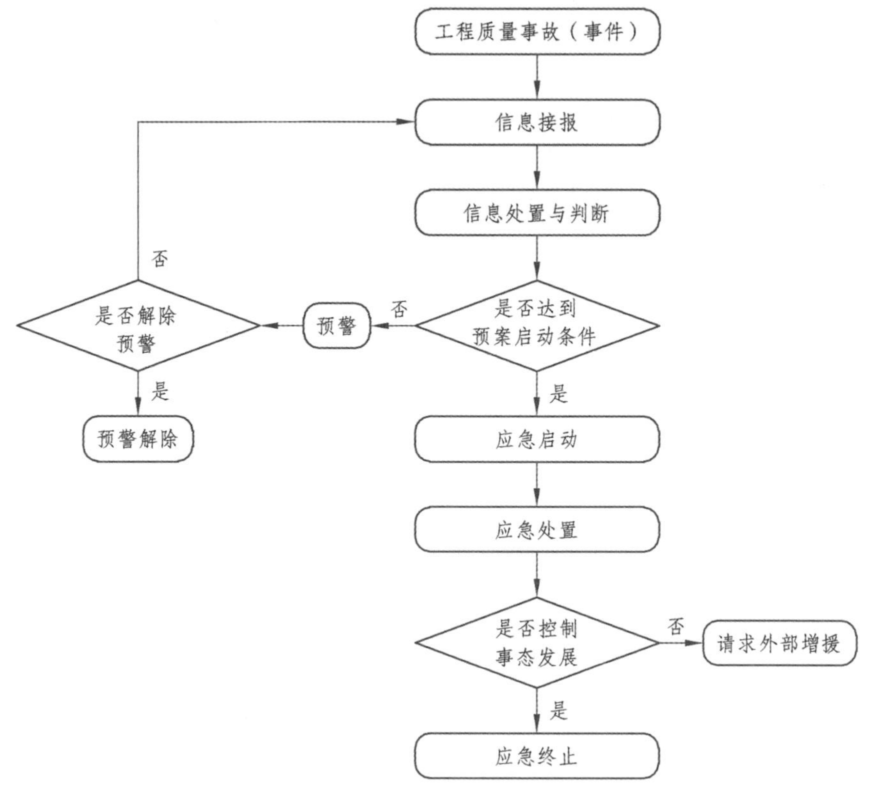

图 3　工程事故应急响应程序

4.2.2　现场应急处置步骤及内容

1. 事故发生后，事故现场人员应立即疏散、撤离。

2. 现场人员第一时间通知项目经理。

3. 项目经理或其他负责人立即赶赴现场，封闭事故区域，防止人员误入。

4. 查看质量事故区域，初步了解其影响范围，可能衍生的次生灾害等信息情况，并及时反馈建设单位、设计单位、监理单位等相关方。

5. 判明情况，构成工程质量事故应急情况条件的，下达处置方案启动命令并上报。

6. 在现场专家组及设计单位确定工程应急方案后，进行返工或返修处理。

7. 应急处置终止。

8. 配合进行事故调查及善后处理。

4.2.3　工程质量事故应急处置措施

1. 质量事故引发工程安全事故，按照本四电工程安全事故应急处置措施处置。

2. 质量事故造成工程工期严重滞后，需组织进行抢工的，须制订专项施工或返工方案，按方案执行。

3. 因设计重大变更、突发自然灾害等造成工程保通应急情况出现的，不属于质量事故应急突发状况，按设计或现场专家组提出的方案进行保通施工。

4. 按设计方案进行工程返工或处理前，事故区域各受力点需进行预加固处理的，应及时形成专项方案，按专项处置方案进行处理，确保后续返工或处置现场作业环境安全。

4.3 突发环境事件应急处置

4.3.1 突发环境事件应急响应程序

突发环境事件应急响应程序见图 4。

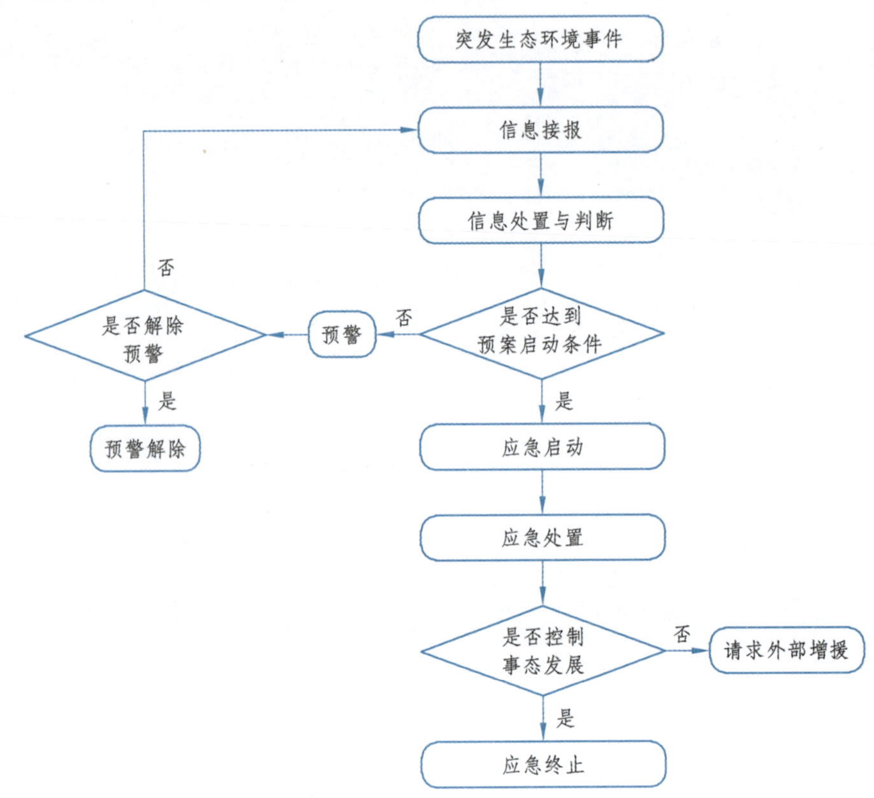

图 4　突发环境事件应急响应程序

4.3.2 突发环境事件现场应急处置步骤及内容

1. 突发环境事件发生后，现场人员应立即撤离至安全区域，等待应急领导小组的指令不得盲目展开应急处置以免发生二次伤害事故；应急领导小组即时向当地环境保护主管部门和相关部门报告，同时通报可能受到突发环境事件影响的单位和居民。

2. 一旦发生突发环境污染事件时，将对周围的环境空气、水环境等产生不同程度的影响，为保证应急处理措施得当、有效，必须对事件后果进行及时监测。

由于本项目不具备自主监测能力，故当突发环境事件时，现场应由应急指挥部成员视事故情况拨打相关部门（北京环保局），请求技术支援，安排应急监测。

项目部安排应急监测的准备事宜并配合监测，协助政府救援力量开展相应工作。应急监测因子主要为：① 废水常规因子为 pH、COD_{Cr}、氨氮，特征因子为石油类；② 废气根据事故选择泄漏危险物或可能产生的次生污染物作为特征因子，如非甲烷总烃、氯化氢。水环境监测点位可选择事件发生地最近的河流设置断面；大气监测点位可选择事件发生时主导风向的下风向设监测点位。

监测人员到达现场进行污染状况调查后，将监测结果及时上报应急指挥中心，对事件危害情况进行应急评估，为指挥中心作出撤离、疏散范围、控制范围决策作出判断。

3. 当地政府接到通报后启动突发环境事件应急预案并到达现场后项目部应急领导小组向当地政府的应急指挥部移交指挥处置权，并协调本项目部配合进行响应。

4. 善后处置：突发环境事件结束后，将危废交由有资质的单位处理。

5. 调查与评估：突发环境事件结束后，项目部配合当地政府应急指挥部进行环境事件的处理情况进行调查和评估。

5 附　件

附件 1：预案编制依据

1.《中华人民共和国安全生产法》

2.《中华人民共和国突发事件应对法》

3.《中华人民共和国特种设备安全法》

4.《生产安全事故应急预案管理办法》（修订版）

5.《国家安全生产事故灾难应急预案》

6.《建设工程重大质量安全事故应急预案》

7.《生产经营单位生产安全事故应急预案编制导则》

8.《建设工程安全生产管理条例》

9.《生产安全事故报告和调查处理条例》

10.《生产过程危险和有害因素分类与代码》

11.《企业职工伤亡事故分类》

12.《重大危险源辨识》

13.《风险管理风险评估技术》

14.《铁路通信、信号、电力、电力牵引供电工程施工安全技术规程》（TB 10306—2009）

15.《铁路总公司关于铁路建设项目质量安全红线管理规定》

16.《铁路交通事故应急救援和调查处理条例》

17.《中铁二局安全生产和职业健康管理办法》

18.《中铁二局安全质量事故内部报告、应急处置和调查处理办法》

19.《中铁二局安全质量、生态环境事故（事件）应急预案》

20.《中铁二局电务公司生产安全事故应急预案》

21.《中铁二局关于贯彻落实中国铁路总公司“铁路建设项目质量安全红线管理规定”实施方案》

22.《中铁二局工程质量监督管理办法》

23.《中铁二局工程项目施工环境保护管理办法》

24.《中铁二局电务公司工程质量监督管理办法》

25.《中铁二局电务公司工程项目施工环境保护管理办法》

附件 2：应急预案衔接

1.《中国中铁股份有限公司安全质量事故（事件）应急预案》
2.《中铁二局安全质量、生态环境事故（事件）应急预案》
3.《北京铁路局安全事故应急预案》
4.《中国铁路北京局北京工程项目管理部应急预案》
5.《中铁二局电务公司安全质量、生态环境事故（事件）应急预案》

附件 3：项目概况

中铁二局承建的京原铁路四电工程 JYDHGZ-SG1 标段自石景山南站起至白涧站，起止里程 K0+000 ~ K109+650，正线长度 109.579 km（包括丰台机务段部分电化改造工程）。本线穿行于太行山区，地形隐蔽，具有重要的国防意义，地理位置较为重要。目前项目已成立应急救援小组，用于抢险的机械设备和物资分别停存放于中心料库、各作业队库房及驻地。

全线新建南观村、野三坡 2 座牵引供电所，牵引供电系统采用带回流线的直接供电方式，在供电臂末端设置电分相。接触网悬挂类型：设计最高速度 100 km/h，正线、联络线、站线均采用全补偿简单链形悬挂。由于地处山区施工中运输吊装受地形限制容易发生吊装设备倾覆的起重事故。牵引供电施工均属于营业线施工，在封锁点内施工由于封锁点时间只能达到 120 min，导致接触网上部施工时间紧张，接触网塌网构成铁路交通事故风险很高。全线配电所改造 3 座，箱式变电站 18 座，架空线路 52 条公里，电缆线路架设 99.7 条公里，配电所改造在施工过程中出现人员触电事故的风险很高。全线室内施工及改造（含设备安装、放线、焊线、模拟试验等）12 站长途通信光电缆敷设 161 km，漏缆架设 35 km。本标段铁路均在山区，路肩较窄各种物资及施工机具堆放存在较大的隐患，邻近营业线施工的过程中各种原因导致侵限影响行车构成铁路交通事故的风险很大。本标段的四电工程为高风险管控工程。

项目部各作业队管辖区平均为 33 km，各抢险小组在 15 min 内可到达事故现场，吊车救援只配备在中心料库到达最远端事故现场需要 1 h。通信信号设备的抢险物资配备由作业队与电务段通信段各站工区联系提供配备。

附件 4：事故风险评估报告

附件 5：应急资源调查报告

附件 6：有关应急部门、机构或人员的联系方式

序号	部门（职务）	联系人	联系方式
子公司联系部门			
1	子（分）公司应急领导小组办公室	×××	×××
2	子（分）公司调度管理	×××	×××
项目部联系人员			
3	项目经理	×××	×××

续表

序号	部门（职务）	联系人	联系方式
4	项目书记	×××	×××
5	项目生产副经理	×××	×××
6	项目总工程师	×××	×××
7	项目安全总监	×××	×××
8	项目总经济师	×××	×××
9	项目工程部部长	×××	×××
10	项目安环部部长	×××	×××
11	项目质量部部长	×××	×××
12	项目物机部部长	×××	×××
13	项目综合办公室	×××	×××
14	项目财务部部长	×××	×××
15	项目工经部部长	×××	×××
外部救援单位			
16	医院急救电话	×××	×××
17	消防队火警电话	×××	×××
18	就近专业救援队	×××	×××

附件 7：应急物资装备的名录或清单

附件 7-1　接触网塌网抢险配备机、具及主要材料

序号	类别	物资名称	数量	配置要求	存放地点	管理责任人和联系电话
1	车辆类	接触网作业车 DA12	1 辆		停放石景山南货车专用线	×××
2		轨道吊车 GQC-16	1 辆		停放石景山南货车专用线	×××
3		抢险指挥车（小型普通客车）	1 辆	20 座	停放项目部	
4		抢险车（轻型普通货车）	1 辆	3 t		
5	防护类	防护反光服	50 件		各作业队应急物资库	
6		安全帽	50 顶			
7		防护手套	50 副			
8		安全带	30 副			
9		头灯	50 套			

续表

序号	类别	物资名称	数量	配置要求	存放地点	管理责任人和联系电话
10	警戒类	移动停车牌	2 套			
110		双色防护旗	3 套			
12		响墩、火炬	3 套			
13		对讲机	3 套			
14		口哨、口笛	3 套			
15	抢险类	梯子、挂梯	2 架	9 ~ 11 m		
16		滑轮组	2 组	3 t		
17		手扳葫芦	2 台	1.5 ~ 3 t		
18		紧线器	4 个	150 ~ 240		
19		紧线器	4 个	70 ~ 150		
20		弧型钳	2 把			
21		断线钳	2 把			
22		钢平挫	2 把			
23		电动板手	2 把	450、480		
24		棕绳	若干	ϕ16 mm		
25		钢丝套子	若干	ϕ8 mm		
26		钢丝绳	若干	ϕ8 mm		
27		验电器	2 副			
28	抢险类	接地线	4 套		各作业队应急物资库	×××
29		承力索	1 盘	120、95、70		
30		导线	1 盘	120、85		
31		拉线	2 根	100 含拉线抱箍、承锚角钢 NUT-3/UT 型线夹		
32		回流线	1 盘	185		
33		抢险支柱或钢柱	4 根			
34		棒式绝缘子	20 个	平（含铁锚压板 U 螺栓及穿销螺栓）		
35		棒式绝缘子	20 个	斜(含铁锚压板 U 螺栓)		
36		铁线	25 kg	ϕ4.0 mm		
37		复合绝缘子	4 套	FQXG-25/160QH（含杵环杆、双耳连接器）		
38		复合绝缘子	2 套	双耳型		
39		腕臂上、下底座	10 套	含角钢及螺栓		
40		整体腕臂	10 套	正定位反定位各 5 套		

续表

序号	类别	物资名称	数量	配置要求	存放地点	管理责任人和联系电话
41	抢险类	承力索终端锚固线夹	4 套	（T120 型）		
42		承力索终端锚固线夹	2 套	（T95 型）		
43		承力索终端锚固线夹	2 套	（T70 型）		
44		接触线终端锚固线夹	4 套	（CT120 型）		
45		接触线终端锚固线夹	2 套	（CT85 型）		
46		吊弦	30 套			
47		定位装置	20 套	含限位支座		
48		升降弓标	1 套			
49		锚钎	3 套			
50		接触网激光测量仪	1 套		中心料库	

注：1. 所有工具由接触网作业队料库专人专区负责保管。
2. 定期进行检查是否齐全。
3. 抢险工具不得挪作他用。

附件 7-2　接触网塌网事故人员配置

序号	工　种	单　位	数　量	备注
1	接触网工	人	16	
2	普工	人	12	
3	驻站联络员	人	1	
4	防护员	人	3	
5	司机	人	1	

附件 7-3　触电事故应急抢险物资

序号	类别	物资名称	数量	配置要求	存放地点	管理责任人和联系电话
1	医疗救助	担架	2 套		各作业队应急物资库	×××
2		双氧水	2 瓶			
3		消毒棉签	10 袋			
4		氧气	2 瓶			
5		烫火膏	2 盒			
6		三角巾	4 块			
7		急救包	4 包			

续表

序号	类别	物资名称	数量	配置要求	存放地点	管理责任人和联系电话
8	医疗救助	纱布	4 卷			
9		胶布	4 卷			
10		绷带	4 卷			
11	车辆类	急救保障车	2 辆		项目部	
12	防护类	安全帽	10 顶		各作业队应急物资库	
13		绝缘手套	2 套			
14		绝缘靴	2 套			
15	抢险类	绝缘棒	2 套		各作业队应急物资库	
16		梯子	2 个	6 m、8 m		
17		验电器	2 支	220 kV		
18		验电器	2 支	35 kV		
19		接地线	12 根	线长 10 m 以上		
20	警戒类	移动停车牌	2 套		各作业队应急物资库	
21		双色防护旗	3 套			
22		响墩、火炬	3 套			
23		对讲机	3 套			
24		口哨、口笛	3 套			

附件 7-4　触电事故人员配置

序号	工　种	单　位	数　量	备注
1	高压电工	人	6	
2	救护人员	人	6	
3	驻站联络员	人	1	
4	防护员	人	3	
5	司机	人	1	
6	普工	人	4	

附件 7-5　设备吊装倾覆事故应急物资

序号	类别	物资名称	数量	配置要求	存放地点	管理责任人和联系电话
1	医疗救助	担架	2 副		各作业队应急物资库	×××
2		医药箱	2 个			
3	车辆类	急救保障车	2 辆		项目部	
4	防护类	安全帽	50 顶		各作业队应急物资库	
5		防护手套	50 副			

续表

序号	类别	物资名称	数量	配置要求	存放地点	管理责任人和联系电话
6	警戒类	路障	5 个		各作业队应急物资库	
7		隔离警示带	10 卷			
8		危险警示牌	10 个			
9		警戒标识杆	10 个			
10	抢险、救生设备类	台锯	1 台		中心料库	
11		手持电锯	3 台			
12		电焊机	3 台			
13		气割	2 套			
14		汽车吊机	2 台			

附件 7-6　设备吊装倾覆事故救援人员配置

序号	工　种	单　位	数　量	备注
1	吊车司机	人	5	
2	电工	人	4	
3	普工	人	50	
4	氧焊、气割	人	8	4 班制

附件 7-7　通信信号光电缆中断可调用应急物资及机具台账

序号	类别	物资名称	型号	单位	数量	配置要求	存放地点	管理责任人和联系电话
1	抢险类	发电机	5 kW	台	1	每个作业队配备	作业队	×××
2		熔接机		套	1	每个作业队配备	作业队	
3		直埋式光缆	GYTA53-24B	m	200	每个作业队配备	作业队应急库房	
4		直埋式光缆	GYTA53-48B	m	200	每个作业队配备	作业队应急库房	
5		直埋式光缆接续盒	24 芯（直通）	只	6	每个作业队配备	作业队应急库房	
6		直埋式光缆接续盒	48 芯（直通）	只	6	每个作业队配备	作业队应急库房	
7		直埋式电缆	4×4×0.9	m	200	每个作业队配备	作业队应急库房	
8		直埋式电缆接续盒	4×4（直通）	只	6	每个作业队配备	作业队应急库房	
9		日常工具		套	4	每个作业队配备	作业队应急库房	
10		电缆抢修接续盒	HJD-M-Q（配专用密封胶）	个	4	每个作业队配备	作业队应急库房	
11		芯线压接钳	电缆接续用	把	4	每个作业队配备	作业队应急库房	

续表

序号	类别	物资名称	型号	单位	数量	配置要求	存放地点	管理责任人和联系电话
12	抢险类	屏蔽压接钳	电缆接续用	把	2	每个作业队配备	作业队应急库房	
13		信号电缆	PTYA23（24芯）	m	200	每个作业队配备	作业队应急库房	
14		信号电缆	PTYA23（12芯）	m	200	每个作业队配备	作业队应急库房	
15	车辆类	应急保障车		辆	2		项目部	
16	照明类	照明工具	220 V	套	1	每个作业队配备	作业队应急库房	
17	警戒类	反光锥		个	10	每个作业队配备	作业队应急库房	
18		隔离警示带		卷	10	每个作业队配备	作业队应急库房	
19	防护类	对讲机		台	10	每个作业队配备	作业队应急库房	

注：1. 所有工具由作业队料库专人专区负责保管。

2. 定期进行检查是否齐全。

3. 抢险工具不得挪作他用。

附件 7-8　通信信号光电缆中断影响行车事故人员配置

序号	工　种	单　位	数　量	备注
1	光缆接续工	人	2	
2	电缆接续工	人	2	
3	驻站联络员	人	1	
4	防护员	人	3	
5	司机	人	1	
6	普工	人	6	

附件 7-9　通信信号设备损坏可调用应急物资及机具台账

序号	类别	物资名称	型号	单位	数量	配置要求	存放地点	管理责任人和联系电话
1	抢险类	发电机	5 kW	台	1	每个作业队配备	作业队	×××
2		通信设备				由通信段配备	通信段	
3		信号设备				由电务段配备	电务段	
4	车辆类	应急保障车		辆	2		项目部	
5	照明类	照明工具	220 V	套	1	每个作业队配备	作业队应急库房	
6	警戒类	反光锥		个	10	每个作业队配备	作业队应急库房	
7		隔离警示带		卷	10	每个作业队配备	作业队应急库房	
8	防护类	对讲机		台	10	每个作业队配备	作业队应急库房	

附件 7-10　通信信号设备损坏影响行车事故人员配置

序号	工　种	单　位	数　量	备注
1	信号工	人	4	
2	通信工	人	4	
3	驻站联络员	人	1	
4	防护员	人	3	
5	司机	人	1	
6	普工	人	6	

附件 8：事故报告手机短信格式

中铁二局：201×年×月×日×时×分左右，在××（省市县）境内，由中铁×局××公司承建的×××工程×标，在×××工序施工过程中，因×××原因，导致现场作业人员×人死亡（失踪）、×人重伤、×人轻伤。事故已经于事发××小时（分钟）内，报告当地安全生产监管部门。现场应急预案已启动，事故单位×××领导已带队赶往现场；当地安监部门接报后，已于×月×日×时由任××职务××同志赶往现场，事故原因正在调查之中。

附件 9：中铁二局生产安全事故快报

单位名称：中铁二局×××公司（区域公司、经理部）

<table>
<tr><td>事故时间</td><td colspan="3">年　月　日　时　分</td><td>事故地点</td><td></td></tr>
<tr><td>事故单位</td><td colspan="5">××公司××××项目经理部（标段）</td></tr>
<tr><td rowspan="2">事故现场
负 责 人</td><td>姓名</td><td></td><td rowspan="2">事故单位
负 责 人</td><td>姓名</td><td></td></tr>
<tr><td>电　话</td><td></td><td>电　话</td><td></td></tr>
<tr><td colspan="2">事故已死亡（失踪）
人　　数</td><td>死亡：
失踪：</td><td colspan="2">事故重伤/轻伤
人　　数</td><td></td></tr>
<tr><td colspan="6">一、事故简要经过（包含但不限于承建单位、标段、协作队伍及相关安全生产许可证等资质号，单位工程名称、事故里程、结构形式、支撑体系、隧道断面、设备型号、墩身截面和高度、梁型和梁重、事发作业环节、高处坠落位置与高度等，其他工况均应细致清晰描述）、人员伤亡类别（职工、劳务工姓名及身份证号码）、初步估计的直接经济损失、报告地方政府和建设单位时间等
二、事故现场救援采取的主要措施
三、其他情况（事发项目工程概况，事故地点是否影响铁路营业线或繁华闹市区、高速公路、国道、其他重要设施安全）</td></tr>
</table>

附：事故现场照片（4 张以上，能充分反映事故现场实际情况和全貌的电子版照片及说明）。

附件 10：应急救援协议范本

甲方：中铁二局××项目经理部

乙方：××供电段（电务段）

为切实做好四电工程的事故预防和应急救援处理工作，结合双方的实际情况，就乙方为甲方所属四电工程救援服务内容，经双方协商，约定如下：

一、服务内容

1. 据需要，及时组织救援力量处理四电工程事故

2. ……

二、履约方式和服务期限

1. 履约方式

2. 服务期限

三、服务费用和支付方式

1. 服务费用

2. 支付方式

四、双方权利与义务

1. 甲方的权利与义务

2. 乙方的权利与义务

五、违约责任

在履行本协议期间，双方如有特殊原因影响本协议项目工作，应提前予以通知对方，并说明原因。甲方或者乙方存在工作质量缺陷，应各自承担相关责任。

六、争议的解决办法

当事双方先协商解决；协商不成，由××仲裁委员会仲裁或法院诉讼。

七、双方协商的其他条款

1. 乙方在技术服务和处理事故过程中队员发生意外情况，按有关国家、省市有关规定处理，届时双方依据公平原则协商解决

2. ……

甲方联系方式：应急小组值班室 24 小时值班电话：××

乙方联系方式：救护大队电话：××

本协议未尽事宜由双方协商补充；

如需变更、解除或续订协议，由双方协商确定。

本协议，从双方签字盖章之日起生效。

本协议一式 *N* 份，呈报建设方及地方相关政府监管部门备案一份，甲乙方各执一份。

甲方法人（签字盖章）： ××年××月××日

乙方法人（签字盖章）： ××年××月××日

YJ

中铁二局集团有限公司

YJ/ZTEJ–2020

京原铁路项目四电工程
安全质量、生态环境事故（事件）
现 场 应 急 处 置 卡

2020 年 12 月

中铁二局京原铁路项目经理部

目　录

1　应急处置卡

1.1　应急领导小组组长应急处置卡

组长	项目经理（项目书记）	
序号	处置程序	处置要点
1	启动预案	启动应急预案，查看事故现场调配应急资源等
2	事故报告	按照应急响应分级和程序，及时向项目所在路局相关部门和上级报告事故情况
3	现场处置伤员救护	采取有效措施防止事态扩大；第一时间进行现场急救，及时转送医院救治
4	确定方案开展 抢险或配合抢险	确定抢险方案后，组织应急队伍迅速到达事故现场，指挥现场应急人员开展应急抢险或响应至上一级
5	抢险终止	进行风险评估安全后应急抢险停止
6	配合事故调查及处理	配合事故调查，做好善后处置工作
注意事项： （1）信息的收集与传达，要求及时准确。 （2）应急处置终止要派人进行保驾护航直至完全消除安全隐患		

主要联系人员				
序号	姓名	职务	联系电话	备注
1		项目书记（经理）		
2		项目总工程师		
3		项目安全总监		
4		项目副经理		
5		作业队长		
6		办公室主任		
7		物设部部长		

1.2　综合协调组应急处置卡

组长	项目书记	
序号	处置程序	行动内容
1	信息传递	负责按应急小组要求内容上报
2	场地安保、伤员救护	现场做好保卫、警戒工作；第一时间进行现场急救，及时转送医院救治

续表

序号	处置程序	行动内容		
3	对外接待及处置	做好媒体接待、采访和引导工作，配合上级单位发布相关信息		
4	家属接待及善后	做好家属的接待、稳定工作；做好保险理赔工作		
注意事项： （1）信息传递准确、及时可靠。 （2）伤员救治及安抚周到、及时。 （3）不得擅自对外发布信息				
主要联系人员				
序号	姓名	职务	联系电话	备注
1		项目经理		
2		项目副经理		
3		项目总工程师		
4		工委主任		
5		办公室主任		
6		物设部部长		
7		施工管理人员		
组员	相关成员			
序号	处置程序	行动内容		
组员 1	×××			
1	组织应急处置指挥交通车辆保障	发现险情后，第一时间有效组织后勤车辆保障应急指挥		
2	险情报告	及时电话上报险情至项目安全生产管理负责人或项目经理		
组员 2	×××			
1	收集信息	定时收集信息		
2	传递信息	负责收集并发布抢险信息		
3	关注信息	做好舆情关注、媒体应对，并配合上级发布信息		
组员 3	×××			
1	对外接待	做好家属、外部单位的接待工作		
2	配合善后处理	配合做好保险理赔工作		
注意事项： （1）信息传递准确、及时可靠。 （2）伤员救治及安抚周到、及时。 （3）不得擅自对外发布信息				
主要联系人员				
序号	姓名	职务	联系电话	备注
1		项目经理		

续表

序号	姓名	职务	联系电话	备注
2		项目书记		
3		项目副经理		
4		项目总工程师		
5		工委主任		
6		办公室主任		
7		物设部部长		
8		施工管理人员		

1.3 事故抢险救援组应急处置卡

<table>
<tr><td>组长</td><td colspan="4">项目副经理</td></tr>
<tr><td>序号</td><td>处置程序</td><td colspan="3">行动内容</td></tr>
<tr><td>1</td><td>场地清理及防护</td><td colspan="3">保证现场应急抢险通道的畅通，请点停电封锁线路，做好抢险段两端防护及驻站防护，采取措施防止次生事故</td></tr>
<tr><td>2</td><td>熟知方案及准备</td><td colspan="3">按照方案组织抢险，科学合理地提出应急物资、设备、人力配备建议</td></tr>
<tr><td>3</td><td>组织实施及调整</td><td colspan="3">在尽可能短的时间内抢通一条线开通一条线</td></tr>
<tr><td>4</td><td>抢险结束及配合</td><td colspan="3">进行风险评估安全后应急抢险结束或配合上级、外部抢险</td></tr>
<tr><td colspan="5">注意事项：
（1）抢险人员、物资与设备组织落实到位。
（2）按指令落实抢险现场配套工作及安全监护。
（3）及时报告抢险进展情况及问题。
（4）机械操作必须听从指挥，防止机伤抢险人员</td></tr>
<tr><td colspan="5">主要联系人员</td></tr>
<tr><td>序号</td><td>姓名</td><td>职务</td><td>联系电话</td><td>备注</td></tr>
<tr><td>1</td><td></td><td>项目经理</td><td></td><td></td></tr>
<tr><td>2</td><td></td><td>项目书记</td><td></td><td></td></tr>
<tr><td>3</td><td></td><td>项目副经理</td><td></td><td></td></tr>
<tr><td>4</td><td></td><td>项目总工程师</td><td></td><td></td></tr>
<tr><td>5</td><td></td><td>项目安全总监</td><td></td><td></td></tr>
<tr><td>6</td><td></td><td>工程部部长</td><td></td><td></td></tr>
<tr><td>7</td><td></td><td>安质部部长</td><td></td><td></td></tr>
<tr><td>8</td><td></td><td>作业队长</td><td></td><td></td></tr>
<tr><td>9</td><td></td><td>施工员</td><td></td><td></td></tr>
<tr><td>10</td><td></td><td>办公室主任</td><td></td><td></td></tr>
<tr><td>11</td><td></td><td>物设部部长</td><td></td><td></td></tr>
<tr><td>12</td><td></td><td>现场指挥人员</td><td></td><td></td></tr>
</table>

续表

序号	姓名	职务	联系电话	备注
13		作业队队长		
14		机械操作人员		
组员	相关成员			
序号	处置程序	行动内容		
组员 1	×××			
1	场地警戒及防护	场地做好警戒防护工作；请点停电封锁线路，做好抢险段两端防护及驻站防护，现场动态监控防止次生事故		
2	组织实施及抢险	组织物资、设备和人力到位，接到行车调度停电封锁线路允许抢修命令后指挥抢险		
组员 2	×××			
1	抢险准备	准备抢险物资、设备和人力到场，现场合理运用和调配		
2	实施及抢险	接到现场指挥人员命令后，立即开展现场应急处置		
组员 3	×××			
1	接受培训	接受应急抢险处置方案的交底培训		
2	实施抢险	接到现场指挥人员命令后开展抢险工作		
注意事项： （1）抢险人员、物资与设备组织落实到位。 （2）按指令落实抢险现场配套工作及安全监护。 （3）及时报告抢险进展情况及问题。 （4）机械操作必须听从指挥，防止机伤抢险人员				
主要联系人员				
序号	姓名	职务	联系电话	备注
1		项目经理		
2		项目书记		
3		项目副经理		
4		项目总工程师		
5		项目安全总监		
6		工程部部长		
7		安质部部长		
8		作业队长		
9		施工员		
10		办公室主任		
11		物设部部长		
12		现场指挥人员		
13		作业队队长		
14		机械操作人员		

1.4 技术方案组应急处置卡

组长	项目总工程师	
序号	处置程序	行动内容
1	现场核实、评估及制订方案	辨识应急抢险过程中的危险、有害因素，并进行安全风险评估，确定事故现场量测方式，组织开展现场量测，确认达到技术指标和开通放行列车条件
2	指导抢险实施及安全监控	根据事故现场的特点，制定相应的应急抢险技术措施和应急抢险步骤；动态关注现场情况并制定措施，防止发生二次伤害事故
3	配合调查	协助开展对现场有关人员的约谈、并配合调查事故发生的原因

注意事项：

（1）抢险方案制订及时可行。

（2）抢险指导到位，调整及时。

（3）落实防控措施及监控到位。

（4）数据处理和及时上报

主要联系人员

序号	姓名	职务	联系电话	备注
1		项目经理		
2		项目书记		
3		项目副经理		
4		项目安全总监		
5		工程部部长		
6		安质部部长		
7		施工员		
8		作业队长		
9		技术指导人员		
10		监测人员		

组员	相关成员	
序号	处置程序	行动内容
组员 1	×××	
1	现场技术测量	确认开展现场量测，协助进行安全风险评估
2	数据处置与判断	数据不达标、超限值，及时指导现场抢险作业人员整改
组员 2	×××	
1	数据计算	对测量人员的测量数据进行现场计算并通报给测量人员，配合对光电缆及设备进行现场试验调试并通报给抢险人员
2	整改检验	对抢修的部位技术参数进行检验合格后通报给现场指挥人员

注意事项： （1）抢险方案制订及时可行。 （2）抢险指导到位，调整及时。 （3）落实防控措施及时测量检验。 （4）数据处理和及时上报				
主要联系人员				
序号	姓名	职务	联系电话	备注
1		项目经理		
2		项目书记		
3		项目副经理		
4		项目总工程师		
5		项目安全总监		
6		工程部部长		
7		安质部部长		
8		施工员		
9		作业队长		
10		技术指导人员		
11		监测人员		

1.5 后勤保障组应急处置卡

组长	项目书记	
序号	处置程序	行动内容
1	抢险物资工器具准备	准备抢险急需的物资、设备到场；负责现场抢险及事故调查工作人员生活保障、食宿安排等后勤服务；提供必要的办公用品、交通工具、通信工具、器材等
2	现场交通维护	协助属地政府有关部门进行交通疏解
3	调配物资及设备	调配抢险急需的物资、设备

续表

注意事项： （1）按指令落实抢险物资设备。 （2）确保设备完好使用正常				
主要联系人员				
序号	姓名	职务	联系电话	备注
1		项目经理		
2		项目副经理		
3		项目安全总监		
4		安质部部长		
5		办公室主任		
6		物设部部长		

1.6 安全保卫组应急处置卡

组长	项目安全总监	
序号	处置程序	行动内容
1	现场秩序维护	做好现场保卫、警戒工作
2	关注现场动态变化	动态关注现场情况，监督各岗位抢险安全措施落实到位，防止抢险过程发生二次事故
3	参与指导抢险	依据拟定技术措施和抢险步骤，指导抢险
注意事项： （1）关注现场安全动态变化情况，防止二次伤害。 （2）监督抢险驻站联络、防护人员到位履职，监督各岗位安全措施落实到位。 （3）出现异常情况及时上报现场指挥人员		

主要联系人员				
序号	姓名	职务	联系电话	备注
1		项目经理		
2		项目书记		
3		项目副经理		
4		安质部部长		
5		办公室主任		
6		物设部部长		
7		安全监护人员		
8		安全员		
9		作业班组负责人		

续表

<table>
<tr><td>组员</td><td colspan="2">相关成员</td></tr>
<tr><td>序号</td><td>处置程序</td><td>行动内容</td></tr>
<tr><td>组员 1</td><td colspan="2">×××</td></tr>
<tr><td>1</td><td>动态监控</td><td>监督现场指挥人员按规范要求执行请点停电封锁线路后才进行抢险作业</td></tr>
<tr><td>2</td><td>异常情况处置与判断</td><td>出现异常情况，及时上报现场指挥人员</td></tr>
<tr><td>组员 2</td><td colspan="2">×××</td></tr>
<tr><td>1</td><td>组织进场</td><td>发生事故后，第一时间组织人员保障应急抢险通道的畅通并上报抢险领导小组</td></tr>
<tr><td>2</td><td>动态监控</td><td>监督各岗位安全措施落实到位防止发生二次事故</td></tr>
<tr><td>组员 3</td><td colspan="2">×××</td></tr>
<tr><td>1</td><td>组织监督</td><td>发生事故后，组织监督人员现场监督落实安全措施</td></tr>
<tr><td>2</td><td>警戒现场</td><td>控制好现场秩序，做好现场安保工作，与抢险无关人员一律不得进入现场</td></tr>
<tr><td colspan="3">注意事项：
（1）关注现场安全动态变化情况，防止二次伤害。
（2）出现异常情况及时上报</td></tr>
</table>

<table>
<tr><td colspan="5">主要联系人员</td></tr>
<tr><td>序号</td><td>姓名</td><td>职务</td><td>联系电话</td><td>备注</td></tr>
<tr><td>1</td><td></td><td>项目经理</td><td></td><td></td></tr>
<tr><td>2</td><td></td><td>项目书记</td><td></td><td></td></tr>
<tr><td>3</td><td></td><td>项目副经理</td><td></td><td></td></tr>
<tr><td>4</td><td></td><td>项目安全总监</td><td></td><td></td></tr>
<tr><td>5</td><td></td><td>安质部部长</td><td></td><td></td></tr>
<tr><td>6</td><td></td><td>办公室主任</td><td></td><td></td></tr>
<tr><td>7</td><td></td><td>物设部部长</td><td></td><td></td></tr>
<tr><td>8</td><td></td><td>安全监护人员</td><td></td><td></td></tr>
<tr><td>9</td><td></td><td>安全员</td><td></td><td></td></tr>
<tr><td>10</td><td></td><td>作业班组负责人</td><td></td><td></td></tr>
</table>

2 应急处置方案卡控要点

2.1 接触网塌网构成铁路交通事故

<table>
<tr><th rowspan="2">序号</th><th colspan="2">处置步骤</th><th rowspan="2">工作岗位或功能组</th></tr>
<tr><th>接触网断线或设备损坏导致的塌网事故</th><th>断支柱导致的塌网事故</th></tr>
<tr><td>1</td><td colspan="2">（1）发现断线或断支柱等造成的接触网塌网，立即上报应急领导小组，并撤离危险区域；如有人触电则立即上报电力调度紧急挂地线抢救触电人员。
（2）抢险应急处置方案启动，后勤小组准备抢险器具，综合协调组协调车辆等保障抢险小组、安全保卫组赶赴现场。
（3）技术方案组赶赴现场制订抢险方案</td><td>现场管理人员、作业人员、后勤保障组、技术方案组、综合协调组</td></tr>
<tr><td>2</td><td colspan="2">（1）安全保卫组现场警戒监督安全措施落实，抢险救援组根据抢险方案请点停电封锁线路。
（2）防护员就位，验电接地后方可进入抢险现场。
（3）轨道作业车就位</td><td>后勤保障组、技术方案组、抢险救援组、安全保卫组</td></tr>
<tr><td rowspan="4">3</td><td>导线断线</td><td>临时支柱代替原支柱（中间柱）</td><td></td></tr>
<tr><td>（1）查明断线两侧导线损伤情况及破坏是否波及中心锚接和补偿装置。
（2）做接头恢复，恢复后检查接头质量，接触网各种技术状态。
（3）断头两侧导线严重损伤50 m以内，另接一段导线，接线时注意导线的张力，接好后检查接头质量及各部状态</td><td>（1）直线或曲外区段的中间柱折断在保证接触悬挂高度和电气安全距离条件下，可不立支柱。
（2）其他的需立抢修支柱挑起悬挂。在保证接触悬挂和电气安全距离条件下恢复供电。曲线内侧清理现场破损支柱及场地，拆除损坏支柱悬挂装置。</td><td rowspan="3">技术方案组、抢险救援组、安全保卫组</td></tr>
<tr><td>承力索断线</td><td>临时支柱代替原支柱（锚柱）</td></tr>
<tr><td>（1）承力索断线，应另外接一段新承力索。如果破坏范围在一个跨距内用链条葫芦紧起承力索，一次性恢复
（2）影响范围大时，两端下锚分别接一段新承力索硬锚在支柱上，后面要点更换承力索恢复原状</td><td>（1）若相邻两锚段长度不大，可在两转换柱间将两锚段承力索和导线分别合并，合并后要保证张力平衡，必需时可取消一个中心锚结，在断杆处立抢修支柱，将悬挂挑起。
（2）如相邻两锚段长度均比较大，不宜延长锚段时，可借助附近容量足够的支柱下锚</td></tr>
</table>

续表

<table>
<tr><th rowspan="3">序号</th><th colspan="2">处置步骤</th><th rowspan="3">工作岗位或
功能组</th></tr>
<tr><th>接触网断线或设备
损坏导致的塌网事故</th><th>断支柱导致的塌网事故</th></tr>
<tr><th>设备故障导致塌网</th><th>临时支柱代替原支柱
（中心柱、转换柱）</th></tr>
<tr><td>3</td><td>（1）分段绝缘器脱落：利用封闭点出动作业车或利用梯车处理更换分段绝缘器零件。
（2）绝缘子故障：利用封闭点人工更换或利用作业车更换。
（3）补偿绳断线：在锚柱上用链条葫芦下硬锚，检查锚段关节和本锚段的技术状态，利用作业车要点进行处理。
（4）附加线断线：如影响行车，则由作业队及时利用天窗点人工修复。</td><td>（1）立抢修支柱或利用附近建筑物挑起悬挂，降弓通过。当两悬挂间不能保证规定的绝缘距离时，可暂不作绝缘锚段关节用。
（2）取消断柱处接触悬挂的支持、定位装置，布置好安全措施，采取降弓通过的抢修方法</td><td>技术方案组、
抢险救援组、
安全保卫组</td></tr>
<tr><td>4</td><td colspan="2">技术方案组核验接触网抢修部位的技术参数，严格把关确认符合供电、行车条件。上报核验结果及放行条件为正常通行还是降弓通行</td><td>技术方案组、
抢险救援组、
安全保卫组</td></tr>
<tr><td>5</td><td colspan="2">在整个抢险过程中，对人员、机械等进行协调</td><td rowspan="2">综合协调组、
后勤保障组、
抢险救援组、
安全保卫组</td></tr>
<tr><td>6</td><td colspan="2">在整个抢险过程中，做好警戒防护，严禁无关人员进入事故现场，对影响地方交通的，做好充分沟通工作</td></tr>
<tr><td>7</td><td colspan="2">现场应急处置总指挥下达抢险工作结束和送电开通命令撤离作业人员，向电调申请送电，防护人员验电后上报现场指挥</td><td rowspan="4">综合协调组、
抢险救援组、
安全保卫组</td></tr>
<tr><td>8</td><td colspan="2">验电后等待第一辆列车的通过，技术方案组核实接触网工作状态，若需要后续天窗点继续处理的要按要求派人值守监护直至该区段接触网全部恢复至正常工作状态</td></tr>
<tr><td>9</td><td colspan="2">在整个抢险过程中，做好保险理赔资料的收集；做好伤亡家属的安抚工作（如有）；确保救助资金到位</td></tr>
<tr><td>10</td><td colspan="2">负责媒体接待、采访和引导工作，根据上级单位授权适时发布相关信息，配合外部调查，提供真实记录资料</td></tr>
</table>

2.2 铁路交通事故（侵限或防护不当影响行车事故）

序号	处置步骤	工作岗位或功能组
1	（1）电话询问现场侵限范围或防护不当影响范围及先期处置措施是否已消除隐患。 （2）抢险应急处置方案启动，后勤小组准备抢险器具，综合协调组协调车辆等保障抢险小组、安全保卫组赶赴现场。 （3）技术方案组赶赴现场确认隐患排除及前期处置情况，如有必要则制订抢险方案	现场管理人员、作业人员、后勤保障组、技术方案组、综合协调组
2	（1）安全保卫组现场警戒监督安全措施落实。 （2）已发生停车事故则由现场人员即时与机车司机沟通及时发车，缩短影响行车的时间；现场与机车司机沟通尽量报成路外事故，以免构成行车事故。	技术方案组、抢险救援组、安全保卫组
3	（1）报告相邻车站，派出驻站联络员与车站取得联系尽量与机车司机上报的事故类型一致。 （2）根据影响行车的情况派出协调人员与路局行车调度取得联系，将行车事故影响缩小到最小范围。 （3）派出领导小组人员与路局主管行车调度的领导取得联系，协调相关善后事宜	综合协调组
4	（1）抢险救援组按方案展开抢险。 （2）技术方案组核验隐患排除，做好预防措施交底	技术方案组、抢险救援组、安全保卫组
5	（1）当驻站联络员转发车站发出的放行列车命令后，观察放行列车运行状态。 （2）若需要后续天窗点继续处理的要按要求派人值守监护直至恢复至正常工作状态	后勤保障组、抢险救援组、安全保卫组
6	在整个抢险过程中，做好警戒防护，严禁无关人员进入事故现场，对影响地方交通的，做好充分沟通工作	
7	负责媒体接待、采访和引导工作，根据上级单位授权适时发布相关信息，配合外部调查，提供真实记录资料	

2.3 光电缆及设备损坏影响行车应急处置方案卡控要点

序号	处置步骤		工作岗位或功能组
	光电缆损坏影响行车	设备损坏影响行车	
1	（1）发现光电缆损坏影响行车，立即上报应急领导小组，通知现场设备管理单位，并撤至安全区域。 （2）综合协调组向设备管理单位申请启用备用光电缆。 （3）抢险应急处置方案启动，后勤小组准备抢险器具，抢险小组赶赴现场。 （4）技术方案组赶赴现场制订抢险方案	（1）找到损坏的设备，按要求设置防护和警戒。 （2）将设备受损情况报设备管理部门、领导小组负责人。 （3）向设备管理单位申请停用损坏设备，启用备用设备。 （4）技术方案组赶赴现场制订抢险方案，积极研究临时过渡方案	现场管理人员、作业人员、后勤保障组、技术方案组、综合协调组

续表

<table>
<tr><th rowspan="2">序号</th><th colspan="2">处置步骤</th><th rowspan="2">工作岗位或功能组</th></tr>
<tr><th>光电缆损坏影响行车</th><th>设备损坏影响行车</th></tr>
<tr><td>2</td><td colspan="2">（1）抢险救援组根据抢险方案请点封锁线路。
（2）防护员就位，抢险作业组方可进入抢险现场</td><td>后勤保障组、技术方案组、抢险救援组</td></tr>
<tr><td rowspan="4">3</td><td>施工作业挖断损伤光电缆</td><td>施工作业造成通信信号设备损坏</td><td rowspan="4">技术方案组、抢险救援组、安全保卫组</td></tr>
<tr><td>（1）找到故障点，按要求设置防护。
（2）抢险救援组对断缆进行接续抢修。
（3）光电缆伤害范围小并能尽快恢复的，可使用光、电缆开天窗 1.5 m 方法把受伤及断纤的束管截断，剥出光纤清洁接续。
（4）测试所有业务都回复正常后按规范要求恢复光电缆并敷设标桩清理现场。
（5）完成工作后及时向设备管理单位及项目领导小组负责人汇报事故处理情况，并安排人员继续观察 24 h。</td><td>（1）确认故障现象。专业技术人员到达控制台，通过计算机联锁显示器、CTC/TDCS 终端和集中监测等查看设备状态，利用报警或监测信息迅速判明故障现象。
（2）登记停用相关故障设备，按规定逐级汇报。
（3）按有关规定进行处理。项目部配合电务工区人员按照设备故障的处理程序，对故障设备进行处置。
（4）复查试验。故障处理完毕后，由电务段人员对故障相关的设备进行复查，按照规定进行联锁试验</td></tr>
<tr><td colspan="2">非本单位原因造成光、电缆中断或通信信号设备损坏</td></tr>
<tr><td colspan="2">（1）上报设备管理单位，做好抢险准备。
（2）与设备管理单位联合对险情进行控制抢修，将险情造成的损失控制到最低限度</td></tr>
<tr><td>4</td><td colspan="2">技术方案组核验抢修部位的技术参数，严格把关确认符合行车条件。上报核验结果及放行条件</td><td>技术方案组、抢险救援组</td></tr>
<tr><td>5</td><td colspan="2">在整个抢险过程中，对人员、车辆等进行协调</td><td rowspan="2">后勤保障组、抢险救援组</td></tr>
<tr><td>6</td><td colspan="2">在整个抢险过程中，做好警戒防护，严禁无关人员进入事故现场，对影响地方交通的，做好充分沟通工作</td></tr>
<tr><td>7</td><td colspan="2">现场应急处置总指挥下达抢险工作结束和开通命令撤离作业人员，上报行调和设备管理单位</td><td rowspan="4">综合协调组、抢险救援组、安全保卫组</td></tr>
<tr><td>8</td><td colspan="2">等待第一辆列车的通过，技术方案组核实受损部位工作状态</td></tr>
<tr><td>9</td><td colspan="2">在整个抢险过程中，做好保险理赔资料的收集；做好伤亡家属的安抚工作（如有）；确保救助资金到位</td></tr>
<tr><td>10</td><td colspan="2">负责媒体接待、采访和引导工作，根据上级单位授权适时发布相关信息，配合外部调查，提供真实记录资料</td></tr>
</table>

2.4 触电事故

<table>
<tr><th>序号</th><th colspan="2">处置步骤</th><th>工作岗位或功能组</th></tr>
<tr><td>1</td><td colspan="2">（1）上报应急领导小组。
（2）确认现场触电事故，通知有关部门停电。
（3）检查现场验电确认无电后挂好接地</td><td>综合协调组
现场管理人员、作业人员</td></tr>
<tr><td>2</td><td colspan="2">（1）根据现场情况制订抢救方案。
（2）拨打联系好的医院电话要求挑出救护车进行救护</td><td>技术方案组、抢险救援组、后勤保障组</td></tr>
<tr><td rowspan="2">3</td><td>无法停电时</td><td>已停电</td><td rowspan="3">抢险救援组</td></tr>
<tr><td>（1）带上绝缘手套，穿上绝缘靴，用相应电压等级的绝缘工具按顺序拉断离触电点最近的开关；或使用接地线在非易损带电点接地迫使该区域供电设备跳闸。
（2）将触电者带离 10 m 外展开急救。
（3）撤除接地线，通知恢复供电</td><td>（1）验电接地。
（2）将触电者就地进行急救。
（3）撤除接地线，通知供电单位恢复供电</td></tr>
<tr><td>4</td><td colspan="2">做好现场保护，将受伤人员移送医院，派出陪同人员陪护</td></tr>
<tr><td>5</td><td colspan="2">引导救护车及时进入现场；保障应急救援通道畅通</td><td rowspan="2">后勤保障组</td></tr>
<tr><td>6</td><td colspan="2">对危险区域进行有效隔离，抢险救援组人员对危险区域进行安全隐患排查和安全评估</td></tr>
<tr><td>7</td><td colspan="2">在整个救援过程中，做好警戒防护，严禁无关人员进入事故现场，对影响地方交通的，做好充分沟通工作</td><td rowspan="3">综合协调组、安全保卫组</td></tr>
<tr><td>8</td><td colspan="2">配合外部调查，提供真实记录资料</td></tr>
<tr><td>9</td><td colspan="2">（1）在整个救援过程中，做好保险理赔资料的收集；做好伤亡家属的安抚工作（如有）；确保救助资金到位。
（2）负责媒体接待、采访和引导工作，根据上级单位授权适时发布相关信息</td></tr>
</table>

2.5 起重事故（设备吊装倾覆事故）

序号	处置步骤	工作岗位或功能组
1	（1）切断一切动力源、电源、火源，防止事故扩大。 （2）事故发生后，事故现场人员应立即疏散、撤离危险区域并采取自救、互救措施；明确一人统一指挥，并进行简要分工。 （3）确认被困人员信息，被困情况。如果有人员受伤、受困立即拨打医院救护电话。 （4）迅速查看并判断起重机是否支稳，倾覆影响范围及周边是否存在再次坍塌和坠落隐情，对险情进行初步评估，在能力范围内排除险情。不能排除的险情，进行重点警戒。 （5）排查人员被困和伤害情况，在能基本保证自身和被困人员安全的情况下实施营救，切勿生拉硬拽、强行搬撬。 （6）对救出到安全地带的受伤人员进行止血、心脏复苏、人工呼吸等常识性医疗救助。 （7）场临时救援负责人尽快掌握事故人员涉险及伤亡情况、事故现场初步情况，立即向项目经理或其他负责人电话报告	现场管理人员、作业人员
2	（1）确认被困人员信息、被困情况（数量、姓名）。 （2）判定起重机倾覆影响范围、可能发生次生事故情况。 （3）综合起重设备倾覆等基本情况，制订被困人员施救方案和轨道车脱轨起复方案	技术方案组、抢险救援组
3	按照被困人员施救方案，在技术支持组的指导下，由抢险救援组实施救援。施救过程中，切实防范起重机零部件坍塌、被困人员再次伤害等次生事故发生	技术方案组、抢险救援组
4	（1）对救出人员进行现场急救。 （2）对受伤人员及时转送医院救治	抢险救援组、后勤保障组
5	按照起重机起复施救方案，在技术支持组的指导下，由抢险救援组实施起复施救。施救过程中，划定工作范围并严格落实施救方案和防护措施	技术方案组、抢险救援组
6	在整个救援过程中，对人员、机械等进行协调	后勤保障组
7	在整个救援过程中，检查维护或修复现场、水、电管线，提供饮用水、食物及调度机械设备、物资等，为现场实施救援提供保障	
8	在整个救援过程中，做好警戒防护，严禁无关人员进入事故现场，对影响地方交通的，做好充分沟通工作	综合协调组
9	配合外部调查，提供真实记录资料	
10	在整个救援过程中，做好保险理赔资料的收集；做好伤亡家属的安抚工作（如有）；确保救助资金到位	
11	负责媒体接待、采访和引导工作，根据上级单位授权适时发布相关信息	

YJ

中铁二局集团有限公司

YJ/ZTEJ–2020

广州地铁21号线机电Ⅲ标工程
安全质量、生态环境事故（事件）
现 场 处 置 方 案

2020年12月

中铁二局广州地铁21号线机电Ⅲ标项目经理部

批 准 页

中铁二局《广州地铁21号线机电Ⅲ标工程安全质量、生态环境事故（事件）现场处置方案》是中铁二局广州地铁21号线机电安装Ⅲ标项目经理部为保护员工生命安全，减少财产损失，确保事故发生时快速反应、妥善处置而制定的内部规范性文件。

本处置方案是在开展事故风险分析和应急资源调查的基础上，针对具体的作业场所或设备设施制定的工作方案，同时考虑了突发质量事故、突发环境（安全事故衍生）事件的应急情形，明确了机电安装工程出现不可接受风险事件时，项目应急组织机构与职责、应急响应、应急处置原则、应急保障等相关要求，适用于机电安装过程中起重伤害、触电、高处坠落、爆管等现场处置工作。

中铁二局《广州地铁21号线机电Ⅲ标工程安全质量、生态环境事故（事件）现场处置方案》经中铁二局广州地铁21号线机电Ⅲ标项目经理部安全生产领导小组批准，现正式实施。

项目书记：

项目经理：

年　月　日

目　录

1　事故风险分析

按风险评估要求，对该机电安装施工过程中可能存在的危险因素进行了全面辨识，并使用风险矩阵评价法对可能发生的各类型事故产生的风险后果进行了评价。风险评估结果显示：在可能导致的 8 种事故类型中，低风险的有 0 项，中度风险的有 4 项，高度风险的有 3 项，极高风险 1 项，其中高度风险及极高风险见表 1。

表 1　广州地铁二十一号线机电安装Ⅲ标高度风险及极高风险分析

序号	事故类型	易发区域、影响范围	事故原因	风险等级	事故征兆	可能引发的次生衍生事故
1	起重伤害	装饰装修；给水排水；通风与空调安装；强弱电安装	1. 特种作业人员未持证上岗。 2. 违章操作、违章指挥超负荷起吊、使用不合格吊索具、起重钢丝绳及绳卡不符合要求。 3. 地面不平坦、地面松软、未按要求支垫支腿造成吊车倾翻。 4. 操作不当以及机械故障等引起机械伤害事故。 5. 违反“十不吊”原则	高度风险（不期望）	1. 吊装过程中支腿沉降或吊车倾翻。 2. 钢丝绳断脱、吊钩冲顶、吊装物超载。 3. 作业过程中机构速度变化过快。 4. 吊物（具）摆放不稳发生倾倒碰砸人。 5. 在起重机械运行机构与回转机构之间有人停留或通过。 6. 未按原则捆绑吊挂。 7. 吊运大件设备时候未在设备端部系上绳索拉紧，重心不平稳	1. 物体打击。 2. 挤压碰撞。 3. 触电。 4. 机体倾翻
2	触电	装饰装修；给水排水；通风与空调安装；强弱电安装；轨行区作业	1. 未按“三级用电、两级保护”规定施工临时用电，设施设备故障、违规布线、电线裸露、违规操作。 2. 临时用电不作接零或接地保护。 3. 电缆浸在水中或受潮、裸露、老化未做好绝缘。 4. 非专业电工违规操作、未穿戴防护用品。 5. 未使用安全电压。 6. 临电设备设施维护不到位。 7. 使用移动电气设备或进行电焊作业时，在潮湿、腐蚀性的环境中，缺少漏电保护器等	高度风险（不期望）	1. 缺少漏电保护器、过载保护。 2. 金属箱壳等未接地保护。 3. 操作人员未持证上岗，未佩戴或正确使用防护用品。 4. 私拉乱接。 5. 线路老化	1. 高处坠落。 2. 火灾

续表

序号	事故类型	易发区域、影响范围	事故原因	风险等级	事故征兆	可能引发的次生衍生事故
3	高处坠落	装饰装修；给水排水；通风与空调安装；强弱电安装；轨行区作业	1. “四口”“五临边”防护不到位。 2. 脚手架、操作架、施工通道防护不到位。 3. 未戴安全帽、未戴或未正确使用安全带、作业平台防护措施不到位	极高风险（不可接受）	1. 作业人员未进行培训、交底或不到位。 2. 安全防护未设置或未按规范要求设置。 3. “三违”行为未受到有效控制。 4. 操作平台搭设不符合规范要求。 5. 临边防护未及时跟进搭设或损坏未及时修复。 6. 作业人员进场未进行体检。 7. 同一架梯子上多人上面作业，使用梯子不符合要求	触电
4	爆管	给水排水；通风与空调安装	1. 打压过程中卡箍没有扣牢固 2. 材料不符合要求。 3. 压力过大。 4. 管内垃圾未清理干净。 5. 没有设置泄压阀	高度风险（不期望）	1. 卡箍位置漏气、漏水、有异响、压力表摆动不定。 2. 管内有异响	1. 火灾。 2. 物体打击。 3. 伴生周围环境污染事件

2　事故响应

根据事故信息、初步原因分析、人员伤亡情况、经济损失和社会影响范围等因素划分，将应急响应级别分为Ⅰ～Ⅳ级，项目部负责第Ⅳ级应急响应工作，配合Ⅰ、Ⅱ、Ⅲ级响应工作。其响应分级、启动条件见表2。

表2　响应分级

序号	响应分级	启动条件（下列情况之一）	响应部门人员	响应内容
1	Ⅰ级中国中铁	1. 初判可能出现死亡10人及以上，或重伤50人以上安全事故。 2. 初判可能发生直接经济损失5 000万元及以上的事故。 3. 因施工造成或生产安全事故衍生的，可能出现周边生态环境发生严重污染或破坏的突发环境事件。 4. 需疏散转移1 000人及以上人员的突发自然灾害事故	中国中铁：领导及相关人员 中铁二局：公司主要领导，分管领导，工会主席，安全总监，公司办公室、安质环保部、工程管理部、人力资源部、宣传部、工会等负责人及相关人员 子公司：主要领导、分管领导、工会主席、安全总监，安质环保部、工程管理部、人力资源部、党群工作部、工会等负责人及相关人员 区域公司：主要领导、监管领导、工程部长及相关人员	1. 向中国中铁请求支援。 2. 接受中国中铁下达的各项指令并响应。 3. 按响应级别及属地原则由各级政府组织应急救援的，服从其统一指挥

续表

序号	响应分级	启动条件（下列情况之一）	响应部门人员	响应内容
2	Ⅱ级中铁二局	1. 初判可能造成或导致发生死亡3～9人，或重伤10～49人的安全事故。 2. 初判可能发生直接经济损失1 000万～5 000万元(不含)的事故。 3. 因施工造成或生产安全事故衍生的，周边生态环境发生较重污染或破坏的突发环境事件。 4. 需疏散转移 500～1 000人（不含）的突发自然灾害事故	中铁二局：公司分管领导、工会主席、安全总监，安质环保部、工程管理部、宣传部、工会等负责人及相关人员 子公司：主要领导、分管领导、工会主席，安全总监，安质环保部、工程管理部、党群工作部、工会等负责人及相关人员 区域公司：主要领导、监管领导、工程部长及相关人员	1. 中铁二局应急领导小组下达指令。 2. 中铁二局应急工作组响应。 3. 按响应级别及属地原则由各级政府组织应急救援的，服从其统一指挥
3	Ⅲ级子分公司、区域公司	1. 初判可能发生死亡 1～2人，或3～9人重伤的安全事故。 2. 无人员伤亡，但社会影响较大的险性事故（事件）。 3. 初判可能发生直接经济损失100万～1 000万元（不含）的质量事故。 4. 因施工造成或生产安全事故衍生的，可能导致邻近区域内生态环境发生较重污染或破坏的突发环境事件。 5. 需转移安置100～500人（不含）的突发自然灾害事故	子分公司：分管领导、安全总监、安质环保部、工程管理部部长及相关人员 区域公司：监管领导、工程部长及相关人员	1. 子（分）公司应急领导小组下达指令。 2. 现场应急工作组接受指令并响应。 3. 必要时，向中铁二局请求支援
4	Ⅳ级项目经理部	1. 初判可能造成或导致发生重伤3人（不含）以下的安全事故。 2. 其他影响较大，损失较重的险性事故。 3. 初判可能发生直接经济损失 20 万～100 万元的质量事故。 4. 需转移安置 50～100 人（不含）的突发自然灾害事故	项目经理部：领导班子、职能部门及相关人员	1. 项目现场应急领导小组下达指令。 2. 现场应急处置组接受指令并响应。 3. 必要时，向子（分）公司、或中铁二局区域公司请求支援

3　应急组织机构及工作职责

3.1　应急组织机构

3.1.1　组织机构

项目组织机构见图 1。

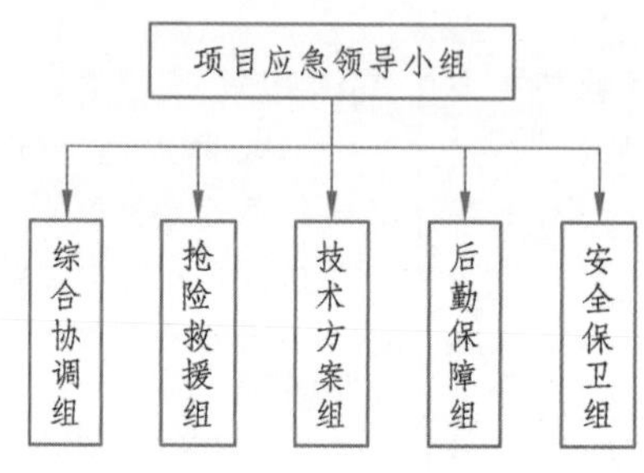

图 1　项目组织机构

3.1.2　应急组织机构设置

项目经理部设立应急领导小组，下设五个应急处置组。

组　长：项目经理

副组长：项目书记、项目副经理、项目总工程师、项目安全总监

成　员：工程部、安全环保部、质量管理部、工经部、物机部、财会部、办公室、试验室等部门负责人和有关人员

应急领导小组办公室设在调度室，并设 24 小时值班电话。

3.2　应急领导小组职责

在发生事故和突发紧急事件时，必须立即组织应急队伍迅速到达事故现场。各应急处置组及副组长必须服从组长统一安排，按职责分工进行应急处置工作。

3.2.1　应急领导小组主要职责

1. 建立健全事故应急机构。
2. 组织编制项目部应急预案和现场处置方案。
3. 负责组织调配或购置应急物资、设备，监督指导项目职能部门建立应急管理工作台账。
4. 负责组织应急知识培训教育、宣传及应急预案培训、演练、评价工作。
5. 负责启动应急方案、及时调配应急资源。
6. 按照应急响应分级和程序，向上级和属地政府部门报告事故情况。
7. 接受上级应急救援现场指挥部的领导，落实指令。
8. 指挥现场应急人员开展应急救援，采取有效措施防止事故扩大，并保护事故现场。

9. 配合事故调查，做好善后处置工作。

3.2.2 组长（项目经理）职责

1. 组织应急队伍迅速到达事故现场，指挥现场人员开展应急救援。
2. 组织采取有效措施防止事故扩大，最大限度减少人员伤亡和财产损失。
3. 组织保护好事故现场，并及时向当地政府部门和上级报告事故情况。

3.2.3 副组长（项目书记）职责

1. 负责组织媒体接待、采访和引导工作，配合上级单位发布相关信息。
2. 组织伤亡人员及家属的接待、稳定工作。
3. 组织保险理赔工作。

3.2.4 副组长（项目副经理）职责

1. 负责组织实施现场应急救援。
2. 及时向组长汇报事件发生和发展信息，尤其是异常信息。
3. 组织保障现场交通。

3.2.5 副组长（项目总工程师）职责

1. 组织对应急救援进行安全风险评估。
2. 初步分析事故发生的技术原因。
3. 组织制定应急救援技术措施。

3.2.6 副组长（项目安全总监）职责

1. 初步分析事故发生的管理原因。
2. 协助相关机构调查取证。
3. 协助相关机构人员的约谈。

3.3 应急处置组职责

3.3.1 综合协调组职责

1. 负责信息收集与传递。
2. 负责媒体接待、采访和引导工作，配合上级单位发布相关信息。
3. 做好受伤人员救护及家属的接待、稳定工作。
4. 做好保险理赔工作。

3.3.2 抢险救援组职责

1. 采取措施防止次生灾害、保护伤员。

2. 按照方案组织救援，科学合理地提出应急物资、设备、人力配备建议。

3. 抢救现场伤员、设备及物资。

4. 必要时配合外部救援工作。

3.3.3 技术方案组职责

1. 辨识应急救援过程中的危险、有害因素，并进行安全风险评估。

2. 制定应急救援技术措施和救援步骤，指导救援。

3. 确定灾害现场监控量测方式，组织开展现场监控量测。

4. 协助开展对现场有关人员的约谈，调查了解事故发生的原因，配合上级单位进行事故调查。

3.3.4 后勤保障组职责

1. 负责现场抢险救援及事故调查工作人员生活保障、食宿安排等后勤服务；提供必要的办公用品、交通工具、通信工具、器材等。

2. 协助属地政府有关部门进行交通疏解。

3. 调配抢险救援急需的物资、设备等。

3.3.5 安全保卫组职责

1. 保证现场应急救援通道的畅通。

2. 做好现场保卫、警戒工作。

3. 动态关注现场情况，防止发生二次伤害事故。

4. 依据拟定技术措施和救援步骤，协助现场救援。

4 应急处置

4.1 生产安全事故应急处置

4.1.1 生产安全事故应急响应程序

项目应急响应流程见图 2。

4.1.2 现场应急处置步骤及内容

1. 事故发生后，事故现场人员应立即疏散、撤离，并采取自救、互救措施。

2. 现场人员第一时间通知项目经理。

3. 项目经理或其他负责人立即赶赴现场，查看事故情况及伤损情况。

4. 判明情况，下达处置方案启动命令并上报。

5. 确定方案开展救援和伤员救护。

6. 救援终止。

7. 事故调查及善后处理。

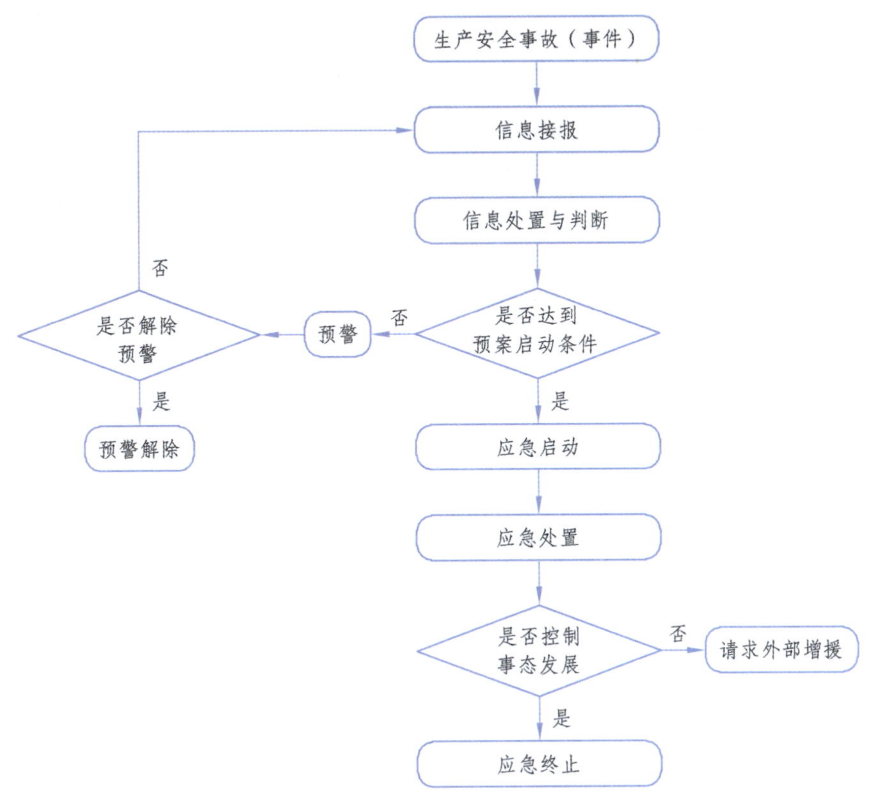

图 2 项目应急响应流程

4.1.3 应急处置措施

1. 起重伤害事故现场应急处置措施（表 3）。

表 3 起重伤害事故应急处置措施

序号	任务	主要工作内容	责任分工
1	现场确认	1. 当发生起重伤害事故时，起重司机或现场人员立即向项目管理人员或项目负责人报告。 2. 项目负责人接到报告后，立即启动预案，并立即赶赴现场，组织技术人员对现场进行确认，是否有发生二次事故的危险。 3. 初判伤员伤情，根据现场确认的人员受伤情况，对受伤员工进行医疗急救，并拨打 120 请求救援	抢险救援组
2	撤离疏散	1. 将现场及周边人员疏散至安全区域。 2. 隔离现场，并疏散无关人员	安全保卫组

续表

序号	任务	主要工作内容	责任分工
3	现场救援	1. 如属于一般机械事故，无人员受伤，起重司机应保持冷静，立即停止起重作业，如重物悬空应在保证安全的情况下，落下重物，停掉电源。 2. 如出现人员受伤情况，抢险救援人员应根据事故发生的实际情况针对性采取措施，如有人受伤时，应对受伤人员进行急救，对受伤较轻的人员，视伤情及时进行止血，包扎，固定等措施，然后送往医院治疗。 3. 如果人员被压在重物下面，应立即采取搬开重物或使用起重工具吊起重物等措施，将受伤人员转移到安全地带，进行抢救。 4. 发生触电时，应立即切断起重机机械电源，然后再抢救触电人员。 5. 受伤人员出现呼吸、心跳停止症状后，必须立即进行人工呼吸。 6. 针对未发生人员伤亡的一般机械事故，要立即组织人员封锁事故现场，做好警示标识，等待专业维修人员进行处理。 7. 起重机械的修复应由具有相关资质的人员或单位进行维修，检查正常后，可恢复使用	抢险救援组、安全保卫组
4	救治伤员	1. 对救出人员进行现场急救。 2. 对受伤人员及时转送医院救治	抢险救援组、综合协调组
注意事项： 如发生机械设备倾覆且有人员被困时，必须在确认无发生二次事故危险的情况下，再进行人员救援；否则，必须使用起重设备或其他措施先进行加固，然后才能进行人员救援			

2. 触电事故现场应急处置措施（表4）。

发现有人触电，首先要快速使触电者脱离电源，然后根据触电者的具体症状进行对症施救。

表4　触电事故应急处置措施

序号	任务	主要工作内容	责任分工
1	撤离疏散	1. 首先切断电源。 2. 做好防护，使触电者尽快脱离电源，若无法关闭电源，可借助绝缘体把伤者拖离电源，高空触电做好防坠落防护	抢险救援组
2	现场救援	1. 拨打项目管理人员电话，若伤势较重，直接拨打120。 2. 隔离现场，疏散无关人员。 3. 当触电者脱离电源后，应根据触电者的具体情况，迅速采取对症救护。 4. 触电者伤势不重，应使触电者安静休息，不要走动，严密观察并呼请协作医院前来诊治或送往协作医院。 5. 触电者失去知觉，但心脏跳动和呼吸还存在，应使触电者舒适、安静地平卧，周围不要围人，使空气流通，解开触电者的衣服以利呼吸，应进行人工呼吸，若有灼伤，应用烫伤药治疗并包扎，初步处理后送往医院进一步医治。	抢险救援组、综合协调组

续表

序号	任务	主要工作内容	责任分工
2	现场救援	6. 触电者呼吸困难、稀少，或发生痉挛，应准备人工心跳或呼吸法救治，随后立即作进一步的抢救。 7. 如果触电者伤势严重，呼吸及心脏停止，应立即施行人工呼吸和胸外挤压，并速呼协作医院或送往医院。在送往医院途中，不能终止急救。 8. 若急救车无法及时赶到现场，负责用车辆将伤员送至医院，引导外部救援力量进入现场。 9. 应急救援结束后，组织人员清理现场，恢复生产	抢险救援组、综合协调组
3	救治伤员	1. 对救出人员进行现场急救。 2. 对伤重人员及时转送医院救治	抢险救援组、综合协调组
注意事项：对伤者进行人工呼吸救护时，注意力度，避免造成施救二次伤害			

3. 高坠事故应急处置措施（表 5）。

表 5　高坠事故应急处置措施

序号	任务	主要工作内容	责任分工
1	现场确认	1. 发现有人员发生高处坠落事故时，立刻向项目管理人员或项目负责人汇报。 2. 对现场进行清查，确认伤员上方无物品坠落危险。 3. 初判伤员伤情严重时，根据现场确认的人员受伤情况，对受伤员工进行医疗急救，并拨打 120 请求救援	抢险救援组、技术支持组
2	人员施救	1. 现场确认后，立即开展伤员救助，并撤离危险区域。 2. 对受伤人员，主要包括包扎、止血、固定骨折部位等，受伤人员呼吸、心跳停止时，应立即进行心肺复苏，待急救车辆赶到现场后，协助救护人员将伤员搬移到急救车辆上，送到就近医院进行救治	抢险救援组、综合协调组
3	现场处置	1. 保护、封锁事故现场，等待相关人员进行事故调查。 2. 事故调查完清楚后，方可清理现场	综合协调组、技术支持组
注意事项： 1. 受伤人员跌落在有高处坠落、触电、机械伤害等危险的区域时，救援人员应采取相应的防范措施后，方可实施救援。 2. 对怀疑或确认有骨折的人员，切勿随意搬动伤员，应先在骨折部位用木板条或竹板片于骨折位置的上、下关节处作临时固定，然后等待专业医疗机构救援或送至专业医疗机构接受救治。 3. 对于怀疑有脊椎骨折的伤员搬运时应用夹板或硬纸皮垫在伤员的身下，以免受伤的脊椎移位、断裂造成截瘫，如伤员不在危险区域，暂无生命危险的，应就地待等待专业医疗机构救援。 4. 如怀疑有颅脑损伤的，首先必须维持呼吸道通畅，昏迷伤员应侧卧位或仰卧偏头，以防舌根。下坠或分泌物、呕吐物吸入气管，发生气道阻塞。 5. 高处坠落后被下方物体刺穿时，严禁拔出致伤物体			

4. 爆管事故应急处置措施（表 6）。

表 6　爆管事故应急处置措施

<table>
<tr><th>序号</th><th>任务</th><th>主要工作内容</th><th>责任分工</th></tr>
<tr><td>1</td><td>现场确认</td><td>1. 立即停止负荷。
2. 发现有人员发生爆管事故时，立刻向项目管理人员或项目负责人汇报。
3. 初判伤员伤情严重时，根据现场确认的人员受伤情况，对受伤员工进行医疗急救，并拨打 120 请求救援。
4. 要确认是否因为爆管，导致管内其他或者液体放出，污染周围的环境</td><td>抢险救援组、技术支持组</td></tr>
<tr><td>2</td><td>人员施救</td><td>1. 现场确认后，立即开展伤员救助，并撤离危险区域。
2. 对受伤人员，主要包括包扎、止血、固定骨折部位等，受伤人员呼吸、心跳停止时，应立即进行心肺复苏，待急救车辆赶到现场后，协助救护人员将伤员搬移到急救车辆上，送到就近医院进行救治。
3. 如果周围的环境被污染，抢救人员必须穿戴整齐防护用品，并组织专业的救援队伍进行消除污染</td><td>抢险救援组、综合协调组</td></tr>
<tr><td>3</td><td>现场处置</td><td>1. 保护、封锁事故现场，等待相关人员进行事故调查。
2. 事故调查完清楚后，方可清理现场</td><td>综合协调组、技术支持组</td></tr>
<tr><td colspan="4">注意事项：
1. 对怀疑或确认有骨折的人员，切勿随意搬动伤员，应先在骨折部位用木板条或竹板片于骨折位置的上、下关节处做临时固定，然后等待专业医疗机构救援或送至专业医疗机构接受救治。
2. 对于怀疑有脊椎骨折的伤员搬运时应用夹板或硬纸皮垫在伤员的身下，以免受伤的脊椎移位、断裂造成截瘫，如伤员不在危险区域，暂无生命危险的，应就地待等待专业医疗机构救援。
3. 如怀疑有颅脑损伤的，首先必须维持呼吸道通畅，昏迷伤员应侧卧位或仰卧偏头，以防舌根。下坠或分泌物、呕吐物吸入气管，发生气道阻塞。
4. 爆管导致高处坠落后被下方物体刺穿时，严禁拔出致伤物体</td></tr>
</table>

4.2　工程质量事故应急处置

4.2.1　工程质量事故应急响应程序

项目工程质量事故应急响应流程见图 3。

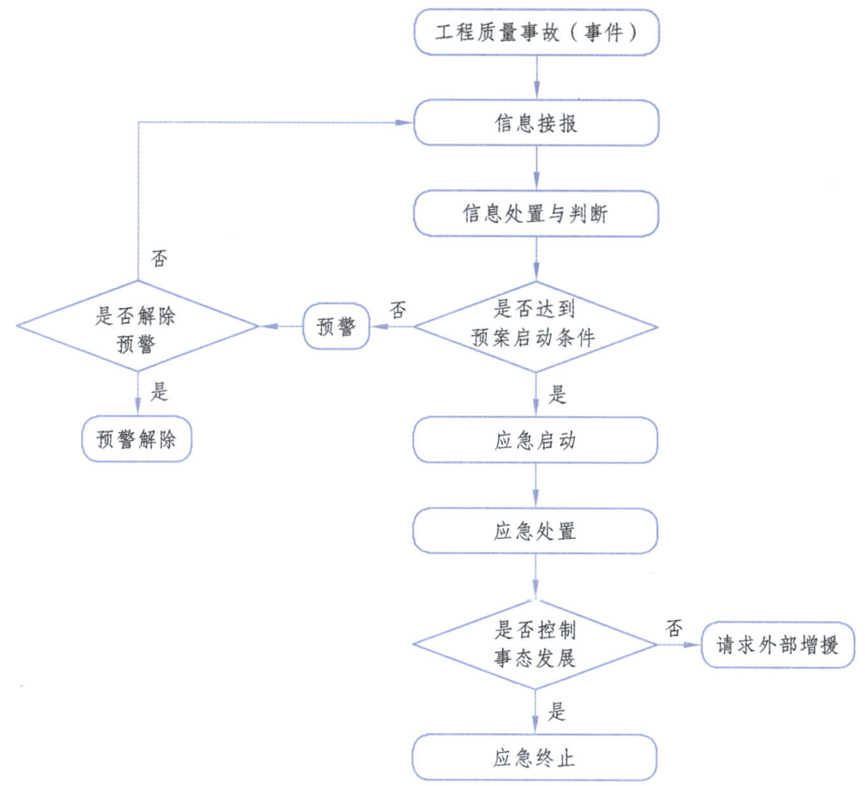

图 3　项目工程质量事故应急响应流程

4.2.2　现场应急处置步骤及内容

1. 事故发生后，事故现场人员应立即疏散、撤离。

2. 现场人员第一时间通知项目经理。

3. 项目经理或其他负责人立即赶赴现场，封闭事故区域，防止人员误入。

4. 查看质量事故区域，初步了解其影响范围，可能衍生的次生灾害等信息情况，并及时反馈建设单位、设计单位、监理单位等相关方。

5. 判明情况，构成工程质量事故应急情况条件的，下达处置方案启动命令并上报。

6. 在现场专家组及勘察设计单位确定工程应急方案后，进行返工或返修处理。

7. 应急处置终止。

8. 配合进行事故调查及善后处理。

4.2.3　应急处置措施

1. 质量事故引发工程安全事故，按本机电工程安全事故应急处置措施处置。

2. 质量事故造成工程工期严重滞后，需组织进行抢工的，须制订专项施工或返工方案，按方案执行。

3. 因设计重大变更、突发自然灾害等，造成工程应急情况出现的，不属于质量事故应急突发状况，按设计或现场专家组提出的方案进行施工。

4. 按设计方案进行工程返工或处理前，事故区域需进行预加固处理的，应及时形成专项方案，按专项处置方案进行处理，确保后续返工或处置现场作业环境安全。

4.3 突发环境事件应急处置

4.3.1 突发环境事件应急响应程序

项目突发生态环境事件应急响应流程见图 4。

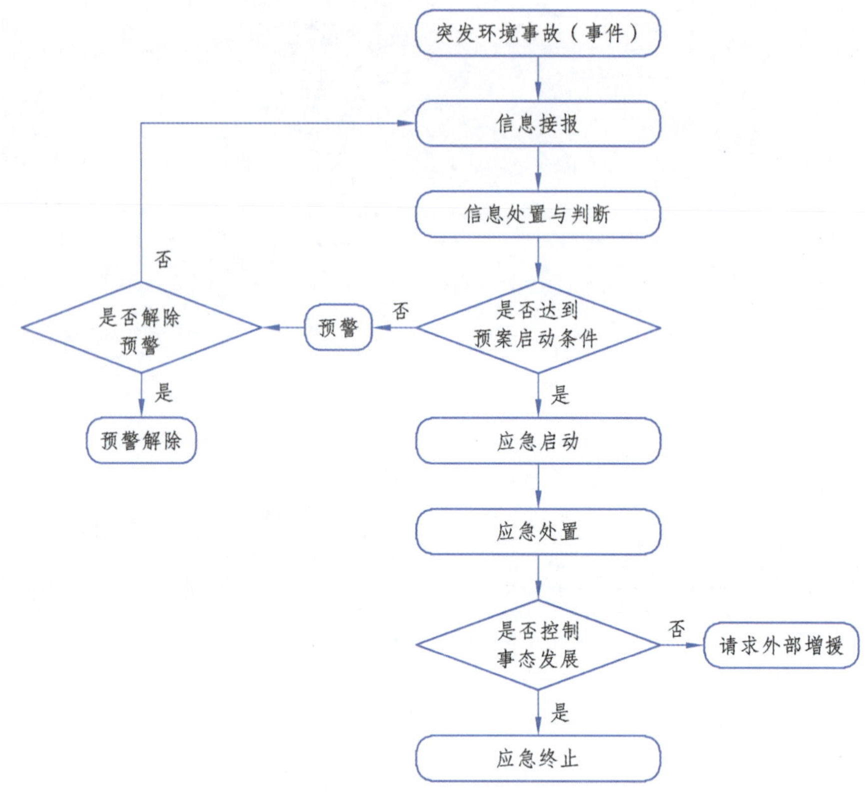

图 4 项目突发生态环境事件应急响应流程

4.3.2 现场应急处置步骤及内容

1. 事故发生后，事故发生区域现场人员应立即疏散、撤离。
2. 现场人员第一时间通知项目经理。
3. 项目经理或其他负责人立即赶赴现场，查看事故波及范围、污染源等情况。
4. 根据判明情况，下达处置方案启动命令并上报。
5. 确定方案开展救援和伤员救护。
6. 救援终止。
7. 事故调查及善后处理。

5　注意事项

1. 请求外部力量救援注意事项：

当自身力量无法满足救援需要时，应立即拨打 119 或 120，拨打时应注意：

（1）电话接通后要准确报出事故发生地址。在说不清楚具体地址时，要说出地理位置、周围明显建筑物或道路标志。对于 119 应注意说明发生的险情、有没有人被困、有无爆炸物品等。对于 120 说清病人的主要病情，使救护人员能做好救治设施的准备。

（2）将自己的姓名、电话或手机号码告诉对方，以便联系。注意听清提出的问题，以便正确回答。

（3）若是成批伤员，必须报告事故原因，并报告罹患人员的大致数目，以便 120 调集救护车辆、报告政府部门及通知各医院救援人员集中到事故地点。

（4）挂断电话后，应派人在单位门口或交叉路口等候，并引导救援车辆的出入。

（5）疏通道路。

（6）若情况发生变化，应立即通知 119 或 120，以便他们调整部署。

2. 相关说明：

本机电工程不存在单纯的质量事故和突发生态环境事件应急突发情况，为满足应急管理处置内容的需要，上述处置步骤及内容仅作提示性描述，各单位可结合现场工程实际进行制定现场处置措施。

6　附　件

附件 1：预案编制依据

1.《中华人民共和国安全生产法》
2.《中华人民共和国突发事件应对法》
3.《中华人民共和国特种设备安全法》
4.《生产安全事故应急预案管理办法》（修订版）
5.《国家安全生产事故灾难应急预案》
6.《建设工程重大质量安全事故应急预案》
7.《生产经营单位生产安全事故应急预案编制导则》
8.《建设工程安全生产管理条例》
9.《生产安全事故报告和调查处理条例》
10.《生产过程危险和有害因素分类与代码》
11.《企业职工伤亡事故分类》
12.《重大危险源辨识》
13.《风险管理 风险评估技术》
14.《中铁二局安全生产和职业健康管理办法》

15.《中铁二局安全质量事故内部报告、应急处置和调查处理办法》

16.《中铁二局工程质量监督管理办法》

17.《中铁二局工程项目施工环境保护管理办法》

附件 2：应急预案衔接

1.《广东省生产安全事故灾难应急预案》

2.《广州市生产安全事故应急预案》

3.《中国中铁股份有限公司安全质量事故（事件）应急预案》

4.《中铁二局安全质量事故（事件）应急预案》

5.《中铁二局深圳公司生产安全事故应急预案》

6.《中国中铁股份有限公司安全质量事故（事件）应急预案》

7.《中铁二局安全质量、生态环境事故（事件）应急预案》

8.《中铁二局深圳公司安全质量、生态环境（事件）应急预案》

9.《建设单位应急预案》

附件 3：项目概况

中铁二局工程有限公司负责承建广州市轨道交通 21 号线车站设备安装工程Ⅲ标段工程项目经理部，下设五部两室。

广州市轨道交通 21 号线车站设备安装工程Ⅲ标段工程包括神舟路站、科学广场站、苏元站及相应区间的机电设备及装修工程（包含地面恢复及市政道路接驳）的施工。

神舟路站：位于科学大道与神舟路的交叉路口西侧，科学大道南半幅道路正下方，为地下二层结构，岛式站台。站位北侧为索尼电子华南有限公司，西北侧为建兴光电科技广州有限公司，北侧现将为空地，规划为商业开发地块。总建筑面积 29 609 m^2，其中主体建筑面积 25 214 m^2，附属建筑面积 3 795 m^2，预留开发空间出入口、风亭面积 600 m^2，外包总长 651.9 m，外包总宽 29.8 m。车站总设置 5 个出入口，均设置在科学大道两侧；4 组总 10 个风亭，均为敞口风亭，其中两个为开发空间预留风亭；1 座冷却塔，位于 1 号风亭组；预留 1 座物业冷却塔，位于 2 号风亭组。神科区间出神舟路站后，设置 2 个施工竖井，3 个联络通道。其中三号联络通道兼作废水泵房。

科学广场站：科学广场站位于科学大道与开泰大道交叉口以西科学大道西侧山脚下，为地下三层两跨岛式站台。站位现状为公共绿地，东侧是广州市三星通信研究院，南侧地块为广州科学城创意大厦，东南侧为科学城广场。总建筑面积 14 622.60 m^2，其中主体建筑面积 9 613.98 m^2；附属建筑面积 5 008.62 m^2；外包总长 150 m；外包总宽 20.1 m。车站共设置 6 个出入口。其中，车站Ⅰ号出入口位于科学大道北侧人行道边绿地内；$Ⅱ_a$号出入口主要是照顾地下过街使用功能，$Ⅱ_b$、$Ⅱ_c$号出入口位于科学大道南侧河涌边；$Ⅲ_a$号出入口位于开泰大道西侧人行道边绿地内；$Ⅲ_b$号出入口位于科学大道北侧人行道旁绿化带内。共设两组共 8 个风亭，均为敞口矮风亭。1 号风亭位于车站小里程端，布置在现状绿地内，最近处退缩规划道路 13.4 m。2 号风亭位于大里程端布置在现状绿地，最近处退缩规划道路 11.3 m。冷却塔采用下沉式冷却塔设在 2 号风亭旁。科学广场站—苏元站区间设置 1 号、2 号、3 号、4 号联络通道，其中二号联络通道位于施工竖井里，三号联络通道位于明挖风井里，四号联络通道兼作废水泵房。

苏元站：车站位于开创大道与水西路、科丰路的十字交叉路口，是21号线与6号线的换乘站，为地下三层岛式站台。站位东北侧为暹岗公园，西北侧为暹岗新村住宅小区，西南侧和东南侧均为开发地块，正处于规划设计阶段，即将开发。总建筑面积25 048 m^2，主体建筑面积21 077 m^2，附属建筑面积2 641 m^2，预留开发空间出入口、风亭面积1 330 m^2，外包总长315.4 m，外包总宽23.2 m。车站总设置5个出入口，均设置在开创大道南侧科丰路两侧。共设置3组总10个风亭，均为敞口风亭，其中两个为开发空间预留风亭，冷却塔与6号线车站共用。苏元站—水西站区间共设三个联络通道，其中1#联络通道中心里程为YDK17+462.515，2#联络通道中心里程为YDK18+062.700，3#联络通道中心里程为YDK18+662.919，1#联络通道和中间风井合建。区间设有1个中间风井，2个施工竖井。中间风井中心里程为YDK17+462.515，1#施工竖井、1#联络通道与中间风井合建。

附件4：事故风险评估报告

附件5：应急资源调查报告

附件6：有关应急部门、机构或人员的联系方式

序号	部门（职务）	联系人	联系方式
子公司联系部门			
1	子（分）公司应急领导小组办公室	×××	×××
2	子（分）公司调度管理	×××	×××
项目部联系人员			
3	项目经理	×××	×××
4	项目书记	×××	×××
5	项目生产副经理	×××	×××
6	项目总工程师	×××	×××
7	项目安全总监	×××	×××
8	项目总经济师	×××	×××
9	项目工程部部长	×××	×××
10	项目安环部部长	×××	×××
11	项目质量部部长	×××	×××
12	项目物机部部长	×××	×××
13	项目综合办公室	×××	×××
14	项目财务部部长	×××	×××
15	项目工经部部长	×××	×××
外部救援单位			
16	医院急救电话	×××	×××
17	消防队火警电话	×××	×××
18	就近专业救援队	×××	×××

附件 7：应急物资装备的名录和清单

附件 7-1　机电安装施工生产安全事故救援人员配置表

序号	工　种	单　位	数　量	备注
1	机电工程师	人	2	
2	测量工程师	人	2	
3	机械工程师	人	3	
4	普工	人	20	
5	电工	人	2	
6	施工员	人	2	
7	电焊工	人	2	
8	氧焊、气割	人	2	

附件 7-2　应急处置可调用应急物资及机具台账

序号	名称	数量	规格	品牌	型号/功率	备注
1	发电机	2 台	5 kW			
2	潜水泵	2 台	7.5 kW			
3	污水泵	1 台	5 kW			
4	警戒灯	4 盏				
5	防爆应急灯	4 盏				
6	手提式充电手电	10 把	LED			
7	防毒面具	15 只				
8	氧气面罩	3 副				
9	防水电线	100 m	2.5×3			
10	铁丝	100 m	8#			
11	救生绳	100 m	16 mm			
12	麻绳	100 m	18 mm			
13	安全带	6 条				国标
14	安全警示带	2 卷	警戒专用			
15	喊话喇叭	4 个				
16	疏散指示棒	10 根	60 cm			
17	工作手套（绝缘）	10 副				挂胶
18	雨衣	20 件				分体
19	水鞋	20 双				
20	消防斧	4 把	1.2 m			
21	消防钳（便携）	3 把	30×10 cm			
22	消防斧（便携）	3 把	30×15 cm			

续表

序号	名称	数量	规格	品牌	型号/功率	备注
23	防水帆布沙袋	200 个	20×60 cm			
24	吸油沙	4 包	5 kg 装			
25	遮挡布	1 块	3×2 m			
26	担架	1 副	190×60 cm			
27	工具车	1 辆				
28	安全帽	20 个				
29	对讲机	10 台				
30	药箱	1 只				

附件 8：事故报告手机短信格式

中铁二局：201×年×月×日×时×分左右，在××（省市县）境内，由中铁×局××公司承建的×××工程×标，在×××工序施工过程中，因×××原因，导致现场作业人员×人死亡（失踪）、×人重伤、×人轻伤。事故已经于事发××小时（分钟）内，报告当地安全生产监管部门。现场应急预案已启动，事故单位×××领导已带队赶往现场；当地安监部门接报后，已于×月×日×时由任××职务××同志赶往现场，事故原因正在调查之中。

附件 9：中铁二局生产安全事故快报

单位名称：中铁二局×××公司（区域公司、经理部）

<table>
<tr><td>事故时间</td><td colspan="3">年　月　日　时　分</td><td>事故地点</td><td></td></tr>
<tr><td>事故单位</td><td colspan="5">××公司××××项目经理部（标段）</td></tr>
<tr><td rowspan="2">事故现场
负 责 人</td><td>姓名</td><td></td><td rowspan="2">事故单位
负 责 人</td><td>姓名</td><td></td></tr>
<tr><td>电　话</td><td></td><td>电　话</td><td></td></tr>
<tr><td colspan="2">事故已死亡
（失踪）人　数</td><td>死亡：
失踪：</td><td colspan="2">事故重伤/轻伤
人　　数</td><td></td></tr>
<tr><td colspan="6">一、事故简要经过（包含但不限于承建单位、标段、协作队伍及相关安全生产许可证等资质号，单位工程名称、事故里程、结构形式、支撑体系、设备型号、墩身截面和高度、梁型和梁重、事发作业环节、高处坠落位置与高度等，其他工况均应细致清晰描述）、人员伤亡类别（职工、劳务工姓名及身份证号码）、初步估计的直接经济损失、报告地方政府和建设单位时间等
二、事故现场救援采取的主要措施
三、其他情况（事发项目工程概况，事故地点是否影响铁路营业线或繁华闹市区、高速公路、国道、其他重要设施安全）</td></tr>
</table>

附：事故现场照片（4 张以上，能充分反映事故现场实际情况和全貌的电子版照片及说明）。

附件10：应急救援协议范本

甲方：中铁二局××项目经理部

乙方：××救护队

为切实做好机电安全的事故预防和应急救援处理工作，结合双方的实际情况，就乙方为甲方所属工程项目救援服务内容，经双方协商，约定如下：

一、服务内容

1. 据需要及时处理机电安装的灾害事故（即起重伤害、高处坠落、触电与爆管等）

2. ……

二、履约方式和服务期限

1. 履约方式

2. 服务期限

三、服务费用和支付方式

1. 服务费用

2. 支付方式

四、双方权利与义务

1. 甲方的权利与义务

2. 乙方的权利与义务

五、违约责任

在履行本协议期间，双方如有特殊原因影响本协议项目工作，应提前予以通知对方，并说明原因。甲方或者乙方存在工作质量缺陷，应各自承担相关责任。

六、争议的解决办法

当事双方先协商解决；协商不成，由××仲裁委员会仲裁或法院诉讼。

七、双方协商的其他条款

1. 乙方在技术服务和处理事故过程中队员发生意外情况，按有关国家、省市有关规定处理，届时双方依据公平原则协商解决

2. ……

甲方联系方式：应急小组值班室24小时值班电话：××

乙方联系方式：救护大队电话：××

本协议未尽事宜由双方协商补充；

如需变更、解除或续订协议，由双方协商确定。

本协议，从双方签字盖章之日起生效。

本协议一式三份，呈报建设方和××地方安监局备案一份，甲乙方各执一份。

甲方法人（签字盖章）： 乙方法人（签字盖章）：

日期： 日期：

附件 11：应急救援平面图

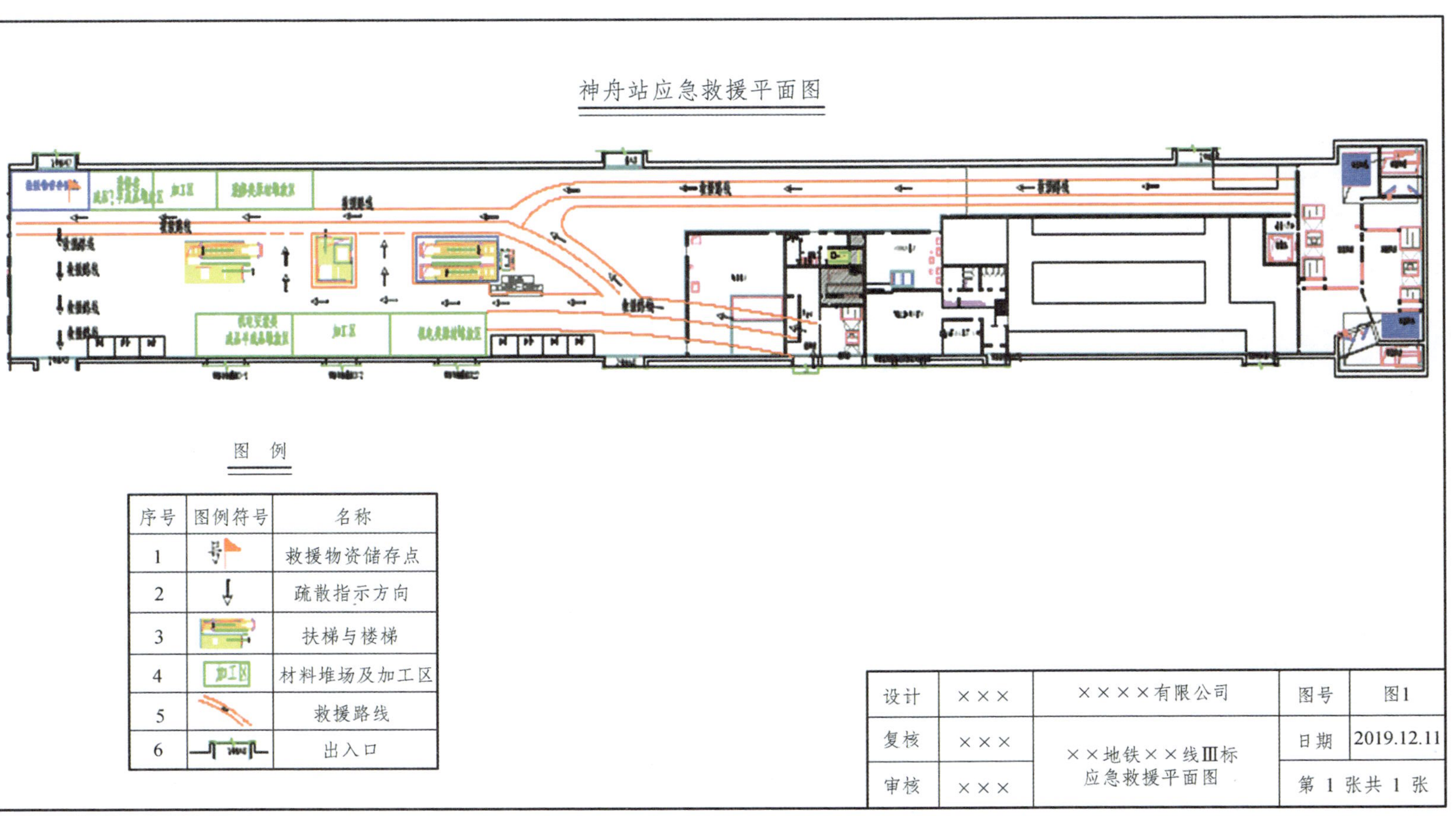

说明：由于广州地铁 21 号线机电Ⅲ标工程，包括神舟路站、科学广场站、苏元站及相应区间的机电设备及装修工程（包含地面恢复及市政道路接驳）的施工，路线繁杂，救援平面图上无法全部详细描述，各单位可结合现场工程实际进行绘制。

YJ

中铁二局集团有限公司

YJ/ZTEJ–2020

广州地铁21号线机电Ⅲ标工程
安全质量、生态环境事故（事件）
现 场 应 急 处 置 卡

2020年12月

中铁二局广州地铁21号线机电Ⅲ标项目经理部

目　录

1 应急处置卡

1.1 应急领导小组组长应急处置卡

组长	项目经理（项目书记）	
序号	处置程序	处置要点
1	启动预案	启动应急预案，查看事故现场调配应急资源等
2	事故报告	按照应急响应分级和程序，及时向当地政府部门和上级报告事故情况
3	现场处置伤员救护	采取有效措施防止事态扩大；第一时间进行现场急救，及时转送医院救治
4	确定方案开展救援或配合救援	确定救援方案后，组织应急队伍迅速到达事故现场，指挥现场应急人员开展应急救援或响应至上一级
5	救援终止	进行风险评估安全后应急救援停止
6	配合事故调查及处理	配合事故调查，做好善后处置工作
注意事项： （1）信息的收集与传达，要求及时准确。 （2）每日碰头会落实各项指令和安排次日工作		

主要联系人员				
序号	姓名	职务	联系电话	备注
1		项目书记（经理）		
2		项目总工程师		
3		项目安全总监		
4		项目副经理		
5		作业队长		
6		办公室主任		
7		物机部部长		

1.2 综合协调组应急处置卡

组长	项目书记	
序号	处置程序	行动内容
1	信息传递	负责按应急小组要求内容上报
2	场地安保、伤员救护	现场做好保卫、警戒工作；第一时间进行现场急救，及时转送医院救治
3	对外接待及处置	做好媒体接待、采访和引导工作，配合上级单位发布相关信息

续表

序号	处置程序	行动内容		
4	家属接待及善后	做好家属的接待、稳定工作；做好保险理赔工作		
注意事项： （1）信息传递准确、及时可靠。 （2）伤员救治及安抚周到、及时。 （3）现场组织人员撤离后，不得盲目抢救被困人员				
主要联系人员				
序号	姓名	职务	联系电话	备注
1		项目经理		
2		项目副经理		
3		项目总工程师		
4		工委主任		
5		办公室主任		
6		物机部部长		
7		施工管理人员		

组员	相关成员	
序号	处置程序	行动内容
组员 1	×××	
1	组织撤离	发现险情后，第一时间有效组织人员撤离至安全地带
2	险情报告	及时电话上报险情至项目安全生产管理负责人或项目经理
组员 2	×××	
1	收集信息	定时收集信息
2	传递信息	负责收集并发布救援信息
3	关注信息	做好舆情关注、媒体应对，并配合上级发布信息
组员 3	×××	
1	对外接待	做好家属、外部单位的接待工作
2	配合善后处理	配合做好保险理赔工作
注意事项： （1）信息传递准确、及时可靠。 （2）伤员救治及安抚周到、及时。 （3）现场组织人员撤离后，不得盲目抢救被困人员		

主要联系人员				
序号	姓名	职务	联系电话	备注
1		项目经理		
2		项目书记		

续表

序号	姓名	职务	联系电话	备注
3		项目副经理		
4		项目总工程师		
5		工委主任		
6		办公室主任		
7		物机部部长		
8		施工管理人员		

1.3 抢险救援组应急处置卡

组长	项目副经理	
序号	处置程序	行动内容
1	场地清理及防护	保证现场应急救援通道的畅通，采取措施防止次生灾害
2	熟知方案及准备	按照方案组织救援，科学合理地提出应急物资、设备、人力配备建议
3	组织实施及调整	抢救现场伤员、设备及物资
4	救援结束及配合	进行风险评估安全后应急救援结束或配合上级、外部救援
注意事项： （1）救援人员、物资与设备组织落实到位。 （2）按指令落实救援现场配套工作及安全监护。 （3）及时报告救援进展情况及问题。 （4）机械操作必须听从指挥，防止机伤被困人员		

主要联系人员

序号	姓名	职务	联系电话	备注
1		项目经理		
2		项目书记		
3		项目总工程师		
4		项目安全总监		
5		工程部部长		
6		作业队长		
7		施工员		
8		办公室主任		
9		物机部部长		
10		现场指挥人员		
11		作业队队长		
12		机械操作人员		

续表

组员	相关成员	
序号	处置程序	行动内容
组员 1	×××	
1	场地警戒及防护	场地做好警戒工作；现场动态监控防止次生灾害，组织人员及时撤离
2	组织实施及救援	组织物资、设备和人力到位，接到上级命令后指挥抢救现场伤员、设备及物资
组员 2	×××	
1	救援准备	物资、设备和人力到位后，现场合理运用和调配。
2	实施及救援	接到现场指挥人员命令后，立即开展现场伤员、设备及物资救援工作
组员 3	×××	
1	接受培训	接受应急救援处置方案的交底培训
2	实施救援	接到现场指挥人员命令后开展救援工作

注意事项：
（1）救援人员、物资与设备组织落实到位。
（2）按指令落实救援现场配套工作及安全监护。
（3）及时报告救援进展情况及问题。
（4）机械操作必须听从指挥，防止机伤被困人员

主要联系人员

序号	姓名	职务	联系电话	备注
1		项目经理		
2		项目书记		
3		项目副经理		
4		项目总工程师		
5		项目安全总监		
6		工程部部长		
7		作业队长		
8		施工员		
9		办公室主任		
10		物机部部长		
11		现场指挥人员		
12		作业队队长		
13		机械操作人员		

1.4 技术方案组应急处置卡

组长	项目总工程师	
序号	处置程序	行动内容
1	现场核实、评估及制订方案	辨识应急救援过程中的危险、有害因素，并进行安全风险评估，确定灾害现场监控量测方式，组织开展现场监控量测
2	指导救援实施及安全监控	根据事故现场的特点，制定相应的应急救援技术措施和应急救援步骤；动态关注现场情况并制定措施，防止发生二次伤害事故
3	配合调查	协助开展对现场有关人员的约谈，并配合调查事故发生的原因

注意事项：

（1）救援方案制订及时可行。

（2）救援指导到位，调整及时。

（3）落实防控措施及监控到位。

（4）数据处理和及时上报

主要联系人员

序号	姓名	职务	联系电话	备注
1		项目经理		
2		项目书记		
3		项目副经理		
4		项目安全总监		
5		工程部部长		
6		安环部部长		
7		施工员		
8		作业队长		
9		技术指导人员		
10		监测人员		

组员	相关成员	
序号	处置程序	行动内容
组员 1	×××	
1	现场技术监控	确开展现场监控量测，协助功能组进行安全风险评估
2	数据处置与判断	数据预警或超限值，及时上报现场指挥人员
组员 2	×××	
1	组织撤离	发现数据预警或超限值后，第一时间有效组织人员撤离至安全地带
2	险情报告	及时电话上报险情至作业队队长、项目安全生产管理负责人或项目经理
3	动态监控	现场数据持续预警或超限值及时上报

注意事项： （1）救援方案制订及时可行。 （2）救援指导到位，调整及时。 （3）落实防控措施及监控到位。 （4）数据处理和及时上报				
主要联系人员				
序号	姓名	职务	联系电话	备注
1		项目经理		
2		项目书记		
3		项目副经理		
4		项目总工程师		
5		项目安全总监		
6		工程部部长		
7		安环部部长		
8		施工员		
9		作业队长		
10		技术指导人员		
11		监测人员		

1.5 后勤保障组应急处置卡

组长	项目书记	
序号	处置程序	行动内容
1	救援物资工器具准备	调配抢险救援急需的物资、设备；负责现场救援及事故调查工作人员生活保障、食宿安排等后勤服务；提供必要的办公用品、交通工具、通信工具、器材等
2	现场交通维护	协助属地政府有关部门进行交通疏解
3	调配物资及设备	调配抢险救援急需的物资、设备
注意事项： （1）按指令落实救援物资设备。 （2）确保设备完好使用正常		

续表

主要联系人员				
序号	姓名	职务	联系电话	备注
1		项目经理		
2		项目副经理		
3		项目安全总监		
4		安环部部长		
5		办公室主任		
6		物机部部长		

1.6 安全保卫组应急处置卡

<table>
<tr><td>组长</td><td colspan="4">项目安全总监</td></tr>
<tr><td>序号</td><td colspan="2">处置程序</td><td colspan="2">行动内容</td></tr>
<tr><td>1</td><td colspan="2">现场秩序维护</td><td colspan="2">做好现场保卫、警戒工作</td></tr>
<tr><td>2</td><td colspan="2">关注现场动态变化</td><td colspan="2">动态关注现场情况，防止发生二次伤害事故</td></tr>
<tr><td>3</td><td colspan="2">参与指导救援</td><td colspan="2">依据拟定技术措施和救援步骤，指导救援</td></tr>
<tr><td colspan="5">注意事项：
（1）关注现场安全动态变化情况，防止二次伤害。
（2）现场组织人员撤离后，不得盲目抢救被困人员。
（3）出现异常情况或险情扩大及时上报</td></tr>
<tr><td colspan="5">主要联系人员</td></tr>
<tr><td>序号</td><td>姓名</td><td>职务</td><td>联系电话</td><td>备注</td></tr>
<tr><td>1</td><td></td><td>项目经理</td><td></td><td></td></tr>
<tr><td>2</td><td></td><td>项目书记</td><td></td><td></td></tr>
<tr><td>3</td><td></td><td>项目副经理</td><td></td><td></td></tr>
<tr><td>4</td><td></td><td>安环部部长</td><td></td><td></td></tr>
<tr><td>5</td><td></td><td>办公室主任</td><td></td><td></td></tr>
<tr><td>6</td><td></td><td>物机部部长</td><td></td><td></td></tr>
<tr><td>7</td><td></td><td>安全监护人员</td><td></td><td></td></tr>
<tr><td>8</td><td></td><td>安全员</td><td></td><td></td></tr>
<tr><td>9</td><td></td><td>作业班组负责人</td><td></td><td></td></tr>
<tr><td>组员</td><td colspan="4">相关成员</td></tr>
<tr><td>序号</td><td colspan="2">处置程序</td><td colspan="2">行动内容</td></tr>
<tr><td>组员 1</td><td colspan="4">×××</td></tr>
<tr><td>1</td><td colspan="2">动态监控</td><td colspan="2">现场动态监控异常情况和险情变化</td></tr>
</table>

续表

序号	处置程序	行动内容
2	异常情况处置与判断	出现异常情况或险情扩大，及时上报现场指挥人员
组员 2	×××	
1	组织撤离	发现险情后，第一时间有效组织人员撤离至安全地带
2	险情报告	及时电话上报险情至项目安全生产管理负责人或项目经理
3	动态监控	现场动态监控异常情况和险情变化；出现异常情况或险情扩大时及时上报
组员 3	×××	
1	组织撤离	发现险情后，第一时间有效组织人员撤离至安全地带
2	稳定现场	控制好现场秩序，做好现场安保工作
注意事项： （1）关注现场安全动态变化情况，防止二次伤害。 （2）现场组织人员撤离后，不得盲目抢救被困人员。 （3）出现异常情况或险情扩大及时上报		

主要联系人员				
序号	姓名	职务	联系电话	备注
1		项目经理		
2		项目书记		
3		项目副经理		
4		项目安全总监		
5		安环部部长		
6		办公室主任		
7		物机部部长		
8		安全监护人员		
9		安全员		
10		作业班组负责人		

2 应急处置方案卡控要点

2.1 起重伤害

序号	处置步骤	工作岗位或功能组
1	当发生起重伤害事故时，起重司机或现场人员立即向项目管理人员或项目负责人报告	现场管理人员、作业人员

续表

序号	处置步骤	工作岗位或功能组
2	（1）项目负责人接到报告后，立即启动预案。并立即赶赴现场，组织技术人员对现场进行确认，是否有发生二次事故的危险。 （2）初判伤员伤情，根据现场确认的人员受伤情况，对受伤员工进行医疗急救，并拨打120请求救援。 （3）如果人员被压在重物下面，应立即采取搬开重物或使用起重工具吊起重物等措施，将受伤人员转移到安全地带，进行抢救。 （4）受伤人员出现呼吸、心跳停止症状后，必须立即进行人工呼吸	技术方案组、抢险救援组
4	（1）清除障碍物，设置警戒，保持救援通道畅通。 （2）对道路进行管制，引导救援车辆和人员进入现场搜救	抢险救援组、安全保卫组
5	（1）在整个救援过程中，对人员、机械等进行协调。 （2）在整个救援过程中，检查维护或修复现场、水、电管线，提供饮用水、食物及调度机械设备、物资等，为现场实施救援提供保障	后勤保障组
7	（1）在整个救援过程中，做好警戒防护，严禁无关人员进入事故现场，对影响地方交通的，做好充分沟通工作。 （2）配合外部调查，提供真实记录资料。 （3）在整个救援过程中，做好保险理赔资料的收集；做好伤亡家属的安抚工作（如有）；确保救助资金到位。 （4）负责媒体接待、采访和引导工作，根据上级单位授权适时发布相关信息	综合协调组

2.2 触　电

序号	处置步骤	工作岗位或功能组
1	（1）发现事故，立即撤离现场人员。 （2）做好防护，使触电者尽快脱离电源，若无法关闭电源，可借助绝缘体把伤者拖离电源，高空触电做好防坠落防护。 （3）拨打项目管理人员电话，若伤势较重，直接拨打120	现场管理人员、作业人员
2	（1）清点受伤人员情况。 （2）当触电者脱离电源后，应根据触电者的具体情况，迅速采取对症救护。 （3）触电者伤势不重，应使触电者安静休息，不要走动，严密观察并呼请协作医院前来诊治或送往协作医院。 （4）触电者失去知觉，但心脏跳动和呼吸还存在，应使触电者舒适、安静地平卧，周围不要围人，使空气流通，解开触电者的衣服以利呼吸，应进行人工呼吸，若有灼伤，应用烫伤药治疗并包扎，初步处理后送往医院进一步医治。 （5）触电者呼吸困难、稀少，或发生痉挛，应准备人工心跳或呼吸法救治，随后立即作进一步的抢救。 （6）如果触电者伤势严重，呼吸及心脏停止，应立即施行人工呼吸和胸外挤压，并速呼协作医院或送往医院。在送往医院途中，不能终止急救	技术方案组、抢险救援组

续表

序号	处置步骤	工作岗位或功能组
4	（1）隔离现场，疏散无关人员。 （2）清除障碍物，设置警戒，保持救援通道畅通； （3）对道路进行管制，引导救援车辆和人员进入现场搜救	抢险救援组、安全保卫组
5	（1）在整个救援过程中，对人员、机械等进行协调。 （2）在整个救援过程中，检查维护或修复现场、水、电管线，提供饮用水、食物及调度机械设备、物资等，为现场实施救援提供保障。 （3）若急救车无法及时赶到现场，负责用车辆将伤员送至医院，引导外部救援力量进入现场	后勤保障组
7	（1）在整个救援过程中，做好警戒防护，严禁无关人员进入事故现场，对影响地方交通的，做好充分沟通工作。 （2）配合外部调查，提供真实记录资料。 （3）在整个救援过程中，做好保险理赔资料的收集；做好伤亡家属的安抚工作（如有）；确保救助资金到位。 （4）负责媒体接待、采访和引导工作，根据上级单位授权适时发布相关信息	综合协调组

2.3 高处坠落

序号	处置步骤	工作岗位或功能组
1	（1）发现事故，立即撤离现场人员。 （2）发现有人员发生高处坠落事故时，立刻向项目管理人员或项目负责人汇报。 （3）对现场进行清查，确认伤员上方无物品坠落危险	现场管理人员、作业人员
2	（1）清点受伤人员情况。 （2）现场确认后，立即开展伤员救助，并撤离危险区域。 （3）对受伤人员，主要包括包扎、止血、固定骨折部位等，受伤人员呼吸、心跳停止时，应立即进行心肺复苏，待急救车辆赶到现场后，协助救护人员将伤员搬移到急救车辆上，送到就近医院进行救治	技术方案组、抢险救援组
4	（1）隔离现场，疏散无关人员。 （2）清除障碍物，设置警戒，保持救援通道畅通。 （3）对道路进行管制，引导救援车辆和人员进入现场搜救	抢险救援组、安全保卫组
5	（1）在整个救援过程中，对人员、机械等进行协调。 （2）在整个救援过程中，检查维护或修复现场、水、电管线，提供饮用水、食物及调度机械设备、物资等，为现场实施救援提供保障。 （3）若急救车无法及时赶到现场，负责用车辆将伤员送至医院，引导外部救援力量进入现场	后勤保障组

续表

序号	处置步骤	工作岗位或功能组
7	（1）在整个救援过程中，做好警戒防护，严禁无关人员进入事故现场，对影响地方交通，做好充分沟通工作。 （2）配合外部调查，提供真实记录资料。 （3）在整个救援过程中，做好保险理赔资料的收集；做好伤亡家属的安抚工作（如有）；确保救助资金到位。 （4）负责媒体接待、采访和引导工作，根据上级单位授权适时发布相关信息	综合协调组

2.4 爆　管

序号	处置步骤	工作岗位或功能组
1	（1）发现事故，立即停止负荷并撤离现场人员。 （2）发现爆管事故时，立刻向项目管理人员或项目负责人汇报。 （3）对现场进行清查，确认伤员伤亡或者是否会发生二次事故	现场管理人员、作业人员
2	（1）清点受伤人员情况。 （2）根据不同管束，进行停炉或减荷。 （3）现场确认后，立即开展伤员救助，并撤离危险区域。 （4）对受伤人员，主要包括包扎、止血、固定骨折部位等，受伤人员呼吸、心跳停止时，应立即进行心肺复苏，待急救车辆赶到现场后，协助救护人员将伤员搬移到急救车辆上，送到就近医院进行救治	技术方案组、抢险救援组
3	（1）隔离现场，疏散无关人员。 （2）清除障碍物，设置警戒，保持救援通道畅通。 （3）对道路进行管制，引导救援车辆和人员进入现场搜救	抢险救援组、安全保卫组
4	（1）在整个救援过程中，对人员、机械等进行协调。 （2）在整个救援过程中，检查维护或修复现场、水、电管线，提供饮用水、食物及调度机械设备、物资等，为现场实施救援提供保障。 （3）若急救车无法及时赶到现场，负责用车辆将伤员送至医院，引导外部救援力量进入现场	后勤保障组
5	（1）在整个救援过程中，做好警戒防护，严禁无关人员进入事故现场，对影响地方交通的，做好充分沟通工作。 （2）配合外部调查，提供真实记录资料。 （3）在整个救援过程中，做好保险理赔资料的收集；做好伤亡家属的安抚工作（如有）；确保救助资金到位。 （4）负责媒体接待、采访和引导工作，根据上级单位授权适时发布相关信息	综合协调组

YJ

中铁二局集团有限公司

YJ/ZTEJ–2020

林织铁路营业线施工
安全质量、生态环境事故（事件）
现 场 处 置 方 案

2020 年 12 月

中铁二局林织铁路项目经理部

批 准 页

中铁二局《林织铁路营业线施工安全质量、生态环境事故（事件）现场处置方案》是中铁二局林织铁路项目经理部为保护员工生命安全，减少财产损失，确保事故发生时快速反应、妥善处置而制定的内部规范性文件。

本处置方案是在开展事故风险分析和应急资源调查的基础上，针对具体的作业场所或设备设施制定的工作方案，同时考虑了突发质量事故、突发环境（安全事故衍生）事件的应急情形，明确了营业线施工（包括工程线）出现不可接受风险事件时，项目应急组织机构与职责、应急响应、应急处置原则、应急保障等相关要求，适用于铁路营业线车辆伤害、行车事故及突发环境事件等现场处置工作。

中铁二局《林织铁路营业线施工安全质量、生态环境事故（事件）现场处置方案》经中铁二局林织铁路项目经理部安全生产领导小组批准，现正式实施。

项目书记：

项目经理：

年　月　日

目 录

1 事故风险分析

按风险评估要求，对该营业线施工过程中可能存在的危险因素进行了全面辨识，并使用风险矩阵评价法对可能发生的各类型事故产生的风险后果进行了评价。林织铁路风险评估结果显示：在可能导致的10种事故类型中，低风险的有1项，中度风险的有7项，极高风险2项，其中极高风险见表1。

表1 营业线施工高度风险及极高风险分析

序号	事故类型	易发区域、影响范围	事故原因	风险等级	事故征兆	可能引发的次生衍生事故
1	车辆伤害	线路轨道、临时道口、线路小车使用位置	1. 人员、材料机具、设备侵入限界。 2. 轨道线路不满足安全行车要求、临时道口管理不到位。 3. 小平车上线作业无专人管理、无制动和防溜措施	极高风险（不可接受）	1. 人员、材料机具、设备侵入铁路安全限界。 2. 人员、既定防护措施、安全防护不到位。 3. 超计划、范围施工	1. 触电。 2. 高处坠落。 3. 物体打击。 4. 火灾
2	行车事故	铁路营业线设备安全限界内	1. 架设或拆除作业过程中侵入营业线设备安全限界的施工。 2. 开挖路基、路基注浆、基桩施工等影响道床路基稳定的施工	极高风险（不可接受）	1. 材料机具、设备侵入铁路安全限界。 2. 人员、既定防护措施、安全防护不到位。 3. 超计划、范围施工	1. 触电。 2. 高处坠落。 3. 物体打击。 4. 火灾。 5. 运输危险、污染物质运输机车大破及以上损坏，伴生属地大气、水体、土壤等环境污染事故（事件）

2 事故响应

根据事故信息、初步原因分析、人员伤亡情况、经济损失和社会影响范围等因素划分，将应急响应级别分为Ⅰ～Ⅳ级，项目部负责第Ⅳ级应急响应工作，配合Ⅰ、Ⅱ、Ⅲ级响应工作。其响应分级、启动条件见表2。

表 2　响应分级

序号	响应分级	启动条件（下列情况之一）	响应部门人员	响应内容
1	Ⅰ级中国中铁	1. 初判可能发生死亡 10 人或重伤 50 人及以上事故。 2. 初判可能发生直接经济损失 5 000 万元及以上的事故。 3. 因施工造成的或生产安全事故衍生的，可能导致周边生态环境发生严重污染或破坏的突发环境事件。 4. 需疏散转移 1 000 人及以上的突发自然灾害事故。 5. 铁路交通重大及以上事故	中国中铁：领导及相关人员 中铁二局：公司主要领导，分管领导，工会主席，安全总监，公司办公室、安质环保部、工程管理部、人力资源部、宣传部、工会等负责人及相关人员 子（分）公司：主要领导、分管领导、工会主席、安全总监，安质环保部、工程管理部、人力资源部、党群工作部、工会等负责人及相关人员 区域公司：主要领导、监管领导、工程部长及相关人员	1. 向中国中铁、铁路设备管理单位、建设单位请求支援。 2. 接受中国中铁、铁路设备管理单位、建设单位下达的各项指令并响应。 3. 按响应级别及属地原则由各级政府组织应急救援的，服从其统一指挥
2	Ⅱ级中铁二局	1. 初判可能发生死亡 3～9 人，或重伤 10～49 人的安全事故。 2. 初判可能发生直接经济损失 1 000 万～5 000 万元（不含）的事故。 3. 因施工造成或生产安全事故衍生的，可能导致周边生态环境发生较重污染或破坏的突发环境事件。 4. 需疏散转移 500～1 000 人（不含）的突发自然灾害事故。 5. 铁路交通较大事故	中铁二局：公司分管领导、工会主席、安全总监，安质环保部、工程管理部、宣传部、工会等负责人及相关人员 子（分）公司：主要领导、分管领导、工会主席，安全总监，安质环保部、工程管理部、党群工作部、工会等负责人及相关人员 区域公司：主要领导、监管领导、工程部长及相关人员	1. 中铁二局应急领导小组下达指令。 2. 中铁二局应急工作组响应。 3. 向铁路设备管理单位、建设单位请求支援。 4. 按响应级别及属地原则由各级政府组织应急救援的，服从其统一指挥
3	Ⅲ级子分公司、区域公司	1. 初判可能发生死亡 1～2 人，或重伤 3～9 人的安全事故。 2. 初判可能发生直接经济损失 100 万～1 000 万元（不含）的事故。 3. 营业线施工及施工破坏管线，造成较大影响的事故。 4. 因施工造成的或生产安全事故衍生的，可能导致邻近区域内生态环境发生较重污染或破坏的突发环境事件。 5. 需转移安置 100～500 人（不含）的突发自然灾害事故。 6. 铁路交通一般 A、B、C、D 类事故，或其他影响大，损失较大的险性事故（事件）	子（分）公司：分管领导、安全总监，安质环保部、工程管理部等负责人及相关人员 区域公司：监管领导、工程部长及相关人员	1. 子（分）公司应急领导小组下达指令。 2. 现场应急工作组接受指令并响应。 3. 必要时，向中铁二局请求支援。 4. 向铁路设备管理单位、建设单位请求支援

续表

序号	响应分级	启动条件（下列情况之一）	响应部门人员	响应内容
4	Ⅳ级项目经理部	1. 初判可能发生重伤 3 人（不含）以下的安全事故。 2. 初判可能发生直接经济损失 20 万～100 万元的事故。 3. 需转移安置 50～100 人（不含）的突发自然灾害事故。 4. 其他影响较大，损失较重的险性事故。 5. 其他营业线施工破坏，出现一定损失或负面影响的险性事故	项目经理部：领导班子、职能部门及相关人员	1. 项目现场应急领导小组下达指令。 2. 现场应急处置组接受指令并响应。 3. 必要时，向子（分）公司、或中铁二局区域公司请求支援。 4. 向铁路设备管理单位、建设单位请求支援

3 应急组织机构及工作职责

3.1 应急组织机构

3.1.1 组织机构

项目组织机构见图 1。

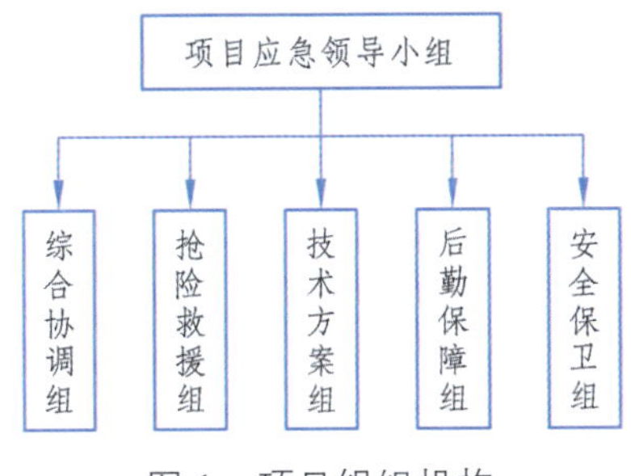

图 1 项目组织机构

3.1.2 应急组织机构设置

项目经理部设立应急领导小组，并下设五个应急处置组。

组　长：项目经理

副组长：项目书记、项目副经理、项目总工程师、项目安全总监

成　员：工程部、安全环保部、质量管理部、工经部、物机部、财会部、办公室、试验室等部门负责人和有关人员

应急领导小组办公室设在调度室，并设 24 小时值班电话。

3.2 应急领导小组职责

在发生事故和突发紧急事件时，必须立即组织应急队伍迅速到达事故现场。各应急处置组及副组长必须服从组长统一安排，按职责分工进行应急处置工作。

3.2.1 应急领导小组主要职责

1. 建立健全事故应急机构。
2. 组织编制项目部应急预案和现场处置方案。
3. 负责组织调配或购置应急物资、设备，监督指导项目职能部门建立应急管理工作台账。
4. 负责组织应急知识培训教育、宣传及应急预案培训、演练、评价工作。
5. 负责启动应急预案、及时调配应急资源。
6. 按照应急响应分级和程序，向上级和站段铁路设备管理单位、属地政府部门报告事故情况。
7. 接受上级或地方政府应急救援现场指挥部的领导，落实指令。
8. 指挥现场应急人员开展应急救援，采取有效措施防止事故扩大，并保护事故现场。
9. 配合事故调查，做好善后处置工作。

3.2.2 组长（项目经理）职责

1. 组织应急队伍迅速到达事故现场，指挥现场人员开展应急救援。
2. 组织采取有效措施防止事故扩大，最大限度减少人员伤亡和财产损失。
3. 组织保护好事故现场，并及时向站段铁路设备管理单位、当地政府部门和上级报告事故情况。

3.2.3 副组长（项目书记）职责

1. 负责组织媒体接待、采访和引导工作，配合站段铁路设备管理单位、上级单位发布相关信息。
2. 组织伤亡人员及家属的接待、稳定工作。
3. 组织保险理赔工作。

3.2.4 副组长（项目副经理）职责

1. 负责组织实施现场应急救援。
2. 及时向组长汇报事件发生和发展信息，尤其是异常信息。
3. 组织保障现场交通。

3.2.5 副组长（项目总工程师）职责

1. 组织对应急救援进行安全风险评估。
2. 初步分析事故发生的技术原因。
3. 组织制定应急救援技术措施。

3.2.6 副组长（项目安全总监）职责

1. 初步分析事故发生的管理原因。
2. 协助相关机构调查取证。
3. 协助相关机构人员的约谈。

3.3 应急处置组职责

3.3.1 综合协调组职责

1. 负责信息收集与传递。
2. 负责媒体接待、采访和引导工作，配合站段铁路设备管理单位、上级单位发布相关信息。
3. 做好受伤人员救护及家属的接待、稳定工作。
4. 做好保险理赔工作。

3.3.2 抢险救援组职责

1. 采取措施防止次生灾害、保护伤员。
2. 按照方案组织救援，科学合理地提出应急物资、设备、人力配备建议。
3. 抢救现场伤员、设备及物资。
4. 必要时配合外部救援工作。

3.3.3 技术方案组职责

1. 辨识应急救援过程中的危险、有害因素，并进行安全风险评估；
2. 制定应急救援技术措施和救援步骤，指导救援。
3. 确定灾害现场监控量测方式，组织开展现场监控量测。
4. 协助开展对现场有关人员的约谈，调查了解事故发生的原因，配合站段铁路设备管理单位、上级单位进行事故调查。

3.3.4 后勤保障组职责

1. 负责现场抢险救援及事故调查工作人员生活保障、食宿安排等后勤服务；提供必要的办公用品、交通工具、通信工具、器材等。
2. 协助属地政府有关部门进行交通疏解。
3. 调配抢险救援急需的物资、设备等。

3.3.5 安全保卫组职责

1. 保证现场应急救援通道的畅通。
2. 做好现场保卫、警戒工作。
3. 动态关注现场情况，防止发生二次伤害事故。
4. 依据拟定技术措施和救援步骤，协助现场救援。

4 应急处置

4.1 生产安全事故应急处置

4.1.1 生产安全事故应急响应程序

项目生产安全事故应急响应流程见图 2。

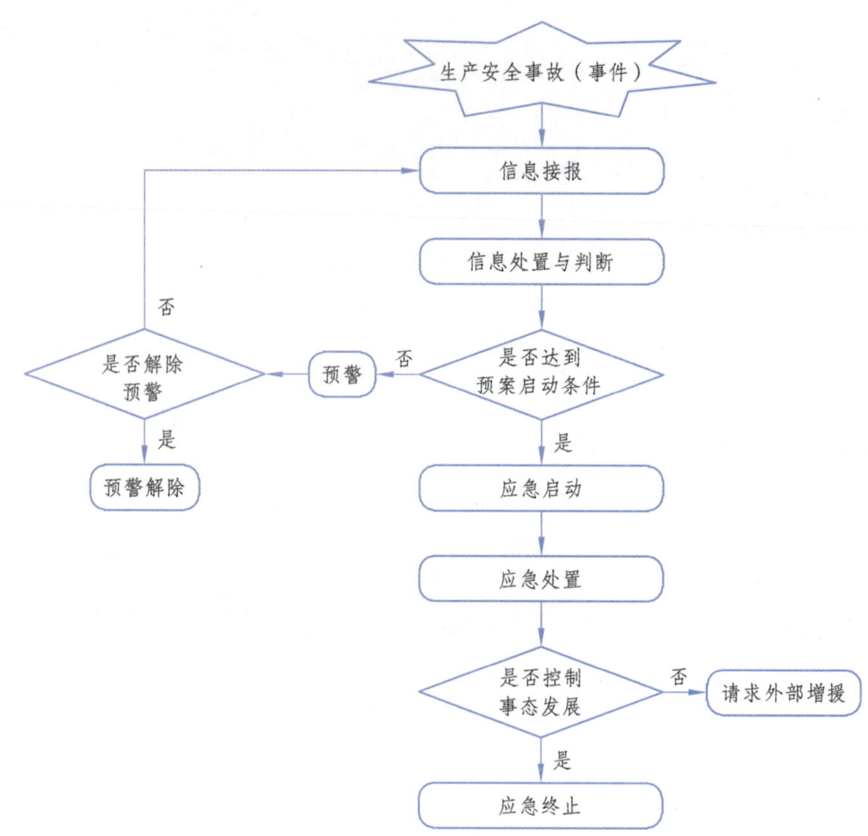

图 2 项目生产安全事故应急响应流程

4.1.2 现场应急处置步骤及内容

1. 事故发生后，事故现场人员应立即疏散、撤离，并采取自救、互救措施。

2. 现场人员第一时间通知施工现场负责人，由施工现场负责人通知站段铁路设备管理单位相关负责人、建设单位分管工程线施工负责人和项目经理。

3. 项目经理或其他负责人立即赶赴现场，查看事故情况及伤损情况。

4. 判明情况，下达处置方案启动命令并上报。

5. 确定方案开展救援和伤员救护，人员抢救后优先保证行车畅通。

6. 救援终止。

7. 事故调查及善后处理。

4.1.3 应急处置措施

1. 铁路行车事故现场应急处置措施。

（1）现场行车事故的先期救助措施：

① 迅速联系现场施工负责人，由其立即向铁路设备管理单位负责人和项目经理报告。告知发生行车事故所处的准确位置及现场的大概情况，以便得到及时救援。

② 应急救援人员立即封锁事故影响的区间，全面做好防护工作，防止次生、衍生事故的发生和人员伤亡、财产损失的扩大。

③ 在保证自身安全的前提下，配合铁路设备管理单位人员、救援设备开展对损坏设备抢修工作。

④ 工程线施工期间，报告对象修改为建设单位分管工程线施工负责人，配合单位修改为铺轨单位。

（2）应急救援措施（表3）。

表3 营业线行车事故应急处置措施

序号	任务	主要工作内容	责任分工
1	现场确认	1. 机械设备倾覆损坏营业线既有构筑物或行车时，必须立即报告铁路设备管理单位，由其在现场进行安全评估。 2. 若不影响行车安全，按照管理要求利用后续天窗点对损坏处进行修复完善；如影响行车安全，则配合铁路设备管理单位做好损坏设备抢险救援工作	抢险救援组、技术方案组
2	制订方案	配合铁路设备管理单位制订设备抢修方案	抢险救援组、技术方案组
3	准备工作	1. 应急队伍到达现场，封锁事故现场，等待救援命令。 2. 准备救援物资、设备	抢险救援组
4	修复内容	在铁路设备管理单位指挥下开展设备抢修工作	抢险救援组
5	恢复通车	1. 按施工计划管理，履行施工登销记及调度命令。 2. 认真检查确认放行列车条件，按规定签认并报告	抢险救援组、综合协调组
备注： 1. 各项目结合营业线工程施工环境和现场实际情况，合理选用应急处置措施。 2. 相关图例、图示，根据现场实际需要附后			

2. 车辆伤害事故现场应急处置措施。

（1）现场涉险人员的先期自救和互救措施：

① 迅速联系现场施工负责人，由其立即向铁路设备管理单位负责人和上级报告。告知发生行车事故所处的准确位置及现场的大概情况，以便得到及时救援。

② 在保证自身安全的前提下，立即进行涉险人员抢救工作。伤员救出后迅速转移至安全地带或医院。

③ 立即封锁事故影响的区间，全面做好防护工作，防止次生、衍生事故的发生和人员伤

亡、财产损失的扩大。

④ 工程线施工期间，报告对象修改为建设单位分管工程线施工负责人、铺轨单位负责人。

（2）应急救援措施（表 4）。

表 4　营业线车辆伤害应急处置措施

序号	任务	主要工作内容	责任分工
1	现场确认	1. 通过询问目击者了解被困人员信息。 2. 综合行车与设备、人员、材料碰撞方向、碰撞影响等因素分析了解基本情况	抢险救援组、技术方案组
2	制订方案	1. 根据综合分析，配合铁路设备管理单位制订救援方案。 2. 当被撞人员脱离轨道时，由专业救援人员快速实施抢救	抢险救援组、技术方案组
3	工作内容	1. 应急队伍到达现场，封锁事故现场，等待救援命令。 2. 准备救援物资、设备。 3. 根据方案内容清理现场被撞设备、材料	抢险救援组
4	恢复通车	1. 按施工计划管理，履行施工登销记及调度命令。 2. 认真检查确认放行列车条件，按规定签认并报告	抢险救援组、综合协调组
备注： 1. 各项目结合营业线工程施工环境和现场实际情况，合理选用应急处置措施。 2. 相关图例、图示，根据现场实际需要附后			

4.2　工程质量事故应急处置

4.2.1　质量事故应急响应程序

项目工程质量事故应急响应流程见图 3。

4.2.2　现场应急处置步骤及内容

1. 事故发生后，事故现场人员应立即疏散、撤离。

2. 现场人员第一时间通知施工现场负责人，由施工现场负责人通知站段铁路设备管理单位相关负责人、建设单位分管工程线施工负责人和项目经理。

3. 项目经理或其他负责人立即赶赴现场，封闭事故区域，防止人员误入。

4. 查看质量事故区域，初步了解其影响范围，可能衍生的次生灾害等信息情况，并及时反馈铁路设备管理单位、建设单位、设计单位、监理单位等相关方。

5. 判明情况，构成工程质量事故应急情况条件的，下达处置方案启动命令并上报。

6. 在现场专家组及勘察设计单位确定工程应急方案后，进行返工或返修处理。

7. 应急处置终止。

8. 配合进行事故调查及善后处理。

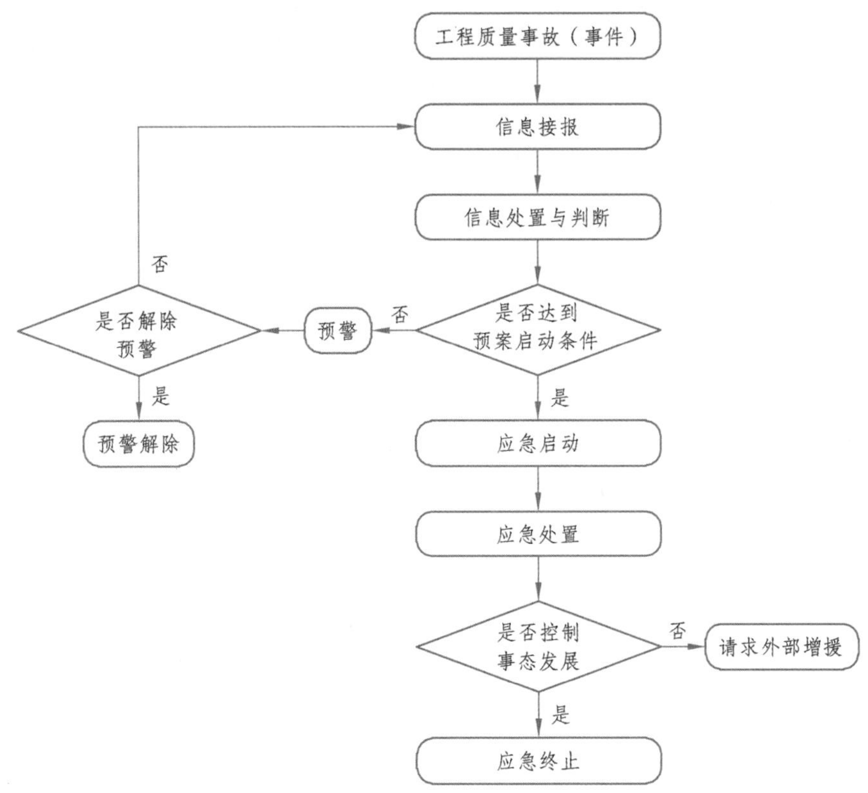

图 3　项目工程质量事故应急响应流程

4.2.3　应急处置措施

1. 质量事故引发工程安全事故，按本隧道安全事故应急处置措施处置。

2. 质量事故造成工程工期严重滞后，需组织进行抢工的，须制订专项施工或返工方案，按方案执行。

3. 因设计重大变更、突发自然灾害等，造成工程保通应急情况出现的，不属于质量事故应急突发状况，按设计或现场专家组提出的方案进行保通施工。

4. 按设计方案进行工程返工或处理前，事故区域需进行预加固处理的，应及时形成专项方案，按专项处置方案进行处理，确保后续返工或处置现场作业环境安全。

4.3　突发环境事件应急处置

4.3.1　突发环境事件应急响应程序

项目突发生态环境事件应急响应流程见图 4。

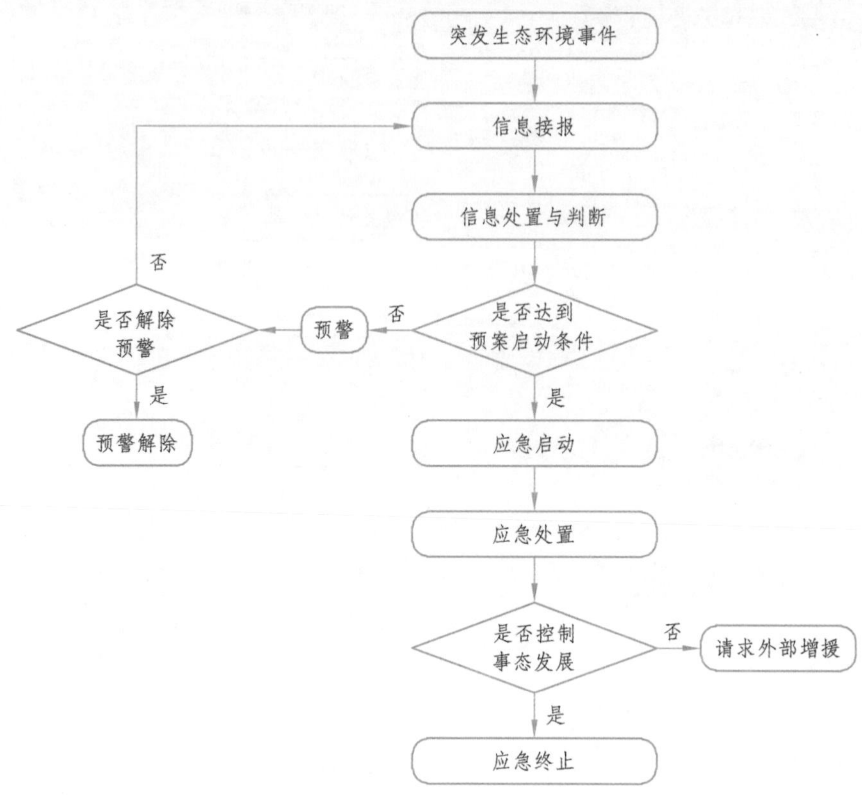

图 4　项目突发生态环境事件应急响应流程

4.3.2　现场应急处置步骤及内容

1. 事故发生后，事故发生区域现场人员应立即疏散、撤离。

2. 现场人员第一时间通知施工现场负责人，由施工现场负责人通知站段铁路设备管理单位相关负责人、建设单位分管工程线施工负责人和项目经理。

3. 项目经理或其他负责人立即赶赴现场，查看事故波及范围、污染源涌流方向及径流状态、地表沉陷等情况。

4. 根据判明情况，下达处置方案启动命令并上报。

5. 确定方案开展救援和伤员救护。

6. 救援终止。

7. 事故调查及善后处理。

4.3.3　现场应急处置措施

1. 在确保安全的基础上，加强观察，根据现场观察判断结果，污染物质可能危及附近村庄、道路的，立即向当地政府公共安全应急主管部门报告，立即启动预案，并向上级报告。

2. 据判断的结果，组织力量进行沿线预警、疏散人员。

5 注意事项

1. 严格按照审批的施工计划进行作业，严禁无计划、超范围施工，严格按照成都铁路局下发的《营业线施工安全管理实施细则》的相关规定进行作业。

2. 制订施工方案和既有设施设备防护措施，方案和措施必须得到设备管理单位批准同意。

3. 施工前及时对现场作业人员进行安全教育及技术交底，阐明事故后果的严重性，明确双方责任。

4. 制订施工计划，严格按照计划组织施工，施工前应通知设备管理单位到场对既有设备进行监护。

5. 加强现场盯控，在施工过程中安全专人进行现场盯控，严防作业人员违章作业等不良现象，切实保障邻近营业线施工安全。实行现场巡查和防护制度，加强现场巡查和监控。如有异常情况，及时通知设备管理单位进行检查和抢修，确保既有设备的安全使用。

6. 积极与铁路运营部门取得联系，时刻掌握列车通过时间。备足专用通信器材，时刻保持与铁路有关部门联络，出现危情时及时通知车站值班人员。

6 附　件

附件 1：预案编制依据

1.《中华人民共和国安全生产法》
2.《中华人民共和国突发事件应对法》
3.《中华人民共和国特种设备安全法》
4.《中华人民共和国环境保护法》
5.《中华人民共和国职业病防治法》
6.《中华人民共和国铁路法》
7.《建设工程安全生产管理条例》
8.《生产安全事故报告和调查处理条例》
9.《中华人民共和国铁路运输安全保护条例》
10.《生产安全事故应急预案管理办法》
11.《突发环境事件应急管理办法》
12.《国家安全生产事故灾难应急预案》
13.《建设工程重大质量安全事故应急预案》
14.《国家处置铁路行车事故应急预案》
15.《生产经营单位生产安全事故应急预案编制导则》
16.《生产过程危险和有害因素分类与代码》
17.《企业职工伤亡事故分类》
18.《重大危险源辨识》

19.《风险管理 风险评估技术》

20.《铁路建设工程风险管理技术规范》

21.《铁路技术管理规程》

22.《铁路工程基本作业施工安全技术规程》

23.《铁路路基工程施工安全技术规程》

24.《铁路桥涵工程施工安全技术规程》

25.《铁路轨道工程施工安全技术规程》

26.《铁路建设工程安全生产管理办法》

27.《铁路营业线施工安全管理办法及补充规定》

28.《成都局集团公司营业线施工安全管理实施细则》

29.《铁路工务安全规则》

30.《铁路桥隧建筑物大维修规则》

31.《铁路交通事故应急救援规则》

32.《铁路交通事故调查处理规则》

33.《改建既有线和增建第二线铁路工程施工技术暂行规定》

34.《中国国家铁路集团有限公司办公厅关于加强铁路建设项目工程线施工作业安全管理的通知》

35.《中铁二局集团有限公司安全质量、生态环境事故（事件）应急预案》

36.《中铁二局第一工程有限公司安全生产和职业健康管理办法》

37.《中铁二局第一工程有限公司工程质量监督管理办法》

38.《中铁二局第一工程有限公司安全质量事故内部报告、应急处置和调查处理办法》

39.《中铁二局第一工程有限公司环境保护管理办法》

附件 2：应急预案衔接

1.《国家处置铁路行车事故应急预案》

2.《贵州省生产安全事故灾难应急预案》

3.《四川省突发环境事件应急预案》

4.《织金县生产安全事故应急预案》

5.《成都铁路局集团有限公司生产安全事故应急预案》

6.《贵阳建设指挥部铁路建设工程生产安全事故应急预案》

7.《中国中铁股份有限公司安全质量事故（事件）应急预案》

8.《中铁二局安全质量、生态环境事故（事件）应急预案》

9.《中铁二局一公司生产安全事故应急预案》

附件 3：项目概况

中铁二局一公司承建的贵州织金县林织铁路织金车站站场改造工程，在原有织金车站站房对面新增 5 道，到发线长 926 m。增设 5 道后（1）道至（5）道线间距分别为 5.0 m、5.0 m、12.0 m、7.0 m，设计速度为 120 km/h。

1. 路基控爆为：（K61+460 ~ K61+845；K62+050 ~ K62+110）。

2. 在（3）、（4）道间 K61+315 ~ +875 段修建 550 m×8.5 m×0.3 m 站台，影响范围 K61+305 ~ +885。

3. 在 K61+955 处涵洞接长，影响范围 K61+930 ~ +980。

4. 在 K62+010 处交通涵接长，影响范围 K61+990 ~ K62+020。

5. 在 K61+532 处增加旅客地下通道，影响范围 K61+500 ~ +560。

6. 在 K61+045 ~ K62+110 修建排水沟。

7. 在 K61+400 ~ +460、K61+845 ~ K62+050 路基帮宽。

8. 桥梁施工：大桥一座，设计桥长为 311.9m，孔跨布置为：68 m+128 m+68 m（连续梁）+1×32 m，1#与 2#墩主桥箱梁采用悬臂灌筑法施工，1#墩边跨悬臂段与既有林织铁路相交。特大桥一座，设计桥长为 778.8 m，孔跨布置为：16-32 m+3-24 m+1-32 m 简支箱梁+1 联（40+56+40）m 连续梁，21#墩和 22#墩采用转体施工，合龙段采用吊篮封闭防护施工。其中 21#墩转体质量 3 898 t，22#墩转体质量 3 432 t。

项目部在织金车站范围内施工，铁路设备管理单位专业救援人员可立即到达事故现场；项目部与织金县人民医院建立了医疗绿色通道，相距 2.8 km，专业救护人员可 13 min 可到达事故现场；项目部距织金消防大队 1.4 km，专业消防人员 6 min 内可到达事故现场。

附件 4：事故风险评估报告

附件 5：应急资源调查报告

附件 6：有关应急部门、机构或人员的联系方式

序号	部门（职务）	联系人	联系方式
子公司联系部门			
1	子（分）公司应急领导小组办公室	×××	×××
2	子（分）公司调度管理	×××	×××
项目部联系人员			
3	项目经理	×××	×××
4	项目书记	×××	×××
5	项目生产副经理	×××	×××
6	项目总工程师	×××	×××
7	项目安全总监	×××	×××
8	项目总经济师	×××	×××
9	项目工程部部长	×××	×××
10	项目安环部部长	×××	×××
11	项目质量部部长	×××	×××
12	项目物机部部长	×××	×××
13	项目综合办公室	×××	×××
14	项目财务部部长	×××	×××
15	项目工经部部长	×××	×××

续表

序号	部门（职务）	联系人	联系方式
外部救援单位			
16	医院急救电话	×××	×××
17	消防队火警电话	×××	×××
18	贵阳建设指挥部	×××	×××
19	铺轨单位	×××	×××
20	××工务段	×××	×××
21	××供电段	×××	×××
22	××电务段	×××	×××
23	××车站（车务段）	×××	×××
24	××环保局	×××	×××

附件 7：应急物资装备的名录或清单

附件 7-1　救援人员配置表

序号	工　种	单　位	数　量	备注
1	普工	人	50	
2	电工	人	2	
3	领工员	人	4	
4	技术员	人	4	
5	调度	人	1	
6	现场施工负责人	人	1	
7	带班人员	人	1	
8	防护员	人	6	
9	安全员	人	6	
10	驻站联络员	人	2	
11	工班长	人	2	

附件 7-2　中铁二局林织铁路项目应急物质配置清单

<table>
<tr><th>序号</th><th>类别</th><th>物资名称</th><th>数量</th><th>配置要求</th><th>存放地点</th><th>管理责任人和联系电话</th></tr>
<tr><td>1</td><td rowspan="2">医疗救助</td><td>担架</td><td>2 副</td><td></td><td rowspan="2">现场应急物资库</td><td rowspan="6">×××</td></tr>
<tr><td>2</td><td>医药箱</td><td>2 个</td><td></td></tr>
<tr><td>3</td><td>车辆类</td><td>急救保障车</td><td>2 辆</td><td></td><td>项目部</td></tr>
<tr><td>4</td><td rowspan="3">防护类</td><td>安全帽</td><td>50 顶</td><td></td><td rowspan="3">现场应急物资库</td></tr>
<tr><td>5</td><td>防护眼镜</td><td>50 副</td><td></td></tr>
<tr><td>6</td><td>无线对讲机</td><td>5 对</td><td></td></tr>
</table>

续表

序号	类别	物资名称	数量	配置要求	存放地点	管理责任人和联系电话
7	警戒类	路障	5 个		现场应急物资库	×××
8		隔离警示带	10 卷			
9		危险警示牌	10 个			
10		警戒标识杆	10 个			
11		手持扩音器	4 个			
12		响墩	4 个			
13		信号旗	红色、黄色各 4 面			
14		双面信号灯	2 盏			
15	抢险、救生物资类	绝缘工具	2 套			
16		绝缘手套	100 双			
17		绝缘靴	100 双			
18		无缝钢管	200 m	加固使用		
19		原木	40 根	ϕ100 mm 长 4 m		
20		方木	10 m^3	15 cm×15 cm		
21		木板	2 m^3	5 cm×10 cm		
22			2 m^3	5 mm×15 cm		
23			2 m^3	5 mm×20 cm		
24		红木板	100 张			
25		铁钉	30 盒			
26		多用插座	10 个			
27		铁铲	10 把			
28		千斤顶	4 台			
29		手拉葫芦	4 个			
30		台锯	1 台		现场应急物资库	
31		手持电锯	3 台			
32		电焊机	3 台			
33		气割	2 套			
34		挖掘机	1 台			
35		装载机	1 台			
36		自卸汽车	1 台			
37		透明水管	100 m			
38		风镐	5 台			

续表

序号	类别	物资名称	数量	配置要求	存放地点	管理责任人和联系电话
39	抢险、救生物资类	风钻	2台		现场应急物资库	×××
40		电钻	5台			
41		桃形锄	10把			
42		十字镐	10把			
43		军用铁锹	10把			
44		碴筐	50个			
45	照明类	防水手电筒	20个			
46		照明射灯灯具	10个			

附件8：事故报告手机短信格式

中铁二局：201×年×月×日×时×分左右，在××（省市县）境内，由中铁×局××公司承建的×××工程×标，在×××工序施工过程中，因×××原因，导致现场作业人员×人死亡（失踪）、×人重伤、×人轻伤。事故已经于事发××小时（分钟）内，报告当地安全生产监管部门。现场应急预案已启动，事故单位×××领导已带队赶往现场；当地安监部门接报后，已于×月×日×时由任××职务××同志赶往现场，事故原因正在调查之中。

附件9：中铁二局生产安全事故快报

单位名称：中铁二局×××公司（区域公司、经理部）

<table>
<tr><td>事故时间</td><td colspan="3">年　月　日　时　分</td><td colspan="2">事故地点</td><td></td></tr>
<tr><td>事故单位</td><td colspan="6">××公司××××项目经理部（标段）</td></tr>
<tr><td rowspan="2">事故现场负责人</td><td>姓名</td><td></td><td rowspan="2">事故单位负责人</td><td>姓名</td><td colspan="2"></td></tr>
<tr><td>电话</td><td></td><td>电话</td><td colspan="2"></td></tr>
<tr><td colspan="2">事故已死亡（失踪）人数</td><td>死亡：
失踪：</td><td colspan="2">事故重伤/轻伤人数</td><td colspan="2"></td></tr>
<tr><td colspan="7">一、事故简要经过（包含但不限于承建单位、标段、协作队伍及相关安全生产许可证等资质号，单位工程名称、事故里程、结构形式、支撑体系、隧道断面、设备型号、墩身截面和高度、梁型和梁重、事发作业环节、高处坠落位置与高度等，其他工况均应细致清晰描述）、人员伤亡类别（职工、劳务工姓名及身份证号码）、初步估计的直接经济损失、报告地方政府和建设单位时间等
二、事故现场救援采取的主要措施
三、其他情况（事发项目工程概况，事故地点是否影响铁路营业线或繁华闹市区、高速公路、国道、其他重要设施安全）</td></tr>
</table>

附：事故现场照片（4张以上，能充分反映事故现场实际情况和全貌的电子版照片及说明）。

附件 10：营业线施工安全协议书

甲方：成都铁路局××段

乙方：中铁二局林织铁路项目部

为加强在营业线路施工的安全管理，做到运输、施工统筹兼顾，严格遵循“安全第一”的原则，确保行车安全，根据原铁道部《铁路营业线施工安全管理办法》（铁运〔2012〕280号）、《铁路运营线施工安全管理办法补充规定》（铁总运〔2014〕180号）、《关于××方案的审查批复》（建设函[20××]×××号）的批复要求，经双方协商，制订本《营业线施工安全协议》，共同遵照执行。

一、工程概况

1. 施工项目：××施工。

2. 作业内容：××等施工。

3. 地点：××～××（区间）K××+×××～K××+×××。

4. 时间：20××年×月×日至20××年××月××日

5. 影响范围：××施工为×级，××施工纳入C类监管。

二、施工地段：××～××（区间）K××+×××～K××+×××。

三、施工期限：20××年×月×日至20××年××月××日。

四、安全责任、权利和义务

（一）共同安全职责

1. 甲乙双方牢固树立“安全第一、预防为主”的思想，严格执行铁道部《铁路营业线施工安全管理办法》（铁运〔2012〕280号）、《铁路运营线施工安全管理办法补充规定》（铁总运〔2014〕180号）和《成都铁路局营业线施工安全管理实施细则》（〔2014〕598号）等各项安全规章制度。

2. 成立安全责任小组，由乙方××（电话号码）任组长，甲方××（电话号码）任副组长，双方各出2～3人为成员。安全小组负责检查、指导、监督施工总的安全生产情况，发现问题及时整改，防止施工对既有运营线可能造成影响行车安全的隐患，遇有危及行车安全的重大问题应立即采取果断措施防止事故的发生，并向各自上级单位和主管部门汇报，并立即采取措施确保行车安全。

3. 当行车安全与施工发生矛盾时，要严格遵循“安全第一”的原则，服从行车安全的需要。

4. 甲、乙双方各自建立安全检查记录和联合检查记录，并相互签认备查。

（二）甲方责任、权利和义务

1. 积极协助乙方做好施工的配合工作，为施工创造条件。具体配合内容：

① 开工前设备现状调查；

② 施工计划会签办理；

③ 提供既有相关设备和技术资料；

④ 协助施工现场安全监护。

2. 实行行车安全监督制度，甲方对乙方施工涉及本专业的安全进行全过程的安全监督，加强施工单位的点前准备、点中控制、点后开通、逐步提速等情况的监护工作，并进行检查签认。

3. 发现施工质量不符合设计文件和《铁路工程质量评定验收标准》及有安全施工隐患的情况发生，有权责令乙方立即整改，危及行车安全时必须责令乙方停止施工，并采取措施确保行车安全。

4. 对因监督不力造成行车事故的，除追究施工、建设、设计、监理单位和建设管理机构的责任外，同时要追究甲方责任，影响其安全成绩。

5. 甲方应积极配合乙方检查既有设备情况，提供地下管、线、电缆等设备的准确位置。如无法提供地下设施的准确位置时，甲、乙双方和设计单位共同探查、核实、划定防护范围，制订安全措施，确保运营设备的完好和行车安全。

（三）乙方责任、权利和义务

1. 乙方对施工安全全面负责。未签订施工安全协议或施工安全协议未经上级主管部门批准的严禁施工。乙方擅自施工的要给予经济处罚。乙方安全要求设置室内外安全防护，并保证甲方配合人员的人身安全。

严格按审定的施工组织方案、范围和批准的封锁慢行计划组织施工，施工中认真落实安全措施，对因施工造成既有设备的损坏和影响行车安全并构成行车事故的，视其具体情况，乙方要承担全部或主要责任。

严格执行成都铁路局施工管理“八不准”制度：（1）施工计划未经审批，不准施工；（2）未按规定签订施工安全协议书，不准施工；（3）没有合格的施工负责人不准施工；（4）没有经过培训并考试合格的人员不准施工；（5）没有召开施工协调会、没有准备好必需、充分的施工料具及其他准备工作的不准施工；（6）不登记要点不准施工；（7）配合单位人员不到位不准施工；（8）没有制订安全应急措施不准施工。

2. 因工程质量不合格造成行车事故的，乙方负主要责任。（工程质量按设计文件、《施工规范》和《铁路工程质量评定验收标准》评定）

3. 乙方组织施工前，必须在正式施工 72 h 前向甲方提出施工计划、施工地点及影响范围，提出施工作业的内容、项目及需要配合人员数量。

未经甲方同意或监护人员未到现场擅自施工及违反施工程序、安全建设标准构成的行车施工乙方负全部责任，并赔偿全部的直接和间接损失。

双方因赔偿问题不能达成一致意见，由铁路局安监部门裁决。

4. 乙方在施工地段发生既有工务设备损坏时，应及时通知甲方，乙方必须立即组织抢修，甲方要积极配合，尽快恢复正常使用。

5. 乙方要严格执行《铁路技术管理规程》、施工规范和部、局有关安全管理规定。对可能发生危及行车安全的作业，要制定各项“卡死”制度。施工料具要集中管理，必要时派人看守，对影响行车的各个环节，要严密防范，确保行车安全。

6. 乙方要建立健全安全保存体系。安全员、防护员、爆破员和工班长必须经过铁路局有关部门安全培训考试合格后持证（合格证）上岗。

7. 乙方改动既有设备，须停水、停电、停用信联闭、石方爆破等需封锁线路或慢行的施工，均应按照铁路局《各项行车设备施工的审批与实施办法》的程序规定，制订施工计划、施工过渡方案和安全措施并经批准后方可实施。

8. 凡在成都铁路局管内承担营业线施工，要交纳安全风险抵押金，执行《成都铁路局营业线施工安全风险抵押金管理办法》（成铁安〔2005〕481 号）。

五、安全防范内容和措施

1. 乙方必须严格按照审定的施工组织和批复要求组织施工。

2. 乙方必须指派经营业线相关知识培训并考试合格的正式职工担任驻站联络员、现场防护人员，严格按照“全封闭、全隔离、全监控”要求组织施工，严格执行“一机一人防护”及“车过机停”制度。

3. 乙方在进行距既有线路中心 6 m 范围内施工时，必须安排专人在施工区段与既有线间设置警戒线并加强瞭望，严防机具、材料及作业人员侵限。

4. 乙方要加强现场施工机具、人员、路材路料管理及现场安全卡控，划定施工区域、设置施工警戒线，并定岗定职，落实责任到人；施工单位派人对现场机具、设备、材料进行 24 h 看守；施工单位施工机具，路材路料必须与接触网带电部分保持足够的安全距离，并严禁侵入既有线限界。

5. 乙方施工时严格执行《成都铁路局关于进一步加强邻近营业线施工安全管理的通知》（成铁安电〔2015〕254 号）营业线施工“十一”不准：（1）无施工计划不准施工；（2）无设备管理单位监管人员到场不准施工；（3）施工人员没有经过培训并考试合格不准施工；（4）未按规定设置防护不准施工；（5）施工场地与既有线没有采用硬隔离设施不准施工，无强化隔离设施不准进行大型机具作业；（6）施工便道与既有线间没有设置隔离墩，不准汽车运行；（7）对既有线行车设备构成威胁没有加装防护设施不准施工；（8）需旁站监理的施工项目无旁站监理人员不准施工；（9）地下线缆未进行联合调查，影响施工的营业线设备未按规定进行迁改、过渡或采取可靠保护措施后不准进行施工；（10）天窗点外大型机械不准侵入营业线设备安全限界或列通过径路上方，必须执行“一人一机”专人防护和“车过机停”制度；（11）既有线施工通道施工单位必须派人看守，机具、材料必须设置专人进行管理看护。必须按运营线路施工安全管理要求进行。

6. 坚持领导上岗制，项目负责人亲临现场，严密组织，严格管理，加强检测力度。

7. 乙方在靠近既有线进行施工时，按照铁路提速线路进行防护，对施工地段设置安全警戒线并昼夜派人进行检查监护，发现问题必须及时处理，并报告甲方。

六、接合部安全分工

1. 乙方在提报月度（监管）计划前，须组织我段相关监管车间、工区及相关监管人员对下月度施工进行对接，对接内容包含但不限于：通报上月施工存在问题的整改情况、安保措施、明确下月施工（监管）计划和监管方案。

2. 施工期间，乙方须提前 72 h 以施工监管（配合）通知书的形式向相关监管工区提报施工当日的作业计划，同时乙方还要以手机短信形式向我段专工提报日作业计划（手机短信发送至×××）短信主要内容要包含施工项目名称、施工单位名称、施工主要内容、施工点对应既有线里程。

3. 对每月未组织对接或未按要求提报日计划的施工单位，我段有权不予会签施工（监管）计划，对此造成的后果由乙方负全责。

4. 乙方须服从甲方的监管，对甲方提出的问题须及时按要求整改到位。如乙方对甲方提出的问题不整改或多次整改不到位、安全监督配合费拖欠等，甲方有权停止施工计划的会签办理或责令乙方停止施工。

5. 乙方在本协议经相关单位、部门签字生效后，在正式施工前须至少返交 1 份至甲方，同时做好签认。

6. 乙方若因施工需要须临时拆除、迁改或使用甲方设备时须提前与我段联系单独办理相关手续，乙方严禁擅自拆除、迁改或使用甲方设备。

七、安全监督配合费

安全监督检查及配合费按照铁道部《铁路基本建设工作设计概（预）算编制办法》（铁建设〔2006〕113 号）的和路局的有关规定执行。

八、违约责任

（一）甲方不履行本协议职责，造成行车事故及经济损失的，由甲方承担主要责任，若因监督不力造成行车事故的，也要按有关规定追究甲方责任。配合单位、监护人员无故不到场，影响施工计划执行的，追究配合单位、监护人员和设备管理单位责任。

（二）乙方不履行或不全部履行本协议职责，造成行车事故及经济损失的，由乙方承担全部责任。

（三）双方不履行或不全部履行本协议职责，造成行车施工及经济损失的，对事故进行联合调查，按各自过失大小承担相应责任及经济损失赔偿。

注：关于事故经济赔偿及处罚额度按铁路局有关处罚办法的规定确定。

九、各施工地段根据本规定，结合各专业实际情况，增补条款作业本协议的附件。

十、本协议未尽事宜经双方协商后补充，与本协议一并执行。

十一、本协议一式七份，双方各执一份，报上级主管部门（乙方主管部门应是具有法人资格的施工企业）、路局安全监察室、施工办及建设单位（工程管理总部、建设指挥部）各一份。

十二、本协议须经上级主管部门、安监室、施工办审查盖章后生效。

甲 方：（盖章）	乙方：（盖章）
代 表：	代 表 ：
年 月 日	年 月 日
甲方主管部门 ：（盖章）	乙方主管部门：（盖章）
代 表：	代 表：
年 月 日	年 月 日
铁路局安监室：（盖章）	铁路局施工办：（盖章）
代 表：	代 表：
年 月 日	年 月 日

附件 11：应急救援平面图

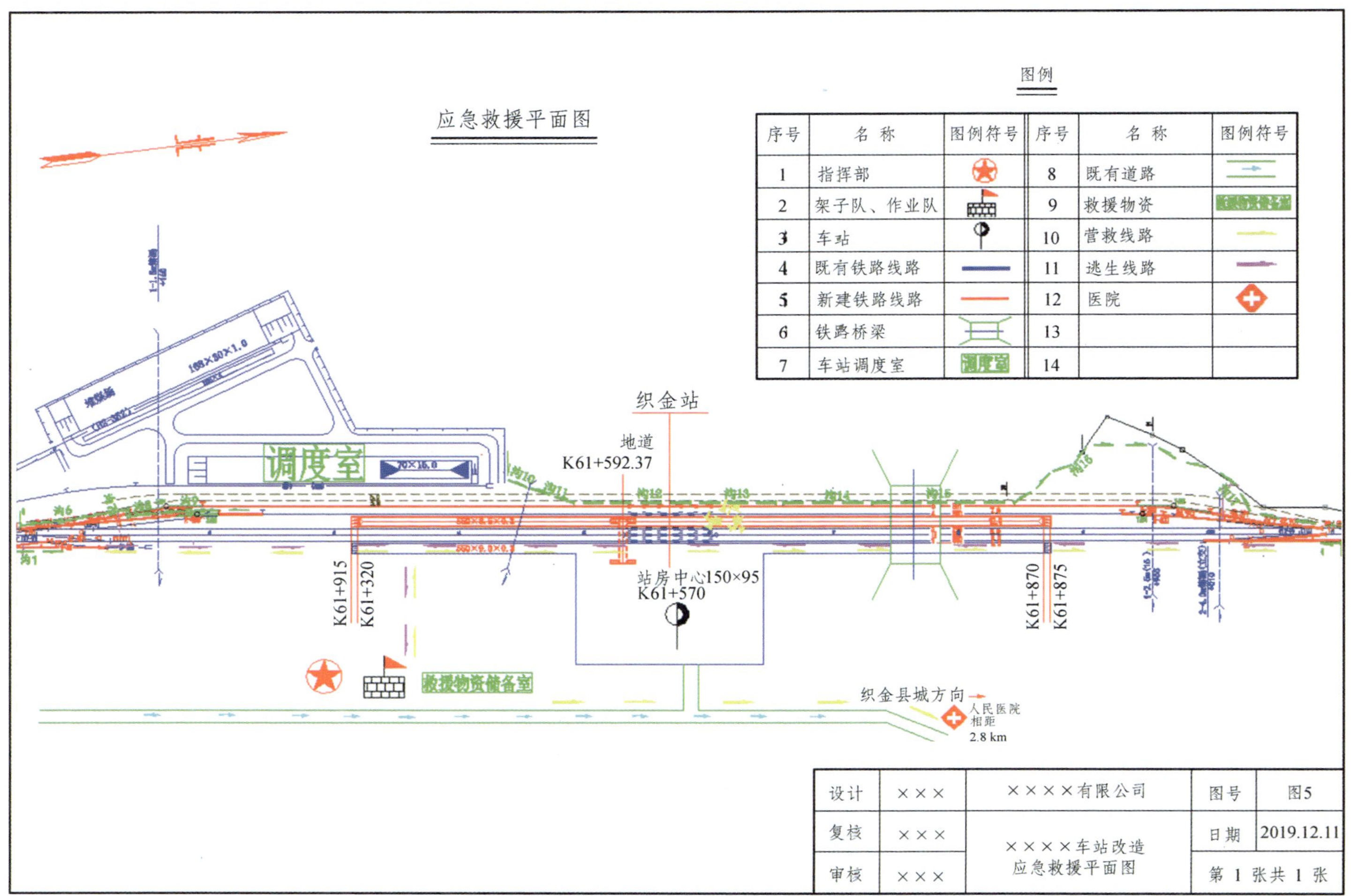

YJ

中铁二局集团有限公司

YJ/ZTEJ–2020

林织铁路营业线施工
安全质量、生态环境事故（事件）
现场应急处置卡

2020年12月

中铁二局林织铁路项目经理部

目　录

1 应急处置卡

1.1 应急领导小组组长应急处置卡

组长	项目经理（项目书记）			
序号	处置程序	处置要点		
1	启动预案	启动应急预案，查看事故现场调配应急资源等		
2	事故报告	按照应急响应分级和程序，及时向当地政府部门和上级报告事故情况		
3	现场处置伤员救护	采取有效措施防止事态扩大；第一时间进行现场急救，及时转送医院救治		
4	确定方案开展 救援或配合救援	确定救援方案后，组织应急队伍迅速到达事故现场，指挥现场应急人员开展应急救援或响应至上一级并配合外部救援		
5	救援终止	进行风险评估安全后，应急救援停止		
6	配合事故调查及处理	配合事故调查，做好善后处置工作		
注意事项： （1）信息的收集与传达，要求及时准确。 （2）每日召开碰头会落实各项指令和安排次日工作				
主要联系人员				
序号	姓名	职务	联系电话	备注
1		项目书记（经理）		
2		项目总工程师		
3		项目安全总监		
4		项目副经理		
5		现场施工负责人		
6		办公室主任		
7		物设部部长		

1.2 综合协调组应急处置卡

组长	项目书记	
序号	处置程序	行动内容
1	信息收集与传递	负责按应急小组要求内容上报
2	场地安保、伤员救护	现场做好保卫、警戒工作；第一时间进行现场急救，及时转送医院救治

续表

序号	处置程序	行动内容		
3	对外接待及处置	做好媒体接待、采访和引导工作，配合上级单位发布相关信息		
4	家属接待及善后处理	做好家属的接待、稳定工作；做好保险理赔工作		
注意事项： （1）信息传递准确、及时可靠。 （2）伤员救治及安抚周到、及时。 （3）现场组织人员撤离后，不得盲目抢救被困人员				
主要联系人员				
序号	姓名	职务	联系电话	备注
1		项目经理		
2		项目副经理		
3		项目总工程师		
4		工委主任		
5		办公室主任		
6		物设部部长		
7		现场施工负责人		

组员	相关成员	
序号	处置程序	行动内容
组员 1	×××	
1	组织撤离	发现险情后，第一时间有效组织人员撤离至安全地带
2	险情报告	及时电话上报险情至项目安全生产管理负责人或项目经理
组员 2	×××	
1	收集信息	定时收集信息
2	传递信息	负责收集并发布救援信息
3	关注信息	做好舆情关注、媒体应对，并配合上级发布信息
组员 3	×××	
1	对外接待	做好家属、外部单位的接待和稳定工作
2	配合善后处理	配合做好保险理赔工作

注意事项： （1）信息传递准确、及时可靠。 （2）伤员救治及安抚周到、及时。 （3）现场组织人员撤离后，不得盲目抢救被困人员				
主要联系人员				
序号	姓名	职务	联系电话	备注
1		项目经理		

续表

序号	姓名	职务	联系电话	备注
2		项目书记		
3		项目副经理		
4		项目总工程师		
5		工委主任		
6		办公室主任		
7		物设部部长		
8		现场施工负责人		

1.3 抢险救援组应急处置卡

<table>
<tr><td>组长</td><td colspan="4">项目副经理</td></tr>
<tr><td>序号</td><td>处置程序</td><td colspan="3">行动内容</td></tr>
<tr><td>1</td><td>场地清理及防护</td><td colspan="3">保证现场应急救援通道的畅通，采取措施防止次生灾害</td></tr>
<tr><td>2</td><td>熟知方案及准备</td><td colspan="3">按照抢救方案组织救援，科学合理地提出应急物资、设备、人力配备建议</td></tr>
<tr><td>3</td><td>组织实施及调整</td><td colspan="3">抢救现场伤员、将受伤人员转移至安全地带，对事故受损的设备进行修理、恢复，将现场救援进展情况及时汇报，必要时申请外部支援</td></tr>
<tr><td>4</td><td>救援配合、结束</td><td colspan="3">领导小组现场评估安全后，则应急救援结束；如果需要外部救援，则配合救援工作。</td></tr>
<tr><td colspan="5">注意事项：
（1）救援人员、物资与设备组织落实到位。
（2）按指令落实救援现场配套工作及安全监护。
（3）及时报告救援进展情况及问题。
（4）机械操作必须听从指挥，防止救援设备对人员造成机械伤害</td></tr>
<tr><td colspan="5">主要联系人员</td></tr>
<tr><td>序号</td><td>姓名</td><td>职务</td><td>联系电话</td><td>备注</td></tr>
<tr><td>1</td><td></td><td>项目经理</td><td></td><td></td></tr>
<tr><td>2</td><td></td><td>项目书记</td><td></td><td></td></tr>
<tr><td>3</td><td></td><td>项目总工程师</td><td></td><td></td></tr>
<tr><td>4</td><td></td><td>项目安全总监</td><td></td><td></td></tr>
<tr><td>5</td><td></td><td>工程部部长</td><td></td><td></td></tr>
<tr><td>6</td><td></td><td>作业队长</td><td></td><td></td></tr>
<tr><td>7</td><td></td><td>施工员</td><td></td><td></td></tr>
</table>

续表

序号	姓名	职务	联系电话	备注
8		办公室主任		
9		物设部部长		
10		现场指挥人员		
11		现场施工负责人		
12		驻站联络员		

组员	相关成员	
序号	处置程序	行动内容
组员 1	×××	
1	场地警戒及防护	场地做好警戒工作；现场动态监控防止次生灾害，组织人员及时撤离
2	组织实施及救援	组织物资、设备和人力到位，接到上级命令后指挥抢救现场伤员、设备及物资
组员 2	×××	
1	救援准备	物资、设备和人力到位后，现场合理运用和调配
2	实施及救援	接到现场指挥人员命令后，立即开展现场伤员、设备及物资救援工作
组员 3	×××	
1	接受培训	接受应急救援处置方案的交底培训
2	实施救援	接到现场指挥人员命令后开展救援工作

注意事项：

（1）救援人员、物资与设备组织落实到位。

（2）按指令落实救援现场配套工作及安全监护。

（3）及时报告救援进展情况及问题。

（4）机械操作必须听从指挥，防止救援设备对人员造成机械伤害

主要联系人员

序号	姓名	职务	联系电话	备注
1		项目经理		
2		项目书记		
3		项目副经理		
4		项目总工程师		
5		项目安全总监		
6		工程部部长		
7		作业队长		
8		施工员		

续表

序号	姓名	职务	联系电话	备注
9		办公室主任		
10		物设部部长		
11		现场指挥人员		
12		现场施工负责人		
13		驻站联络员		

1.4 技术方案组应急处置卡

组长	项目总工程师	
序号	处置程序	行动内容
1	现场核实、评估及制订方案	辨识应急救援过程中的危险、有害因素，并进行安全风险评估，确定灾害现场监控方式，组织开展现场监控
2	指导救援实施及安全监控	根据事故现场的特点，制定相应的应急救援技术措施和应急救援步骤；动态关注现场情况并制定措施，防止发生二次伤害事故
3	配合调查	协助开展对现场有关人员的约谈，并配合调查事故发生的原因
注意事项： （1）救援方案制订及时可行。 （2）救援指导到位，调整及时。 （3）落实防控措施及监控到位。 （4）数据处理和及时上报		

主要联系人员				
序号	姓名	职务	联系电话	备注
1		项目经理		
2		项目书记		
3		项目副经理		
4		项目安全总监		
5		工程部部长		
6		安环部部长		
7		施工员		
8		现场施工负责人		
9		工班长		
10		监测人员		

续表

组员	相关成员	
序号	处置程序	行动内容
组员 1	×××	
1	现场技术监控	开展现场监控，协助进行安全风险评估
2	数据处置与判断	数据预警或超限值，及时上报现场指挥人员
组员 2	×××	
1	组织撤离	发现数据预警或超限值后，第一时间有效组织人员撤离至安全地带
2	险情报告	及时电话上报险情至作业队队长、项目安全生产管理负责人或项目经理
3	动态监控	现场数据持续预警或超限值及时上报
注意事项： （1）救援方案制订及时可行。 （2）救援指导到位，调整及时。 （3）落实防控措施及监控到位。 （4）数据处理和及时上报		

主要联系人员				
序号	姓名	职务	联系电话	备注
1		项目经理		
2		项目书记		
3		项目副经理		
4		项目总工程师		
5		项目安全总监		
6		工程部部长		
7		安环部部长		
8		施工员		
9		现场施工负责人		
10		工班长		
11		监测人员		

1.5 后勤保障组应急处置卡

组长	项目书记	
序号	处置程序	行动内容
1	救援物资工器具准备	准备抢险救援急需的物资、设备；负责现场救援及事故调查工作人员生活保障、食宿安排等后勤服务；提供必要的办公用品、交通工具、通信工具、器材等

续表

序号	处置程序	行动内容
2	现场交通维护	协助属地政府有关部门进行交通疏解
3	调配物资及设备	根据应急救援需要，及时将抢险救援急需的物资、设备送至现场

注意事项：
（1）按指令落实救援物资设备。
（2）确保设备完好使用正常

主要联系人员

序号	姓名	职务	联系电话	备注
1		项目经理		
2		项目副经理		
3		项目安全总监		
4		安环部部长		
5		办公室主任		
6		物设部部长		

组员	相关成员	
序号	处置程序	行动内容
组员 1	×××	
1	救援物资、设备调配	根据救援方案，组织调配救援物资、设备
2	物资补充、设备维护	根据救援物资消耗情况及时补充物资设备，并进行设备维护
组员 2	×××	
1	后勤服务	做好抢险和事故调查人员生活保障、食宿安排等
2	办公、通信保障	提供必要的办公用品、交通工具、通信工具、器材等
组员 3	×××	
1	交通疏解	协助属地政府有关部门进行交通疏解，确保现场交通畅通

注意事项：
（1）按指令落实救援物资设备。
（2）确保设备完好使用正常

续表

主要联系人员				
序号	姓名	职务	联系电话	备注
1		项目经理		
2		项目书记		
3		项目副经理		
4		项目安全总监		
5		工程部长		
6		办公室主任		
7		物设部部长		
8		现场施工负责人		
9		带班人员		
10		安全员		

1.6 安全保卫组应急处置卡

组长	项目安全总监			
序号	处置程序	行动内容		
1	现场秩序维护	做好现场保卫、警戒工作，确定疏散路线		
2	关注现场动态变化	动态关注现场情况，防止发生二次伤害事故		
3	协助救援	协助做好受伤人员的转移工作		
注意事项： （1）关注现场安全动态变化情况，防止二次伤害。 （2）现场组织人员撤离后，不得盲目抢救被困人员。 （3）出现异常情况或险情扩大及时上报				
主要联系人员				
序号	姓名	职务	联系电话	备注
1		项目经理		
2		项目书记		
3		项目副经理		
4		安环部部长		
5		办公室主任		
6		物设部部长		
7		防护员		
8		安全员		
9		工班长		

续表

组员	相关成员	
序号	处置程序	行动内容
组员 1	×××	
1	动态监控	现场动态监控异常情况和险情变化
2	异常情况处置与判断	出现异常情况或险情扩大，及时上报现场指挥人员
组员 2	×××	
1	组织撤离	发现险情后，第一时间有效组织人员撤离至安全地带
2	险情报告	及时电话上报险情至项目安全生产管理负责人或项目经理
3	动态监控	现场动态监控异常情况和险情变化，出现异常情况或险情扩大时及时上报
组员 3	×××	
1	组织撤离	发现险情后，第一时间有效组织人员撤离至安全地带
2	稳定现场	控制好现场秩序，做好现场安保工作

注意事项：
（1）关注现场安全动态变化情况，防止二次伤害。
（2）现场组织人员撤离后，不得盲目抢救被困人员。
（3）出现异常情况或险情扩大及时上报

主要联系人员

序号	姓名	职务	联系电话	备注
1		项目经理		
2		项目书记		
3		项目副经理		
4		项目安全总监		
5		安环部部长		
6		办公室主任		
7		物设部部长		
8		防护员		
9		安全员		
10		工班长		

2 应急处置方案卡控要点

2.1 车辆伤害事故

序号	处置步骤	工作岗位或功能组
1	（1）现场确认受伤人员情况以及车辆、设备设施、建（构）筑物损坏程度。 （2）在保证自身安全的前提下，立即进行涉险人员抢救工作。伤员救出后迅速转移至安全地带。 （3）拨打急救电话，联系现场施工负责人，由其立即向铁路设备管理单位负责人和上级报告。告知发生行车事故所处的准确位置及现场的大概情况，以便得到及时救援	现场作业人员、值班人员
2	（1）联系驻站联络员，对接行车调度，告知事故所处位置，封锁事故影响的区间。 （2）配合设备管理管理单位，分析事故位置的其他可能发生的二次事故隐患，确定救援方案，下达应急指令。 （3）配合设备管理管理单位，携带救援器材迅速进入现场，采取正确的救助方式，将所有遇险人员移至安全区域。 （4）配合设备管理管理单位，联系防护人员，在上、下行××m 设置警戒和停车标识，做好安全防护	技术方案组、安全保卫组
3	（1）立即清理界限内的材料及工具，撤离界限内的所有人员线路安全区域以外。 （2）防护棚架、脚手架侵限导致车辆伤害的，应首先对架体和支撑结构物进行加固，后拆除和清理界限内的材料。 （3）造成列车损坏、线路设备损坏的，应立即上报铁路设备管理单位，配合设备管理单位的抢险和维修工作	抢险救援组、后勤保障组
4	（1）引导救援人员、救护车及时进入现场。 （2）救援和医护人员到达现场后，按照指令配合救援	后勤保障组
5	负责媒体接待、采访和引导工作，根据上级单位授权适时发布相关信息	综合协调组

2.2 行车事故

序号	处置步骤	工作岗位或功能组
1	（1）现场确认受伤人员情况以及车辆、设备设施、建（构）筑物损坏程度。 （2）在保证自身安全的前提下，立即进行涉险人员抢救工作。伤员救出后迅速转移至安全地带。 （3）拨打急救电话，联系现场施工负责人，由其立即向铁路设备管理单位负责人和上级报告。告知发生行车事故所处的准确位置及现场的大概情况，以便得到及时救援	现场作业人员、值班人员

续表

序号	处置步骤	工作岗位或功能组
2	（1）联系驻站联络员，对接行车调度，告知事故所处位置，封锁事故影响的区间。 （2）配合设备管理管理单位，分析事故位置的其他可能发生的二次事故隐患，确定救援方案，下达应急指令。 （3）配合设备管理管理单位，携带救援器材迅速进入现场，采取正确的救助方式，将所有遇险人员移至安全区域。 （4）配合设备管理管理单位，联系防护人员，在上、下行××m 设置警戒和停车标识，做好安全防护	技术方案组、安全保卫组
3	（1）未造成中断行车：车辆剐蹭、损坏营业线既有构筑物等；由铁路设备管理单位在现场进行安全评估，不影响行车安全，按照管理要求利用后续天窗点对损坏处进行修复完善 （2）造成中断行车：车辆脱轨倾覆、车辆停止等；由铁路设备管理单位制订设备抢修方案。配合其准备物资设备、人员开展救援工作	抢险救援组、后勤保障组
4	（1）引导救援人员、救护车及时进入现场。 （2）救援和医护人员到达现场后，按照指令配合救援	后勤保障组
5	负责媒体接待、采访和引导工作，根据上级单位授权适时发布相关信息	综合协调组